Alvin Toffler

La Troisième Vague

essai

**TRADUIT DE L'AMÉRICAIN
PAR MICHEL DEUTSCH**

DENOËL

BIBLIOTHÈQUE MÉDIATIONS
publiée sous la direction de Jean-Louis Ferrier

Titre original :

THE THIRD WAVE

(William Morrow and Company, Inc., New York)

Sommes-nous ici pour rire ou pour pleurer ?
Mourons-nous ou sommes-nous en train de naître ?

Carlos Fuentes, *Terra Nostra*

A Heidi qui, par sa force de conviction, m'a aidé à me décider à écrire *La Troisième Vague* dont chaque page témoigne de la pugnacité avec laquelle elle a passé mes idées au fil de la critique et atteste sa compétence professionnelle.
Sa contribution à ce livre est allée très loin au-delà de ce que l'on est en droit d'attendre d'une collègue, d'une compagne intellectuelle, d'une amie, d'une amante et d'une épouse.

Sommaire ≋

Introduction

A l'heure où des terroristes jouent avec la vie de leurs otages, où la crainte d'une Troisième Guerre mondiale fait flamber les monnaies, où brûlent les ambassades, où, dans de nombreux pays, retentissent des bruits de bottes, c'est avec épouvante que nous regardons les titres des journaux. Les cours de l'or, ce baromètre de la peur, battent tous les records. Les banques tremblent. L'inflation se déchaîne. Et les gouvernements sont frappés de paralysie ou de crétinisme.

Devant ce spectacle, le chœur des Cassandres fait résonner l'air de son chant d'apocalypse. L'homme de la rue soupire « le monde est devenu fou » tandis que les experts recensent tous les courants qui nous mènent à la catastrophe.

Le présent ouvrage soutient une thèse tout à fait différente.

Il soutient que le monde n'a pas sombré dans la folie et que, en réalité, au-delà du bruit et de la fureur, de l'apparente incohérence des événements, s'ébauche un avenir étonnant et peut-être chargé d'espoir.

La Troisième Vague s'adresse à ceux qui pensent que, loin d'arriver à son terme, l'histoire humaine ne fait que commencer.

Un puissant raz de marée est en train de déferler sur une grande partie de la terre, créant un nouvel environnement, souvent bizarre, qui affecte le travail, les distractions, la vie du couple, l'éducation des enfants, le sort des retraités. Dans ce contexte déroutant, les hommes d'affaires se débattent au milieu de courants économiques extravagants, les hommes politiques ont des cotes en dents de scie, les universités, les hôpitaux et autres institutions luttent désespérément contre l'inflation. Les systèmes de valeurs craquent et s'écroulent tandis que ces chaloupes de sauvetage que sont la famille, l'Église et l'État s'entrechoquent sur une mer démontée.

On peut voir dans chacun de ces changements brutaux des signes isolés d'instabilité, de faillite et de désastre. Pourtant, si l'on prend du recul pour avoir une meilleure perspective, plusieurs choses apparaissent qui, autrement, passeraient inaperçues.

Tout d'abord, le fait que beaucoup de ces changements ne sont ni indépendants les uns des autres, ni dus au hasard. Par exemple, l'éclatement de la famille nucléaire, la crise mondiale de l'énergie, la prolifération des sectes, le développement de la télévision par câble, l'expansion de l'horaire variable et des nouveaux avantages sociaux, l'agitation entretenue par des mouvements séparatistes du Québec à la Corse, peuvent donner l'impression d'être autant de phénomènes isolés. Or, c'est justement tout le contraire. Ces événements, ces courants apparemment sans rapport entre eux, et quantité d'autres, sont indissociablement liés. Ce sont, en fait, les différentes facettes d'un phénomène d'une plus vaste ampleur : la mort de l'industrialisme et la naissance d'une nouvelle civilisation.

Tant que nous les percevons comme isolés et que nous n'appréhendons pas leur signification profonde, nous sommes incapables d'élaborer une réponse cohérente et efficace à ces changements. Sur le plan de l'individu, nos décisions personnelles demeurent décousues ou inopérantes. Sur le plan des gouvernements, nous trébuchons de crises en programmes d'urgence, nous entrons dans l'avenir en titubant sans plan, sans espoir, en aveugles.

Faute d'un cadre intellectuel systématique nous permettant de comprendre les forces antagonistes dont le monde est aujourd'hui le jouet, nous sommes comme des marins pris dans la tempête qui essaient de louvoyer entre de périlleux récifs sans boussole et sans cartes. Dans une culture où rivalisent les spécialisations, noyée sous des données fragmentaires et des analyses ultra-fines, la synthèse n'est pas seulement utile — elle est cruciale.

C'est la raison pour laquelle *La Troisième Vague* se veut une large synthèse. Ce livre décrit la vieille civilisation où beaucoup d'entre nous ont vu le jour, et brosse un tableau détaillé et exhaustif de la nouvelle qui éclôt sous nos yeux.

Une civilisation si révolutionnaire qu'elle remet en cause tous nos prédicats traditionnels. Les anciens modes de pensée, les anciennes formulations, les anciens dogmes, les anciennes idéologies auxquels nous tenions tant, si utiles qu'ils aient été autrefois, ne correspondent plus aux réalités d'aujourd'hui. L'univers qui émerge à une vitesse accélérée du choc des nouvelles valeurs et des nouvelles technologies, des nouveaux rapports géopolitiques, des nouveaux styles de vie et des nouveaux moyens de communication, exige des idées, des analogies, des catégories et des concepts entièrement neufs. Nous ne pouvons pas faire entrer le monde encore embryonnaire de demain dans les compartiments conventionnels du monde d'hier. Les attitudes et les mentalités orthodoxes ne sont plus de saison.

Et à mesure que nous dépeindrons au fil des pages cette nouvelle et étrange civilisation, nous trouverons des motifs légitimes pour refuser le pessimisme à la mode qui fleurit actuellement. Depuis dix ans et plus, le désespoir — une denrée qui se vend bien, une denrée narcissique — est la pierre d'angle de notre culture. *La Troisième Vague* aboutit à la conclusion qu'il n'est pas seulement un péché (la formule, je crois, est de C. P. Snow) mais que, en outre, il ne se justifie pas.

Je ne me berce pas d'illusions candides. Il n'est guère besoin de s'étendre longuement sur les dangers bien réels dont la menace plane sur nous — de l'annihilation nucléaire et de la catastrophe écologique au fanatisme raciste et à la violence régionale. J'ai déjà parlé de ces dangers et j'en reparlerai sans doute encore. La guerre, la débâcle économique, le désastre technologique à grande échelle, risquent de modifier l'avenir de façon cataclysmique.

Cependant, quand on se penche sur les rapports nouveaux qui surgissent — entre les modifications que subissent les filières énergétiques et les nouvelles formes de la famille, ou entre les méthodes de production avancée et le mouvement coopératif, pour ne mentionner que ces deux exemples —, on prend soudain conscience que les conditions mêmes qui engendrent la plupart du temps les périls les plus graves aujourd'hui ouvrent aussi des perspectives fascinantes.

La Troisième Vague met ces promesses en évidence. Cet ouvrage affirme avec force que, au cœur de la destruction et de la décadence, la naissance et la vie sont irréductiblement présentes. Il montre clairement et, je crois, de manière irréfutable, qu'avec de l'intelligence et un peu de chance, nous pourrons faire de la civilisation qui s'annonce une civilisation plus équilibrée, plus sensée, plus vivable, plus satisfaisante et plus démocratique que toutes celles que nous avons connues.

Si le thème central de ce livre se vérifie, nous sommes fondés à nous montrer optimistes à long terme, même si les années de transition qui nous attendent dans l'immédiat risquent selon toute vraisemblance d'être tumultueuses et fertiles en crises.

Lors des conférences que je donnais ces dernières années, tout en travaillant à *La Troisième Vague*, on me demandait souvent en quoi ce livre différait de mon ouvrage précédent, *Le Choc du Futur*.

L'auteur et le lecteur ne voient jamais un livre tout à fait du même œil. Pour moi, *La Troisième Vague* diffère radicalement du *Choc du Futur* tant sur le plan de la forme que sur celui du cadrage choisi. Tout d'abord, le premier recouvre une plus large tranche de temps — dans le passé et dans l'avenir. Il cherche davantage à donner une orientation. Il est autrement architecturé. (Le lecteur attentif remarquera que sa structure reflète l'idée centrale — des vagues en collision.)

Sur le fond, les différences sont encore plus accusées. Si, dans *Le Choc du Futur*, j'insistais sur la nécessité de procéder à certaines transformations, l'accent était mis sur le prix personnel et social du changement. Dans *La Troisième Vague,* tout en prenant en compte les difficultés que pose l'adaptation au changement, je souligne que le refus de procéder dans des délais suffisamment courts à certains changements serait tout aussi coûteux.

Ce n'est pas tout. Si, dans le précédent ouvrage, j'ai parlé de l' « arrivée prématurée du futur », je n'ai pas essayé de brosser un tableau exhaustif ni systématique de la société de demain. Son objet était le mécanisme du changement, pas sa direction.

Dans *La Troisième Vague,* la démarche est inverse. Je m'intéresse moins à l'accélération du changement en tant que telle qu'à la destination vers laquelle nous entraîne ce changement. Ainsi, *Le Choc du Futur* privilégiait-il les processus, alors que *La Troisième Vague* privilégie les structures. Pour ces raisons, les deux livres sont conçus, non comme une continuité, non comme une cause et son effet ; mais comme les parties complémentaires d'un tout beaucoup plus large. Ils sont très différents mais chacun éclaire l'autre.

Pour tenter une synthèse aussi ambitieuse, il m'a été nécessaire de simplifier, de généraliser et de comprimer (il aurait sans cela fallu plusieurs volumes), et des historiens me reprocheront peut-être d'avoir découpé la civilisation en trois périodes seulement — une phase agricole de Première Vague, une phase industrielle de Seconde Vague et la phase de Troisième Vague qui s'amorce actuellement.

Il va de soi que la civilisation agraire rassemblait des cultures tout à fait différentes et que l'industrialisme lui-même est passé par un grand nombre de stades successifs au cours de son évolution. On pourrait sans aucun doute débiter le passé (et le futur) en douze, en trente-huit ou en cent cinquante-sept tranches. Mais ce maquis de subdivisions nous ferait alors perdre de vue les grandes lignes de partage ou bien ce ne serait pas un livre mais toute une bibliothèque qu'il faudrait pour couvrir le même territoire. Dans le cadre de cette étude, des classifications plus simples, fussent-elles grossières, ont davantage de commodité.

L'ampleur du champ balayé dans ce livre imposait encore d'autres raccourcis. C'est ainsi qu'il m'arrive par endroits de réifier la civilisation même, de dire que la civilisation de la Première Vague ou celle de la Seconde a « fait » ceci ou cela. Je sais, bien évidemment, et le lecteur aussi, que les civilisations ne font rien : ce sont les hommes qui agissent. Mais attribuer à l'occasion telle ou telle réalisation à une civilisation fait gagner du temps et simplifie l'écriture.

De même, le lecteur avisé sait pertinemment que personne — historien, futurologue, planificateur, astrologue ou évangéliste — ne « connaît » ou n'est capable de « connaître » l'avenir. Quand j'écris que quelque chose « arrivera », je tiens pour acquis que le lecteur fera entrer en compte la marge d'incertitude qui s'impose. Procéder autrement aurait alourdi cet ouvrage d'un magma de réserves aussi illisibles qu'inutiles. De plus, les prévisions d'ordre sociologique, si poussé que soit le traitement informatique des données sur lesquelles elles se fondent, ne sont jamais exemptes de subjectivité, pas plus qu'elles ne sont scientifiques. *La Troisième Vague* n'est pas une prophétie objective et ne prétend pas être une démonstration scientifique.

Cela ne veut cependant pas dire que les idées contenues dans les pages qui suivent soient fantaisistes ou empiriques. En fait, comme on s'en rendra bientôt compte, cette étude repose sur une masse de pièces à conviction et sur ce que l'on pourrait appeler un modèle semi-systématique de la civilisation et de nos rapports avec elle.

Ce livre décrit la civilisation industrielle agonisante en faisant intervenir les concepts de « technosphère », de « sociosphère », d' « infosphère » et de « sphère de pouvoir », puis s'attache à montrer les transformations révolutionnaires que subit chacune de ces « sphères » dans le monde d'aujourd'hui. Il tente de mettre en évidence les rapports existant entre ces éléments, et aussi les relations qu'ils entretiennent avec la « biosphère » et la « psychosphère » — la structure des relations psychologiques et personnelles à travers quoi les changements survenant dans l'univers extérieur affectent notre vie individuelle la plus intime.

La Troisième Vague avance cette thèse que toute civilisation fait aussi appel à certains mécanismes et à certains principes, et élabore sa propre « super-idéologie » pour expliquer la réalité et justifier son existence.

Une fois que l'on a saisi comment s'imbriquent ces éléments, ces mécanismes et ces principes, de quelle façon ils se métamorphosent les uns les autres en déclenchant de puissants courants transformateurs, on comprend de façon beaucoup plus claire la gigantesque vague de changement qui nous assaille aujourd'hui.

L'image clé de ce livre, et cela devrait déjà être évident, est celle de vagues de changement en collision. Elle n'est pas originale. Dans La Civilisation des mœurs, Norbert Elias parle d' « une vague d'intégration roulant à travers les siècles ». En 1837, un auteur décrivait la colonisation de l'Ouest américain en termes de « vagues » de peuplement successives : d'abord les pionniers, puis les fermiers et, enfin, les industriels, la « troisième vague » de la migration. En 1893, dans son célèbre essai La Frontière dans l'histoire des États-Unis, Frederick ·Jackson Turner citait cette formule et la reprenait à son compte. La métaphore de la vague n'a. donc rien d'inédit ; c'est son application à l'actuelle mutation de la civilisation qui est neuve.

Et elle s'avère extrêmement féconde. L'idée de vague n'est pas seulement un instrument permettant d'organiser un vaste corps d'informations d'une grande diversité. Elle nous aide aussi à voir ce qui se passe sous la surface tumultueuse du changement. Grâce à cette métaphore, beaucoup de ce qui était confusion s'éclaire. Le familier prend souvent un autre aspect sous ce coup de projecteur éblouissant.

A partir du moment où j'ai commencé à penser en termes de vagues de changement qui, en se heurtant et en se chevauchant, engendrent des conflits et des tensions tout autour de nous, c'est ma notion même du changement qui s'est transformée. Dans tous les domaines, de l'éducation et de la médecine à la technologie, de la vie individuelle à la vie politique, il devenait alors possible de distinguer les innovations purement adventices ou simples prolongements du passé industriel de celles qui sont authentiquement révolutionnaires.

Mais l'image la plus puissante n'accouche jamais que d'une vérité partielle. Aucune analogie ne nous dévoile la totalité du réel sous tous ses aspects, de sorte que la vision que l'on se forge du présent — et, à plus forte raison, de l'avenir — ne saurait jamais être ni achevée ni définitive. Aux alentours de mes vingt ans — il y a plus d'un quart de siècle —, à l'instar de beaucoup de jeunes gens, le marxiste que j'étais alors croyait connaître toutes les réponses. Mais je ne tardai pas à m'apercevoir que mes « réponses » étaient incomplètes, partiales et caduques. Plus précisément, je finis par découvrir que poser la bonne question est généralement plus important que d'avoir la bonne réponse à une question mal posée.

J'espère que le présent ouvrage, en même temps qu'il apportera des réponses, posera beaucoup de questions neuves.

Admettre qu'aucun savoir ne peut être total, qu'aucune métaphore ne peut épuiser le réel est, en soi, humanisant. Cela neutralise le fanatisme. On reconnaît ainsi à ses adversaires mêmes le droit de détenir une vérité partielle et l'on s'accorde à soi-même le droit à l'erreur, et le risque d'erreur est particulièrement présent dans une synthèse de grande envergure. Pourtant, comme l'écrivait le critique George Steiner, « poser de grandes questions, c'est risquer de se tromper. Ne pas les poser du tout, c'est paralyser l'intelligence ».

A une époque de changements explosifs — quand la vie des gens se disloque, quand l'ordre social existant s'écroule et quand un nouvel et fantastique mode de vie émerge à l'horizon —, poser les questions les plus vastes touchant à notre avenir n'est pas simple affaire de curiosité intellectuelle : c'est notre survivance qui est en jeu.

Que nous en ayons conscience ou pas, la plupart d'entre nous sommes d'ores et déjà aux prises avec la nouvelle civilisation, soit que nous y résistions, soit que nous la créions. *La Troisième Vague* nous aidera, j'espère, les uns et les autres à faire notre choix.

LE CHOC DES VAGUES

Chapitre premier.
Le super-combat

Nous assistons à la naissance d'une civilisation et, de toute part, des aveugles s'efforcent de l'étouffer dans l'œuf. Cette civilisation nouvelle entraîne dans son sillage de nouveaux modèles de structure familiale, elle modifie nos façons de travailler, d'aimer et de vivre, elle instaure un nouvel ordre économique, fait surgir de nouveaux conflits politiques et aussi — et surtout — annonce l'avènement d'une nouvelle conscience. Des échantillons précurseurs de cette civilisation en germe sont d'ores et déjà opérants. En un sens, des millions de nos contemporains vivent actuellement au futur et accordent leur vie au rythme de demain. D'autres, que l'avenir terrifie, cherchent désespérément, et en vain, à se réfugier dans le passé, tentant de replâtrer le monde moribond où ils ont vu le jour.

La percée de cette civilisation nouvelle est le fait le plus explosif de notre génération. C'est l'événement majeur, la clé qui nous permet de comprendre ce que seront les toutes prochaines années. C'est une aventure aussi primordiale que le fut la Première Vague de Changement que l'invention de l'agriculture fit déferler il y a 10 000 ans sur la terre, ou que le séisme de la Seconde Vague provoquée par la révolution industrielle. Nous sommes les enfants de la mutation suivante, les fils et les filles de la Troisième Vague.

Nous tâtonnons à la recherche de mots pour décrire dans toute leur plénitude la force et la portée de cette extraordinaire transformation. Certains voient déjà se profiler l'Age de l'Espace, l'Age de l'Information, l'Ère de l'Électronique ou le Village planétaire.

Zbigniew Brzezinski, conseiller du président Carter, a dit que nous affrontions un « âge technetronique ». Le sociologue Daniel Bell parle de l'émergence de l' « ère postindustrielle ». Les futurologues soviétiques font état de la R.S.T. — la « révolution scientifico-technologique ». J'ai moi-même abondamment écrit sur le thème de l'imminente surrection d'une « civilisation superindustrielle ». Pourtant, aucune de ces formulations, la mienne y comprise, n'est appropriée.

Certaines, en braquant le projecteur sur tel ou tel facteur isolé, ont pour inconvénient de rétrécir notre champ de compréhension au lieu de l'élargir. D'autres sont statiques et laissent implicitement entendre qu'une société nouvelle peut faire irruption dans notre existence sans heurts, sans conflits et sans crises. Aucune ne rend compte, fût-ce de manière embryonnaire, de l'ampleur, de la portée et du dynamisme phénoménaux des changements qui se ruent sur nous, ni des tensions et des antagonismes qu'ils engendrent. L'humanité s'apprête à faire un bond quantique en avant. Elle est confrontée au bouleversement social et au processus de restructuration créatrice les plus brutaux de tous les temps. Sans en avoir clairement conscience, nous sommes en train d'édifier à partir de zéro une civilisation sans précédent. Telle est la signification de la Troisième Vague.

Jusqu'à présent, l'espèce humaine avait connu deux grandes vagues de changement dont chacune avait aboli dans une large mesure des cultures ou des civilisations antérieures auxquelles elles avaient substitué des modes de vie inconcevables pour les générations précédentes. La Première Vague — la révolution agricole — s'est étalée sur des milliers d'années. Pour la Seconde Vague — l'essor de la civilisation industrielle —, quelque trois cents ans ont suffi. Aujourd'hui, l'accélération de l'histoire est encore plus marquée et il est vraisemblable que l'irruption de la Troisième Vague dans l'histoire sera un fait accompli d'ici quelques décennies. Ceux d'entre nous qui habiterons la planète à ce moment crucial vivrons donc le choc de la Troisième Vague.

Déchirant les familles, ébranlant les fondations de notre économie, paralysant les systèmes politiques, dynamitant nos valeurs, elle affecte tout le monde. Elle remet en cause tous les anciens rapports de puissance, les privilèges et les prérogatives des élites actuelles menacées, et constitue la toile de fond devant laquelle se livreront les luttes décisives de demain dont l'enjeu ne sera autre que le pouvoir.

Nombre d'éléments de cette civilisation montante prennent le contre-pied de la vieille civilisation industrielle traditionnelle. Elle est tout à la fois hautement technologique et anti-industrielle.

La Troisième Vague apporte dans ses bagages un mode de vie authentiquement novateur prenant appui sur des ressources énergétiques diversifiées et renouvelables ; sur des méthodes de production qui rendent caduques la plupart des chaînes de fabrication des usines actuelles ; sur un nouveau type de famille, aux liens beaucoup plus relâchés ; sur une institution jamais vue que l'on pourrait appeler la « maison électronique » ; sur des formes d'éducation radicalement originales ; et sur la *corporation*[1] de demain. La civilisation naissante instaure un nouveau code de comportement et nous propulse au-delà de la standardisation, de la synchronisation et de la centralisation, au-delà de la concentration de l'énergie, de l'argent et du pouvoir.

Cette civilisation nouvelle qui défie l'ancienne fera s'effondrer les bureaucraties. Elle assigne un rôle nouveau à l'État-nation et engendre les économies semi-autonomes qui seront celles d'un monde postimpérialiste. Elle requiert des gouvernements plus simples, plus efficaces et, pourtant, plus démocratiques que tous ceux que nous connaissons à l'heure actuelle. C'est une civilisation qui possède ses propres notions du temps, de l'espace, de la logique et de la causalité.

Plus fondamentalement encore, comme nous le verrons, la civilisation de la Troisième Vague commence à combler le fossé historique qui sépare le producteur du consommateur en jetant les bases de l'économie « prosumériste » de l'avenir. Pour cette raison parmi beaucoup d'autres, et pour peu que nous l'aidions intelligemment, elle pourrait bien être la première civilisation véritablement humaine de l'histoire.

LA PRÉMISSE RÉVOLUTIONNAIRE

Deux images de l'avenir, apparemment opposées, hantent l'imagination populaire aujourd'hui. La plupart des gens — pour autant

---

1. Nous utiliserons ici, et dans les pages suivantes, le mot *corporation* dans son acception anglaise à la place du terme, plus lourd, de société par actions. (*N.d.T.*)

qu'ils s'inquiètent du futur — posent en principe que le monde que nous connaissons se perpétuera indéfiniment. Il leur est difficile de concevoir une façon de vivre réellement différente pour eux-mêmes et, *a fortiori*, une civilisation totalement nouvelle. Certes, ils admettent que les choses bougent mais ils tiennent pour acquis que les transformations de notre présent passeront à côté d'eux et que rien n'ébranlera ni le cadre économique ni les structures politiques qui leur sont familiers. Ils attendent avec confiance que le futur soit la continuation du présent.

Cette mentalité linéaire se manifeste de manière diversifiée. A un niveau primaire, c'est un postulat universellement admis, sous-jacent aux décisions des hommes d'affaires, des pédagogues, des parents et des hommes politiques. A un niveau plus élaboré, elle se pare de tout un appareil statistique, de traitements informatiques et du jargon de l'analyse prospective. Dans tous les cas, elle débouche sur une vision d'un monde futur qui est, pour l'essentiel, le même qu'aujourd'hui mais affecté d'un coefficient d'amplification — l'industrialisme de la seconde vague encore plus poussé et plus envahissant.

Les récents événements ont sérieusement mis à mal cette image rassurante de l'avenir. A mesure que les crises en série faisaient la une des journaux, que l'Iran explosait, que Mao était « dé-déifié », que le prix du pétrole grimpait vertigineusement et que l'inflation prenait le mors aux dents, que le terrorisme faisait tache d'huile et que les pouvoirs publics manifestaient leur impuissance à le juguler, une autre vision, plus sombre, s'imposait de plus en plus largement. Quantité de gens, saturés de mauvaises nouvelles, de films-catastrophes, d'apocalyptiques histoires bibliques et de scénarios cauchemardesques enfantés par de prestigieuses machines à penser arrivèrent apparemment à la conclusion que l'on ne saurait extrapoler et projeter la société d'aujourd'hui dans l'avenir pour la bonne raison qu'il n'existe pas d'avenir. Dans cette perspective, nous ne sommes qu'à quelques minutes d'un Armageddon. La terre se rue tête baissée vers l'ultime cataclysme.

Ces deux images du futur semblent, superficiellement, tout à fait contradictoires. Cependant, l'une et l'autre ont des conséquences psychologiques et politiques analogues : toutes deux paralysent en définitive l'imagination et la volonté.

S'il est vrai que la société de demain ne sera rien de plus qu'une version « gonflée », en cinérama, du présent, nous n'avons pas besoin, en effet, de nous casser la tête pour préparer l'avenir. Et si, en revanche, la société est fatalement condamnée à se suicider de notre vivant, nous ne pouvons rien faire pour l'en empêcher. Bref, ces deux attitudes mènent l'une et l'autre au repli sur soi et à la passivité, qui, l'une et l'autre, nous bloquent dans l'inaction.

Or, lorsque l'on essaie de comprendre ce qui se passe, on s'aperçoit que l'on n'est pas enfermé dans ce dilemme simpliste : Armageddon ou « la même chose en plus grand ». Il existe de nombreuses autres façons plus éclairantes et plus constructives de voir l'avenir, qui nous permettent de nous y préparer et, ce qui est plus important encore, qui nous aident à changer le présent.

Ce livre a pour base ce que j'appelle la « prémisse révolutionnaire ». Il soutient que, même si les prochaines décennies doivent être — et, selon toute vraisemblance, elles le seront — fertiles en turbulences, en convulsions, voire en déchaînements de violence, nous ne nous détruirons pas totalement. Il soutient que les brutales secousses dont nous subissons présentement le contrecoup ne sont pas le fruit du hasard mais constituent au contraire un schéma aux configurations nettes et parfaitement discernables. Il soutient que ces changements sont cumulatifs, qu'ils conduisent en s'additionnant à une phénoménale transformation de nos façons de vivre, de travailler, de nous distraire et de penser. Il soutient enfin qu'un futur sain et désirable est du domaine du possible. Bref, ce qui suit découle de cette prémisse : tout ce qui se produit sous nos yeux n'est rien moins qu'une révolution planétaire, un saut quantique de l'histoire.

En d'autres termes, le point de départ de cet ouvrage peut se résumer ainsi : nous sommes la dernière génération d'une vieille civilisation et la première génération d'une nouvelle. Ce à quoi il faut ajouter qu'une grande part de notre désarroi, de notre angoisse, de notre désorientation a pour source immédiate le conflit, qui nous déchire et qui travaille également nos institutions politiques, entre la civilisation de la Seconde Vague à l'agonie et la jeune civilisation de la Troisième Vague qui se rue à l'assaut pour la supplanter.

Lorsque nous aurons enfin compris cela, une foule d'événements apparemment inintelligibles s'éclaireront soudainement. Les grands axes du changement commencent à émerger de façon claire. Agir pour survivre redevient possible et plausible. En un mot comme en cent, la prémisse révolutionnaire libère notre intelligence et notre volonté.

LA CRÊTE DE LA VAGUE

Mais il ne suffit pas de dire que les changements auxquels nous sommes confrontés seront révolutionnaires. Avant de pouvoir les maîtriser et les canaliser, nous devons disposer d'une méthode originale pour les identifier et les analyser, faute de quoi nous serons irrémédiablement impuissants.

Une méthode d'approche originale et efficace pourrait s'intituler analyse sociale du « train d'ondes ». Dans cette optique, on envisage l'histoire comme une succession de vagues de changement et l'on se demande où la crête de chacune d'elles nous entraîne. On prête alors moins d'attention aux continuités de l'histoire, si importantes soient-elles, qu'à ses discontinuités — innovations et points de rupture. On identifie ensuite les modalités de changement névralgiques à mesure qu'elles émergent et l'on est, dès lors, en mesure de les orienter.

En commençant par cette observation très simple que l'introduction de l'agriculture a été la première inflexion dans la trajectoire de l'évolution sociale de l'humanité et que la révolution industrielle a constitué la seconde grande percée, ces deux événements considérés sous ce jour apparaissent, non point comme des épisodes ponctuels et indépendants, mais comme une vague transformatrice se déplaçant à une certaine vitesse.

Avant la Première Vague, les hommes vivaient pour la plupart rassemblés en petits groupes, souvent nomades, et assuraient leur subsistance en pratiquant la cueillette, la pêche, la chasse et l'élevage. A une époque remontant approximativement à dix millénaires, la révolution agraire s'amorça et diffusa peu à peu sur toute la surface de la planète, faisant surgir des villages, des aires de peuplement, des zones de mise en culture et créant un nouveau mode de vie.

La Première Vague n'était pas encore parvenue au bout de sa trajectoire quand, à la fin du XVIIᵉ siècle, la révolution industrielle balaya l'Europe et déclencha la Seconde Vague de changement planétaire. Ce nouveau processus — l'industrialisation — se propagea beaucoup plus rapidement à travers nations et continents.

Ainsi, deux phénomènes transformateurs distincts intervenaient simultanément et à des vitesses différentes.

Aujourd'hui, la Première Vague est pratiquement étale. Quelques infimes populations tribales en Amérique latine ou en Papouasie (Nouvelle-Guinée), par exemple, n'ont pas encore été touchées par l'agriculture, mais le dynamisme de cette puissante Première Vague est fondamentalement épuisé.

La Seconde Vague — l'industrialisation — quant à elle, après avoir bouleversé l'Europe, l'Amérique du Nord et quelques autres régions du globe en l'espace de quelques siècles, continue de rayonner, et de nombreux pays, jusqu'à présent essentiellement voués à l'agriculture, construisent fiévreusement des aciéries, des chaînes de production automobile, des fabriques de textiles, des chemins de fer et des usines agro-alimentaires. L'élan de l'industrialisme se fait encore sentir. Le dynamisme de la Seconde Vague n'est pas encore tari.

Mais alors même que ce phénomène se poursuit, un autre, encore plus important, s'est amorcé. En effet, quand, dans les décennies qui ont suivi la Seconde Guerre mondiale, l'industrialisme parvenait à son apogée, une Troisième Vague, mal comprise, commençait à déferler sur la terre, transformant tout sur son passage.

Ainsi, bien des pays subissent simultanément le choc de deux, voire de trois vagues de changement de nature fort différente se déplaçant à des vitesses différentes et animées par des forces vives d'une magnitude également différente.

Nous considérerons ici que l'ère de la Première Vague a débuté aux alentours de l'an 8000 av. J.-C. et qu'elle n'a pas rencontré de rivale sur la terre jusqu'à un moment situé entre 1650 et 1750 ap. J.-C. Dès lors, elle a perdu son élan tandis que la Seconde Vague prenait progressivement le sien. La civilisation industrielle, produit de cette Seconde Vague, a alors dominé à son tour la planète jusqu'à ce qu'elle atteigne son apogée. Ce tournant historique a eu lieu aux États-Unis entre 1955 et 1965, la décennie au cours de laquelle on vit pour la première fois les « cols blancs » et les prestataires de service dépasser numériquement les « cols bleus ». On a également vu au cours de cette décennie apparaître de manière généralisée l'ordinateur, l'avion à réaction sur les lignes commerciales, la pilule contraceptive et bien d'autres innovations dont l'impact fut immense. Et ce fut précisément durant ces années que la Troisième Vague commença à se muscler aux U.S.A. Depuis, elle a atteint — à des dates légèrement différentes — la plupart des autres nations industrielles, Grande-Bretagne, France, Suède, Allemagne, Union soviétique et Japon. Aujourd'hui, tous ces pays à technologie avancée chancellent sous le choc de la Troisième Vague qui ébranle les économies et les institutions obsolètes et sclérosées de la Seconde.

Comprendre ce fait est le secret qui nous permet dans une large mesure de déceler la signification profonde du conflit politique et social que nous voyons se développer autour de nous.

LES VAGUES DU FUTUR

Quand une unique vague de changement prévaut dans une société donnée, discerner la trame de son évolution à venir est relativement facile. Écrivains, artistes, journalistes et autres découvrent « la vague du futur ». Dans l'Europe du XIXᵉ siècle, par exemple, beaucoup d'intellectuels, d'hommes d'affaires, de politiciens et de gens ordinaires avaient une idée claire et foncièrement juste du visage que prendrait l'avenir. Ils pressentaient que l'histoire allait dans le sens du triomphe de l'industrie sur l'agriculture prémécanique et prévoyaient avec un degré de précision remarquable nombre des transformations que la Seconde Vague allait entraîner : des techniques plus efficaces, des villes plus tentaculaires, des transports plus rapides, l'éducation de masse, etc.

Cette claire prescience du futur avait des conséquences politiques directes. Partis et mouvements politiques étaient en mesure de se situer dans la perspective de l'avenir. Les intérêts agricoles préindustriels pouvaient s'organiser afin de livrer un combat d'arrière-garde contre les empiètements de l'industrialisme, contre le *big business,* contre les dirigeants syndicaux, contre les « cités maudites ». La classe ouvrière et le patronat pouvaient se disputer les leviers de commande de la société industrielle. Les minorités ethniques et raciales, définissant leurs droits sur la base d'un rôle amélioré dans ce *nouveau* monde, exigèrent l'accès aux emplois, aux fonctions de responsabilité dans les entreprises, à un habitat convenable, à la généralisation de l'instruction, etc.

Mais la vision industrielle du futur avait également des répercussions notables au plan psychologique. Les gens pouvaient être en désaccord ou même se heurter violemment dans des affrontements parfois sanglants, les crises et les booms économiques pouvaient bouleverser leur existence. D'une façon générale, néanmoins, l'image du futur industriel qui leur était commune avait tendance à déterminer les choix. Elle donnait aux individus conscience, non seulement de ce qu'ils étaient, mais aussi de ce qu'ils avaient des chances de devenir. Même au cœur de transformations sociales drastiques, elle leur apportait une certaine stabilité et le sens de leur identité.

En revanche, lorsque deux gigantesques vagues de changement (ou davantage) s'abattent sur une société et qu'aucune n'est encore franchement prédominante, notre image du futur semble renvoyée par un miroir brisé et il est extrêmement malaisé de débrouiller la signification des transformations et des conflits qui surgissent. Cette collision de fronts d'onde déchaîne une tempête furieuse, des courants antagonistes, des tourbillons, et des maelströms qui masquent les raz de marée historiques plus profonds et plus importants.

De nos jours, aux États-Unis, comme dans bien d'autres pays, la collision entre la Seconde et la Troisième Vague crée des tensions sociales violentes, de dangereux conflits, d'étranges « fronts d'onde politiques » inédits qui ne tiennent pas compte des clivages habituels en fonction des classes, des races, des sexes ou des partis. Elle pulvérise la terminologie politique classique et il devient très difficile de séparer les « progressistes » des « réactionnaires », les amis des ennemis. Les vieilles polarisations et les vieilles coalitions éclatent.

En dépit de leurs différends, syndicats et employeurs font cause commune contre les défenseurs de l'environnement, tandis que les Noirs et les Juifs, naguère unis dans le combat contre la discrimination, se retrouvent adversaires.

Dans beaucoup de pays, la classe ouvrière, traditionnellement attachée à des options « progressistes » comme la redistribution des revenus, adopte souvent, maintenant, des positions « réactionnaires » en ce qui concerne les droits des femmes, le code familial, l'immigration, le protectionnisme ou la régionalisation. La « gauche » traditionnelle est fréquemment centralisatrice, violemment nationaliste et anti-écologiste.

Et l'on voit dans le même temps des hommes politiques, de Valéry Giscard d'Estaing à Jimmy Carter ou Jerry Brown, rallier des points de vue « conservateurs » au plan de l'économie et afficher des attitudes « libérales » dans les domaines de l'art, de la morale sexuelle, des droits des femmes ou de l'écologie. Il n'est pas surprenant que les gens soient désorientés et renoncent à comprendre le monde où ils vivent.

D'autant plus que les media dressent un inventaire qui semble sans fin d'innovations, de revirements, d'événements insolites, d'assassinats, d'enlèvements, de lancements d'engins spatiaux, de dysfonctionnements administratifs, de raids de commandos et de scandales n'ayant à première vue aucun rapport entre eux.

La désintégration de la personnalité reflète cette apparente incohérence de la vie politique. Psychiatres et gourous font des affaires d'or, et les gens errent de thérapie en thérapie, du « cri primordial » à la « médecine extrasensorielle », de secte en culte, à moins qu'ils ne sombrent dans un narcissisme pathologique, convaincus que la réalité est absurde, aberrante ou dépourvue de signification. Que la vie soit absurde dans un sens plus large, cosmique, il se peut. Mais cela ne prouve aucunement que les événements qui tissent la trame des jours soient dénués de signification. En fait, il existe un ordre caché, reconnaissable à partir du moment où l'on est en mesure de distinguer les changements liés à la Troisième Vague de ceux qui sont propres à la Seconde en perte de vitesse.

L'intelligence des conflits provoqués par ces fronts d'onde en collision ne nous apporte pas seulement une image plus lisible des futurs possibles. Elle donne aussi une radiographie des forces politiques et sociales qui s'exercent sur nous. Elle nous éclaire, en outre, sur le rôle que nous jouons personnellement sur la scène de l'histoire. En effet, chacun d'entre nous, quelle que soit notre apparente insignifiance, est une parcelle d'histoire.

Les remous et les tourbillons créés par ces vagues de changement se reflètent dans notre vie professionnelle et familiale, dans nos comportements sexuels et dans notre morale personnelle. Ils se traduisent dans notre style de vie et dans nos habitudes de vote. Car, que nous nous en rendions compte ou pas, dans notre existence privée comme dans nos actes politiques, la plupart d'entre nous, habitants des pays riches, sommes essentiellement soit des hommes et des femmes de la Seconde Vague acharnés à sauvegarder un ordre moribond, soit des hommes et des femmes de la Troisième Vague s'attachant à bâtir un avenir radicalement différent, à moins que nous n'appartenions au groupe intermédiaire désorienté chez lequel les deux démarches se neutralisent.

RUÉE VERS L'OR ET ASSASSINATS

Le conflit entre les groupes de la Seconde et de la Troisième Vague constitue, en réalité, le clivage politique central de la société contemporaine. Quoi que puissent prêcher les partis et les candidats d'aujourd'hui, leurs querelles internes ne sont guère plus qu'une bataille dont l'objet est de déterminer qui retirera le plus d'avantages de ce qui subsiste du système industriel à son déclin. En d'autres termes, ils ne font que participer à la ruée proverbiale sur les fauteuils de pont d'un *Titanic* en perdition.

La question politique fondamentale, nous le verrons, n'est pas de savoir qui régnera sur la société industrielle des derniers jours, mais bien de savoir qui façonnera la civilisation destinée à lui succéder qui avance à pas de géant. Ainsi, alors que les escarmouches politiques quotidiennes à courte vue épuisent notre énergie et subjuguent notre attention, un conflit infiniment plus déterminant est déjà en train de faire rage sous la surface. D'un côté, les partisans du passé industriel ; de l'autre, les foules de plus en plus nombreuses qui prennent conscience du fait que les problèmes les plus urgents auxquels est confronté le monde — la nourriture, l'énergie, le désarmement, la démographie, la pauvreté, les ressources, l'écologie, les climats, le troisième âge, la dégradation de l'environnement urbain, le besoin d'exercer un travail productif et gratifiant — ne peuvent plus trouver leur solution dans le cadre de l'ordre industriel.

Ce conflit est le « super-combat pour demain ».

Cette confrontation entre les intérêts établis de la Seconde Vague et le peuple de la Troisième s'irradie déjà à la manière d'un courant électrique traversant la vie politique de toutes les nations. Même dans les pays non industrialisés, toutes les anciennes lignes de force ont dû être déplacées du fait de l'irruption de la Troisième Vague. L'immémorial antagonisme opposant les intérêts agraires, souvent féodaux, aux élites industrialisatrices, qu'elles soient capitalistes ou socialistes, acquiert une dimension nouvelle à la lumière de l'obsolescence imminente qui menace l'industrialisme. Avec l'apparition de la Troisième Vague, l'industrialisation galopante présuppose-t-elle la mort du néocolonialisme — ou implique-t-elle, en fait, l'asservissement perpétuel ?

Ce n'est qu'en faisant référence à cette vaste toile de fond que nous pourrons commencer à appréhender la signification des gros titres, à dégager les priorités, à élaborer des stratégies intelligentes en vue de maîtriser le changement qui affecte notre existence.

Tandis que j'écris ces lignes, que lit-on en première page des journaux ? Hystérie collective et prise d'otages en Iran ; assassinats en Corée du Sud ; spéculation déchaînée sur l'or ; frictions entre Noirs et Juifs aux U.S.A. ; accroissement considérable des dépenses militaires en Allemagne de l'Ouest ; retour de flammes du Ku Klux Klan à Long Island ; gigantesque marée noire dans le golfe du Mexique ; la plus grande manifestation antinucléaire de l'histoire ; guerre pour l'appropriation des fréquences radio entre nations riches et nations pauvres. La Libye, la Syrie et les U.S.A. connaissent un renouveau du mysticisme religieux ; des néofascistes revendiquent un assassinat politique à Paris. Et la General Motors annonce que des progrès décisifs ont été réalisés dans la technologie indispensable à la construction de voitures électriques. Ces coupures de presse hétéroclites exigeant absolument un effort d'intégration ou de synthèse.

A partir du moment où l'on prend conscience du fait qu'une impitoyable bataille fait d'ores et déjà rage entre ceux qui cherchent à sauvegarder l'ordre ancien et ceux qui cherchent à le supplanter, nous disposons d'une clé efficace pour déchiffrer le monde. Et, plus important encore, qu'il s'agisse de définir les choix politiques d'une nation, d'élaborer la stratégie d'une entreprise ou de fixer un but à sa vie personnelle, nous possédons un nouvel outil pour transformer ce monde.

Toutefois, pour que cet outil soit utilisable, il faut être capable de distinguer clairement les changements qui prolongent la vieille civilisation industrielle, d'une part, ceux qui facilitent l'avènement de la nouvelle, d'autre part. Bref, il importe de comprendre les deux, l'ancienne et la nouvelle, le système industriel de la Seconde Vague au sein duquel nombre d'entre nous sont nés et la civilisation de la Troisième Vague qui sera notre univers et celui de nos enfants.

Dans les chapitres qui suivent, nous examinerons de plus près les deux premières vagues de changement afin de nous préparer à explorer la troisième. Nous verrons que la civilisation de la Seconde Vague n'est pas un assemblage d'éléments hétéroclites et accidentels dont la rencontre serait due au seul hasard, mais bien un *système* dont certaines composantes réagissent les unes sur les autres de manière plus ou moins prévisible, et que ce modèle fondamental du fait industriel est identique dans tous les pays, indépendamment de leur héritage culturel ou de leurs différences politiques. C'est la civilisation que les « réactionnaires » d'aujourd'hui, de « gauche » ou de « droite », veulent sauvegarder à tout prix. C'est ce monde-là que la civilisation de la Troisième Vague met en péril.

LA SECONDE VAGUE

Chapitre 2.
L'architecture de la civilisation

Il y a trois cents ans, à un demi-siècle près, retentit une explosion dont les ondes de choc se propagèrent sur toute la terre, détruisant des sociétés anciennes et créant une société entièrement nouvelle. Cette « explosion » n'était autre, il va sans dire, que la révolution industrielle. Et la gigantesque lame de fond qu'elle déclencha — la Seconde Vague — heurta de front toutes les institutions héritées du passé et changea le mode de vie de millions et de millions d'êtres.

Durant les longs millénaires où la civilisation de la Première Vague régnait sans conteste sur la planète, on aurait pu diviser la population du globe en deux catégories : les « primitifs » et les « civilisés ». Les peuples dits primitifs, répartis en petits groupes ou en tribus dont la cueillette, la chasse et la pêche assuraient la subsistance, étaient ceux que la révolution de l'agriculture n'avait pas touchés.

Le « monde civilisé », en revanche, était précisément constitué par les régions de la planète dont la majeure partie des habitants travaillaient la terre. C'est que la civilisation, en effet, prend racine partout où apparaît l'agriculture. De la Chine et de l'Inde au Bénin et au Mexique, en Grèce et à Rome, des civilisations s'épanouirent et s'écroulèrent, se combattirent et fusionnèrent dans un brassage pittoresque et sans fin.

Toutefois, derrière leurs différences, elles présentaient certains points communs d'une importance fondamentale. Partout, la terre était la base de l'économie, de l'existence, de la culture, de la famille et de l'organisation politique. Partout, la vie était centrée sur le village. Partout prévalait une division élémentaire du travail et partout s'était constitué un système de classes ou de castes bien tranchées — la noblesse, le clergé, les guerriers, les esclaves ou les serfs. Partout, le pouvoir était de nature strictement autoritariste. Partout, la naissance déterminait le statut de l'individu. Et partout, l'économie était décentralisée de sorte que chaque communauté produisait la quasi-totalité des biens nécessaires à son existence.

Il y avait des exceptions — car rien n'est simple dans l'histoire —, des cultures mercantiles dont les navires sillonnaient les mers, des royaumes hautement centralisés organisés autour de colossaux réseaux de canaux d'irrigation. Cela étant dit, en dépit de ces cas d'espèce, on est en droit de considérer que toutes ces civilisations relevaient malgré leur spécificité apparente du même phénomène : la civilisation agraire, celle qu'avait fait s'épanouir la Première Vague.

Sous son règne, des signes avant-coureurs des transformations qui devaient intervenir ultérieurement se manifestèrent parfois. La production en série existait à l'état embryonnaire en Grèce et à Rome. On extrayait du pétrole dans les îles helléniques en 400 av. J.-C. et en Birmanie en 100 av. J.-C. Babylone et l'Égypte virent fleurir une vaste bureaucratie. De puissantes métropoles urbaines s'édifièrent en Asie et en Amérique du Sud. La monnaie circulait, il y avait des échanges. Du Cathay à Calais, des routes commerciales quadrillaient les déserts, les océans et les montagnes. Des corporations et des nations balbutiantes voyaient le jour. Une étonnante mécanique préfigurant la machine à vapeur était même en service à Alexandrie.

Et pourtant rien, nulle part, ne ressemblait, même de loin, à une civilisation industrielle. Ces visions du futur étaient de simples curiosités historiques dispersées dans le temps et dans l'espace. Elles ne furent jamais intégrées dans un système cohérent, et n'auraient jamais pu l'être.

On peut dire, par conséquent, que la Première Vague a prévalu jusqu'en 1650-1750. Malgré la présence d'îlots de « primitivisme » et de quelques signes précurseurs de l'industrialisme futur, la civilisation agricole dominait la planète et tout permettait de penser qu'il en irait toujours ainsi.

Tel était l'univers où la révolution industrielle fit irruption, donnant le coup d'envoi à la Seconde Vague et créant une contre-civilisation insolite, dynamique et fébrile. L'industrialisme ne se réduisait pas à des cheminées d'usines et à des chaînes de montage. C'était un système social d'une grande richesse et aux multiples facettes qui affectait tous les aspects de la vie de l'homme et livrait l'assaut à tous les éléments constitutifs du passé de la Première Vague.

Il engendra, certes, la grande usine de Willow Run, près de Detroit, mais il introduisit aussi le tracteur à la ferme, la machine à écrire au bureau, le réfrigérateur à la cuisine. Il donna naissance à la presse quotidienne et au cinéma, au métro et au DC-3. Nous lui devons le cubisme et la musique polyphonique, l'architecture du Bauhaus et le mobilier catalan, les grèves sur le tas, les pilules vitaminées et l'augmentation de l'espérance de vie, la montre-bracelet et l'urne électorale. Et, ce qui fut le plus important, il relia ces différents éléments — les monta comme on monte une machine — pour créer le système social le plus dynamique, le plus cohérent et le plus expansionniste que le monde eût encore jamais connu : la civilisation de la Seconde Vague.

LA SOLUTION VIOLENTE

En déferlant sur les sociétés existantes, la Seconde Vague déclencha une guerre sanglante et prolongée entre les défenseurs du passé agricole et les champions de l'avenir. Les forces de la Première et de la Seconde Vague se heurtèrent de plein fouet, excluant, quand elles ne les décimaient pas, les populations « primitives » qu'elles rencontrèrent sur leur passage.

Aux États-Unis, cette collision débuta avec l'arrivée des immigrants européens résolus à instaurer une civilisation de Première Vague de type agraire. Une implacable marée agricole blanche se fraya son chemin vers l'Ouest, dépossédant les Indiens, implantant toujours plus loin et jusqu'au Pacifique ses fermes et ses villages ruraux.

Mais les premiers « industrialistes », représentants, en fait, de la Seconde Vague, du futur, accoururent dans la foulée des fermiers. Des usines et des villes surgirent en Nouvelle-Angleterre et dans les États de la façade atlantique. Au milieu du XIXe siècle, le nord-est du pays s'était doté d'un secteur industriel en voie de croissance rapide qui produisait des armes à feu, des montres, des instruments aratoires, des textiles, des machines à coudre et autres biens alors que les intérêts agricoles imposaient encore leur loi au reste du continent. Les tensions économiques et sociales entre les forces de la Première Vague et celles de la Seconde allaient s'aggravant jusqu'au moment où, en 1861, elles débouchèrent sur la violence armée.

Contrairement à une croyance couramment répandue, ce ne furent ni le problème moral posé par l'esclavage, ni de mesquins litiges économiques comme la querelle sur les droits de douane qui furent à l'origine de la guerre de Sécession. Son objet était d'une tout autre portée : le nouveau et opulent continent serait-il dirigé par les fermiers ou par les industriels, par les forces de la Première Vague ou par celles de la Seconde ? La future société américaine aurait-elle pour base l'agriculture ou l'industrie ? Quand les armées nordistes l'eurent emporté, les dés étaient jetés : l'industrialisation des États-Unis était désormais chose acquise. Dès lors, au niveau économique et au niveau politique, dans la vie sociale comme dans la vie culturelle, l'agriculture ne cessa de perdre du terrain tandis que l'industrie était en plein essor. La Première Vague reflua devant le bruyant déferlement de la Seconde.

Ce choc de civilisations eut aussi lieu dans d'autres pays. Au Japon, la restauration de Meiji, en 1868, fut la version nippone du même combat entre le passé agricole et le futur industriel. L'abolition du féodalisme en 1876, la rébellion du clan Satsuma en 1877, l'adoption en 1889 d'une Constitution de type occidental, furent autant d'aspects de la collision entre la Première et la Seconde Vague, autant de jalons sur la route de l'accession du Japon au statut de grande puissance industrielle.

Le même effet de mascaret se manifesta en Russie. La révolution de 1917 fut la transposition en termes russes de la guerre de Sécession américaine. Malgré les apparences, son objectif premier n'était pas l'instauration du communisme mais, là encore, la bataille de l'industrialisation. Quand les bolcheviks eurent éliminé les derniers vestiges du servage et de la monarchie féodale, ils firent passer l'agriculture au second plan et accélérèrent délibérément le processus d'industrialisation. Ils devinrent le parti de la Seconde Vague.

Cette confrontation entre les intérêts spécifiques de chacune des deux Vagues se produisit pareillement dans tous les pays les uns après les autres, conduisant à des crises et à des troubles politiques, à des grèves, à des soulèvements, à des coups d'État et à des guerres. Mais, vers le milieu du xxᵉ siècle, les forces de la Première Vague étaient vaincues et la civilisation de la Seconde Vague régnait sur la terre.

Aujourd'hui, la planète est corsetée dans une ceinture industrielle s'étendant entre le 25ᵉ et le 65ᵉ degré de latitude nord. En Amérique du Nord, quelque 250 millions d'êtres mènent un mode de vie industriel. En Europe occidentale, de la Scandinavie à l'Italie, un quart de milliard d'hommes vivent aussi sous la loi de l'industrialisme. A l'Est, dans l' « Eurorussie » industrielle — l'Europe orientale et la moitié occidentale de l'Union soviétique —, la civilisation industrielle intéresse également approximativement un quart de milliard de gens. Enfin, l'Asie industrielle, regroupant le Japon, Hong Kong, Singapour, Taiwan, une partie de la Corée du Sud et de la Chine continentale, l'Australie et la Nouvelle-Zélande, représente à son tour quelque 250 millions de personnes. Au total, la civilisation industrielle touche donc *grosso modo* un milliard d'êtres humains — le quart de la population du globe [1].

Quelles que soient leurs vertigineuses différences de langue, de culture, d'histoire et de régime politique — différences si profondes qu'elles suscitent des conflits armés —, toutes les sociétés de la Seconde Vague présentent des caractéristiques communes. En vérité, ces divergences patentes recouvrent des similitudes fondamentales. Et pour comprendre le heurt qui se produit aujourd'hui entre les vagues de changement, il nous faut pouvoir identifier sans ambiguïté ces parallélismes structuraux qui sont le cadre occulte de la civilisation de la Seconde Vague. C'est, en effet, cette infrastructure industrielle qui est maintenant ébranlée.

DES PILES VIVANTES

Le préalable de toute société, hier comme aujourd'hui, a nom énergie. Les sociétés de la Première Vague utilisaient comme

1. Nous définirons ici le système industriel mondial en 1979 comme composé des régions suivantes : l'Amérique du Nord ; la Scandinavie ; la Grande-Bretagne et l'Irlande ; l'Europe orientale et occidentale (sauf le Portugal, l'Espagne, l'Albanie, la Grèce et la Bulgarie) ; l'U.R.S.S. ; le Japon, Taiwan, Hong Kong, Singapour, l'Australie et la Nouvelle-Zélande. Il y a évidemment d'autres nations que l'on pourrait être en droit d'ajouter à cette liste, de même qu'il existe des îlots industriels dans d'autres régions fondamentalement non industrielles : Monterey et Mexico au Mexique, Bombay en Inde, et cette nomenclature est loin d'être exhaustive. (*N.d.A.*)

sources d'énergie des « piles vivantes » — la puissance musculaire, humaine ou animale —, le soleil, l'eau et le vent. Les forêts fournissaient le bois nécessaire à la cuisine et au chauffage. Des roues à aubes, certaines actionnées par le mouvement des marées, faisaient tourner les meules. Les moulins grinçaient dans la campagne. Les bêtes tiraient la charrue. On estime qu'à l'époque de la Révolution française, le parc énergétique de l'Europe était constitué de 14 millions de chevaux et de 24 millions de bœufs. Autrement dit, les sources d'énergie auxquelles les sociétés de la Première Vague faisaient appel avaient pour caractéristiques d'être renouvelables. La nature reconstituait les forêts où avait passé la cognée, le vent gonflait les voiles des navires, le courant des rivières faisait fonctionner les roues à aubes. Les bêtes et les gens eux-mêmes étaient des « esclaves énergétiques » remplaçables.

Toutes les sociétés de la Seconde Vague, en revanche, commencèrent à extraire l'énergie dont elles avaient besoin du charbon, du gaz et du pétrole, combustibles d'origine fossile et, par définition, non renouvelables. Cette mutation révolutionnaire qui débuta en 1712 quand Newcomen inventa une machine à vapeur utilisable, signifiait que, pour la première fois, une civilisation dévorait le « capital » de la nature, ne se satisfaisant plus de l'intérêt qu'elle lui servait.

Cette ponction sur les réserves d'énergie de la planète constitua une subvention dissimulée pour la civilisation industrielle, accélérant puissamment sa croissance économique.

Depuis, et il en va encore ainsi de nos jours, partout où passa la Seconde Vague, les nations édifièrent d'impressionnantes structures technologiques et économiques en partant du principe que les combustibles fossiles bon marché dureraient éternellement. Dans les sociétés capitalistes comme dans les sociétés communistes, à l'Est comme à l'Ouest, on constate que la démarche est identique : de la dispersion à la concentration des sources d'énergie, du renouvelable au non-renouvelable, de la pluralité des réserves énergétiques et des combustibles à un éventail très restreint. Les combustibles fossiles constituent la base énergétique de toutes les sociétés de la Seconde Vague.

LA MATRICE TECHNOLOGIQUE

Le bond en avant aboutissant à la mise en place d'un système énergétique d'un type nouveau s'accompagna d'une percée gigantesque au plan de la technologie. Les sociétés de la Première Vague faisaient appel à ce que, il y a 2 000 ans, Vitruve désignait sous le nom d' « inventions nécessaires », mais ces antiques appareillages — treuils, coins, catapultes, pressoirs à raisin, leviers et palans — visaient principalement à augmenter le rendement du travail musculaire, humain ou animal.

La Seconde Vague fit accéder la technologie à un niveau encore inconnu. Elle enfanta des monstres électromécaniques, des pièces mobiles, des courroies de transmission, des tuyauteries, des roulements et des boulons ferraillant et cliquetant à qui mieux mieux. Et ces nouvelles machines firent beaucoup plus qu'accroître purement et simplement la capacité musculaire. La civilisation industrielle dota la technologie d' « organes sensoriels », elle produisit des êtres mécaniques capables d'entendre, de voir et de toucher avec plus de précision que l'homme. Elle fournit à la technologie une « matrice » en inventant des machines conçues pour en engendrer à l'infini de nouvelles. Et, ce qui est plus important, elle rassembla les machines en systèmes intégrés sous un toit unique, créant ainsi l'usine et plus tard la chaîne de montage au sein de celle-ci.

A partir de cette base technologique, une nuée d'industries virent le jour qui conférèrent sa marque distinctive à la civilisation de la Seconde Vague. D'abord vinrent le charbon, les textiles et les chemins de fer. Puis la sidérurgie, la construction automobile, l'aluminium, les produits chimiques et les appareils ménagers. D'énormes cités industrielles s'édifièrent : Lille et Manchester pour le textile, Detroit pour l'automobile, Essen et, plus tard, Magnitogorsk pour l'acier et des centaines d'autres.

De ces centres industriels sortaient à profusion d'innombrables produits identiques — par dizaines de millions : chemises, chaussures, voitures, montres, jouets, savonnettes, shampooings, appareils de photo, mitrailleuses, moteurs électriques. La nouvelle technologie, alimentée par le nouveau système énergétique, ouvrait la voie à la production de masse.

LA PAGODE VERMILLON

Toutefois, la production de masse est sans aucun intérêt tant que des changements parallèles n'interviennent pas au niveau de la distribution. Dans les sociétés de la Première Vague, les biens étaient normalement fabriqués selon des méthodes artisanales, un par un et sur mesure. Il en allait souvent de même pour la distribution.

Certes, dans les failles de plus en plus larges du vieux système féodal en honneur dans l'Occident, des négociants avaient créé des compagnies commerciales qui armaient des flottes sillonnant le monde et levaient des caravanes. Elles vendaient du plomb, du verre, de la soie, des noix de muscade, du thé, des vins, de la laine, de l'indigo et des épices.

Mais la plupart de ces produits ne parvenaient aux consommateurs que par le truchement de minuscules échoppes, transportés à dos d'homme ou dans les carrioles des colporteurs qui parcouraient les campagnes. La médiocrité des moyens de communication et des modes de transport primitifs réduisait considérablement l'ampleur du marché. Le stock des petits boutiquiers et des marchands ambulants était forcément très limité, et ils étaient souvent en rupture sur certains articles pendant des mois, sinon des années entières.

Les mutations que la Seconde Vague introduisit dans cet appareil de distribution grinçant et surchargé furent aussi radicales, à leur manière, que les progrès plus ostensibles qui s'opérèrent dans le secteur de la production. Le chemin de fer, les routes et les canaux pénétrèrent l'arrière-pays et l'industrialisation fit voir le jour aux « palais du commerce », les premiers grands magasins. Des réseaux complexes de grossistes, de demi-grossistes, de mandataires, de représentants des producteurs se mirent à pulluler et, en 1871, George Hunting Hartford — dont le premier magasin à New York était peint en vermillon et s'enorgueillissait d'une caisse en forme de pagode chinoise — fit pour la distribution ce que Henry Ford fera plus tard pour l'industrie. Il inaugura un chapitre absolument nouveau dans ce domaine lorsqu'il lança la première grande chaîne de distribution, la *Great Atlantic and Pacific Tea Company*.

La distribution à la demande céda le pas devant la distribution et la commercialisation de masse qui devaient devenir un élément aussi familier et aussi capital des sociétés industrielles que la machine elle-même.

Si nous prenons ces transformations en bloc, que voyons-nous donc ? La métamorphose de ce que l'on pourrait appeler la « technosphère ». Toutes les sociétés, primitives, agricoles ou industrielles, utilisent de l'énergie. Elles produisent des choses. Elles distribuent des choses. Et, invariablement, le système de production et le système de distribution font partie intégrante d'un plus vaste ensemble, cette « technosphère » qui revêt une forme spécifique à chaque étape de l'évolution de la société.

A mesure qu'elle balayait la planète, la Seconde Vague remplaça la technosphère agricole par une technosphère industrielle où des énergies non renouvelables alimentaient directement un système de production de masse qui, à son tour, déversait des biens de consommation dans un système de distribution de masse hautement développé.

LA FAMILLE « DÉGRAISSÉE »

Cependant, la technosphère de la Seconde Vague requérait une « sociosphère » également révolutionnaire qui lui fût adaptée. Elle exigeait des formes d'organisation sociales radicalement neuves.

Avant la révolution industrielle, par exemple, la structure de la famille variait selon le lieu. Mais là où l'agriculture prévalait, les gens tendaient à se grouper en vastes foyers où plusieurs générations cohabitaient, où les oncles, les tantes, la belle-famille, les grands-parents et les cousins vivant sous le même toit formaient une unité de production économique — la *dozuku* au Japon, la *joint family* en Inde, la *zadruga* yougoslave. La famille, frappée d'immobilisme, était ainsi liée à la terre.

Quand la Seconde Vague commença à toucher les sociétés de Première Vague, la famille se mit à bouger. Le choc des fronts d'onde antagonistes prit dans chaque foyer une forme conflictuelle. L'autorité patriarcale se trouva mise en question, les rapports parents-enfants se modifièrent, le code des relations familiales changea. A mesure que la production économique passait des champs à l'usine, la famille cessa de fonctionner comme unité solidaire. Afin de libérer de la main-d'œuvre pour l'usine, les fonctions familiales de base se morcelèrent, éclatèrent en institutions nouvelles et spécialisées. L'éducation des enfants fut confiée à l'école. Des « asiles », des « foyers de vieillards », des « maisons de retraite » prirent en charge les personnes âgées. Mais, surtout, la société nouvelle avait besoin de mobilité, de travailleurs pouvant se déplacer pour aller vers l'embauche.

Or, la famille « élargie », alourdie par les vieux, les malades, les handicapés et des nuées d'enfants, n'était rien moins que mobile. Aussi fut-ce lentement et péniblement que les structures familiales changèrent. Déchirées par l'exode vers les villes, meurtries par les orages économiques, les familles se débarrassèrent de leur parentèle encombrante ou indésirable et devinrent plus petites, plus mobiles, mieux adaptées aux exigences de la nouvelle technosphère.

Le « noyau familial » — le père, la mère, quelques enfants et pas de parents embarrassants — apparut dans toutes les sociétés industrielles, qu'elles fussent capitalistes ou socialistes, comme le modèle « moderne » et standard bénéficiant de la sanction sociale. Même au Japon où le culte des ancêtres conférait aux parents âgés une importance exceptionnelle, la maisonnée élargie et étroitement fermée sur elle-même, où se côtoyaient plusieurs générations, se désagrégea progressivement devant l'avancée de la Seconde Vague. Les familles nucléaires étaient de plus en plus nombreuses, et devinrent une caractéristique intrinsèque de toutes les sociétés de la Seconde Vague qui les distinguait des sociétés antérieures de type Première Vague au même titre que les combustibles fossiles, les aciéries ou les magasins à succursales multiples.

LE PROGRAMME INVISIBLE

A mesure que se raréfiaient les tâches des champs et de la maison, il fallait, en outre, préparer les enfants au travail en usine. Dans l'Angleterre en voie d'industrialisation, les premiers propriétaires de mines, d'entreprises sidérurgiques et de manufactures constatèrent que, comme le notait Andrew Ure en 1835, il était « presque impossible, passé l'âge de la puberté, de transformer des gens habitués à des métiers ruraux ou artisanaux en une main-d'œuvre usinière utilisable ». Si l'on parvenait à préconditionner les jeunes au système industriel, on réduirait considérablement les problèmes de discipline industrielle qui se poseraient plus tard.

D'où une autre structure centrale commune à toutes les sociétés de la Seconde Vague : l'instruction publique.

L'éducation de masse, conçue sur le modèle de l'usine, enseignait aux jeunes à lire, à écrire et à compter, un peu d'histoire et les rudiments de quelques autres disciplines. C'était là le « programme ostensible ». Mais derrière lui, il y en avait un autre, un programme invisible, « occulte » et beaucoup plus fondamental. Il comportait — et il en va encore ainsi dans la plupart des pays industriels — trois grands sujets : la ponctualité, l'obéissance et l'acceptation résignée d'une tâche routinière et répétitive. L'usine exigeait des ouvriers qui pointent à l'heure, surtout pour le travail à la chaîne. Elle exigeait un personnel qui exécute les ordres de la maîtrise sans poser de questions. Elle exigeait enfin des hommes et des femmes préparés à faire une besogne d'esclaves aux machines ou dans les bureaux, à se plier à des tâches d'une monotonie agressive.

Ainsi, à partir du milieu du xixe siècle et à mesure que la Seconde Vague gagnait les pays les uns après les autres, on assiste à une irrésistible extension de l'éducation : les enfants entrent de plus en plus jeunes à l'école, l'année scolaire ne cesse de s'allonger (aux États-Unis, elle augmenta de 35 % de 1878 à 1956) et la durée de la scolarité obligatoire est l'objet d'une inéluctable escalade.

Il est incontestable que l'éducation de masse fut un pas en avant vers l'humanisation de la société. « Nous considérons que l'instruction est, après la vie et la liberté, le plus grand bienfait dispensé à l'humanité », déclarait en 1829 un groupe de travailleurs new-yorkais. Néanmoins, génération après génération, les écoles de la Seconde Vague enrégimentèrent les jeunes dans une force de travail docile conforme aux besoins de la technologie électroméca-nique et du travail à la chaîne.

La famille nucléaire et l'école-usine étaient finalement des éléments d'un système intégré et monolithique visant à préparer l'insertion de la jeunesse dans la société industrielle. Sur ce plan aussi, les sociétés de la Seconde Vague, capitalistes ou communistes, du Nord ou du Sud, se ressemblent toutes.

DES ÊTRES IMMORTELS

Enfin, une troisième institution qui renforçait encore le contrôle social qu'exerçaient les deux premières fit son apparition dans les

sociétés de la Seconde Vague : la société anonyme, la « corporation ». Jusque-là, l'entreprise commerciale type était la propriété
d'un individu, d'une famille ou d'une association de quelques
personnes. Les « corporations » existaient mais elles étaient raris-
simes.

A l'époque de la révolution américaine encore, selon l'historien
Arthur Dewing, « personne n'aurait pu penser » que la société
anonyme, se substituant à la propriété associative ou individuelle,
deviendrait la principale forme d'organisation. En 1800, on n'en
comptait aux États-Unis que 335 qui se consacraient pour la plupart
à des activités de nature quasi publique comme la construction des
canaux ou de routes.

Le développement de la production de masse transforma cette
situation de fond en comble. Les technologies de la Seconde Vague
nécessitaient des capitaux énormes qui dépassaient les possibilités
d'un individu ou même d'un petit groupe. Tant qu'ils risquaient
leur fortune personnelle chaque fois qu'ils procédaient à un
investissement, les propriétaires, uniques ou associés, étaient peu
disposés à engloutir leur bon argent dans des projets ambitieux ou
hasardeux. Pour les encourager à le faire, on introduisit la notion
de responsabilité limitée. Si une compagnie faisait faillite, l'inves-
tisseur ne perdait que la somme qu'il avait engagée dans l'affaire,
rien de plus. Cette innovation ouvrit les vannes de l'investissement.

En outre, la S.A.R.L. était considérée juridiquement comme un
« être immortel » — c'est-à-dire qui pouvait survivre aux investisseurs originels. En conséquence, une société était dès lors en
mesure de se lancer dans des projets à très long terme et
d'entreprendre des programmes d'une ampleur sans précédent.

En 1901 fut créée la première corporation au capital d'un milliard
de dollars, la United States Steel, une concentration d'actifs
inimaginable auparavant. En 1919, il y avait aux États-Unis une
demi-douzaine de ces titans. En vérité, ces grosses entreprises
devinrent un facteur inséparable de la vie économique de toutes les
sociétés industrielles, y compris les sociétés socialistes et communistes. La forme pouvait varier mais la substance, qu'il s'agisse des
modalités de fonctionnement ou d'organisation, demeurait très
semblable. La famille nucléaire, l'école-usine et la corporation
géante devinrent ensemble les institutions sociales caractéristiques
de toutes les sociétés de la Seconde Vague.

Ainsi, dans tout l'univers de la Seconde Vague — au Japon

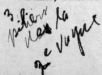

comme en Suisse, en Angleterre et en Pologne, aux U.S.A. et en U.R.S.S. —, la vie de la plupart des gens suivait une trajectoire identique : élevés dans une famille nucléaire, ils étaient éduqués en masse dans des écoles-usines, puis entraient au service d'une grande corporation, privée ou publique. Une institution Seconde Vague clé dominait chacune des phases de leur existence.

L'USINE À MUSIQUE

Toute une galaxie d'organismes divers se constitua autour de ces trois institutions polaires : cabinets ministériels, clubs sportifs, Églises, chambres de commerce, syndicats, groupements professionnels, partis politiques, bibliothèques, associations ethniques, foyers culturels et une poussière d'autres s'épanouirent dans le sillage de la Seconde Vague, tissant une trame associative d'une complexité extrême dont les différents éléments s'aidaient mutuellement, coordonnaient leur action ou se faisaient réciproquement contrepoids.

A première vue, cette diversité donne une impression d'anarchie, de chaos. Mais si l'on y regarde de plus près, on y discerne une logique secrète. C'est ainsi que, dans tous les pays de la Seconde Vague, les innovateurs sociaux, voyant dans l'usine l'instrument de production le plus « avancé » et le plus « efficace », tentèrent d'en introduire les principes dans toute sorte d'autres organismes. C'est ainsi que les écoles, les hôpitaux, les prisons, les administrations publiques et bien d'autres institutions encore empruntèrent à l'usine quelques-unes de ses caractéristiques : division du travail, structure hiérarchisée et impersonnalité glacée.

Il n'est pas jusque dans le domaine de l'art où l'on ne retrouve certains traits de l'usine. Au lieu d'œuvrer pour quelque mécène comme il en allait communément sous le long règne de la civilisation agraire, musiciens, compositeurs, peintres, sculpteurs, danseurs et écrivains furent de plus en plus nombreux obligés de se soumettre au bon plaisir du marché et de confectionner de façon croissante des « produits » destinés à un public anonyme. Et comme ce phénomène intervenait dans tous les pays de la Seconde Vague, la structure même de la production artistique se transforma.

La musique illustre de manière frappante cette évolution.

Pendant l'avancée de la Seconde Vague, les salles de concerts commencèrent à fleurir à Londres, à Vienne, à Paris et ailleurs. En même temps entrèrent en scène le « box office » et l'imprésario — l'homme d'affaires qui finançait le spectacle et vendait ensuite les billets aux consommateurs de culture.

Naturellement, plus le commanditaire en vendait, plus il faisait de bénéfices. En conséquence, le nombre des places ne cessait d'augmenter. Par ailleurs, des salles plus grandes exigeaient un volume sonore plus puissant, une musique que les auditeurs du dernier rang pourraient parfaitement entendre. Et c'est ainsi que, de la musique de chambre, on passa aux formes symphoniques.

Dans son *Histoire des instruments de musique,* ouvrage qui fait autorité, Curt Sachs écrit : « Le passage, au XVIIIe siècle, d'une culture aristocratique à une culture démocratique aboutit à substituer aux petits salons des salles de concerts toujours plus gigantesques qui requéraient davantage de volume (sonore). » Comme il n'existait pas, à l'époque, de technologie permettant de satisfaire à cette exigence, on multiplia le nombre des instruments et des interprètes pour parvenir à ce but. C'est ainsi que naquit l'orchestre symphonique moderne, et c'est pour cette institution industrielle que Beethoven, Mendelssohn, Schubert et Brahms écrivirent leurs chefs-d'œuvre.

La structure interne de l'orchestre elle-même reflétait certains aspects de l'usine. A l'origine, il n'y avait pas de chef, ou alors c'étaient les musiciens qui, tantôt l'un tantôt l'autre, assuraient la direction. Par la suite, à l'instar des ouvriers d'usine ou des employés de bureau, ils furent affectés à différents « ateliers » (les sections instrumentales), chacun concourant pour ce qui le concernait à l'élaboration du produit fini (la musique), la coordination étant assurée au sommet par un directeur (le chef d'orchestre), voire par un « contremaître » occupant une place plus modeste dans la hiérarchie (le premier violon ou tel chef de section instrumentale). L'institution vendait son « produit » sur un marché de masse. Ultérieurement, à cette activité s'ajouta l'enregistrement sur disque. L' « usine à musique » était née.

La genèse de l'orchestre symphonique n'est qu'un exemple de la manière dont se constitua la sociosphère de la Seconde Vague, avec ses trois institutions centrales et ses milliers d'organisations diverses et variées, toutes adaptées aux besoins et au style de la technosphère industrielle. Mais une civilisation n'est pas seulement une technosphère associée à la sociosphère correspondante. Toutes les civilisations ont aussi besoin d'une « infosphère » qui produit et diffuse l'information. Là aussi, les mutations qu'engendra la Seconde Vague furent considérables.

LE BLIZZARD DU PAPIER

Tous les groupes humains, des temps primitifs à nos jours, dépendent de la communication — une communication directe, de personne à personne. Néanmoins, il était indispensable de disposer également de systèmes permettant d'expédier des messages à travers le temps et l'espace. Les Perses de l'Antiquité, dit-on, construisaient des tours du haut desquelles des « crieurs » à la voix de stentor relayaient les messages de proche en proche. Les Romains disposaient d'un dense réseau de messagers, le *cursus publicus*. Entre 1305 et le début du xixe siècle, la *House of Taxis* exploitait un service de relais par cavaliers couvrant toute l'Europe. En 1628, elle employait 20 000 personnes. Ses courriers en livrée bleu et argent sillonnaient le continent, porteurs de lettres qu'échangeaient princes et généraux, marchands et prêteurs.

Mais, sous le règne de la civilisation de la Première Vague, ces services étaient l'apanage exclusif des riches et des puissants.

Les gens du commun n'y avaient pas accès. Même « les tentatives en vue d'expédier des lettres par d'autres moyens étaient considérées avec méfiance... ou interdites » par les autorités, indique l'historien Laurin Zilliacus. Bref, si l'échange direct d'informations de personne à personne était ouvert à tous, l'infrastructure destinée à transmettre l'information au-delà des limites de la famille ou du village était pratiquement monopolisée et utilisée comme instrument de domination sociale ou politique. C'était en définitive une arme entre les mains de l'élite.

En se propageant de pays en pays, la Seconde Vague fit voler en éclats le monopole des communications. Non pas parce que les riches et les puissants étaient subitement devenus altruistes, mais bien parce que la technologie et la production de masse nécessitaient une diffusion de masse de l'information que les filières traditionnelles n'étaient plus en mesure d'assurer.

Dans les sociétés primitives et dans celles de la Première Vague, l'information exigée par les besoins de la production économique est relativement simple et peut, en général, être fournie par une personne du voisinage: Elle est la plupart du temps de type verbal ou gestuel. Les économies de la Seconde Vague, quant à elles, réclament une étroite coordination de travaux exécutés en des lieux dispersés. Et ce ne sont pas seulement des matières premières, mais aussi une masse considérable de renseignements qu'il est indispensable de collecter et de distribuer avec un soin attentif.

C'est la raison pour laquelle, à mesure que la dynamique de la Seconde Vague s'intensifia, tous les pays se hâtèrent de mettre des services postaux sur pied. La poste fut une invention aussi imaginative et d'une utilité sociale aussi importante que l'égreneuse à coton, le métier à filer et une foule d'autres innovations apportées par l'ère nouvelle, et elle souleva des transports d'enthousiasme bien oubliés de nos jours. « Je suis obligé de considérer que la poste est, après le christianisme, le bras droit de la civilisation moderne », déclarait l'orateur américain Edward Everett.

La poste fut en effet le premier système de communication de l'ère industrielle ouvert à tous. En 1837, les Postes britanniques n'assuraient pas seulement l'acheminement de messages destinés à une élite : elles traitaient annuellement 88 millions de lettres et objets divers, ce qui était une véritable avalanche de communications pour l'époque. En 1960, c'est-à-dire à peu près à la date où l'ère industrielle atteignit son apogée et où s'amorça la percée de la Troisième Vague, on en était déjà au chiffre de 10 milliards. La même année, les postes américaines distribuaient 355 objets, lettres et paquets personnels, à chaque Américain, hommes, femmes et enfants[1].

Cette escalade de la masse des messages postaux qui accompagna la révolution industrielle ne donne cependant qu'une idée très lointaine du volume réel d'information qui commença à circuler dans le sillage de la Seconde Vague. Les messages empruntant ce que l'on pourrait appeler les « systèmes micropostaux » internes des grosses organisations étaient encore plus nombreux. Les notes de service ne sont pas autre chose que des lettres qui ne passent pas par les réseaux de communication publics. En 1955, quand la

---

1. La masse du courrier acheminé constitue un reflet fidèle et immédiat du niveau d'industrialisation d'un pays donné. En 1960, le chiffre moyen était de 141 objets postaux par personne pour les sociétés de la Seconde Vague. A titre de comparaison, celui des sociétés de la Première Vague était dix fois inférieur — 12 par personne et par an en Malaisie et au Ghana, 4 en Colombie. (N.d.A.)

Seconde Vague atteignit son point culminant aux États-Unis, la commission Hoover examina les archives de trois grandes corporations. Elle constata que pour chaque personne employée par celles-ci, il y avait respectivement 34 000, 56 000 et 64 000 documents classés !

A cette explosion des besoins informatifs des sociétés industrielles, l'écrit ne pouvait pas faire face à lui seul. Aussi, le XIXᵉ siècle inventa-t-il le téléphone et le télégraphe pour prendre en charge une partie du flux d'information qui ne cessait de grossir. En 1960, les Américains passaient quelque 256 millions de coups de téléphone par jour — plus de 93 milliards par an — et le réseau le plus sophistiqué du monde était souvent surchargé.

Tous ces systèmes de communication avaient essentiellement vocation d'acheminer des messages d'un seul expéditeur à un seul correspondant. Mais il est indispensable à une société axée sur la production et la consommation de masse de disposer également de moyens de communication de masse permettant à l'expéditeur d'atteindre un grand nombre de destinataires à la fois. Contrairement au patron de l'ère pré-industrielle qui, si besoin était, pouvait se rendre au domicile de chacun de ses employés — ils n'étaient qu'une poignée —, le chef d'entreprise de l'ère industrielle est dans l'incapacité de communiquer de façon directe et personnelle avec les milliers de travailleurs qu'il a sous ses ordres. Et c'est encore plus vrai au niveau de la commercialisation et de la distribution : il est impossible de dialoguer avec chaque client. Il fallait donc à la société de la Seconde Vague — et l'on ne s'étonnera pas qu'elle l'ait inventé — un système efficace pour faire parvenir un même message à un grand nombre de personnes en même temps — un système économique, rapide et fiable.

Les services postaux pouvaient faire parvenir le même message à des millions de personnes — mais il y avait des délais d'acheminement. Le téléphone pouvait transmettre les messages rapidement — mais pas à une multitude de gens simultanément. Il y avait là une lacune. Ce furent les mass media qui la comblèrent.

Aujourd'hui, assurément, dans tous les pays industriels, la circulation de masse des journaux et des magazines fait à tel point partie de la vie de tous les jours qu'elle semble aller de soi. Et pourtant, la diffusion de ces publications à l'échelle d'une nation est le résultat de progrès convergents de nombreuses techniques industrielles et de formes sociales nouvelles. Cela a été rendu possible, observe Jean-Louis Servan-Schreiber, par l'apparition simultanée « de trains pouvant transporter les journaux en une journée dans tout un pays (de taille européenne), de rotatives produisant en quelques heures des dizaines de millions d'exemplaires, d'un réseau de télégraphes et de téléphones... mais surtout (d') un public à qui l'instruction obligatoire apprenait à lire et d'industriels qui avaient besoin... (d') écouler leurs produits... ».

Les mass media, qu'il s'agisse de la presse, de la radio, du cinéma ou de la télévision, sont, eux aussi, l'incarnation des principes de base de l'usine elle-même. Ils gravent des messages identiques dans des millions de cerveaux, exactement comme l'usine fournit des produits identiques à des millions de foyers. Les « faits » standardisés et fabriqués en série sortent de quelques fabriques d'images très concentrées, pour inonder des millions de consommateurs. Sans cet immense et puissant système de canalisation de l'information, la société industrielle n'aurait pu ni prendre forme ni fonctionner de manière fiable.

Autrement dit, une « infosphère » complexe a vu le jour dans toutes les sociétés industrielles, tant socialistes que capitalistes, réseau de communication assurant une diffusion des messages tant individuels que collectifs aussi efficaces que les filières de distribution des biens de consommation ou des matières premières. Cette infosphère, articulée à la technosphère et à la sociosphère au bon fonctionnement desquelles elle concourt, contribuait elle aussi à harmoniser production économique et comportement de l'individu.

Chacune de ces « sphères » assurait une fonction clé au sein d'un système global et aucune d'entre elles n'aurait pu exister sans les autres. La technosphère produisait et répartissait la richesse. La sociosphère, avec ses milliers d'organisations étroitement imbriquées, assignait un rôle aux individus dans le cadre du système. L'infosphère, enfin, fournissait l'information nécessaire à la marche de celui-ci. Elles constituaient à elles trois l'ossature de la société.

Ce schéma représente donc l'infrastructure commune à toutes les nations de la Seconde Vague, indépendamment de leurs différences culturelles ou géographiques, de leur héritage ethnique et religieux, du fait qu'elles se définissent comme capitalistes ou socialistes.

Ces structures parallèles, aussi fondamentales en Union soviétique et en Hongrie qu'en Allemagne de l'Ouest, en France ou au

Canada, marquent les limites à l'intérieur desquelles s'expriment les spécificités politiques, sociales et culturelles des divers pays. Elles ne se sont manifestées, et cela sous tous les cieux, qu'à l'issue de batailles politiques, culturelles et économiques violentes opposant ceux qui cherchaient à sauvegarder les vieilles structures de la Première Vague à ceux qui étaient conscients que seule une civilisation nouvelle pourrait résoudre les douloureux problèmes de l'ancienne.

La Seconde Vague donna une impulsion inouïe aux espérances de l'humanité. Pour la première fois, des hommes et des femmes avaient l'audace de croire que l'on pouvait en finir avec la misère, la faim, la maladie et la tyrannie. Des écrivains et des philosophes utopistes, d'Abraham Morelly et Robert Owen à Saint-Simon, Fourier, Proudhon, Louis Blanc, Edward Bellamy et des dizaines d'autres, virent dans la civilisation industrielle naissante une promesse de paix et d'harmonie ; c'était du travail pour tous, l'égalité de la richesse et des chances, la fin des privilèges fondés sur la naissance et de conditions d'existence qui, pendant les centaines de milliers d'années de vie primitive et un millénaire de civilisation agricole, avaient semblé devoir être immuables et éternelles.

Si, aujourd'hui, la civilisation industrielle nous apparaît sous un jour un peu moins idyllique — si, en fait, elle nous fait l'effet d'être oppressive, morne, écologiquement précaire, belliciste et psychologiquement répressive —, il est nécessaire de comprendre pourquoi. Nous ne pourrons répondre à cette question que si nous nous penchons sur le gigantesque coin qui a séparé la psyché de la Seconde Vague en deux tronçons antagonistes.

Chapitre 3.
Le coin invisible

A l'instar d'une réaction en chaîne, la Seconde Vague a violemment fait éclater deux facettes de l'existence qui, jusque-là, n'en avaient toujours fait qu'une. Ce fut comme si un gigantesque et invisible coin fracturait notre économie, notre psyché, et même notre vie sexuelle.

Sur un plan, la société industrielle accoucha d'un système social admirablement intégré possédant sa technologie, ses institutions sociales et son réseau d'information, tous étroitement imbriqués. Pourtant, sur un autre plan, elle désagrégea l'unité sous-jacente de la société, inaugurant un mode de vie placé sous le signe des tensions économiques, des conflits sociaux et de l'inconfort psychologique. Ce n'est que dans la mesure où l'on comprend comment ce « coin invisible » a façonné notre vie à l'ère de la Seconde Vague que l'on peut se rendre pleinement compte de l'impact de la Troisième qui a d'ores et déjà commencé à nous transformer.

Les deux moitiés de la vie que la Seconde Vague a séparées étaient la production et la consommation. C'est ainsi, par exemple, que nous avons pris l'habitude de nous considérer soit comme des « producteurs », soit comme des « consommateurs ». Il n'en a pas toujours été de la sorte. Avant la révolution industrielle, la totalité des aliments, des biens et des services créés par la race humaine était consommée par les producteurs eux-mêmes et leurs familles ou par une petite élite qui s'appropriait l'excédent de la production.

L'écrasante majorité des populations des sociétés agricoles était composée de paysans groupés dans de petites communautés semiisolées. Se contentant d'un régime de subsistance, ils récoltaient juste ce qu'il fallait pour survivre et satisfaire leurs maîtres. N'ayant pas les moyens de stocker des vivres pendant de longues périodes et ne disposant pas du réseau routier nécessaire pour acheminer leur production sur des marchés éloignés, conscients, par ailleurs, du fait que s'ils augmentaient leur production le surplus avait de fortes chances d'être confisqué par le propriétaire d'esclaves ou le seigneur féodal, ils n'étaient pas très fortement motivés pour perfectionner leurs techniques ou pour améliorer les rendements.

Le commerce existait, évidemment. Nous savons qu'une poignée de négociants intrépides transportaient des marchandises à des milliers de kilomètres à dos de chameau, dans des charrettes, par bateaux. Nous savons que des villes tributaires de la campagne pour leur ravitaillement se créèrent. Grande fut la surprise des Espagnols qui arrivèrent au Mexique en 1519 lorsqu'ils découvrirent qu'un florissant commerce de bijoux, de métaux précieux, d'esclaves, de sandales, d'étoffes, de chocolat, de cordages, de peaux, de dindes, de légumes, de lapins, de chiens et d'une poterie très diversifiée existait à Tlateloco. *La Correspondance Fugger,* dépêches privées à l'usage des banquiers allemands aux XVIe et XVIIe siècles, est riche en indications hautes en couleur sur l'ampleur des activités commerciales de l'époque. Une lettre de Cochin, en Inde, décrit avec force détails les tribulations d'un marchand européen qui y débarqua avec cinq navires pour en rapporter du poivre. « Le négoce du poivre, déclarait-il, est une fière affaire, mais il requiert grand zèle et persévérance. » Le même négociant raflait également des clous de girofle, de la noix de muscade, de la farine, de la cannelle et autres épices ainsi que diverses drogues destinées au marché européen.

Mais tout cela, comparé à l'importance des biens de consommation à usage immédiat produits par l'esclave ou le serf rural, était absolument négligeable. Selon Fernand Braudel, dont les recherches sur cette période de l'histoire sont sans égales, à une époque aussi récente que le XVIe et le XVIIe siècle, tout le bassin méditerranéen — de la France et de l'Espagne à l'ouest jusqu'à la Turquie à l'est — subvenait aux besoins d'une population de 60 à 70 millions de personnes dont 90 % vivaient de la terre et ne produisaient qu'une faible proportion de biens à usage commercial. « 60 ou peut-être 70 % de toute la production du bassin méditerranéen demeuraient extérieurs à l'économie de marché », note cet auteur.

Si tel était le cas dans cette région, quelle pouvait être la situation de l'Europe septentrionale où, compte tenu de la nature rocheuse du sol et de la longueur des hivers glaciaux, il était encore plus difficile pour les paysans d'arracher des excédents à la terre ?

On comprendra mieux la Troisième Vague si l'on considère que l'économie de la Première Vague, avant la révolution industrielle, comprenait deux secteurs : le premier, le secteur A, représentait la partie de l'économie où l'on produisait pour son usage personnel, le second, le secteur B, étant celui où la production était réservée au commerce ou au troc. Le secteur A était énorme, le secteur B minuscule. Cela voulait dire que, pour l'immense majorité, la production et la consommation se confondaient en une fonction vitale unique. Cette fusion était si totale que les Grecs, les Romains et l'Europe médiévale ne faisaient pas de distinction entre les deux fonctions. Ils n'avaient même pas de mot pour désigner le « consommateur ». Pendant toute la Première Vague, seule une fraction insignifiante de la population avait besoin du marché ; la plupart des gens étaient pour une large part en dehors du système. Pour l'historien R. H. Tawney, les « transactions pécuniaires étaient marginales dans un univers d'économie naturelle ».

La Seconde Vague renversa brutalement cet état de choses. Alors que, jusque-là, les individus et les communautés vivaient essentiellement en autarcie, elle créa — pour la première fois dans l'histoire — une situation dans laquelle la masse écrasante des denrées, biens et services était désormais destinée à être vendue ou échangée. Elle fit pratiquement disparaître les biens produits en vue de la consommation personnelle, directement utilisés par le producteur et sa famille, et enfanta une civilisation où, au contraire, quasiment personne, pas même le fermier, ne pouvait plus se suffire à soi-même. Chacun, dès lors, était presque totalement tributaire pour les denrées alimentaires, les biens et les services de ce que produisait quelqu'un d'autre.

En résumé, l'industrialisation a entraîné le divorce entre la production et la consommation, le producteur et le consommateur. A l'économie « indivise » d'autrefois, se substitue l'économie « éclatée » d'aujourd'hui.

LA SIGNIFICATION DU MARCHÉ

Les conséquences de cet éclatement ont été d'une ampleur telle que, de nos jours encore, c'est à peine si nous en avons pris toute la mesure. Le marché, jadis phénomène subalterne et marginal, a fait irruption au cœur même de la vie. L'économie s'est « marketisée ». Et cela est vrai de toutes les économies de type industriel, socialistes aussi bien que capitalistes.

Les économistes occidentaux ont tendance à voir dans la notion de marché une donnée purement capitaliste et ils utilisent souvent ce terme comme s'il était synonyme d' « économie de profit ». Or, l'histoire nous enseigne que l'échange — et, par conséquent, le marché — est apparu avant le profit et indépendamment de lui. En effet, le marché n'est, à proprement parler, rien de plus qu'un réseau d'échanges, un standard téléphonique, en quelque sorte, qui achemine les biens et les services là où ils doivent parvenir à l'instar d'un central régulateur qui traite les messages. Il n'est pas « capitaliste » par essence. En vérité ce dispatching est d'une importance aussi névralgique dans une société industrielle de type socialiste que dans une société industrielle ayant le profit pour motivation[1].

Bref, partout où la Seconde Vague a déferlé et où la raison d'être de la production est passée de l'usage à l'échange, un mécanisme permettant les échanges s'est avéré indispensable. L'existence d'un marché était un impératif, mais le marché n'était pas passif. L'historien de l'économie Karl Polanyi a montré comment, subordonné jusque-là aux buts sociaux ou religio-culturels des sociétés

---

1. Le marché comme dispatching doit exister dans tous les cas, que le commerce ait pour base l'argent ou le troc. Il doit exister, que le commerce soit ou ne soit pas générateur de profit, que les prix suivent la loi de l'offre et de la demande ou qu'ils soient fixés par l'État, que le système soit ou non planifié, que les moyens de productions soient propriété privée ou publique. Il existerait obligatoirement même dans une économie hypothétique constituée d'entreprises autogérées dont les employés décideraient de fixer leurs salaires au niveau nécessaire pour éliminer la notion de « profit ».

Ce fait essentiel est tellement négligé, on a à tel point assimilé le marché à une seule de ses nombreuses variantes (le modèle de la propriété privée ayant le profit pour moteur et où les prix reflètent le mouvement de l'offre et de la demande) qu'il n'existe pas dans la terminologie classique des sciences économiques un mot exprimant la multiplicité de ses aspects.

Nous utilisons dans cet ouvrage le terme de « marché » dans son acception pleine et globale et non dans le sens restreint habituel. Cela étant dit, et sémantique mise à part, la question essentielle demeure : quand le producteur et le consommateur sont séparés, un mécanisme de médiation entre eux deux est indispensable. Ce mécanisme, quelque forme qu'il revête, est ce que j'appelle le « marché ». (N.d.A.)

antérieures, le marché en est arrivé à fixer les buts des sociétés industrielles. La plupart des gens se sont trouvés happés par le système monétaire. Les valeurs commerciales ont occupé une place centrale, la croissance économique (mesurée par la taille du marché) est devenue l'objectif premier des gouvernements tant capitalistes que socialistes.

Car le marché était une institution de nature expansionniste et qui se renforçait d'elle-même. De même que la division primitive du travail avait à l'origine favorisé le commerce, l'existence même d'un marché, d'un dispatching, favorisait une division du travail plus poussée et conduisait à une brutale augmentation de la productivité. Un processus auto-amplificateur s'était déclenché.

Cette expansion explosive du marché a contribué à donner à la montée du niveau de vie une accélération jusque-là inconnue.

Mais, au plan politique, les gouvernements de la Seconde Vague se sont trouvés confrontés à un conflit d'un genre encore inédit issu du divorce survenu entre la production et la consommation. La primauté donnée par les marxistes au concept de lutte des classes a systématiquement éclipsé l'antagonisme plus profond opposant les producteurs (aussi bien le personnel d'exécution que son encadrement) qui réclamaient des salaires, des profits, des avantages sociaux importants aux contre-revendications des consommateurs (y compris ces mêmes personnes) qui exigeaient des prix plus bas. C'était là le pivot sur lequel oscillait la politique économique.

La poussée du mouvement consumériste aux U.S.A., les récentes émeutes déclenchées en Pologne par les augmentations de prix décrétées par le gouvernement de Varsovie, l'éternel débat qui fait rage en Grande-Bretagne sur les prix et la politique des revenus, les implacables batailles idéologiques en U.R.S.S. à propos du choix des priorités entre l'industrie lourde et la production des biens de consommation ne sont les uns et les autres que des aspects du grave conflit que la coupure intervenue entre la production et la consommation a fait naître dans toutes les sociétés, aussi bien capitalistes que socialistes.

Cet hiatus n'a pas seulement eu des résonances au niveau politique. Il a également affecté la culture car il a aussi donné le jour à la civilisation la plus mercantile, la plus âpre au gain, la plus commercialisée et la plus calculatrice de l'histoire. Point n'est besoin d'être marxiste pour être d'accord avec le *Manifeste communiste* accusant — la phrase est célèbre — la nouvelle société

« de ne laisser subsister d'autres liens entre l'homme et l'homme que le froid intérêt, les dures exigences du paiement au comptant ». Les rapports personnels, les attaches familiales, l'amour, l'amitié, les relations entre voisins et communautés sont tous colorés ou corrompus par l'égoïsme individuel et commercial.

Si Marx avait raison de clouer au pilori cette déshumanisation des rapports individuels, son erreur était d'en faire porter la responsabilité au seul capitalisme. Certes, à l'époque où il effectuait son analyse, l'unique société industrielle qu'il pouvait observer était capitaliste dans sa forme. Aujourd'hui, après plus d'un demi-siècle d'expérience de sociétés industrielles ayant pour base le socialisme ou, à tout le moins, le socialisme d'État, nous savons que l'appropriation agressive, la corruption mercantile et la réduction des relations humaines à des rapports froidement économiques ne sont pas le monopole du système fondé sur le profit.

C'est que l'obnubilation des esprits par l'argent, les biens et les choses n'est le propre ni du capitalisme ni du socialisme : elle caractérise l'industrialisme. Elle reflète le rôle central joué par le marché dans *toutes* les sociétés où la production est dissociée de la consommation, où chacun dépend, pour assurer ses besoins vitaux, non de ses propres capacités productrices mais du marché.

Dans de telles sociétés, indépendamment de leur régime politique, ce ne sont pas seulement des biens de consommation que l'on achète, que l'on vend, ou que l'on échange mais aussi le travail, les idées, l'art et les âmes. L'acheteur qui, en Occident, empoche une commission illicite n'est pas tellement différent de l'éditeur soviétique qui se fait graisser la patte pour accorder l'*imprimatur* aux œuvres d'un auteur ou du plombier qui exige une bouteille de vodka avant de faire le travail pour lequel on le paie. L'artiste français, anglais ou américain qui écrit ou qui peint uniquement pour de l'argent ne se distingue pas tellement du romancier, du peintre, du dramaturge polonais, tchèque ou russe qui vend sa liberté de création en échange d'avantages économiques : une datcha, des gratifications, la possibilité d'acquérir une voiture neuve ou des biens autrement inaccessibles.

Cette corruption est la conséquence fatale du divorce entre la production et la consommation. Le seul fait qu'un marché, un standard soit indispensable pour rétablir le contact entre le producteur et le consommateur, pour faire circuler les biens entre le premier et le second, donne par la force des choses à ceux qui contrôlent ce marché un pouvoir exorbitant, et cela quelle que soit la rhétorique à laquelle ils recourent pour justifier leur puissance.

Cette dichotomie entre production et consommation qui est devenue une caractéristique de toutes les sociétés industrielles, de toutes les sociétés de la Seconde Vague, a profondément marqué notre psyché et jusqu'à notre conception de la personne. On a fini par considérer le comportement comme un ensemble de « transactions ». Au lieu d'une société ayant pour fondement l'amitié, la parenté, une allégeance tribale ou féodale, on a vu naître dans le sillage de la Seconde Vague une société reposant sur des rapports contractuels, explicites ou tacites. De nos jours, les époux eux-mêmes parlent en termes de « contrats » matrimoniaux.

Cette division entre les deux fonctions — la fonction productrice et la fonction consumériste — a en même temps créé un individu schizophrène. La personne conditionnée par sa famille, par l'école et par son patron à remettre sa jouissance à plus tard, à être disciplinée, à s'imposer des limites, à se restreindre, à être docile, à avoir l'esprit d'équipe en tant que producteur, était simultanément incitée, en tant que consommateur, à jouir tout de suite, à renoncer à l'esprit de calcul au bénéfice de l'hédonisme, à tourner le dos à la discipline, à rechercher les satisfactions individualistes — bref, à être quelqu'un de totalement différent. Dans le monde occidental, notamment, toute la puissance de feu de la publicité avait pour cible le consommateur qu'elle incitait à contracter des emprunts, à acheter sur un coup de tête, « prenez le volant tout de suite, vous paierez plus tard », et, partant, à accomplir un devoir patriotique en faisant tourner les rouages de l'économie.

LA CASSURE SEXUELLE

Finalement, le même coin géant qui, dans les sociétés de la Seconde Vague, dissocia le producteur du consommateur, créa aussi deux formes différentes de travail, ce qui eut des répercussions énormes sur le vécu familial, les rôles sexuels et la vie intérieure de l'individu.

C'est ainsi que, d'après un des stéréotypes les plus répandus dans les sociétés industrielles, l'homme est pensé comme « objectif » et la femme comme « subjective ». S'il y a une part de vérité dans cette définition, elle réside, non point dans une réalité biologique précise mais dans les retombées psychologiques de cet effet de coin.

Dans les sociétés de la Première Vague, le travail était presque exclusivement accompli aux champs et au foyer, toute la maisonnée agissant en tant qu'unité économique, et la majeure partie de la production étant destinée à la consommation au niveau du village ou du château. « Vie professionnelle » et « vie familiale » étaient confondues et imbriquées. Et comme le village était dans une grande mesure autarcique, les réussites qu'obtenaient les paysans à tel endroit ne dépendaient pas de ce qui se passait ailleurs. Même au sein de l'unité de production, la plupart des travailleurs accomplissaient des tâches diversifiées, ils se remplaçaient en fonction de la saison, des éventuelles maladies ou des choix des uns et des autres. A l'ère pré-industrielle, la division du travail était très primitive et le travail, dans les sociétés agraires de la Première Vague, se caractérisait par son faible niveau de dépendance.

Quand la Seconde Vague balaya la Grande-Bretagne, la France et l'Allemagne pour ne citer que ces pays, le travail émigra du champ et de la maison à la manufacture, et le niveau d'interdépendance sociale fit un grand bond en avant. Le travail exigeait désormais l'effort collectif, la division des tâches, la coordination, et l'intégration de nombreuses spécialités. La réussite reposait sur la coopération soigneusement programmée de milliers de gens qui ne se connaissaient absolument pas. La défaillance d'une aciérie ou d'une verrerie importante ne livrant pas le matériel attendu par un fabricant de voitures pouvait, dans certaines circonstances, affecter toute une branche industrielle ou l'économie de toute une région.

Le choc entre le travail à faible interdépendance et le travail à forte interdépendance entraîna de violents conflits portant sur les fonctions, les responsabilités et les rémunérations. Les premiers « usiniers », par exemple, faisaient grief à leurs employés d'être « irresponsables », de tenir l'efficience de l'entreprise pour quantité négligeable, d'aller à la pêche au moment où l'on avait le plus besoin d'eux, de chahuter ou d'arriver ivres au travail. Le fait est que, dans les débuts, la plupart des travailleurs industriels étaient des ruraux habitués à un faible niveau d'interdépendance qui comprenaient mal — ou pas du tout — ce qu'ils avaient à faire dans un processus de production globalisé et qui ne comprenaient pas mieux les déconvenues, les échecs, les blocages ou les anomalies de production dus à leur « irresponsabilité ». En outre, comme, en règle générale ils touchaient des salaires de misère, ils étaient très peu motivés.

Dans ce heurt entre les deux systèmes, les nouvelles formes de travail semblèrent triompher. Une part croissante de la production se trouva transférée à l'usine et aux bureaux. Ce fut l'hémorragie du monde rural. Des millions de travailleurs entrèrent dans l'engrenage du travail à forte interdépendance. La conception Seconde Vague du travail éclipsa les anciennes notions rétrogrades liées à la Première Vague.

Néanmoins, la victoire de l'interdépendance sur l'autarcie ne fut pas totale. Il y avait un lieu où les formes anciennes se maintenaient obstinément : le foyer.

Le foyer demeurait une unité décentralisée ayant pour vocation la reproduction biologique, l'éducation des enfants et la transmission de la culture. Si une famille n'avait pas de progéniture, élevait mal ses enfants ou les préparait mal à leur future vie professionnelle, cela n'empêchait pas obligatoirement la famille voisine de mener ces tâches à bien. En d'autres termes, le travail domestique continuait d'être une activité de faible interdépendance.

La « ménagère » remplissait toujours une série d'activités économiques d'une importance cruciale. Elle « produisait ». Mais pour le secteur A. Sa « production » était à usage familial, elle n'était pas destinée au marché.

Aussi, alors que le mari allait vers le travail économique direct, sa femme restait en général affectée au travail économique indirect. L'homme assumait la forme la plus historiquement avancée du travail et il appartenait à la femme d'en assumer les formes antérieures, plus arriérées. En quelque sorte, l'homme marchait vers le futur alors que la femme était enlisée dans le passé.

Cette division fut à l'origine d'un éclatement de la personnalité et de la vie intime. La nature publique ou collective de l'usine et du bureau, les nécessités de la coordination et de l'intégration eurent pour résultat de privilégier l'analyse « objective », les « rapports objectifs ». Les hommes, préparés dès l'enfance à tenir le rôle qui leur était imparti dans l'entreprise, à se mouvoir dans un univers placé sous le signe de l'interdépendance, étaient incités à être « objectifs » ; aux femmes, préparées dès leur naissance à d'autres fonctions — la procréation, l'éducation des enfants et les soins du ménage, besognes socialement solitaires dans une très large mesure —, on inculquait le « subjectivisme » — et on les tenait fréquemment pour incapables d'accéder au type d'intelligence rationnelle et analytique prétendument associé à l'objectivité.

Comment s'étonner si les femmes qui se détournaient du relatif isolement du foyer pour s'engager dans le processus de la production interdépendante étaient souvent accusées de se déféminiser, de devenir « froides », « dures » et... objectives !

En outre, l'identification fallacieuse des hommes à la fonction productrice et des femmes à la fonction consumériste, alors même que les premiers étaient aussi des consommateurs et les secondes des productrices, ne fit qu'accentuer les différenciations et les stéréotypes sexuels. Bref, et bien que l'oppression de la femme eût existé bien avant que la Seconde Vague eût commencé à submerger la planète, la « guerre des sexes » moderne a en grande partie sa source dans ce clivage entre deux modes de travail et, par-delà, dans le divorce qui s'est opéré entre la production et la consommation. La coupure économique a encore aggravé la cassure sexuelle.

Ainsi, pour nous résumer, nous voyons qu'à partir du moment où un invisible coin eut détaché la production de la consommation, d'importants changements intervinrent : il fallut que le marché se constituât ou qu'il se développât pour rapprocher le producteur du consommateur ; des conflits politiques et sociaux inédits éclatèrent ; une nouvelle définition des rôles sexuels apparut.

Mais les conséquences de cette rupture ne s'arrêtaient pas là. Elle impliquait aussi que toutes les sociétés issues de la Seconde Vague devraient fonctionner de façon analogue — qu'elles devraient satisfaire à certaines exigences fondamentales. Que l'objet de la production fût ou non le profit, que la propriété des « moyens de production » fût « collective » ou « privée », que le marché fût « libre » ou qu'il fût « planifié », que la rhétorique fût capitaliste ou socialiste, n'y changeait rien.

Dans la mesure où la motivation de la production était l'échange et non plus l'usage et où elle devait passer par le dispatching économique, le marché, la mise en pratique de différents principes spécifiques de la Seconde Vague s'ensuivait inévitablement.

A partir du moment où nous identifions ces principes, la dynamique occulte qui anime toutes les sociétés de type industriel se révèle à nos yeux. De plus, nous pouvons anticiper les mécanismes de la pensée qui caractérise les hommes de la Seconde Vague, car ces principes débouchent sur les règles d'or, sur le code de conduite de la civilisation de cette Seconde Vague.

Chapitre 4. ≈≈≈
Trouver la clé du code

Toute civilisation possède son code secret — un ensemble de principes autour desquels s'ordonnent toutes ses activités, semblable à un motif répétitif.

A mesure que l'industrialisme envahissait la planète, le schéma sans précédent dont il était porteur sortit de l'ombre. Il consistait en un faisceau de six principes étroitement imbriqués qui programmaient le comportement de millions d'êtres. Enfants naturels du divorce entre la production et la consommation, ces principes affectaient l'existence des hommes jusque dans leurs derniers retranchements — le sexe et le sport, le travail et la guerre.

Une grande partie des âpres conflits qui, aujourd'hui, déchirent les écoles, le monde des affaires et opposent les gouvernements se rattachent en fait à cette demi-douzaine de principes, le peuple de la Seconde Vague appliquant et défendant instinctivement ses règles que le peuple de la Troisième remet en cause et attaque. Mais n'anticipons pas.

LA STANDARDISATION

Le principe le plus connu de la Seconde Vague est la standardisation. Chacun sait que les sociétés industrielles fabriquent des millions de produits identiques. Mais on a moins prêté attention au fait que, à partir du moment où le marché atteint une certaine importance, on ne se contente pas de standardiser les bouteilles de

Coca-Cola, les ampoules électriques et les transmissions automobiles. On applique le même principe dans bien d'autres domaines.
Theodore Vail qui, au début du siècle, a fait de l'American
Telephone and Telegraph Company [1] une entreprise privée géante
a été l'un des premiers à comprendre son importance.

Employé des postes, Vail s'était aperçu que deux lettres n'em-
pruntaient pas forcément le même itinéraire pour arriver à destination. Des sacs de courrier suivaient des parcours en zigzag et,
souvent, n'étaient pas distribués avant plusieurs semaines ou
plusieurs mois. Ce fut Vail qui lança l'idée de la standardisation de
l'acheminement — toutes les lettres allant au même endroit
suivraient la même voie — et qui, du même coup, révolutionna le
service des postes. Quand plus tard il créa l'A.T.T., il entreprit
d'installer le même téléphone noir dans tous les foyers américains.

Il ne standardisa pas seulement l'appareil lui-même et ses
composantes, mais aussi les procédures commerciales et administratives de la firme. Dans une publicité de 1908, il justifiait
l'absorption des petites compagnies en brandissant l'argument d'un
« bureau central de standardisation » qui ferait faire des économies
dans la « fabrication du matériel, des lignes et des gaines aussi bien
que dans les méthodes de fonctionnement et les formalités », sans
parler d' « un système de gestion et de comptabilité uniforme ».
Vail ne faisait que s'incliner devant l'évidence : pour qu'une
entreprise réussisse dans le cadre de la Seconde Vague, le
« software », c'est-à-dire les procédures et les règles administratives, devait être standardisé en même temps que le « hardware ».

Vail ne fut que l'un des Grands Standardisateurs qui ont façonné
la société industrielle. Un autre pionnier dans ce domaine fut
Frederic Winslow Taylor, ajusteur de son état, qui, touché par la
grâce, entreprit une véritable croisade, convaincu qu'il était que
l'on pouvait parvenir à une organisation « scientifique » du travail
en standardisant chacune des opérations qu'exécute l'ouvrier. Dans
les premières décennies du XXe siècle, Taylor arriva à la conclusion
qu'il existait une façon (standard) optimale d'effectuer n'importe
quelle opération, un outil (standard) optimal pour l'exécuter et une
durée (standard) bien définie pour l'accomplir.

Armé de cette philosophie, il devint le grand gourou du

---

1. Ne pas confondre avec la célèbre multinationale International Telephone and
Telegraph Corporation (I.T.T.). (N.d.A.)

management mondial. Ses contemporains et leurs épigones le comparaient à Freud, à Marx et à Benjamin Franklin. Mais les patrons capitalistes, bien décidés à extraire jusqu'à la dernière goutte de productivité de leurs ouvriers, n'étaient pas seuls à béer d'admiration devant le taylorisme, ses « experts en rendement », sa « décomposition des tâches », ses « cadences record » : leur enthousiasme était partagé par les communistes. En vérité, Lénine insista pour que les méthodes de Taylor fussent adaptées et mises au service de la production socialiste. D'abord « industrialisateur », communiste ensuite, Lénine était, lui aussi, un apôtre zélé de la standardisation.

Le travail, tout comme les procédures d'embauche, se standardisa de manière croissante dans les sociétés de la Seconde Vague. Des tests standardisés furent utilisés pour déceler et éliminer les présumés inadaptés, en particulier dans l'administration. Les échelles de salaires furent normalisées dans des secteurs industriels entiers, tout comme les avantages sociaux, la durée des repas, les congés ou les procédures d'arbitrage. Les éducateurs élaborèrent des programmes standardisés pour préparer les jeunes à entrer sur le marché du travail. Un Terman, un Binet, inventèrent des tests d'intelligence standard. Les critères de notation des élèves, les modalités d'inscription et de délivrance des diplômes furent pareillement standardisés.

Dans le même temps, les mass media répandaient une imagerie standardisatrice, de sorte que des millions de personnes lisaient les mêmes publicités, les mêmes nouvelles, les mêmes histoires. La répression des langues minoritaires par les gouvernements centraux, à quoi s'ajoutait l'influence des communications de masse, conduisit à la quasi-disparition de dialectes locaux et régionaux, et même de véritables langues comme le gallois ou l'alsacien. L'américain « standard », l'anglais « standard », le français « standard » et jusqu'au russe « standard » supplantèrent les idiomes « non standard ». Les différentes régions d'un même pays commencèrent à se ressembler toutes à mesure que des stations-service, des panneaux publicitaires et des maisons identiques champignonnaient un peu partout. Le principe de standardisation pénétrait tous les aspects de la vie quotidienne.

A un niveau encore plus profond, la civilisation industrielle avait besoin d'un système de poids et mesures standardisé. Ce n'est pas un hasard si l'un des premiers actes de la Révolution de 1789 qui ouvrit l'ère du machinisme en France fut d'abolir la mosaïque hétéroclite d'unités de mesure en vigueur dans l'Europe préindustrielle et d'introduire le système métrique, assorti d'un nouveau calendrier. La Seconde Vague instaura des mesures uniformes d'un bout à l'autre du monde.

De plus, si la production de masse appelait une standardisation des machines, des produits et des procédures, le marché en expansion continuelle réclamait de son côté une standardisation correspondante des moyens de paiement, et même des prix. Autrefois, les espèces étaient émises par des banques ou des personnes privées aussi bien que par les rois. Au XIXe siècle encore, des monnaies frappées par des particuliers avaient cours aux États-Unis, et cette pratique se perpétua au Canada jusqu'en 1935. Mais, peu à peu, les pays en voie d'industrialisation éliminèrent toutes les monnaies non officielles au bénéfice d'une seule et même devise standard.

De même était-il courant au siècle précédent dans les nations industrielles de marchander entre vendeurs et acheteurs selon l'immémoriale tradition des bazars cairotes. En 1825, un jeune immigrant irlandais du nom de A. T. Stewart débarqua à New York où il ouvrit un magasin de nouveautés et stupéfia tout le monde, ses clients comme ses concurrents, en fixant un prix *ne varietur* pour chaque article. Cette politique du prix affiché — standardisé — fit de ce novateur l'un des « princes marchands » de son époque et fit sauter un des obstacles majeurs qui s'opposaient au développement de la distribution de masse.

Quels que fussent par ailleurs leurs désaccords, les doctrinaires d'avant-garde de la Seconde Vague étaient unanimes sur un point : la standardisation était « efficace ».

Ainsi, dans une foule de domaines, la Seconde Vague lamina les différences existantes par une application implacable du principe de la standardisation.

LA SPÉCIALISATION

La spécialisation est un autre grand principe structural des sociétés de la Seconde Vague. En effet, plus elle arasait la diversité au niveau du langage, du loisir et du mode de vie, plus la diversité s'avérait nécessaire dans le secteur du travail. En accélérant la division du travail, la Seconde Vague élimina le paysan homme à tout faire s'adaptant aux circonstances au profit du spécialiste aux horizons étroits et de l'ouvrier qui refaisait sempiternellement la même tâche à la mode tayloriste.

En 1720, déjà, une étude anglaise sur *Les Avantages du commerce aux Indes orientales* soulignait que, grâce à la spécialisation, on pouvait faire des besognes avec « moins de perte de temps et d'efforts ». En 1776, Adam Smith ouvrait son œuvre *La Richesse des nations* par cette affirmation péremptoire : « Le plus grand progrès intéressant la puissance productrice du travail... semble avoir été les effets de la division du travail. »

Dans un passage devenu classique, Smith décrivait la fabrication d'une épingle. Un artisan de la vieille école accomplissant seul toutes les opérations nécessaires, écrivait-il, ne pouvait sortir qu'une poignée d'épingles par jour — pas plus de 20 et, parfois, pas une seule. A cela, il opposait une manufacture qu'il avait visitée où les 18 manipulations que nécessitait la confection d'une épingle étaient effectuées par 10 ouvriers spécialisés dont chacun était chargé d'une unique opération ou d'un nombre réduit d'opérations. Ensemble, ils arrivaient à produire plus de 48 000 épingles par jour — 4 800 unités par tête.

L'histoire de l'épingle se répéta sans fin et sur une échelle toujours plus vaste au XIXᵉ siècle. Mais le coût humain de la spécialisation augmentait parallèlement. Les contempteurs de l'industrialisme accusaient le travail hautement spécialisé et répétitif de déshumaniser progressivement les travailleurs.

Quand, en 1908, Henry Ford commença à construire la Modèle T, ce n'étaient pas 18 opérations qui étaient requises pour sortir une voiture mais 7 882. Il précise dans son autobiographie que sur ces 7 882 opérations, 949 exigeaient « des hommes vigoureux, robustes et pratiquement parfaits du point de vue physique », 3 338 des hommes d'une force physique simplement « ordinaire », presque tout le reste pouvant être confié à « des femmes ou de grands enfants ». Ford ajoute froidement : « Nous avons constaté que 670 (opérations) pouvaient être accomplies par des culs-de-jatte, 2 637 par des unijambistes, 2 par des hommes amputés des deux bras, 715 par des manchots et 10 par des aveugles. » Autrement dit, le travail spécialisé n'exigeait pas un homme entier : un fragment d'homme suffisait. Jamais la déshumanisation entraînée par la spécialisation n'avait encore été mise en évidence de manière aussi frappante.

Cette pratique, que certains de ses adversaires jugeaient inhérente au capitalisme, n'en devint cependant pas moins à son tour partie intégrante du socialisme. La spécialisation poussée à l'extrême, que l'on retrouve dans toutes les sociétés de la Seconde Vague, avait, en effet, sa source dans le divorce entre la production et la consommation. L'U.R.S.S., la Pologne, l'Allemagne de l'Est, ou la Hongrie d'aujourd'hui, ne peuvent pas plus faire tourner leurs usines sans une spécialisation hautement poussée que le Japon ou les U.S.A. (dont le ministère du Travail publiait en 1960 une liste de 27 000 activités professionnelles distinctes).

De plus, la spécialisation s'accompagna dans les États industriels capitalistes aussi bien que socialistes d'un corporatisme croissant. Partout où un groupe de spécialistes parvenait à s'approprier le monopole d'un savoir ésotérique et à faire barrage aux profanes, des corps de métiers fermés se constituèrent. A mesure que la Seconde Vague faisait tache d'huile, le marché s'interposait entre le détenteur du savoir et le « client » qu'il enfermait dans des catégories bien tranchées — le premier était producteur, le second consommateur. Ainsi, dans ces sociétés, la santé, au lieu d'être la résultante d'un souci intelligent du patient lui-même pour son corps (« production pour l'utilisation »), devint un « produit » fourni par un médecin et toute une bureaucratie médicale. L'éducation était censée être « produite » par le maître et « consommée » par l'élève.

Toute sorte de groupes de gens de métier, depuis les bibliothécaires jusqu'aux représentants de commerce, commencèrent à exiger d'être considérés comme des « professionnels » — et à revendiquer le droit de déterminer leurs règles, leurs rétributions et les conditions d'accès à leur spécialité. Aujourd'hui, observe Michael Pertschuk, président de la commission du Commerce fédéral américain, « notre culture est dominée par des professionnels qui nous appellent des " clients " et nous disent quels sont nos besoins ».

L'agitation politique elle-même était tenue pour une « profession » dans les sociétés de la Seconde Vague. Les « masses », affirmait Lénine, étaient incapables d'accoucher d'une révolution sans le concours de professionnels. Ce qu'il fallait, disait-il, c'était une « organisation de révolutionnaires » composée d'un nombre limité d'activistes professionnels.

Que l'on fût communiste, capitaliste, cadre, éducateur, prêtre ou politicien, la Seconde Vague engendra une mentalité commune et une tendance commune à aller vers une division du travail toujours plus raffinée. A l'instar du prince Albert qui proclama cette profession de foi en 1851 à l'occasion de la grande exposition du Crystal Palace, tout le monde était persuadé que la spécialisation était « la force motrice de la civilisation ». Les Grands Standardisateurs et les Grands Spécialisateurs avançaient la main dans la main.

LA SYNCHRONISATION

Ce fossé de plus en plus large entre la production et la consommation imposa également une modification de la notion du temps. Dans un système reposant sur le marché, libre ou planifié, le temps est de l'argent. Des machines qui représentent de coûteux investissements ne sauraient rester inactives et elles fonctionnent à un rythme qui leur est propre. D'où le troisième principe de l'industrialisme : la synchronisation.

Même dans les sociétés antérieures, il fallait que le travail fût soigneusement réparti dans le temps. Les chasseurs devaient souvent opérer de concert pour capturer leur proie. Les pêcheurs coordonnaient leurs efforts pour ramer ou hisser les filets. Il y a bien des années que George Thomson a montré comment les chants de travail exprimaient les impératifs des différentes tâches. Pour le rameur, la cadence était donnée par une simple sonorité dissyllabique — Ho-hop ! La seconde syllabe indiquait le moment de l'effort maximal alors que la première correspondait au temps de préparation. Haler un bateau, note cet auteur, était plus pénible que de ramer ; « aussi les moments réservés à l'effort sont plus espacés » et l'on constate, comme dans le cas du *Ho-li-ho-up !* des mariniers irlandais, que le temps de préparation est plus long.

Avant que la Seconde Vague eût introduit les machines et fait disparaître les chants de travail, cette synchronisation de l'effort était le plus généralement « organique » ou naturelle. Elle avait sa source dans le rythme des saisons et les mécanismes biologiques, la rotation de la Terre et le battement du cœur. Les sociétés de la Seconde Vague, en revanche, se plient à la cadence des machines.

A mesure que la production manufacturière gagnait du terrain, le coût élevé des équipements et l'étroite interdépendance du travail rendirent nécessaire une synchronisation moins rudimentaire. Si, dans une usine, des ouvriers tardent à accomplir leur tâche, le retard se répercute en aval sur la chaîne. Aussi, la ponctualité, qui n'avait jamais été d'une importance cardinale dans les communautés agricoles, devint-elle un impératif social — et ce fut le début de la prolifération des horloges et des montres. Dans les années 1790, elles étaient déjà choses banales en Grande-Bretagne. L'horlogerie se répandit, observe l'historien anglais E. P. Thompson, « au moment précis où la révolution industrielle exigeait une meilleure synchronisation du travail ».

Ce n'est pas une coïncidence si, dans les cultures industrielles, les enfants apprenaient très tôt à « lire l'heure ». Les élèves étaient tenus d'arriver à l'école quand la cloche sonnait afin que, plus tard, ils fussent à l'usine ou au bureau lorsque retentissait la sirène. Les tâches étaient chronométrées et découpées en phases qui se mesuraient à la fraction de seconde. « Neuf à cinq » était le cadre temporel de millions de travailleurs.

Mais la synchronisation n'affectait pas seulement la vie professionnelle. Dans toutes les sociétés de la Seconde Vague, indépendamment du profit ou de toute considération politique, la vie sociale était assujettie à la pendule et soumise aux exigences de la machine. Certaines heures étaient réservées aux loisirs. Congés de durée uniforme, ponts et pauses-café s'intercalaient dans le plan de travail.

L'année scolaire commençait et s'achevait aux mêmes dates. A l'hôpital, tous les patients étaient réveillés et prenaient leur petit déjeuner au même moment. Les moyens de transport avaient des à-coups aux « heures de pointe ». A la radio, des créneaux étaient réservés aux programmes distractifs — les « heures de grande écoute », par exemple. Chaque secteur économique connaissait ses heures ou ses saisons de coup de feu, synchronisées avec celles des fournisseurs et des distributeurs. Des spécialistes en synchronisation firent leur apparition — agents de relance et planificateurs, police de la circulation et chronométreurs analystes.

Mais il y avait des résistances à ce nouveau système du temps industriel et, là encore, les différences de sexe montrèrent le bout de l'oreille. C'étaient ceux qui participaient à l'activité professionnelle de la Seconde Vague, essentiellement les hommes, qui étaient le plus conditionnés par la pendule.

Les maris de la Seconde Vague déploraient continuellement que leurs femmes les fassent attendre, qu'elles se moquent de l'heure, qu'il leur faille un temps fou pour s'habiller, qu'elles arrivent toujours en retard aux rendez-vous. C'est que les femmes, avant tout vouées aux tâches domestiques, travail par définition non interdépendant, avaient des rythmes moins mécaniques.

Pour des raisons du même ordre, les habitants des villes avaient tendance à se plaindre de la nonchalance des ruraux. On ne pouvait pas compter sur eux. « Ils n'arrivent pas à l'heure ! On ne peut jamais savoir s'ils viendront au rendez-vous. » Ce contentieux procède directement de la différence entre le travail de la Seconde Vague fondé sur une interdépendance poussée et le travail de la Première, axé sur le champ et le foyer.

Une fois la Seconde Vague installée et dominante, les habitudes les plus personnelles de la vie se trouvèrent prises dans l'étau de la cadence industrielle. A mesure que la civilisation ajoutait à la standardisation et à la spécialisation le principe de la synchronisation mécanique, aux États-Unis et en Union soviétique, à Singapour et en Suède, en France et au Danemark, en Allemagne et au Japon, les familles se levaient à peu près à la même heure, mangeaient en même temps, s'engouffraient dans les moyens de transport, travaillaient, rentraient à la maison, se couchaient, dormaient et faisaient même l'amour à l'unisson ou presque.

LA CONCENTRATION

Le développement du marché vit l'apparition d'une autre règle propre à la civilisation de la Seconde Vague : le principe de la concentration.

Alors que les sources d'énergie qu'exploitaient les sociétés de la Première Vague étaient largement dispersées, les sociétés de la Seconde étaient presque entièrement tributaires de réserves de combustibles fossiles fortement concentrées.

Mais le phénomène de la concentration n'affecta pas seulement l'énergie. La Seconde Vague concentra aussi les populations, elles vida les campagnes et regroupa les gens dans de gigantesques complexes urbains. Elle concentra également le travail. Alors que

dans les sociétés de la Première Vague, tout était lieu de travail —
la maison, le village, les champs —, une grande partie du travail,
dans les sociétés de la Seconde Vague, était localisé dans l'usine où
des milliers de travailleurs pouvaient être rassemblés sous un même
toit.

Bien plus, la concentration ne se limitait pas à l'énergie et au
travail. Stan Cohen a souligné dans la revue de sciences sociales
anglaise *New Society* qu'avant l'industrialisation, et, à quelques
exceptions négligeables près, « les pauvres vivaient chez eux ou
chez des parents, les criminels étaient condamnés à des amendes,
fouettés ou chassés d'un lieu à l'autre, les fous restaient dans leurs
familles ou étaient pris en charge par la communauté s'ils étaient
indigents ». Bref, toutes ces sous-populations étaient éparpillées au
sein de la collectivité.

L'industrialisation bouleversa cette situation. Le début du
XIXᵉ siècle, en fait, fut baptisé l'ère des « grands enfermements » :
les malfaiteurs étaient rassemblés et concentrés dans les prisons, les
malades mentaux étaient rassemblés et concentrés dans les asiles,
les enfants étaient rassemblés et concentrés dans les écoles exactement comme les ouvriers étaient rassemblés et concentrés dans les
usines.

Le même phénomène de concentration affecta les flux de
capitaux de sorte que la civilisation de la Seconde Vague engendra
la corporation géante à laquelle succéda le trust ou le monopole.
Dans les années 1960, 94 % de la production totale de l'automobile
aux États-Unis étaient le fait des 3 « majors ». En Allemagne,
quatre marques — Volkswagen, Daimler-Benz, Opel (G.M.) et
Ford-Werke — se partageaient 91 % du marché. En France,
Renault, Citroën, Simca et Peugeot sortaient pratiquement 100 %
des véhicules vendus, et en Italie la société Fiat, à elle seule,
représentait 90 % de la construction automobile.

De même, aux États-Unis, 80 % ou davantage, de l'aluminium,
de la bière, des cigarettes et des aliments pour le breakfast étaient
fournis par 4 ou 5 sociétés selon la branche envisagée. En
Allemagne, 92 % des panneaux muraux et des teintures, 98 % des
émulsions photographiques et 91 % des machines à coudre industrielles étaient produits par 4 compagnies au maximum. Et la liste
des industries « hautement concentrées » ne fait que croître et
embellir.

Les managers socialistes étaient pareillement persuadés des

vertus d' « efficacité » de la concentration de la production.
Nombreux furent les idéologues marxistes occidentaux, en vérité, à
voir dans la concentration grandissante de l'industrie dans les pays
capitalistes une étape nécessaire sur la voie de la concentration
totale de l'industrie sous les auspices de l'État. Lénine ne voulait-il
pas faire « de *tous* les citoyens les ouvriers et les employés d'un
énorme " syndicat " — l'État tout entier » ? Un demi-siècle plus
tard, l'économiste soviétique N. Leliouchkhina pouvait écrire dans
Voprosié Ekonomika que « l'U.R.S.S. possède l'industrie la plus
concentrée du monde ».

Car, qu'il s'agisse de l'énergie, de la population, du travail, de
l'éducation ou de l'organisation de l'économie, le principe de la
concentration inhérent à la civilisation de la Seconde Vague est
profondément implanté — plus profondément, c'est indiscutable,
que toutes les divergences idéologiques entre Moscou et l'Occident.

LA MAXIMALISATION

La coupure entre la production et la consommation fit également
apparaître dans toutes les sociétés de la Seconde Vague une
« macrophilie » obsessionnelle, une sorte d'engouement à la
texane pour le gigantisme et la croissance. S'il était vrai que les
grandes séries avaient pour conséquence un abaissement des coûts
unitaires, on en concluait par analogie qu'en voyant plus grand, on
aboutirait de même à des économies dans d'autres domaines que la
production. « Grandeur » devint synonyme d' « efficacité » et la
maximalisation devint le cinquième principe clé.

Villes et nations se vantaient à qui mieux mieux d'avoir le
« gratte-ciel le plus haut », le « barrage le plus grand » où le « golf
miniature le plus vaste » du monde. Et comme, qui plus est, la
grandeur était l'aboutissement de la « croissance », la plupart des
gouvernements, des compagnies et autres organisations se lancèrent dans une course effrénée pour parvenir à cet idéal, la
croissance.

Les ouvriers et les cadres de la Matsushita Electric Company, au
Japon, chantaient tous les jours en chœur :

*... Nous ferons de notre mieux pour promouvoir la production
Et expédier nos produits aux peuples de la terre*

Sans trêve et sans répit
Comme l'eau qui jaillit de la source.
Croîs, industrie, croîs, croîs, croîs !
Harmonie et sincérité !
Matsushita Electric !

En 1960, quand les États-Unis, arrivés au terme de la phase industrielle traditionnelle, commencèrent à sentir les premières secousses de la Troisième Vague de changement, leurs 50 plus grandes sociétés employaient chacune 80 000 personnes en moyenne. La General Motors, à elle seule, en avait à son service 595 000 et l'A.T.T. de Vail 736 000 hommes et femmes. La famille américaine type comptant statistiquement 3,3 membres cette année-là, cela signifie que bien plus de 2 millions de personnes dépendaient des salaires distribués par cette dernière société — soit l'équivalent de la moitié de la population totale des États-Unis à l'époque où Hamilton et Washington forgeaient la nation. (A.T.T. a pris, depuis, des proportions encore plus monstrueuses. En 1971, ses effectifs atteignaient le chiffre de 956 000. Rien qu'en douze mois, ils avaient augmenté de 135 000 unités.)

A.T.T. était un cas à part et, assurément, les Américains étaient particulièrement fanatiques de gigantisme. Mais la « macrophilie » n'était pas leur monopole pour autant. En 1963, 1 400 sociétés françaises — à peine 0,25 % de toutes les entreprises — occupaient à elles seules 38 % de la main-d'œuvre disponible. En Allemagne, en Grande-Bretagne et ailleurs, les gouvernements encourageaient activement les fusions, convaincus que l'accroissement de la taille des entreprises les rendrait plus compétitives face aux géants américains.

Cette maximalisation de l'échelle n'était pas simplement le reflet de la maximalisation du profit. Marx associait l'augmentation de la taille des établissements industriels au renforcement de leur puissance matérielle. Lénine, à son tour, affirmait que « les entreprises, trusts et syndicats géants avaient porté les techniques de production à leur plus haut niveau de développement » et sa première préoccupation après la révolution soviétique avait été de restructurer l'économie de la Russie en la distribuant entre le plus petit nombre possible d'entreprises les grandes possible. Staline poussa encore plus loin la maximalisation et inaugura de nouveaux projets ambitieux — les complexes sidérurgiques de Magnitogorsk et de Zaporojié, les fonderies de cuivre de Balkhach, les usines de tracteurs de Kharkov et de Stalingrad. Il s'informait sur la taille de telle ou telle installation américaine et ordonnait ensuite d'en construire une encore plus grande.

Leon Herman écrit dans *The Cult of Bigness in Soviet Economic Planning* (Le Culte de la grandeur dans la planification économique soviétique) : « Dans différentes régions de l'U.R.S.S., les cadres politiques se sont en fait engagés dans une course en vue d'attirer " les plus grands projets du monde ". » En 1938, le Parti communiste lança une mise en garde contre la « gigantomanie » mais l'avertissement n'eut que peu d'effet. Aujourd'hui encore, les dirigeants communistes en U.R.S.S. et en Europe orientale sont victimes de ce que Herman appelle « l'intoxication de la grandeur ».

Cette fixation sur la taille dérivait de la conception étroite que la Seconde Vague avait de l' « efficacité ». Mais la macrophilie de l'industrialisme ne se limitait pas aux seules usines. On la retrouvait aussi dans cet amalgame d'une foule de données de nature différente qui compose l'outil statistique baptisé « Produit National Brut » à l'aide duquel on mesure la « taille » d'une économie en totalisant la valeur des biens et des services qu'elle produit. Cet instrument cher aux économistes de la Seconde Vague présentait de nombreux défauts. Il était indifférent pour le calcul du P.N.B. que l'on produisît des denrées alimentaires, de l'éducation, de l'hygiène ou des munitions. L'embauche d'une équipe d'ouvriers pour construire ou démolir une maison s'additionnait à l'ensemble bien que, dans le premier cas, le capital-logement augmentât alors qu'il diminuait dans le second. En outre, comme il ne mesurait que l'activité du marché ou les échanges, le P.N.B. gommait tout un secteur essentiel de l'économie qui reposait sur une production non rémunérée — l'éducation des enfants et le travail domestique, par exemple.

En dépit de ces carences, tous les gouvernements de la Seconde Vague se sont lancés d'un bout à l'autre du monde dans une course aveugle pour accroître à tout prix le P.N.B. et maximaliser la « croissance », fût-ce au risque d'une catastrophe écologique et sociale. Le principe macrophilique était si solidement implanté dans les mentalités industrielles que rien ne paraissait plus raisonnable. La maximalisation allait de pair avec la standardisation, la spécialisation et les autres impératifs industriels fondamentaux.

LA CENTRALISATION

Au bout du compte, toutes les nations industrielles firent de la centralisation un véritable art. Certes, l'Église et beaucoup de dirigeants de la Première Vague savaient à merveille centraliser le pouvoir mais ils avaient affaire à des sociétés infiniment moins complexes et ils étaient de gauches amateurs, comparés aux hommes et aux femmes qui ont centralisé les sociétés industrielles de fond en comble.

A partir d'un certain niveau de complexité, toute société est obligée de recourir à un panachage de procédures centralisées et décentralisées. Mais le passage d'une économie décentralisée de type Première Vague où chaque localité subvient dans une large mesure à ses propres besoins à l'économie nationale intégrée de la Seconde Vague a conduit à inventer des méthodes totalement nouvelles pour centraliser le pouvoir, méthodes qui s'appliquent à trois niveaux : l'entreprise en tant que telle, le secteur industriel et l'économie dans son ensemble.

Les premières compagnies de chemins de fer sont un exemple classique de ce processus. Par rapport aux autres entreprises de l'époque, elles étaient absolument gigantesques : en 1850, il n'y avait dans toute l'Amérique que 41 usines possédant un capital d'au moins 250 000 dollars alors que, dès 1860, la New York Central Railroad faisait état d'un capital de 30 millions de dollars. Pour gérer une aussi colossale entreprise, il fallait des méthodes d'organisation entièrement inédites.

Les managers des chemins de fer naissants durent, comme ceux qui sont aujourd'hui responsables des programmes spatiaux, imaginer des techniques nouvelles. Ils normalisèrent les techniques, les tarifs et les horaires. Ils synchronisèrent le trafic sur des centaines de kilomètres de voies. Ils créèrent de nouveaux métiers et de nouveaux services spécialisés. Ils concentrèrent le capital, l'énergie et les hommes. Ils se battirent pour maximaliser la taille des réseaux. Et, pour ce faire, ils mirent sur pied des modalités d'organisation inédites reposant sur la centralisation de l'information et du commandement.

C'est ainsi que le personnel fut divisé en deux catégories : les opérationnels et les administratifs. Des rapports quotidiens sur les mouvements des voitures, les chargements, les avaries, le fret perdu, les réparations, le kilométrage effectué par les locomotives, etc. affluaient. Toutes ces informations étaient transmises le long d'une chaîne de commandement centralisée jusqu'à ce qu'elles parviennent à l'ingénieur en chef qui prenait les décisions et dont les ordres repartaient en sens inverse.

Alfred D. Chandler, spécialiste de l'histoire commerciale, a montré comment les chemins de fer ont rapidement fait figure de modèle pour d'autres grandes entreprises et comment on en est arrivé à considérer le management centralisé comme une technique de pointe dans tous les pays de la Seconde Vague.

Celle-ci a également impulsé la centralisalion dans la sphère politique. La bataille qui s'est développée aux États-Unis dans les années 1780 pour substituer aux Articles de la Constitution confédérale, flous et de nature décentralisatrice, une Constitution qui serait, elle, plus centralisatrice, illustre bien cette démarche. D'une façon générale, les intérêts agricoles s'opposaient à ce que le pouvoir soit concentré entre les mains d'un gouvernement national alors que les intérêts commerciaux de la Seconde Vague dont le chef de file était Hamilton soutenaient dans *The Federalist* et ailleurs qu'un gouvernement central fort s'imposait non seulement pour des raisons d'ordre militaire et pour gérer la politique étrangère mais aussi au nom de la croissance économique.

La Constitution de 1787, issue de ce débat, fut un ingénieux compromis. Comme les forces de la Première Vague étaient encore puissantes, elle conférait aux États des pouvoirs importants au détriment du gouvernement central. Et afin d'empêcher celui-ci d'avoir un poids exagéré, elle instituait, en outre, un cloisonnement sans précédent entre le législatif, l'exécutif et le judiciaire. Mais la rédaction de la Constitution contenait aussi des ambiguïtés susceptibles de permettre en dernier ressort au gouvernement central d'élargir considérablement le champ de ses interventions.

A mesure que l'industrialisation poussait le système politique vers une centralisation croissante, le gouvernement de Washington s'attribua des pouvoirs et des fonctions toujours plus nombreux et monopolisa toujours davantage le processus de décision centrifuge. Dans le même temps, et à l'intérieur de ce gouvernement, le pouvoir dont étaient dotés le Congrès et les tribunaux glissait de plus en plus vers la plus centraliste des trois branches — l'exécutif. Sous Nixon, l'historien Arthur Schlesinger, qui avait été autrefois un fervent champion de la centralisation, dénonçait ce qu'il appelait la « présidence impériale ».

Les pressions en faveur de la centralisation politique s'exerçaient avec plus de force encore hors des États-Unis. Un bref coup d'œil à la Suède, au Japon, à la Grande-Bretagne ou à la France suffit pour nous donner le sentiment que, comparé à ces pays, le système américain est décentralisé. C'est ce qu'a fort bien observé Jean-François Revel dans *Ni Marx ni Jésus* à propos des manifestations à caractère politique. « Quand on dit en France qu'une manifestation est interdite, il n'y a aucune hésitation sur la source de l'interdiction : quand il s'agit de manifestations politiques importantes, c'est toujours le gouvernement... Quand on dit aux États-Unis qu'une manifestation est interdite, la première chose à demander est " par qui ? ". » (C'est généralement par une autorité locale disposant d'un pouvoir autonome.)

C'est, bien évidemment, dans les pays industriels d'inspiration marxiste que la centralisation est poussée à son point extrême. Marx réclamait en 1850 que « le pouvoir soit centralisé de manière décisive dans les mains de l'État ». Engels, comme Hamilton avant lui, voyait dans les confédérations décentralisées « un gigantesque pas en arrière ». Plus tard, dans leur ardeur à accélérer l'industrialisation, les Soviétiques mirent en place l'appareil le plus centralisé qu'on eût jamais vu. Les décisions les plus infimes au niveau de la production étaient soumises au contrôle des planificateurs centraux.

La centralisation progressive d'une économie autrefois décentralisée fut, de surcroît, confortée par une innovation décisive dont le seul nom suffit à révéler la raison d'être : la « banque centrale ».

En 1694, à l'aube même de l'âge industriel, quand Newcomen en était encore à bricoler sa machine à vapeur, William Paterson créa la Banque d'Angleterre qui devait devenir le modèle de toutes les institutions centralistes similaires. Aucun pays ne pouvait réaliser sa conversion dans le cadre de la Seconde Vague sans disposer de l'équivalent de cette machine à contrôler la monnaie et le crédit.

La banque de Paterson vendait des obligations d'État, elle battait monnaie, et plus tard elle entreprit de discipliner les procédures de crédit de toutes les autres banques. Elle en arriva ensuite à remplir la fonction primordiale de toutes les banques centrales actuelles : le contrôle de la masse monétaire en circulation. La France créa en 1800 la Banque de France dans le même dessein et l'Allemagne la Reichsbank soixante-quinze ans plus tard.

Aux États-Unis, peu après l'adoption de la Constitution, le choc entre les forces de la Première et de la Seconde Vague fut à l'origine d'une bataille capitale ayant la notion de banque centrale pour objet. Hamilton, le défenseur le plus brillant des thèses de la Seconde Vague, était partisan d'une banque nationale sur le modèle anglais. Il avait contre lui le Sud et l'Ouest, la « frontière », l'un et l'autre encore très orientés vers l'agriculture. Cependant, fort de l'appui du Nord-Est en cours d'industrialisation, il réussit à faire adopter une loi créant la Bank of the United States qui préfigurait le Federal Reserve System actuel.

Les banques centrales, qui servaient aux gouvernements à régulariser le marché, introduisirent par la petite porte, pourrait-on dire, une certaine planification officieuse à court terme dans les économies capitalistes. L'argent circulait dans toutes les artères des sociétés de la Seconde Vague, tant capitalistes que socialistes. Elles avaient dans les deux systèmes besoin d'une station de pompage du numéraire centralisée, et elles la créèrent. Banques centrales et gouvernements centralisés marchaient du même pas. La centralisation était le dernier des préceptes déterminants de la civilisation de la Seconde Vague.

Ainsi, nous avons un corps d'une demi-douzaine de principes pilotes, un « programme » en quelque sorte, à l'œuvre d'une façon ou d'une autre dans tous les pays de la Seconde Vague. Tous les six — la standardisation, la spécialisation, la synchronisation, la concentration, la maximalisation et la centralisation — étaient appliqués aussi bien à l'aile capitaliste qu'à l'aile socialiste de la société industrielle parce qu'ils procédaient inéluctablement de la coupure intervenue entre la production et la consommation, et du rôle, toujours plus tentaculaire, que jouait le marché.

A leur tour, ces principes, s'épaulant mutuellement, débouchèrent inexorablement sur la montée de la bureaucratie. Ils sécrétèrent l'une des plus vastes, des plus rigides, des plus puissantes organisations bureaucratiques que le monde eût connues, condamnant l'individu à errer dans un univers kafkaïen, écrasé par les méga-organisations qui le cernaient. Si nous avons aujourd'hui le sentiment qu'elles nous oppriment et nous accablent, cette situation était déjà inscrite dans le code secret qui programme la civilisation de la Seconde Vague.

Les six principes qui constituent ce code ont marqué notre civilisation d'une empreinte distinctive. Nous allons voir sous peu qu'à l'heure actuelle, ces concepts fondamentaux sont sous le feu des forces de la Troisième Vague.

Comme le sont aussi les élites de la Seconde Vague qui les appliquent encore — dans les affaires, dans la banque, dans les rapports avec le monde du travail, dans l'administration, dans l'éducation, dans les media. L'émergence d'une civilisation nouvelle lance en effet un défi à tous les intérêts liés à la précédente.

Au cours de la période tumultueuse qui nous attend, les élites des sociétés industrielles, accoutumées à fixer les règles du jeu, auront selon toute vraisemblance le même sort que les seigneurs féodaux d'antan. Certaines seront contournées et isolées. Certaines seront détrônées. Certaines seront réduites à l'impuissance ou sombreront dans la misère en col blanc. D'autres, les plus intelligentes, celles qui auront la plus grande capacité d'adaptation, se métamorphoseront et deviendront les chefs de file de la civilisation de la Troisième Vague.

Pour prédire qui détiendra les leviers de commande quand la Troisième Vague aura prévalu, il importe, pour commencer, de savoir exactement qui les a en main aujourd'hui.

Chapitre 5.
Les techniciens du pouvoir

La question « qui est aux commandes ? » est typiquement une question Seconde Vague. Jusqu'à la révolution industrielle, en effet, elle ne se posait guère. Qu'ils fussent dirigés par des rois ou des chamans, des seigneurs de la guerre, des divinités solaires ou des saints, les gens s'interrogeaient rarement sur l'identité de leurs maîtres. Le paysan en haillons dans son champ n'avait qu'à lever les yeux : il voyait le château ou le monastère se profiler dans toute sa gloire à l'horizon. Il n'avait pas besoin d'un politologue ou d'un pontife de la presse pour résoudre l'énigme. Tout le monde savait qui était à la barre.

Mais quand la Seconde Vague déferla, un pouvoir d'un genre nouveau apparut. Diffus, sans visage. Ceux qui l'exerçaient étaient des « ils » anonymes.

Qui étaient ces « ils » ?

LES INTÉGRATEURS

Ainsi que nous l'avons vu, l'industrialisme fractionna la société en une mosaïque d'éléments enchevêtrés — usines, Églises, écoles, syndicats, prisons, hôpitaux et *tutti quanti*. Il cassa la série hiérarchique Église-État-individu. Il morcela le savoir en disciplines distinctes. Il émietta le travail. Il fit éclater la famille en cellules plus petites. Et, ce faisant, l'industrialisme pulvérisa la vie et la culture collectives.

Il fallait que quelqu'un remît les choses en place sur des bases nouvelles.

Ce besoin engendra une foule de spécialistes jusque-là inconnus dont la tâche essentielle avait nom : intégration. Se baptisant « cadres supérieurs », « administrateurs », « commissaires », « coordinateurs », « présidents », « vice-présidents » ou « managers », ils se mirent à proliférer dans toutes les branches professionnelles, dans tous les gouvernements, à tous les niveaux de la société. Et ils se montrèrent indispensables. C'étaient les intégrateurs.

Les intégrateurs définissaient les fonctions des gens et répartissaient les tâches et les récompenses au sein du système. Ils élaboraient les plans, établissaient les normes, décidaient qui serait ou ne serait pas promu. Ils assuraient la cohésion de la production, de la distribution, des transports et des communications. Ils fixaient les règles du jeu entre les organisations. Bref, ils ajustaient entre eux les divers éléments constitutifs de la société. Le système issu de la Seconde Vague n'aurait pas fonctionné sans eux.

Marx, au milieu du XIXe siècle, soutenait que quiconque possède les outils et la technologie — les « moyens de production » — contrôle la société. Le travail étant interdépendant, les travailleurs pouvaient désorganiser la production et s'emparer des outils appartenant aux patrons. Une fois maîtres des outils, ils seraient maîtres de la société. Telle était sa thèse.

Or, l'histoire lui joua un tour à sa façon. Cette même interdépendance, en effet, donnait une puissance encore plus grande à un nouveau groupe : les hommes qui orchestraient ou intégraient le système. Ce ne furent finalement ni les propriétaires ni les prolétaires qui accédèrent au pouvoir mais les intégrateurs, et ce aussi bien dans les pays à régime socialiste que dans les pays à régime capitaliste.

Ce n'était pas la propriété des « moyens de production » qui conférait le pouvoir mais le contrôle des « moyens d'intégration ». Voyons ce que cela signifiait.

Les premiers intégrateurs au niveau du commerce et de l'industrie étaient les propriétaires d'usines, les créateurs d'affaires, les maîtres de forges. Le propriétaire d'une affaire était en général capable, secondé par une poignée de collaborateurs, de coordonner les activités d'un grand nombre de travailleurs non spécialisés et d'intégrer l'entreprise à l'économie dans son ensemble.

Comme, à l'époque, le propriétaire et l'intégrateur ne faisaient qu'un, il n'est pas surprenant que Marx ait confondu les deux fonctions et ait tellement insisté sur la notion de propriété. Mais à mesure que se compliquait la production et que se spécialisait la division du travail, on vit un incroyable foisonnement de cadres dirigeants et d'experts s'interposer entre le patron et le personnel d'exécution. La paperasserie proliféra. Bientôt, dans les grosses entreprises, personne, pas même le propriétaire ou le principal actionnaire, n'était plus en mesure de comprendre comment elles fonctionnaient. Les décisions du propriétaire étaient orientées et, en dernière analyse, contrôlées par les spécialistes auxquels on faisait appel pour coordonner l'ensemble. Ainsi se constitua une nouvelle élite dirigeante dont le pouvoir reposait non plus sur la propriété mais sur le contrôle des mécanismes d'intégration.

A l'extension du pouvoir des managers correspondit un déclin de l'influence des actionnaires. A mesure qu'augmentait la taille des sociétés, les propriétaires familiaux vendaient leurs actions à des groupes toujours plus nombreux de porteurs de parts dispersés, dont fort peu savaient comment tournait l'affaire. Et ceux-ci étaient de plus en plus contraints de s'en remettre à des cadres supérieurs salariés non seulement pour régler la marche au jour le jour de l'entreprise mais aussi pour fixer ses objectifs à long terme et déterminer sa stratégie. Les conseils d'administration, qui représentaient théoriquement les propriétaires, étaient de plus en plus « hors du coup » et de moins en moins bien informés des activités qu'ils étaient censés diriger. Et comme progressivement l'investissement privé cessait d'être le fait d'individus pour être relayé par des institutions comme les caisses de retraite, les mutuelles et les services de gestion de portefeuille des banques, le contrôle échappait encore davantage aux « propriétaires » en titre.

Peut-être est-ce M. Michael Blumenthal, ancien secrétaire au Trésor des États-Unis, qui a le plus clairement défini le nouveau pouvoir qui est celui des intégrateurs. Avant d'entrer au gouvernement, Blumenthal était à la tête de la Bendix Corporation. Comme on lui demandait s'il aimerait être un jour propriétaire de cette société, il répondit : « Ce n'est pas la possession qui compte — c'est le contrôle. Et, en tant que directeur général, c'est ce que j'ai ! Nous avons une réunion d'actionnaires la semaine prochaine et je dispose de 97 % des votes. Je ne *possède* réellement que 8 000 parts. Ce qui est important pour moi, c'est le contrôle...

Avoir le contrôle de cet énorme animal et l'utiliser de façon constructive, c'est cela que je veux et non faire les idioties que d'autres voudraient que je fasse. »

La politique de l'entreprise était donc de plus en plus déterminée par les cadres dirigeants salariés ou par les agents financiers qui plaçaient l'argent de leurs clients, mais en aucun cas par les vrais propriétaires, et encore moins par les travailleurs eux-mêmes. Les intégrateurs avaient pris les choses en main.

Cette situation présente un certain parallélisme avec celle qui prévaut dans les pays socialistes. En 1921, Lénine jugeait déjà nécessaire de crier haro sur sa propre bureaucratie. En 1930, Trotski en exil dénonçait l'existence d'une caste forte déjà de 5 à 6 millions de « managers » qui « ne participe pas directement à la production active mais administre, donne des ordres, commande, pardonne et punit ». Les moyens de production appartiennent peut-être à l'État, accusait-il, « mais l'État... " appartient " à la bureaucratie ». Dans les années 50, Milovan Djilas s'en prit dans *La Nouvelle Classe* à la puissance grandissante des élites « directoriales » yougoslaves. Tito, qui le mit en prison, fulminait lui-même contre « la technocratie, la bureaucratie, l'ennemi de classe ». Et la crainte de la caste technocratique était au centre des préoccupations de la Chine de Mao[1].

Malgré tout, les intégrateurs prirent le pouvoir dans les pays socialistes tout comme dans les pays capitalistes. Car, sans eux, les éléments constitutifs du système ne pouvaient pas fonctionner. La « machine » refusait de tourner.

LA MACHINE À INTÉGRER

L'intégration d'une entreprise, voire d'une industrie tout entière, n'était qu'une petite partie de la tâche qui s'imposait. Nous avons vu que la société industrielle moderne avait sécrété une foule d'organisations, depuis les syndicats et les associations professionnelles jusqu'aux Églises, aux écoles, aux centres hospitaliers et aux clubs récréatifs, qui devaient toutes s'insérer dans un cadre de

1. Mao, à la tête du plus grand pays de type Première Vague, lança de fréquentes mises en garde contre l'essor des élites technocratiques dans lesquelles il voyait un dangereux appendice de l'industrialisme traditionnel. (*N.d.A.*)

règles prévisibles. Il fallait des lois. Il fallait par-dessus tout aligner conjointement l'infosphère, la sociosphère et la technosphère.

L'impérieuse nécessité de l'intégration pour la civilisation de la Seconde Vague engendra le plus puissant de tous les coordinateurs, le moteur intégrationniste du système : le gouvernement expansionniste. C'est cette boulimie d'intégration propre audit système qui explique l'irrésistible surrection de gouvernements tentaculaires dans toutes les sociétés de la Seconde Vague.

Régulièrement, on entendait des démagogues se faire les apôtres de la limitation de la puissance étatique. Néanmoins, une fois aux affaires, les mêmes hommes politiques l'élargissaient encore au lieu de la réduire. Cette contradiction entre les pétitions de principe et la vie réelle s'éclaire à partir du moment où l'on prend conscience du fait que le but suprême de tous les gouvernements de la Seconde Vague a été d'édifier et de préserver la civilisation industrielle. Face à cet objectif transcendant, toutes les divergences subalternes s'effaçaient. Les partis et les hommes politiques pouvaient en découdre et se quereller sur d'autres problèmes : il y avait un consensus informulé sur ce point. Le « gouvernement expansionniste », quelle que fût la chanson qu'entonnaient les uns et les autres, faisait partie du programme tacite de tout le monde parce que, pour mener à bien les tâches essentielles de l'intégration, les sociétés industrielles se reposent sur les gouvernements.

Aux États-Unis, observe l'éditorialiste Clayton Fritchey, le gouvernement fédéral n'a jamais cessé de se développer, même sous les trois récentes administrations républicaines, « pour la simple raison qu'Houdini lui-même n'aurait pu les démanteler sans de graves et néfastes conséquences ».

Les partisans de la liberté du marché ont reproché aux pouvoirs publics de « s'immiscer » dans le domaine des affaires. Mais livrée à la seule entreprise privée, l'industrialisation se serait faite beaucoup plus lentement — ou ne se serait pas faite du tout. Les gouvernements ont hâté le développement des chemins de fer. Ils ont construit des ports, des canaux, des routes et des autoroutes. Ils ont pris en charge l'exploitation des postes, créé ou défini des règles de fonctionnement pour les réseaux télégraphiques, téléphoniques et de radiodiffusion. Ils ont rédigé des codes de commerce et standardisé les marchés. Ils ont exercé des pressions politiques et douanières pour aider l'industrie. Ils ont arraché les paysans à la terre pour former une force de travail industrielle. Ils ont financé le développement des ressources énergétiques et la technologie de pointe (souvent par des filières militaires). Ils ont assumé ainsi dans une multitude de domaines les tâches d'intégration dont d'autres ne pouvaient ou ne voulaient pas se charger.

Car le gouvernement a été le grand accélérateur. Grâce aux pouvoirs coercitifs dont il dispose et au revenu de l'impôt, il est en mesure de réaliser des choses que l'initiative privée ne peut pas se permettre. Il lui est loisible de « chauffer » le processus d'industrialisation en intervenant lorsque des failles apparaissent dans le système — avant qu'il soit possible ou profitable pour les sociétés privées de le faire. Le gouvernement peut faire de « l'intégration anticipée ».

En mettant sur pied l'éducation de masse, les gouvernements ne se bornaient pas à former les jeunes en vue du rôle futur qu'ils auraient à jouer dans les effectifs de l'industrie (qu'ils subventionnaient ainsi par la bande), en même temps, ils favorisaient l'extension de la famille nucléaire. En soulageant la famille des fonctions éducatives et autres qui lui étaient traditionnellement dévolues, ils précipitaient l'adaptation de la structure familiale aux besoins de l'usine. Ainsi, les gouvernements orchestraient-ils à bien des niveaux la complexité de la Seconde Vague.

Il n'est pas étonnant que, à mesure que s'intensifiait l'intégration, la substance et le style de gouvernement se soient transformés. Les Présidents et les premiers ministres, par exemple, en arrivèrent à se considérer essentiellement comme des managers plutôt que comme des leaders politiques et sociaux créatifs. Dans leur personnalité comme dans leur comportement, ils ne se distinguaient pour ainsi dire plus des hommes qui dirigeaient les grosses sociétés et les grosses entreprises de production. Tout en rendant pour la forme l'hommage indispensable aux notions de démocratie et de justice sociale, les Nixon, Carter, Thatcher, Brejnev, Giscard et autres Ohira de l'ère industrielle ont été portés à leurs hautes fonctions sans guère promettre autre chose qu'une « gestion efficace ».

Partout dans les sociétés industrielles tant socialistes que capitalistes, on vit se reproduire le même schéma : de grosses sociétés, de puissantes organisations de production et une colossale machine gouvernementale. Démentant la prophétie de Marx, les travailleurs ne s'approprièrent pas les moyens de production et, à la grande déception des adeptes d'Adam Smith, les capitalistes ne conservèrent pas le pouvoir : une force nouvelle se fit jour qui contesta les uns et les autres. Les techniciens du pouvoir firent main basse sur les « moyens d'intégration » et, du même coup, s'emparèrent des leviers de commande sociaux, culturels, politiques et économiques. Les maîtres des sociétés de la Seconde Vague étaient désormais les intégrateurs.

LES PYRAMIDES DU POUVOIR

Ces techniciens du pouvoir étaient, à leur tour, organisés en élites et sous-élites hiérarchisées. Chaque branche industrielle, chaque secteur administratif ne tarda pas à sécréter son propre « establishment », ses propres « Ils » omnipotents.

Qu'il s'agisse du sport, de la religion ou de l'éducation, tous les domaines d'activité avaient leur pyramide du pouvoir bien à eux. Il naquit un « establishment scientifique », un « establishment militaire », un « establishment culturel ». Dans la civilisation de la Seconde Vague, le pouvoir était éparpillé, réparti entre des dizaines, des centaines — quand ce n'étaient pas des milliers — d'élites spécialisées.

Ces dernières étaient à leur tour intégrées par d'autres élites, des élites *généralistes* recouvrant les diverses spécialisations. En Union soviétique et dans les pays d'Europe de l'Est, par exemple, le Parti communiste est présent partout, dans l'aéronautique aussi bien que dans la musique ou la sidérurgie. Ses membres constituent une courroie de transmission capitale en jetant un pont entre les différentes sous-élites. C'est grâce à eux que les messages passent de l'une à l'autre. Du fait que le parti a accès à toutes les informations, le pouvoir de régulation qu'il exerce sur les sous-élites de spécialistes est formidable. Dans les pays capitalistes, les dirigeants de l'industrie et les juristes, membres de comités à vocation civique, remplissent de façon moins officielle des fonctions analogues.

En conclusion, nous constatons l'existence dans toutes les nations de la Seconde Vague de groupes spécialisés d'intégrateurs, de bureaucrates ou de directeurs exécutifs, eux-mêmes intégrés par des intégrateurs généralistes.

LES SUPER-ÉLITES

Enfin, à un niveau encore plus élevé, l'intégration a été imposée par les « super-élites » ayant pour rôle de répartir les investissements. Dans la finance ou l'industrie, au Pentagone ou dans les bureaux de la planification soviétique, ceux à qui la société industrielle déléguait la charge de déterminer les investissements lourds fixaient les limites à l'intérieur desquelles les intégrateurs étaient tenus d'opérer. Une fois qu'une décision d'investissement à très grande échelle avait été arrêtée, à Minneapolis ou à Moscou, elle restreignait le champ des options futures. Eu égard à une certaine pénurie de ressources, il n'était pas question de démanteler des fours Bessemer, une installation de cracking ou une chaîne de montage tant que leur coût n'était pas amorti. Une fois décidé, l'investissement fixait les paramètres dans le cadre desquels serait confinée l'action des gestionnaires ou des intégrateurs de demain. Ces groupes de décideurs anonymes qui contrôlaient les investissements formaient la super-élite de toutes les sociétés industrielles.

Surgit donc dans toutes les sociétés de la Seconde Vague une architecture parallèle d'élites. Et, à quelques variantes locales près, cette occulte hiérarchie du pouvoir se reconstituait après chaque crise, après chaque bouleversement politique. Les noms, les slogans, les sigles, les candidats changeaient, des révolutions éclataient ici et là, de nouveaux visages apparaissaient derrière les imposants bureaux d'acajou : la structure fondamentale du pouvoir, elle, se perpétuait.

Au cours des trois derniers siècles et dans tous les pays les uns après les autres, des rebelles et des réformateurs ont à maintes et maintes reprises tentés de prendre d'assaut le bastion du pouvoir, de construire une société nouvelle ayant pour bases la justice sociale et l'égalité politique. Ces mouvements, qui promettaient la liberté, ont pu capter pour un temps l'adhésion des masses. Des révolutionnaires ont même réussi, parfois, à renverser le régime en place.

Pourtant, le dénouement a invariablement été le même. Chaque fois, les révoltés ont recréé sous leur propre drapeau une structure similaire de sous-élites, d'élites et de super-élites. C'est que cette structure intégrée et les techniciens du pouvoir qui la régissaient étaient aussi indispensables à la civilisation de la Seconde Vague que les usines, les combustibles fossiles ou la famille nucléaire. Il y avait, en fait, incompatibilité entre l'industrialisme et la démocratie totale dont il faisait briller l'espoir.

Une action de type révolutionnaire ou autre pouvait obliger les nations industrielles à osciller de l' « économie de marché » à la « planification centrale », et inversement. Elles pouvaient passer du capitalisme au socialisme et *vice versa*. Mais, à l'instar du célèbre léopard, elles ne pouvaient pas changer leurs taches. Elles ne pouvaient pas fonctionner sans une puissante hiérarchie d'intégrateurs.

Maintenant que la Troisième Vague de changement commence à battre en brèche la citadelle du pouvoir des organisateurs, les premières lézardes y apparaissent. Dans tous les pays, le flot des revendications s'enfle : cogestion, participation aux prises de décision, exercice d'un contrôle par les travailleurs, les consommateurs et les citoyens, exigence d'une démocratie par anticipation. Dans les industries les plus avancées, de nouvelles formes d'organisation moins hiérarchisées et plus « ad-hocratiques[1] » se manifestent. Les pressions en faveur de la décentralisation du pouvoir se font plus vives. Et les managers sont de plus en plus tributaires de l'information venant de bas en haut. Par voie de conséquence, les élites elles-mêmes voient s'effriter leur permanence et leur sécurité. Ce ne sont là que des signes avant-coureurs, les clignotants annonçant un imminent bouleversement du système politique.

La Troisième Vague, qui, déjà, ébranle les structures industrielles, ouvre de fantastiques perspectives de rénovation sociale et politique. Dans les toutes prochaines années, de nouvelles et stupéfiantes institutions se substitueront à nos actuelles structures intégrées, lourdes, oppressives et dépassées.

Avant de passer à l'examen de ces possibilités nouvelles, il nous faut pousser plus avant l'analyse du système moribond. Il est nécessaire de radiographier notre système politique frappé de

---

1. L'auteur a introduit le terme d' « ad-hocratie » dans *Le Choc du Futur* pour définir de nouvelles formes d'organisation destinées à détruire et supplanter la configuration hiérarchique. Elles ont essentiellement pour base la constitution de groupes d'intervention pluridisciplinaires et de durée éphémère, informels et fluctuants, chargés de mener à bien un projet donné. (*N.d.T.*)

désuétude afin de voir comment il s'adaptait au cadre de la civilisation de la Seconde Vague, comment il était au service de l'ordre industriel et de ses élites. Ce sera seulement alors que nous saisirons pourquoi il n'est plus ni adéquat ni tolérable.

Chapitre 6.
Le calque secret

Rien n'est plus déroutant pour un Français que le spectacle d'une campagne présidentielle américaine : les grandes claques dans le dos, les bébés que l'on embrasse, les orgies de hot dogs, les candidatures annoncées le plus tard possible, les élections primaires, les conventions, les appels de fonds frénétiques, les voyages, les discours, les spots publicitaires à la télévision — et tout cela au nom de la démocratie. Les Américains, de leur côté, sont perplexes devant la façon dont les Français élisent leurs dirigeants et ils saisissent encore moins bien les insipides élections anglaises, la compétition sauvage entre deux douzaines de partis qui se pratique en Hollande, le système de scrutin préférentiel de l'Australie et les tractations entre factions au Japon. Tous ces systèmes politiques semblent follement différents. Le parti unique ou les pseudo-élections en honneur en U.R.S.S. et dans les pays d'Europe orientale sont encore plus obscurs. Au plan politique, il n'y a pas deux nations industrielles qui se ressemblent.

Pourtant, si nous ôtons nos œillères, nous découvrons brusquement que ces différences superficielles masquent d'impressionnantes convergences. En vérité, tout se passe presque comme si les systèmes politiques de toutes les nations de la Seconde Vague procédaient du même calque secret.

Quand les révolutionnaires de la Seconde Vague eurent renversé les élites de la Première en France, aux États-Unis, en Russie, au Japon et ailleurs, ils se trouvèrent dans la nécessité de rédiger des Constitutions, d'installer de nouveaux gouvernements et d'édifier en partant pratiquement de zéro des institutions politiques inédites. Et, dans leur fièvre créatrice, ils débattirent d'idées et de structures nouvelles. Partout, on s'interrogea sur la nature de la « représentation ». Qui représenterait qui ? Les représentants du peuple auraient-ils un mandat impératif émanant de leurs électeurs ou voteraient-ils en fonction de leur propre jugement ? Leurs mandats seraient-ils à long ou court terme ? Quel serait le rôle dévolu aux partis ?

De ces querelles et de ces discussions émergea partout une architecture politique nouvelle. Mais si l'on examine ces structures de près, on s'aperçoit qu'elles sont un mélange de principes anciens de type Première Vague assortis de quelques-unes des idées neuves, filles de l'âge industriel.

Après des millénaires d'existence agraire, il était difficile d'imaginer une économie fondée, non plus sur la terre, mais sur le travail, le capital, l'énergie et les matières premières. La terre avait toujours été le pôle même de la vie. Comment s'étonner alors si la géographie est indissolublement liée aux divers modes de scrutin ? Les sénateurs et les membres de la Chambre des Représentants en Amérique, tout comme leurs homologues britanniques et dans bien d'autres pays industriels, ne sont toujours pas l'émanation d'une classe sociale, de catégories professionnelles, de groupes ethniques, sexuels ou préconisant tel ou tel style de vie : ils représentent les habitants d'un lieu géographique déterminé.

Les agriculteurs étant par définition immobiles, il était naturel que les architectes des systèmes politiques de l'âge industriel partent du postulat que les gens passeraient toute leur existence dans la même localité. D'où l'omniprésence, toujours actuelle, de « l'obligation de résidence » inscrite dans les codes électoraux.

Le rythme de la vie agricole était lent. Les communications étaient si primitives qu'il fallait une semaine pour qu'un message du Congrès continental, siégeant à Philadelphie, parvienne à New York. Un discours de George Washington n'était connu dans le reste du pays que plusieurs semaines, sinon plusieurs mois après qu'il eut été prononcé. En 1865 encore, Londres n'apprit l'assassinat de Lincoln que 12 jours après l'événement. En vertu même de l'axiome implicite selon lequel les choses bougeaient lentement, les corps représentatifs comme le Congrès des États-Unis ou le Parlement britannique étaient considérés comme des assemblées

« délibératives » — qui avaient et prenaient le temps de réfléchir aux problèmes.

Comme l'écrasante majorité de la population de la Première Vague était ignorante et illettrée, on tenait pour acquis dans une large mesure que les représentants élus, et particulièrement ceux issus des classes cultivées, prendraient inévitablement des décisions plus intelligentes que la masse des électeurs.

Mais alors même qu'ils introduisaient ces postulats de la Première Vague dans nos institutions politiques, les révolutionnaires de la Seconde Vague avaient aussi les yeux fixés sur l'avenir. C'est pourquoi ils incorporèrent également quelques-unes des notions technologiques les plus en avance de leur temps à l'édifice qu'ils construisaient.

LA MACHINOMANIE

Les hommes d'affaires, les intellectuels et les révolutionnaires de l'aube de l'ère industrielle étaient comme fascinés par les machines. Subjugués par la machine à vapeur, l'horloge, le métier à tisser, la pompe et le piston, ils élaboraient sans trêve des analogies inspirées de la technologie élémentaire et mécaniste de leur temps. Ce n'est pas un hasard si des réformateurs politiques comme Benjamin Franklin et Thomas Jefferson étaient aussi des savants et des inventeurs.

Ces hommes avaient grandi dans le bouillonnement culturel provoqué par les grandes découvertes de Newton qui, en scrutant les cieux, était parvenu à la conclusion que l'univers tout entier était un gigantesque mouvement d'horlogerie fonctionnant avec une régularité et une exactitude toutes mécaniques. En 1748, le physicien et philosophe français La Mettrie professait que l'homme lui-même était une machine. Plus tard, Adam Smith étendit l'image de la machine à l'économie. L'économie, disait-il, est un système : or, les systèmes ressemblent par bien des aspects aux machines.

Relatant les discussions d'où naquit la Constitution des États-Unis, James Madison parle de la nécessité de « remodeler » le « système », de transformer la « structure » du pouvoir politique et de sélectionner le personnel politique en utilisant des « filtres successifs ». La Constitution elle-même était abondamment munie de « butées » et de « contrepoids » à l'instar d'une colossale horloge.

Jefferson employait la formule de « machine gouvernementale ».

La pensée politique américaine continua de retentir du bruit des volants, des chaînes, des engrenages, des butées et des contrepoids. C'est ainsi que le président Van Buren inventa la « machine politique » et New York ne tarda pas à avoir sa « Tweed Machine », le Tennessee sa « Crump Machine », le New Jersey sa « Hague Machine ». Des générations d'hommes politiques américains, et il en va encore ainsi de nos jours, mirent au point des « calques » politiques, « préparèrent le montage » des élections, firent adopter par le Congrès ou par les Assemblées d'État des projets de lois *steam-rolled*[1] ou *railroaded*[2].

En Angleterre, au xixᵉ siècle, Lord Cromer jetait les bases d'un gouvernement impérial qui assurerait « le fonctionnement harmonieux des différentes parties de la machine ».

Mais cette mentalité mécaniste n'était pas un produit exclusif du capitalisme. Lénine, par exemple, accusait l'État de n'être « rien de plus qu'une machine permettant aux capitalistes de bâillonner le prolétariat ». Trotski évoquait « tous les rouages et les boulons du mécanisme social bourgeois » et il utilisait des formules tout aussi mécanistes pour décrire la fonction du parti révolutionnaire. C'était un puissant « appareil, en soi inerte comme n'importe quel mécanisme... L'action des masses doit... vaincre cette inertie... comme la force vive de la vapeur doit triompher de l'inertie de la machine pour mettre le volant en branle ».

Il n'est pas surprenant que, captifs de cette pensée mécaniste, les fondateurs des sociétés capitalistes ou socialistes de la Seconde Vague, mus par une foi presque aveugle en la puissance et en l'efficacité des machines, aient inventé des institutions politiques ressemblant sur bien des points aux machines caractéristiques de l'âge industriel naissant.

LA REPRÉSENTATION POPULAIRE COMME JEU DE MECCANO

Les structures qu'ils forgèrent avaient pour assise le concept élémentaire de représentation populaire et, dans tous les pays, ils

1. *Steam-roller* : rouleau compresseur. Dans le langage politique, le verbe dérivé signifie écraser l'opposition. (*N.d.T.*)
2. *Railroad* : chemin de fer. Dans l'argot politique, faire passer un texte législatif tambour battant. (*N.d.T.*)

utilisèrent un certain nombre d'organes standard puisés, pourrait-on dire en n'étant ironique qu'à moitié, dans une boîte de meccano à usage universel.

Ces éléments étaient les suivants :

1. Des individus possédant le droit de vote.
2. Des partis entre lesquels se répartissaient les voix.
3. Des candidats qui, une fois déclarés vainqueurs par les urnes, se transformaient en « représentants » des électeurs.
4. Des assemblées (parlements, diètes, congrès, bundenstags, etc.), au sein desquelles les représentants élus confectionnaient les lois.
5. Un exécutif (présidents, premiers ministres, secrétaires généraux de partis) qui alimentait en matières premières sous forme d'orientations politiques la machine à fabriquer les lois et faisait ensuite appliquer celles-ci.

Les « votes » étaient les atomes de ce mécanisme newtonien. Ils étaient amassés par les partis agissant comme collecteurs du système. Toutes ces voix, issues de multiples sources, alimentaient la machine à additionner électorale, qui les pondérait en fonction de la force des partis en présence. Le produit fini, baptisé « volonté du peuple », était le combustible censé faire tourner l'appareil gouvernemental.

Les diverses pièces de ce jeu de meccano étaient combinées et manipulées de différentes façons selon les pays. Ici, toutes les personnes âgées de vingt et un ans étaient électrices, là seules étaient admises à voter les personnes de race blanche et de sexe masculin. Ici, toute cette cérémonie n'était qu'une façade permettant à un dictateur d'exercer sa domination, là les personnalités élues étaient dotées d'un pouvoir considérable. Ici, il n'existait que deux partis, là il y en avait des douzaines et, ailleurs, un seul.

Néanmoins, le schéma directeur historique est limpide. Quelles que fussent les modifications apportées aux pièces détachées et à leur configuration, c'était toujours la même « boîte de meccano » qui servait à assembler la machine politique formelle dans toutes les nations industrielles. Ainsi, en dépit des accusations fréquemment lancées par les marxistes dénonçant la « démocratie bourgeoise » et le « parlementarisme », paravent camouflant les privilèges, et l'utilisation de ces institutions par la classe capitaliste n'ayant en vue que le profit, les pays communistes s'empressèrent de mettre en place des appareils représentatifs analogues.

Tout en brandissant la promesse d'une « démocratie directe » dans un lointain futur où la notion de représentativité serait dépassée, ils mettaient l'accent sur les « institutions représentatives socialistes ». A propos de ces institutions, le communiste hongrois Otto Bihari écrit : « A travers le processus électoral, la volonté des travailleurs se fait sentir dans les organes gouvernementaux issus du vote. » Dans son ouvrage *L'Organisation scientifique de la société,* V. G. Afanasiev, directeur en chef de la *Pravda,* définissant le « centralisme démocratique », note que celui-ci inclut « la souveraineté des travailleurs... l'élection des corps constitués et de leurs dirigeants responsables devant le peuple ».

De même que l'usine finit par devenir le symbole de toute la technosphère industrielle, le gouvernement représentatif (si dénaturé qu'il fût) devint le symbole de tous les pays « avancés ». Et il est de fait que beaucoup de pays même non industriels se sont hâtés, sous la pression des puissances colonisatrices ou par imitation aveugle, d'instaurer les mêmes mécanismes formels et d'utiliser la même boîte de meccano.

L'USINE À FABRIQUER DES LOIS UNIVERSELLES

Mais ces « machines à démocratie » n'étaient pas limitées au niveau national. Elles s'installèrent également à l'échelon provincial, régional, local et jusqu'à celui du conseil municipal de la moindre bourgade, du moindre village. Rien qu'aux États-Unis, aujourd'hui on dénombre quelque 500 000 fonctionnaires élus et 25 869 unités de gouvernement local urbaines ayant chacune ses élections, ses assemblées représentatives et ses procédures électorales propres.

Des milliers d'autres machines « représentatives » fonctionnent en grinçant plus ou moins dans les zones rurales, et il en existe encore des dizaines de milliers de par le monde. Dans les cantons suisses et dans les départements français, dans les comtés anglais et dans les provinces du Canada, dans les voïvodies polonaises et dans les républiques de l'Union soviétique, à Singapour et à Haïfa, à Osaka et à Oslo, des candidats se présentent aux suffrages de leurs concitoyens et, d'un coup de baguette magique, se métamorphosent en « représentants du peuple ». On peut affirmer sans risque que plus de 100 000 de ces machines sont présentement à l'œuvre dans les seuls pays de la Seconde Vague, fabriquant lois, décrets, règlements et ordonnances[1].

De même que chaque être humain et chaque voix, chaque entité politique — au niveau national, régional ou local — était théoriquement considérée comme une unité distincte et individuelle, un atome. Elles avaient toutes leur juridiction soigneusement délimitée, leurs pouvoirs, leurs droits et leurs devoirs particuliers. Et elles étaient toutes articulées selon un dispositif hiérarchique vertical allant du haut vers le bas, de la nation à la circonscription provinciale ou régionale, et de celle-ci au pouvoir local. Mais plus l'industrialisme se renforçait et plus l'intégration de l'économie se consolidait, plus les répercussions des décisions arrêtées par ces entités politiques avaient de retentissement à l'extérieur de leur sphère d'action, ce qui entraînait *ipso facto* des réactions des autres entités.

Une décision de la Diète japonaise concernant l'industrie textile pouvait avoir des conséquences sur l'emploi en Caroline du Nord et sur les services d'aide sociale de Chicago. Des restrictions sur les importations d'automobiles étrangères votées par le Congrès américain pouvaient poser des problèmes à Nagoya ou à Turin. En d'autres termes, si, à une époque, les politiques pouvaient prendre des décisions sans que cela perturbe la situation en dehors de leur domaine si bien circonscrit, cela devenait de moins en moins possible.

Au milieu du XXᵉ siècle, des dizaines de milliers de centres de décisions politiques officiellement souverains ou indépendants étaient interconnectés d'un bout à l'autre de la planète du fait des échanges économiques, du développement grandissant des déplacements, des migrations, des communications, de sorte que chacun stimulait en permanence les autres.

---

1. Abstraction faite des gouvernements constitués, pratiquement tous les partis de l'ère industrielle, de l'extrême droite à l'extrême gauche, ont systématiquement recours au rite de l'élection pour désigner leurs responsables. Même lorsqu'il s'agit de désigner un secrétaire de cellule locale ou régionale, le vote est d'une manière ou d'une autre de rigueur, ne serait-ce que pour ratifier les choix venus d'en haut. Dans de nombreux pays, le cérémonial électoral est devenu un élément omniprésent de la vie d'une foule d'organisations, depuis les sections syndicales jusqu'aux conseils de fabrique paroissiaux ou aux meutes de louveteaux. L'élection fait partie intégrante du mode de vie industriel. (*N.d.A.*)

Ces milliers de mécanismes représentatifs édifiés à partir des éléments de la boîte de meccano tendaient de plus en plus à former une unique et invisible supermachine : une usine à fabriquer des lois universelles.

Il ne nous reste plus, maintenant, qu'à voir comment les commandes et les rouages de ce système étaient manipulés — et par qui.

LE RITUEL DE LA SÉCURISATION

Né des rêves émancipateurs des révolutionnaires de la Seconde Vague, le gouvernement représentatif était un progrès formidable par rapport aux systèmes de pouvoir antérieurs, c'était une victoire technologique plus saisissante, à sa manière, que l'invention de la machine à vapeur ou de l'aéroplane.

Le gouvernement représentatif rendit possible des successions dans l'ordre sans dynastie héréditaire. Il ouvrit des circuits de feedback reliant le sommet à la base, au sein de la société. Il fournit un forum où les différends opposant tels ou tels groupes pouvaient faire l'objet d'un règlement pacifique. Indissociable de la règle majoritaire et du principe « un homme, un vote », il aida les pauvres et les faibles à arracher certains avantages aux techniciens du pouvoir qui avaient la haute main sur les moteurs intégrationnistes de la société. Pour toutes ces raisons, l'expansion du gouvernement représentatif lié à la Seconde Vague constitua historiquement, dans l'ensemble, une avancée considérable de l'humanisation.

Pourtant, dès le début, il resta très loin de ce qu'on attendait de lui. Même avec un effort d'imagination considérable, on ne saurait dire qu'il ait jamais été contrôlé par le « peuple », même au sens le plus restrictif du terme. En aucun cas il ne modifia la véritable structure du pouvoir dans les nations industrielles, cette hiérarchie d'infra-élites, d'élites et de super-élites. En vérité, loin d'affaiblir la domination des élites gestionnaires, l'appareil de représentation formelle devint l'un des « moyens d'intégration » privilégiés qui permettaient à celles-ci de se maintenir au pouvoir.

C'est ainsi que les élections, indépendamment des vainqueurs désignés par les urnes, remplissaient une importante fonction culturelle pour les élites. Dans la mesure où tout un chacun possédait le droit de vote, elles entretenaient l'illusion de l'égalité. L'élection constituait un rituel de masse confortant les gens dans la conviction que les choix qu'ils étaient appelés à faire avaient un caractère systématique, qu'ils intervenaient avec une régularité toute mécanique et étaient, par conséquent, implicitement « rationnels ». Symboliquement, elle était la garantie donnée aux citoyens qu'ils continuaient de détenir les leviers de commande, qu'ils pouvaient — en théorie, tout au moins — se défaire de leurs dirigeants aussi bien que les élire. Ce rite de mise en confiance se révélait souvent, dans les pays capitalistes comme dans les pays socialistes, plus important que l'issue de bien des scrutins en tant que telle.

Les élites intégrationnistes programmaient diversement la machine politique selon les latitudes, soit en limitant le nombre des partis, soit en manipulant les règles de l'éligibilité. Néanmoins, le cérémonial électoral — certains diraient la farce — se déroulait partout. Le fait qu'en Union soviétique et dans les démocraties populaires des majorités miracles de 99 à 100 % sont habituelles laisse à penser que ce besoin de sécurisation est au moins aussi puissant dans les sociétés où règne une planification centrale que dans le « monde libre ». Les élections ont pour effet de désamorcer la contestation de la base.

En outre, malgré les efforts des réformateurs démocrates et extrémistes, les élites intégrationnistes ont conservé le contrôle quasi permanent du gouvernement représentatif. On a proposé de nombreuses théories pour expliquer ce phénomène mais la plupart négligent de faire entrer en compte la nature mécanique du système.

Pourtant, si l'on observe les systèmes politiques de la Seconde Vague dans l'optique de l'ingénieur et non du politologue, on est frappé par un fait qui passe généralement inaperçu.

L'ingénieur a coutume de distinguer deux catégories de machines fondamentalement différentes : les machines qui fonctionnent par intermittence et celles qui fonctionnent en continu. L'exemple classique de celles de la première catégorie nous est fourni par la presse à emboutir. L'ouvrier qui la conduit reçoit un lot de tôles, y introduit une ou plusieurs feuilles afin de leur imprimer la forme désirée. Quand le lot est terminé, la machine s'arrête jusqu'à la prochaine fournée. La raffinerie de pétrole est un exemple des machines du second type. Une fois qu'elle a démarré, elle ne s'arrête plus. Le pétrole circule vingt-quatre heures sur vingt-quatre dans ses tuyauteries, ses pompes et ses bacs.

Si l'on considère l'usine à fabriquer les lois universelles qui repose sur des élections espacées dans le temps, nous nous trouvons en présence d'une machine à fonctionnement intermittent typique. Le corps électoral est périodiquement admis à choisir parmi les candidats à des dates déterminées, après quoi la « machine démocratique » formelle est à nouveau mise en repos.

Comparons cette procédure avec l'action continue qu'exercent les différents groupes d'intérêts et de pression, sans compter ceux qui trafiquent de leur pouvoir. Des nuées de *lobbyists* représentant les grosses sociétés ou des agences gouvernementales et des ministères témoignent devant les commissions parlementaires, siègent à des comités distingués, assistent aux mêmes réceptions et aux mêmes banquets, boivent à leur santé réciproque — des cocktails à Washington, de la vodka à Moscou —, font circuler l'information et font assaut d'influence, pesant ainsi sans trêve et sans relâche sur le processus de décision.

Bref, les élites ont construit une puissante machine travaillant à régime continu qui double l'emboutisseuse démocratique fonctionnant par intermittence (et souvent en contrariant son action). Ce n'est que lorsque l'on voit ces deux machines côte à côte que l'on commence à comprendre comment s'exerce réellement le pouvoir de l'État dans la fabrique de lois universelles.

Tant qu'ils jouaient le jeu de la représentation, les gens ne pouvaient dans le meilleur des cas manifester leur approbation ou désapprobation à l'égard du gouvernement et de son action que de loin en loin, alors que les techniciens du pouvoir avaient, eux, tout loisir d'infléchir en permanence l'action gouvernementale.

Enfin le principe même de la représentation sécrétait un instrument de contrôle social encore plus puissant. En effet, le fait même que des personnes étaient choisies pour en représenter d'autres avait pour résultat de grossir les rangs de l'élite.

Quand, par exemple, les travailleurs engagèrent la lutte pour obtenir le droit de s'organiser en syndicats, ils firent l'objet de brimades, furent poursuivis pour conspiration, filés par des espions à la solde des entreprises, molestés par la police et les milices patronales. C'étaient des exclus qui n'étaient pas — ou étaient mal — représentés dans le système.

Lorsque les syndicats furent reconnus, ils engendrèrent un

nouveau groupe d'intégrateurs — l' « establishment ouvrier » — dont les membres, ne se bornant pas à être simplement les représentants des travailleurs, intervenaient comme médiateurs entre ceux-ci et les élites des affaires et du gouvernement. Les George Meany et les Georges Séguy du monde entier devinrent, en dépit de toute leur rhétorique, des éléments clés de l'élite intégrationniste. Les pseudo-dirigeants syndicaux d'U.R.S.S. et des démocraties populaires n'ont jamais été autre chose que des techniciens du pouvoir.

Théoriquement, le renouvellement obligatoire des mandats était le gage que les représentants demeureraient honnêtes et continueraient de défendre leurs mandants. Mais cela n'empêcha nulle part les élus de se faire phagocyter par la structure du pouvoir. Partout, le fossé s'élargissait entre représentants et représentés.

Le gouvernement représentatif — ce que l'on nous a appris à appeler démocratie — était, en gros, une technique industrielle destinée à perpétuer l'inégalité. Le gouvernement représentatif était pseudo-représentatif.

Quel spectacle s'offre donc à nous si nous jetons un bref regard en arrière ? Nous voyons une civilisation qui repose dans une très large mesure sur les combustibles fossiles, sur la production en usine, sur la famille nucléaire, sur la société anonyme, sur l'éducation de masse et sur les mass media, tout cela s'appuyant sur un divorce de plus en plus accentué entre la production et la consommation — et géré par des élites ayant pour tâche d'intégrer l'ensemble.

Le gouvernement représentatif était, dans ce système, l'équivalent politique de l'usine. Et c'était effectivement une usine fabriquant des décisions intégrationnistes collectives. Comme la plupart des usines, il était dirigé d'en haut. Et, comme la plupart des usines, c'est maintenant une institution de plus en plus désuète, une victime de la Troisième Vague qui s'avance.

S'il est bien exact que les structures politiques de la Seconde Vague sont de plus en plus démodées et incapables de faire face aux complexités du monde d'aujourd'hui, le problème est lié en partie, comme nous allons le voir, à une autre institution névralgique de la Seconde Vague : l'État-nation.

L'État-nation n'est plus en mesure de faire face aux problèmes issus de la 3e vague. Structure désuète.

Chapitre 7

Fièvres et bouillonnements nationaux

Abaco est une île des Bahamas, au large de la Floride. Sa population s'élève à 6 500 habitants. Il y a de cela quelques années, un groupe d'Américains, hommes d'affaires, marchands d'armes et théoriciens de la libre entreprise, plus un Noir appartenant aux services de renseignement et un Anglais membre de la Chambre des Lords jugèrent que l'heure avait sonné pour Abaco de proclamer son indépendance.

Leur plan était de s'emparer de l'île et de faire scission d'avec le gouvernement bahamien en promettant un acre[1] de terre à chacun des insulaires après la révolution. (Ce qui aurait laissé aux promoteurs immobiliers et aux investisseurs qui appuyaient le projet en sous-main la disposition de 100 000 hectares.) L'objectif final de ce rêve était la création d'un royaume d'Utopie en forme de paradis fiscal où les riches industriels redoutant l'apocalypse socialiste pourraient se réfugier. Malheureusement pour la libre entreprise, les Abaconiens ne montrèrent guère d'enthousiasme à briser leurs chaînes et la nouvelle « nation » envisagée ne vit jamais le jour.

Pourtant, dans un monde où les mouvements nationalistes aspirent à prendre le pouvoir et où quelque 151 États sont affiliés à ce syndicat de nations qu'est l'ONU, ces gestes parodiques ne sont pas sans utilité. Ils nous forcent à nous interroger sur la notion même de nation.

1. 0,4 ha.

Subventionnés ou non par des hommes d'affaires farfelus, les 6 500 habitants d'Abaco pouvaient-ils se reconstituer en nation ? Si Singapour et ses 2 300 000 habitants est une nation, pourquoi la ville de New York avec ses 8 millions de New-Yorkais n'en est-elle pas une ? Si Brooklyn possédait des chasseurs bombardiers, en serait-elle une ? Si absurdes qu'elles paraissent, ces questions prendront toute leur signification quand le mascaret de la Troisième Vague viendra battre les fondations de la civilisation de la Seconde Vague. Car l'une de ces fondations était, et est toujours, l'État-nation.

Ce n'est que si nous perçons les brumes de la rhétorique dont s'enveloppe la question du nationalisme que nous pourrons décrypter les titres des journaux et comprendre le conflit qui fait rage entre les civilisations de la Première et de la Seconde Vague alors qu'elles essuient l'une et l'autre l'assaut de la Troisième.

LES CHEVAUX DE VOLTAIRE

Avant que la Seconde Vague eût déferlé sur l'Europe, la plupart des régions de la planète n'étaient pas encore constituées en nations. Elles formaient un fouillis de tribus, de clans, de duchés, de principautés, de royaumes et autres unités de caractère plus ou moins local. « Les rois et les princes, écrit S.E. Finer, spécialiste en sciences politiques, exerçaient une souveraineté de bric et de broc. » Les frontières étaient mal définies, les droits des gouvernements flous. Dans un village, note le Pr Finer, ils se limitaient à lever des taxes sur un moulin, dans un autre à imposer les paysans, ailleurs à nommer un abbé. Celui qui possédait des biens dans diverses localités devait le cas échéant allégeance à différents seigneurs. Les empereurs les plus puissants eux-mêmes régnaient sur des conglomérats de minuscules entités autonomes fixant chacune la plus grande partie de leurs lois. Voltaire résumait bien la situation quand il déplorait que, parcourant l'Europe, il changeait aussi souvent de lois que de chevaux.

Cette boutade est, certes, plus profonde qu'il ne le semble à première vue car l'obligation pour le voyageur d'alors de changer fréquemment de monture était due aux conditions primitives des transports et des communications — et celles-ci réduisaient l'aire d'autorité effective des plus grands des souverains. Plus on s'éloignait de la capitale, plus s'affaiblissait le pouvoir d'État.

Or, sans intégration politique, il n'est pas d'intégration économique. Les nouvelles et coûteuses technologies de la Seconde Vague ne pouvaient être amorties qu'à condition de produire des biens destinés à des marchés plus vastes que les marchés locaux. Mais comment les négociants auraient-ils pu s'engager dans des activités commerciales intéressant un large territoire si, hors des limites de leurs communautés, ils s'enlisaient dans un maquis de taxations, de droits, de réglementations du travail et de monnaies différentes ? Pour que les techniques nouvelles fussent rentables, il était impératif que les économies locales se fondissent en une économie nationale unique. Cela présupposait une division du travail à l'échelle nationale et un marché national pour les biens et pour le capital. Et tout cela exigeait à son tour une consolidation politique au niveau national.

En un mot, une entité politique de Seconde Vague s'ajustant à la croissance des entités économiques de cette même Seconde Vague était indispensable.

L'apparition de plus en plus visible d'une transformation fondamentale de la conscience populaire à mesure que les sociétés de la Seconde Vague commençaient à forger les économies nationales n'a rien de surprenant. La production localisée et sur petite échelle qui caractérisait les sociétés de la Première Vague avait donné naissance à une mentalité à courte vue. A de rares exceptions près, on s'intéressait exclusivement à son bourg ou à son village. Seule une infime poignée de gens — quelques seigneurs et quelques clercs, des marchands clairsemés et une étroite frange d'artistes, d'érudits et de mercenaires — voyaient plus loin que leur hameau.

La Seconde Vague multiplia rapidement le nombre des personnes que l'élargissement du monde intéressait au premier chef. Grâce aux technologies dérivées de la vapeur et du charbon, et plus tard, de l'électricité, le fabricant de vêtements de Francfort, l'horloger genevois ou le filateur de Manchester pouvaient produire beaucoup plus d'unités que le marché local n'était capable d'en absorber et ils avaient, par ailleurs, besoin de matières premières qu'ils devaient faire venir de loin. L'ouvrier d'usine était, lui aussi, affecté par des événements financiers qui intervenaient à des milliers de kilomètres de chez lui : les emplois dépendaient de lointains marchés. Ainsi, psychologiquement parlant, les horizons s'élargirent peu à peu. Les nouveaux mass media accroissaient la masse d'information et les images provenant d'ailleurs. Sous l'effet de ces changements, l'esprit de clocher s'estompa. La conscience nationale s'éveilla.

Née de la Révolution américaine et de la Révolution française, une fièvre de nationalisme, qui allait persister tout au long du XIXe siècle, s'empara des régions en voie d'industrialisation. Les 350 mini-États hétéroclites en perpétuelle discorde qui formaient l'Allemagne aspiraient maintenant à se fondre en un marché national unique — *Das Vaterland*. L'unité nationale était un impératif pour l'Italie, ce manteau d'Arlequin que se partageaient la Maison de Savoie, le Vatican, les Habsbourgs d'Autriche et les Bourbons d'Espagne. Les Hongrois, les Serbes, les Croates, les Français et bien d'autres peuples encore se découvrirent brusquement des affinités mystiques avec leurs compatriotes. Les poètes exaltaient l'esprit national, les historiens déterraient des héros, une littérature, un folklore depuis longtemps perdus, les compositeurs écrivaient des hymnes à la gloire de la nation — et tout cela, comme par hasard, au moment où celle-ci était une nécessité pour l'industrialisation.

Dès l'instant où l'on comprend que l'intégration était indispensable à l'industrialisme, la signification de l'État national apparaît clairement. Les nations ne sont ni des « unités spirituelles » selon la formule de Spengler, ni des « communautés mentales », ni des « âmes sociales ». Une nation n'est pas plus le « riche héritage de souvenirs » de Renan que l' « image partagée de l'avenir » d'Ortega.

Ce que nous appelons la nation moderne est un phénomène propre à la Seconde Vague : une autorité politique une et intégrée superposée à ou en symbiose avec une économie une et intégrée. Un fatras d'économies locales autarciques n'ayant entre elles que des liens distendus ne saurait donner naissance à une nation et n'y parvient jamais. Et un système politique étroitement unifié couronnant un conglomérat d'économies locales n'est pas non plus une nation moderne. C'est la combinaison des deux, la fusion d'une autorité politique et d'une économie unifiée qui constitua la nation moderne.

On peut voir dans l'agitation nationaliste déclenchée par la révolution industrielle aux États-Unis, en France, en Allemagne et dans le reste de l'Europe autant de tentatives visant à porter le niveau d'intégration politique à la hauteur du niveau d'intégration économique de plus en plus élevé qu'imposait la Seconde Vague ;

ce sont ces efforts et non la poésie et la mystique qui aboutirent à la division du monde en entités nationales distinctes.

L'ÉCLISSE D'OR

Les gouvernements qui s'employaient à élargir leur marché et leur autorité politique se heurtaient tous à certains obstacles : différences linguistiques, barrières culturelles, sociologiques, géographiques et stratégiques. Tout — les transports tels qu'ils existaient, les communications et les ressources énergétiques dont on disposait, la productivité de la technologie —, tout limitait l'importance du territoire susceptible d'être soumis à une seule et même structure politique. La relative sophistication des méthodes comptables, des contrôles budgétaires et des techniques de management imposait, elle aussi, des bornes à l'ampleur que l'intégration politique pouvait atteindre.

A l'intérieur de ces limites, les élites intégrationnistes, professionnelles ou étatiques, visaient à l'expansion. Plus le territoire qu'elles contrôlaient et la sphère d'influence économique concomitante étaient étendus, plus leur richesse et leur pouvoir augmentaient. Mais les nations qui cherchaient à repousser leurs frontières économiques et politiques le plus loin possible ne butaient pas seulement contre ces limites internes : elles se heurtaient aussi aux nations rivales.

Pour faire sauter ce verrou, les élites intégrationnistes tablèrent sur le progrès technologique. C'est ainsi, par exemple, qu'elles se lancèrent à corps perdu dans la « course à l'espace » du XIXᵉ siècle : la construction des chemins de fer.

En septembre 1825, les Anglais relièrent Stockton à Darlington par le rail. En mai 1835 fut ouverte la ligne Bruxelles-Malines et, en septembre de la même année, la ligne Nuremberg-Furth fut inaugurée en Bavière. Puis ce fut la ligne Paris-Saint-Germain. Très loin à l'est, la desserte Tarskoïe Selo-Saint-Pétersbourg fut assurée en avril 1838. Durant les quelque trente années qui suivirent, les constructeurs de voies raccordèrent les régions les unes après les autres.

Les pays qui étaient déjà presque unifiés en 1830 furent soudés par l'avènement du rail, note l'historien français Charles Morazé. Ceux qui n'étaient pas encore prêts virent un corset d'acier se resserrer autour d'eux. C'était comme si toutes nations se hâtaient de proclamer leur droit à l'existence avant que soient construites les voies ferrées afin de pouvoir être reconnues comme telles par le système de transport qui devait délimiter les frontières politiques de l'Europe pendant plus d'un siècle.

Le gouvernement américain, convaincu, comme l'écrivait l'historian Bruce Mazlish, que « les routes transcontinentales renforceraient les liens unissant les côtes atlantique et pacifique », accorda de vastes concessions aux compagnies de chemins de fer privées. La mise en place de l'« éclisse d'or » symbolisant l'achèvement de la première ligne transcontinentale ouvrit la porte à un marché véritablement national, intégré à l'échelle d'un continent. Et l'autorité jusque-là symbolique du gouvernement fédéral devenait du même coup une réalité concrète. Washington était désormais en mesure d'envoyer rapidement des troupes d'un bout à l'autre du territoire national pour l'imposer.

C'est ainsi que dans tous les pays, l'un suivant l'autre, on vit s'affirmer cette nouvelle et puissante entité : la nation. La planisphère se couvrit de toute une marqueterie de taches rouges, roses, orange, bleues, jaunes ou vertes parfaitement circonscrites et tranchées, et l'État-nation devint l'une des structures clés de la civilisation de la Seconde Vague.

La nation cachait l'impératif familier de l'industrialisme : la recherche de l'intégration.

Mais cette volonté d'intégration ne s'arrêtait pas aux frontières de l'État-nation. En dépit de toute sa puissance, la civilisation industrielle était contrainte de chercher ses moyens de subsistance à l'extérieur. Elle ne pouvait survivre que si elle intégrait le reste du monde au système monétaire et contrôlait celui-ci à son profit.

Il est essentiel d'analyser la façon dont elle s'y est prise si l'on veut se faire une idée du monde que créera la Troisième Vague.

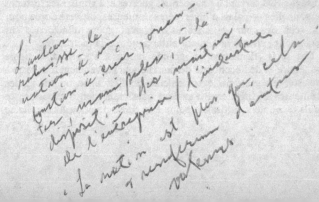

Chapitre 8.
L'impérialisme conquérant

Nulle civilisation ne peut se développer sans conflits. La civilisation de la Seconde Vague ne tarda pas à se lancer tête baissée à l'assaut du monde de la Première Vague. Elle en triompha et imposa son ordre à des millions, puis à des milliards d'êtres humains qui menaient encore une existence agraire et même préagraire.

Longtemps avant la Seconde Vague, certes, depuis le XVIᵉ siècle, les dirigeants européens avaient déjà commencé à se tailler de vastes empires coloniaux. Missionnaires et conquistadores espagnols, trappeurs français, aventuriers anglais, hollandais, portugais et italiens parcouraient le globe, décimant ou réduisant en esclavage des populations entières, s'appropriant d'immenses territoires et expédiant le tribut à leurs monarques. Mais, comparé à ce qui allait suivre, c'était insignifiant.

En effet, les trésors que ces aventuriers et ces conquérants de la première heure ramenaient à la mère patrie n'étaient que du butin à usage privé servant à financer des guerres et à gonfler les fortunes personnelles — palais d'hiver, fêtes fastueuses, oisiveté dorée pour les gens de cour — mais ils n'avaient guère d'incidence sur l'économie, encore largement autarcique, de la métropole.

Les serfs, demeurés en grande partie à l'écart du système monétaire et de l'économie de marché, qui parvenaient tout juste à subsister en grattant le sol calciné de l'Espagne ou les landes brumeuses d'Angleterre n'avaient quasiment rien à exporter ; ce qu'ils récoltaient suffisait à peine à la consommation locale. Ils ne dépendaient pas, non plus, des matières premières pillées ou achetées dans d'autres pays. Pour eux, la vie continuait, d'une manière ou d'une autre. Aussi, les fruits des conquêtes d'outre-mer enrichissaient-ils la classe dirigeante et les citadins, et non la masse des simples gens au mode d'existence rural. En ce sens, l'impérialisme de la Première Vague était un impérialisme au petit pied, pas encore intégré à l'économie.

La Seconde Vague transforma cette activité de maraudage relativement modeste en entreprise commerciale de grande envergure, et l'impérialisme à la petite semaine se mua en impérialisme triomphant.

L'impérialisme de la Seconde Vague était un impérialisme d'un type nouveau. Son but n'était pas de rapporter quelques coffres remplis d'or, d'émeraudes, d'épices ou de soieries mais des vaisseaux entiers chargés de nitrates, de coton, d'huile de palme, d'étain, de caoutchouc, de bauxite ou de tungstène. Cet impérialisme-là exploitait des mines de cuivre au Congo et plantait des derricks dans la péninsule arabe. Il organisait la razzia des matières premières pour les transformer en produits finis qu'il revendait bien souvent avec un bénéfice énorme dans les mêmes pays. En résumé, ce n'était plus un impérialisme marginal mais un impérialisme à tel point intégré à l'infrastructure économique des nations industrielles que des millions de simples travailleurs dépendaient finalement de lui pour leur emploi.

Et pas seulement pour leur emploi. Outre de nouvelles matières premières, l'Europe avait besoin de quantités croissantes de denrées alimentaires. Les nations de la Seconde Vague qui s'engageaient dans le processus de la fabrication de produits manufacturés et transféraient la main-d'œuvre rurale des champs à l'usine étaient contraintes d'importer toujours davantage de produits alimentaires : le bœuf, le mouton, les céréales, le café, le thé et le sucre affluaient d'Inde, de Chine, d'Afrique, des Antilles et d'Amérique centrale.

Parallèlement, à mesure que se développait l'essor de la production de masse, la nécessité de marchés toujours plus vastes et de nouvelles cibles pour leurs investissements s'imposait aux nouvelles élites industrielles. Dans les années 1880 et 1890, les hommes politiques européens définissaient leurs ambitions avec une cynique franchise. « L'Empire, c'est le commerce », proclamait le Premier ministre anglais Joseph Chamberlain. Le Français Jules Ferry, président du Conseil, était encore plus explicite : ce dont la France avait besoin, c'était de « débouchés pour nos industries, nos exportations et nos capitaux ». Secoués par les booms et les crises économiques cycliques, confrontés au problème du chômage chronique, les dirigeants européens furent obsédés pendant des générations par la crainte, si jamais s'interrompait l'expansion coloniale, qu'un accroissement du chômage n'engendrât la révolution armée.

Les motivations de l'impérialisme triomphant n'étaient cependant pas de nature exclusivement économique. Des considérations d'ordre stratégique, l'apostolat religieux, l'idéalisme et l'esprit d'aventure jouaient aussi leur rôle, tout comme le racisme affirmant implicitement la supériorité du Blanc ou de l'Européen. La conquête impériale était aux yeux de beaucoup une mission divine. La formule du « fardeau de l'homme blanc », lancée par Rudyard Kipling, résumait bien ce zèle missionnaire des Européens visant à la propagation du christianisme et de la « civilisation », c'est-à-dire la civilisation de la Seconde Vague, bien évidemment. Car, pour les colonisateurs, les civilisations de la Première Vague, si raffinées et sophistiquées qu'elles fussent, étaient « arriérées » et « sous-développées ». Les ruraux, surtout s'il se trouvait qu'ils avaient la peau sombre, étaient « semblables à des enfants ». Ils étaient « rusés et malhonnêtes », ils étaient « paresseux », ils n'attachaient « pas de prix à la vie ».

De tels partis pris aidaient les forces de la Seconde Vague à justifier l'extermination de tous ceux qui se trouvaient sur leur chemin.

John Ellis montre dans son *Histoire sociale de la mitrailleuse* que cette nouvelle arme extraordinairement meurtrière mise au point au XIXᵉ siècle fut, au début, systématiquement utilisée contre les populations indigènes et non contre les Européens de race blanche parce qu'il n'était pas sportif de tuer un égal avec cet engin. En revanche, massacrer des colonisés était considéré comme une activité plus cynégétique que guerrière et d'autres critères s'appliquaient alors. « Faucher des Métabélès, des derviches, ou des Tibétains était considéré plus comme un " coup de fusil " assez hasardeux que comme une opération militaire », note Ellis.

Cette supériorité technique fit ses preuves en 1898 à Omdurman sur le Nil, en face de Khartoum, avec des résultats dévastateurs. Quand les Britanniques, qui disposaient de six mitrailleuses Maxim, écrasèrent définitivement la résistance des derviches du

Mahdi, « ce fut, écrit un témoin oculaire, le dernier jour du mahdisme et son apothéose... Ce ne fut pas une bataille mais une exécution ». Au cours de ce seul engagement, les Britanniques perdirent 28 hommes mais ils laissèrent 11 000 derviches sur le terrain — 392 colonisés tués par tête d'Anglais. Ce fut là « un nouvel exemple du triomphe de l'allant britannique, et de la supériorité générale de l'homme blanc », Ellis *dixit*.

Mais derrière les attitudes racistes et les justifications religieuses ou autres que mettaient en avant les Anglais, les Français, les Allemands, les Hollandais, pour ne citer qu'eux, qui essaimaient dans le monde entier, il y avait une dure réalité : la civilisation de la Seconde Vague ne pouvait pas survivre isolée. Elle avait désespérément besoin de ces subsides invisibles, les ressources à bas prix que recelait le sous-sol des régions d'outre-mer, et, par-dessus tout, d'un marché mondial intégré et unifié permettant de les siphonner.

LA POMPE À ESSENCE DANS LE JARDIN

Cette volonté de créer ce marché mondial intégré reposait sur l'idée, que David Ricardo fut le premier à formuler, selon laquelle le principe de la division du travail devait s'appliquer aussi bien aux nations qu'aux ouvriers d'usine. Cet auteur faisait observer dans un passage devenu classique que si la Grande-Bretagne se spécialisait dans l'industrie textile et le Portugal dans la viticulture, les deux pays en tireraient réciproquement avantage. Chacun donnerait le maximum dans sa sphère. Donc, la « division internationale du travail » assignant une fonction spécifique aux diverses nations enrichirait tout le monde.

Au fil des générations, ce principe s'érigea en dogme et il prévaut encore aujourd'hui bien que ses implications passent souvent inaperçues. En effet, de même que la division du travail au plan de l'économie suscitait un puissant besoin d'intégration et, partant, engendrait une élite intégrationniste, la division internationale du travail exigeait une intégration à l'échelle du globe et elle fit naître une petite élite planétaire de nations de la Seconde Vague qui, pratiquement, exerçaient à tour de rôle leur domination sur de vastes parties du monde.

Le fantastique développement du commerce international auquel on assista après que la Seconde Vague eut submergé l'Europe donne la mesure du succès obtenu au plan de l'intégration et de l'unification du marché mondial. D'après les estimations, la valeur des échanges mondiaux a été multipliée par plus de 50 entre 1750 et 1914, passant de 700 millions de dollars à près de 40 milliards. Si Ricardo avait été dans le vrai, les gains enregistrés par le commerce mondial auraient été plus ou moins également ventilés entre les parties prenantes. En fait, le postulat intéressé selon lequel la spécialisation bénéficierait à tous reposait sur une chimère : la compétition loyale et juste.

Il présupposait une utilisation totalement efficace de la main-d'œuvre et des ressources ; des accords conclus en dehors de toute menace politique ou militaire ; des négociations serrées entre des acheteurs et des vendeurs d'une force plus ou moins équivalente. Bref, la théorie tenait compte de tous les facteurs hormis un seul : la vie réelle.

En fait, les négociations opposant les négociants de la Seconde Vague et les peuples de la Première à propos du sucre, du cuivre, du cacao et autres denrées étaient souvent faussées dès le départ. D'un côté de la table, il y avait des trafiquants européens ou américains durs en affaires soutenus par de grosses sociétés, d'importants groupes bancaires, une technologie puissante, des gouvernements forts et, de l'autre, un potentat local ou un chef de tribu dont les sujets venaient à peine d'entrer dans le système monétaire et dont l'économie avait pour base une activité agricole ou artisanale de type villageois. D'un côté, les représentants d'une civilisation étrangère, mécaniquement avancée, conquérante, convaincue de sa supériorité et prête à recourir aux baïonnettes et aux mitrailleuses pour la prouver — en face, les porte-parole de petites tribus ou de principautés prénationales armés de lances et de flèches.

Bien souvent, les dirigeants et les entrepreneurs locaux se laissaient purement et simplement acheter par les Occidentaux qui leur offraient des bakchichs ou des avantages personnels en échange de la sueur des travailleurs indigènes, et qui les persuadaient ainsi d'étouffer toutes velléités de résistance ou de remanier les lois coutumières en faveur de l'étranger. Une fois qu'elle avait conquis une colonie, la puissance impérialiste accordait fréquemment des tarifs préférentiels à ses nationaux demandeurs en matières premières et instaurait de rigides barrières douanières pour empêcher les commerçants des nations rivales de faire de la surenchère.

Dans ces conditions, il n'est guère étonnant que le monde industriel ait pu se procurer des matières premières ou des ressources énergétiques à des prix inférieurs à ceux du « juste marché ».

En outre, une décote supplémentaire jouait souvent en faveur des acheteurs en vertu de ce que l'on pourrait appeler la « loi du Prix Initial ». Beaucoup de matières premières indispensables aux pays de la Seconde Vague étaient pratiquement dépourvues de valeur pour les populations de la Première Vague qui en étaient détentrices. Les paysans africains n'avaient pas besoin de chrome, l'or noir qui bouillonnait sous les sables du désert ne présentait aucun intérêt pour les sheiks arabes.

Quand une marchandise quelconque n'avait encore jamais fait l'objet d'un commerce, le prix fixé lors de la première transaction était capital. En principe, il était établi plus en fonction de rapports de force militaires ou politiques qu'en fonction de facteurs économiques tels que les coûts, les bénéfices ou le jeu de la concurrence. Et comme, le plus souvent, il n'y avait pas de concurrence réelle, pratiquement n'importe quelle proposition était acceptée par un seigneur ou un chef de tribu pour qui les ressources locales étaient dénuées de valeur, et qui avait en face de lui un régiment équipé de gatlings[1]. Et, une fois ce Prix Initial convenu, il écrasait tous les prix ultérieurs.

Lorsque les matières premières étaient expédiées à la nation industrielle mère pour être transformées en produits finis, ce faible prix originel était pratiquement gelé une fois pour toutes[2]. En fin de compte, à mesure qu'un cours mondial s'établissait progressivement pour chaque produit, toutes les nations industrielles tiraient

---

1. Du nom de son inventeur, ancêtre de la mitrailleuse constituée d'un tambour pivotant formé d'une série de canons tirant à la cadence d'environ 600 coups-minute. (N.d.T.)
2. Supposons, par exemple, que la société A achète à Colonia une matière première au prix d'un dollar la livre et qu'elle s'en serve pour fabriquer des « bidulettes » vendues deux dollars pièce. Toute autre société désireuse d'entrer dans le marché de la « bidulette » cherchera à faire en sorte que le coût de la matière première soit égal, voire inférieur, à celui auquel traite la société A. Elle ne pourrait pas, à moins d'avoir une supériorité technologique ou autre, se permettre de payer plus cher sa matière première tout en restant compétitive sur le marché de la « bidulette ». C'est ainsi que le Prix Initial de la matière première, même s'il est établi à l'ombre des baïonnettes, devient la base de toutes les négociations ultérieures. (N.d.A.)

avantage du fait que le prix initial s'était fixé à un niveau « hors concurrence » bas. Ainsi, et pour de multiples raisons, en dépit de la rhétorique impérialiste qui chantait les vertus de la liberté du commerce et de la libre entreprise, les pays de la Seconde Vague retiraient d'énormes bénéfices de ce que l'on appelait par euphémisme la « concurrence imparfaite ».

Rhétorique et Ricardo mis à part, les profits de l'expansion commerciale n'étaient même pas répartis de manière égale. Ils circulaient à sens unique — du monde de la Première Vague vers le monde de la Seconde Vague.

LA PLANTATION DE MARGARINE

Les puissances industrielles ne ménagèrent aucun effort pour développer et intégrer le marché mondial afin de faciliter cette circulation. A mesure que le commerce s'étendait au-delà des frontières, les marchés nationaux devenaient eux-mêmes des éléments d'un plus vaste ensemble de marchés régionaux ou continentaux qui s'interpénétraient, et, au bout du compte, du système d'échange unique et unifié dont rêvaient les élites intégrationnistes, chefs de file de la civilisation de la Seconde Vague. Un seul et même système monétaire se tissa autour du globe.

Traitant le reste du monde comme s'il était leur pompe à essence, leur jardin, leur mine, leur carrière et leur réservoir de main-d'œuvre à bas prix, les nations de la Seconde Vague transformèrent profondément la vie sociale des populations non industrielles de la terre. Des cultures qui s'étaient maintenues depuis des millénaires en vivant en vase clos et en ne produisant que ce qui était nécessaire à leur subsistance, se trouvèrent bon gré mal gré prises dans l'engrenage du système commercial mondial et condamnées à commercer ou à périr. Brusquement, le niveau de vie des Boliviens ou des Malais se mit à dépendre des besoins d'économies situées aux antipodes à mesure que les mines d'étain et les plantations d'hévéas destinées à satisfaire l'insatiable fringale de l'industrie se multipliaient.

Un produit ménager aussi anodin que la margarine illustre admirablement ce phénomène. Originellement, la margarine était fabriquée en Europe à partir d'ingrédients que l'on trouvait sur place. Mais son usage se répandit à tel point que la production ne suivait plus la demande. Les chercheurs découvrirent en 1907 que l'on pouvait faire de la margarine à partir de la noix de coco et de l'huile de palmiste. Cette découverte technologique européenne aboutit à un bouleversement révolutionnaire du mode de vie des habitants de l'Afrique occidentale.

« Dans les principales régions d'Afrique occidentale qui produisaient traditionnellement l'huile de palmiste, note Magnus Pyke, ex-président du British Institute of Food Science and Technology, la terre était propriété collective. » L'utilisation des palmiers était régie par des usages et des règles locales complexes. Dans certains cas, celui qui avait planté l'arbre en avait l'usufruit à vie. Dans certains villages, les femmes jouissaient de droits particuliers. Selon Pyke, les hommes d'affaires occidentaux qui organisèrent « la production de l'huile de palmiste à grande échelle pour fabriquer de la margarine, aliment " de commodité " pour les citoyens industriels d'Europe et d'Amérique, détruisirent le cadre social fragile et complexe des Africains non industrialisés ». On créa d'immenses plantations au Congo belge, au Niger, au Cameroun et en Côte-de-l'Or. L'Occident eut sa margarine. Et les Africains, employés dans ces plantations, devinrent des semi-esclaves.

Autre exemple : le caoutchouc. Quand, au début du siècle, la construction automobile provoqua aux U.S.A. une forte demande de ce produit nécessaire à la confection des pneumatiques et des chambres à air, des commerçants, de connivence avec les autorités locales, réduisirent en esclavage les Indiens d'Amazonie pour produire du caoutchouc. Le consul de Grande-Bretagne à Rio de Janeiro, Roger Casement, signalait qu'à Putumayo la production de 4 000 tonnes de caoutchouc entre 1900 et 1911 avait coûté la vie à 30 000 Indiens.

On peut dire que c'était là des « excès », des « bavures » de l'impérialisme triomphant. Assurément, les puissances coloniales n'étaient pas d'une cruauté ni d'une perversité systématiques. En certains endroits, elles ont apporté aux populations asservies des écoles et des équipements médicaux rudimentaires. Elles ont amélioré les conditions d'hygiène et l'alimentation en eau. Elles ont indiscutablement élevé le niveau de vie de certaines. Et il ne serait pas plus équitable d'idéaliser les sociétés précoloniales que de rendre l'impérialisme seul responsable de tous les maux dont souffrent aujourd'hui les populations non industrielles. Le climat, la corruption et les tyrannies locales, l'ignorance et la xénophobie ont tous eu leur part dans ces difficultés. La misère et l'oppression régnaient déjà à l'état endémique avant l'arrivée des Européens.

Il n'empêche qu'une fois arrachées à leur autarcie et forcées de produire pour vendre ou pour échanger, une fois incitées ou contraintes à réorganiser leurs structures sociales autour de la mine, par exemple, ou de la plantation, les populations de la Première Vague tombèrent sous la dépendance économique d'un marché sur lequel leur influence était quasiment inexistante. Souvent, on achetait leurs chefs, leur culture était tournée en ridicule, leur langue frappée d'interdit. Par ailleurs, au plan psychologique, les puissances coloniales créaient chez les peuples conquis un complexe d'infériorité profondément enraciné qui, encore aujourd'hui, entrave leur développement social et économique.

Cependant, l'impérialisme triomphant fut une excellente affaire pour le monde de la Seconde Vague. Comme disait l'historien de l'économie William Woodruff : « Ce fut l'exploitation de ces territoires et l'accroissement du commerce avec eux qui apporta à la famille européenne une aisance jusque-là sans précédent. » Indissolublement lié à la structure même de l'économie de la Seconde Vague, dont il alimentait l'inassouvissable voracité, l'impérialisme se répandit sur la planète.

En 1492, quand Christophe Colomb posa le pied au Nouveau Monde, l'Europe ne contrôlait que 9 % du globe. En 1801, les Européens en dominaient le tiers, en 1880 les deux tiers et, en 1935, ils contrôlaient politiquement 85 % des terres émergées et 70 % de la population du monde. A l'instar de la société de la Seconde Vague, celui-ci se divisait en deux blocs : les intégrateurs et les intégrés.

L'INTÉGRATION À L'AMÉRICAINE

Cela étant dit, les intégrateurs n'étaient pas tous égaux. Une lutte sanglante et toujours plus intense pour s'assurer le contrôle du système économique mondial en train de prendre forme dressait les unes contre les autres les nations de la Seconde Vague. Lors de la Première Guerre mondiale, la puissance industrielle montante de l'Allemagne défia l'hégémonie franco-anglaise. Les destructions dues à ce conflit, le cycle dévastateur d'inflations et de dépressions qui s'ensuivit, la révolution soviétique, tout cela ébranla le marché industriel mondial.

Ces commotions entraînèrent un ralentissement drastique de la croissance du commerce international et, bien que le système d'échanges aspirât de plus en plus de pays, la valeur réelle des biens qui faisaient l'objet du commerce international, déclina. La Seconde Guerre mondiale ne fit que freiner davantage l'extension du marché intégré.

A la fin des hostilités, l'Europe occidentale était un champ de ruines encore fumantes. L'Allemagne n'était plus qu'un paysage lunaire. L'Union soviétique avait subi d'indescriptibles ravages matériels et humains. L'industrie japonaise était anéantie. De toutes les grandes puissances industrielles, une seule demeurait économiquement indemne : les États-Unis. En 1946-1950, le désordre de l'économie mondiale était tel que le commerce extérieur atteignit son niveau le plus bas depuis 1913.

En outre, la faiblesse des puissances européennes ravagées par la guerre encourageait les colonies à revendiquer l'indépendance politique. Gandhi, Ho Chi Minh, Jomo Kenyatta et d'autres leaders anticolonialistes accentuèrent leur campagne pour chasser les colonisateurs.

Ainsi, alors même que les canons ne s'étaient pas encore tus, il était évident que l'économie industrielle mondiale tout entière devait être reconstituée sur des bases nouvelles après la guerre.

Deux nations s'attaquèrent à la réorganisation et à la réintégration du système de la Seconde Vague : les États-Unis d'Amérique et l'Union des Républiques socialistes soviétiques.

Jusque-là, la participation des U.S.A. à la marche conquérante de l'impérialisme triomphant avait été discrète. La création de leurs propres frontières s'était soldée par la décimation des tribus indiennes dont les survivants avaient été parqués dans des réserves. Au Mexique, à Cuba, à Porto Rico et aux Philippines, les Américains avaient pris modèle sur la tactique impérialiste des Anglais, des Français et des Allemands. En Amérique latine, pendant les premières décennies de ce siècle, la « diplomatie du dollar » avait aidé la United Fruit et plusieurs autres grosses sociétés à se fournir en sucre, en bananes, en café, en cuivre et autres produits à des prix très bas. Cependant, à côté des puissances européennes, les États-Unis ne tenaient qu'un rang modeste dans la croisade de l'impérialisme triomphant.

En revanche, après la Seconde Guerre mondiale, ils étaient la première nation créditrice du globe. Ils bénéficiaient de la technologie la plus avancée, de la structure politique la plus stable — et la tentation d'occuper le vide laissé par les rivaux hors de combat, obligés de se retirer de leurs colonies, était irrésistible.

Dès 1941, les stratèges financiers américains avaient commencé à préparer la réintégration de l'économie mondiale de l'après-guerre sur des bases plus favorables pour les États-Unis. Lors de la conférence de Bretton Woods qui s'était tenue sous l'égide de ces derniers en 1944, 44 pays étaient convenus de la création de deux structures intégrationnistes essentielles : le Fonds monétaire international et la Banque mondiale.

Toutes les nations membres du F.M.I. étaient tenues d'accrocher leur monnaie au dollar américain ou à l'or — dont les plus gros stocks étaient détenus par les États-Unis (72 % des réserves mondiales en 1948). Ainsi le F.M.I. fixait-il les taux de change des monnaies des grandes puissances.

La Banque mondiale, quant à elle, originellement instituée pour fournir aux pays d'Europe les fonds nécessaires à la reconstruction, se mit peu à peu à accorder aussi des prêts aux nations non industrielles. Ces crédits étaient généralement destinés à construire des routes, des ports et autres « aménagements d'infrastructure » facilitant l'exportation de matières premières et de produits agricoles à destination des pays de la Seconde Vague.

Bientôt, ce système s'enrichit d'une troisième composante, le General Agreement on Tariffs and Trade [1] (accords GATT). Cette convention, dont l'initiative revenait également aux États-Unis, visait à libéraliser les échanges commerciaux, ce qui avait pour effet de rendre plus malaisé pour les pays les plus pauvres et les moins avancés techniquement la tâche de protéger leurs fragiles industries embryonnaires.

Ces trois structures étaient liées entre elles par une réglementation interdisant à la Banque mondiale de consentir des prêts à tout pays non affilié au F.M.I. ou qui refusait de souscrire aux accords GATT.

Cette machine rendait difficile aux débiteurs des U.S.A. de jouer sur les changes ou de recourir à des manipulations tarifaires pour réduire leurs dettes, elle renforçait la compétitivité de l'industrie

---

1. Accord général sur les tarifs douaniers et le commerce.

américaine sur les marchés mondiaux et conférait aux puissances industrielles, tout particulièrement aux États-Unis, une énorme influence sur la planification de beaucoup de pays de la Première Vague, même lorsque ceux-ci avaient accédé à la souveraineté politique.

Ces trois organismes solidaires constituaient une structure intégratrice monolithique pesant sur le commerce international. Et, de 1944 au début des années 70, c'étaient les U.S.A. qui dominaient pratiquement le système. Au plan des nations, ils intégraient les intégrateurs.

L'IMPÉRIALISME SOCIALISTE

L'essor de l'Union soviétique était, toutefois, une menace grandissante mettant en péril l'hégémonie des États-Unis sur le monde de la Seconde Vague. L'U.R.S.S. et les autres pays socialistes se présentaient comme des puissances anti-impérialistes amies des peuples colonisés. En 1916, un an avant d'accéder au pouvoir, Lénine avait violemment dénoncé la politique coloniale des nations capitalistes dans une brochure, *L'Impérialisme, stade suprême du capitalisme*, qui allait devenir l'un des textes les plus influents du siècle. Elle conditionne encore la pensée de centaines de millions d'hommes sur la terre.

Mais Lénine voyait dans l'impérialisme un phénomène purement capitaliste. Ce n'était pas pour le plaisir, affirmait-il, que les nations capitalistes opprimaient et colonisaient d'autres nations : elles agissaient sous l'aiguillon de la nécessité. En vertu d'une aléatoire loi d'airain formulée par Marx, les profits, dans les économies capitalistes, manifestaient une irrésistible tendance à décliner avec le temps. En conséquence, soutenait Lénine, les nations capitalistes arrivées à leur stade ultime étaient contraintes de rechercher des « superprofits » à l'étranger afin de compenser l'amenuisement de leurs revenus internes. Seul le socialisme, concluait-il, libérerait les colonisés de l'oppression et de la misère car toute dynamique d'exploitation économique lui était étrangère.

Mais Lénine omettait un détail, à savoir que les nations industrielles socialistes étaient mues par un certain nombre d'impératifs identiques à ceux qui animaient les nations industrielles capitalistes. Elles faisaient partie, elles aussi, du système monétaire mondial. Elles avaient, elles aussi, une économie fondée sur le divorce entre la production et la consommation. Elles avaient besoin, elles aussi, d'un marché (bien que non forcément orienté sur le profit) pour rétablir le contact entre le producteur et le consommateur. Elles avaient besoin, elles aussi, de matières premières venant de l'extérieur pour alimenter leurs machines industrielles. Et, pour ces diverses raisons, les pays socialistes avaient besoin, eux aussi, d'une économie mondiale intégrée leur permettant de se procurer les biens qui leur étaient nécessaires et de vendre leur production à l'étranger.

D'ailleurs, dans le même temps où Lénine fustigeait l'impérialisme, il précisait que l'objectif du socialisme n'était « pas seulement de rassembler les nations mais de les intégrer ». En 1920, note l'analyste soviétique M. Sénine dans *L'Intégration socialiste,* Lénine « considérait la réunion des nations comme un processus objectif qui... aboutira en dernière analyse à la création d'une économie mondiale unifiée régulée par... un plan commun ». C'est là, à n'en pas douter, le point culminant de la vision industrialiste.

Extérieurement, les nations industrielles socialistes étaient en quête des mêmes ressources que les nations capitalistes. Elles avaient, elles aussi, besoin de coton, de café, de nickel, de sucre, de blé et autres produits pour ravitailler leurs usines en cours de multiplication rapide et leurs populations urbaines. L'Union soviétique avait (et a encore) d'immenses richesses naturelles. Elle possède du manganèse, du plomb, du zinc, du charbon, des phosphates et de l'or. Mais c'était également vrai des États-Unis et cela n'a pas empêché les deux pays de s'efforcer d'acheter à des tierces puissances et au plus bas prix possible.

Dès sa naissance, l'Union soviétique s'incorpora au système monétaire mondial. Or, dès l'instant où une nation s'insère dans le système monétaire et accepte de jouer le jeu des techniques commerciales « normales », elle s'enferme *ipso facto* dans les définitions classiques du rendement et de la productivité dont l'origine remonte à l'aube du capitalisme. Elle est contrainte d'adopter, presque inconsciemment, les concepts, définitions économiques, méthodes comptables et unités de mesure conventionnels.

C'est ainsi que les managers et les économistes socialistes, exactement comme leurs homologues capitalistes, calculèrent le coût de production de leurs propres matières premières et le comparèrent au coût de leur achat à l'extérieur. Ils étaient bel et bien placés devant la décision qui est le pain quotidien des entreprises capitalistes : « fabriquer ou acheter ». Et l'on ne tarda pas à s'apercevoir qu'il était plus économique d'acheter certaines matières premières sur le marché mondial que de les extraire chez soi.

Une fois la décision arrêtée, des agents commerciaux soviétiques retors se mirent à s'approvisionner sur le marché mondial aux prix artificiellement bas établis antérieurement par les acheteurs impérialistes. Le caoutchouc des pneumatiques sur lesquels roulaient les camions russes était probablement acquis sur la base des barèmes initialement imposés par les commerçants britanniques en Malaisie. Mieux encore, ces dernières années, en Guinée où stationnent des troupes soviétiques, l'U.R.S.S. achetait la bauxite 6 dollars la tonne alors que les Américains la payaient 23 dollars. L'Inde s'est plainte que les Russes lui imposent une majoration de 30 % sur leurs importations et une moins-value égale sur leurs exportations. De même, ils achetaient le gaz naturel à l'Iran et à l'Afghanistan au-dessous du barème normal. Ainsi, à l'instar de ses adversaires capitalistes, l'Union soviétique prospérait aux dépens des colonisés. En agissant autrement, elle aurait dû ralentir son rythme d'industrialisation.

L'U.R.S.S. fut aussi conduite à s'engager dans une politique impérialiste pour des raisons d'ordre stratégique. Confrontée à la puissance militaire de l'Allemagne nazie, elle commença en un premier temps par annexer les États baltes, puis elle attaqua la Finlande et, après la Seconde Guerre mondiale, brandissant la menace de l'invasion, elle aida des régimes « amis » à s'installer ou à se maintenir dans presque toute l'Europe de l'Est. Ces pays, industriellement plus avancés, étaient périodiquement saignés à blanc par l'Union soviétique, ce qui justifie le terme de colonies, ou de « satellites », par lequel on les désigne.

« Il ne fait guère de doute, note l'économiste néo-marxiste Howard Sherman, que, dans les années qui suivirent immédiatement la Seconde Guerre mondiale, l'Union soviétique s'est approprié une certaine quantité de ressources en Europe orientale sans donner de ressources comparables en échange... Il y eut un certain pillage direct et des réparations militaires... Il y eut aussi création de sociétés mixtes dont le contrôle était assuré par les Soviétiques, et exploitation de ces pays par les Soviétiques. Il y eut également des traités de commerce extrêmement inégaux équivalant à des réparations supplémentaires. »

Aujourd'hui, le pillage direct a apparemment disparu et ces sociétés mixtes n'existent plus mais, ajoute Sherman, « beaucoup d'indications permettent de penser que, dans leur quasi-totalité, les échanges avec la plupart des pays d'Europe orientale sont toujours inéquitables, l'U.R.S.S. se taillant la part du lion ». Il est malaisé de chiffrer la masse des « profits » extorqués de cette manière et, compte tenu des lacunes des statistiques de source soviétique, il se pourrait que le coût du stationnement des troupes soviétiques en Europe orientale surpasse, en fait, le gain économique.

Mais un fait est parfaitement limpide...

Dans le même temps où les Américains édifiaient le triptyque F.M.I.-accords GATT-Banque mondiale, les Soviétiques faisaient un pas en avant vers le système économique mondial intégré et unifié dont rêvait Lénine en créant le Conseil d'aide économique mutuelle (COMECON) et en obligeant tous les pays d'Europe de l'Est à y adhérer. Les pays du COMECON ne sont pas seulement tenus de commercer entre eux et avec l'Union soviétique : ils doivent aussi soumettre leurs plans de développement à l'approbation de Moscou. L'U.R.S.S., conquise au ricardisme vantant les vertus de la spécialisation et se comportant exactement comme les anciennes puissances impérialistes vis-à-vis des économies d'Afrique, d'Asie et d'Amérique latine, a assigné des fonctions particulières à chaque économie d'Europe de l'Est. Seule la Roumanie lui a opposé ouvertement une tenace résistance.

Accusant Moscou de vouloir faire d'elle « la pompe à essence et le jardin » de l'Union soviétique, la Roumanie, qui s'était fixé comme but de réaliser ce qu'elle appelle le « développement multilatéral » — autrement dit une industrialisation en bonne et due forme — boudait l' « intégration socialiste » malgré les pressions soviétiques.

Bref, à l'heure même où les États-Unis assumaient le leadership des nations industrielles capitalistes et mettaient en place, après la guerre, les mécanismes qui assureraient à son avantage le retour à l'intégration du système économique mondial, les Soviétiques s'employaient à installer un système qui en était le pendant dans leur zone d'influence.

Il n'est pas possible de décrire de façon simple un phénomène d'une telle ampleur, d'une telle complexité, et aussi transformateur que l'impérialisme. Les historiens en sont encore à tenter de débrouiller l'écheveau de ses conséquences sur la religion, l'éducation, la santé, les thèmes de la littérature et des arts, les attitudes raciales, la psychostructure de peuples entiers, aussi bien que de son impact plus direct sur l'économie. Il est indiscutable qu'à côté des atrocités dont il fut responsable, des aspects positifs doivent être portés au crédit de l'impérialisme. Mais on ne saurait trop insister sur le rôle qu'il joua dans l'avènement de la civilisation de la Seconde Vague.

On peut voir dans l'impérialisme le compresseur ou l'accélérateur du développement industriel du monde de la Seconde Vague. A quel rythme les U.S.A., l'Europe occidentale, le Japon et l'U.R.S.S. auraient-ils pu s'industrialiser sans ces importations de denrées alimentaires, d'énergie et de matières premières ? Que se serait-il passé si les prix de dizaines et de dizaines de minerais comme la bauxite, le manganèse, l'étain, le vanadium ou le cuivre avaient été supérieurs de 30 ou 50 % pendant plusieurs décennies ?

Celui de milliers de produits finis aurait été frappé de la hausse correspondante — en certains cas, il aurait sans nul doute été trop élevé pour être compatible avec la consommation de masse. Le choc provoqué par le renchérissement du pétrole au début des années 70 ne nous donne qu'un lointain aperçu de ce qui aurait pu advenir.

Même si l'on avait disposé de produits de substitution sur place, il est hautement vraisemblable que la croissance économique des nations de la Seconde Vague aurait subi un coup d'arrêt. Faute des subventions cachées, fruits de l'impérialisme capitaliste et socialiste, la civilisation de la Seconde Vague pourrait fort bien en être encore à son niveau de 1920 ou 1930.

Le grand dessein devrait maintenant nous apparaître clairement. La civilisation de la Seconde Vague a tailladé et organisé la planète en États-nations distincts. Comme elle avait besoin des ressources dont le reste du monde était dépositaire, elle a projeté les sociétés de la Première Vague et les dernières populations primitives dans le circuit monétaire, et mis sur pied un marché intégré à l'échelle planétaire. Mais l'industrialisme effréné était plus qu'un système économique, politique ou social : c'était aussi une façon de vivre et une façon de penser. Il engendra une mentalité Seconde Vague.

Cette mentalité est aujourd'hui l'un des principaux obstacles que rencontre l'instauration d'une civilisation de la Troisième Vague opérante.

Chapitre 9.
L' « industréalité »

La civilisation de la Seconde Vague, lançant ses tentacules à l'assaut de la planète et transformant tout ce qu'elle touchait, n'était pas seulement porteuse de technologie ou d'ouverture commerciale. En entrant en collision avec la civilisation de la Première Vague, elle ne se borna pas à créer une nouvelle réalité pour des millions d'êtres : elle créa aussi une nouvelle manière de penser le réel.

Se heurtant à chaque pas aux valeurs, aux concepts, aux mythes, à la morale d'une société agraire, la Seconde Vague entraîna une redéfinition du divin, de la justice, de l'amour, du pouvoir, du beau… Elle suscitait des idées, des comportements, des analogies inédites. Elle détrônait les anciennes notions du temps, de l'espace, de la matière, de la causalité pour les remplacer par de nouvelles. Et l'on assista à la surrection d'une image de l'univers cohérente et conquérante qui expliquait et, en même temps, légitimait la réalité de la Seconde Vague. Cette phénoménologie de la société industrielle n'a jamais reçu de nom. Le terme qui lui conviendrait le mieux serait peut-être celui d' « industréalité ».

Qu'était l'industréalité ? L'ensemble d'idées et d'axiomes dominants que l'on inculquait aux enfants de l'âge industriel, la clé leur permettant d'appréhender le monde. C'était le faisceau de prémisses utilisées par la civilisation de la Seconde Vague, par ses savants, ses chefs d'entreprises, ses hommes d'État, ses philosophes et ses propagandistes.

Des voix discordantes s'élevaient aussi, assurément, les voix de ceux qui mettaient en cause les idées dominantes de l'industréalité, mais seul nous intéresse ici le cours général de la pensée de la Seconde Vague, et non les remous de ce flot. A la surface, semblait-il, il n'y avait même pas de courant. Plus exactement, tout se passait comme si s'opposaient deux puissants courants idéologiques contradictoires. C'est ainsi qu'au milieu du XIXᵉ siècle chaque nation en voie d'industrialisation comportait une gauche et une droite parfaitement délimitées, ses champions de l'individualisme et de la libre entreprise, ses chantres du collectivisme et du socialisme.

Ce conflit idéologique, originellement cantonné aux nations en marche vers l'industrialisation, se propagea bientôt sur toute la terre. Avec la révolution soviétique de 1917 et la mise en place d'un appareil de propagande centralisé à l'échelle du globe, il gagna encore en intensité. Et, après la Seconde Guerre mondiale, quand les U.S.A. et l'U.R.S.S. s'employèrent à reconstruire, chacun selon ses critères, le marché mondial ou de vastes pans de celui-ci, l'un et l'autre camp dépensèrent des sommes phénoménales pour répandre leurs doctrines respectives chez les peuples non industrialisés.

D'un côté, il y avait les régimes totalitaires, de l'autre les démocraties dites libérales. Fusils et canons étaient prêts à prendre la relève des arguments logiques. Les frontières doctrinales entre deux camps idéologiques avaient rarement été aussi tranchées depuis le grand affrontement entre catholiques et protestants au temps de la Réforme.

Toutefois, rares furent ceux qui, dans la fièvre de cette guerre de propagande, remarquèrent que, si les parties en présence défendaient chacune son *idéologie* propre, toutes deux développaient essentiellement la même *super-idéologie*. Leurs conclusions — les programmes économiques et les dogmes politiques — étaient radicalement opposées mais nombre de leurs postulats de base étaient identiques. Comme des missionnaires protestants et catholiques farouchement attachés à leur version particulière de la Bible mais répandant les uns et les autres la parole du Christ, les marxistes et les antimarxistes, les capitalistes et les anticapitalistes, les Américains et les Russes qui pénétraient en Afrique, en Asie et en Amérique latine, pays non industriels, s'accrochaient aveuglément aux mêmes principes clés. Les uns et les autres prêchaient la supériorité de l'industrialisme sur toutes les autres formes de civilisation, les uns et les autres étaient des apôtres passionnés de l'industréalité.

LE PRINCIPE DU PROGRÈS

La vision du monde qu'ils colportaient ainsi s'ancrait sur trois croyances « industréalistes » intimement imbriquées, trois idées-forces qui soudaient toutes les nations de la Seconde Vague et les distinguaient du reste du monde.

La première avait trait à la nature. S'il existait de violentes divergences entre socialistes et capitalistes sur la manière d'en partager les fruits, ils voyaient tous la nature du même œil. Elle était un objet qui s'offrait à nous pour que nous l'exploitions.

L'idée selon laquelle l'homme doit exercer sa domination sur la nature remonte au moins à la Genèse. Pourtant, jusqu'à la révolution industrielle, elle n'était le fait que d'une infime minorité. La plupart des cultures antérieures mettaient, au contraire, l'accent sur la résignation à la pauvreté et sur l'harmonie entre l'humanité et l'écologie naturelle qui l'environnait.

L'attitude de ces cultures pré-industrielles envers la nature n'était pas particulièrement angélique. Elles coupaient, elles brû-laient, dénudaient les pâtures, abattaient les arbres pour faire du feu. Mais les dégâts qu'elles causaient étaient limités par leur manque de moyens. Leur impact sur la terre était faible et nulle idéologie explicite n'était nécessaire pour justifier les dommages qu'elles provoquaient.

Quand surgit la civilisation de la Seconde Vague, on vit les industrialistes capitalistes se lancer allégrement dans le pillage effréné des ressources de la planète, déverser des vapeurs empoi-sonnées dans l'atmosphère, déboiser des régions entières dans leur quête du profit sans se soucier beaucoup des contrecoups ni des conséquences à long terme. L'idée selon laquelle la nature était exploitable à merci était un alibi commode de leur myopie et de leur égoïsme.

Mais les capitalistes n'étaient pas les seuls. Partout où ils vinrent au pouvoir, en dépit de leur conviction affirmée que le profit était la source de tous les maux, les industrialisateurs marxistes firent exactement la même chose. En vérité, ils incorporèrent ce prétendu conflit de l'homme avec la nature à leurs saintes écritures.

Pour les marxistes, les peuples primitifs, loin de coexister en harmonie avec la nature, livraient contre elle un féroce et mortel combat. Malheureusement, l'apparition de la société de classes, soutenaient-ils, transforma « la guerre de l'homme contre la nature » en guerre de « l'homme contre l'homme ». Seule l'instauration d'une société sans classes, une société communiste, permettra à l'humanité d'en revenir à sa vocation première — la guerre de « l'homme contre la nature ».

On trouvait donc des deux côtés de la barricade la même thèse de l'humanité en conflit avec la nature et la dominant. Cette conception était un élément clé de l'industréalité, la super-idéologie où le marxiste et l'antimarxiste puisaient l'un et l'autre leurs postulats.

Une seconde notion indissociable de la première portait le débat à un niveau supérieur. L'homme n'était pas simplement gestionnaire de la nature, il était l'ultime aboutissement d'une longue évolution. Diverses théories de l'évolution avaient déjà été proposées auparavant mais ce fut Darwin qui, au milieu du XIXe siècle et au cœur de la nation industrielle la plus avancée de l'époque, dota ce point de vue de sa base scientifique en décrivant le mécanisme aveugle de la « sélection naturelle », inéluctable processus qui élimine impitoyablement les créatures les plus faibles et les moins bien armées. Les espèces qui survivaient étaient, par définition, les plus aptes.

Darwin s'intéressait principalement à l'évolution biologique mais ses thèses avaient d'indubitables résonances sociales et politiques auxquelles d'autres ne tardèrent pas à être sensibles. Ce furent les « darwinistes sociaux » qui soutenaient que le principe de la sélection naturelle opérait également au sein de la société, que les peuples les plus riches et les plus puissants étaient *ipso facto* les plus aptes et les plus méritants.

De là à prétendre que les sociétés en tant que telles évoluent pareillement en fonction des lois de la sélection naturelle, il n'y avait qu'un pas. Dans le droit fil de ce raisonnement, l'industrialisme représentait un stade d'évolution « supérieur » par rapport aux cultures non industrielles qui l'environnaient. Pour parler crûment, la civilisation de la Seconde Vague était supérieure à tout le reste.

Tout comme le darwinisme social fondait le capitalisme en raison, cette arrogance culturelle légitimait l'impérialisme. L'ordre industriel en expansion avait besoin d'être alimenté en richesses à bon marché, et il inventa une justification d'ordre moral pour se les approprier à des prix anormalement bas, dût-il pour cela anéantir des sociétés agraires ou dites « primitives ». Le concept d'évolution sociale lui apporta l'alibi intellectuel et moral qui lui était nécessaire : puisqu'ils étaient « inférieurs », les peuples non industrialisés n'étaient pas adaptés à la survivance.

Darwin lui-même évoquait sans s'émouvoir le massacre des aborigènes de Tasmanie et, dans un élan d'enthousiasme génocide, il prophétisait : « Un jour... les races civilisées extermineront et remplaceront certainement les races sauvages dans le monde entier. » Les précurseurs intellectuels de la civilisation de la Seconde Vague savaient sans l'ombre d'un doute qui était digne de survivre.

Tout en dénonçant de façon virulente le capitalisme et l'impérialisme, Marx saluait dans l'industrialisme la forme la plus avancée de la société, le stade que toutes les autres sociétés atteindraient inévitablement tour à tour.

Le troisième dogme de l'industréalité qui rattachait la nature à l'évolution était le principe du progrès, l'idée selon laquelle le cours de l'histoire tend de manière irréversible vers l'amélioration du sort de l'humanité. Ce postulat avait connu, lui aussi, de nombreux avatars dans les temps pré-industriels mais ce ne fut qu'avec l'avènement de la Seconde Vague que la notion de Progrès avec un P majuscule s'épanouit dans toute sa gloire.

Subitement, comme la Seconde Vague balayait l'Europe, des milliers de voix se mirent à chanter en chœur le même alléluia. Leibniz, Turgot, Condorcet, Kant, Lessing, John Stuart Mill, Hegel, Marx, Darwin et d'innombrables esprits de moindre envergure trouvèrent soudain des raisons de faire montre d'un optimisme cosmique. On échangeait des arguments, on se demandait si le progrès était réellement fatal ou s'il fallait que l'humanité lui donnât un coup de main, s'il se poursuivrait — s'il pouvait se poursuivre — à l'infini, on s'interrogeait sur ce qui constituait une « vie meilleure ». Mais, sur la notion même de progrès, le consensus était général.

Athées et théologiens, maîtres et disciples, politiques et savants unanimes prêchaient la foi fraîche éclose. Une nouvelle usine, un nouveau produit, un nouvel ensemble de logements, une nouvelle route, un nouveau barrage, étaient autant d'occasions, pour les hommes d'affaires comme pour les commissaires du peuple, de proclamer hautement que c'était là la preuve de l'irrésistible cheminement du mal vers le bien, du bien vers le mieux. Pour les poètes, les dramaturges et les peintres, le progrès allait de soi. Il justifiait la détérioration de la nature et l'asservissement des civilisations « moins avancées ».

Là encore, la même idée se retrouve à la fois chez Adam Smith et chez Karl Marx. « Smith, note Robert Heilbroner, croyait au progrès... Dans *La Richesse des nations,* le progrès n'était plus un but idéaliste (proposé à l'humanité) mais... une destination vers laquelle elle était entraînée... un sous-produit des objectifs économiques privés. » Pour Marx, bien sûr, ces objectifs privés ne pouvaient qu'engendrer le capitalisme et les germes de la destruction de ce dernier, mais, en soi, sa destruction s'inscrivait dans la longue marche historique portant l'humanité vers le socialisme, le communisme et un devenir plus radieux encore.

Donc, dans toute la civilisation de la Seconde Vague, trois idées-forces — la guerre contre la nature, le primat de l'évolution et le principe du progrès — fournissaient leurs munitions aux agents de l'industrialisme qui cherchaient à l'expliquer et à le justifier.

Mais derrière ces convictions affirmées, il y avait des postulats plus profondément enracinés touchant à la réalité, des dogmes informulés à propos des éléments fondamentaux de l'expérience humaine. Tout homme se trouve confronté à eux et chaque civilisation les décrit d'une manière différente. Toute civilisation doit apprendre à ses enfants à manier le temps et l'espace, lui expliquer — par le mythe, la métaphore ou la théorie scientifique — comment fonctionne la nature, et *pourquoi* les choses sont ce qu'elles sont.

En conséquence, à mesure qu'elle mûrissait, la civilisation de la Seconde Vague sécrétait une image entièrement nouvelle de la réalité, fondée sur sa propre problématique du temps et de l'espace, de la matière et de la causalité. Prenant des morceaux du passé qu'elle assemblait différemment, faisant appel à l'expérimentation et à des tests empiriques, elle modifia radicalement la perception que les êtres avaient du monde qui les entourait et, partant, leur comportement quotidien.

LE SOFTWARE DU TEMPS

Nous avons vu dans un précédent chapitre que l'expansion de l'industrialisme avait pour préalable la synchronisation du comportement de l'homme aux rythmes de la machine. La synchronisation était l'un des préceptes de base de la civilisation de la Seconde Vague et, partout, les gens assujettis à l'industrialisme faisaient, aux yeux des autres, figure d'obsédés du temps, consultant sans cesse leurs montres avec anxiété.

Toutefois, pour faire naître cette conscience du temps et réaliser la synchronisation, il fallait modifier les prédicats temporels, l'image mentale que l'homme avait de la durée. Un nouveau « software du temps » était nécessaire.

Les populations agricoles pour lesquelles il était impératif de savoir quand il fallait semer et quand il fallait récolter savaient mesurer le temps avec un degré de précision remarquable quand il s'agissait de longs intervalles. Mais comme une rigoureuse synchronisation du travail humain ne leur était pas nécessaire, les ruraux élaborèrent rarement des étalons de temps précis pour les courtes durées. Ils ne divisaient pas le temps, et c'est caractéristique, en segments fixes comme l'heure ou la minute, mais en tronçons vagues et imprécis représentant la période requise pour accomplir telle ou telle tâche banale. Le paysan parlait du « temps de traire une vache ». Une « cuisson de riz » ou une « friture de sauterelles » étaient des unités de temps communément admises à Madagascar. Les Anglais avaient le *pater noster wyle* — le temps qu'il fallait pour dire une prière — ou, plus prosaïquement, le *pissing while* (qui se passe de traduction).

Parce que les échanges étaient réduits entre les villages ou les communautés, et qu'elles étaient inutiles pour le travail qu'il y avait à faire, les subdivisions mentales du temps variaient selon l'endroit et la saison. Au Moyen Age, dans le nord de l'Europe, par exemple, la journée était divisée en un certain nombre d'heures. Mais comme l'intervalle entre l'aube et le crépuscule se modifiait d'un jour à l'autre, l' « heure » de décembre était plus courte que l' « heure » de mars ou de juin.

N'ayant que faire d'étalons incertains du genre *pater noster wyle*, les sociétés industrielles avaient besoin d'unités de temps extrême-

ment précises comme l'heure, la minute ou la seconde, standardisées et interchangeables, fiables en tout lieu et en toute saison.

C'est pourquoi le monde est aujourd'hui découpé en fuseaux
horaires. Nous parlons de temps « standard ». Les pilotes de toutes
nationalités se réfèrent au *zulu time* — c'est-à-dire au temps du
méridien de Greenwich, l'heure G.M.T., une convention internationale ayant décidé que la ville de ce nom, en Angleterre, serait le
point d'origine pour la mesure du temps. Périodiquement et à
l'unisson, comme mus par une seule et même volonté, des millions
de gens retardent ou avancent leurs pendules d'une heure ; et notre
subjectivité a beau nous souffler que le temps s'arrête ou, au
contraire, qu'il s'emballe, une heure est dorénavant une heure —
une durée définie, interchangeable et uniforme.

La civilisation de la Seconde Vague ne s'est pas contentée de
découper le temps en tranches standardisées et plus précises. Elle
a, en outre, ordonné ces parcelles de temps en ligne droite, une
ligne se prolongeant à l'infini dans le passé et dans l'avenir. Elle a
linéarisé le temps.

En vérité, la notion d'un temps linéaire est si profondément
ancrée dans nos esprits qu'il est difficile pour nous qui avons été
élevés dans les sociétés de la Seconde Vague d'imaginer un autre
état de choses. Et pourtant, dans nombre de sociétés pré-industrielles et dans certaines sociétés de la Première Vague — c'est
d'ailleurs encore vrai aujourd'hui —, le temps était conçu non
comme une ligne droite mais comme un cercle. Chez les Mayas
comme chez les bouddhistes et les hindous, le temps était circulaire
et répétitif, l'histoire recommençait éternellement, et il en allait
peut-être ainsi des vies à travers le cycle des réincarnations.

L'idée du temps circulaire se trouve dans le concept hindou des
kalpas récurrents, chaque *kalpa* étant équivalent à 4 000 millions
d'années et ne représentant qu'un seul jour brahmine commençant
avec la re-création, finissant dans la dissolution et recommençant
encore. On trouve également la même notion chez Platon et
Aristote, dont un disciple, Eudémos, disait revivre perpétuellement le même instant à mesure que le cycle se répétait. Elle faisait
partie de l'enseignement de Pythagore. « Pour l'Hindo-Helléni-
que..., le temps est cyclique et éternel », écrit Joseph Needham
dans *Time and Eastern Man*. Et, selon cet auteur, plus encore, en
Chine, où c'était le concept de temps linéaire qui dominait, « le

temps cyclique prévalait sans aucun doute chez les premiers philosophes taoïstes ».

Ces notions concurrentes du temps ont pareillement coexisté en Europe au cours des siècles précédant l'industrialisation. « Les conceptions cyclique et linéaire du temps ont été en conflit pendant tout le Moyen Age, écrit le mathématicien G.J. Whitrow. La conception linéaire fut poussée par la classe marchande et par l'essor de l'économie monétaire, car aussi longtemps que le pouvoir se cristallisait sur la possession de la terre, le temps était perçu comme intarissable et associé au cycle immuable de la glèbe. »

La Seconde Vague gagnant en force, ce conflit séculaire se trouva réglé par la victoire du temps linéaire qui prévalut alors dans toutes les sociétés industrielles, tant à l'Est qu'à l'Ouest. Le temps était désormais une route qui, venant d'un lointain passé, s'enfonçait dans le futur en traversant le présent et cette notion, inconnue des milliards d'êtres humains qui avaient vécu avant la civilisation industrielle, devint l'assise de toute planification économique, scientifique, politique, que l'on en discute dans les bureaux de la direction d'I.B.M., ceux de l'agence de la planification économique japonaise ou ceux de l'académie des sciences soviétique.

Il n'est pas inutile d'observer, cependant, que le temps linéaire était un préalable aux idées « industréelles » d'évolution et de progrès. Il les rendait tous deux crédibles. Si, en effet, le temps était circulaire et non linéaire, s'il se mordait la queue au lieu de s'écouler dans une unique direction, il s'ensuivait que l'histoire se répétait, que l'évolution et le progrès n'étaient que des illusions — des ombres sur le mur du temps.

Synchronisation, standardisation et linéarisation altéraient les prédicats fondamentaux de la civilisation et elles transformaient dans des proportions considérables la façon dont les simples gens traitaient le temps dans la vie quotidienne. Mais si le temps était modifié, il fallait aussi que l'espace fût remanié pour coller à la nouvelle industréalité.

LA RESTRUCTURATION DE L'ESPACE

Longtemps avant que se levât l'aube de la civilisation de la Première Vague, quand nos ancêtres les plus reculés ne pouvaient compter que sur la chasse et l'élevage, la pêche et la cueillette pour assurer leur survie, ils étaient constamment en mouvement. Poussés par la faim, le froid et les désastres écologiques, lancés à la poursuite du beau temps ou du gibier, ils furent les premiers « routards ». Se déplaçant avec un minimum de bagages, ils n'accumulaient pas de biens encombrants et parcouraient de vastes étendues. Un groupe de 50 personnes — hommes, femmes et enfants — avait besoin pour se nourrir d'une surface équivalente à 6 fois l'île de Manhattan et, quand les conditions l'exigeaient, il pouvait couvrir littéralement des centaines de kilomètres par an. Ces tribus menaient ce que les géographes appellent aujourd'hui une existence « spatialement extensive ».

La civilisation de la Première Vague, en revanche, engendra une race de « parcimonieux » de l'espace. A mesure que l'agriculture se substituait au nomadisme, aux routes des migrations succédèrent les champs cultivés et les petits villages permanents. Au lieu de sillonner d'immenses régions, le fermier et sa famille restaient à la même place, travaillant intensivement leur minuscule lopin, îlot perdu dans l'océan de l'espace, un océan si vaste qu'il écrasait l'individu.

Pendant la période qui précéda immédiatement l'éclosion de la civilisation industrielle, chaque essaim de masures paysannes était entouré de champs qui se déployaient au loin. Hormis une poignée de marchands, de clercs et d'hommes d'armes, la plupart des gens étaient étroitement tenus en lisière. Ils se rendaient aux champs au lever du jour et rentraient à la tombée de la nuit. Ils suivaient souvent le chemin menant à l'église. Parfois, mais c'était peu fréquent, ils parcouraient les deux ou trois lieues qui les séparaient du village voisin. Assurément, les conditions d'existence variaient selon le terrain et la géographie mais, dit l'historien J.R. Hale, « nous ne serions sans doute pas très loin de la vérité en évaluant à 25 kilomètres en moyenne le déplacement le plus long effectué par la plupart des gens au cours de leur vie ». L'agriculture créa une civilisation « spatialement resserrée ».

L'ouragan industriel qui s'abattit sur l'Europe au XVIIIe siècle ressuscita une culture « spatialement extensive » — mais, cette fois, à une échelle quasi planétaire. Les biens, les personnes et les idées franchissaient des milliers de kilomètres et d'immenses populations partaient à la recherche de travail. Au lieu d'être largement dispersée dans les campagnes, la production était maintenant concentrée dans les villes. Des populations grouillantes s'aggloméraient en quelques points nodaux étroitement circonscrits. Les anciens villages dépérissaient et mouraient tandis que des centres industriels en plein essor, ceinturés de cheminées d'usines et de hauts fourneaux incandescents, poussaient comme des champignons.

Cette spectaculaire refonte du paysage requérait une coordination beaucoup plus complexe entre la ville et la campagne. Le ravitaillement, l'énergie, les hommes et les matières premières devaient, par exemple, être acheminés vers ces points nodaux urbains alors que les produits manufacturés, les modes, les idées et les décisions financières en rayonnaient. Les deux flux étaient soigneusement intégrés et coordonnés dans le temps et dans l'espace. De plus, un éventail de formes spatiales bien plus ouvert était indispensable dans les villes elles-mêmes. Les structures physiques élémentaires étaient, dans le cadre du vieux système agraire, l'église, le château seigneurial, quelques mauvaises cabanes, parfois une taverne ou un monastère. Du fait de la division du travail bien plus poussée qui la caractérisait, la civilisation de la Seconde Vague réclamait beaucoup plus de modèles spécialisés d'organisation de l'espace.

C'est la raison pour laquelle les architectes se mirent bientôt à construire des bureaux, des banques, des commissariats de police, des usines, des gares, des grands magasins, des prisons, des casernes de pompiers, des hospices et des théâtres. Il fallait que cette multitude de modèles spatiaux diversifiés s'imbriquent de manière logique et fonctionnelle. L'implantation des usines, les trajets domicile-lieu de travail, la disposition des embranchements de chemin de fer par rapport aux quais portuaires ou aux parcs à camions, la localisation des écoles, des hôpitaux, des canalisations d'eau, des centrales, des collecteurs, des conduites de gaz, des standards téléphoniques — il fallait que tout fût spatialement articulé. L'espace devait être aussi minutieusement agencé qu'une fugue de Bach.

Cette remarquable coordination des espaces spécialisés, indispensable pour que des catégories de gens données aillent dans des endroits donnés à des moments donnés, était la réplique spatiale fidèle de la synchronisation temporelle. C'était, en fait, une synchronisation de l'espace. Pour que les sociétés industrielles puissent fonctionner, en effet, il fallait que le temps *et* l'espace fussent l'un et l'autre plus rigoureusement structurés.

En outre, de même qu'il importait de mettre à la disposition des gens des unités de temps plus exactes et plus standardisées, il fallait les doter d'unités de mesure spatiales plus précises et interchangeables. Avant la révolution industrielle, quand le temps était encore grossièrement découpé en tranches style *pater noster wyle,* les étalons de mesure spatiale étaient, de leur côté, une bouillie informe. Dans l'Angleterre médiévale, par exemple, la « perche » variait de 16,5 pieds (5,45 m) à 24 pieds (7,92 m). Au xvie siècle, la méthode conseillée pour déterminer sa longueur consistait à réquisitionner 16 hommes pris au hasard à la sortie de l'église, à les faire s'aligner à la queue leu leu, « les pieds gauches l'un derrière l'autre », et à mesurer la distance résultante. On utilisait des dénominations encore plus floues, comme « la journée de cheval », « l'heure de marche » ou « la demi-heure de galop ».

A partir du moment où la Seconde Vague commença à transformer le cadre du travail et où le coin invisible créa un marché en extension constante, pareille imprécision n'était plus tolérable. Pour la navigation, par exemple, l'exactitude des mesures revêtait une importance toujours accrue du fait du développement du commerce, et les gouvernements offraient d'énormes récompenses à qui inventerait des méthodes plus raffinées permettant aux navires marchands de garder leur cap. Sur terre aussi, on introduisait des mesures de plus en plus sophistiquées et des unités plus rigoureuses.

La diversité des coutumes, des lois et des pratiques commerciales désordonnées, chaotiques et contradictoires qui était de règle sous le règne de la Première Vague devait être élaguée, rationalisée. L'absence de précision et d'unités de mesures standard était une entrave pour les manufacturiers et la classe marchande montante. Cela explique l'enthousiasme avec lequel, en France, les révolutionnaires s'attachèrent, à l'aube de l'ère industrielle, à standardiser les mesures de distance en introduisant le système métrique et à standardiser le temps en inventant un nouveau calendrier. Ces problèmes revêtaient tant d'importance à leurs yeux que ce furent les premiers à être inscrits à l'ordre du jour lors de la séance initiale de la Convention nationale qui proclama la République.

La Seconde Vague de changement entraîna également dans son sillage une multiplication des frontières spatiales assortie d'une plus grande rigueur. Jusqu'au xviiie siècle, les frontières des empires étaient souvent incertaines. Du fait de l'existence de vastes régions dépeuplées, la précision dans ce domaine n'était pas nécessaire. Mais l'accroissement de la population, le développement des échanges et l'apparition des premières usines en Europe incitèrent beaucoup de gouvernements à établir un relevé systématique de leurs frontières. On affina le tracé des zones douanières. Les domaines régionaux et même les domaines privés furent plus soigneusement définis, bornés. clôturés et cadastrés. Les cartes se firent plus détaillées, plus complètes et plus uniformes.

Ainsi se forma une nouvelle représentation de l'espace correspondant exactement à la nouvelle représentation du temps. Dès lors, de même que la ponctualité et la programmation imposaient des limites temporelles et raccourcissaient les délais, le foisonnement des frontières introduisait des limites spatiales. Même la linéarisation du temps avait son pendant dans l'espace.

Dans les sociétés pré-industrielles, se déplacer en ligne droite, sur terre aussi bien qu'en mer, était une anomalie. Le sentier de campagne, le chemin à vaches comme la piste des Indiens serpentaient au gré de la topographie. Les murs, pour la plupart, s'incurvaient, faisaient des renflements ou des angles irréguliers. Les rues des cités médiévales étaient tortueuses, sinueuses, pleines de méandres.

Les sociétés de la Seconde Vague ne se contentèrent pas d'assigner aux navires des itinéraires exacts et rectilignes : elles ouvrirent aussi des lignes de chemin de fer dont les rails étincelants s'étiraient à perte de vue en ligne droite. Ces lignes (le mot est révélateur), comme l'a noté l'urbaniste américain Grady Clay, devinrent les axes des villes nouvelles construites en damier. Le quadrillage combinant la ligne droite et l'angle à 90° conférait au paysage urbain la régularité et la linéarité caractéristiques de la machine.

Aujourd'hui encore, les vieux quartiers des villes sont un fouillis de rues, de squares, de cercles et d'intersections compliqués. Mais ce désordre cède fréquemment la place à un dispositif rigoureusement géométrique dans les zones plus récentes construites à des époques plus industrialisées. Il en va de meme pour les régions et les pays.

La linéarité se fit jour dans les champs eux-mêmes avec la mécanisation. Le fermier pré-industriel dont la charrue était tirée par des bœufs traçait des sillons incurvés, irréguliers. Il n'était pas question d'arrêter l'attelage une fois qu'il était lancé et, arrivés au bout du champ, les bœufs dessinaient une sorte de courbe en forme de S. Il suffit, aujourd'hui, d'observer les champs rectangulaires par le hublot d'un avion pour constater que les sillons y sont comme tirés au cordeau.

La combinaison ligne droite-angle droit n'était pas seulement caractéristique de la rue et du paysage mais encore de l'expérience spatiale la plus intime que connaissent la plupart des hommes et des femmes : les pièces où ils vivent. L'architecture de l'âge industriel ignore en règle générale les murs bombés et les angles obtus ou aigus. Aux pièces irrégulières se substituèrent des volumes parallélépipédiques, les hauts buildings lancèrent la verticale à l'assaut du ciel tandis que leurs façades, bordant des voies maintenant rectilignes, se quadrillaient de fenêtres.

Ainsi, nos concepts et notre expérience de l'espace firent l'objet d'un processus de linéarisation parallèle à la linéarisation du temps. Dans toutes les sociétés industrielles, capitalistes ou socialistes, en Occident comme à l'Est, les espaces architecturaux spécialisés, la carte détaillée, l'emploi d'unités de mesure uniformes et précises et, surtout, la ligne droite devinrent des constantes culturelles fondamentales de la nouvelle industréalité.

LA SUBSTANCE DU RÉEL

La civilisation de la Seconde Vague ne se borna pas à sécréter de nouvelles représentations spatio-temporelles destinées à modeler l'existence quotidienne. Elle apporta aussi une réponse originale à la vieille, à l'éternelle question : de quoi les choses sont-elles faites ?

Toute culture invente ses mythes et ses métaphores pour y répondre. Parfois, l'univers est conçu comme une « unicité » tourbillonnaire. Les hommes font partie de la nature, ils sont indissociablement liés à leurs ancêtres et à leurs descendants, ils sont si intimement imbriqués au monde naturel qu'ils participent du « vivant » des animaux, des arbres, des rochers et des rivières. Dans nombre de sociétés, en outre, l'individu se perçoit moins comme une entité privée et autonome que comme un élément constitutif d'un organisme qui le transcende — la famille, le clan, la tribu, la communauté.

D'autres sociétés, au contraire, ont mis l'accent, non sur la globalité ou l'unité de l'univers, mais sur son hétérogénéité. Pour celles-ci, la réalité n'est pas un tout indissoluble mais une structure constituée d'un grand nombre de parties distinctes.

Quelque 2 000 ans avant la naissance de l'industrialisation, Démocrite émit une hypothèse extraordinaire : loin d'être une totalité, une tunique sans couture, l'univers était formé de particules discrètes, indestructibles, irréductibles, invisibles et insécables auxquelles il donna le nom d'*atomos*. Cette idée d'un univers composé de « briques » de matière indivisibles apparut et réapparut au cours des siècles qui suivirent. Peu de temps après l'époque de Démocrite, en Chine, le *Mo Ching* définissait le « point » comme une ligne divisée en segments si petits qu'elle ne pouvait plus être fractionnée plus avant. La théorie de l'atome, unité de réalité irréductible, surgit aussi en Inde peu après le début de notre ère. Dans la Rome antique, le poète Lucrèce développa une philosophie atomiste. Néanmoins, cette image de la structure des choses demeurait dans une très large mesure un point de vue minoritaire qui attirait souvent les sarcasmes ou que l'on traitait par le mépris.

Ce ne fut qu'à l'aube de l'ère de la Seconde Vague, quand la convergence de différents courants de pensée bouleversa la notion même de matière, que l'atomisme devint la doctrine dominante.

Au milieu du XVIIᵉ siècle, l'abbé Pierre Gassendi, astronome et philosophe, membre du Collège royal, soutint que la matière était constituée de *corpuscula* d'une petitesse extrême. Influencé par les idées de Lucrèce, il défendit avec tant de fougue cette conception atomistique de la matière que sa théorie ne tarda pas à gagner l'Angleterre où un jeune savant du nom de Robert Boyle, qui étudiait alors la compressibilité des gaz, en eut connaissance. Passant de la spéculation à la pratique, il la mit au service de ses travaux de laboratoire et parvint à la conclusion que l'air lui-même était composé de particules infimes. Six ans après la mort de Gassendi, il publia un traité dans lequel il affirmait qu'une substance quelconque — la terre, par exemple —, susceptible d'être réduite en substances plus simples, n'était pas, et ne pouvait pas être un élément.

Entre-temps, un mathématicien formé par les jésuites et que Gassendi avait critiqué, René Descartes, professait que l'on ne pouvait comprendre la matière qu'à condition de la fractionner en fragments de plus en plus petits. Il était indispensable, disait-il, de

« diviser chacune des difficultés... en autant de parcelles qu'il se pourrait ». Ainsi, alors que la Seconde Vague commençait à déferler, l'atomisme philosophique et l'atomisme physique avançaient-ils la main dans la main.

C'était là une offensive frontale dirigée contre l' « unicité », un assaut auquel, vague après vague, se joignirent rapidement savants, mathématiciens et philosophes qui s'employèrent avec des résultats exaltants à fractionner l'univers en unités toujours plus petites. D'innombrables découvertes suivirent immédiatement l'application des principes du *Discours de la Méthode* à la médecine, note le microbiologiste René Dubos. Dans le domaine de la chimie et dans d'autres disciplines, l'alliance entre la théorie atomistique et la méthode atomistique de Descartes déboucha sur d'extraordinaires innovations. Au milieu du XVIIIe siècle, l'idée selon laquelle l'univers était formé d'unités et de sous-unités discontinues et séparables était un acquis désormais traditionnel — et c'était un aspect de l'industréalité naissante.

Toute civilisation nouvelle puise dans le passé des idées qu'elle réarrange de façon à mieux comprendre sa relation au monde. Pour une société industrielle encore balbutiante, une société qui commençait tout juste à s'engager dans la voie de la production en série de machines assemblées à partir de pièces distinctes, l'idée d'un univers lui aussi hétérogène et formé d'éléments séparés était probablement indispensable.

D'autres raisons, d'ordre social et politique, militaient également en faveur de l'adoption du modèle atomistique de la réalité. Au moment où la civilisation de la Seconde Vague faisait craquer les vieilles institutions de la Première, il était impératif de libérer les gens de l'emprise de la famille élargie, de la toute-puissance de l'Église, de la monarchie. Le capitalisme industriel avait besoin de trouver une justification à l'individualisme. Alors que l'ancienne civilisation agricole entrait dans son déclin, que le commerce se développait, que les villes se multipliaient, les jeunes classes commerçantes exigeaient, un ou deux siècles avant que se levât l'aube de l'industrialisme, la liberté d'acheter et de vendre, la liberté de prêter, la liberté de développer leurs marchés, et cette revendication donna naissance à une nouvelle conception de l'individu : la personne considérée comme un atome.

L'individu n'était plus simplement un appendice passif de la tribu, d'une caste ou d'un clan, mais un être libre et autonome, doté du droit d'accéder à la propriété, d'acquérir des biens, de négocier, de prospérer ou de mourir de faim à la mesure de ses efforts, et jouissant du droit complémentaire de choisir sa religion, de rechercher le bonheur. Bref, l'industréalité engendra une conception de l'individu qui faisait de lui quelque chose ressemblant étonnamment à un atome — la particule élémentaire de la société, irréductible et indestructible. Le thème atomistique apparut même, comme nous l'avons vu, en politique, le vote devenant la particule élémentaire. Il est présent dans notre conception des affaires internationales sous forme d'unités autonomes, insécables et indépendantes, appelées nations. En résumé, la matière physique n'était pas seule a être conçue en termes de « briques », d'unités ou d'atomes indépendants : il en allait de même de la matière sociale et de la matière politique. L'atomisme embrassait toutes les sphères de la vie.

Cette notion de la réalité envisagée comme réunion de parcelles distinctes épousait à merveille les images nouvelles du temps et de l'espace, l'un et l'autre décomposables en unités individuelles distinctes de plus en plus petites. A mesure qu'elle faisait tache d'huile et affirmait son emprise tant sur les sociétés « primitives » que sur la civilisation de la Première Vague, celle de la Seconde Vague propagea cette conception industréaliste toujours plus cohérente et harmonieuse de l'individu, de la politique et de la société.

Toutefois, une pièce manquait encore pour parfaire ce système logique.

L'ULTIME INTERROGATION

Tant qu'une civilisation n'a pas une réponse quelconque à apporter à la question : « *pourquoi* les choses sont-elles comme elles sont ? », elle ne peut pas programmer efficacement la vie — même si l'explication qu'elle donne comporte 90 % de mystère et 10 % d'analyse. Les gens qui se soumettent aux impératifs de leur culture ont besoin d'avoir jusqu'à un certain point l'assurance que leur conduite produira des « résultats », ce qui implique la nécessité de faire sauter cet éternel point d'interrogation. La civilisation de la Seconde Vague était armée d'une théorie si puissante qu'elle semblait suffisante pour expliquer tout.

Une pierre tombe dans une mare. Des rides se propagent rapidement à la surface de l'eau. Pourquoi ? Quelle est la cause de ce phénomène ? Il y a de fortes chances pour que les enfants de l'industrialisme répondent : « Parce que quelqu'un a lancé la pierre. »

L'Européen cultivé du XIIe ou du XIIIe siècle qui aurait essayé de répondre à la même question aurait eu des idées fort différentes des nôtres. Il se serait sans doute référé à Aristote et aurait cherché une cause matérielle, une cause formelle, une cause efficiente et une cause finale dont aucune n'aurait suffi à expliquer quoi que ce soit à elle seule. Un sage de la Chine médiévale aurait peut-être parlé du yin et du yang et des champs d'influence au sein desquels tous les phénomènes étaient censés intervenir.

La spectaculaire découverte de la loi de la gravitation universelle révélée par Newton fournit à la civilisation de la Seconde Vague la clé du mystère de la causalité. Les causes étaient, en effet, pour lui les forces qui, appliquées aux corps, les mettaient en mouvement. L'exemple traditionnel servant à illustrer le rapport newtonien entre la cause et l'effet est celui des boules de billard qui s'entrechoquent et se déplacent à la suite de ces heurts réciproques. Cette idée du changement, exclusivement axée sur des forces extérieures mesurables et aisément identifiables, eut un impact considérable car elle s'accordait parfaitement aux nouvelles conceptions linéaires du temps et de l'espace issues de l'industréa-lité. En vérité, la causalité newtonienne ou mécaniste que l'Europe adopta à mesure que la révolution industrielle faisait boule de neige fit de l'industréalité un tout hermétiquement clos.

Si l'univers était composé de particules distinctes — de boules de billard miniatures —, il s'ensuivait que toutes les causes avaient leur origine dans les interactions de ces boules. Une particule, un atome heurtait une autre particule, un autre atome. Le premier était la *cause* du mouvement de l'autre. Ce mouvement était l'*effet* du mouvement du premier. Il n'y avait pas d'action sans mouvement dans l'espace et aucun atome ne pouvait occuper plus d'une place à la fois.

Voici qu'un univers qui semblait complexe, confus, imprévisible, foisonnant, mystérieux et désordonné commençait soudain à donner une impression d'ordre et d'organisation. Tous les phénomènes, depuis l'atome de la cellule humaine jusqu'à l'étoile la plus froide et la plus lointaine brillant dans le ciel nocturne, étaient justiciables d'une explication : c'était de la matière en mouvement, chaque particule activant sa voisine et l'obligeant à entrer dans la ronde sans fin de l'existence. Pour l'athée, cette théorie rendait compte de la vie en faisant l'économie de l'hypothèse Dieu, ainsi que le dira plus tard Laplace. Cependant, pour l'esprit religieux, elle laissait encore une place à la divinité puisque l'on pouvait voir en Dieu le moteur premier, l'être qui avait mis les boules de billard en branle et qui, ensuite, s'était peut-être retiré de la partie.

Cette métaphore de la réalité fut une sorte d'injection d'adrénaline dans l'organisme de la culture « industréelle » naissante. L'univers, s'écriait avec exultation le baron d'Holbach, l'un des philosophes d'avant-garde qui contribuèrent à préparer le climat intellectuel de la Révolution française, « ce vaste assemblage de tout ce qui existe, ne comporte que matière et mouvement : l'ensemble offert à notre contemplation n'est qu'une suite immense et ininterrompue de causes et d'effets ».

Tout est là, tout est contenu dans cette brève et triomphale déclaration : l'univers est le résultat d'un montage, d'une combinaison d'éléments distincts assemblés. La matière n'est explicable qu'en termes de mouvement — c'est-à-dire de mouvement dans l'*espace*. Les événements interviennent selon une succession (linéaire) se déplaçant dans le *temps*. Les passions humaines telles que la haine, l'égoïsme ou l'amour, poursuit d'Holbach, peuvent se comparer à des forces physiques comme la répulsion, l'inertie ou la traction, et un État politique avisé est en mesure de les manipuler en vue du bien public, tout comme la science peut manipuler le monde physique pour le bien commun.

C'est précisément de cette image « industréelle » de l'univers et des postulats qu'elle renferme que sont issus quelques-uns de nos comportements individuels, sociaux et politiques les plus agissants. Elle sous-entend que non seulement le cosmos et la nature mais aussi la société et les hommes sont assujettis à des lois immuables et prévisibles. Les plus grands esprits de la Seconde Vague, en vérité, furent très exactement ceux qui soutinrent avec le plus de logique et d'énergie qu'il existait un ordre dans la nature.

Newton semblait avoir découvert les lois qui programmaient les cieux. Darwin avait identifié celles qui programmaient l'évolution sociale. Et Freud, affirmait-on, avait révélé celles qui programmaient la psyché. D'autres hommes — savants, ingénieurs, sociologues, psychologues — se mettaient en quête de lois supplémentaires — ou de lois différentes.

La civilisation de la Seconde Vague disposait désormais d'une théorie de la causalité d'une portée apparemment prodigieuse et dont le champ d'application était immense. Bien des choses qui, jusque-là, paraissaient complexes étaient susceptibles de se réduire à des explications simples. En outre, ce n'était pas sous prétexte que Newton, Marx ou un autre les avaient formulées que ces lois ou ces règles étaient acceptées : elles pouvaient être soumises à l'expérimentation, il était possible de s'assurer de leur validité. Et, grâce à elles, on pouvait construire des ponts, lancer des ondes radio dans le ciel, prédire et « rétrodire » des transformations biologiques, manipuler l'économie, organiser des mouvements et des appareils politiques, et même — du moins, le prétendait-on — prévoir et façonner le comportement de l'individu en tant que tel.

Il suffisait de découvrir la variable critique pour rendre compte de n'importe quel phénomène. Tout était possible à condition de trouver la « boule de billard » appropriée et de la frapper selon l'angle le plus favorable.

Cette nouvelle causalité, associée aux nouvelles représentations du temps, de l'espace et de la matière, a largement contribué à libérer la race humaine de la tyrannie des vieilles gesticulations incantatoires. Elle a permis les victoires de la science et de la technologie, des miracles de conceptualisation et de réalisation pratique. Elle a mis le principe d'autorité en question et arraché l'intelligence à sa prison millénaire.

Mais l'industréalité a aussi construit une nouvelle prison, cette mentalité industrielle qui dénigrait ou ignorait ce qui était réfractaire à la quantification, qui chantait fréquemment les louanges de la rigueur critique et pénalisait l'imagination, qui réduisait les individus par simplification outrancière au statut d'unités protoplasmiques, et qui, en fin de compte, cherchait dans l'ingénierie la solution de tous les problèmes.

Par ailleurs, l'industréalité n'était pas aussi neutre au plan moral qu'elle le prétendait. Nous avons vu qu'elle était la super-idéologie militante de la civilisation de la Seconde Vague, la source et l'alibi de toutes les idéologies caractéristiques de l'ère industrielle, de gauche comme de droite. Comme toutes les autres cultures, cette civilisation de la Seconde Vague a sécrété des prismes déformants à travers lesquels ses ressortissants en sont venus à voir l'univers et à se voir eux-mêmes. Ce faisceau d'idées, d'images, de prédicats — et les analogies qui en découlaient — formait le système culturel le plus puissant de toute l'histoire.

Enfin, l'industréalité, facette culturelle de l'industrialisme, s'adapta à la société à l'édification de laquelle elle participait. Elle aida à créer les grandes organisations, les grandes cités, les bureaucraties centralisées et l'omniprésent marché, qu'ils fussent capitalistes ou socialistes. Elle s'ajustait admirablement aux nouveaux systèmes d'énergie, aux nouveaux systèmes de valeurs qui, à eux tous, constituaient la civilisation de la Seconde Vague.

C'est cette civilisation prise en bloc avec ses institutions, ses technologies et sa culture qui est en train de se désintégrer sous une avalanche de changements maintenant que la Troisième Vague, à son tour, s'abat sur la planète. Car nous vivons la dernière et irréversible crise de l'industrialisme. En même temps que l'ère industrielle entre dans le passé naît un âge nouveau.

Chapitre 10

Envoi : la lueur de l'éclair

Il subsiste un mystère. L'industrialisme a été un éclair illuminant l'histoire — trois petits siècles perdus dans l'immensité du temps. Quelle fut la cause de la révolution industrielle ? Pourquoi le raz de marée de la Seconde Vague a-t-il déferlé sur la planète ?

De nombreux affluents ont convergé pour donner naissance au grand fleuve du changement. La découverte du Nouveau Monde fut une injection d'adrénaline dans la culture et l'économie de l'Europe à la veille de la révolution industrielle. La poussée démographique favorisa l'exode vers les villes. En Angleterre, l'épuisement des forêts déboucha sur l'extraction du charbon, mais les puits devenant de plus en plus profonds, les pompes rudimentaires mues par la traction animale ne purent plus évacuer l'eau des galeries. Pour résoudre ce problème, on inventa la machine à vapeur qui ouvrit la voie à un éventail fantastique d'innovations technologiques. La diffusion progressive des idées « industréelles » aboutit à la remise en question de l'Église et de l'autorité politique. Le développement de l'instruction, l'amélioration des moyens de communication et de transport, tout cela, survenant au même moment, fit brusquement se rompre les écluses du changement.

Il est vain de rechercher LA cause de la révolution industrielle, car il n'existe pas une cause unique ou dominante. En soi, la technologie n'est pas le moteur de l'histoire, non plus que les idées ou les valeurs, non plus que la lutte des classes. L'histoire n'est pas une liste chronologique de transformations écologiques, de courants économiques et d'inventions au niveau des communications.

La seule économie ne saurait rendre compte de tel événement historique ou de tel autre. Il n'y a pas une « variable indépendante » dont dépendraient toutes les autres variables, mais seulement des variables interdépendantes d'une complexité sans bornes.

Devant cet écheveau d'influences causales dont nous ne sommes même pas capables de démêler toutes les interactions, nous pouvons tout au plus nous attacher aux quelques paramètres qui nous semblent les plus éclairants pour notre propos sans nous dissimuler les distorsions inhérentes à ce choix. Dans cet esprit, il est clair que, parmi toutes les forces — et elles furent innombrables — qui ont conflué pour produire la civilisation de la Seconde Vague, bien peu eurent des conséquences aussi perceptibles que l'hiatus toujours plus accusé entre le producteur et le consommateur, et le développement de ce circuit d'échanges inouï que nous appelons le marché, qu'il soit de forme capitaliste ou socialiste.

Plus le fossé s'élargissait entre le producteur et le consommateur dans le temps, dans l'espace, dans les dimensions sociale et mentale, plus le marché, avec sa stupéfiante complexité, les valeurs, les métaphores implicites et les postulats cachés qui lui faisaient escorte, dominait la réalité sociale.

Ce coin invisible, ainsi que nous l'avons vu, fut à l'origine de l'ensemble du système monétaire moderne — avec ses banques centrales, ses places boursières, ses échanges à l'échelle mondiale, ses planificateurs bureaucratiques, son esprit quantitatif et calculateur, son éthique de tabellion, son parti pris de matérialisme, l'étroitesse des critères en fonction desquels il mesure la réussite, sa panoplie rigide de récompenses et son tout-puissant appareil comptable dont nous sous-estimons généralement l'impact culturel. Nombre de tendances à la standardisation, à la spécialisation, à la synchronisation et à la centralisation sont les fruits de ce divorce. En sont également issues les différences de fonction et de sensibilité par rapport au sexe. Néanmoins, quand on fait le bilan des autres forces qui ont déclenché la Seconde Vague, l'éclatement du vieil atome production ⇄ consommation doit sans aucun doute être placé en tête de liste. Les ondes de choc consécutives à sa fission sont encore sensibles aujourd'hui.

La civilisation de la Seconde Vague n'a pas seulement modifié la technologie, la nature et la culture : elle a aussi modifié la personnalité et contribué à créer un nouveau personnage dans la société. Certes, les femmes et les enfants ont modelé la civilisation de la Seconde Vague qui les a modelés en retour. Mais parce qu'ils étaient plus directement absorbés par la matrice du marché et les nouveaux modes de travail, les hommes ont acquis des caractéristiques industrialistes plus prononcées que les femmes. Que les lectrices ne me tiennent donc pas rigueur d'utiliser l'expression « Homme Industriel » pour faire l'inventaire de ces caractéristiques inédites.

L'Homme Industriel se distinguait de tous ses prédécesseurs. Les « esclaves énergétiques » dont il était le maître rehaussaient considérablement sa chétive puissance. Il passait le plus clair de son existence dans un environnement construit sur le modèle de l'usine, et au contact de machines et d'organisations qui l'écrasaient en tant qu'individu. On lui inculquait depuis sa plus tendre enfance, ou peu s'en faut, que la survie dépendait de l'argent comme jamais auparavant. Il grandissait au sein d'une famille nucléaire et fréquentait une école-usine. C'étaient les mass media qui lui apportaient l'image de base du monde où il vivait. Il était au service d'une grosse société ou d'une agence gouvernementale, il était membre d'un syndicat, d'une Église et d'autres organisations à chacune desquelles il donnait une partie de son moi divisé. Il s'identifiait moins à son village ou à sa ville qu'à la nation à laquelle il appartenait. Il se sentait en opposition avec la nature qu'il exploitait journellement dans le cadre de son travail, ce qui, paradoxalement, ne l'empêchait pas de se précipiter à la campagne en fin de semaine. (En vérité, plus il saccageait la nature, plus il l'idéalisait et la révérait verbalement.) Il apprenait à se considérer comme un élément entrant dans la composition de vastes systèmes économiques, sociaux et politiques interdépendants dont les contours se perdaient dans des complexités échappant à sa compréhension.

Il se révoltait en vain contre cette réalité à laquelle il était confronté. Son existence nécessitant une continuelle transfusion d'argent, il se battait pour gagner sa vie. Il apprenait à jouer le jeu imposé par la société, il tenait le rôle qui lui était assigné et qu'il exécrait bien souvent, se sentant victime du système même auquel il était redevable de l'amélioration de son niveau de vie. Il avait conscience que le temps filant en droite ligne l'entraînait inexorablement vers un futur où l'attendait sa tombe. Au rythme du tic-tac de sa montre grignotant la durée, il allait vers la mort, sachant que la terre et toutes les créatures, lui compris, n'étaient que les rouages d'une plus vaste machine cosmique aux mouvements aussi réguliers qu'implacables.

L'Homme Industriel occupait un environnement que, dans bien des domaines, ses ancêtres n'auraient pas reconnu. Même les signaux sensoriels les plus élémentaires étaient différents.

La Seconde Vague transforma le paysage auditif, substituant la sirène de l'usine au chant du coq, remplaçant le grésillement des grillons par le miaulement des pneus. Elle illumina la nuit en augmentant les heures de veille. Elle prodigua des images que nul n'avait jamais vues auparavant — des photographies aériennes de la terre, des montages surréalistes au cinéma du coin, des formes biologiques inconnues avant l'invention de l'ultramicroscope. Les odeurs d'égout furent chassées par les gaz d'échappement ou par la puanteur des phénols. La saveur de la viande et des légumes s'altéra. Tout le panorama perceptif se métamorphosa.

Il en alla de même du corps humain qui, pour la première fois, atteignit ce que nous considérons aujourd'hui comme sa taille normale. D'une génération à l'autre, les enfants étaient plus grands que leurs parents. Les attitudes à l'égard du corps changèrent aussi. Norbert Elias note dans *La Civilisation des mœurs* que, alors que jusqu'au xvie siècle en Allemagne et dans d'autres pays d'Europe, « la nudité intégrale était un spectacle quotidien », elle prit un caractère honteux à mesure que la Seconde Vague s'étendait. Le comportement de l'alcôve se modifia avec l'usage de vêtements spéciaux pour la nuit. L'introduction de la fourchette et autres instruments de table spécialisés fit de l'acte de manger une activité technologique. A une culture où la vue d'un animal mort sur la table était source d'un vif plaisir en succéda une nouvelle où « le rappel que le plat de viande est lié au massacre d'une bête doit être à tout prix évité ».

Le mariage devint quelque chose de plus qu'une commodité économique. La guerre s'amplifia et acquit le caractère du travail à la chaîne. Les transformations qui intervinrent dans les rapports de parents à enfants, dans les possibilités de promotion offertes par la mobilité, dans tous les aspects des relations humaines aboutirent pour des millions et des millions d'êtres à une transformation radicale de la conscience de son être.

Devant de si nombreux changements, tant psychologiques qu'économiques, politiques que sociaux, la confusion gagne l'esprit. Selon quels critères jugerons-nous globalement une civilisation ? Selon le niveau de vie qu'elle a apporté à ses membres ? Selon son influence sur ceux qui se trouvaient hors de son champ d'action ? Selon son impact sur la biosphère ? Selon l'excellence de ses arts ? Selon les progrès de l'espérance de vie ? Selon ses performances scientifiques ? Selon la liberté de l'individu ?

Dans les limites de ses frontières, en dépit de dépressions gigantesques et d'un épouvantable gaspillage de vies humaines, la civilisation de la Seconde Vague a indiscutablement amélioré le niveau de vie matérielle des gens. Les contempteurs de l'industrialisme décrivant la grande misère des classes travailleuses de l'Angleterre des xviiie et xixe siècles ont souvent tendance à idéaliser le passé de la Première Vague. C'est à leurs yeux un passé bucolique et chaleureux où l'on menait une existence collective stable, organique, où les valeurs spirituelles avaient le pas sur les valeurs purement matérialistes. Or, les recherches des historiens nous apprennent que ces communautés idylliques étaient, en fait, des cloaques de malnutrition, de maladie, d'indigence et de tyrannie, où les malheureux sans feu ni lieu demeuraient impuissants contre la faim, le froid et le fouet de leurs seigneurs et maîtres.

On a mené grand tapage à propos des taudis insalubres que l'industrialisation fit proliférer dans les grandes villes ou à leur périphérie, de l'alimentation frelatée, des citernes contaminées, des hospices pour indigents et de la sordidité de la vie quotidienne. Néanmoins, si atroces qu'aient été les conditions d'existence pour les travailleurs au début de l'industrialisation — et elles l'étaient indéniablement —, elles constituaient une amélioration considérable sur celles qu'ils avaient précédemment connues. Un auteur britannique, John Vaizey, l'a noté : « L'image d'une bucolique Angleterre de petits fermiers était très exagérée » et, pour un nombre important de gens, la migration vers les bas-quartiers des villes se solda « en fait par une spectaculaire élévation du niveau de vie en termes de longévité, d'amélioration matérielle des conditions de logement et de progrès dans l'alimentation, tant du point de vue de la quantité que de la diversité ».

Dans le domaine de la santé, il suffit de lire *The Age of Agony* (L'Age de l'angoisse) de Guy Williams ou *Death, Disease and Famine in Pre-Industrial England* (Mort, Maladie et Famine dans l'Angleterre pré-industrielle) de L. A. Clarkson pour réfuter l'argumentation de ceux qui chantent les louanges de la civilisation de la Première Vague aux dépens de celle de la Seconde. Dans une critique consacrée à ces deux ouvrages, Christina Larner écrit : « Les travaux des historiens de la société et des démographes ont mis en évidence l'accablante présence de la maladie, de la souffrance et de la mort aussi bien dans les campagnes que dans les villes méphitiques. L'espérance de vie était faible : environ 40 ans au xvie siècle. Réduite à 35 au xviie par les épidémies, elle remonta à 40 et quelques au xviiie... Les époux vivaient rarement longtemps ensemble... La mortalité sévissait chez les enfants. » Si justifiés soient les griefs que nous formulons à l'encontre des systèmes sanitaires d'aujourd'hui, mal gérés et en état de crise endémique, gardons-nous d'oublier qu'avant la révolution industrielle, la médecine officielle, dont les chevaux de bataille étaient la saignée et la chirurgie pratiquée sans anesthésie, était meurtrière.

Les principales causes de la mortalité étaient la peste, le typhus, la grippe, la dysenterie, la petite vérole et la tuberculose. « Les esprits judicieux, note Larner non sans causticité, ont souvent observé qu'elles (ces maladies) ont simplement été remplacées par d'autres assassins mais ceux-ci nous accordent un sursis un peu plus long. Les maladies épidémiques pré-industrielles tuaient sans discrimination les jeunes et les vieux. »

Abandonnons la santé et l'économie pour l'art et l'idéologie. En dépit de son matérialisme borné, l'industrialisme était-il plus abêtissant que les sociétés féodales qui l'avaient précédé ? La mentalité mécaniste — l'industréalité — était-elle moins ouverte aux idées nouvelles, voire aux hérésies, que l'Église médiévale ou les monarchies d'antan ? Les actuelles bureaucraties atteintes de gigantisme, que nous abhorrons, sont-elles plus rigides que leurs homologues chinoises d'il y a quelques siècles ou les hiérarchies en vigueur dans l'Égypte ancienne ? Et, quant aux arts, les romans, les poèmes et les peintures produits en Occident depuis trois cents ans sont-ils moins riches, moins profonds, moins révélateurs ou moins complexes que les œuvres de périodes antérieures ou nées sous d'autres cieux ?

Mais toute médaille à son revers. Si la civilisation de la Seconde Vague a beaucoup fait pour améliorer le sort de nos pères, elle a aussi eu de brutales conséquences externes — des retombées non prévues. Entre autres, la détérioration effrénée, peut-être irréparable, de la fragile biosphère terrestre. En raison de son parti pris « industréel » contre la nature, de l'augmentation de la population, de sa technologie « dure » et de son insatiable soif d'expansion, elle a plus ravagé notre environnement qu'aucune période antérieure. J'ai lu tout ce qui a été écrit sur l'accumulation du crottin de cheval dans les villes pré-industrielles (ce que l'on présente souvent comme preuve lénifiante que la pollution n'est pas nouvelle), et je sais que les rues des agglomérations étaient autrefois des sentines. Il n'empêche que la société industrielle a tellement accru les problèmes de la pollution écologique et de l'utilisation des ressources qu'il n'y a pas de commune mesure entre le présent et le passé.

Jamais encore une civilisation ne s'était dotée des moyens de détruire, non pas une ville mais, littéralement, une planète. Jamais la menace d'empoisonnement n'avait plané sur des océans entiers, jamais des espèces n'avaient totalement disparu du jour au lendemain de la face de la terre en raison de la cupidité ou de l'insouciance humaine, jamais les mines n'avaient aussi sauvagement couturé le globe, jamais les aérosols capillaires n'avaient percé la couche d'ozone, jamais la pollution thermique n'avait mis en péril le climat de la planète.

La question de l'impérialisme se pose de manière analogue mais elle est encore plus complexe. La réduction en esclavage des Indiens pour exploiter les mines d'Amérique du Sud, l'introduction de la plantation dans de vastes zones d'Afrique et d'Asie, l'adultération délibérée des économies coloniales pour les adapter aux besoins des nations industrielles, ont laissé dans leur sillage l'angoisse, la faim, la maladie et la déculturation. Le racisme sécrété par la civilisation de la Seconde Vague, l'intégration forcée de petites économies autarciques à un système d'échanges mondialiste, ont causé des plaies infectées qui n'ont même pas encore commencé à se cicatriser.

Mais, une fois encore, peindre ces rudimentaires économies de subsistance sous des traits enchanteurs serait commettre une erreur. Il est douteux que le sort même des populations des régions non industrialisées de la terre soit plus misérable qu'il y a trois siècles. Que l'on se place du point de vue de l'espérance de vie, de l'alimentation, de la mortalité infantile, de l'instruction ou de la dignité humaine, du Sahel à l'Amérique centrale, des centaines de millions d'êtres connaissent aujourd'hui une détresse indescriptible. Mais fabriquer de toutes pièces un passé idyllique fictif dans notre précipitation à juger le présent serait leur rendre un bien mauvais service. La voie du futur ne passe pas par le retour à un passé encore plus pitoyable.

De même que la civilisation de la Seconde Vague n'est pas le produit d'une cause unique, il ne saurait y avoir un critère d'évaluation unique. Je me suis efforcé, en ce qui me concerne, de brosser le portrait de la civilisation de la Seconde Vague sans en dissimuler les carences. Si je donne l'impression de la condamner d'un côté et de l'applaudir de l'autre, c'est parce que les jugements simplistes sont trompeurs. J'abomine la façon dont l'industrialisme a écrasé les sociétés de la Première Vague et les peuples primitifs. Je ne puis oublier qu'elle a massifié la guerre, inventé Auschwitz et déchaîné l'atome pour réduire Hiroshima en cendres. Son arrogance culturelle et les déprédations dont elle est responsable dans le reste du monde me remplissent de honte. Je suis scandalisé par le gaspillage d'énergie humaine, d'imagination et de cœur qu'attestent nos ghettos et nos bidonvilles.

Mais une haine irraisonnée de sa propre époque et de ses contemporains n'est pas la meilleure base pour accoucher du futur. L'industrialisme fut-il un cauchemar climatisé, un désert stérile, une monstruosité absolue ? Fut-il, comme le prétendaient les adversaires de la science et de la technique, un monde à œillères ? Sans doute. Mais ce fut aussi plus que cela — beaucoup plus. Il fut, à l'instar de la vie elle-même, un instant doux-amer dans l'éternité.

Quel que soit le verdict que l'on porte sur un présent en voie d'extinction, il est capital de bien se persuader que le jeu industriel est terminé, que son dynamisme est épuisé, que la force de la Seconde Vague est partout en recul à l'heure où s'amorce la prochaine vague de changement. Deux mutations à elles seules rendent impossible la poursuite « normale » de la civilisation industrielle.

En premier lieu, nous avons atteint un point de contradiction dialectique dans la « guerre contre la nature ». La biosphère, tout simplement, ne supportera plus longtemps l'agression industrielle. Par ailleurs, nous ne pouvons plus compter sur d'inépuisables réserves d'énergie non renouvelable, jusqu'à maintenant les principales pourvoyeuses du progrès industriel.

Ces constatations n'entraînent pas pour autant l'arrêt de mort de la société technologique ni la fin de l'énergie. Mais elles signifient que, dorénavant, le progrès technologique sera déterminé par des contraintes d'environnement nouvelles. Cela veut dire aussi que, tant que l'on ne disposera pas de nouvelles sources d'énergie de substitution, les nations industrielles manifesteront des symptômes récurrents, peut-être violents, de repli sur soi, l'effort pour la mise en place des énergies de remplacement ayant pour effet d'accélérer les transformations sociales et politiques.

Une chose est claire : c'est la fin de l'énergie bon marché — provisoirement, en tout cas. La civilisation de la Seconde Vague a perdu l'une de ses deux ressources fondamentales.

La seconde ressource cachée — les matières premières à bas prix — se tarit simultanément. Confrontées à la fin du colonialisme et du néo-impérialisme, ou bien les nations à technologie avancée se tourneront de plus en plus vers elles-mêmes pour se procurer des succédanés et des ressources nouvelles, feront commerce entre elles et lâcheront progressivement leurs liens économiques avec les pays non industriels ; ou bien elles continueront à acheter à ces derniers ce dont elles ont besoin mais à des conditions entièrement nouvelles. Dans l'une et l'autre hypothèses, les coûts s'alourdiront dans d'importantes proportions et toute la base d'approvisionnement de la civilisation se modifiera en même temps que son assiette énergétique.

A ces pressions externes correspondent des pressions désintégratrices à l'intérieur du système. Qu'on observe le système familial aux États-Unis, l'équipement téléphonique en France (plus médiocre aujourd'hui que dans nombre de pays sous-développés), ou le réseau de banlieue de Tokyo (si détérioré que des usagers ont mis à sac des gares et kidnappé des responsables en signe de protestation), c'est toujours la même antienne : les hommes et les systèmes ont atteint le seuil du tolérable.

Les systèmes de la Seconde Vague sont en crise. Les systèmes de protection sociale sont en crise. Les systèmes postaux sont en crise. Les systèmes scolaires sont en crise. Les systèmes d'hygiène et de santé sont en crise. Les systèmes urbains sont en crise. Le système financier international lui-même est en crise. L'État-nation est en crise. Le système des valeurs de la Seconde Vague est en crise.

Le système même de répartition des fonctions qui assurait la cohésion de la civilisation est lui aussi en crise. Et c'est dans la lutte pour redéfinir les rôles sexuels que cette crise est la plus patente. Le mouvement de libération des femmes, la revendication de la reconnaissance légale de l'homosexualité, l'envahissement de la mode unisexe… c'est une fermentation continue qui remet en cause les attributions sexuelles traditionnelles.

Même confusion au niveau des stéréotypes professionnels. Infirmières et patients réexaminent leur statut vis-à-vis des médecins. Policiers et professeurs, sortant de leurs enclaves, lancent des mouvements de grèves illégaux. Les « paralégaux » commencent à réexaminer la fonction de l'avocat. Et, empiétant sur ce qui avait toujours été la chasse gardée du patronat, les travailleurs sont de plus en plus nombreux à réclamer la participation. Cette désagrégation générale de la distribution des rôles formant l'assise de l'industrialisme est beaucoup plus révolutionnaire par ses implications que les manifestations et les défilés ouvertement politiques, thermomètres à l'aide desquels la grande presse mesure le changement.

En dernier ressort, cette convergence des pressions — la perte de ressources essentielles, la dégradation des cordons ombilicaux de la société, allant de pair avec la désagrégation de l'organigramme des rôles sociaux — entraîne une crise dans la structure la plus élémentaire et la plus fragile de toutes : la personnalité. L'effondrement de la civilisation de la Seconde Vague a provoqué une épidémie de traumatismes.

Nous voyons aujourd'hui des millions d'êtres désespérément en quête de leur ombre se jeter sur les films, les pièces de théâtre, les romans et les livres-panacées, si obscurs soient-ils, qui leur promettent de les aider à retrouver leur identité perdue. Aux États-Unis, comme nous le verrons, les manifestations de cette crise de la personnalité revêtent des formes saugrenues.

Les victimes de ce mal se réfugient dans les exercices de thérapie de groupe, le mysticisme ou les orgies sexuelles. Ils meurent d'envie de changer mais la changement les terrifie. Ils désirent ardemment fuir leur existence actuelle et plonger dans une autre vie — devenir ce qu'ils ne sont pas. Ils veulent changer de travail, de conjoint, de rôle et de responsabilités.

L'homme d'affaires américain lui-même, en dépit de son image de marque d'individu mature et content de lui, n'est pas immunisé. La American Management Association a constaté à l'occasion d'une récente enquête que 40 % des cadres moyens, pas moins, sont mécontents de leur travail et que plus d'un tiers d'entre eux rêvent à une autre carrière qui, pensent-ils, les rendrait plus heureux. Et certains sautent le pas. Ils « larguent », se font paysans ou se clochardisent, ils cherchent un nouveau style de vie, ils retournent à l'école ou, plus simplement, tournent en rond de plus en plus vite dans un cercle toujours plus étroit jusqu'au moment où la pression est trop forte : alors ils craquent.

Se déchirant dans l'espoir de mettre à nu la cause de leur mal de vivre, ils se torturent inutilement dans leur soif de culpabilisation, sans se rendre compte le moins du monde que ce qu'ils éprouvent est le reflet subjectif d'une autre crise, objective et de plus vaste envergure : ils vivent à leur insu un drame à l'intérieur d'un drame.

On peut s'entêter à voir dans ces crises diverses et variées autant d'événements isolés. On peut faire mine d'ignorer la corrélation entre la crise de l'énergie et la crise de la personnalité, entre les nouvelles technologies et les nouveaux rôles sexuels, et autres correspondances invisibles. On le peut — mais à ses risques et périls. Car ce qui est en train de se produire dépasse chacun de ces phénomènes pris isolément. A partir du moment où l'on pense en termes de vagues de changement successives et interdépendantes, avec les chocs que cela implique, on appréhende le fait essentiel de notre génération — à savoir que l'industrialisme agonise —, et l'on peut commencer à chercher parmi les indices du changement ce qui est véritablement nouveau, ce qui n'est plus industriel. Nous sommes alors en mesure d'identifier la Troisième Vague.

C'est elle qui sera le cadre du reste de notre existence. Si nous voulons faciliter la transition entre la vieille civilisation qui se meurt et la nouvelle qui commence à prendre forme, si nous voulons conserver notre identité et notre capacité à conduire notre vie à travers les crises de plus en plus violentes qui nous attendent, il faut que nous soyons capables de discerner — et de créer — les innovations de la Troisième Vague.

Si, en effet, nous jetons un regard attentif autour de nous, nous distinguons en filigrane de toutes ces manifestations d'échecs et de faillites les signes avant-coureurs d'un nouvel essor et d'un nouveau potentiel.

Si nous tendons l'oreille, nous entendons déjà gronder la Troisième Vague déferlant sur des plages qui ne sont pas si lointaines.

LA TROISIÈME VAGUE

Chapitre 11.
La nouvelle synthèse

En janvier 1950, à l'orée de la seconde moitié du XXᵉ siècle, un jeune garçon dégingandé de vingt-deux ans, son diplôme tout frais en poche, monta dans un autocar et s'enfonça dans la nuit, cap sur ce qu'il considérait comme la réalité fondamentale de notre temps. Avec sa petite amie dans le fauteuil voisin et une méchante valise bourrée de bouquins sous son siège, il vit une aube couleur d'acier se lever sur les usines du Middle West qui défilaient interminablement derrière la vitre brouillée de pluie.

L'Amérique était le cœur de la Terre. La région des Grands Lacs était le cœur industriel de l'Amérique. Et l'usine était le cœur de ce cœur — aciéries, fonderies d'aluminium, manufactures de machines-outils, raffineries, usines d'automobiles. Au fil des kilomètres, ce n'étaient qu'ateliers crasseux que faisaient vibrer d'énormes machines — presses à estamper ou découper, perceuses, machines à cintrer, postes de soudure, forges et laminoirs. L'usine était le symbole de l'âge industriel tout entier et pour un adolescent qui avait grandi dans le confort relatif d'un foyer de la petite bourgeoisie et consacré quatre ans de sa vie à potasser Platon, T. S. Eliot, l'histoire de l'art et les sciences sociales abstraites, l'univers qu'elle représentait était aussi exotique que Tachkent ou la Terre de Feu.

J'ai travaillé cinq ans en usine. Pas comme administratif, pas au service du personnel mais comme monteur, outilleur, soudeur, conducteur de chariots élévateurs, ouvrier aux presses. J'ai découpé des ventilateurs à l'emporte-pièce, réparé des machines à la fonderie, monté des aspirateurs à poussières géants destinés aux mines africaines, poncé des carrosseries de poids lourds qui défilaient devant moi à toute vitesse sur la chaîne en grinçant et en ferraillant. J'ai appris de première main ce que c'est que gagner sa vie quand on est un ouvrier de l'âge industriel.

J'ai avalé la poussière, la sueur et la fumée des fonderies. J'ai eu les oreilles cassées par le sifflement de la vapeur, le cliquetis des chaînes, le grondement des malaxeurs. Je connais la chaleur de l'acier en fusion. Mes jambes portent la trace des étincelles projetées par les chalumeaux oxhydriques. Aux presses, j'ai sorti des milliers de pièces par poste en répétant interminablement les mêmes gestes au point que mon cerveau et mes muscles criaient grâce. J'ai observé les petits chefs en chemise blanche, ceux qui assurent la discipline chez les ouvriers et sont eux-mêmes harcelés sans fin par leurs supérieurs hiérarchiques. J'ai aidé à dégager une femme de soixante-cinq ans de la machine ensanglantée qui venait de lui arracher quatre doigts et je l'entends encore hurler : « Jésus Marie ! Je ne pourrai plus travailler ! »

L'usine. Longue vie à l'usine ! Aujourd'hui, alors même qu'on en construit de nouvelles, la civilisation qui a fait de l'usine une cathédrale agonise. Et, à l'heure qu'il est, d'autres jeunes, garçons et filles, roulent dans la nuit, plongent droit vers le cœur de la civilisation de la Troisième Vague en train de naître. A partir de maintenant, nous aurons pour tâche de suivre métaphoriquement ces pionniers le long des multiples routes qui mènent à demain.

Si nous pouvions les accompagner jusqu'au bout de leur voyage, où arriverions-nous ? Sur des aires de lancement où des engins environnés de flammes emportant des fragments de conscience humaine se ruent dans l'espace ? Dans des laboratoires océanographiques ? Dans des familles collectives ? Chez les équipes spécialisées dans l'intelligence artificielle ? Au sein des sectes religieuses exaltées ? Ces garçons et ces filles adoptent-ils volontairement un mode de vie ascétique ? Gravissent-ils les échelons de la hiérarchie des entreprises ? Sont-ils les porte-flingue de groupes terroristes ? Où l'avenir se forge-t-il ?

Si nous montions une expédition analogue vers le futur, comment préparerions-nous notre itinéraire ? Il est facile de dire que le futur commence dans le présent. Mais quel présent ? Le nôtre éclate sous la poussée des paradoxes.

Qu'il s'agisse de drogue, de sexe ou de tirs spatiaux, nos enfants sont hyperblasés ; et certains en remontrent à leurs parents quant aux ordinateurs. Pourtant, le niveau scolaire est en chute libre. Le nombre des divorces continue d'augmenter mais celui des remariages aussi. Les antiféministes élèvent la voix au moment où les femmes arrachent des droits auxquels les premiers apportent eux-mêmes leur caution. Les homosexuels revendiquent à leur tour le droit à la différence et sortent de leur ghetto — pour s'apercevoir qu'Anita Bryant les attend au tournant.

Alors qu'une inflation tenace prend à la gorge toutes les nations de la Seconde Vague, le chômage s'aggrave, contredisant toutes les théories économiques classiques. Dans le même temps, au mépris de la logique de la loi de l'offre et de la demande, des foules de gens réclament non seulement un emploi mais un travail créateur, psychologiquement gratifiant ou impliquant des prises de responsabilités sociales. Les contradictions économiques vont se multipliant.

Dans le domaine politique, les partis voient s'amenuiser leur clientèle alors même que les problèmes clés — la technologie, par exemple — sont plus politisés qu'ils ne l'ont jamais été. Simultanément, et au moment précis où la contestation de l'État-nation s'intensifie au nom de la conscience planétaire, les mouvements nationalistes ont le vent en poupe dans de vastes zones du globe.

Face à de telles contradictions, comment pourrions-nous discerner ce qui se cache *derrière* ces courants et ces contre-courants ? Personne, hélas, ne détient la potion magique qui répondrait à cette question. En dépit de toutes les analyses informatiques, des modèles mathématiques et des matrices qui sont l'alpha et l'oméga des futurologues, les tentatives que nous faisons pour avoir un aperçu de l'avenir — ou pour comprendre ce qui se passe aujourd'hui — demeurent, et il ne saurait en être autrement, un art plus qu'une science.

La recherche systématique peut nous apprendre beaucoup. Mais, en définitive, nous devons prendre en compte, et non pas jeter par-dessus bord, les paradoxes et les contradictions, les intuitions, l'imagination et la synthèse audacieuse, même si elle est incertaine.

En nous livrant dans les pages qui suivent à l'exploration du futur, nous ne nous bornerons pas à en reconnaître les principales lignes de force. Si difficile que ce soit, nous devrons résister à la séduction de la linéarité. La plupart des gens, y compris bien des futurologues, ne conçoivent l'avenir que comme une simple extension du présent en oubliant que les tendances, si puissantes qu'elles puissent paraître, ne procèdent pas de façon purement linéaire. Arrive un moment où elles basculent, et alors elles explosent en un kaléidoscope de phénomènes inédits. Elles s'inversent. Elles s'arrêtent et repartent. Le fait que quelque chose se produit aujourd'hui ou dure depuis trois cents ans ne nous garantit aucunement que ce quelque chose continuera indéfiniment. Nous serons précisément à l'affût au cours des prochains chapitres de ces contradictions, de ces conflits, de ces volte-face qui font du futur une surprise de chaque instant.

Il y a plus important. Nous recherchons les corrélations invisibles entre des événements qui, superficiellement, semblent sans rapport entre eux. Quel intérêt y a-t-il à établir des prévisions sur l'avenir des semi-conducteurs ou de l'énergie, voire de la famille (fût-ce notre propre famille) si, pour ce faire, nous partons du postulat que tout le reste demeurera inchangé ? Car *rien* ne demeurera inchangé. L'avenir n'est pas figé, il est fluide. Il a pour trame nos décisions quotidiennes, changeantes et fluctuantes, et chaque événement influe sur tous les autres.

La civilisation de la Seconde Vague a lourdement appuyé sur notre capacité à décomposer les problèmes en leurs éléments constitutifs. Elle n'a pas autant insisté sur notre aptitude à remettre à leur place les pièces détachées. Les hommes sont culturellement plus doués en général pour l'analyse que pour la synthèse. C'est l'une des raisons pour lesquelles l'image que nous nous faisons du futur (et de nous-même dans ce futur) est tellement fragmentaire, décousue — et erronée. Nous adopterons dans cet ouvrage l'attitude du généraliste, pas celle du spécialiste.

Je considère que nous abordons aujourd'hui un nouvel âge, celui de la synthèse. Nous allons vraisemblablement assister, dans tous les domaines intellectuels, des sciences proprement dites à la sociologie, à la psychologie et à l'économie — l'économie, surtout —, à un retour à la réflexion à grande échelle, à la théorie générale, à la reconstitution de l'ensemble à partir des pièces détachées. Nous commençons, en effet, à prendre conscience qu'en nous obnubilant sur le détail quantifié isolé de son contexte, en nous laissant obséder par la volonté de mesurer de façon toujours plus fine des phénomènes toujours plus petits, nous finissons par en savoir de plus en plus sur de moins en moins de choses.

Cela dicte notre approche : rechercher les flux de changement qui ébranlent notre existence, dévoiler les liens secrets qui les unissent, non point, simplement, parce que chacun de ces courants est important en soi mais à cause de la manière dont ils se conjuguent pour former des rivières plus larges, plus profondes, plus rapides qui, à leur tour, se jettent dans un plus vaste fleuve : la Troisième Vague.

Comme le jeune homme qui, à l'aube du demi-siècle, s'en est allé à la recherche du cœur même du présent, nous allons partir en quête du futur. Cette quête sera peut-être l'aventure la plus importante de notre vie.

Chapitre 12.
Les hauteurs stratégiques

Ce fut la fin de ce 2ᵉ vague

Le 8 août 1960, dans son bureau de Manhattan dominant Rockefeller Plaza, un ingénieur chimiste originaire de Virginie du nom de Monroe Rathbone prit une décision dont on peut se demander si elle ne marquera pas aux yeux des historiens de demain la fin de l'ère de la Seconde Vague.

Le jour où Rathbone, directeur général de la Exxon Corporation, compagnie pétrolière géante, jugea bon de rogner les royalties que celle-ci versait aux pays producteurs, sa décision passa à peu près inaperçue. Pourtant, cette décision, bien qu'ignorée par la presse occidentale, retentit comme un coup de tonnerre aux oreilles des gouvernements de ces pays dont pratiquement tous les revenus étaient constitués par les redevances des compagnies pétrolières.

Dans les jours qui suivirent, les autres « majors » emboîtèrent le pas à la Exxon et un mois plus tard, le 9 septembre, les représentants des pays les plus touchés par cette mesure tinrent un conseil de guerre dans la légendaire cité de Bagdad. Le dos au mur, ils se constituèrent en un « syndicat » d'États exportateurs. Pendant treize longues années, exception faite de quelques revues professionnelles, tout le monde resta dans l'ignorance de l'activité de cette organisation dont le nom même était inconnu. Cette situation dura jusqu'en 1973, lorsque éclata la guerre du Kippour, et que l'Organisation des pays exportateurs de pétrole, sortant soudain de l'ombre, ferma les robinets approvisionnant le monde en brut et fit chanceler l'économie de la Seconde Vague tout entière.

Outre qu'elle quadruplait ses revenus pétroliers, l'OPEP donnait ainsi un coup d'accélérateur à une révolution qui fermentait déjà dans la technosphère de la Seconde Vague.

LE SOLEIL ET AU-DELÀ

Dans l'assourdissante clameur de la querelle sur la crise de l'énergie qui s'ensuivit, tant de plans, de propositions, d'arguments et de contre-arguments nous ont été jetés à la tête qu'il est malaisé de faire des choix raisonnés. Les gouvernements sont dans la même confusion que l'homme de la rue.

Il existe cependant un moyen de faire un peu de lumière dans cette obscurité : regarder au-delà des technologies et des orientations politiques pour déterminer les principes qui les sous-tendent. On s'aperçoit alors que parmi les suggestions, les unes ont pour objet de sauvegarder ou d'étendre la base énergétique de la Seconde Vague alors que les autres s'appuient sur des principes nouveaux. Du coup, c'est tout le problème de l'énergie qui est clarifié.

Nous avons vu que la base énergétique de la Seconde Vague reposait sur le principe du non-renouvelable. Elle avait pour assise des réserves fortement concentrées et condamnées à l'épuisement. Elle dépendait des technologies onéreuses et hautement centralisées. Enfin, tributaire de sources et de méthodes relativement peu nombreuses, elle n'était pas diversifiée. Telles étaient les principales caractéristiques de la base énergétique de toutes les nations de la Seconde Vague tout au long de l'ère industrielle.

Ces données en tête, si nous examinons maintenant les différents plans et les différentes propositions suscités par la crise pétrolière, nous pouvons rapidement faire la distinction entre ceux qui ne sont que les prolongements de l'ordre ancien et ceux qui préfigurent quelque chose de fondamentalement nouveau. Alors, la question essentielle n'est pas de savoir si le prix du pétrole atteindra 40 dollars le baril ou s'il convient de construire un réacteur nucléaire à Seabrook ou à Grohnde mais, et c'est d'une tout autre importance, si une base énergétique, quelle qu'elle soit, conçue en fonction de la société industrielle et conforme aux préceptes de la Seconde Vague est encore viable. Une fois la question posée sous cette forme, on ne peut éluder la réponse.

Depuis un demi-siècle, les deux tiers de la totalité de l'approvisionnement énergétique de la planète sont dérivés du pétrole et du gaz naturel. La plupart des observateurs contemporains, des protecteurs de l'environnement les plus fanatiques à l'ex-shah d'Iran, des thuriféraires du soleil et des émirs saoudiens aux experts — chemise de sport et attaché-case — qui conseillent bien des gouvernements, conviennent avec une belle unanimité que l'on ne pourra pas rester indéfiniment tributaire d'un combustible fossile, même si, au demeurant, on découvre de nombreux gisements de pétrole encore ignorés.

Les chiffres varient. On débat âprement sur la durée du sursis qui nous est accordé avant le désastre final. La prévision est, dans ce domaine, d'une effarante complexité et nombre de pronostics passés nous paraissent maintenant ineptes. Néanmoins, une chose est claire : il n'est pas possible de reconstituer les stocks en remettant du charbon dans les mines et du pétrole dans les puits.

Quel que soit le dénouement, un titanesque engorgement ou, et c'est plus vraisemblable, une succession vertigineuse de pénuries, de pléthores temporaires et de raréfactions encore plus accentuées aux effets déstabilisateurs, le règne du pétrole se termine. Les Iraniens le savent. Les Koweitiens, les Nigérians et les Vénézuéliens le savent. Les Saoudiens le savent — et c'est bien pour cela qu'ils s'emploient fébrilement à édifier une économie fondée sur autre chose que les revenus pétroliers. Les compagnies pétrolières le savent aussi — et c'est bien pour cela qu'elles cherchent, non moins fébrilement, à se diversifier pour échapper à la dépendance du pétrole. (Le président d'une compagnie pétrolière me disait il n'y a pas si longtemps lors d'un dîner à Tokyo que, à son avis, les géants du pétrole deviendraient les dinosaures de l'industrie comme cela avait été le cas pour des chemins de fer. Et cela d'ici un laps de temps incroyablement court — même pas quelques décennies : quelques années.)

Pourtant, débattre de l'épuisement des ressources est presque en dehors de la question. Dans le monde d'aujourd'hui, en effet, ce ne sont pas les quantités disponibles, mais le prix qui a l'impact le plus immédiat et le plus important. Et, là, le moins que l'on puisse dire est que l'examen des faits conduit, et avec plus de force encore, aux mêmes conclusions.

Il n'est pas exclu que, d'ici quelques décennies, grâce à des innovations technologiques ou à des retournements économiques inouïs, l'énergie ne redevienne abondante et bon marché. Mais quoi qu'il advienne, comme nous serons contraints de creuser toujours plus profondément, de prospecter des régions toujours plus lointaines et d'affronter la concurrence d'acheteurs toujours plus nombreux, il est probable que le prix relatif du pétrole poursuivra son ascension. Sans même parler de l'OPEP, un tournant historique a été pris au cours des cinq années écoulées : en dépit de la découverte de riches gisements, comme ceux du Mexique, et de l'escalade des prix, l'étendue globale confirmée des réserves commercialement récupérables de pétrole brut n'a pas augmenté, mais diminué, inversant la tendance qui se perpétuait depuis des lustres. C'est là une preuve de plus, s'il en était besoin, que l'ère du pétrole est au bout de son rouleau.

Le charbon, toutefois, qui représentait le tiers de l'énergie totale nécessaire à la planète, est abondant, même s'il n'est pas inépuisable, lui non plus. Mais une extension massive de son emploi entraînerait une progression de la pollution aérienne, le danger éventuel de la modification des climats (du fait de l'accroissement du taux de l'acide carbonique dans l'atmosphère) en même temps que le saccage de la planète. Et même si l'on admet que ce sont là des risques inévitables, et que l'on accepte de les prendre à court terme, on ne peut pas mettre de charbon dans le réservoir d'une automobile, ni exiger de lui les multiples services que nous rendent le pétrole et le gaz. Par ailleurs, les installations de gazéification ou de liquéfaction du charbon exigent de fabuleux investissements ainsi que d'énormes quantités d'eau (dont la plus grande part est indispensable à l'agriculture) et, en dernière analyse, elles sont si peu efficaces et si onéreuses qu'on ne peut voir également dans cette technique qu'un expédient dispendieux, une échappatoire des plus provisoires.

Le nucléaire, dans sa phase actuelle de développement, pose des problèmes encore plus formidables. Les réacteurs classiques fonctionnent à l'uranium, combustible qui n'est pas éternel, lui non plus, et ils comportent des risques dont l'élimination sera extrêmement coûteuse — en admettant même que l'on parvienne jamais à les supprimer. Personne n'a apporté de solutions convaincantes aux problèmes du traitement des déchets radio-actifs et les coûts du nucléaire sont si élevés que, jusqu'à présent, seules des subventions gouvernementales ont permis à l'atome d'être tant soit peu compétitif par rapport aux autres formes d'énergie.

Les surrégénérateurs sont un cas à part. Mais si on les a présentés souvent à une opinion mal informée comme des machines à mouvement perpétuel parce que le plutonium qu'ils recrachent peut être utilisé comme combustible, ils dépendent à leur tour des réserves mondiales d'uranium qui sont limitées et non renouvelables. Ce ne sont pas seulement des engins hautement centralisés, incroyablement chers, et dangereux ; ils accroissent aussi les risques de conflit nucléaire et de détournement de matières fissiles par des groupes terroristes.

Cela ne veut pourtant dire ni que nous allons retourner au Moyen Age, ni que tout progrès économique est dorénavant impossible. Mais cela signifie indiscutablement que nous sommes arrivés au terme d'un certain type de développement et qu'il nous faut maintenant adopter une nouvelle approche. Cela signifie que la base énergétique de la Seconde Vague n'est plus viable.

En fait, il existe une autre raison, plus fondamentale encore, pour que le monde doive — et il le fera — changer radicalement de base énergétique. Car toute base énergétique, qu'elle soit utilisée dans un village ou dans une économie industrielle, doit être adaptée au niveau technologique de la société, à la nature de la production, à la répartition des marchés, à la distribution de la population et à bien d'autres impératifs encore.

L'élargissement de la base énergétique de la Seconde Vague était inséparable du passage de la société à un niveau de développement technologique entièrement nouveau. Et s'il ne fait pas de doute que les combustibles d'origine fossile ont accéléré la croissance technique, l'inverse est tout aussi vrai. La mise en place au cours de l'ère industrielle d'une technologie brutale grande consommatrice d'énergie s'est traduite par une exploitation de plus en plus rapide de ces mêmes combustibles fossiles. Le développement de l'industrie automobile, par exemple, entraîne une expansion si radicale du secteur pétrolier que, à une certaine époque, il était pour l'essentiel un appendice de Detroit. L'industrie du pétrole devint, pour reprendre la formule de Donald E. Carr, ancien directeur de la recherche d'une compagnie pétrolière et auteur de *Energy and the Earth Machine,* l' « esclave d'une certaine forme de moteur à combustion interne ».

Nous sommes à nouveau aujourd'hui, comme nous allons bientôt le voir, à la veille d'un bond technologique historique, et le nouveau système de production naissant imposera une restructuration drastique de toute l'industrie de l'énergie — même si l'OPEP devait se retirer de la scène sur la pointe des pieds.

C'est qu'un fait d'une grande portée est actuellement négligé, à savoir que le problème de l'énergie n'est pas uniquement d'ordre quantitatif : c'est aussi un problème de structures. Nous n'avons pas seulement besoin d'une certaine *quantité* d'énergie : nous avons besoin que cette énergie nous soit fournie sous des formes très diversifiées, en des lieux différents (et pas toujours les mêmes), à des heures différentes du jour et de la nuit, en des saisons différentes et pour des fins imprévisibles.

Aussi, ce ne sont pas simplement les décisions de l'OPEP en matière de tarification qui obligent le monde à se lancer à la recherche de sources d'énergie alternatives. Cette quête a reçu une forte accélération, et l'on investit présentement énormément d'argent et beaucoup d'imagination pour trouver une solution. Il en découle que nous examinons de plus près une multitude de possibilités proprement stupéfiantes. Le passage d'une base énergétique à une autre sera, c'est incontestable, assombri par des bouleversements économiques et autres, mais cette transition difficile présente aussi un aspect positif. C'est en effet la première fois dans l'histoire que tant de gens mettent autant de ferveur à rechercher des sources d'énergie — et jamais les perspectives n'ont été aussi novatrices et aussi exaltantes.

Au point où nous en sommes, il est évidemment impossible de dire quelle combinaison de technologies se révélera la plus utile — et pour quelles tâches —, mais l'arsenal d'instruments et de combustibles dont nous disposerons aura certainement de quoi donner le vertige, et des possibilités toujours plus inattendues deviendront commercialement rentables au fur et à mesure du renchérissement du coût du pétrole.

Ces innovations vont de la photopile qui convertit la lumière en électricité (technologie que sont déjà en train d'explorer Texas Instruments, Solarex, Energy Conversion Devices et beaucoup d'autres firmes) au programme soviétique de lancement dans la tropopause de ballons porteurs d'éoliennes qui achemineront l'électricité vers la Terre par l'intermédiaire de câbles. La Ville de New York a passé contrat avec une société privée qui se charge d'utiliser les ordures ménagères comme combustible, et on construit aux Philippines des usines qui transformeront les résidus de noix de coco en électricité. L'Italie, l'Islande et la Nouvelle-

Zélande, misant sur la chaleur interne du globe, produisent d'ores et déjà de l'électricité à partir de sources géothermiques, tandis qu'au Japon une plate-forme flottante de 500 tonnes mouillée au large de l'île d'Honshu utilise dans le même but l'énergie des vagues. D'un bout à l'autre de la planète, on voit fleurir les capteurs solaires sur les toits et la Southern California Edison Company construit une « tour énergétique » qui absorbera l'énergie solaire à l'aide de miroirs commandés par ordinateurs, la concentrera sur un pylône équipé d'une chaudière à vapeur et fabriquera de l'électricité à l'usage de ses abonnés. En Allemagne, on a vu un autobus à hydrogène mis au point par Daimler-Benz rouler dans les rues de Stuttgart, et les ingénieurs de Lockheed-California planchent sur un avion à moteur à hydrogène. Les voies nouvelles que l'on défriche sont si nombreuses que la place nous manque pour les répertorier toutes.

Et si l'on marie les nouvelles techniques de production de l'énergie aux moyens nouveaux de stocker et de véhiculer cette énergie, les possibilités sont encore plus extraordinaires. General Motors a annoncé la réalisation d'un modèle de batterie révolutionnaire, plus efficace que les accus classiques, destiné à alimenter les voitures électriques. Les chercheurs de la NASA ont, pour leur part, sorti « Redox », un accumulateur dont, pensent-ils, le coût de fabrication équivaudra au tiers de celui des accus plomb-acide conventionnels. Dans une perspective à plus long terme, on étudie les ressources de la superconductivité et même, domaine à la limite de la science « respectable », les ondes Tesla pour acheminer l'énergie au moindre prix.

Si la plupart de ces technologies en sont encore à leurs premiers balbutiements et si beaucoup d'entre elles se révéleront certainement impraticables, il est pourtant clair que certaines sont sur le point d'être exploitées commercialement, ou le seront d'ici dix à vingt ans.

Plus important encore est le fait, négligé, que, souvent, les grands pas en avant ne sont pas le fruit d'une seule et unique technologie mais de la juxtaposition ou de la combinaison imaginative de plusieurs. C'est ainsi que nous verrons un jour, peut-être, les photopiles produire de l'électricité, laquelle servira à son tour à séparer l'hydrogène de l'eau afin que cet hydrogène fasse tourner les moteurs des automobiles. A l'heure qu'il est, nous en sommes encore au stade du prédécollage. Lorsque l'on aura commencé à combiner ce foisonnement de technologies inédites, le nombre des options plus riches qui s'offriront à nous croîtra de façon exponentielle, et nous assisterons à une accélération spectaculaire de l'édification d'une base énergétique de Troisième Vague.

Cette nouvelle base différera de manière saisissante de celle de la Seconde Vague. Sa principale assise consistera en sources renouvelables et non plus tarissables. Au lieu d'être tributaire de combustibles hautement concentrés, elle sera alimentée par des sources diverses largement dispersées. Elle ne dépendra pas de technologies puissamment et étroitement centralisées mais associera à la fois des moyens de production d'énergie centralisés et décentralisés. Et au lieu d'être exagérément et dangereusement assujettie à des méthodes et des sources en nombre limité, elle sera foncièrement diversifiée. Cette diversification même aura pour effet de réduire le gaspillage dans la mesure où nous serons capables d'ajuster le type et la qualité de l'énergie produite à des besoins qui seront, eux aussi, de plus en plus diversifiés.

Bref, nous voyons pour la première fois s'ébaucher une base énergétique reposant sur des principes diamétralement opposés, ou peu s'en faut, à ceux qui ont cours depuis trois cents ans. Il n'est pas moins évident que cette base énergétique de la Troisième Vague ne s'imposera pas sans se heurter à de farouches résistances.

Dans cette guerre d'idées et de capitaux qui fait déjà rage dans tous les pays à technologie avancée s'opposent, non pas deux, mais trois adversaires. Tout d'abord, ceux dont les intérêts sont liés à l'ancienne base énergétique de la Seconde Vague, champions des sources d'énergie et des technologies classiques — le charbon, le pétrole, le gaz naturel, le nucléaire et leurs divers arrangements. En fait, ils se battent pour la prolongation du *statu quo* de la Seconde Vague. Et, parce qu'elles ont pour bastions les compagnies pétrolières, les sociétés de service public, les commissions nucléaires, les houillères et les syndicats qui ont partie liée avec elles, les forces de la Seconde Vague semblent indéracinables.

Ceux qui se prononcent en faveur d'une base énergétique de type Troisième Vague — une coalition de consommateurs, de défenseurs de l'environnement, d'hommes de science et de chefs d'entreprise représentant l'avant-garde industrielle, ainsi que leurs alliés — font, en revanche, l'effet d'être dispersés, de manquer de moyens financiers et, souvent, d'être atteints de crétinisme politique. Les propagandistes de la Seconde Vague les accusent systématiquement d'être des naïfs, de ne pas se soucier des réalités sonnantes et trébuchantes et de se laisser berner par une technologie de pacotille.

Plus grave encore, l'opinion publique met dans le même sac les avocats de la Troisième Vague et une minorité bruyante et marginale que l'on pourrait qualifier de forces de la Première Vague — des gens qui ne réclament pas l'avènement d'un nouveau système énergétique, plus intelligent, plus viable, reposant sur des bases scientifiques, mais qui, au contraire, appellent de tous leurs vœux le retour au passé pré-industriel. A la limite, la politique qu'ils prônent éliminerait la quasi-totalité de la technologie, réduirait la mobilité, aboutirait à la sclérose et la mort des villes et imposerait une culture ascétique au nom de la protection de l'environnement.

En amalgamant ces deux tendances, les groupes de pression, les experts en relations publiques et les politiciens liés à la cause de la Seconde Vague accentuent la confusion dans l'esprit du public et maintiennent les forces de la Troisième sur la défensive.

Pourtant, au bout du compte, ni les orientations de la Première Vague ni celles de la Seconde ne peuvent gagner la bataille. Les unes parce qu'elles poursuivent un phantasme, les autres parce qu'elles visent à perpétuer une base énergétique qui soulève des problèmes insolubles — insupportables, en fait.

L'irrésistible flambée du prix des combustibles de la Seconde Vague travaille puissamment contre les intérêts de celle-ci. La vertigineuse ascension des investissements exigés par les technologies de la Seconde Vague travaille contre eux. Le fait que les méthodes de la Seconde Vague nécessitent souvent de lourds apports d'énergie en échange d'un accroissement relativement faible d'énergie nouvelle « nette » travaille contre eux. Les conséquences grandissantes de la pollution travaillent contre eux. Le risque nucléaire travaille contre eux. La résolution de milliers d'hommes et de femmes qui, dans de nombreux pays, n'hésitent pas à affronter les forces de l'ordre pour arrêter les réacteurs, les mines à ciel ouvert ou les centrales géantes travaille contre eux. La formidable gourmandise, toujours plus dévorante, des pays non industriels qui entendent disposer de leurs réserves d'énergie et vendre leurs ressources à meilleur prix travaille contre eux.

Bref, bien que les réacteurs nucléaires, la gazéification et la liquéfaction du charbon ainsi que d'autres technologies de ce genre puisse *paraître* « avancées » ou « futuristes » et, par conséquent, « progressistes », ce ne sont, en réalité, que des produits d'un passé Seconde Vague enlisé dans ses mortelles contradictions. Peut-être quelques-unes de ces techniques sont-elles nécessaires en tant qu'expédients temporaires mais elles sont essentiellement rétrogrades. De même, bien que les forces de la Seconde Vague puissent *paraître* vigoureuses, et faibles leurs adversaires de la Troisième Vague, trop miser sur le passé serait folie. En vérité, la question n'est pas de savoir si la base énergétique de la Seconde Vague sera jetée bas et remplacée par une autre mais dans quel délai interviendra cette substitution. Car la bataille de l'énergie est inextricablement imbriquée à un autre changement d'une égale portée : le démantèlement de la technologie de la Seconde Vague.

LES OUTILS DE DEMAIN

Le charbon, le rail, le textile, l'acier, l'automobile, le caoutchouc, la machine-outil — telles étaient les industries classiques de la Seconde Vague. Fondées sur des principes électromécaniques fondamentalement simples, elles étaient de grandes dévoreuses d'énergie, rejetaient d'énormes quantités de déchets, étaient hautement polluantes et avaient pour caractéristiques de longues séries de production, un faible niveau de qualification du travail, des tâches répétitives, la fabrication d'articles standardisés et des contrôles fortement centralisés.

A partir du milieu des années 50, on constata de manière de plus en plus évidente que, dans les pays industrialisés, ces secteurs perdaient du terrain. Aux U.S.A., par exemple, alors que les effectifs de la population active augmentaient de 21 % entre 1965 et 1974, l'accroissement du personnel n'était, dans le textile, que de 6 % et, dans la métallurgie, on enregistrait même une chute de 10 %. La même tendance se manifestait en Suède, en Tchécoslovaquie, au Japon et dans d'autres pays de la Seconde Vague.

En même temps que ces industries dépassées s'implantaient dans les pays « en voie de développement », comme on dit, où la main-d'œuvre était meilleur marché et la technologie moins avancée, leur influence sociale commençait à décliner, et l'on vit surgir de jeunes industries dynamiques bien décidées à les supplanter.

Ces industries nouvelles se démarquaient de leurs devancières sur un point capital : d'une part, elles n'étaient plus de nature essentiellement électromécanique et, d'autre part, elles n'étaient plus ancrées sur les données scientifiques classiques de la Seconde Vague. Au contraire, elles étaient le résultat de la brusque accélération du progrès dans une série de disciplines encore rudimentaires, voire inexistantes, à peine vingt-cinq ans plus tôt : l'électronique quantique, la théorie de l'information, la biologie moléculaire, l'océanographie, la nucléonique, l'écologie et les sciences spatiales. Grâce à elles, il devenait possible de transcender le cadre grossier du temps et de l'espace qui était le terrain d'action de l'industrie de la Seconde Vague et de manipuler, comme l'écrit le physicien soviétique B. G. Kouznetsov, « des régions spatialement très petites (disons du rayon du noyau de l'atome, c'est-à-dire 10^{-13} centimètres) et des intervalles temporels de l'ordre de 10^{-23} secondes ».

Ce furent ces nouvelles sciences et cet élargissement radical de nos capacités de manipulation qui enfantèrent les nouvelles industries — les ordinateurs et le traitement informatique des données, les techniques aérospatiales, la pétrochimie de pointe, les semiconducteurs, les communications d'avant-garde, et des dizaines et des dizaines d'autres.

Aux États-Unis, où le passage de la technologie de la Seconde Vague à la technologie de la Troisième s'était amorcé plus tôt qu'ailleurs — vers le milieu des années 50 —, d'anciens sites comme la vallée de Merrimack dans la Nouvelle-Angleterre sombrèrent dans le marasme tandis que des régions comme Route 128 près de Boston ou « Silicon Valley » en Californie accédaient à un rang prépondérant et voyaient leurs banlieues résidentielles se peupler de spécialistes de la physique des états solides, de l'ingénierie des systèmes, de l'intelligence artificielle ou de la chimie des polymères.

En outre, le transfert des emplois et de la richesse suivait le transfert de la technologie, de sorte que les États de la « ceinture du soleil », comme on l'appelle, bénéficiaires de contrats considérables passés avec le ministère de la Défense, édifièrent une base technologique avancée alors que les vieilles régions industrielles du Nord-Est et des Grands Lacs s'étiolaient et s'enfonçaient dans une semi-banqueroute. La crise financière chronique dont souffre la Ville de New York reflète parfaitement ce bouleversement technologique tout comme, en France, la stagnation qui a atteint la sidérurgie lorraine et, sur un autre plan, l'échec du socialisme en Grande-Bretagne. A la fin de la Seconde Guerre mondiale, le gouvernement travailliste de l'époque annonça son intention de s'emparer des « hauteurs stratégiques » de l'industrie, et passa à l'exécution. Mais quelles étaient ces « hauteurs stratégiques » qu'il nationalisa ? Le charbon, le rail et l'acier, autrement dit les industries laissées pour compte par la révolution technologique. Les hauteurs stratégiques d'hier.

Les régions et les secteurs de l'économie axés sur les industries de la Troisième Vague connaissaient une expansion considérable, tandis que ceux qui demeuraient centrés sur les industries de la Seconde Vague dépérissaient. Mais c'est à peine si la relève a commencé. De nombreux gouvernements s'efforcent actuellement de manière délibérée de hâter cette mutation structurale tout en s'évertuant à atténuer les douleurs de l'enfantement. Les services de planification du ministère japonais du Commerce international et de l'Industrie étudient les technologies nouvelles en vue d'appuyer les industries de services de demain. Le chancelier d'Allemagne fédérale, Helmut Schmidt, et ses conseillers parlent de *Strukturpolitik* et se tournent vers la Banque européenne d'investissements pour faciliter le processus d'abandon des industries de production de masse.

4 groupes d'industries connexes sont d'ores et déjà à la veille de prendre un développement majeur. Ils constitueront vraisemblablement l'épine dorsale industrielle de la Troisième Vague et, une fois encore, cette évolution entraînera d'importants changements au plan de la puissance économique en même temps que des réalignements sociaux et politiques.

L'électronique et les ordinateurs sont, bien évidemment, l'un de ces indissociables faisceaux. La première, dont l'entrée sur la scène mondiale est relativement récente, représente à l'heure qu'il est un chiffre d'affaires annuel de plus de 100 milliards de dollars et l'on estime qu'il passera à 325, voire 400 milliards de dollars vers la fin des années 1980, ce qui placera cette industrie au quatrième rang mondial, après la métallurgie, la construction automobile et les produits chimiques. La rapidité avec laquelle se sont répandus les ordinateurs est un fait trop connu pour qu'il soit besoin d'y insister longuement. Le coût de ces machines a baissé si brutalement, et leur capacité s'est élevée si spectaculairement que la revue *Computerworld* n'hésite pas à écrire : « Si l'industrie automobile avait fait ce que l'industrie de l'ordinateur a fait au cours des trente dernières années, une Rolls-Royce coûterait 2 dollars et demi et ferait 800 000 kilomètres avec un litre d'essence. »

Des mini-ordinateurs bon marché s'apprêtent à envahir les foyers américains. En juin 1979, une centaine de sociétés fabriquaient déjà des ordinateurs à usage ménager. Des géants tels que Texas Instruments étaient dans la course, et des chaînes de distribution comme Sears et Montgomery Ward se préparaient à ajouter des ordinateurs à la gamme de leurs produits domestiques. « Un jour prochain, disait avec satisfaction un distributeur de micro-ordinateurs de Dallas, chaque maison sera équipée d'un ordinateur. Ce sera quelque chose d'aussi banal que des w.-c. »

Reliés aux banques, aux magasins, aux administrations, aux voisins *et* au lieu de travail, ces ordinateurs ne remodèleront pas seulement l'industrie et le commerce, de la production à la vente au détail ; ils transformeront aussi la nature du travail et même, en vérité, la structure de la famille.

Comme l'industrie de l'ordinateur à laquelle la rattache un cordon ombilical, l'électronique a connu à son tour une phase d'expansion explosive, et un déluge de calculatrices de poche, de montres à diodes et de jeux vidéo s'est abattu sur le consommateur. Mais ces réalisations ne nous donnent qu'un bien pâle aperçu de ce qui nous attend demain : de minuscules capteurs météorologiques ou des palpeurs de sol à faible prix pour l'agriculture, des instruments médicaux d'une taille infinitésimale incorporés aux vêtements pour enregistrer le rythme cardiaque ou le niveau de stress du porteur — ce ne sont là que quelques exemples parmi tant d'autres de la multitude d'applications pratiques de l'électronique déjà presque à portée de la main.

Par ailleurs, la crise énergétique accélérera de manière décisive l'avènement des industries de Troisième Vague dans la mesure où beaucoup d'entre elles ouvriront la voie à des procédés de fabrication et à des produits n'exigeant qu'un apport d'énergie infime. Prenons, par exemple, le système téléphonique de la Seconde Vague. Il présupposait l'existence de véritables mines de cuivre sous les rues des villes — des kilomètres et des kilomètres de câbles enchevêtrés, de gaines, de relais et de sélecteurs. Or, le temps est proche où nous aurons recours à des fibres optiques pas plus grosses qu'un cheveu pour véhiculer les messages. Les implications de cette conversion sont stupéfiantes du point de vue énergétique : fabriquer une fibre optique consomme à peu près mille fois moins d'énergie que l'extraction, le raffinage et le tréfilage du cuivre d'un câble de longueur équivalente. La tonne de charbon brûlée pour obtenir 150 kilomètres de câble de cuivre pourra servir à fabriquer 130 000 kilomètres de fibres !

La mise à contribution de la physique des semi-conducteurs en électronique va dans le même sens, chaque pas en avant ouvrant la voie à des composants de plus en plus sobres, énergétiquement parlant. Les tout derniers progrès réalisés par I.B.M. dans la technologie L.S.I. (*large scale integration*) ont abouti à des composants qui n'ont besoin que de 50 microwatts pour être activés.

Cette caractéristique de la révolution électronique donne à penser que l'une des stratégies de conservation de l'énergie les plus efficaces pour les économies à haute technologie asphyxiées par la pénurie sera peut-être le remplacement rapide des industries de la Seconde Vague, grandes gaspilleuses en ce domaine, par les industries « économes » de la Troisième.

De façon plus générale, la revue *Science* souligne justement que « l'activité économique pourra être considérablement transformée » par l'explosion de l'électronique. « En vérité, il est probable que, en ce qui concerne le rythme de l'introduction d'applications nouvelles et souvent imprévues de l'électronique, la réalité dépassera la fiction. »

Cependant, cette explosion de l'électronique ne constitue qu'un pas vers la création d'une technosphère absolument sans précédent.

DES MACHINES SUR ORBITE

On peut dire à peu près la même chose de nos entreprises spatiales et océanographiques où le bond en avant par rapport aux technologies classiques de la Seconde Vague est encore plus frappant.

L'industrie spatiale est un autre faisceau constitutif de cette technosphère naissante. Il y a de fortes chances pour que, bientôt, malgré les retards, cinq navettes spatiales transportant du fret et des hommes assurent un service hebdomadaire entre la Terre et l'espace. Le public sous-estime encore l'impact d'une pareille innovation mais, aux États-Unis comme en Europe, de nombreuses sociétés voient dans la « haute frontière » le tremplin de la prochaine révolution technologique et agissent en conséquence.

Grumman et Boeing étudient des satellites et des plates-formes spatiales destinées à la production d'énergie. Selon *Business Week,* « un autre groupe d'industries commence maintenant seulement à comprendre ce que l'orbitage signifiera pour elles — les fabricants et les constructeurs de produits allant des semi-conducteurs aux médicaments... Beaucoup de matériaux utilisés par les technologies de pointe exigent des manipulations délicates bien maîtrisées, et la pesanteur peut être un inconvénient... Dans l'espace, on n'a pas à se soucier de la gravité, on n'a pas besoin de récipients et le maniement de substances toxiques ou très instables ne pose pas de problème. Et l'on dispose de réserves de vide illimitées, sans compter les températures ultra-élevées et ultra-basses ».

En conséquence, la « fabrication spatiale » est devenue un thème d'une brûlante actualité pour les savants, les ingénieurs et les responsables des sociétés à l'avant-garde de la technologie. McDonnell Douglas propose aux laboratoires pharmaceutiques une centrifugeuse spatiale qui séparera les enzymes rares des cellules humaines. Les verriers cherchent le moyen de manufacturer des composants pour les lasers et les fibres optiques dans l'espace. A côté des semi-conducteurs monocristallins fabriqués dans l'espace, les modèles réalisés sur la Terre paraissent grossiers. L'urokinase, qui dissout les caillots sanguins et est utilisé dans certaines maladies hématologiques, revient actuellement à 2 500 dollars la dose. Selon Jesco von Puttkamer, directeur des études spatio-industrielles de la NASA, si on pouvait la fabriquer dans l'espace, son prix n'atteindrait même pas le cinquième de cette somme.

Les produits entièrement inédits qu'il est pratiquement impossible de fabriquer sur la Terre à quelque prix que ce soit ont encore plus d'importance. La firme aérospatiale et électronique T.R.W. a recensé 400 alliages différents que la force d'attraction terrestre nous interdit de fabriquer. General Electric, quant à elle, a commencé à mettre au point un four spatial. En Allemagne de l'Ouest, Daimler-Benz et MAN envisagent de fabriquer des roulements à billes dans l'espace tandis que l'Agence européenne de l'espace et certaines sociétés, comme British Aircraft Corp., imaginent pareillement des matériels et des produits visant à rendre l'espace commercialement exploitable. *Business Week* annonce à ses lecteurs que « de telles perspectives ne sont pas de la science-fiction et (qu') un nombre croissant de firmes les étudient avec le plus grand sérieux ».

Tout aussi sérieux et encore plus enthousiastes sont les défenseurs du projet de création de villes de l'espace conçu par le Dr Gerard O'Neill. Physicien à Princeton, ce dernier s'emploie inlassablement à sensibiliser le public à l'idée d'édifier sur très grande échelle des cités spatiales, des plates-formes ou des « îles » peuplées de milliers d'habitants, et il s'est acquis le soutien chaleureux de la NASA, du gouverneur de la Californie — un État dont l'économie dépend dans une très large mesure de l'exploitation de l'espace — et, ce qui est le plus surprenant, d'un groupe bruyant d'ex-hippies regroupés sous la houlette de Stewart Brand, le père du *Whole Earth Catalog*.

L'idée d'O'Neill est de construire sa cité de l'espace *in situ* et morceau par morceau à partir de matériaux extraits de la Lune ou d'autres corps célestes. Son collègue, le Dr Brian O'Leary, a étudié l'éventualité d'ouvrir des mines sur les astéroïdes Apollon et Amor. Des conférences réunissent régulièrement à Princeton des experts de la NASA, de General Electric, des agences gouvernementales de l'énergie et autres parties intéressées, qui échangent des études techniques sur le traitement chimique de minéraux lunaires ou de toute autre origine extra-terrestre, comme sur la conception et la construction d'habitats spatiaux et de systèmes écologiques en circuit fermé.

L'alliance de l'électronique de pointe et d'un programme spatial transcendant les possibilités de production terrestres fait accéder la technosphère à un stade supérieur où elle n'est plus limitée par des considérations de type Seconde Vague.

A LA CONQUÊTE DES FONDS SOUS-MARINS

L'exploration des profondeurs sous-marines est le pendant de la conquête de l'espace, et elle constitue l'assise du troisième faisceau d'industries qui sera vraisemblablement un élément capital de la nouvelle technosphère. La première vague de changement historique a commencé à déferler sur la terre quand nos ancêtres, cessant de se reposer sur la cueillette et sur la chasse pour assurer leur subsistance, ont entrepris de domestiquer les animaux et de cultiver le sol. Nous en sommes exactement au même point dans notre rapport avec la mer.

Dans un monde qui souffre de la faim, l'océan peut nous·aider à en finir une fois pour toutes avec le problème de la malnutrition. Convenablement mis en valeur et exploité, il nous offre des réserves pratiquement illimitées de ces protéines dont nous avons désespérément besoin. La pêche commerciale d'aujourd'hui, hautement industrialisée — les navires-usines japonais et soviétiques quadrillent les mers —, se solde par d'impitoyables et inutiles hécatombes et fait planer sur de multiples formes de vie marine la menace de l'extinction totale. En revanche, une « aquaculture » intelligente — élevage de troupeaux de poissons et récolte des végétaux — porterait un coup sévère à la crise alimentaire mondiale sans endommager pour autant la fragile biosphère dont dépend notre existence.

La ruée sur les forages offshore a éclipsé une autre possibilité : « faire pousser le pétrole » dans la mer. Le Dr Lawrence Raymond, du Battelle Memorial Institute, a démontré que l'on pouvait produire des algues à niveau d'hydrocarbures élevé, et l'on s'efforce de rendre ce procédé économiquement rentable.

Ce n'est pas tout. Les océans recèlent une phénoménale diversité de métaux — cuivre, zinc, étain, argent, or, platine —, et aussi, ce qui est encore plus important, des phosphates à partir desquels on peut produire des fertilisants pour l'agriculture terrestre. Les compagnies minières lorgnent les eaux chaudes de la mer Rouge dont les réserves en zinc, argent, cuivre, plomb et or sont évaluées à 3,4 milliards de dollars. Une centaine de sociétés, dont certaines comptent parmi les plus grandes du monde, se préparent déjà à extraire des nodules de manganèse du lit des mers. (Ces nodules, en forme de pommes de terre, s'élaborent à la cadence de 6 à 10 millions de tonnes par an dans une unique zone parfaitement localisée au sud d'Hawaii.)

Aujourd'hui, 4 consortiums véritablement internationaux s'apprêtent à exploiter les fonds sous-marins. Ce sera pour le milieu des années 1980 et l'enjeu représentera des milliards de dollars. L'un de ces consortiums se compose de 23 sociétés japonaises, d'un groupe ouest-allemand, l'A.M.R., et de la filiale américaine de l'International Nickel, elle-même canadienne. Le second regroupe l'Union minière belge, la U.S. Steel et une autre société américaine, la Sun Company. Le troisième a pour partenaires la Noranda canadienne, la japonaise Mitsubishi et deux sociétés britanniques, Rio Tinto et Consolidated Gold Fields. Le dernier, enfin, réunit Lockheed et le groupe Royal Dutch-Shell. Selon le *Financial Times* de Londres, ces entreprises « révolutionneront les activités minières mondiales touchant certains minerais sélectionnés ».

Ajoutons que les laboratoires pharmaceutiques Hoffmann-La Roche fouillent discrètement les mers à la recherche soit de nouvelles spécialités comme certains agents fongicides ou certains analgésiques, soit de produits facilitant le diagnostic et d'anti-coagulants.

A mesure que ces technologies prendront de l'ampleur, il est probable que nous assisterons à la naissance d' « aqua-villages », partiellement ou même totalement immergés, et d'usines flottantes. Des domaines d'une valeur immobilière égale à zéro (du moins pour le moment), plus une énergie bon marché produite sur place à partir de sources océaniques (le vent, les courants thermiques ou les marées), permettront à ces installations d'être compétitives par rapport à celles construites sur la terre ferme.

« La plate-forme océanique flottante, conclut la revue technique *Marine Policy,* semble technologiquement assez économique et assez simple pour être à la portée de la plupart des pays, comme de nombreuses sociétés et de nombreux groupes privés. Il apparaît actuellement vraisemblable que les premières cités flottantes seront construites par des sociétés industrielles surpeuplées dans le but de fournir un habitat au large des côtes... Les multinationales les verront peut-être comme des terminaux commerciaux mobiles ou des navires-usines. Des firmes agro-alimentaires mouilleront peut-être des villes flottantes pour se livrer à la maréculture... Des corporations en quête de paradis fiscaux et des aventuriers à la recherche d'un nouveau style de vie construiront peut-être des cités flottantes qu'ils proclameront États souverains. Les cités flottantes se verront peut-être officiellement reconnaître un statut diplomatique... ou deviendront un instrument grâce auquel des minorités ethniques accéderont à l'indépendance. »

Le progrès technologique et la construction concomitante de milliers d'installations d'extraction de pétrole offshore, certaines ancrées mais beaucoup maintenues en position par des hélices, des ballasts et un dispositif de flottabilité réglable, se développent très vite, jetant les bases de la cité flottante et des titanesques et nouvelles industries de soutien indispensables.

D'une façon générale, les motivations commerciales favorisant la conquête des mers se multiplient si rapidement que, pour reprendre la formule de l'économiste A.M. Leipziger, un grand nombre de grosses sociétés « à l'instar des pionniers de l'époque de la conquête de l'Ouest, attendent, sur la ligne de départ, le coup de pistolet du starter afin de s'approprier de vastes surfaces des fonds océaniques ». Cela explique aussi pourquoi les pays non industrialisés se battent pour que les richesses des mers deviennent le « patrimoine commun » de l'humanité et non le monopole des nations nanties.

A partir du moment où l'on se rend compte que ces différents développements, loin d'être indépendants les uns des autres, sont étroitement imbriqués et se renforcent mutuellement, chaque progrès technologique ou scientifique engendrant de nouveaux progrès, il saute aux yeux que nous n'avons pas affaire au même niveau technologique que celui sur lequel reposait la Seconde Vague. Nous sommes en marche vers un système énergétique et un système technologique radicalement nouveaux.

Mais même ces exemples sont peu de chose en comparaison du séisme technologique qui est en train d'ébranler la biologie moléculaire. La bio-industrie sera le quatrième faisceau d'industries de l'économie de demain, et ce sera peut-être elle qui aura l'impact le plus puissant [1].

L'INDUSTRIE DU GÈNE

Les informations sur la génétique doublent de volume tous les deux ans, la mécanique des gènes met les bouchées doubles, ce qui autorise *New Scientist* à écrire que « l'ingénierie génétique a

1. Dans *Le Choc du Futur* où, voici bien des années, j'abordais quelques-uns de ces thèmes, je suggérais que nous pourrions en arriver à « préconditionner » le corps humain, à « faire pousser des machines », à programmer chimiquement le cerveau, à tirer des duplicata de nous-mêmes par clonage et à créer des formes de vie totalement nouvelles et dangereuses. « Qui contrôlera la recherche en ces domaines ? » demandais-je. « Quelles applications recevront ces nouvelles découvertes ? Ne risquons-nous pas de déclencher une vague d'horreurs pour lesquelles l'humanité manque totalement de préparation ? » Certains lecteurs ont trouvé ces prédictions plutôt aventurées. Et pourtant, j'écrivais cela avant 1973, avant la découverte du processus de recombinaison de l'A.D.N. Aujourd'hui, alors que la vitesse de la révolution biologique semble devenir incontrôlable, ce sont des citoyens contestataires, des commissions parlementaires et les savants eux-mêmes qui posent les mêmes angoissantes questions. (*N.d.A.*)

dépassé la phase essentielle de mise au point ; elle est désormais prête à fonctionner sérieusement ». « De même que nous manipulons les plastiques et les métaux, nous fabriquons maintenant des tissus humains », note l'éminent commentateur scientifique, Lord Ritchie-Calder.

Les grandes sociétés sont dès maintenant en train de chercher fébrilement des applications commerciales à la nouvelle biologie. Elles rêvent d'enzymes qui, associées aux automobiles, surveilleront l'échappement et enverront leurs analyses de pollution à un microprocesseur, lequel agira sur le moteur. Elles évoquent ce que le *New York Times* appelle les « microbes métallophages susceptibles d'être utilisés pour extraire des océans les précieux minéraux qui s'y trouvent à l'état de traces ». Elles ont d'ores et déjà demandé et *obtenu* le droit de breveter des formes de vie nouvelles. Eli Lilly, Hoffman-La Roche, G. D. Searle, Upjohn, et Merck, sans oublier General Electric, sont toutes dans la course.

Des observateurs inquiets, dont beaucoup de savants, sont à juste raison effrayés par l'existence même de cette course. Ils évoquent l'éventualité, non pas de marées noires mais de « marées microbiennes » qui pourraient répandre des épidémies décimant des populations entières. Cependant, la création et la fuite accidentelle de micro-organismes virulents ne sont qu'une cause de préoccupation parmi d'autres. Des hommes de science respectables et qui ne sont nullement des plaisantins font état de possibilités qui dépassent l'imagination.

Fabriquera-t-on des hommes dotés d'estomacs de ruminants qui pourront digérer l'herbe et le foin, leur permettant ainsi de se nourrir à un niveau inférieur de la chaîne alimentaire pour pallier le problème de la faim dans le monde ? Remodèlera-t-on biologiquement les travailleurs pour les adapter à leurs tâches ? Produira-t-on, par exemple, des pilotes dont le temps de réaction sera plus rapide ou des travailleurs à la chaîne neurologiquement conçus pour faire un travail monotone et fastidieux ? Essaiera-t-on d'éliminer les peuples « inférieurs » et de créer une « superrace » ? (Hitler l'a tenté mais il ne disposait pas de l'arsenal génétique qui sortira peut-être bientôt de nos laboratoires.) Fabriquera-t-on par clonage des soldats qui combattront à notre place ? Aura-t-on recours à la prévision génétique pour procéder à l'éradication des bébés « inadaptés » ? Nous livrerons-nous à la culture d'organes de réserve pour notre corps et posséderons-nous chacun une sorte de « caisse d'épargne » de pièces détachées — reins, foies ou poumons ?

Si délirantes qu'elles puissent paraître, ces idées ont leurs partisans (et leurs adversaires) dans les milieux scientifiques, et elles ont aussi des applications commerciales stupéfiantes. Comme Jeremy Rifkin et Ted Howard le notent dans leur livre *Who Should Play God ?* : « L'introduction de l'ingénierie génétique se fera probablement en Amérique sur une échelle très voisine de celle de la production en chaîne des automobiles, des vaccins, des ordinateurs et de toutes les autres technologies. Chaque fois qu'un nouveau progrès en génétique deviendra exploitable, un nouveau besoin se créera, ainsi qu'un marché pour la nouvelle technologie. » Et les applications potentielles sont légion.

La nouvelle biologie pourrait, par exemple, contribuer théoriquement à résoudre le problème de l'énergie. Les savants sont actuellement en train d'étudier la possibilité d'apprivoiser des bactéries capables de convertir la lumière solaire en énergie électrochimique. Ils parlent à ce propos de « piles biologiques solaires ». Pourrons-nous créer des formes animales qui se substitueront aux centrales nucléaires ? Et, dans l'affirmative, le danger des fuites radio-actives sera-t-il remplacé par le risque de fuites bio-actives ?

Dans le domaine de la santé, il ne fait aucun doute que l'on guérira ou préviendra des maladies aujourd'hui incurables — et que l'on en créera de nouvelles, plus grave peut-être, par inadvertance ou même par malveillance. (Imaginons ce que pourrait faire une firme qui, poussée par la cupidité, inventerait et répandrait en secret une affection inédite dont elle serait seule à détenir le remède. Même un mal bénin analogue au rhume de cerveau constituerait un marché gigantesque pour qui aurait le monopole du traitement approprié.)

Selon les dires du président de la Cetus, société californienne à laquelle beaucoup de généticiens de notoriété internationale sont commercialement liés, d'ici trente ans, « la biologie remplacera la chimie en importance ». Parallèlement, à Moscou, une directive officielle appelle à « un plus large usage des micro-organismes dans l'économie nationale ».

La biologie limitera ou éliminera l'emploi de l'indispensable pétrole dans la fabrication des matières plastiques, des engrais, des textiles, des peintures, des pesticides et de milliers d'autres produits. Elle aura de profondes répercussions sur la production du bois, de la laine, et autres produits « naturels ». Des sociétés telles que U.S. Steel, Fiat, Hitachi, A.S.E.A. ou I.B.M. auront certainement toutes leur « département biologie » lorsque la « biofacture » commencera à évincer la manufacture et à créer toute une variété de produits inimaginables jusqu'ici. Dirigeant du *Futures Group*, Theodore J. Gordon affirme : « En biologie, une fois que le virage sera pris, il nous faudra penser à des choses de ce genre... pouvez-vous faire une " chemise tissus compatible " ou un " matelas mammaire " fabriqué à partir d'une matière identique au sein humain ? »

Mais il y aura alors longtemps que l'ingénierie génétique aura été mise au service de l'agriculture afin d'augmenter les réserves alimentaires de la planète. La « révolution verte » qui a fait tant de bruit dans les années 60 s'est révélée être dans une large mesure un piège colossal où sont tombés les agriculteurs de la Première Vague car elle nécessitait d'énormes quantités d'engrais d'origine pétrolière qu'il fallait importer. La révolution bio-agricole en marche vise à réduire cette dépendance à l'égard des fertilisants artificiels. L'ingénierie génétique, ce sont des récoltes à rendement élevé, des plantes qui s'épanouiront dans des sols sableux ou salins, et qui résisteront sans aide aux parasites. Elle a aussi pour objectif de créer des aliments et des fibres entièrement nouveaux et simultanément, de mettre au point des méthodes plus simples, plus économiques et plus sobres en énergie pour stocker et transformer les produits vivriers. L'ingénierie génétique, comme pour compenser en partie les terribles périls dont elle est porteuse, nous rend l'espoir de juguler la montée des famines.

Devant les promesses de ces lendemains qui chantent, il convient de demeurer sceptique. Pourtant, si certains des champions de la culture génétique ont seulement à moitié raison, les conséquences sur l'agriculture seront extraordinaires. Entre autres, cette technologie pourrait modifier de manière drastique les rapports entre pays pauvres et pays riches. La révolution verte a rendu les premiers non pas moins, mais plus tributaires des seconds. La révolution bio-agricole aura peut-être le résultat inverse.

Il est trop tôt pour dire avec assurance comment elle se développera. Mais il est trop tard pour retourner à la case départ. Nous ne pouvons pas faire une croix sur ce que nous avons découvert et appris. Nous ne pouvons que nous battre pour contrôler l'application de notre savoir, pour en empêcher l'exploitation hâtive, pour le transnationaliser et réduire les rivalités commerciales, nationales et scientifiques dont cette discipline est l'objet et le faire alors qu'il en est encore temps.

Une chose est limpide : nous ne sommes plus enfermés comme nous l'étions depuis trois cents ans dans le cadre électromécanique de la technologie traditionnelle de la Seconde Vague et nous entr'apercevrons à peine toute la signification de ce fait historique.

Tout comme la Seconde Vague a combiné le charbon, l'acier, l'électricité et les transports ferroviaires pour produire des automobiles et mille autres objets qui ont transformé notre vie, nous ne sentirons l'impact réel des nouveaux changements que lorsque nous en serons au stade combinatoire des nouvelles technologies — lorsque nous associerons l'informatique, l'électronique, les matériaux inédits d'origine spatiale et océanique à la génétique, et le tout à la nouvelle base énergétique. La conjugaison de tous ces éléments déclenchera un déluge d'innovations sans précédent dans l'histoire humaine. Nous sommes en train d'édifier une technosphère d'une spectaculaire originalité pour une civilisation de la Troisième Vague.

LES TECHNO-REBELLES

Un tel progrès est si phénoménal — c'est l'avenir de l'évolution même qui est en jeu — qu'il est impératif que nous commencions à le guider. En adoptant une attitude de laisser-faire, nous risquerions de courir au désastre, nous et nos enfants. Car la puissance, l'échelle et la rapidité de ces changements n'ont pas d'égales dans l'histoire et nous avons encore présents à la mémoire la catastrophe évitée de peu à Three Miles Island, les tragiques accidents du DC-10, la marée noire si difficile à maîtriser du golfe du Mexique, et combien d'autres horreurs technologiques ! Devant de tels cataclysmes, est-il admissible que le développement et la combinaison des technologies encore plus puissantes de demain soient conduits d'après les mêmes critères, caractérisés par la myopie et l'égoïsme, qui ont prévalu tout au long de la Seconde Vague ?

Au cours des trois siècles écoulés, les questions fondamentales qui se posaient aussi bien dans les nations capitalistes que dans les pays socialistes à propos de technologies nouvelles étaient simples :

contribuent-elles au profit économique ou à la force de frappe militaire ? De toute évidence, ces deux critères jumeaux ne sont plus valables. Les nouvelles technologies devront être soumises à un banc d'essai plus rigoureux — pas seulement économique et stratégique, mais aussi écologique et social.

Si l'on examine attentivement les calamités technologiques des dernières années, répertoriées dans un rapport de la U.S. National Science Foundation sous le titre « Technologie et choc social », on s'aperçoit que la plupart de ces catastrophes sont liées aux technologies, non pas de la Troisième Vague, mais de la Seconde. Et ce pour une raison qui n'a rien de mystérieux : les technologies de la Troisième Vague ne se sont pas encore déployées à grande échelle. Nombre d'entre elles en sont à leurs premiers balbutiements. Il n'en demeure pas moins que l'on est déjà en mesure de déceler les périls du smog électronique, de la pollution informatique, de la stratégie spatiale, des nuisances génétiques, des manipulations climatiques et de ce que l'on pourrait appeler la « guerre écologique », c'est-à-dire, par exemple, la création délibérée de séismes à distance au moyen de vibrations.

Aussi le phénomène de résistance massif, quasi général, qui se manifeste depuis quelques années dans l'opinion publique, ne doit-il pas nous surprendre. La Seconde Vague à ses débuts a subi l'assaut, elle aussi, de mouvements visant à porter un coup d'arrêt à la nouvelle technologie. En 1663, les artisans londoniens avaient démoli les scieries mécaniques qui menaçaient leur gagne-pain. En 1676, les rubaniers anglais cassèrent leurs machines. En 1710, des émeutiers protestèrent contre les métiers à bas nouvellement introduits. Plus tard, John Kay, l'inventeur de la navette volante, dont la demeure avait été mise à sac par une populace déchaînée, dut finalement quitter l'Angleterre. L'affaire la plus célèbre est la destruction par les « luddites » des métiers à tisser de Nottingham en 1811.

Toutefois, cette opposition à la machine encore dans l'enfance avait un caractère sporadique et spontané. Dans beaucoup de cas, observe un historien, « il s'agissait moins d'hostilité envers les machines en tant que telles que d'un moyen d'intimidation à l'endroit d'un employeur exécré ». Pour des ouvriers et des ouvrières illettrés, misérables, affamés, poussés au désespoir, la machine menaçait la survie même de l'individu.

Aujourd'hui, la révolte contre la technologie incontrôlée se pose en termes différents. Elle implique la mobilisation en nombre grandissant d'une foule de gens qui ne sont ni pauvres ni illettrés, ni forcément antitechnologie ou adversaires de la croissance économique, mais aux yeux de qui le développement technologique sans contrôle constitue une menace pour eux-mêmes comme pour la survie de la planète.

Parmi eux, certains fanatiques pourraient fort bien, à l'occasion, recourir aux méthodes des luddites. Il n'est pas difficile d'imaginer la destruction par des poseurs de bombes d'un centre informatique, d'un laboratoire génétique ou d'un réacteur nucléaire en cours de construction. On peut même aller plus loin et supposer qu'une catastrophe technologique particulièrement épouvantable déclenche le coup d'envoi d'une chasse aux sorcières dont les hommes en blouse blanche, « responsables de tout le mal », feraient les frais. Certain politicien de demain en mal de démagogie pourrait très bien se faire un nom en citant à comparaître devant une commission d'enquête les « dix de Cambridge » ou les « sept de Oak Rodge ».

Mais les techno-rebelles d'aujourd'hui ne sont dans leur écrasante majorité ni des poseurs de bombes ni des luddites. On trouve aussi bien parmi eux des milliers de gens possédant une formation scientifique — ingénieurs atomistes, biochimistes, médecins, responsables de la santé et de l'hygiène publique, généticiens — que des millions de simples citoyens. Contrairement aux luddites, ils sont organisés et savent s'exprimer. Ils éditent des revues et du matériel de propagande technique. Ils ne se contentent pas de défiler et de manifester : ils intentent des procès et rédigent des projets de lois.

Ce mouvement d'opposition, souvent taxé de réactionnaire, est, en fait, un élément essentiel de la Troisième Vague montante. Ses militants représentent, en effet, le fer de lance de la bataille politique et économique qui se livrera dans l'avenir sur trois fronts, et qui correspond, au plan de la technologie, à la bataille de l'énergie évoquée plus haut.

Là aussi, nous avons d'un côté les forces de la Seconde Vague, de l'autre les passéistes de la Première et, en face des deux, les bataillons de la Troisième. Les tenants de la Seconde Vague sont ceux qui s'accrochent à la traditionnelle attitude imprévoyante vis-à-vis de la technologie : « Si cela marche, construisons-le. Si cela se vend, produisons-le. Si cela nous rend fort, faisons-le. » Imbus des notions « industréelles » périmées touchant la notion de progrès, nombre de thuriféraires du passé Seconde Vague ont investi dans les applications irresponsables de la technologie et veulent protéger cet investissement. Ils traitent ses dangers par le mépris.

Nous retrouvons une fois de plus dans l'autre camp la frange, peu nombreuse mais bruyante, des extrémistes romantiques hostiles à tout ce qui s'écarte des technologies les plus primitives de la Première Vague, qui veulent un retour aux méthodes moyenâgeuses de l'artisanat et du travail à la main. Appartenant pour la plupart à la classe moyenne, exprimant le point de vue de ceux qui ont le ventre plein, ils se dressent contre le progrès technique avec autant d'aveuglement dans le tout ou rien que les chantres de la technologie de la Seconde Vague. Nous serions horrifiés — comme la plupart d'entre eux — par le monde auquel ils rêvent de revenir.

Face aux fanatiques des deux bords, et dans tous les pays, se regroupent, toujours plus nombreux, des personnes qui sont l'âme de la techno-rébellion. Sans le savoir, elles sont les agents de la Troisième Vague. Elles n'interpellent pas d'emblée la technologie mais posent une interrogation cruciale — quel modèle d'avenir voulons-nous pour la société ? Elles considèrent que les possibilités technologiques sont si grandes aujourd'hui qu'il est impossible de les financer, de les développer et de les appliquer toutes. Aussi, disent-elles, est-il nécessaire d'opérer un choix plus réfléchi et de sélectionner celles qui conviennent à la réalisation d'objectifs sociaux et écologiques à long terme. Au lieu de laisser à la technologie le soin de définir nos buts, elles jugent préférable d'exercer un contrôle social sur les grands axes de la poussée technologique.

Les techno-rebelles n'ont pas encore formulé de programme clair et exhaustif. Mais il suffit d'extrapoler à partir de leurs innombrables manifestes, pétitions, déclarations et études pour discerner plusieurs courants de pensée qui aboutissent à un nouveau regard sur la technologie — une stratégie positive en vue de gérer le passage à un avenir placé sous le signe de la Troisième Vague.

Les techno-rebelles partent de la prémisse que notre biosphère est fragile et que plus les technologies nouvelles seront puissantes, plus le risque de provoquer des dommages planétaires irréversibles sera élevé. Aussi exigent-ils pour ces nouvelles technologies un passage au crible préalable pour déterminer leurs éventuelles conséquences néfastes, le réexamen ou l'abandon pur et simple de celles qui se révéleront dangereuses — bref, ils veulent que les technologies de demain soient soumises à des contraintes écologiques plus sévères que ce n'était le cas sous le règne de la Seconde Vague.

Ou nous asservissons la technologie, disent les techno-rebelles, ou ce sera la technologie qui nous asservira — et ce « nous » ne saurait plus s'identifier à l'infime et traditionnelle élite de savants, d'ingénieurs, de politiciens et d'hommes d'affaires d'antan. Quelle que soit notre appréciation sur le bien-fondé des campagnes antinucléaires en Allemagne de l'Ouest, en France, en Suède, au Japon, aux États-Unis, de la bataille contre Concorde ou de l'exigence de plus en plus affirmée d'une réglementation de la recherche génétique, ces manifestations sont toutes le reflet d'une revendication aussi généralisée que passionnée : la démocratisation du processus de décision en matière de technologie.

Les techno-rebelles soutiennent que la technologie n'a pas besoin d'être mégalomane, onéreuse ou complexe pour être « sophistiquée ». Les technologies lourdes de la Seconde Vague paraissaient plus « efficientes » qu'elles ne l'étaient en réalité parce que les compagnies et les entreprises socialistes faisaient supporter à la société dans son ensemble les dépenses fabuleuses nécessitées par la dépollution, la prise en charge des chômeurs, les conséquences de l'aliénation du travail. Lorsque l'on intègre ces coûts aux « frais de production », beaucoup de machines réputées « efficientes » se révèlent tout le contraire.

Aussi, les techno-rebelles se prononcent-ils pour l'élaboration de tout un ensemble de « technologies appropriées » visant à dégager des emplois à visage humain, pour la suppression de la pollution, pour la protection de l'environnement et pour une forme de production à vocation personnelle ou locale qui ne soit plus réservée aux seuls marchés nationaux et mondiaux. La techno-rébellion a suscité sur toute la terre des milliers d'expériences mettant en œuvre des technologies sur petite échelle dans des domaines aussi variés que la pisciculture et la transformation agro-alimentaire, la production de l'énergie, le recyclage des déchets, la construction de logements bon marché ou, tout simplement, les transports.

Beaucoup de ces tentatives sont certes naïves et expriment la nostalgie d'un passé mythique mais il en est d'autres qui offrent un intérêt pratique. Certaines combinent de façon originale les matériaux et les outils scientifiques les plus récents à des techniques anciennes. Jean Gimpel, l'historien de la technologie médiévale, a, par exemple, dessiné d'élégants modèles d'instruments simples qui pourront s'avérer utiles aux pays non industrialisés. Autre exemple : le regain d'intérêt suscité par les dirigeables — grâce à des textiles et des matériaux de pointe, une technologie périmée peut maintenant nous permettre d'obtenir des capacités de charge très améliorées. Les aérostats, écologiquement valables, pourraient être utilisés comme moyen de transport — lent mais économique et sans danger — dans les régions dépourvues d'infrastructure routière comme le Brésil ou le Nigeria. Les expériences réalisées avec des technologies appropriées ou alternatives, notamment dans le domaine de l'énergie, permettent de penser que, bien que simples et à échelle réduite, elles peuvent être aussi « sophistiquées » que les technologies complexes aux dimensions ambitieuses lorsque l'on fait entrer tous les effets secondaires en ligne de compte, et que la machine est correctement adaptée au travail qu'elle doit fournir.

Les techno-rebelles sont également préoccupés par le déséquilibre radical qui affecte la science et la technologie à l'échelle de la planète. En effet, dans des pays qui représentent 75 % de la population mondiale, on ne recense que 3 % de membres de la communauté scientifique internationale. Ils souhaitent que l'on prête davantage d'attention, au niveau de la technologie, aux besoins des pauvres, et sont partisans d'un partage plus équitable des ressources issues de l'espace et des océans. A leurs yeux, non seulement les mers et le ciel sont le patrimoine commun de l'humanité, mais la technologie avancée elle-même n'existerait pas sans la contribution apportée par de nombreux peuples, des Indiens et des Arabes aux Chinois de l'Antiquité.

Enfin, ils ont pour thèse que c'est pas à pas qu'il nous faut entrer dans l'âge de la Troisième Vague. Tournant le dos au système de production de la Seconde Vague, destructeur de ressources et créateur de nuisances, nous devons nous engager sur une voie menant à un système différent, plus « métabolique », éliminant le gaspillage et la pollution, en faisant en sorte que les produits et les sous-produits d'une industrie servent à en alimenter une autre. Le but ultime est un système où l'on ne produira rien qui ne soit injectable dans un autre circuit de productivité situé en aval. Outre qu'un tel système sera plus « efficient » au plan de la production, il réduira, voire éliminera la dégradation de la biosphère.

Pris en bloc, le programme des techno-rebelles sera le moyen d'humaniser la poussée technologique.

Qu'ils l'admettent ou non, les techno-rebelles sont les fourriers de la Troisième Vague. Loin de disparaître, ils ne feront que se multiplier dans les années à venir. C'est qu'ils sont partie intégrante de la marche vers une nouvelle étape de la civilisation, exactement au même titre que nos missions vénusiennes, nos ahurissants ordinateurs, nos découvertes biologiques ou l'exploration des profondeurs océaniques.

Du conflit qui les oppose aux rêveurs de la Première Vague et aux adeptes Seconde Vague de la technologie *über alles* sortiront des technologies intelligentes accordées au nouveau système énergétique viable vers lequel nous tendons. En greffant les nouvelles technologies sur cette base énergétique nouvelle, la civilisation tout entière accédera à un niveau sans précédent. La force vive de cette civilisation novatrice proviendra de la fusion entre les industries de « haut de gamme », sophistiquées et à base scientifique, opérant dans les limites de contrôle écologique et social beaucoup plus strictes, et les industries de « bas de gamme » non moins sophistiquées fonctionnant sur une échelle réduite et plus humaine, les unes et les autres fondées sur des principes radicalement différents de ceux qui régissaient la technosphère de la Seconde Vague. Ces deux familles d'industries seront, ensemble, les « hauteurs stratégiques » de demain.

Mais il ne s'agit là que d'un détail dans une fresque d'une bien plus vaste ampleur. Car, dans le même temps où nous transformons la technosphère, nous révolutionnons aussi l'infosphère.

Chapitre 13

Démassifier les media

L'espion est l'un des archétypes les plus puissants de notre temps. Aucune autre figure n'a frappé à ce point l'imagination de nos contemporains. Par centaines, les films portent aux nues 007 et ses intrépides homologues. La télévision et le livre ressassent inlassablement les exploits de l'agent secret audacieux, romanesque, amoral, plus grand (ou plus petit) que nature. Simultanément, les gouvernements consacrent des milliards aux activités d'espionnage. Des agents du K.G.B., de la C.I.A. et de centaines d'autres centrales spécialisées se marchent sur les pieds de Berlin à Beyrouth, de Macao à Mexico.

A Moscou, les correspondants de presse sont accusés d'être des espions. A Bonn, des chanceliers sont tombés parce que leurs ministères grouillaient d'espions. A Washington, des commissions d'enquête parlementaires dénoncent d'un même souffle les crimes des agents américains et coréens. Et le ciel lui-même pullule de satellites espions qui photographient apparemment chaque centimètre carré de la planète.

On ne saurait prétendre que l'espion soit un nouveau venu dans l'histoire. Aussi n'est-il pas inutile de se demander pourquoi le thème de l'espionnage suscite un tel engouement précisément en ce moment, éclipsant même le privé, le flic et le cow-boy. Quand on s'interroge, on remarque immédiatement une différence de taille entre l'espion et ces autres prototypes culturels : contrairement aux policiers et aux cow-boys de la légende qui ne se fient qu'à leur pistolet ou à leurs poings, l'espion de fiction est équipé de la panoplie technologique la plus moderne et la plus sophistiquée — mouchards électroniques, batteries d'ordinateurs, caméras infra-rouges, voitures volantes et amphibies, hélicoptères, sous-marins de poche, rayons de la mort et j'en passe.

Il existe, néanmoins, une explication plus profonde à cette promotion de l'espion. Les cow-boys, les flics, les privés, les aventuriers et les explorateurs, héros traditionnels du roman et de la pellicule, se meuvent dans le concret : ils veulent des terres pour leurs troupeaux, ils veulent de l'argent, ils veulent arrêter le bandit ou séduire la fille.

Rien de tel avec l'espion.

Son champ d'action, en effet, est l'information — et l'information est devenue l'activité peut-être la plus importante du monde et celle dont le développement est le plus rapide. L'espion est le vivant symbole de la révolution qui est en train de secouer l'infosphère.

UN ENTREPÔT D'IMAGES

Une bombe nommée information est en train d'exploser, nous mitraillant d'une avalanche d'éclats sous forme d'images et modi-fiant de façon inouïe notre manière de percevoir notre univers personnel et d'agir sur lui. En passant de l'infosphère de la Seconde Vague à celle de la Troisième, nous transformons notre psyché.

Chacun d'entre nous fabrique dans sa tête un modèle mental de la réalité — un entrepôt d'images. Certaines de ces images sont visuelles, d'autres auditives, voire tactiles. Il en est qui ne sont que des *percepts* — des traces d'information relatives à notre environne-ment comme la vision fugitive du ciel aperçue du coin de l'œil. Il en est qui sont des « maillons » définissant des rapports, comme les deux mots « mère » et « enfant ». Certaines sont simples, d'autres complexes et conceptuelles comme l'idée que « l'inflation est la conséquence de l'augmentation des salaires ». La somme de ces images constitue notre représentation du monde. Elles nous situent dans le temps, dans l'espace, et dans le réseau de relations personnelles où nous nous intégrons.

Elles ne jaillissent pas du néant. Elles se créent, selon des modalités qui nous échappent, à partir des signaux, des messages que nous prodigue l'environnement ; et lorsque le changement perturbe celui-ci — que l'emploi, le foyer, l'Église, l'école, les équilibres politiques encaissent le choc de la Troisième Vague —, l'océan d'informations qui nous baigne se modifie à son tour.

Avant l'avènement des mass media, l'enfant de la Première Vague grandissait dans un village qui changeait lentement, et disposait pour construire son modèle de la réalité de sources d'images en nombre extrêmement limité — l'instituteur, le curé, le notable et, par-dessus tout, sa famille. « Il n'y avait ni télévision ni radio... permettant de donner à l'enfant l'occasion de rencontrer beaucoup de catégories différentes de personnes étrangères menant des vies très différentes ou habitant des pays très différents, note le psychologue futurologue Herbert Gerjuoy... Bien rares étaient ceux qui avaient vu une ville étrangère... En conséquence, les gens n'avaient qu'un très petit nombre de personnes différentes à imiter ou à prendre comme modèles... Les choix étaient même encore plus restreints du fait que les personnes qu'ils étaient susceptibles de prendre pour modèle avaient elles-mêmes une expérience limitée d'autrui. » Aussi, les images du monde qu'édifiait notre petit villageois étaient-elles étroitement bornées.

En outre, les messages que recevait le petit garçon ou la petite fille étaient fortement tautologiques sous deux aspects au moins : ils leur parvenaient en général à travers des conversations banales, normalement ponctuées de pauses et de répétitions sous forme de « chaînes » cohérentes d'idées renforcées peu à peu par divers donneurs d'informations. L'enfant entendait les mêmes « tu ne dois pas faire ci », « tu ne dois pas faire ça » à l'église et à l'école. Et ces deux institutions consolidaient les messages issus de la famille ou de l'État. Le consensus de la collectivité et les fortes pressions conformisantes agissaient sur lui dès la naissance pour rétrécir encore le champ de l'imagerie et du comportement admissibles.

La Seconde Vague a multiplié les filières où l'individu puisait l'image qu'il se formait de la réalité. L'enfant n'avait plus pour source d'images la seule nature ou son seul entourage : elles lui arrivaient aussi des journaux, des magazines populaires, de la radio et, plus tard, de la télévision. Dans la plupart des cas, l'Église, l'État, les parents et l'école continuaient à parler de la même voix, et leurs discours s'épaulaient réciproquement. Mais, maintenant, les mass media sont eux-mêmes devenus un colossal porte-voix et leur puissance a été utilisée pour standardiser le flot d'images qui irriguent la psyché de la société en court-circuitant les lignes de démarcation régionales, ethniques, tribales et linguistiques.

Certaines images visuelles, par exemple, étaient si largement diffusées et implantées dans une telle multitude de mémoires individuelles qu'elles se transformèrent ni plus ni moins en icônes. Pour des millions de gens, l'image de Lénine, le menton triomphalement levé, avec en toile de fond un drapeau rouge qui ondule, a pris valeur d'icône au même titre que l'image de Jésus en croix. Les images de Charlie Chaplin avec sa canne et son chapeau melon, d'Hitler tonitruant à Nuremberg, des cadavres de Buchenwald empilés comme des bûches, de Churchill faisant le V de la victoire ou de Roosevelt et de sa cape noire, de la jupe de Marilyn Monroe soulevée par le vent, les images de centaines de vedettes des media et de milliers de produits différents et universellement identifiables — le savon Ivory aux États-Unis, le chocolat Morinaga au Japon, le quart Perrier en France — sont autant d'éléments standard d'un fichier d'images universel.

Cette imagerie centrifuge injectée dans la « conscience de masse » par les media a contribué à faire naître cette standardisation des comportements qu'exige le système de production industriel.

Or, la Troisième Vague est en train de modifier tout cela de fond en comble. L'accélération du changement au niveau de la société détermine une accélération parallèle du changement au plan de l'individu. Les nouvelles informations qui nous parviennent nous obligent à remanier constamment notre fichier d'images, et à un rythme toujours plus rapide. Les anciennes images issues d'une réalité périmée doivent être remplacées car si nous ne mettons pas notre stock à jour, nos actes seront coupés du réel et notre compétence s'amoindrira progressivement. Nous deviendrions des inadaptés.

La rapidité croissante avec laquelle nous sommes tenus de gérer notre stock d'images fait que celles-ci sont de plus en plus éphémères. Les affiches, les téléfilms diffusés une seule fois, les photos à développement instantané, les photocopies, les posters fusent et disparaissent. Des idées, des croyances, des attitudes jaillissent de toute part, sont mises en question, contestées et basculent brutalement dans le néant. Des théories scientifiques et psychologiques sont détrônées chaque jour et remplacées par de nouvelles. Les idéologies craquent. Les célébrités font trois petits tours et puis s'en vont. Nous sommes bombardés de slogans politiques et moraux contradictoires.

Il est difficile de saisir la signification de ce tourbillon ectoplasmique, de comprendre exactement comment se transforme le mécanisme de la fabrication des images. C'est que la Troisième Vague ne se borne pas à accélérer les flux d'informations qui nous assaillent : elle modifie l'infrastructure même de l'information dont dépendent nos actions quotidiennes.

LES MEDIA DÉMASSIFIÉS

Tout au long de la Seconde Vague, les media ont acquis une puissance grandissante. Nous assistons aujourd'hui à un changement étonnant. Alors que retentit le grondement de la Troisième Vague qui approche, loin de voir leur influence s'élargir, voici que les mass media se voient soudain contraints de la partager. Ils reculent sur de nombreux fronts devant ce que j'appellerai les « media démassifiés ».

Premier exemple : la presse écrite. Les journaux, les plus anciens des mass media de la Seconde Vague, perdent leurs lecteurs. En 1973, la diffusion de la presse américaine, tous titres confondus, atteignait le chiffre de 63 millions d'exemplaires par jour. Mais depuis cette date, au lieu d'augmenter, elle a commencé à fléchir. En 1978, le plafond était tombé à 62 millions, et ce n'était qu'un début. En 1972, 69 % des Américains lisaient un journal tous les jours : en 1977, ils n'étaient plus que 62 %, et quelques-uns des journaux nationaux les plus importants étaient parmi les plus durement touchés par ce mouvement de désaffection. Entre 1970 et 1976, les trois principaux quotidiens de New York ont perdu globalement 550 000 lecteurs. Le *Los Angeles Times*, qui était à son zénith en 1973, en avait perdu 80 000 en 1976. Les deux grands journaux de Philadelphie en perdaient de leur côté 150 000, les deux grands journaux de Cleveland 90 000 et les deux journaux de San Francisco plus de 80 000. Alors que fleurissaient une multitude de petites feuilles, les principaux quotidiens comme le *Cleveland News*, le *Hartford Times*, le *Detroit Times*, le *Chicago Today* ou le *Long Island Press* étaient tous en perte de vitesse. La même tendance s'est manifestée en Grande-Bretagne où, entre 1965 et 1975, le tirage des quotidiens nationaux a chuté de 8 %.

Cette hémorragie n'a pas simplement pour cause le développement de la télévision. Tous les quotidiens à grande diffusion affrontent aujourd'hui la concurrence de plus en plus âpre d'une poussière de publications hebdomadaires ou bimensuelles à faible tirage qui visent non pas le marché de masse métropolitain mais des régions et des collectivités spécifiques, et offrent à leurs lecteurs beaucoup plus d'annonces et de nouvelles locales. Le quotidien à gros tirage de la grande ville ayant atteint son point de saturation doit maintenant faire face à de graves difficultés. Il est talonné par les media démassifiés[1].

Autre exemple : les magazines de masse. Depuis le milieu des années 50, il ne s'est guère écoulé d'année qui n'ait vu disparaître un grand magazine américain. *Life, Look*, le *Saturday Evening Post* — tous trois sont morts de leur belle mort. Ils ont ressuscité plus tard mais ils n'étaient plus alors que l'ombre de ce qu'ils étaient à l'époque des gros tirages.

Entre 1970 et 1977, et bien que la population des États-Unis eût augmenté de 14 millions, le tirage global des 25 grands magazines survivants accusa une chute de 4 millions d'exemplaires.

Or, au cours de la même période, ce fut aux U.S.A. une explosion de minimagazines — des milliers de publications nouvelles s'adressant à des publics réduits, spécialisés, régionaux et même locaux. Pilotes et fanatiques de l'aviation peuvent aujourd'hui choisir entre des dizaines et des dizaines de revues exclusivement publiées à leur intention. Adolescents, amateurs de plongée sous-marine, retraités, femmes athlètes, collectionneurs d'anciens appareils de photo, mordus du tennis, du ski ou de la planche à roulettes ont leur presse à eux. Les magazines régionaux, comme *New York, New West, D* à Dallas ou *Pittsburgher*, se multiplient et il en est qui affinent encore davantage leur cible en accouplant régionalisme et spécialisation — c'est le cas, par exemple, du *Kentucky Business*

---

1. Certains patrons de presse estiment que les journaux ne sont pas des « mass media » dans la mesure où beaucoup d'entre eux ont des tirages faibles et ne couvrent que de petites localités. Mais la plupart des journaux, aux U.S.A. tout au moins, publient des clichés distribués nationalement — dépêches des agences de presse, bandes dessinées, mots croisés, pages de mode, rubriques artistiques que l'on retrouve presque sans changement d'une ville à l'autre. Pour soutenir la concurrence des petits media à cible localisée, les grands journaux publient davantage d'articles d'intérêt local et de rubriques spécialisées et diversifiées. Les journaux survivants des années 1980 et 1990 seront radicalement transformés en raison de l'atomisation du public. (*N.d.A.*)

Ledger ou du *Western Farmer,* réservés respectivement aux hommes d'affaires du Kentucky et aux agriculteurs de l'Ouest.

Grâce aux nouvelles presses pour petits tirages, rapides et peu coûteuses, n'importe quel comité, n'importe quelle association, n'importe quel groupuscule politique, n'importe quelle secte ou sous-secte peut se permettre de publier son propre bulletin. Des groupes encore plus squelettiques sortent des périodiques photocopiés qui inondent tous les bureaux du pays. Le magazine de masse a perdu la toute-puissance qui était naguère la sienne dans la vie nationale. Le magazine démassifié — le minimagazine — se substitue rapidement à lui.

Mais l'impact de la Troisième Vague au niveau de la communication n'est pas confiné à la presse écrite. De 1950 à 1970, les stations de radiodiffusion sont passées aux U.S.A. de 2 336 à 5 359. Alors que la population ne s'accroissait que de 35 % pendant cette période, le nombre des stations augmentait de 129 %. Autrement dit, au lieu d'une station pour 65 000 Américains, il en existe à présent une pour 38 000. Cela signifie un plus large choix de programmes pour l'auditeur moyen. L'écoute se répartit sur davantage de stations.

La diversité du contenu des émissions s'est également élargie de façon très nette, chaque poste touchant, non plus un public indifférencié, mais des groupes spécialisés. Les stations *all-news* s'adressent aux adultes instruits de la classe moyenne. Celles de hard rock, de soft rock, de punk rock, de country rock et de folk rock visent des couches différentes du public jeune. Les stations de soul music ont pour cible les Américains noirs, celles de musique classique les adultes à revenus élevés, celles qui émettent en langue étrangère des groupes ethniques variés allant des Portugais en Nouvelle-Angleterre aux Italiens, aux Espagnols, aux Japonais et aux Juifs. « A Newport, Rhode Island, écrit le chroniqueur politique Richard Reeves, j'ai recensé sur le cadran des ondes moyennes 38 stations, dont 3 religieuses, 2 destinées aux Noirs et une émettant en portugais. »

Des formes de communication audio plus modernes grignotent impitoyablement ce qui reste de la masse du public. Dans les années 60, magnétophones et cassettes miniatures bon marché ont fait un malheur dans la jeunesse. Contrairement à une idée toute faite largement répandue, les jeunes d'aujourd'hui passent moins, et non plus de temps, qu'à cette époque, l'oreille collée à leur transistor. De 4,8 heures par jour en moyenne en 1967, le taux d'écoute était tombé en flèche à 2,8 heures en 1977.

Vint alors la *citizens band*. Alors que la radio classique est strictement à sens unique (l'auditeur ne peut pas répondre au programmateur), les autoradios C.B. permettent aux conducteurs de dialoguer entre eux dans un rayon de 8 à 25 kilomètres.

Entre 1959 et 1974, il n'y avait qu'un million de radios C.B. aux États-Unis. Et puis, déclarait à Washington un membre de la commission fédérale des Communications sans cacher sa stupéfaction, « il (nous) fallut huit mois pour atteindre le second million et trois mois pour arriver au troisième ». C'était l'explosion. En 1977, quelque 25 millions d'émetteurs-récepteurs étaient en service et les conversations pittoresques se bousculaient sur les ondes — depuis les avertissements (attention : les flics font un contrôle de vitesse) jusqu'à des prières et aux sollicitations des prostituées. A présent, la mode en est passée, mais les effets continuent de se faire sentir.

Les stations de radiodiffusion, inquiètes pour leurs recettes de publicité, nient vigoureusement que la C.B. ait fait baisser l'indice d'écoute. Mais les agences de publicité ne sont pas aussi catégoriques. D'après un sondage réalisé à New York par l'une d'elles, la Marsteller Inc., 45 % des usagers de la C.B. écoutent moins leur autoradio conventionnel. La baisse d'écoute est de 10 à 15 %. Mais, fait plus significatif, il ressortait de cette enquête que plus de la moitié des personnes interrogées écoutaient en même temps leur autoradio et la C.B.

En tout état de cause, la tendance à la diversité est aussi sensible à la radio que dans la presse écrite. La démassification est à l'œuvre dans ces deux supports.

Ce ne fut, cependant, qu'en 1977 que les media de la Seconde Vague ont essuyé leur défaite la plus surprenante et la plus importante. Pendant une génération, le plus puissant et le plus « massifiant » des media avait, bien sûr, été la télévision. Or, cette année-là, le petit écran commença à avoir des ratés. « Pendant tout l'automne, put-on lire dans *Time Magazine*, les responsables des programmes et ceux de la publicité regardèrent les chiffres avec inquiétude... Ils n'en croyaient pas leurs yeux... Pour la première fois dans l'histoire, l'indice d'écoute déclinait. »

« Personne n'avait jamais envisagé que le public télévisuel diminuerait », soupirait, atterré, un publicitaire.

Aujourd'hui encore, ce ne sont pas les explications qui manqùent. Les programmes seraient encore plus débiles que par le passé. Il y aurait trop de ceci et pas assez de cela. Des têtes sont tombées. On nous a promis telle ou telle nouveauté. Mais la vérité, une vérité plus profonde, commence à peine à émerger des nuages qui enveloppaient la télé-drogue : les jours des chaînes centralisées omnipotentes régnant sur la fabrication des images sont comptés. Un ex-président de la N.B.C., dénonçant la « stupidité stratégique » des trois principaux réseaux de télévision américains, n'a-t-il pas prédit que leur clientèle respective aux heures de grande écoute aura chuté de 50 % à la fin des années 1980 ? Car les nouveaux media de la Troisième Vague sont en train de miner sur un large front la domination des seigneurs des anciens media.

La télévision par câble équipe d'ores et déjà 14 500 000 foyers américains et elle se développera vraisemblablement avec la puissance d'un ouragan au début des années 80. Les experts prévoient de 20 à 26 millions d'abonnés pour la fin de 1981 et il sera alors possible de relier une bonne moitié des foyers américains. Les choses iront encore plus vite lorsque les coaxiaux en cuivre auront été remplacés par des systèmes optiques bon marché utilisant des fibres de l'épaisseur d'un cheveu pour véhiculer la lumière. Aussi, comme les petites machines d'imprimerie et les photocopieurs, la télévision par câble démassifie le public, qu'elle fragmente en minipublics. Plus encore : le câble autorise la communication dans les deux sens de sorte que les abonnés peuvent non seulement regarder les programmes mais aussi faire directement appel à divers services.

Au Japon, des villes entières seront équipées de systèmes à câbles optiques au début des années 80 et l'usager aura alors la possibilité de demander à son poste de lui fournir non seulement des programmes mais aussi des photographies, des renseignements, des réservations pour le théâtre ou des journaux et des magazines qui seront projetés sur son écran. Des systèmes d'alarme antivol et anti-incendie fonctionneront sur le même réseau.

A Ikoma, banlieue-dortoir d'Osaka, j'ai été interviewé dans le cadre d'un programme de télévision expérimental sur système Hi-Ovis, qui accouple un micro et une caméra électronique au téléviseur de ses abonnés, le récepteur pouvant ainsi se transformer en émetteur. Pendant que l'on m'interrogeait, la productrice de l'émission, Mme Sakamoto, qui suivait le programme dans son living, intervint et se mit à bavarder avec nous dans un anglais hésitant. Les spectateurs et moi la voyions sur l'écran, elle et son petit garçon qui gambadait dans la pièce tandis qu'elle me souhaitait la bienvenue à Ikoma.

Hi-Ovis dispose également d'une banque de vidéocassettes sur tous les sujets, depuis la musique jusqu'aux recettes de cuisine et l'éducation. Il suffit de composer un chiffre code et de demander à l'ordinateur d'envoyer sur l'écran la cassette de son choix à n'importe quelle heure du jour ou de la nuit.

Bien qu'elle ne touche qu'environ 160 foyers, l'expérience Hi-Ovis bénéficie du soutien du gouvernement japonais et de l'aide financière de sociétés comme Fujitsu, Sumimoto Electric, Matsushita et Kintetsu. Extrêmement avancée, elle utilise déjà la technologie des fibres optiques.

Une semaine auparavant, j'avais eu à Columbus, Ohio, l'occasion d'assister à une démonstration du système Qube de la Warner Cable Corporation. Qube propose à l'abonné 30 canaux (les stations classiques n'en ont que 4) avec des programmes spécialisés pour tout le monde, des enfants d'âge préscolaires aux médecins et aux avocats, sans compter les « interdits aux mineurs ». Qube est le système de télévision bilatéral par câble le plus perfectionné et, commercialement parlant, le plus efficace qui soit au monde. Grâce à un accessoire ressemblant à une calculatrice de poche, l'abonné est à même de communiquer avec la station — il lui suffit d'appuyer sur un bouton. Des touches spéciales le mettent à sa demande en liaison avec le studio et son ordinateur. *Time* est enthousiaste : l'abonné peut « exprimer son opinion dans les débats de politique locale, vendre des voitures ou acheter des œuvres d'art dans une vente de bienfaisance... En appuyant sur un bouton, Joe ou Jane de Columbus peuvent interroger un homme politique, lever ou baisser un pouce électronique à un crochet où s'exhibent des amateurs locaux ». Les consommateurs ont la possibilité de « comparer les prix des magasins et des supermarchés » ou de retenir une table dans un restaurant oriental.

Le câble n'est cependant pas le seul souci des stations. Les *jeux vidéo* comptent désormais parmi les articles les plus vendus. Des millions d'Américains se sont découvert une passion pour ces gadgets qui transforment leur petit écran en table de ping-pong, en terrain de hockey ou en court de tennis. Les observateurs politiques ou sociaux orthodoxes estimeront peut-être que c'est là un phénomène sans importance ou dépourvu de signification. Il représente pourtant, en fait, un puissant courant d'apprentissage social, en quelque sorte, une formation préparatoire à la vie dans l'environnement électronique de demain. Les jeux vidéo ne se contentent pas de démassifier un peu plus le public et de faire baisser l'indice d'écoute de tel ou tel programme de télévision : grâce à ces accessoires apparemment anodins, des foules de gens apprennent à jouer avec leur téléviseur, à dialoguer et à avoir une interaction avec lui. Ce faisant, de récepteurs passifs, ils se transforment en lanceurs de messages. Ils manipulent leur poste au lieu de se laisser simplement manipuler par lui.

Les *services de renseignement* télévisuels fonctionnent déjà en Angleterre. L'usager dispose d'un adaptateur et peut au moyen d'un bouton choisir parmi une douzaine de services à sa disposition — nouvelles, bulletin météorologique, cours de la Bourse, résultats sportifs, etc. L'information passe sur l'écran comme la bande d'un téléscripteur. Bientôt, sans aucun doute, il aura la possibilité de connecter une télécopieuse à son poste afin d'enregistrer sur papier les images qu'il désirera conserver. Là encore, le choix, naguère limité, est élargi.

Les *vidéocassettes,* réceptrices et enregistreuses, connaissent, elles aussi, un développement rapide. Les spécialistes du marketing escomptent qu'il y en aura un million en service aux États-Unis en 1981. Elles ne permettent pas seulement à l'usager d'enregistrer le match de foot du dimanche qu'il regardera trois jours plus tard (cassant ainsi le direct dont les stations de télévision font leur cheval de bataille), elles ouvrent aussi la voie à la commercialisation de films et de matches enregistrés. (L'Islam ne s'endort pas : *Le Messager,* biographie filmée de Mahomet, est déjà disponible à la vente sous forme de coffrets de cassettes ornées d'un titre en caractères arabes dorés.) Le marché des vidéocassettes hautement spécialisées comporte aussi, par exemple, des instructions concernant le mode d'emploi de tel ou tel matériel médical à l'intention du personnel des hôpitaux, des notices d'assemblage de meubles en pièces détachées, ou pour changer la résistance d'un grille-pain. Mais le magnétoscope permet surtout au *consommateur* d'être, en plus, le *producteur* de sa propre imagerie. Là encore, le public est démassifié.

Les satellites, enfin, offrent aux stations de télévision le moyen de créer des miniréseaux temporaires diffusant des programmes spécialisés en relayant des signaux de n'importe quel point à n'importe quel autre, et ce pour une dépense minime : c'est le débordement par les ailes des réseaux tels qu'ils existent actuellement. « Dès lors, écrit *Television-Radio Age,* un distributeur n'aura plus qu'à acheter un temps d'antenne sur un satellite et il disposera aussitôt d'un réseau de télévision par câble à l'échelle nationale... Il pourra alimenter sélectivement à sa guise n'importe quel ensemble de systèmes. » Pour William J. Donelly, vice-président responsable des media électroniques d'une agence de publicité géante, la Young & Rubicam, le satellite implique « des publics plus petits et une multiplication des programmes diffusés sur le plan national ».

Toutes ces innovations ont un point commun : elles fractionnent la masse indifférenciée du public de la télévision, et non seulement ces divers segments enrichissent notre diversité culturelle mais, en outre, ils entament profondément le pouvoir des stations qui, jusqu'ici, exerçaient leur hégémonie sur notre imagerie. John O'Connor, subtil critique du *New York Times,* résume ce phénomène en ces termes simples : « Une chose est sûre : la télévision commerciale ne pourra plus faire la loi et nous dicter ce qu'il faut regarder et quand. »

Ce qui semble superficiellement être une série d'événements sans rapport entre eux se révèle être une vague de changement en étroite corrélation, qui balaie le paysage des media d'un horizon à l'autre en commençant par la presse écrite et parlée et en finissant par les magazines et la télévision. L'offensive est lancée. De nouveaux media démassifiés prolifèrent qui mettent au défi — et parfois même évincent — ceux qui dominaient sans partage toutes les sociétés de la Seconde Vague.

La Troisième Vague inaugure donc un âge authentiquement révolutionnaire — celui des media démassifiés. Une nouvelle infosphère surgit en même temps que se fait jour la nouvelle technosphère. Et cela aura un impact foudroyant sur la plus importante de toutes les sphères, celle qui se trouve dans notre crâne. C'est que, en effet, la conjugaison de ces changements bouleverse notre image du monde et notre aptitude à l'appréhender.

UNE CULTURE ÉCLATÉE

A la démassification des media correspond une démassification des mentalités. Sous le règne de la Seconde Vague, l'incessant bombardement d'images standard véhiculées par les media créa ce que l'on a pu appeler une « pensée de masse ». Aujourd'hui, à la place de foules de gens absorbant tous les mêmes messages, on a affaire à des groupes plus petits, démassifiés qui, pour une bonne part, reçoivent et s'envoient les uns aux autres leur propre imagerie. A mesure que la société tout entière bascule dans la diversité de la Troisième Vague, les nouveaux media reflètent ce processus et l'accélèrent.

Cela explique en partie pourquoi dans tous les domaines, qu'il s'agisse de musique pop ou de politique, les opinions sont de moins en moins uniformes. Le consensus vole en éclats. Sur le plan individuel, nous sommes les uns et les autres assiégés, assaillis par des fragments d'images contradictoires ou décousues qui ébranlent nos vieilles idées, nous mitraillent sous forme de « blips[1] » incohérents ou désincarnés. Nous baignons, en fait, dans une culture éclatée.

« La fiction fait son miel de parcelles de territoires de plus en plus petites », déplore le critique Geoffrey Wolff qui ajoute que le champ de vision des romanciers ne cesse de se rétrécir. En dehors de la fiction, Daniel Laskin, analysant des ouvrages de référence d'une diffusion aussi phénoménale que le *People's Almanac* ou le *Book of Lists*, note : « L'idée d'une synthèse exhaustive paraît indéfendable. L'autre branche de l'alternative consiste à explorer l'univers au hasard, en recueillant sélectivement ses bribes les plus amusantes. » Mais cet émiettement de la culture est loin de se cantonner aux livres ou à la littérature. Il est encore plus prononcé dans la presse et les media électroniques.

Cette culture d'un type nouveau, avec ses images désintégrées et éphémères, nous fait découvrir une lézarde qui s'approfondit et différencie les usagers des media de la Seconde Vague de ceux de la Troisième.

Les hommes et les femmes de la Seconde Vague, aspirant à la morale prête à porter et aux certitudes idéologiques du passé, sont troublés et désorientés par ce bombardement d'informations. Ils ont la nostalgie de la radio de grand-papa et des films des années 40. Ils se sentent étrangers à l'environnement des nouveaux media, et pas seulement parce que ce qu'ils entendent est inquiétant ou

1. Échos qui apparaissent sur les écrans des radars. (*N.d.T.*)

dérangeant mais parce que la forme même sous laquelle nous arrive l'information ne leur est pas familière.

Au lieu de recevoir de longues « chaînes » d'idées cohérentes, organisées ou synthétisées à notre intention, nous sommes de plus en plus harcelés par des bribes d'information concises et modulaires — publicités, ordres, théories, tronçons de nouvelles, toute une mosaïque faite de bric et de broc qui ne trouve pas place dans nos fichiers mentaux préétablis. La nouvelle imagerie résiste à la classification, en partie parce qu'elle ne se laisse pas enfermer dans nos vieilles catégories conceptuelles, mais aussi parce que les voies qu'elle emprunte pour nous parvenir sont par trop insolites, éphémères et chaotiques. Agressés par ce qu'ils perçoivent comme le tohu-bohu d'une culture éclatée, les gens de la Seconde Vague éprouvent un sentiment de rage refoulée à l'égard des media.

Ceux de la Troisième, en revanche, sont plus à l'aise sous ce bombardement de blips — un flash d'information de 90 secondes interrompu par un écran publicitaire de 30, un bout de chanson, un gros titre, un dessin animé, un collage, un commentaire, une feuille de résultats d'ordinateur. Lecteurs insatiables de livres de poche que l'on jette après lecture et de publications spécialisées, ils engouffrent par petites doses des quantités énormes d'information. Mais ils ont aussi l'esprit ouvert aux notions et aux métaphores nouvelles rassemblant ces données ponctuelles ou les organisant en de plus vastes ensembles. Plutôt que d'essayer de les faire entrer sous les rubriques ou dans les cadres standard de la Seconde Vague, ils apprennent à fabriquer leurs propres catégories et leurs propres cadres, leurs propres « chaînes » d'idées à partir du matériel disloqué dont les abreuvent les nouveaux media.

Au lieu de recevoir passivement notre modèle mental de la réalité, nous sommes à présent contraints de l'inventer et de le réinventer constamment. C'est là un accablant fardeau qui nous échoit mais, d'un autre côté, cela conduit à un plus grand développement de l'individualité, à une démassification de la personnalité aussi bien que de la culture. Certains craqueront sous cette pression ou se réfugieront dans l'apathie ou la colère. D'autres se révéleront des individus bien formés, d'une maturité croissante, compétents et aptes à s'exprimer, en quelque sorte, sur un plan supérieur. (Dans les deux cas, que la tension soit trop forte ou non, le produit final est sans rapport avec les robots uniformisés,

standardisés et si faciles à enrégimenter annoncés par tant de
sociologues et d'auteurs de science-fiction de la Seconde Vague.)

Par-dessus tout, la démassification en profondeur de la civilisation que les media, tout à la fois, reflètent et stimulent, fait faire un
gigantesque bon en avant à la somme d'informations que nous
échangeons. Et c'est ce qui explique pourquoi la société est en voie
de devenir une « société d'information ».

En effet, plus une civilisation est disparate — plus sa technologie,
les formes d'énergie qu'elle utilise et ses membres sont diversifiés
—, plus il faut que l'information circule entre ses parties constitutives si l'on veut que l'édifice résiste, surtout quand elle est soumise à
un processus de mutation d'une considérable ampleur. Par exemple, pour programmer intelligemment son action, une organisation
doit être capable de prévoir (plus ou moins) comment d'autres
organisations réagiront face au changement. Il en va de même pour
les individus. Plus nous sommes uniformes, moins il nous est
nécessaire de connaître les autres pour prédire leur comportement.
Mais quand ceux qui nous entourent accèdent à une plus grande
individualité, quand ils se démassifient, nous avons un besoin accru
d'informations — des signaux et des indicateurs — pour prédire,
fût-ce approximativement, comment ils se conduiront à notre
égard. Faute de pouvoir faire de telles prévisions, nous ne pouvons
ni travailler ni vivre ensemble.

En conséquence, les gens et les organisations sont toujours plus
avides d'information, et des flux de données de niveau de plus en
plus élevé commencent à circuler dans le système tout entier. En
multipliant la quantité d'informations qui lui sont nécessaires pour
assurer la cohésion du système social et en accélérant le rythme des
échanges d'informations, la Troisième Vague fracasse le cadre
périmé et sursaturé de l'infosphère de la Seconde et elle en
construit un nouveau pour le remplacer.

Chapitre 14.
L'environnement intelligent

Bien des peuples fort différents croyaient — et il en est qui le croient encore — que, derrière la réalité physique des choses, vivent des esprits, que les objets apparemment inertes eux-mêmes, les rochers ou la terre, possèdent une vie interne : le mana. Les Sioux l'appelaient *wakan*, les Algonquins *manitou,* les Iroquois *orenda.* Pour ces peuples, l'environnement tout entier est vivant.

Aujourd'hui, nous qui sommes en train de construire l'infosphère de la civilisation de la Troisième Vague, ce n'est pas la vie que nous instillons à l'environnement « mort » qui nous entoure mais l'intelligence.

La cheville ouvrière de cette évolution est, bien évidemment, l'ordinateur. Combinant la mémoire électronique à des programmes qui indiquent à la machine comment traiter les données emmagasinées, les ordinateurs n'étaient encore qu'une curiosité scientifique dans les années 1950. Cependant, entre 1955 et 1965, la décennie au cours de laquelle le raz de marée de la Troisième Vague s'amorça aux États-Unis, l'informatique commença peu à peu à investir les entreprises. Au début, c'étaient des unités autonomes aux capacités modestes, que l'on utilisait surtout dans les services financiers, mais, très vite, d'autres machines dotées, elles, d'une énorme capacité, firent leur apparition dans les quartiers généraux des grandes sociétés et assumèrent toute sorte de tâches. De 1965 à 1977, relate Harvey Poppel, vice-président de la Booz Allen & Hamilton, société de conseil de gestion, nous étions à l' « âge du gros ordinateur central... (Celui-ci) représente

la somme, la manifestation ultime de la pensée de l'ère machiniste.
C'est le couronnement de l'édifice — un grand super-ordinateur
enfoui profondément sous le centre (dans un) environnement à
l'épreuve des bombes... stérile... opéré par une poignée de
supertechnocrates ».

Ces titans centralisés étaient si impressionnants qu'ils devinrent
rapidement un élément standard de la mythologie sociale. Cinéas-
tes, caricaturistes et auteurs de science-fiction qui le représentaient
rituellement comme un cerveau tout-puissant, un fabuleux concentré d'intelligence surhumaine, en firent le symbole du monde futur.

Mais, dans les années 70, la réalité distança la fiction, ne laissant
derrière elle qu'une image d'Épinal démodée. Les progrès fou-
droyants de la miniaturisation, l'accroissement prodigieux des
capacités de la machine et la chute verticale du prix unitaire de ses
multiples fonctions firent partout éclore des mini-ordinateurs peu
encombrants, puissants et bon marché. Toutes les succursales d'une
usine, tous les laboratoires, tous les services commerciaux, tous les
bureaux d'études exigeaient d'avoir le leur, et leur prolifération
était telle que, parfois, une société ne savait plus combien elle en
possédait. La « puissance intellectuelle » de l'ordinateur cessait
d'être concentrée en un lieu unique : elle était désormais « diffuse ».

Cette dissémination de l'intelligence informatique se développe
aujourd'hui à une cadence élevée. En 1977, les dépenses afférentes
au poste D.D.P. (*distributed data processing*)[1], comme on l'appelle
maintenant, étaient de l'ordre de 300 millions de dollars aux États-
Unis. Selon la International Data Corporation, l'une des premières
sociétés d'études de marché dans ce secteur, ce chiffre passera à
3 milliards de dollars en 1982. De petites machines peu coûteuses,
n'exigeant plus de grands prêtres qualifiés pour les servir, seront
avant peu aussi répandues que la machine à écrire. Nous « intelligi-
fions » notre milieu de travail.

L'évolution n'est pas limitée à l'industrie et à l'administration :
un processus parallèle reposant sur un gadget que l'on trouvera
bientôt partout, l'ordinateur domestique, est d'ores et déjà déclenché. Il y a seulement cinq ans, le nombre des ordinateurs
individuels était négligeable. On estime aujourd'hui qu'il y en a
300 000 qui ronronnent et bourdonnent dans les salles de séjour, les

1. Traitement dispersé des données.

cuisines et les cabinets de travail d'un bout à l'autre de l'Amérique. Et les géants de cette industrie, les I.B.M. et les Texas Instruments, n'ont pas encore lancé leurs campagnes commerciales. Dans peu de temps, un ordinateur individuel coûtera à peine plus cher qu'un poste de télévision.

Ces machines intelligentes ont déjà une foule d'applications : elles calculent les impôts, surveillent les dépenses d'énergie dans la maison, jouent à des jeux de société, constituent des fichiers de recettes de cuisine, rappellent à leurs propriétaires leurs rendez-vous, et font office de « machines à écrire surdouées ». Et tout cela ne donne encore qu'un bien faible aperçu de leurs possibilités.

Telecomputing Corporation of America propose à l'usager pour une somme infime, grâce à son service appelé la Source, de le relier instantanément à l'agence télégraphique United Press International, de lui communiquer un large éventail de renseignements d'ordre boursier et commercial, de lui fournir des programmes pédagogiques destinées aux enfants — arithmétique, orthographe, français, allemand ou italien —, de l'inscrire à un groupement d'achats discount informatisé, de lui réserver sur-le-champ une chambre d'hôtel ou une place d'avion. Et bien d'autres choses encore.

Grâce à la Source, quiconque dispose d'un terminal d'un coût modique peut communiquer avec n'importe quel abonné du système. Les amateurs de bridge, d'échecs ou de jacquet peuvent disputer des parties avec des partenaires qui se trouvent à mille kilomètres. Les utilisateurs peuvent s'adresser des messages personnels ou en envoyer à des masses de gens en même temps et archiver toutes leurs correspondances dans une mémoire électronique. La Source contribuera même à la constitution de ce que l'on pourrait appeler des « collectivités électroniques » — groupes de personnes réunies par les mêmes centres d'intérêt. Une douzaine de mordus de la photo répartis dans une douzaine de localités et électroniquement reliés entre eux par l'intermédiaire de la Source pourront discuter à cœur joie appareils, matériel, techniques de laboratoire, éclairage et émulsions couleur. Des mois plus tard, s'ils le souhaitent, il leur sera loisible de réentendre les propos qu'ils ont échangés classés par thèmes, chronologiquement ou de tout autre manière, en interrogeant la mémoire électronique de la Source.

La dispersion des ordinateurs domestiques, sans compter leur interconnexion et la création de réseaux ramifiés, représente un

nouveau pas vers la mise en place d'un environnement intelligent.
Mais cela ne s'arrête pas là. L'extension de l'intelligence mécanique
accède à un tout autre niveau grâce à l'entrée en scène des
microprocesseurs et des micro-ordinateurs, ces minuscules nodules
d'intelligence en conserve populairement appelés « puces » qui
s'apprêtent, semble-t-il, à s'intégrer à peu près à tous les objets que
nous fabriquons et utilisons. Abstraction faite de leurs applications
à la production industrielle et, plus généralement, au commerce,
ces « puces » sont déjà présentes — ou le seront avant longtemps
— un peu partout, aussi bien dans les climatiseurs et les automobiles que dans les machines à coudre et les balances. Ces semi-
conducteurs régleront et diminueront la consommation de l'énergie
à la maison. Ils adapteront la quantité de lessive et la température
de l'eau en fonction de la charge de la machine à laver. Ils régleront
avec précision la carburation des moteurs. Ils nous préviendront
quand tel ou tel élément menacera de tomber en panne. Ils
déclencheront le radio-réveil, le grille-pain, la cafetière et notre
douche matinale. Ils chaufferont le garage, fermeront les portes et
accompliront une somme invraisemblable d'autres humbles besognes, sans compter certaines qui le sont moins.

Alan P. Hald, l'un des grands distributeurs de micro-ordinateurs,
a soulevé un coin du voile en nous montrant dans un amusant
scénario intitulé *Fred the House* ce qui nous attend peut-être d'ici
quelques dizaines d'années. « Les ordinateurs domestiques,
affirme-t-il, sont déjà capables de parler, d'interpréter la parole et
de contrôler le fonctionnement des appareils. Ajoutez-leur quelques capteurs, dotez-les d'un modeste vocabulaire, raccordez-les
au réseau téléphonique et votre maison pourra parler avec...
n'importe qui ou n'importe quoi. » Il reste encore bien des
obstacles à surmonter mais la direction qu'a prise le changement est
évidente. « Imaginez, poursuit Hald, que vous êtes au bureau. Le
téléphone sonne. C'est Fred, votre maison, qui vous appelle. En
compilant les nouvelles du matin pour avoir connaissance des
derniers cambriolages, Fred a capté un bulletin météo annonçant
des pluies abondantes pour très bientôt. Cela a mis en branle sa
mémoire et il s'est livré à un contrôle de routine sur l'étanchéité du
toit. Il a décelé un risque de fuite. Avant de vous appeler, Fred a
téléphoné à Slim pour lui demander conseil. Slim est une maison
style ranch à deux pas de chez vous... Fred et Slim mettent souvent
en commun leurs banques de données respectives et chacun sait

que l'autre est techniquement programmé pour pouvoir déterminer
avec efficacité les opérations d'entretien domestique... Vous avez
appris à vous reposer sur son jugement et vous lui donnez le feu
vert pour les réparations. Le reste va de soi : Fred fait venir le
couvreur. »

Cette petite histoire, si elle ne manque pas de drôlerie, nous
donne un aperçu effrayant de ce que sera l'existence dans un
environnement intelligent. Vivre dans un tel environnement suscite
des interrogations philosophiques qui font froid dans le dos. Les
machines prendront-elles le pouvoir ? Des machines intelligentes,
et, de plus, interconnectées, échapperont-elles à notre compréhension et à notre contrôle ? Big Brother sera-t-il un jour en mesure
d'écouter non seulement nos téléphones mais aussi nos grille-pain
et nos téléviseurs, de surveiller chacun de nos gestes et de nos états
d'âme ? Jusqu'à quel point devons-nous nous laisser glisser dans la
dépendance de l'ordinateur et de la « puce » ? Notre esprit ne
risque-t-il pas de s'atrophier à mesure que nous injecterons
toujours davantage d'intelligence dans notre environnement matériel ? Et qu'arrivera-t-il si jamais quelqu'un — ou quelque chose —
débranche la prise ? Dans un monde où les machines se chargeront
d'un si grand nombre de tâches, posséderons-nous encore les
aptitudes de base nécessaires pour survivre ?

Chacune de ces questions soulève à son tour des contre-questions
sans fin. Big Brother peut-il réellement surveiller tous les grille-
pain et tous les téléviseurs, chaque moteur de voiture et chaque
accessoire ménager ? Quand l'intelligence est diluée dans l'environnement tout entier et quand les utilisateurs peuvent l'activer en
mille endroits différents en même temps, quand les possesseurs
d'ordinateurs peuvent communiquer directement entre eux sans
passer par l'intermédiaire de l'ordinateur central (ce qui est le cas
pour beaucoup de réseaux), Big Brother est-il encore capable
d'exercer son contrôle ? La décentralisation de l'intelligence risque,
en fait, d'affaiblir l'État totalitaire au lieu de renforcer sa puissance. Et si, autre hypothèse, nous nous montrions assez astucieux
pour déjouer les manœuvres du pouvoir ? Le héros de *Sur l'onde de
choc,* brillant et complexe roman de John Brunner, réussit à faire
avorter les efforts du gouvernement en vue d'imposer le contrôle de
la pensée *via* le réseau informatique. L'esprit humain est-il
condamné à l'atrophie ? Il se pourrait, comme nous allons le voir,
qu'un environnement intelligent ait l'effet exactement opposé. Ne

pourrions-nous pas, en concevant des machines qui se plieront à nos ordres, les programmer pour qu'elles ne puissent jamais porter préjudice à un être humain, à l'instar du Robbie du classique de la S.-F., *I, Robot* d'Isaac Asimov ? Le verdict n'a pas encore été prononcé, et si fermer les yeux sur ces points d'interrogation est une attitude irresponsable, il serait naïf de poser en principe que la partie est truquée et que l'homme est d'avance perdant. Nous avons des réserves d'intelligence et d'imagination dont nous n'avons pas encore commencé à nous servir.

Cela dit, quelles que soient nos options, une chose est irréfutable : nous modifions de façon fondamentale notre infosphère. Nous ne nous bornons pas à démassifier les media de la Seconde Vague : nous dotons le système social d'une nouvelle suprastructure informative. Devant l'infosphère naissante de la Troisième Vague, l'ère de la Seconde Vague dominée par les mass media, le bureau de poste et le téléphone, nous paraît primitive à en pleurer.

MUSCLER LE CERVEAU

En modifiant aussi profondément l'infosphère, nous allons fatalement modifier aussi notre esprit — notre façon d'attaquer les problèmes auxquels nous sommes confrontés, de synthétiser l'information, d'anticiper les conséquences de nos actions. Il est vraisemblable que nous transformerons, et ce de notre vivant, le rôle de l'instruction. Et peut-être même la chimie de notre cerveau.

Ce que dit Hald de l'aptitude des ordinateurs et autres appareils bourrés de circuits imprimés à engager le dialogue avec nous n'est pas aussi chimérique qu'il le semble. Il existe déjà des terminaux activés à la voix, équipés d'un vocabulaire d'un millier de mots qu'ils sont capables de reconnaître et auxquels ils réagissent, et de nombreuses firmes, aussi bien des géants comme I.B.M. ou Nippon Electric que des nains comme Heuristics Inc. ou Centigram Corp., travaillent d'arrache-pied à élargir ce vocabulaire, à simplifier la technologie et à écraser les coûts de fabrication. Quand les ordinateurs parleront-ils comme vous et moi ? Selon les experts, la fourchette se situe entre vingt et vingt-cinq ans. Les implications de ce progrès, tant au plan de l'économie que de la culture, pourraient se révéler prodigieuses.

Aujourd'hui, des millions de gens sont exclus du marché du

travail parce qu'ils sont fonctionnellement analphabètes. Les tâches les plus simples exigent que l'on soit capable de lire un formulaire, une instruction sur un boîtier de commande, une feuille de paie, une note de service, etc. Savoir lire était, dans le monde de la Seconde Vague, le critère le plus élémentaire exigé pour le recrutement du personnel.

Mais l'analphabétisme et la stupidité sont choses différentes. Nul n'ignore que, partout dans le monde, les illettrés peuvent se livrer à des activités d'une haute complexité — l'agriculture, la construction, la chasse, la musique. Beaucoup d'illettrés sont doués d'une mémoire phénoménale et parlent couramment plusieurs langues — ce dont la plupart des Américains sortis de l'université seraient bien incapables. Néanmoins, dans les sociétés de la Seconde Vague, les illettrés étaient économiquement condamnés.

L'apprentissage de la lecture est évidemment plus qu'une qualification professionnelle. C'est une porte ouverte sur un fantastique univers d'imagination et de joies. Mais, dans un environnement intelligent où les machines, les instruments et même les murs seront dotés de la parole, il se pourrait qu'il ait moins de répercussions sur la feuille de paie que ce n'est le cas depuis trois siècles. Les employés des compagnies aériennes affectés aux réservations, les magasiniers, les conducteurs de machines, les dépanneurs exécuteront correctement leur besogne sans avoir besoin de lire quoi que ce soit : il leur suffira d'écouter les machines qui leur diront, point par point, quelle est l'étape suivante ou comment remplacer une pièce défectueuse.

Les ordinateurs ne sont pas surhumains. Ils tombent en panne. Ils font des erreurs — parfois des erreurs dangereuses. Ils n'ont rien de magique et il n'y a assurément ni « esprits » ni « âmes » dans notre environnement. Il n'en demeure pas moins que, ces réserves faites, ils comptent parmi les plus stupéfiantes et les plus troublantes des réalisations de l'homme car ils renforcent notre puissance intellectuelle comme la technologie de la Seconde Vague a renforcé notre force musculaire — et nous ne savons pas où notre intelligence nous conduira finalement.

Lorsque l'environnement intelligent nous sera devenu plus familier et que nous apprendrons à dialoguer avec lui à peine sortis du berceau, nous commencerons à utiliser l'ordinateur avec une aisance et un naturel qu'il nous est aujourd'hui difficile d'imaginer. Et l'ordinateur nous aidera tous — et pas seulement une poignée de

« supertechnocrates » — à avoir une connaissance plus intime de nous-mêmes et de l'univers qui nous entoure.

Actuellement, quand nous nous heurtons à une difficulté, nous cherchons aussitôt à en découvrir les causes. Cependant, jusqu'à présent, les penseurs les plus profonds eux-mêmes ont généralement tenté d'expliquer les choses en fonction d'un nombre relativement limité de forces causales. C'est que l'intellect le mieux armé a de la peine à concevoir, et, à plus forte raison, à manipuler plus de quelques variables à la fois [1]. Par conséquent, quand nous sommes confrontés à un problème vraiment compliqué — pourquoi un enfant est-il délinquant ? pourquoi l'inflation ravage-t-elle l'économie ? comment l'urbanisation affecte-t-elle l'écologie de la rivière voisine ? —, nous avons tendance à nous polariser sur deux ou trois facteurs sans tenir compte de nombreux autres paramètres qui, individuellement ou globalement, sont peut-être beaucoup plus déterminants.

Plus grave encore, les experts de toutes les disciplines mettent systématiquement l'accent sur l'importance primordiale de « leurs » causes à l'exclusion des autres. Prenons les énormes problèmes que pose la dégradation du milieu urbain. Le spécialiste de l'habitat accuse la congestion et le déclin du parc de logements, l'expert en transports attire l'attention sur l'insuffisance des transports en commun, l'inspecteur de la prévoyance sociale met l'accent sur la modicité des crédits alloués aux crèches ou à l'assistance sociale, le criminologiste insiste sur la rareté des rondes de police, l'économiste démontre que la lourdeur des impôts décourage les investissements, etc. Chacun admet avec magnanimité que tous ces problèmes sont liés d'une façon ou d'une autre, qu'ils constituent un système qui s'autorenforce mais personne n'est capable, dans la recherche de la solution, de faire entrer en compte la multitude des données complexes qui s'enchevêtrent.

La dégradation du milieu urbain n'est que l'un des nombreux problèmes entrelacés — les *weave problems* — pour reprendre l'heureuse expression qu'emploie Peter Ritner dans *The Society of Space* où il nous avertit que nous aurons à affronter de plus en plus

---

1. Alors que l'on peut faire entrer simultanément en ligne de compte de nombreux facteurs au niveau inconscient ou intuitif, il est affreusement difficile de traiter un grand nombre de variables systématiquement au niveau conscient. Tous ceux qui s'y sont essayés peuvent en témoigner. (*N.d.A.*)

de crises qui « ne relèveront pas de l'analyse " de cause à effet "
mais nécessiteront une " analyse des interactions " ; qui (ne seront)
pas composées d'éléments faciles à isoler mais de centaines
d'influences coagissantes dérivant de dizaines et de dizaines de
sources indépendantes se chevauchant les unes les autres ».

L'ordinateur qui peut se rappeler et relier entre elles des
quantités de forces causales est capable de nous aider à trouver la
solution de ces problèmes d'une rare complexité. Il peut passer des
masses de données au crible et déterminer des corrélations subtiles.
Il peut ordonner les « blips » en ensembles plus vastes et plus
signifiants. En présence d'un éventail d'hypothèses ou d'un
modèle, il peut déterminer les conséquences de décisions alternatives, et le faire plus systématiquement et plus complètement que
n'importe quel individu. Il peut même suggérer des solutions
imaginatives pour certains problèmes en décelant des rapports
nouveaux ou jusque-là passés inaperçus entre les gens et les
ressources.

On peut prévoir que dans les prochaines décennies, l'intelligence, l'intuition et l'imagination humaines continueront d'avoir
infiniment plus d'importance que les machines. Néanmoins, attendons-nous à voir les ordinateurs enrichir notre conception de la
causalité, améliorer notre compréhension de l'interdépendance des
choses et nous aider à construire des « ensembles » signifiants et
synthétiques à partir des données ponctuelles qui tourbillonnent
autour de nous. L'ordinateur est un antidote à la culture éclatée.

En même temps, l'environnement intelligent finira peut-être par
modifier, non seulement la manière dont nous analysons les
problèmes et intégrons l'information, mais aussi la chimie même de
notre cerveau. Les expériences poursuivies, notamment, par David
Krech, Marian Diamond, Mark Rosenzweig et Edward Bennet ont
montré que des animaux placés dans un environnement « enrichi »
ont un cortex plus volumineux, une névroglie plus dense, des
neurones plus gros, des neurotransmetteurs plus actifs et une
irrigation sanguine cérébrale plus abondante que les sujets témoins.
Et si, en rendant notre environnement plus complexe et plus
intelligent, nous devenions plus intelligents, nous aussi ?

Le Dr Ronald F. Klein, directeur des recherches au Psychiatric
Institute de New York, l'un des plus éminents neuropsychiatres
mondiaux, s'interroge : « Les travaux de Krech donnent à penser
que la richesse et la capacité réactionnelle de l'environnement de la

petite enfance font partie des variables affectant l'intelligence. Des
enfants élevés dans ce que l'on pourrait appeler un environnement
" stupide " — peu stimulant, pauvre, peu réactionnel — s'habi-
tuent vite à ne pas prendre de risques. La marge d'erreur est étroite
et, en fait, il est rentable d'être prudent, conservateur, dépourvu de
curiosité ou purement et simplement passif. Rien de tout cela
n'apporte beaucoup au plan du cerveau. En revanche, les enfants
élevés dans un milieu intelligent et réactionnel, complexe et
stimulant, peuvent acquérir des talents différents. S'ils ont la
possibilité de faire travailler leur environnement à leur avantage, ils
deviendront plus tôt moins dépendants de leurs parents. Ils
pourront acquérir un sentiment de maîtrise ou de compétence et se
permettre d'être curieux, explorateurs, imaginatifs, d'adopter une
approche d'attaque des problèmes devant les choses de la vie. Tout
cela peut modifier le cerveau lui-même. Pour le moment, nous en
sommes réduits aux conjectures mais il n'est pas impossible qu'un
environnement intelligent aboutisse à faire apparaître de nouveaux
synapses et à développer le cortex. Un environnement plus
intelligent produira peut-être des gens plus intelligents. »

Or, nous avons encore à peine commencé à nous faire une idée
de la signification profonde des changements induits par la nouvelle
infosphère. C'est que, en effet, la démassification des media et
l'essor concomitant de l'ordinateur entraînent une transformation
de la mémoire sociale.

*Ceci se rapproche du mieux être de
Teilhard : être plus complexe,
progressivement plus
développé.*

LA MÉMOIRE SOCIALE

On peut classer les souvenirs en deux catégories : ceux qui sont
purement personnels et privés d'une part, ceux qui sont collectifs
ou sociaux d'autre part. Les premiers meurent avec l'individu alors
que les seconds lui survivent. La remarquable aptitude que nous
possédons à classer et retrouver les souvenirs sociaux est le secret
de la réussite évolutionnaire de l'espèce humaine. Et tout ce qui
altère de manière significative notre manière d'élaborer, de stocker
ou d'utiliser les souvenirs sociaux influe par conséquent sur les
sources mêmes de son destin.

Au cours de l'histoire, l'humanité a révolutionné deux fois déjà
sa mémoire sociale. Aujourd'hui, en édifiant une nouvelle info-

sphère, nous sommes à l'aube d'une troisième mutation du même type.

A l'origine, les groupes humains étaient obligés d'emmagasiner leurs souvenirs collectifs là même où ils conservaient leurs souvenirs personnels — c'est-à-dire dans l'esprit des individus. Ces souvenirs, les anciens de la tribu, les sorciers et quelques autres personnages en étaient les dépositaires. Ils les perpétuaient sous forme de chroniques, de mythes, de savoir et de légendes et les transmettaient à leurs enfants par la parole, le chant, la psalmodie et l'exemple. L'art d'allumer un feu, la meilleure manière de prendre un oiseau au piège, la façon de construire un radeau, de piler le mil, d'aiguiser un araire ou de soigner les bœufs, toute l'expérience accumulée du groupe était entreposée dans les neurones, la névroglie et les synapses des hommes.

Tant qu'il en alla ainsi, la mémoire sociale demeurait cruellement limitée. Si précis que fussent les souvenirs des anciens, si mémorables que fussent leurs chants et leurs leçons, les capacités de stockage des crânes des gens étaient tout simplement trop faibles, et c'était vrai pour tous les peuples.

La civilisation de la Seconde Vague a démantelé le mur de la mémoire. Elle a répandu l'alphabétisation de masse. Elle tenait systématiquement des archives commerciales. Elle construisit des bibliothèques et des musées par milliers. Elle inventa le fichier. Bref, elle fit sortir les souvenirs sociaux de la tête des gens, trouva des solutions nouvelles pour les emmagasiner et, ce faisant, elle fit sauter leurs anciennes limites. En augmentant la réserve du savoir accumulé, elle accéléra tous les processus d'innovation et de transformation sociales et donna naissance à une culture dont la mouvance et le développement avaient un rythme que le monde n'avait encore jamais connu.

Nous nous apprêtons actuellement à passer à une phase entièrement nouvelle de la mémoire sociale. La démassification radicale des media et l'émergence de moyens de communication inédits, les relevés cartographiques effectués par satellites, la surveillance des malades à l'aide de capteurs électroniques, la mise sur ordinateur des archives commerciales — tous ces procédés signifient que nous enregistrons de façon plus détaillée et plus circonstanciée les activités de la civilisation. Si nous ne réduisons pas la planète en cendres — et notre mémoire sociale par la même occasion —, nous aurons à bref délai une civilisation possédant à peu de chose près une faculté de remémoration totale. La civilisation de la Troisième Vague disposera sur son propre compte d'une information plus étendue et plus finement organisée qu'on ne l'aurait imaginé il y a seulement un quart de siècle.

Mais le passage à une mémoire sociale de Troisième Vague n'est pas d'ordre uniquement quantitatif : nous lui insufflons vie, pour ainsi dire.

Quand les souvenirs sociaux étaient confiés au seul cerveau de l'homme, ils étaient constamment érodés, rafraîchis, brassés, combinés et recombinés selon de nouvelles modalités. C'était une mémoire active, dynamique. Vivante au sens le plus littéral du mot.

Lorsque la civilisation industrielle fit sortir les souvenirs sociaux de la tête des gens où ils étaient confinés, la mémoire collective se chosifia, elle s'enchâssa dans des objets — livres, fiches de paie, journaux, photographies, films. Mais un signe tracé sur une page, une photo rangée dans un classeur, le journal d'hier demeuraient passifs, statiques. Ce n'était qu'à partir du moment où ces symboles étaient réinjectés dans un cerveau humain pour y être manipulés ou remaniés qu'ils reprenaient vie. Si la civilisation de la Seconde Vague a élargi de façon drastique la mémoire sociale, elle l'a aussi figée.

Ce qui rend si exaltant du point de vue de l'histoire le passage à une infosphère de Troisième Vague, ce n'est pas seulement que ce bond en avant dilate à nouveau, et considérablement, la mémoire sociale : il la ressuscite. L'ordinateur, parce qu'il traite les données qu'il collecte, crée une situation historiquement sans précédent : il amplifie la mémoire sociale et, en même temps, la dynamise. Et cette double action aura un effet moteur.

L'activation de cette mémoire amplifiée sera l'équivalent d'une giclée d'adrénaline culturelle. L'ordinateur ne se contente pas de nous aider à organiser ou à synthétiser des « blips » pour en faire des modèles cohérents de réalité : il recule aussi les horizons du possible. Une bibliothèque, un fichier, ne pensent pas et, *a fortiori*, ne pensent pas de manière non conformiste, alors qu'au contraire nous pouvons demander à l'ordinateur de « penser l'impensable », de penser ce qui n'a encore jamais été pensé. Il ouvre la voie à des théories, des concepts, des idéologies, des intuitions artistiques, des progrès techniques, des innovations économiques et politiques inédits, à proprement parler inconcevables auparavant. En ce sens, il accélère le changement historique et éperonne le mouvement en direction de la diversité sociale caractéristique de la Troisième Vague.

Dans toutes les sociétés antérieures, l'infosphère donnait aux êtres humains les moyens de communiquer entre eux. La Troisième Vague multiplie ces moyens de communication. Mais elle offre aussi pour la première fois dans l'histoire la possibilité d'établir une communication entre les machines et, ce qui est encore plus stupéfiant, un dialogue entre les hommes et l' « environnement intelligent » qui les baigne. Si l'on prend un peu de recul pour voir le tableau dans son ensemble, on constate à l'évidence que la révolution de l'infosphère est au moins aussi spectaculaire que la révolution de la technosphère, celle qui touche à la base énergétique et technologique de la société.

C'est à de nombreux niveaux en même temps que se présente la tâche urgente qui nous incombe : l'édification d'une nouvelle civilisation.

Chapitre 15

Au-delà de la production de masse

Un jour, il n'y a pas tellement longtemps, après avoir franchi les sommets enneigés des Rocheuses à bord d'une voiture de location, descendu des routes en lacet et traversé les hautes plaines, j'atteignis enfin les vallonnements à l'est de la majestueuse chaîne. Sous le ciel lumineux de Colorado Springs, je pris alors la direction d'un complexe de bâtiments bas nichés en bordure de la route, écrasés par la masse imposante des pics qui se dressaient derrière moi.

En entrant, le souvenir des usines où j'avais autrefois travaillé me revint une fois de plus à l'esprit avec leur tintamarre et leur vacarme, la crasse et les fumées, la colère contenue. Depuis des années — depuis que nous avons cessé de travailler de nos mains, ma femme et moi —, nous sommes des « voyeurs ès usines ». Quand nous voyageons à l'étranger, ce n'est ni sur les vieilles cathédrales ni sur les boîtes à touristes que nous nous ruons : nous nous sommes fait une règle d'aller voir sur place comment travaillent les gens. Car rien n'est plus révélateur d'une culture.

Et, à Colorado Springs, c'était encore une usine que j'allais visiter. On m'avait dit que c'était l'une des plus avancées du monde. Je ne tardai pas à comprendre la raison de cette réputation : les usines de cette espèce, en effet, vous donnent un aperçu de la technologie de pointe et des systèmes d'information d'avantgarde — et des effets pratiques de leur convergence.

L'usine Hewlett-Packard de Colorado Springs produit annuellement pour une valeur de 100 millions de dollars de matériel électronique — tubes cathodiques utilisés pour les appareils de surveillance à distance et équipements médicaux, oscilloscopes, « analyseurs logiques » d'échantillonnage et autres accessoires aux noms encore plus sibyllins. Sur les 1 700 personnes qu'elle emploie, 40 % sont des ingénieurs, des programmeurs, des techniciens, des administratifs ou des cadres supérieurs. Ils travaillent dans un immense local très haut de plafond. L'un des murs est une gigantesque baie panoramique dans laquelle s'inscrit l'impressionnante silhouette de Pike's Peak. Les trois autres sont d'un jaune et d'un blanc lumineux. Le sol, recouvert d'un revêtement de vinyle aux tons pastel, est briqué comme dans un hôpital.

Le personnel, des employés de bureau aux programmeurs et pupitreurs, du directeur de l'usine aux monteurs et aux vérificateurs, n'est pas spatialement isolé : on travaille tous ensemble en espace ouvert. Au lieu d'avoir à s'égosiller pour dominer le fracas des machines, on parle d'une voix normale. Comme tout le monde est en tenue de ville, il n'existe pas de distinctions visibles de rang ou de fonction. Chacun est à sa table ou à son bureau, des tables et des bureaux dont un si grand nombre sont décorés de fleurs et de plantes vertes que l'on a parfois l'illusion fugitive d'être dans un jardin.

En déambulant dans l'usine, je songeais à la stupéfaction qu'éprouveraient mes anciens camarades si, d'un coup de baguette magique, je pouvais les arracher à la forge ou à la chaîne de montage, au tapage assourdissant, à la saleté, aux tâches manuelles éreintantes, à la discipline autoritaire qui va de pair avec tout cela et les transporter dans cet environnement de travail de style nouveau.

Ils seraient sidérés. Je doute fort que Hewlett-Packard soit le paradis des travailleurs et mes amis en bleu de travail ne se laisseraient pas facilement duper. Ils se renseigneraient systématiquement sur les salaires, les primes et avantages, les procédures de revendication — s'il en existe. Ils voudraient savoir si les matériaux nouveaux et insolites que l'on manipule chez H.-P. sont vraiment inoffensifs ou s'ils présentent des dangers. Et ils seraient avec juste raison persuadés que, en dépit du caractère apparemment décontracté des rapports humains, il y a des gens qui donnent des ordres et d'autres qui en reçoivent.

Néanmoins, mes amis des anciens jours qui ont des yeux pour voir se rendraient compte que cet environnement est dans une large mesure nouveau et profondément différent de celui des usines traditionnelles qu'ils connaissent. Ils remarqueraient, par exemple, qu'au lieu d'arriver tous ensemble, de pointer et de se précipiter à leurs postes de travail, les employés de Hewlett-Packard peuvent choisir eux-mêmes leurs horaires dans certaines limites. Qu'au lieu d'être obligés de rester à leur place, ils peuvent aller et venir à leur gré. La liberté qu'ils ont de fixer eux-mêmes — toujours dans certaines limites — le rythme de travail qui convient à chacun, de parler aux directeurs et aux ingénieurs sans se préoccuper des grades ni de la hiérarchie, de s'habiller comme bon leur semble — bref, d'être des individus — les ahurirait, mes vieux compagnons. J'ai l'impression que, avec leurs gros godillots à bouts ferrés, leurs salopettes graisseuses et leurs casquettes, ils auraient du mal à croire que ce local est une « usine ».

Et si l'on considère l'usine comme le lieu d'élection de la production de masse, ils auraient raison. Cette entreprise, en effet, est étrangère à la production de *masse*. Nous avons dit adieu à cette notion.

DES TÉTÉES DE SOURIS ET DES T-SHIRTS

Le pourcentage des travailleurs employés à la production a décliné depuis vingt ans dans les pays dits avancés, c'est un fait maintenant notoirement connu. (Aux Etats-Unis, aujourd'hui, 9 %seulement du total de la population — 20 millions de travailleurs — fabriquent des biens à l'usage de quelque 220 millions de personnes. Le reliquat des salariés — 65 millions — fournit des services et manipule des symboles.) Et à mesure que cette diminution de la production matérielle s'est accélérée dans le monde industrialisé, de plus en plus de fonctions de production de routine ont été transférées aux pays dits « en voie de développement », de l'Algérie au Mexique et à la Thaïlande. Les industries de Seconde Vague les plus rétrogrades sont ainsi exportées à l'instar de vieilles voitures rouillées, des nations riches vers les nations pauvres.

Pour des raisons tant stratégiques qu'économiques, les premières ne peuvent pas renoncer entièrement aux fonctions de production et elles ne deviendront pas des exemples de « sociétés de services » ou d' « économies d'information » à l'état pur. L'image de pays

nantis qui vivraient d'une « production non matérielle » tandis que
le reste du monde fabriquerait des biens matériels est très
exagérément simpliste. Tout au contraire, nous verrons les pays
riches continuer de fabriquer des produits clés — mais avec de
moins en moins de personnel. C'est que nous sommes en train de
transformer les modes de fabrication.

L'essence de l'industrie manufacturière de la Seconde Vague
était la fabrication en grande quantité de produits identiques
standardisés à des millions d'exemplaires. Celle de la Troisième
Vague se caractérise, au contraire, par la fabrication en séries
limitées d'articles partiellement ou totalement « sur mesure ».

Le public a tendance à penser en termes de production de grande
série et, bien sûr, on continuera de sortir des cigarettes par
milliards, des millions de mètres de tissu, des ampoules électriques,
des allumettes, des briques et des bougies d'allumage en quantités
astronomiques. Certes, cela continuera encore quelque temps, sans
aucun doute. Or, ce sont précisément là les produits des industries
les plus retardataires, les moins avancées, et ils ne représentent
aujourd'hui qu'environ 5 % de l'ensemble des biens que nous
fabriquons.

Un analyste de la revue d'études soviétiques *Critique* note
qu'alors que « les pays moins développés — ceux dont le P.N.B. se
situe entre 1 000 et 2 000 dollars par habitant et par an — sont axés
sur la production de masse », les « pays les plus développés... se
concentrent sur l'exportation de produits manufacturés à l'unité ou
en petite série reposant sur une main-d'œuvre hautement qualifiée
et... des coûts de recherche élevés : ordinateurs, machines spécialisées, avions, systèmes de production automatisés, peintures à
technologie sophistiquée, produits pharmaceutiques, polymères et
plastiques de pointe ».

On constate au Japon, en Allemagne de l'Ouest, aux États-Unis
et même en Union soviétique que cette tendance à la démassification progresse dans des secteurs comme les accessoires électriques,
la chimie, l'industrie aérospatiale, l'électronique, les véhicules
spécialisés, les télécommunications et d'autres du même genre.
L'usine ultramoderne de Western Electric dans le nord de l'Illinois,
par exemple, sort 400 types différents de circuits imprimés à une
cadence variant de 2 000 unités au maximum à 2 par mois. Une
série modeste de 50 à 100 unités est chose commune à l'usine
Hewlett-Packard de Colorado Springs.

Cette orientation vers une production d'articles sur mesure en petites quantités se manifeste chez I.B.M., Polaroïd, McDonnell Douglas, Westinghouse et General Electric aux U.S.A., chez Plessey et I.T.T. en Grande-Bretagne, chez Siemens en Allemagne comme chez Ericsson en Suède. En Norvège, le groupe Aker, qui monopolisait autrefois 45 % de la construction navale de ce pays, a opéré sa conversion et s'est recyclé dans le matériel de forage offshore. Résultat : il est passé de la fabrication en série de bateaux à la fabrication de matériel offshore à la demande.

L'industrie chimique, quant à elle, déclare R.E. Lee, d'Exxon, « s'oriente vers des campagnes courtes sur des produits semi-finis — le propylène et le polyéthylène sous forme extrudée destinés aux tuyauteries, aux panneaux divers, aux revêtements décoratifs, etc. Pour les paramines, nous travaillons de plus en plus à la demande. Certaines séries sont si petites, ajoute-t-il, que nous les appelons des tétées de souris ».

En ce qui concerne les fabrications d'armement, la plupart des gens pensent encore en termes de production de masse alors que, en réalité, c'est une production démassifiée. On imagine des millions d'uniformes, de casques et de fusils identiques. Or, l'essentiel des besoins de l'institution militaire moderne n'a rien à voir avec la production de masse. On ne construit pas plus de dix à cinquante chasseurs à réaction à la fois et chacun d'eux peut être légèrement différent des autres selon sa vocation propre et sa destination. Et, avec d'aussi faibles commandes, un grand nombre des composants de ces appareils sont également fabriqués au compte-gouttes.

Ainsi, une analyse éclairante des dépenses du Pentagone en fonction du nombre de produits finis achetés aboutit à cette constatation que sur une facture globale de 9,1 milliards de dollars, 7,1 milliards (soit 78 % du total) concernaient du matériel fabriqué par séries de moins de 100 unités !

Même lorsque les composants sont encore fabriqués en très grosses quantités — ce qui est toujours le cas dans quelques industries de pointe —, les éléments sont généralement conçus de façon à pouvoir convenir à beaucoup de produits finis de nature différente qui, eux, sont fabriqués en petites séries.

Il suffit de voir l'invraisemblable diversité des véhicules qui sillonnent une autoroute de l'Arizona pour se rendre à l'évidence : le marché relativement uniforme de l'automobile s'est atomisé, obligeant les constructeurs, ces tyrannosaures technologiques, à en revenir bon gré mal gré à une personnalisation partielle du produit. En Europe, aux États-Unis et au Japon, les grands de cette industrie produisent en grande série des composants et des pièces que l'on combine ensuite de mille façons différentes.

Regardons ce qui se passe à un autre niveau pour un objet comme l'humble T-shirt. Les chemises sont toujours fabriquées en grande série. Mais de nouveaux moyens d'impression à chaud peu coûteux permettent désormais d'imprimer économiquement des motifs ou des slogans sur de très petits lots, ce qui a pour résultat une incroyable prolifération de T-shirts humoristiques proclamant que leur possesseur est un « fan » de Beethoven, un amateur de bière ou une *porno star*. Les automobiles et les T-shirts, pour ne citer que ces deux objets de consommation, sont à mi-chemin entre la production de masse et la production démassifiée.

L'étape suivante sera, bien entendu, la production unitaire d'objets totalement personnalisés. Il est clair que c'est sur cette voie que nous sommes engagés — des produits sur mesure destinés à un utilisateur déterminé.

Citons H. Anderson, directeur du service information de la Rand Corporation, un expert en matière de production d'avant-garde : « Dans un avenir proche, il ne sera pas plus difficile de fabriquer quelque chose à la pièce... que de le produire en série... (comme) aujourd'hui... Nous avons dépassé le stade de la modularisation où l'on fabrique une multitude de modules que l'on assemble (ensuite)... et nous approchons du stade de la production à façon pure et simple. Exactement comme pour les vêtements. »

La meilleure illustration de cette tendance à l'individualisation du produit est peut-être la symbiose entre l'ordinateur et le laser utilisée depuis quelques années dans l'industrie du vêtement. Avant que la Seconde Vague eût introduit la production en série dans cette branche, le client se rendait chez le tailleur ou la couturière, ou mettait sa femme à contribution. Dans tous les cas, il s'agissait d'un travail artisanal ayant pour critère les mensurations de l'intéressé. Tout ce qui touchait à l'habillement était fait sur mesure.

Vint la Seconde Vague et l'on commença à fabriquer des vêtements identiques en grande série. Le coupeur superposait plusieurs épaisseurs de tissu, plaçait un patron sur le « matelas » ainsi constitué et découpait le tout à l'aide d'une coupeuse électrique en suivant le gabarit pour produire un grand nombre de pièces interchangeables qui, après diverses opérations toutes semblables, devenaient des vêtements de même taille, de même forme et de même coloris.

Le laser opère sur des principes tout à fait différents. Il ne débite pas dix, cinquante, cent, voire cinq cents chemises ou vestons d'un seul coup : il les découpe un par un. Mais l'opération est plus rapide et meilleur marché que les méthodes de grande série utilisées jusqu'à maintenant. Cela réduit les pertes et élimine la nécessité du stock. Pour ces raisons, affirme le président de la Genesco, la plus grosse entreprise de prêt-à-porter des États-Unis, « le laser peut être programmé pour exécuter de façon économique une commande correspondant à un unique vêtement ».

On peut en déduire qu'un jour peut-être, la notion même de tailles normalisées disparaîtra. On indiquera ses mensurations au téléphone ou on se placera en face d'une caméra électronique pour fournir les données requises à un ordinateur qui, à son tour, programmera une machine, laquelle taillera un costume personnalisé conforme aux mesures du client.

En fait, nous assistons à la naissance d'une technologie avancée de la fabrication sur mesure qui n'est rien d'autre que la remise au goût du jour d'un système de production florissant avant la révolution industrielle mais s'appuie maintenant sur les méthodes d'avant-garde les plus sophistiquées. Nous démassifions les procédés de fabrication exactement de la même façon que nous démassifions les media.

L'EFFET « PRESTO »

Un certain nombre d'autres progrès tout à fait extraordinaires contribuent à transformer les techniques de fabrication.

Si, dans plusieurs secteurs industriels, on est en train de passer de la production de masse à la production en petites séries, il est d'autres secteurs qui s'orientent déjà vers le sur mesure intégral en continu. Au lieu d'interrompre la fabrication après la sortie d'une petite série, et d'en démarrer une nouvelle, on se dirige vers une reprogrammation permanente des machines, de sorte qu'on obtient un flux continu de produits tous différents les uns des autres. Bref, nous allons vers une production mécanisée et continue d'objets individualisés.

Un autre changement important, nous le verrons bientôt, fait participer plus directement que jamais le consommateur au processus de fabrication. Dans certaines industries, le jour est proche où la firme cliente communiquera sans intermédiaire les spécifications de l'article commandé aux ordinateurs du fournisseur qui géreront ensuite la mise en fabrication. A mesure que se répandra cette pratique, le client sera si intimement intégré au processus de production qu'il sera de plus en plus difficile de dire qui sera effectivement le « consommateur » et qui le « producteur ».

En définitive, alors que les manufactures de la Seconde Vague étaient cartésiennes dans la mesure où les produits étaient morcelés, puis laborieusement réassemblés, celles de la Troisième Vague sont post-cartésiennes, « gestaltiennes ». Ce qui s'est produit pour un article banal comme la montre illustre à merveille cette évolution. Naguère, une montre était composée de centaines de parties mobiles. Aujourd'hui, grâce au quartz, on peut fabriquer des montres plus solides et plus fiables qui ne possèdent aucun élément mobile. De même, le téléviseur Panasonic comporte à présent deux fois moins de pièces qu'il y a dix ans. De minuscules microprocesseurs — nous retrouvons nos miraculeuses « puces » — qui entrent dans la fabrication d'un nombre grandissant de produits, remplacent des quantités impressionnantes de composants conventionnels. La société Exxon a sorti une nouvelle machine à écrire, la Qyx qui n'a qu'une poignée de pièces mobiles alors que la semi-électrique I.B.M. en avait des centaines. De même, un appareil de photo de grande diffusion en format 24 × 36, le Canon AE-1, possède 300 pièces de moins que le modèle auquel il a succédé. 175 d'entre elles ont été remplacées par une seule et unique « puce » signée Texas Instruments.

En agissant au niveau moléculaire, en faisant appel à l'ordinateur et à d'autres machines d'avant-garde, on arrive à intégrer toujours plus de fonctions à des éléments toujours moins nombreux, substituant ainsi des « ensembles » à une multitude de composants. Ce phénomène est comparable à l'essor pris par la photographie dans le domaine des arts graphiques. Au lieu de juxtaposer d'innombrables taches de peinture sur une toile pour produire une image, le photographe « fabrique » l'image d'un seul coup et instantanément en appuyant sur un bouton. Nous commençons à voir cet effet « presto » se manifester dans le cadre de la production industrielle.

Le schéma devient clair : la convergence des grands changements qui sont intervenus dans la technosphère et dans l'infosphère a entraîné la modification de nos méthodes de fabrication. Nous sommes en train de passer rapidement du stade de la production de masse traditionnelle à un stade nouveau caractérisé par un cocktail sophistiqué de produits de masse et de produits démassifiés. L'objectif final est maintenant évident : des biens totalement personnalisés mettant en œuvre des processus de fabrication globaux et continus sous le contrôle direct, toujours plus étendu, du consommateur.

En deux mots comme en cent, nous sommes en train de bouleverser les infrastructures de la production en déclenchant des ondes de changement qui touchent toutes les couches de la société. Toutefois, cette transformation qui affectera le plan de carrière de l'étudiant, le plan d'investissement de l'entreprise, le plan de déploiement stratégique de la nation, demeure incompréhensible si on la considère comme un phénomène isolé. Il faut l'envisager par rapport à une autre révolution, encore — la révolution du bureau.

FAUT-IL BRÛLER LA SECRÉTAIRE ?

Si, dans les pays riches, il y a de moins en moins de travailleurs employés dans le secteur de la production matérielle, ceux qui sont nécessaires pour produire des idées, des brevets d'invention, des formules scientifiques, des factures, des plans de réorganisation, des dossiers, tenir des fichiers, procéder à des enquêtes de marché, élaborer des campagnes de promotion, rédiger des lettres, préparer des conclusions à soumettre aux tribunaux, tracer des graphiques, mettre au point des cahiers des charges, programmer des ordinateurs et manipuler des centaines d'autres données et symboles sont, en revanche, de plus en plus nombreux. La poussée des « cols blancs », techniciens ou administratifs, est si patente et intéresse tant de pays qu'il n'est nul besoin de statistiques pour la mettre en évidence. Pour certains sociologues, même, cet accroissement de la production « abstraite » est la preuve que la société est entrée dans l' « ère postindustrielle ».

La réalité n'est pas aussi simple. On saisit mieux la signification de cette multiplication des cols blancs si l'on y voit, non pas le signe du passage à un nouveau système, mais bien un prolongement de l'industrialisme — un dernier sursaut de la Seconde Vague. S'il est vrai que le travail est devenu plus abstrait, le lieu où il s'effectue — le bureau — s'inspire directement du modèle de l'usine Seconde Vague où le travail est émietté, répétitif, fastidieux et déshumanisant. Aujourd'hui encore, la réorganisation du travail de bureau n'est, le plus souvent, guère plus qu'une tentative visant à plaquer davantage le bureau sur le moule de l'usine. Dans cette « quasi-usine », la civilisation de la Seconde Vague a également créé un système de castes emprunté à la hiérarchie usinière. Les travailleurs d'usine sont divisés en deux catégories : les manuels et les non-manuels. Le travail de bureau est pareillement réparti entre « travail à coefficient d'abstraction élevé » et « travail à faible coefficient d'abstraction ». Au niveau supérieur, on trouve les grands abstracteurs, les élites technocratiques : savants, ingénieurs et managers dont une grande partie du temps se passe en réunions, conférences et déjeuners d'affaires, quand ce n'est pas à dicter du courrier, à rédiger des notes, à téléphoner — bref, à procéder à différents échanges d'informations. Selon une enquête récente, 80 % du temps d'un manager est consacré à 150 à 300 « transactions informatives » par jour.

A l'autre extrémité de la chaîne se trouvent ceux que l'on pourrait appeler les « abstracteurs légers » — en d'autres termes les prolétaires en col blanc — qui, comme les ouvriers d'usine de la Seconde Vague, accomplissent sans trêve une tâche routinière et abrutissante. Ce groupe, essentiellement constitué par un personnel féminin non syndiqué, est en droit de sourire ironiquement quand les sociologues parlent d' « ère postindustrielle ». Il représente l'armée *industrielle* au bureau, rien de plus.

Or, aujourd'hui, le bureau commence, lui aussi, à sortir de la Seconde Vague pour entrer dans la Troisième, et le système des castes industrielles ne va pas tarder à être remis en question. Nous allons sous peu être témoins de la refonte des vieilles hiérarchies et des vieilles structures administratives.

La révolution de la Troisième Vague au bureau est la résultante du choc qui s'est produit entre plusieurs forces. Le besoin d'information a pris des proportions si démesurées qu'une armée, si nombreuse et laborieuse soit-elle, d'employés, de dactylos et de secrétaires Seconde Vague ne peut tout simplement plus faire face. Par ailleurs, l'escalade des coûts de la paperasserie a atteint des sommets si redoutables que l'on cherche frénétiquement le moyen de la juguler. (Dans de nombreuses sociétés, les frais de bureau représentent jusqu'à 40 ou 50 % des frais généraux et certains experts estiment que si l'on fait entrer en compte tous les facteurs non apparents, l'envoi d'une simple lettre d'affaires peut revenir jusqu'à 14 et même 18 dollars.) En outre, alors que l'on évalue à 25 000 dollars la logistique technologique qui assiste l'ouvrier américain moyen, fait observer un vendeur de la maison Xerox, l'employé de bureau qui dispose « de vieilles machines à écrire et à calculer d'une valeur de 500 à 1 000 dollars compte probablement parmi les travailleurs les moins productifs du monde ». Au cours de la dernière décennie, la productivité bureaucratique n'a augmenté que de 4 % aux États-Unis, et la situation est sans doute encore plus sombre dans d'autres pays.

En revanche, le prix des ordinateurs comparé au nombre de fonctions qu'ils assument a connu une baisse foudroyante. On a calculé que leur volume de traitement a été multiplié par 10 000 en quinze ans et que le coût par fonction a été divisé par plus de 100 000. L'accroissement des frais de bureau et la stagnation de la productivité d'une part, les progrès réalisés par l'informatique de l'autre font un mélange détonant d'une puissance irrésistible dont la conséquence sera rien de moins qu'un « séisme sémiologique ».

Le grand symbole de ce bouleversement est un accessoire électronique, la machine à traitement de textes dont quelque 250 000 exemplaires sont déjà en service aux États-Unis. Les fabricants, dont des géants tels que I.B.M. et Exxon, se préparent à s'affronter pour conquérir un marché qui, croient-ils, représentera bientôt 10 milliards de dollars par an. Cette machine à écrire sophistiquée ou « machine de création de textes », comme on l'appelle parfois, modifie fondamentalement le flux d'information qui irrigue le bureau et, en même temps, transforme la structure même du travail. Elle n'est pourtant que l'un des membres de la grande famille des technologies nouvelles qui s'apprêtent à déferler sur l'univers des travailleurs en col blanc.

Lors de la convention de la International Word Processing Association qui s'est tenue à Chicago en juin 1979, les quelque 20 000 visiteurs qui transpiraient copieusement en se bousculant dans un hall d'exposition pour examiner ou essayer une stupéfiante panoplie d'autres machines — scanners optiques, imprimantes à grande vitesse, matériel micrographique, télécopieurs, terminaux d'ordinateurs, etc. — assistaient en fait à la naissance de ce que l'on a appelé le « bureau sans paperasses » de demain.

D'ailleurs, à Washington, une firme de consultants, la Micronet, Inc., a mis sur pied, à partir d'éléments fournis par 17 constructeurs différents, un secrétariat intégré où le papier n'a pas droit de cité. Chaque document est, dès son arrivée, microfilmé et archivé pour être ultérieurement traité par ordinateur. Ce secrétariat de démonstration et de formation technique est un système opérationnel combinant appareils à dicter, microfilms, scanners optiques et terminaux vidéo. L'objectif final est, selon les propres termes de Larry Stockett, le président de la Micronet, un bureau du futur où « il n'y a pas d'erreurs de classement, où les dossiers de prospection, de vente, de recherche et de comptabilité sont mis à jour à tout instant. Où l'information est reproduite et distribuée à la cadence de plusieurs centaines de milliers de pages à l'heure pour une fraction de *cent* par page. Et où... l'information est présentée à volonté et de façon interchangeable sous forme imprimée, digitale ou photographique ».

La clé de voûte de ce bureau futuriste est la banale correspondance. Dans un bureau traditionnel de type Seconde Vague, quand un chef de service veut envoyer une lettre ou diffuser une note, il a recours à un intermédiaire : la secrétaire. La première tâche de celle-ci consiste à transférer le texte dicté sur papier — sur un bloc ou en le tapant. Ensuite, le message est corrigé pour éliminer les erreurs et retapé — plusieurs fois peut-être. Puis, il est retapé au propre. On en fait un double ou une photocopie. L'original est envoyé au destinataire par les soins du service du courrier ou des P.T.T. Le double est classé. Sans compter la démarche initiale — l'élaboration du texte —, l'ensemble du processus comporte cinq étapes successives. Or, les machines actuelles contractent ces cinq étapes en une seule et les opérations, au lieu d'être séquentielles, sont pratiquement simultanées.

Pour savoir comment les choses se passent — et pour travailler plus vite —, j'ai acheté un ordinateur simple que j'ai utilisé comme machine à traitement de textes et avec lequel j'ai rédigé la seconde moitié de ce livre. J'ai constaté avec un vif plaisir qu'une seule et brève séance d'initiation m'a permis d'acquérir la maîtrise de ce matériel. Au bout de quelques heures, j'étais capable de m'en servir sans problème. Après plus d'un an passé à pianoter sur son clavier, je suis encore émerveillé par sa rapidité et sa puissance.

Maintenant, au lieu de taper le premier jet d'un chapitre sur des feuilles, je dispose d'un outil qui stocke électroniquement mon texte sur un disque souple, et je vois apparaître les mots que j'écris sur un écran semblable à un écran de télévision. Il me suffit d'appuyer sur quelques touches pour rectifier ou déplacer les phrases, inverser deux paragraphes, effacer, rajouter un alinéa, souligner, jusqu'au moment où je suis satisfait du résultat. Plus besoin de gomme, de vernis blanc, de ciseaux et de pots de colle, plus besoin de photocopies ni de frappes en série. Une fois mon brouillon corrigé, j'appuie sur un bouton et mon imprimante me sort une page irréprochable à une vitesse vertigineuse.

Mais produire des duplicata papier est une opération rudimentaire qui va à l'encontre de l'esprit même de cette machine. En effet, le *nec plus ultra*, dans le bureau électronique, n'est pas l'économie de travail réalisée dans la frappe et la correction du courrier. Le bureau automatisé peut aussi archiver électroniquement les lettres sous forme de *bits* sur bande ou sur disque. Il peut (ou pourra bientôt) les faire traiter par un dictionnaire électronique qui corrigera automatiquement les fautes d'orthographe. En connectant ces machines entre elles et en les jumelant à une ligne téléphonique, la secrétaire pourra transmettre instantanément une lettre à l'imprimante ou sur l'écran du destinaire. Ainsi, cet équipement enregistre le message sous sa forme originelle, le corrige, le reproduit, l'expédie et le classe pratiquement dans la foulée. La rapidité d'exécution augmente, les coûts diminuent et les cinq phases se télescopent pour n'en plus faire qu'une.

Mais les avantages de cette compression des opérations ne sont pas limités exclusivement aux tâches de secrétariat. Si, par exemple, on relie ces équipements à des satellites, à des émetteurs à ondes ultra-courtes et autres systèmes de télécommunication, il devient possible de court-circuiter cette institution typique de la Seconde Vague, sursaturée et aléatoire, qu'est la poste. L'expansion de l'automation au niveau du bureau, dont la machine de traitement de textes ne constitue qu'un aspect mineur, est indissociable de la création de filières électroniques de transmission du courrier qui supplanteront le préposé et son encombrante sacoche.

Pour ce qui est des États-Unis à l'heure actuelle, 35 % du volume total des objets postaux relevant du trafic national concernent des transactions : factures, quittances, bons de commande, récépissés, relevés bancaires, chèques, etc. Cependant, une grande proportion des opérations postales intéresse des organisations et non des personnes privées. Plus la poste se dégrade, plus nombreuses sont les sociétés qui cherchent à se dégager d'un système datant de la Seconde Vague et commencent à jeter les bases d'un service postal de Troisième Vague.

Cette poste électronique reposant sur le télex, le télécopieur, la machine de traitement de textes et l'ordinateur se développe à une cadence accélérée, notamment dans les secteurs industriels avancés, et elle recevra, de plus, une extraordinaire impulsion supplémentaire lors de la mise en place de nouveaux réseaux de satellites.

I.B.M., Aetna Casualty and Surety et Comsat (agence de satellites de communication quasiment gouvernementale) se sont groupés et ont constitué une société appelée Satellite Business Systems ayant vocation de fournir des services d'information intégrés à d'autres firmes. S.B.S. prévoit de placer des satellites en orbite à l'intention de clients comme, par exemple, General Motors, Hoechst ou Toshiba. Grâce à ces satellites reliés à des stations peu coûteuses installées dans leurs locaux, ces sociétés pourront disposer de leur propre système postal électronique qui se substituera dans une large mesure au service public.

Ce nouveau système n'acheminera pas du papier ; il véhiculera des impulsions électroniques. Déjà, indique Vincent Giuliano du département recherches et organisation de la société Arthur D. Little, l'électronique est le médium privilégié dans de multiples domaines. C'est l'électronique qui effectue les transactions, la facture, le reçu ou le bordereau ne servant, ensuite, que de confirmation. Combien de temps durera encore le règne de l'écrit ? Les avis diffèrent sur ce point.

Messages et mémorandums circulent silencieusement et instantanément. Les terminaux qui équipent chaque bureau — dans une grosse entreprise, il y en a des milliers — scintillent placidement à mesure que l'information irrigue le système, parvient à un satellite qui la répercute sur un bureau situé à l'autre bout du monde ou sur la console du domicile d'un responsable. Des ordinateurs connectent quand c'est nécessaire les dossiers d'une société à ceux d'autres sociétés et les managers peuvent se faire transmettre des informations stockées dans des centaines de banques de données périphériques telles que celle du *New York Times*.

Jusqu'où ce mouvement ira-t-il ? L'avenir nous le dira. Cette vision de la bureautique de demain est trop précise, trop harmonieuse, trop désincarnée pour être réelle : la réalité est toujours mal peignée. Mais il saute aux yeux que nous avançons à grands pas dans cette direction et que l'électronification, même partielle, des tâches de bureau, suffira pour déclencher une explosion de conséquences sociales, psychologiques et économiques. Le « séisme sémiologique » qui approche ne signifie pas seulement l'introduction de nouvelles machines : il annonce aussi le remaniement des rapports humains et des rôles dans le cadre du bureau.

Pour commencer, beaucoup de fonctions dévolues à la secrétaire seront appelées à disparaître. Même la machine à écrire sera périmée quand la technologie du décodage de la parole sera maîtrisée. Il sera encore nécessaire, au début, de faire appel à la machine à écrire pour recueillir les messages et les fixer sous une forme permettant leur transmission. Mais, avant longtemps, des instruments de dictée accordés au timbre de voix de chaque utilisateur convertiront les sons en mots écrits, éliminant ainsi entièrement l'étape de la frappe.

« La vieille technologie, parce qu'elle était gauche et malhabile, avait besoin de la dactylo, dit le Dr Giuliano. Quand on se servait de tablettes, il fallait un scribe sachant cuire l'argile et y graver des signes au stylet. L'art de l'écriture était inconnu des masses. Aujourd'hui, nos scribes s'appellent dactylos. Mais aussitôt que la nouvelle technologie permettra de saisir le message, de le corriger, de le stocker, de le retrouver, de l'expédier et de le copier plus facilement, nous effectuerons nous-mêmes toutes ces opérations exactement de la même façon que nous écrivons et que nous parlons. Une fois la maladresse ancienne disparue, expulsée, nous n'aurons plus besoin de la dactylo. »

En vérité, beaucoup de spécialistes de la machine de traitement de textes ont le ferme espoir que la secrétaire accédera à un statut supérieur et que le patron se chargera à son tour des tâches de dactylographie, ou du moins les partagera, jusqu'à l'éradication totale de cette phase de travail. C'est ainsi que l'on me demanda, lors de la convention de la International Word Processing Association où je prenais la parole, si ma secrétaire se servait de ma machine à ma place. Quand je répondis que je tapais moi-même mes textes et que, en fait, ma secrétaire n'était pour ainsi dire pas autorisée à s'approcher du clavier, les applaudissements fusèrent.

Les experts rêvent du jour où les journaux publieront des petites annonces de ce genre :

GROUPE IMPORTANT RECHERCHE
VICE-PRÉSIDENT

> L'intéressé sera entre autres responsable de la coordination des finances, du marketing et de la mise au point des lignes de produits de plusieurs départements. Il aura l'expérience des méthodes de management actives. Prendre contact avec le directeur général, Multi-Line International Company. INDISPENSABLE SAVOIR TAPER À LA MACHINE.

Il est vraisemblable, en revanche, que les cadres supérieurs feront obstruction : ils n'admettront pas plus de se salir le bout des doigts qu'ils n'admettent de se déranger pour aller chercher eux-mêmes leur tasse de café. Et sachant que le synthétiseur vocal est en vue, et qu'ils disposeront ainsi sous peu d'une machine à dicter dactylographe, ils seront encore moins disposés à apprendre à se servir d'un clavier.

Qu'il en aille ainsi ou non, le fait demeure, inéluctable, que le choc entre le mode de production de la Troisième Vague et les anciens systèmes de Seconde Vague au niveau du bureau sera générateur d'angoisse et de conflits, qu'il entraînera une réorganisation et une restructuration du travail, et que des carrières et des possibilités inédites s'ouvriront — pour certains. Les nouvelles normes remettront en question les vieilles chasses gardées, les hiérarchies, la discrimination sexuelle, les cloisonnements interservices d'autrefois.

Tout cela suscite bien des craintes, et l'opinion est divisée entre ceux qui soutiennent que des millions d'emplois disparaîtront purement et simplement — ou que les secrétaires d'aujourd'hui seront ravalées au rang d'esclaves mécaniques —, et les optimistes, largement représentés dans le secteur de l'industrie du traitement de textes, dont Mme Randy Goldfield, dirigeante de la firme de conseils Booz Allen et Hamilton, se fait le porte-parole, affirmant que les secrétaires, loin d'être condamnées à un travail mécanique, inintelligent et répétitif, accéderont à des fonctions « paradirectoriales » et participeront au travail conceptuel et à la prise de décision, domaines dont elles sont jusqu'à présent très largement exclues. Plus vraisemblablement, nous verrons apparaître une coupure entre les cols blancs qui s'élèveront pour occuper des postes plus responsables d'une part, et ceux, d'autre part, qui seront déclassés — avant d'être finalement remerciés.

Mais qu'adviendra-t-il de ceux-là — et de l'économie en général ? A la fin des années 50 et au début de la décennie suivante, quand l'automation fit son entrée en scène, les économistes et les syndicalistes de nombreux pays prédisaient un chômage massif. Or, l'emploi s'est développé dans les pays à technologie avancée. Au rétrécissement du secteur productif a correspondu une expansion du secteur tertiaire et des services qui ont pris le relais. Mais si la production recule encore et si le personnel administratif est en même temps « dégraissé », d'où viendront les emplois de demain ?

Personne ne le sait. En dépit des multiples études réalisées et de tant d'affirmations véhémentes, les prévisions et les indices sont contradictoires. Les tentatives en vue d'établir un rapport entre l'investissement dans la mécanisation et l'automation, et le niveau des effectifs du secteur considéré, accusent, selon le *Financial Times,* de Londres, un « manque presque total de corrélation ». Une étude portant sur 7 pays a montré que, entre 1963 et 1973, le Japon était celui dont le taux d'investissement dans la technologie nouvelle, rapporté à la valeur ajoutée, était le plus élevé, et aussi celui où la croissance de l'emploi était la plus forte. La Grande-Bretagne, où cet investissement était le plus faible, accusait les pertes d'emploi les plus importantes. L'expérience américaine a recoupé, en gros, celle du Japon : développement de la technologie et augmentation parallèle des créations d'emploi. Quant à la Suède, à la France, à l'Allemagne de l'Ouest et à l'Italie, chacun de ces pays manifestait une évolution spécifique marquée.

Il est clair que le niveau de l'emploi n'est pas simplement le reflet du progrès technologique. Il ne croît ou ne décroît pas mécaniquement selon que l'on adopte ou non l'automation. Il est la résultante d'un grand nombre d'orientations convergentes.

Il est fort possible que les pressions sur le marché de l'emploi grandissent spectaculairement dans les années à venir. Mais ce ne sera pas uniquement à cause de l'ordinateur.

Une chose est certaine : des transformations révolutionnaires affecteront et le bureau et l'usine dans les prochaines décennies. Ces révolutions simultanées dans les secteurs tertiaire et productif ne représentent rien de moins pour la société qu'un mode de production absolument nouveau — un « pas de géant » pour l'humanité. Et ce pas en avant a des implications dont la complexité défie toute description. Cette évolution n'aura pas seulement des conséquences sur le niveau de l'emploi et la structure de l'industrie : elle aura aussi des répercussions sur la répartition du pouvoir politique et économique, sur la taille des unités de travail, sur la division internationale du travail, sur le rôle des femmes dans l'économie, sur la nature du travail et sur le divorce entre le producteur et le consommateur. Elle transformera même une donnée apparemment aussi élémentaire que le lieu de travail.

Chapitre 16.
La maison électronique

Cette marche vers un nouveau système de production présuppose un changement social d'une ampleur si stupéfiante que rares sont ceux qui se résolvent à le regarder en face. Nous nous apprêtons, en effet, à porter aussi la révolution au sein même du foyer.

Outre que ce nouveau système de production favorise la réduction de la taille des unités de travail, outre qu'il permet une décentralisation et une désurbanisation de la production, outre qu'il modifie le caractère même du travail, il pourrait expulser des usines et des bureaux où la Seconde Vague les avait littéralement concentrés des millions d'emplois pour leur faire réintégrer leur lieu d'origine : le foyer. Si cela devait se produire, ce seraient toutes nos institutions, de la famille à la corporation en passant par l'école, qui en seraient transformées.

Il y a trois cents ans, au spectacle d'une nuée de paysans en train de faucher un champ, il aurait fallu être fou pour imaginer que, bientôt, les campagnes seraient désertes et que les gens s'entasseraient dans des usines pour gagner leur pain. Mais c'était le fou qui aurait eu raison. Il faut du courage, aujourd'hui, pour suggérer que nous verrons peut-être de notre vivant les plus grandes usines, les plus hautes tours à usage de bureaux à moitié vides, réduites à l'état d'entrepôts fantômes ou converties en locaux d'habitation. Or, c'est précisément une perspective que le nouveau mode de production nous ouvre : le retour à une « industrie familiale » d'un type supérieur, fondée sur l'électronique, et, concurremment, une polarisation sur le foyer devenant le centre de la société.

Dès que l'on avance l'idée que des millions de nos contemporains resteront bientôt chez eux au lieu de se rendre au bureau ou à l'usine, on se heurte immédiatement à un barrage d'objections. Et les arguments des sceptiques sont souvent de poids. « Les gens ne voudront pas travailler à la maison, même s'ils en ont la possibilité. Regardez toutes les femmes qui font des pieds et des mains pour trouver du travail à l'extérieur ! » « Comment voulez-vous travailler avec des gosses dans les jambes ? » « S'ils n'ont pas un patron qui les surveille, les gens ne seront pas motivés. » « Les gens ont besoin de contacts humains directs pour que naisse la confiance nécessaire pour travailler ensemble. » « La conception de l'habitat moyen n'est pas adaptée. » « Qu'entendez-vous par travail à domicile ? Un petit haut fourneau dans chaque cave ? » « Et que faites-vous des réglementations d'urbanisme et de la mauvaise volonté des propriétaires ? » « Les syndicats ne marcheront jamais. » « Et le fisc ? Le percepteur est de plus en plus draconien sur les abattements que réclament les travailleurs à domicile. » Et l'argument massue : « Quoi ? Rester toute la journée à la maison avec ma femme (ou mon mari) ? »

Le vénérable Karl Marx lui-même aurait fait la grimace. Le travail à domicile était, à ses yeux, un mode de production réactionnaire car « le regroupement dans un même lieu de production » était « une condition nécessaire à la division du travail dans la société ».

Bref, il y avait — et il y a toujours — une foule de raisons (et de pseudo-raisons) pour prétendre que cette idée est inepte.

LE TRAVAIL A DOMICILE

Et pourtant, il y a trois siècles, on ne manquait pas, non plus, d'excellentes raisons — il y en avait autant, sinon plus — pour penser que les gens ne quitteraient jamais leurs maisons et leurs champs pour aller travailler en usine. Après tout, cela ne faisait pas trois siècles mais cent que les gens étaient enchaînés à leur chaumière et à leur lopin. La structure de la famille, l'éducation des enfants, la formation de la personnalité, le système de propriété et l'organigramme du pouvoir, la culture, la lutte quotidienne pour l'existence — tout était rattaché au foyer et à la terre par mille liens invisibles. Or ces liens se sont rompus peu de temps après l'avènement du nouveau système de production.

Nous sommes actuellement dans la même situation et tout un faisceau de forces sociales et économiques convergentes est à l'œuvre, qui tend à déplacer le lieu de travail.

Tout d'abord, le passage du mode de production de la Seconde Vague à celui, plus avancé, de la Troisième a pour effet, comme nous venons de le voir, de réduire le nombre des travailleurs qui doivent effectivement manipuler les biens matériels. En conséquence, une somme de plus en plus importante de travail, même dans le secteur productif, peut s'effectuer n'importe où, y compris dans une salle de séjour, à condition de disposer d'un équipement adéquat, télématique et autre. Et ce n'est pas là de la science-fiction.

Quand Western Electric, jusque-là spécialisé dans les relais électromécaniques pour les installations téléphoniques, se mit à fabriquer du matériel électronique, la composition du personnel de son usine de pointe, dans l'Illinois, se modifia. Avant, il y avait trois cols bleus pour un col blanc ou un technicien. A présent, le rapport est de 1 à 1. En d'autres termes, sur un effectif total de 2 000 employés, 1 000 personnes manipulent aujourd'hui des informations au lieu d'objets, et une grande partie de leur travail pourrait être faite à domicile. Le directeur du département ingénierie de cette usine, Dom Cuomo, ne mâche pas ses mots : « En incluant les ingénieurs, 10 à 25 % de ce que l'on fait ici pourrait être fait chez soi avec la technologie *existante*. »

Son collaborateur Gerald Mitchell va encore plus loin : « Tout compte fait, affirme-t-il, 600 à 700 personnes sur ces 2 000 pourraient dès à présent travailler chez elles avec la technologie existante. Et dans cinq ans, ce sera beaucoup plus. »

Ces estimations autorisées recoupent remarquablement celles du directeur de la production de l'usine Hewlett-Packard de Colorado Springs, Dar Howard : « Nous avons 1 000 personnes effectivement engagées dans la filière de production. Il serait technologiquement possible que 250 d'entre elles, peut-être, travaillent à domicile. Ce serait compliqué sur le plan logistique mais ni l'outillage ni les machines ne seraient des obstacles. Si, dans le secteur de la recherche et du développement, on accepte de faire des investissements en terminaux (d'ordinateurs), entre 50 et 75 %

des cols blancs pourraient aussi travailler à la maison. » Ce qui, chez Hewlett-Packard, représenterait entre 350 et 520 travailleurs à domicile de plus.

En définitive, de 35 à 50 % du personnel de ce centre de production avancé pourraient d'ores et déjà faire la plus grande partie, sinon la totalité, de leur travail à domicile pour peu que l'on décide de s'organiser en conséquence. N'en déplaise à Marx, la production de Troisième Vague n'exige pas que la main-d'œuvre soit concentrée à 100 % sur le lieu de travail.

De telles perspectives ne sont d'ailleurs pas l'exclusivité du secteur électronique ou des industries géantes. Pour Peter Tattle, vice-président de la Ortho Pharmaceutical (Canada), Ltd., la question n'est pas : « Combien de personnes peut-on autoriser à travailler chez elles ? » mais : « Combien de personnes doivent-elles obligatoirement travailler au bureau ou à l'atelier ? » « Sur les 300 travailleurs qu'il emploie, dit Tattle, 75 % pourraient travailler chez eux si nous mettions en service les moyens de communication nécessaires. » Ce qui est valable pour l'électronique et l'industrie pharmaceutique l'est évidemment tout autant pour d'autres branches avancées.

Si nombre de travailleurs du secteur productif pouvaient dès maintenant être utilisés chez eux, on peut avancer sans grand risque qu'une fraction considérable des cols blancs, qui ne manipulent pas de choses matérielles, pourraient, eux aussi, travailler à domicile.

De fait, une somme de travail appréciable, encore qu'elle ne soit pas chiffrée, s'effectue déjà en dehors de l'entreprise — témoins les représentants et représentantes qui prospectent par téléphone ou font du porte à porte, et ne passent que de temps en temps à la maison mère ; les architectes et les décorateurs ; les consultants de plus en plus nombreux qui collaborent avec l'industrie de façon croissante, les praticiens du secteur des sciences humaines, thérapeutes et psychologues, qui pullulent ; les professeurs de musique et de langues étrangères ; les marchands de tableaux ; les conseillers en investissements ; les agents d'assurances ; les avocats et les universitaires engagés dans des travaux de recherche ; et bien d'autres catégories de cols blancs, techniciens ou membres des professions libérales.

Ajoutons qu'il ne s'agit là que de catégories professionnelles dont la croissance est la plus rapide. Lorsque nous disposerons, et ce sera brutal, de technologies permettant d'installer à bas prix un

« poste de travail » dans n'importe quel appartement, de s'équiper d'une machine à écrire « intelligente » et, pourquoi pas ? d'un télécopieur ou d'un périphérique et d'un équipement pour téléconférences, les possibilités de travail à domicile seront considérablement augmentées.

Un tel matériel étant disponible, qui fera le saut le premier, du lieu de travail centralisé à la maison électronique ? On commettrait, certes, une erreur en sous-estimant l'importance de l'indispensable contact direct dans la vie professionnelle et des communications subliminales et non verbales qu'il permet. Il n'en demeure pas moins que certaines tâches n'exigent que peu de contacts extérieurs — ou que ceux-ci ne sont requis que par intermittence.

Pour les opérations qui sont le lot des employés de bureau à « faible coefficient d'abstraction » — tenir des livres, taper à la machine, rechercher des pièces, additionner des colonnes de chiffres, préparer des factures, etc.—, le face à face direct est rarement nécessaire — à supposer même qu'il le soit. Ces tâches pourraient peut-être même plus facilement s'accomplir dans la « maison électronique ». Pour ce qui est des travailleurs à « coefficient d'abstraction ultra-élevé » — chercheurs, économistes, concepteurs, par exemple —, si beaucoup d'entre eux ont besoin de contacts fréquents avec leurs pairs et leurs collègues, ils ont aussi besoin de temps pour travailler seuls. A certains moments, même les vendeurs doivent prendre du champ et faire leurs « devoirs à la maison ».

C'est bien l'avis de Nathaniel Samuels, chef du service portefeuille dans un établissement financier, la Lehman Brothers Kuhn Loeb. Samuels, qui travaille déjà chez lui entre cinquante et soixante-quinze jours par an, pense que « la future technologie augmentera la part de travail que l'on fait chez soi ». Et il est de fait que beaucoup d'entreprises sont moins rigides en ce qui concerne l'obligation de la présence au bureau. Lorsque Weyerhaeuser, une très grosse scierie, eut besoin, il y a quelque temps, d'un nouveau « bréviaire » pour son personnel, le vice-président de la société, R.L. Siegel, réunit trois de ses collaborateurs chez lui pendant près d'une semaine pour mettre le projet au point. « Nous sentions, dit-il, que nous avions besoin de sortir (du bureau) pour ne pas être distraits. Le travail à domicile, ajoute-t-il, est dans la logique des horaires à la carte vers quoi nous nous dirigeons. L'important, c'est que le travail soit fait. Où on le fait, c'est secondaire.'»

A en croire le *Wall Street Journal*, Weyerhaeuser n'est pas un cas isolé. « Beaucoup d'autres sociétés autorisent aussi leurs employés à travailler chez eux », signale-t-il, citant, entre autres, la United Airlines dont le directeur des relations publiques permet à son équipe de travailler à domicile jusqu'à vingt jours par an. Même McDonald's, qui utilise des grillardins peu qualifiés sur place pour préparer ses hamburgers, encourage les cadres supérieurs de l'entreprise à travailler à la maison.

« A-t-on vraiment besoin d'un bureau ? », s'interroge Harvey Poppel, de la firme Booz Allen & Hamilton. Dans une étude prospective inédite, il prévoit qu'à l'horizon 90 « les communications bilatérales (seront) suffisamment étoffées pour encourager un très large développement du travail à domicile ». De nombreux chercheurs, comme Robert F. Latham, du service de planification à long terme de la Bell Canada de Montréal, abondent dans ce sens. « Plus les emplois informatifs se multiplieront et plus les moyens de communication se perfectionneront, dit-il, plus nombreux seront les gens qui pourront travailler chez eux ou dans des centres de travail locaux. »

De son côté, Hollis Vail, attaché au ministère de l'Intérieur des Etats-Unis en tant que conseiller en management, soutient qu'au milieu des années 80, « il sera facile d'installer chez soi les centres de processeurs vocaux de demain ». Dans un scénario de sa composition, il met en scène une secrétaire, « Jane Adams », employée par la « Afgar Company », qui travaille chez elle et ne voit son patron que périodiquement pour « discuter des problèmes et, bien sûr, participer aux " pots " organisés par le bureau ».

Le même point de vue est partagé par le Institute for the Future qui, dès 1971, a réalisé une enquête portant sur 150 experts appartenant à des firmes d'avant-garde spécialisées dans les nouvelles techniques d'information, et établi une liste de 5 catégories de tâches susceptibles d'être effectuées à domicile. A condition de disposer des équipements nécessaires, conclut l'I.F.F., un grand nombre des travaux actuellement dévolus aux secrétaires « pourraient tout aussi bien être exécutés à la maison qu'au bureau. Un tel système élargirait le marché de la main-d'œuvre en permettant aux secrétaires mariées ayant de jeunes enfants de s'occuper d'eux à la maison tout en continuant de travailler... De même, aucune raison majeure n'interdirait dans bien des cas à une secrétaire de prendre un texte en dictée à la maison et de le taper sur son terminal individuel qui le transmettrait sous sa forme définitive au domicile ou au bureau de son auteur ».

Et I.F.F. poursuit : « Beaucoup des tâches effectuées par les ingénieurs, les dessinateurs et autres travailleurs en col blanc pourraient être exécutées aussi aisément, sinon plus, chez soi qu'au bureau. » Une « graine du futur » existe déjà en Grande-Bretagne ou, par exemple, une société, la F. International, Ltd. (le F étant l'abréviation de *Freelance*), emploie à temps partiel 400 programmeurs qui, à l'exception d'une poignée d'entre eux, travaillent tous à domicile. Cette firme, qui crée des équipes de programmeurs pour l'industrie, a étendu ses activités à la Hollande et aux pays scandinaves et compte parmi ses clients des géants comme British Steel, Shell et Unilever. « La programmation à domicile des ordinateurs, écrit le *Guardian,* sera l'industrie familiale des années 1980. »

En résumé, à mesure que la Troisième Vague se lance à l'assaut de la société, les entreprises que l'on pourrait définir en empruntant la formule d'un analyste comme n'étant rien de plus que « des gens agglomérés autour d'un ordinateur » se multiplient. Installons un ordinateur chez eux et ils n'auront plus besoin de « s'agglomérer ». Le travail col blanc de la Troisième Vague, pas plus que son mode de production, n'exige que la totalité du personnel soit concentrée sur le lieu de travail.

Il ne faut pas sous-estimer les difficultés que soulève le transfert du travail du bureau et de l'usine — les sites d'activité de la Seconde Vague — au site professionnel du travailleur de la Troisième Vague — son domicile. Des problèmes de motivation et de management, de réorganisation des entreprises et de restructuration sociale auront pour effet de prolonger la période de transition, et, peut-être, cela la rendra-t-il douloureuse. D'autre part, la communication ne peut pas toujours s'effectuer à distance. Certaines activités — celles, notamment, qui impliquent des transactions commerciales où chaque décision est un cas particulier — nécessitent une grande part de contacts directs. « Il faut que nous soyons tous à moins de trois cents mètres les uns des autres », dit Michael Koerner, président de la Canada Overseas Investments, Ltd.

LES TÉLÉBANLIFUSARDS

Toujours est-il que des forces puissantes convergent pour promouvoir la « maison électronique ». La plus immédiate et la plus évidente est l'équilibrage économique entre transport et télécommunication. La plupart des pays à technologie avancée font actuellement face à une crise des transports : sursaturation des transports en commun proches du point de rupture, engorgement des routes et des autoroutes, pénurie d'aires de stationnement, sans compter la pollution qui pose un problème préoccupant, les grèves et les pannes qui sont presque devenues des habitudes et la hausse vertigineuse des prix.

Ce sont les travailleurs qui supportent les coûts croissants des déplacements entre le domicile et le lieu de travail, mais, bien entendu, ces frais sont indirectement assumés par l'employeur, sous forme d'augmentations de salaires, et par le consommateur qui paie plus cher. Jack Nilles et une équipe de chercheurs financée par la National Science Foundation ont calculé les économies d'argent et d'énergie qui résulteraient d'une décentralisation importante des bureaux concentrés dans les quartiers d'affaires. Au lieu de partir de l'hypothèse du travail à domicile, le groupe Nilles élabora un modèle — ce que l'on pourrait appeler « l'habitat à mi-chemin » — en se bornant à envisager des emplois dispersés dans des centres de travail plus rapprochés du domicile des employés.

Les résultats de cette étude sont ahurissants. Le groupe Nilles, prenant comme échantillon les 2 048 employés d'une compagnie d'assurances de Los Angeles, est arrivé à la conclusion que chacun d'eux parcourait en moyenne un peu moins de 35 kilomètres par jour pour se rendre à son travail et rentrer chez lui (la moyenne nationale pour les travailleurs urbains est aux États-Unis de 30 kilomètres). Plus on s'élève dans la hiérarchie, plus le trajet s'allonge, atteignant 53 kilomètres pour les cadres supérieurs. Au total, ces personnes effectuent 20 millions de kilomètres en voiture par an pour aller au bureau, soit l'équivalent de près d'un demi-siècle d'heures de travail.

Cela représente une dépense de 13,75 cents par kilomètre (au prix de 1974), soit 2 730 000 dollars par an indirectement payés par les employeurs et les consommateurs. Nilles aboutit à cette constatation : les salaires annuels versés par la société en question à ses employés étaient supérieurs de 520 dollars au niveau couramment pratiqué dans les industries implantées localement. En fait, l'entreprise subventionnait les transports. En outre, elle mettait à la disposition de son personnel des parkings et autres installations coûteuses que la centralisation rendait indispensables. Si l'on estime qu'une secrétaire gagnait aux alentours de 10 000 dollars par an, la compagnie, en éliminant ces frais de transport, aurait pu embaucher près de 300 personnes de plus — ou augmenter sérieusement ses bénéfices.

La question clé est la suivante : quand les frais d'installation et de fonctionnement du matériel de télécommunication seront-ils à un niveau inférieur à celui du coût actuel de ces navettes domicile-bureau ? Alors que le prix de l'essence et celui des transports (y compris les tarifs des transports publics se substituant à la voiture particulière) montent en flèche, celui des télécommunications accuse une baisse spectaculaire[1]. Il faudra bien que les deux courbes se croisent à un moment ou à un autre.

Mais ce ne sont pas là les seules forces qui nous poussent subtilement vers une dispersion géographique de la production et, au bout du compte, vers la maison électronique de demain. D'après les calculs du groupe Nilles, le banlieusard américain consomme en moyenne quotidiennement sous forme d'essence l'équivalent de 64,6 kWh d'énergie pour aller au travail et rentrer chez lui. (Le personnel des compagnies d'assurances de Los Angeles consomme ainsi 37,4 millions de kWh par an.) Or, il faut beaucoup moins d'énergie pour faire circuler l'information.

La puissance absorbée par un périphérique d'ordinateur classique n'est que de 100 à 125 watts au maximum, celle d'une ligne téléphonique 1 watt ou moins encore. Avec certaines hypothèses sur la quantité de matériel de communication nécessaire et leur temps de fonctionnement, Nilles a calculé que « du point de vue de la consommation relative d'énergie, l'avantage de la télématique sur le déplacement banlieue-centre ville (c'est-à-dire le rapport entre la consommation d'énergie nécessitée par les déplacements et

---

1. Grâce aux satellites, le coût des communications à longue distance a été tellement réduit — presque au niveau zéro par signal émis — que les ingénieurs parlent maintenant de communications « indépendantes de la distance ». La puissance des ordinateurs a connu une croissance exponentielle et les prix ont chuté de manière si phénoménale que les techniciens et les investisseurs en demeurent pantois. Avec les fibres optiques et autres innovations technologiques qui n'attendent plus que le moment d'entrer en scène, il est clair que l'on peut miser sur de nouvelles baisses de prix — par unité de mémoire, par opération, et par signal transmis. (N.d.A.)

la consommation télématique) est au moins de 29/1 pour la voiture particulière, de 11/1 avec des transports en commun normalement utilisés et de 2/1 si ces derniers sont utilisés à 100 % de leur capacité ».

Si l'on pousse ces calculs jusqu'au bout, on s'aperçoit que si 12 à 14 % seulement de ces aller et retour en milieu urbain avaient été remplacés par des opérations de télématique en 1975, les États-Unis auraient économisé environ 75 millions de barils d'essence et que, par conséquent, ils n'auraient pas eu besoin d'importer un litre de pétrole. Cela aurait eu des conséquences peu banales, tant sur la balance américaine des paiements que sur la politique du Proche-Orient.

Alors que, dans les prochaines années, le prix des hydrocarbures et de l'énergie en général va augmenter, les dépenses, tant sur le plan financier que sur le plan énergétique, impliquées par la mise en service de machines à écrire « intelligentes », de télécopieurs, de réseaux audiovisuels et d'ordinateurs individuels dégringoleront, rendant encore plus rentable, relativement parlant, la déconcentration d'une partie, au moins, de la production actuellement groupée dans les lieux de travail centralisés caractéristiques de la Seconde Vague.

Ces pressions grandissantes allant dans le sens du développement de la « télébanlieue » ne feront que s'accentuer à mesure que les pénuries d'essence intermittentes, la réglementation de la distribution sur la base jours pairs-jours impairs, les interminables files d'attente devant les pompes, voire le rationnement, sèmeront le désordre et créeront des retards dans les déplacements des banlieusards, sans préjudice des coûts supplémentaires, sociaux et économiques, qui en résulteront.

Ajoutons que d'autres pressions s'ajouteront encore à celles-là. Les sociétés et l'État-patron découvriront que le transfert de l'activité au domicile des employés — ou, à titre de demi-mesure, à des centres de travail locaux ou de quartier — fera diminuer brutalement les sommes gigantesques investies actuellement dans les achats de terrains. Plus les bureaux centraux et les locaux réservés à la production seront localement dispersés, plus la facture immobilière sera réduite, moins l'on dépensera pour chauffer, climatiser, éclairer, nettoyer et entretenir les installations. A mesure que l'escalade des prix du terrain et des surfaces commerciales et industrielles, et des impositions consécutives, s'amplifiera, l'espoir de réduire ces frais — ou de s'en dispenser — poussera à la décentralisation du travail.

La déconcentration et la réduction des déplacements qu'elle implique auront aussi un effet modérateur sur la pollution et, par conséquent, la dépollution sera moins coûteuse. Plus les écologistes marqueront de points dans la lutte qu'ils mènent pour « faire payer les pollueurs », plus les firmes auront intérêt à s'orienter sur des activités moins productrices de nuisances, donc à renoncer aux lieux de travail centralisés de grande dimension au bénéfice de petits centres ou, mieux, du travail à domicile.

Et ce n'est pas encore tout. En menant campagne contre les méfaits de l'automobile, en s'opposant à la construction de routes et d'autoroutes, en réussissant à chasser les voitures de certains quartiers, les défenseurs de l'environnement favorisent à leur insu le transfert du travail. Leur combat a finalement pour résultat d'opposer le coût déjà élevé et les inconvénients personnels des déplacements, au bon marché et aux avantages de la télécommunication.

Quand ils prendront conscience des disparités écologiques des deux termes de l'alternative et quand le travail à domicile commencera à faire figure d'option véritable, ils appuieront de toutes leurs forces cet important mouvement de décentralisation et aideront à nous faire basculer en douceur dans la civilisation de la Troisième Vague.

Des facteurs d'ordre social, également, confortent la tendance à l'intronisation de la maison électronique. Plus la journée de travail raccourcit, plus, en proportion, la durée des déplacements entre le domicile et le centre s'allonge. L'employé qui renâcle déjà à passer une heure pour aller au bureau et en revenir pour faire une journée de huit heures refusera peut-être bien d'investir le même temps en trajet si la journée de travail est plus courte. Plus le rapport temps de trajet-durée de travail est élevé, plus ces navettes sont irrationnelles, frustrantes et absurdes. A mesure que la résistance à ce genre de déplacements prendra corps, les employeurs se verront obligés d'augmenter indirectement les primes versées au personnel concentré dans de vastes lieux de travail centralisés, alors que d'autres travailleurs seront disposés à gagner moins en échange d'une diminution de leur temps de déplacement, de leurs frais et d'une amélioration de la qualité de vie. Cela aussi poussera à la roue et favorisera le transfert du travail.

Enfin, une profonde transformation des valeurs fait pression dans le même sens. Sans même parler du développement de l'individualisme et de l'attrait qu'exercent la petite ville et la vie rurale, nous assistons à un changement d'attitude fondamental à l'égard de la cellule familiale. La famille nucléaire, structure standard en honneur pendant toute l'ère de la Seconde Vague, est manifestement en crise. Nous nous pencherons sur la famille de demain dans le prochain chapitre. Qu'il nous suffise de noter, pour le moment, qu'aux États-Unis et en Europe — partout où le dépassement de la famille nucléaire est le plus avancé —, on observe que la poussée vers un renforcement des liens familiaux s'affermit. Et il est intéressant de noter qu'historiquement, l'un des ciments de la famille a été le travail en commun.

Aujourd'hui déjà, on a le sentiment que les couples qui travaillent ensemble divorcent moins que les autres. La maison électronique ouvre à nouveau, mais à une échelle de masse, aux époux, et peut-être même à leurs enfants, la perspective du travail partagé. Et quand les champions de la défense de la famille découvriront les possibilités inhérentes au transfert de l'activité professionnelle au foyer, peut-être réclamera-t-on de plus en plus bruyamment l'adoption de mesures politiques propres à accélérer ce processus — des incitations fiscales, par exemple, et une nouvelle définition des droits des travailleurs.

A l'aube de l'ère de la Seconde Vague, les travailleurs se sont battus pour arracher « la journée de dix heures », mot d'ordre qui aurait été quasi incompréhensible sous la Première. Nous ne tarderons peut-être pas à voir naître des mouvements exigeant que toutes les tâches susceptibles d'être accomplies à la maison le soient effectivement. Beaucoup de travailleurs considéreront cette option comme un droit. Et dans la mesure où cette redistribution des lieux de travail sera perçue comme un facteur de consolidation de la vie familiale, un grand nombre de personnes venues d'horizons politiques, religieux et culturels différents appuieront énergiquement cette revendication.

Le combat pour la maison électronique est l'un des aspects du super-combat opposant sur une plus vaste échelle le passé de la Seconde Vague à l'avenir de la Troisième Vague, et il est vraisemblable qu'il ne mobilisera pas seulement les technocrates et les corporations avides d'exploiter les nouvelles possibilités techniques qui s'offrent, mais aussi un large éventail d'autres forces — écologistes, militants d'une réforme du travail d'un type nouveau, sans compter une puissante coalition d'organisations regroupant aussi bien les Églises conservatrices que les féministes extrémistes et les grands courants politiques — décidés à appuyer ce qui apparaîtra demain peut-être comme une nouvelle structure familiale plus satisfaisante. Il se pourrait fort bien que la maison électronique soit un des points de ralliement essentiels des armées de la Troisième Vague — les légions de l'avenir.

LE FOYER, PÔLE DE LA SOCIÉTÉ

Si tel devait être le cas, les conséquences sociales de cet état de choses revêtiraient une très grande importance. Beaucoup d'entre elles rempliraient d'aise les écologistes et les techno-rebelles les plus bouillants, tout en ouvrant des horizons nouveaux aux industriels.

L'impact sur la collectivité. A partir du moment où une fraction non négligeable de la population travaillera à domicile, la stabilité de la collectivité aura des chances de se renforcer — objectif aujourd'hui hors d'atteinte dans nombre de régions très évolutives. Si les travailleurs peuvent effectuer chez eux tout ou partie de leurs tâches, ils ne seront pas obligés de déménager chaque fois qu'ils changeront d'emploi comme beaucoup sont contraints de le faire aujourd'hui. Il leur suffira de se connecter à un autre ordinateur.

Cela se traduira par une moindre mobilité forcée, une diminution du stress, des rapports humains moins éphémères et une participation à la vie collective plus intense. Actuellement, quand une famille s'installe dans une communauté avec la perspective de déménager au bout d'un an ou deux, elle répugne à rejoindre les associations de quartier, à nouer des amitiés solides, à participer à la vie politique locale, bref, à s'intégrer au microcosme social. La maison électronique pourra contribuer à faire renaître un certain sens de la solidarité locale et à donner un coup de fouet aux associations bénévoles — paroisses, groupes de femmes, cercles, amicales, clubs sportifs, foyers de jeunes. En d'autres termes, elle apportera peut-être davantage de ce que les sociologues épris de jargon germanisant appellent *Gemeinschaft*.

L'impact sur l'environnement. Le transfert, même partiel, de l'activité professionnelle au foyer ne réduira pas seulement la consommation d'énergie comme il a été dit plus haut : il pourra également conduire à la décentralisation énergétique. Au lieu d'exiger une intense concentration d'énergie sur quelques tours à usage de bureaux ou quelques vastes complexes industriels, ce qui nécessite des unités génératrices d'énergie fortement centralisées, le système de la maison électronique étalera la demande énergétique, favorisant ainsi le recours à l'énergie solaire, à l'énergie éolienne et à d'autres technologies alternatives. De petits générateurs individuels dans chaque maison remplaceraient au moins quelques-unes des usines énergétiques centralisées, pour le moment indispensables. Il en résulterait une moindre pollution, et ce pour deux raisons : d'une part, l'utilisation de sources d'énergie renouvelable sur petite échelle supprimera l'obligation de faire appel à des combustibles très polluants ; d'autre part, il y aura moins d'émission de polluants à forte concentration saturant l'environnement de quelques sites sensibles.

L'impact économique. Dans un tel système, certaines entreprises déclineront, d'autres se multiplieront ou se développeront. Il est évident que l'électronique, l'informatique et les télécommunications connaîtront un bel essor. En revanche, les compagnies pétrolières, la construction automobile et l'immobilier industriel seront en perte de vitesse. Toute une série de points de vente d'ordinateurs et de sociétés de services spécialisées dans l'informatique naîtront tandis que, en revanche, les postes perdront du terrain. Les fabricants de papier s'en sortiront moins bien alors que la plupart des sociétés de services et les activités du secteur tertiaire seront gagnantes.

A un autre niveau, plus important, si des particuliers achètent — peut-être à crédit — leur propre matériel électronique et leurs propres terminaux, leur statut se rapprochera plus de celui d'entrepreneurs indépendants que de celui du salarié classique. Dans un pareil système, il se peut que le travailleur accède de façon croissante à la propriété d'une partie des « moyens de production ». Peut-être verra-t-on aussi se créer de petites sociétés formées de travailleurs à domicile qui commercialiseront leurs services ou, pourquoi pas ? se constitueront en coopératives propriétaires du matériel. Toutes sortes de relations et de formes d'organisation inédites deviendront possibles.

L'impact psychologique. Cette image d'un univers professionnel de plus en plus tributaire de symboles abstraits évoque l'idée d'un environnement de travail hypercérébral étranger et, en un sens, plus impersonnel que celui d'aujourd'hui. Mais, sur un autre plan, le travail à domicile permet d'envisager un approfondissement des rapports humains et affectifs aussi bien à la maison que dans le voisinage. Au lieu de l'univers déshumanisé où un écran électronique s'interpose entre l'individu et l'extérieur, que dépeignent tant de récits de science-fiction, on peut imaginer un monde où les rapports humains seraient de deux sortes : les uns réels, et les autres par machines interposées, chacun ayant ses règles et ses finalités.

Sans aucun doute, il y aura bien des variantes et bien des demi-mesures. Beaucoup de gens travailleront en partie à domicile et en partie à l'extérieur. Les points de travail déconcentrés se multiplieront. Certaines personnes travailleront à domicile quelques mois ou quelques années, puis occuperont un emploi extérieur pour revenir ensuite, peut-être, à la première formule. La structure du pouvoir dans l'entreprise et la gestion devront se transformer. Sans aucun doute de petites sociétés de sous-traitance verront le jour, qui prendront à leur compte certains travaux des grosses firmes, et se spécialiseront dans le recrutement, la formation et la gestion d'équipes de travailleurs à domicile. Peut-être organiseront-elles, afin de maintenir les contacts entre ces derniers, des soirées, des rencontres ou des vacances collectives. Ainsi, les membres d'une même équipe se rencontreront-ils physiquement au lieu de ne se connaître que par l'intermédiaire d'une console ou d'un clavier.

Il va sans dire que tout le monde ne pourra pas (ou ne voudra pas) travailler à domicile. Des conflits portant sur les salaires et les frais d'équipement surgiront inévitablement. Que deviendra la société quand les interactions humaines au niveau professionnel seront de plus en plus désincarnées alors que, chez soi, les contacts directs et affectifs s'intensifieront ? Que deviendront les villes ? Et les statistiques de chômage ? D'ailleurs, que signifient les termes d' « emploi » et de « chômage » dans un tel système ? Balayer d'un geste négligent de telles questions et de tels problèmes serait faire preuve de naïveté.

Mais si des points d'interrogation subsistent et s'il faut, peut-être, s'attendre à de douloureuses difficultés, il y a aussi des possibilités insoupçonnées. Le passage à un nouveau mode de production rendra vraisemblablement caducs bien des problèmes insolubles d'une époque bientôt révolue. Le système agricole féodal, par exemple, ne pouvait pas alléger la misère des serfs. Ni les révoltes paysannes, ni l'action de nobles altruistes ou d'utopistes religieux ne l'ont éliminée. La situation n'a changé du tout au tout qu'avec l'irruption d'un nouveau système de production reposant sur la manufacture, dont les inconvénients étaient d'un tout autre ordre.

De même, les problèmes spécifiques de la société industrielle — du chômage à l'épuisante monotonie du travail, de l'hyperspécialisation à la situation inhumaine faite à l'individu et aux salaires de misère — sont peut-être insolubles dans le cadre de la Seconde Vague en dépit des meilleures intentions et des promesses de multiplication des emplois, des syndicats, des patrons sociaux et des partis ouvriers. Si ces problèmes subsistent depuis trois cents ans, aussi bien sous les régimes socialistes que sous les régimes capitalistes, on est en droit de penser qu'ils sont peut-être bien inhérents au mode de production.

Le passage à un nouveau système affectant et la production et le secteur tertiaire, et l'éventuelle apparition de la maison électronique contiennent en germe la remise en cause des termes dans lesquels se pose aujourd'hui le débat. Ils rendront caducs la plupart des litiges au nom desquels nos contemporains s'opposent, se combattent et meurent parfois.

Nous ne savons pas, à l'heure qu'il est, si la maison électronique sera la norme de demain. Force nous est, néanmoins, d'admettre que si 10 à 20 % seulement de la main-d'œuvre telle qu'elle se définit aujourd'hui prenaient dans les vingt ou trente années qui viennent ce virage historique, notre économie tout entière, nos villes, notre écologie, nos structures familiales, nos valeurs et nos choix politiques eux-mêmes seraient transformés au point d'en être méconnaissables.

C'est une possibilité — suffisamment vraisemblable pour qu'on y réfléchisse.

Nous pouvons à présent envisager un certain nombre de changements de Troisième Vague, en général examinés isolément, sous l'angle de leurs rapports réciproques. Nous voyons notre système technologique et notre base énergétique se transformer en une nouvelle *technosphère*. Dans le même temps, nous démassifions les media et édifions un environnement intelligent — et, ce faisant, nous révolutionnons aussi l'*infosphère*. A son tour, la confluence de ces deux gigantesques courants de changement remanie l'infrastructure de notre système de production, modifie la nature même du travail à l'usine et au bureau, et tend, finalement, vers un transfert du travail qui ramènera l'activité professionnelle au foyer.

A elles seules, des mutations historiques aussi gigantesques suffiraient à corroborer notre thèse : nous sommes à l'aube d'une nouvelle civilisation. Mais nous sommes simultanément engagés dans un processus de restructuration de notre cadre de vie social, qu'il s'agisse des liens familiaux et amicaux, de l'école ou de la corporation. En d'autres termes, en même temps qu'une technosphère et une infosphère de Troisième Vague, nous nous apprêtons à construire également une *sociosphère* de Troisième Vague.

ns. sommes à l'aube d'un nouvelle civilisation. Notre vie est en voie de restructuration : nous ns apprêtons à construire une technosphère une infosphère et une sociosphère

La 3e Vague est commentée.

Chapitre 17

La famille, demain

La grande crise des années 30 jeta des millions de travailleurs à la rue. Quand les portes des usines leur claquèrent au nez, beaucoup d'entre eux, brisés par la petite feuille de licenciement rose, sombrèrent dans des abîmes de désespoir et de culpabilisation.

Finalement, on en vint à considérer le chômage sous un jour plus raisonnable. Il n'était pas le fruit de la paresse ou de l'immoralité mais la conséquence de forces gigantesques échappant au contrôle de l'individu. Une mauvaise répartition de la richesse, la myopie des investisseurs, une spéculation forcenée, une politique commerciale aberrante, l'incurie des pouvoirs publics — voilà quelles étaient les causes du chômage. Les carences personnelles des travailleurs licenciés n'y étaient pour rien. Dans la plupart des cas, le sentiment de culpabilité du chômeur était aussi illégitime qu'ingénu.

Aujourd'hui, nous voyons à nouveau l'ego des gens voler en éclats comme coquilles d'œufs lancés contre un mur. Mais, cette fois, la culpabilisation est associée à la dislocation de la famille et non à celle de l'économie. Des foules d'hommes et de femmes dont le mariage a fait naufrage connaissent à leur tour la torture de l'auto-accusation. Et, une fois encore, c'est à tort.

Quand seule une faible minorité est concernée, on peut attribuer l'échec familial à des carences individuelles. Mais lorsque le divorce, la séparation de corps et autres formes de désastres familiaux frappent en même temps des millions d'êtres dans de nombreux pays, il est absurde de croire que les causes de cet état de choses sont purement personnelles.

La désagrégation de la famille à laquelle nous assistons présentement est, en fait, une facette de la crise générale de l'industrialisme — l'écroulement de toutes les institutions engendrées par la Seconde Vague. C'est un aspect du processus de nettoyage qui prépare le terrain à une nouvelle sociosphère de Troisième Vague. Et c'est ce phénomène traumatisant qui, se répercutant dans notre existence personnelle, transforme le système familial au point de le rendre méconnaissable.

On ne cesse de nous ressasser que la « famille » part en quenouille, que la « famille » est le Problème n° 1. « Il est clair, dit le président Carter, que le gouvernement national se doit d'avoir une politique de la famille... Il ne peut y avoir de priorité plus urgente. » Prédicateurs amateurs, premiers ministres et journalistes reprennent la même antienne ou peu s'en faut. Seulement, quand ils parlent de « la famille », ce n'est pas à la famille dans toute la luxuriante diversité de ses formes possibles qu'ils pensent mais à un modèle particulier de famille : celle de la Seconde Vague. Ce qu'ils ont généralement à l'esprit, c'est un mari qui gagne le pain de la maisonnée, une épouse au foyer et un nombre variable de jeunes enfants. Alors qu'il existe beaucoup d'autres types de famille, c'est cette forme particulière — la famille nucléaire — que la civilisation de la Seconde Vague a idéalisée, rendue prépondérante et fait rayonner dans le monde entier.

Ce type de famille est devenu l'étalon, le modèle socialement approuvé parce que sa structure correspondait admirablement aux besoins d'une société reposant sur la production de masse dont les valeurs et les styles de vie, le pouvoir hiérarchique et une séparation bien tranchée entre la vie familiale et la vie professionnelle liée au marché suscitaient un large consensus.

Aujourd'hui, quand les pouvoirs publics nous exhortent à « restaurer » la famille, c'est le plus souvent à la famille nucléaire de la Seconde Vague qu'ils pensent. Une conception aussi étroitement limitée n'aboutit pas seulement à les faire passer à côté du problème : elle révèle une naïveté puérile dans la recherche des mesures qu'il faudrait effectivement prendre pour restituer à la famille nucléaire son importance passée.

C'est ainsi que les autorités, prises d'hystérie, rendent responsables de la crise de la famille tout et n'importe quoi, de la pornographie à la musique rock. On nous explique que c'est en luttant contre l'avortement, en supprimant l'éducation sexuelle ou en s'opposant au féminisme que l'on recimentera la famille. Ou bien l'on nous incite à suivre des cours d' « éducation familiale ». Le directeur de la statistique chargé des affaires familiales auprès du gouvernement américain souhaite une « formation plus efficace » qui apprendrait aux gens à se marier de façon plus raisonnable ou un « système scientifiquement éprouvé et séduisant pour choisir son conjoint ». Ce dont nous avons besoin, proclament d'autres voix, c'est d'avoir davantage de conseillers conjugaux, voire d'une campagne de relations publiques plus active pour améliorer l'image de marque de la famille ! Aveugles aux répercussions qu'ont sur nous les vagues du changement historique, ils arrivent les mains pleines de propositions bien intentionnées et souvent ineptes qui tapent à côté de la plaque.

MOTS D'ORDRE POUR UNE CAMPAGNE PRONUCLÉARISTE

Si l'on veut vraiment rendre à la famille nucléaire sa primauté d'antan, on peut prendre en effet certaines mesures dont voici un échantillon :

1) Geler toute la technologie au stade de la Seconde Vague pour maintenir une société de production de masse fondée sur l'usine. On commencera par casser l'ordinateur qui menace plus la famille de la Seconde Vague que les lois sur l'interruption volontaire de grossesse, les mouvements homosexuels et la pornographie, car la famille nucléaire a impérativement besoin de la production de masse pour conserver sa prééminence : or, l'ordinateur nous fait dépasser la production de masse.

2) Subventionner la production de biens et porter un coup d'arrêt au développement du secteur tertiaire. Les cols blancs, les membres des professions libérales et les techniciens sont moins attachés aux traditions, ont moins l'esprit de famille, sont intellectuellement et psychologiquement plus mobiles que les manuels. Le taux des divorces a augmenté parallèlement à l'accroissement des professions de services.

3) « Résoudre » la crise de l'énergie en recourant au nucléaire et autres techniques énergétiques hautement centralisées. La famille

de type Seconde Vague est mieux adaptée à une société centralisée qu'à une société décentralisée, et les systèmes de production d'énergie ont une influence puissante sur le degré de centralisation sociale et politique.

4) Arrêter la démassification galopante des media en commençant par interdire la télévision par câble et les vidéocassettes, sans négliger les magazines locaux et régionaux. C'est quand il y a un consensus national sur l'information et les valeurs que la famille nucléaire fonctionne le mieux, et non dans une société reposant sur une diversité poussée. Certains censeurs ont beau s'en prendre non sans candeur aux media qu'ils accusent de saper la famille, ce sont les mass media qui ont été initialement en pointe dans l'idéalisation de la famille nucléaire.

5) Ramener de force la femme à sa cuisine. Réduire les salaires féminins au strict minimum. Renforcer, au lieu de les assouplir, toutes les dispositions concernant l'ancienneté afin que les femmes au travail soient encore plus désavantagées. Quand il n'y a pas d'adultes à la maison, la famille nucléaire n'a pas de noyau. (On pourrait, bien sûr, arriver au même résultat en opérant de manière inverse : permettre aux femmes de travailler et obliger les hommes à demeurer au foyer et à élever les enfants.)

6) Réduire simultanément les salaires des jeunes travailleurs pour les rendre plus dépendants, et plus longtemps, de leur famille — et, par conséquent, moins indépendants psychologiquement. La famille nucléaire se dénucléarise davantage lorsque les jeunes travaillent et échappent ainsi au contrôle de leurs parents.

7) Bannir la contraception et les recherches biologiques sur la reproduction qui, favorisant l'indépendance de la femme et l'adultère, contribuent, la chose est notoire, à distendre les liens nucléaires.

8) Ramener le niveau de vie de tout le corps social à celui d'avant 1955, puisque l'aisance financière permet aux célibataires, aux divorcés, aux femmes qui travaillent et autres personnes sans attaches de « s'en sortir » sur le plan économique. La famille nucléaire a besoin d'un soupçon de pauvreté — ni trop ni trop peu — pour se maintenir.

9) Enfin, remassifier la société en voie de démassification rapide en résistant à tous les changements — dans la politique, dans les arts, dans l'éducation, dans les affaires et dans d'autres domaines — qui tendent vers la diversité, la liberté de circulation et celle des

idées, l'individualisme. Ce n'est que dans une société de masse que
la famille nucléaire conserve sa position dominante.

Voici en résumé ce que devrait être une politique de la famille si
l'on s'acharne à conserver le modèle d'une famille nucléaire. Si
nous voulons vraiment restaurer la famille Seconde Vague, autant
nous préparer à restaurer la civilisation de la Seconde Vague en
bloc — et geler, non seulement la technologie, mais l'histoire
même.

Car ce n'est pas de la mort de la famille en tant que telle que nous
sommes témoins, mais de la rupture finale du système familial de la
Seconde Vague au sein duquel toutes les familles sont censées
imiter le modèle nucléaire idéalisé, et de l'émergence d'une
floraison d'autres formes de famille destinées à le remplacer. Dans
la marche en avant vers une civilisation de Troisième Vague, nous
démassifions le système familial exactement comme nous démassifions les media et la production.

DES STYLES DE VIE NON NUCLÉAIRES

L'avènement de la Troisième Vague ne signifie évidemment pas
la fin de la famille nucléaire, pas plus que l'irruption de la Seconde
Vague n'a mis fin à la famille élargie. Il signifie autre chose : que la
famille nucléaire ne peut plus servir de modèle idéal à la société.

Il est un fait auquel on ne prête pas suffisamment attention, à
savoir que, au moins aux États-Unis où la percée de la Troisième
Vague est la plus forte, la plupart des gens vivent *déjà* en dehors du
cadre de la famille nucléaire classique.

Si l'on définit celle-ci comme une famille composée du mari qui
travaille, d'une femme qui tient la maison et de deux enfants, et si
l'on demande combien d'Américains vivent encore dans une
famille de ce type, la réponse est ahurissante : 7 % de la population
totale des États-Unis. Autrement dit, 93 % des Américains ne se
conforment plus à ce modèle idéal de la Seconde Vague.

Même si nous élargissons notre définition pour inclure les
familles où les deux époux travaillent, ou celles qui ont moins (ou
plus) de deux enfants, nous constatons qu'une large majorité — des
deux tiers aux trois quarts de la population américaine — vit *hors*
du cadre nucléaire. En outre, toutes les indications dont nous
disposons donnent à penser que les foyers nucléaires (quelle que

soit la façon dont on les définit) continuent de décroître en nombre à mesure que, en revanche, d'autres structures familiales se multiplient rapidement.

En premier lieu, nous assistons à une véritable explosion démographique des solitaires — des gens qui vivent seuls, hors de toute situation familiale. Entre 1970 et 1978, le nombre d'Américains entre quatorze et trente-quatre ans se trouvant dans ce cas a presque triplé, passant de un million et demi à 4 300 000. Aujourd'hui, 20 % des foyers américains se réduisent à une personne vivant seule. Et ce ne sont pas uniquement des perdants ou des esseulés obligés de vivre ainsi. Beaucoup ont délibérément choisi ce mode d'existence, au moins temporairement. « J'envisagerais de me marier si je rencontrais quelqu'un qui me convienne mais je ne renoncerais pas à ma carrière pour cela », dit une secrétaire parlementaire à une conseillère municipale de Seattle. En attendant, elle vit seule. Elle appartient à une classe nombreuse de jeunes adultes qui quittent le foyer familial plus tôt mais se marient plus tard, créant ainsi ce qu'un spécialiste des statistiques de population, Arthur Norton, considère comme une « phase transitoire de l'existence... en voie de devenir une période admise du cycle de la vie ».

Si l'on passe à une tranche d'âge plus élevé, on trouve beaucoup de gens ayant déjà été mariés ou « entre deux mariages », qui vivent seuls et, dans de nombreux cas, en sont tout à fait satisfaits. La multiplication de tels groupes a engendré une culture de « célibataires » florissante et fait proliférer bars, chalets de ski, voyages organisés, ainsi que toute sorte d'autres services ou produits destinés aux personnes indépendantes. Dans le même temps, l'industrie de l'immobilier a lancé des résidences pour célibataires et commence à répondre à la nouvelle demande d'appartements et de pavillons plus petits avec moins de chambres. Aux États-Unis, près du cinquième des acheteurs sont désormais des célibataires.

Par ailleurs, le nombre des personnes qui vivent ensemble sans passer devant M. le Maire accuse une progression brutale. Ce groupe a plus que doublé en dix ans aux U.S.A., d'après les chiffres officiels. Le concubinage est à tel point entré dans les mœurs que le ministère américain du Logement et de l'Urbanisme, rompant avec la tradition, a modifié les règlements afin que les couples illégitimes puissent habiter dans les équivalents des H.L.M. En même temps, du Connecticut à la Californie, les tribunaux ont fort à faire pour débrouiller les situations juridiques et patrimoniales compliquées qui surgissent quand ces couples « divorcent ». Les spécialistes en matière de savoir-vivre expliquent à longueur de colonnes dans quelles formes on doit écrire aux partenaires, et une nouvelle profession est née parallèlement à celle de conseiller conjugal : le *couple counselling* — le conseiller du couple.

UNE CULTURE AFFRANCHIE DE L'ENFANT

Autre changement significatif : le nombre croissant de gens qui adoptent consciemment ce que l'on commence à appeler le mode de vie *child-free* — affranchi de l'enfant. Selon James Ramey, chercheur attaché au Center For Policy Research, on assiste à un glissement massif du foyer « centré sur l'enfant » au foyer « centré sur l'adulte ». Au début du siècle, le célibat était rare et relativement peu de parents vivaient encore très longtemps après que leurs plus jeunes enfants eurent quitté la maison familiale. Aussi la plupart des foyers avaient-ils, en fait, l'enfant pour pôle. A l'inverse, dès 1970, aux États-Unis, un adulte sur 3 seulement vivait dans un foyer comptant des enfants de moins de dix-huit ans.

Nous voyons se constituer aujourd'hui des mouvements prônant les foyers sans enfant et le refus de procréer se répand dans de nombreux pays industrialisés. En 1960, 20 % d'Américaines mariées (ou l'ayant été) de moins de trente ans n'avaient pas d'enfant. En 1975, elles étaient 32 % — leur nombre avait donc augmenté de 60 % en quinze ans. Une organisation active, la National Alliance for Optional Parenthood, s'est créée pour défendre les droits des ménages sans enfant et lutter contre la propagande nataliste.

Une autre, analogue, s'est constituée en Grande-Bretagne, la National Association for the Childless, et nombreux sont les couples européens qui choisissent volontairement, eux aussi, de ne pas procréer. Prenons l'exemple de Theo et Agnes Rohl, qui demeurent à Bonn, en Allemagne de l'Ouest. Ils ont tous les deux dépassé le cap de la trentaine ; lui est employé municipal, elle secrétaire. « Nous pensons que nous n'aurons pas d'enfants », disent-ils. Les Rohl jouissent d'une modeste aisance, ils sont propriétaires d'un petit appartement et s'offrent de temps en temps un voyage en Californie ou dans le midi de la France. La présence d'enfants modifierait considérablement leur façon de vivre. « Nous sommes habitués à notre mode d'existence tel qu'il est, et nous aimons être indépendants. »

Il ne faudrait pas croire que ce refus de faire des enfants soit un symptôme de la décadence du monde capitaliste. On observe le même phénomène en U.R.S.S. où nombre de jeunes couples font écho aux sentiments exprimés par les Rohl et refusent ouvertement d'être parents, ce qui, compte tenu de la natalité encore élevée qui se manifeste au sein de plusieurs minorités non russes, ne laisse pas de préoccuper les autorités soviétiques.

Mais chez les gens qui ont des enfants, la spectaculaire augmentation des familles uniparentales met encore plus clairement en évidence la désintégration de la famille nucléaire. Au cours des dernières années, les divorces, les ruptures et les séparations ont pris de telles proportions aux États-Unis — principalement dans les familles nucléaires — qu'aujourd'hui un petit Américain sur 7 est élevé par un seul parent — et même un sur 4 en milieu urbain[1].

Devant l'extraordinaire montée de ce phénomène social, on en vient à admettre de plus en plus couramment que, en dépit des graves problèmes que cela pose, un foyer uniparental peut, dans certains cas, être plus favorable pour l'enfant qu'un foyer nucléaire où l'on se déchire sans cesse. Des publications et des organisations qui se vouent à la défense des parents uniques développent leur conscience de groupe et les appuient politiquement.

Là non plus, il ne s'agit pas d'un phénomène purement américain. En Angleterre, près d'une famille sur 10 est uniparentale — près du sixième de ces familles a un homme à sa tête —, et ces foyers forment ce que la revue New Society appelle « le groupe qui croît le plus rapidement dans la pauvreté ». Une organisation dont le siège est à Londres, le National Council for One-Parent Families, s'est créée pour défendre leur cause.

En Allemagne, un office de logement de Cologne a construit un ensemble d'appartements exclusivement destiné aux familles uniparentales et a ouvert une crèche afin que les parents puissent travailler. Dans les pays scandinaves, les familles uniparentales ont droit à des aides sociales spéciales. En Suède, par exemple, les

1. Entrent dans ce total les naissances hors des liens conjugaux et les enfants adoptés par des femmes ou des hommes (ils sont de plus en plus nombreux) célibataires. (N.d.A.)

parents uniques bénéficient d'une priorité dans les nurseries et les crèches. En fait, la famille uniparentale norvégienne et suédoise bénéficie parfois d'un niveau de vie supérieur à celui de la famille nucléaire moyenne.

Entre-temps est apparue une nouvelle forme de famille bravant la tradition et qui reflète le taux élevé des remariages chez les divorcés. C'est ce que j'avais appelé dans *Le Choc du Futur* la «. famille collective » : deux couples divorcés avec enfants se remarient, formant avec la progéniture issue de deux mariages (plus les adultes) un noyau familial élargi. On estime que 25 % des enfants américains sont, ou seront bientôt, membres d'unités familiales de ce type. Selon Davidyne Mayleas, celles-ci, avec leurs « polyparents », seront peut-être la forme familiale dominante de demain. « Nous sommes dans (un état de) polygamie économique », déclare cet auteur, signifiant par là que les deux unités familiales fusionnées font en général circuler l'argent bilatéralement sous forme d'entretien des enfants et d'autres dépenses. L'extension de cette structure familiale, rapporte Davidyne Mayleas, s'est accompagnée d'une augmentation des rapports sexuels entre parents et enfants non consanguins.

Actuellement, dans les pays technologiquement avancés, c'est un effarant mélange de structures familiales : ménages homosexuels, communautés, groupes de personnes du troisième âge s'associant pour partager les frais (et, quelquefois, les expériences sexuelles), communautés tribales à l'intérieur de certaines minorités ethniques, et bien d'autres modèles coexistent comme jamais auparavant. Il y a les mariages contractuels, les mariages en série, les collectifs de familles et tout un éventail de modalités de conjonctions avec ou sans intimité sexuelle, sans compter les familles où la mère et le père ne vivent ni ne travaillent dans la même ville.

Et ce n'est encore là qu'un timide aperçu de la richesse et de la diversité des structures familiales qui pullulent à notre insu. Lorsque trois psychiatres — Kellam, Ensminger et Turner — tentèrent de recenser les « variantes familiales » dans un seul quartier noir populaire de Chicago, ils ont répertorié « pas moins de 86 combinaisons d'adultes », dont de nombreuses formes de familles « mère/grand-mère », « mère/tante », « mère/beau-père » et « mère/quelqu'un d'autre ».

Confrontés à cet inextricable maquis de permutations de la parentèle, les chercheurs les plus orthodoxes en viennent eux-mêmes à se ranger à l'opinion, autrefois tenue pour révolutionnaire, que c'en est fait de l'âge de la famille nucléaire, et que nous entrons dans une société nouvelle placée sous le signe de la diversité de la vie familiale. « L'aspect le plus caractéristique du mariage de demain, observe la sociologue Jessie Bernard, sera précisément la gamme des options offertes à des gens différents qui veulent que leurs relations mutuelles leur apportent des choses différentes. »

« Quel est l'avenir de la famille » ? Cette question souvent posée sous-entend habituellement que, la famille nucléaire perdant sa primauté, une autre structure doit la remplacer. Le plus vraisemblable est que, sous le règne de la civilisation de la Troisième Vague, aucune norme familiale donnée ne prévaudra très longtemps. Bien au contraire, les formules seront très variées. Au lieu d'adopter un mode de famille *ne varietur,* les gens passeront d'une formule à l'autre au fil de leur existence en décrivant une trajectoire personnalisée — « sur mesure ».

Répétons-le : cela ne signifie ni l'élimination définitive ni la mort de la famille nucléaire. Il faut simplement comprendre que, dorénavant, elle ne sera qu'une forme d'unité familiale parmi beaucoup d'autres également approuvées et consacrées par la société. L'entrée en scène de la Troisième Vague a pour effet de démassifier le système familial en même temps que le système de production et le système d'information.

DES RELATIONS « CHAUDES »

Compte tenu de la prolifique multiplicité des structures de la famille, il est encore trop tôt pour dire quelles seront celles qui marqueront spécifiquement la civilisation de la Troisième Vague.

Nos enfants vivront-ils en célibataires pendant de longues années — pendant des décennies ? Se refuseront-ils à avoir des enfants ? Prendrons-nous notre retraite dans des communautés du troisième âge ? Et que dire des possibilités qui sortent encore davantage des chemins battus ? Des familles composées de plusieurs maris et d'une seule femme ? (Ce qui risquerait d'arriver si le sexe des enfants à naître pouvait être prédéterminé par des manipulations génétiques et si un trop grand nombre de parents choisissaient d'avoir un garçon.) Des familles homosexuelles ayant des enfants à

charge ? (Les tribunaux ont déjà eu à connaître de ce problème.)
De l'impact potentiel de la reproduction clonale ?

Si chacun de nous doit avoir sa trajectoire d'expériences familiales au cours de son existence, quelles en seront les étapes ? Un mariage à l'essai suivi d'un mariage sans enfants où chacun des époux poursuivra sa carrière, puis d'un mariage homosexuel *avec* enfants ? Les permutations possibles sont infinies et, malgré les clameurs effarouchées, aucune ne saurait être tenue pour impensable. Ainsi que le dit Jessie Bernard : « Il n'y a littéralement rien que l'on puisse imaginer à propos du mariage qui n'ait déjà effectivement existé... Toutes ces variations paraissaient parfaitement naturelles à ceux qui les vivaient. »

Quant à savoir quelles formes de famille précises disparaîtront et quelles seront celles qui prévaudront, cela dépend moins des homélies sur le « caractère sacro-saint de la famille » que des décisions que nous serons amenés à prendre en fonction de la technologie et du travail. Si la structure de la famille subit l'influence de forces nombreuses — les modalités de la communication, les valeurs reconnues, les modifications démographiques, les mouvements religieux, les changements écologiques, même —, le lien entre le modèle familial et les conditions de travail est particulièrement fort. De même que l'apparition de l'usine et du bureau a favorisé la famille nucléaire, tout recul de l'usine et du bureau ne pourra qu'avoir une profonde influence sur celle-ci.

Il est impossible en l'espace d'un chapitre de dresser l'inventaire des changements que les imminentes transformations qui affecteront la main-d'œuvre et la nature du travail apporteront à la famille ; mais un des bouleversements qui s'annoncent est si révolutionnaire en puissance, et si étranger à notre expérience, qu'il mérite plus d'attention qu'on ne lui en a prêté jusqu'ici. Il s'agit, bien évidemment, du transfert vers le domicile du travail précédemment exécuté au bureau ou à l'usine.

Supposons que, dans vingt-cinq ans, 15 % de la population active travaille à domicile à temps partiel ou à temps complet. De quelle manière le fait de travailler chez soi changera-t-il nos rapports personnels avec les autres ou modifiera-t-il le sens de l'amour ? Comment vivra-t-on dans la maison électronique ?

Que le travailleur à domicile programme un ordinateur, rédige une brochure, surveille à distance un atelier de production, dessine les plans d'un immeuble ou tape électroniquement du courrier, il est évident qu'un changement immédiat intervient : le transfert du travail à la maison sous-entend que nombre de gens mariés qui, actuellement, ne se voient que quelques heures par jour auront par la force des choses des contacts moins superficiels. Certains, sans aucun doute, trouveront cette coexistence continuelle insupportable mais beaucoup d'autres s'apercevront que l'expérience partagée a sauvé leur union et que leurs relations en sont sorties très enrichies.

Et si nous visitions quelques foyers électroniques pour voir comment les gens pourraient s'adapter à une transformation si fondamentale de la société ? Ce petit voyage ne manquerait pas de nous révéler une grande diversité de modes de vie et de conditions de travail.

Dans certains de ces foyers, la majorité peut-être, il se pourrait fort bien que le couple se répartisse les tâches de façon plus ou moins traditionnelle, l'un des partenaires travaillant pour un employeur, tandis que l'autre assume les besognes ménagères — l'homme, par exemple, élaborant des programmes pendant que la femme s'occupe des enfants. Toutefois, la présence même du travail sur place incitera probablement les deux protagonistes à partager et le « job » et les soins du ménage. Dans beaucoup de foyers, par conséquent, nous constaterons que le mari et la femme se relaient pour faire un travail à plein temps. Par exemple, chacun passera à tour de rôle quatre heures dans le salon devant la console pour diriger à distance les opérations complexes d'un atelier de production.

Ailleurs, en revanche, nous verrons des gens qui exercent non pas un mais deux métiers très différents et travaillent chacun de leur côté — disons : une spécialiste de la physiologie cellulaire et un expert-comptable. Cependant, même dans ce cas, il y a encore des chances pour que les époux, même si la nature de leur métier est très différente, s'intéressent dans une certaine mesure à leurs problèmes respectifs, s'initient peu ou prou au vocabulaire professionnel de l'autre, partagent plus ou moins ses préoccupations et parlent boutique. Dans ces conditions, il est presque impossible de dresser un mur entre la vie professionnelle et la vie personnelle. Et, pour la même raison, il l'est quasiment autant d'exclure son compagnon ou sa compagne de toute une dimension de l'existence.

Les voisins (nous continuons notre exploration) auront peut-être deux métiers différents mais qu'ils exercent ensemble. Le mari travaille à mi-temps comme courtier en assurances et il est également assistant d'un architecte. Sa femme aussi mais ils alternent. Cet arrangement leur assure à tous deux un travail plus varié, donc plus intéressant.

Quand, dans un couple, on a la même (ou les mêmes) occupation(s) professionnelle(s), chacune des parties apprend quelque chose de l'autre, on s'efforce de résoudre les problèmes ensemble, il s'instaure une relation d'échange bilatérale complexe et cela ne peut qu'approfondir l'intimité. Il va sans dire que la coexistence forcée n'est pas une garantie de bonheur. On ne saurait prétendre que la famille élargie de la Première Vague, qui était aussi une unité de production économique, était un modèle de sensibilité interpersonnelle et un appui psychologique mutuel. Les familles de ce type avaient leurs difficultés, leurs tensions. Mais les rapports distanciés, les rapports « froids » étaient rares. Le fait de travailler en commun avait au moins l'avantage, à défaut d'autre chose, de resserrer les relations entre les gens, de les rendre complexes et « chaudes » — ce que beaucoup envient aujourd'hui.

En résumé, le développement à grande échelle du travail à domicile risque non seulement d'affecter la structure de la famille mais, aussi, de transformer les rapports à l'intérieur de celle-ci. Pour exprimer les choses simplement, il est possible que ce système apporte aux gens des expériences partagées et que, grâce à lui, les époux se remettent à parler entre eux. Il se peut qu'il fasse monter le thermomètre des rapports du couple du « froid » au « chaud ». Et qu'il redéfinisse l'amour même, en l'affectant du signe plus.

L'AMOUR-PLUS

Nous avons vu comment, à mesure que la Seconde Vague gagnait du terrain, l'unité familiale déléguait un grand nombre des fonctions qui lui incombaient à des institutions spécialisées — l'éducation à l'école, les soins aux malades à l'hôpital, etc. Cet abandon progressif des responsabilités assumées antérieurement s'accompagna d'un autre phénomène : l'essor de l'amour romanesque.

A l'époque de la Première Vague, la personne qui envisageait de convoler se demandait si son (sa) futur(e) était un(e) bon(ne) travailleur(euse), une bonne garde-malade, si il (elle) saurait élever les futurs enfants, s'ils pourraient s'entendre en travaillant ensem-

ble, si elle (ou il) paierait de sa personne ou serait un tire-au-flanc.
Dans les familles paysannes, la question se formulait en ces
termes : « Est-elle robuste, capable de s'échiner et de lever des
charges ? ou est-elle maladive et débile ? »

Quand, sous la Seconde Vague, la famille se dégagea de ses
anciens rôles, ces questions changèrent. Elle avait cessé d'être
simultanément une unité de production, une école, une infirmerie
et un foyer de retraite, mais sa fonction psychologique gagna en
importance. Le mariage se définissait comme un compagnonnage,
un échange sexuel, une source de chaleur humaine et un soutien
mutuel. Ce glissement vers des fonctions nouvelles ne tarda pas à se
traduire dans les critères du choix du conjoint, critères qui peuvent
se résumer en un mot : *amour*. C'est l'amour qui fait tourner le
monde, affirmait la sagesse populaire.

Certes, la vie réelle et la fiction romantique ne faisaient pas
souvent bon ménage. La classe, le statut social et les revenus
continuaient d'avoir une certaine importance quand on choisissait
son conjoint, mais ce n'étaient là, en principe, que des considérations secondaires qui n'intervenaient qu'après l'Amour avec une
majuscule.

Il se pourrait bien que la maison électronique de demain entraîne
la disparition de cette logique simpliste. Les gens qui souhaitent
travailler chez eux avec leur époux ou leur épouse au lieu de passer
le plus clair de leur journée à l'extérieur auront vraisemblablement
tendance à voir plus loin que la simple satisfaction sexuelle et
psychologique — ou que le statut social. Peut-être commenceront-
ils à rechercher l'amour-plus : la satisfaction sexuelle et psychologique *plus* l'intelligence (de même que leurs grands-pères mettaient
l'accent sur le muscle), l'amour *plus* la conscience professionnelle,
la responsabilité, la discipline de soi et autres vertus liées au travail.
Et qui sait si quelque Tino Rossi de demain ne susurrera pas un
jour :

> *J'aime tes yeux, tes lèvres de corail,*
> *L'éclat de tes dents d'émail.*
> *Quand tu es devant ta console,*
> *Quand sur le clavier voltigent tes doigts,*
> *Ton brio me console,*
> *Tes microprocesseurs m'inondent d'émoi.*

Mais soyons sérieux. On peut imaginer que certaines familles, au moins, chercheront non pas à éviter mais à assumer des fonctions supplémentaires et opéreront en tant qu'unités polyvalentes au lieu de s'en tenir à une spécialisation étroite. Dès lors, le critère du mariage, la définition même de l'amour, en seront métamorphosés.

OUI AU TRAVAIL ENFANTIN

Il est vraisemblable que les enfants de la maison électronique grandiront autrement, ne serait-ce que parce qu'ils verront physiquement leurs parents travailler. Les enfants de la Première Vague voyaient les leurs au labeur dès l'instant où ils s'ouvraient à la conscience alors que, au contraire, ceux de la Seconde Vague — en ce qui concerne les récentes générations, tout au moins — étaient parqués à l'école et coupés de la vie réelle, de la vie professionnelle de leurs géniteurs. Les enfants d'aujourd'hui n'ont qu'une idée très vague de ce que font leurs parents et de la manière dont ils vivent sur leur lieu de travail. L'anecdote suivante, peut-être apocryphe, illustre bien la chose : Un jour, un cadre supérieur décide d'emmener son fils au bureau et de l'inviter à déjeuner. Que voit l'enfant ? De la moquette partout, des éclairages indirects, une salle de réception somptueuse. Au restaurant de direction, des garçons obséquieux, une addition exorbitante. Alors, songeant à la maison, il ne peut se retenir et s'exclame : « Papa, comment se fait-il que tu sois si riche et que nous soyons si pauvres ? »

Le fait est là : de nos jours, la plupart des enfants — et singulièrement ceux issus de familles aisées — sont totalement exclus d'une des dimensions les plus importantes de l'existence de leurs parents. Les enfants de la maison électronique n'auront pas seulement l'occasion de *voir* leur père et leur mère au travail : à partir d'un certain âge, ils entreront peut-être eux-mêmes dans le cycle professionnel. La prohibition du travail juvénile imposée sous la Seconde Vague — mesure qui, au départ, était bien intentionnée et nécessaire mais qui est maintenant pour une grande part un expédient anachronique visant à empêcher les jeunes d'arriver sur un marché du travail saturé — est devenue plus difficile à appliquer dans le milieu familial. En vérité, on pourrait imaginer certaines formes de travail spécialement conçues pour les jeunes et qui seraient même intégrées à leur éducation. (Ceux qui sous-estiment l'aptitude de gens, même très jeunes, à comprendre et exercer des métiers sophistiqués n'ont sûrement jamais eu affaire aux garçons de quatorze ou quinze ans employés, sans doute illégalement, comme « vendeurs » par les distributeurs d'ordinateurs en Californie. Ce sont des gamins qui avaient encore des appareils de correction dentaire dans la bouche qui m'ont expliqué le mystérieux fonctionnement des ordinateurs à usage domestique.)

Si les jeunes d'aujourd'hui se sentent aliénés, c'est dans une large mesure parce qu'ils sont relégués dans un ghetto non productif pendant une interminable adolescence. La maison électronique palliera cette situation.

En fait, l'intégration au travail au sein de la maison électronique sera peut-être la seule solution réelle au grave problème du chômage chez les jeunes. Au cours des prochaines années, ce problème, qui va prendre un caractère de plus en plus explosif dans de nombreux pays, avec tous les maux qui l'accompagnent — délinquance juvénile, violence et détresse psychologique — ne peut être réglé dans le cadre de l'économie de la Seconde Vague sauf à user de moyens totalitaires — mobiliser les jeunes gens pour la guerre ou pour un service du travail obligatoire, par exemple. La maison électronique offre une solution de rechange en leur proposant un rôle socialement et économiquement productif, et peut-être verrons-nous avant longtemps se développer des campagnes politiques *en faveur* du travail enfantin, et pour que soient prises des mesures de protection contre une exploitation économique éhontée de la main-d'œuvre juvénile.

LA FAMILLE ÉLECTRONIQUE ÉTENDUE

A partir de là, il est facile d'imaginer que le foyer-lieu de travail deviendra quelque chose de radicalement différent : une « famille électronique étendue ».

La structure familiale la plus répandue dans les sociétés de la Première Vague était peut-être la famille élargie où plusieurs générations cohabitaient sous le même toit. Mais il y avait aussi la « famille étendue » où, au noyau familial proprement dit, venaient s'ajouter un ou deux orphelins étrangers, un apprenti, un commis agricole, etc. On peut pareillement supposer que le foyer-lieu de travail de demain invitera une ou deux personnes extérieures — par exemple, un collègue de travail du mari ou de la femme, un client, un fournisseur ou, pourquoi pas? le fils ou la fille d'un voisin désireux d'apprendre le métier. On peut même extrapoler et envisager qu'une législation spéciale visant à encourager la participation ou la coopérative accordera à de telles familles un statut de P.M.E. Dans bien des cas, le foyer deviendrait alors une famille électronique étendue.

Il est certain que la désagrégation rapide des communautés qui s'étaient créées dans les années 1960 et 1970 peut laisser penser que de tels regroupements sont par nature instables dans le cadre de sociétés technologiquement avancées. Toutefois, si l'on y regarde de plus près, on s'aperçoit que les communautés les plus éphémères étaient précisément celles qui s'étaient avant tout constituées pour des raisons d'ordre psychologique — pour développer les contacts humains, pour combattre la solitude, pour favoriser la vie intime de leurs membres, et ainsi de suite. La plupart d'entre elles manquaient d'une base économique, et se définissaient elles-mêmes comme des expériences utopiques. Les communautés qui ont résisté à l'épreuve du temps — il y en a — étaient, en revanche, celles qui, se détournant de l'utopie, avaient une vocation clairement orientée vers l'extérieur, une base économique et le sens des réalités.

Cette ouverture vers l'extérieur est un ciment pour le groupe et elle peut indiscutablement lui apporter la base économique indispensable. Que la mission qu'elle se fixe soit d'élaborer un produit nouveau, de se charger de la « paperasserie électronique » d'un hôpital, de faire les traitements d'une société d'assurances, d'établir les horaires de vol à l'intention d'une compagnie aérienne locale, de préparer des catalogues, ou d'assurer un service d'informations techniques, la communauté électronique de demain pourra être une structure familiale tout à fait viable et tout à fait stable.

En outre, puisque la famille électronique étendue sera conçue, non pour faire obstacle à d'autres styles de vie ou s'ériger en prototype mais, au contraire, pour s'incorporer à la trame même du système économique, ses chances de survie seront considérablement améliorées. Et, en vérité, on verra peut-être des foyers étendus s'associer entre eux pour exercer une activité professionnelle nécessaire ou fournir des services pour lesquels il existera une demande, pour commercialiser leur production sur une base coopérative ou pour fonder les syndicats professionnels nouvelle manière qui les représenteront. Au plan du fonctionnement interne, les rapports sexuels pourront être ou ne pas être de type matrimonial, ces familles pourront être ou ne pas être hétérosexuelles, elles pourront être des familles sans enfants aussi bien que des familles nombreuses.

Bref, il s'agit ni plus ni moins de la possible résurrection de la famille élargie. Aujourd'hui, 6 % des Américains environ vivent dans des familles étendues classiques. On peut facilement imaginer que, d'ici une génération, ce chiffre sera doublé ou triplé et que quelques-unes de ces unités familiales comprendront des étrangers. Ce ne sera pas un phénomène négligeable mais un mouvement qui, rien qu'aux États-Unis, touchera des millions de personnes. L'essor de la famille électronique étendue sera d'une importance capitale pour la vie de la communauté, pour le vécu de l'amour et du mariage, pour la réanimation des rapports d'amitié, pour l'économie et la consommation aussi bien que pour la structure mentale et la personnalité des gens.

Nous ne prétendons pas que la famille étendue nouvelle version soit inévitable, nous ne disons pas qu'elle sera un modèle supérieur ou inférieur à d'autres. Simplement, elle est pour nous un exemple des nombreuses structures familiales nouvelles susceptibles de trouver place dans la complexe écologie sociale de demain.

INCOMPÉTENCE PARENTALE

Ce riche foisonnement de formes familiales diverses et variées ne s'imposera pas sans douleur. En effet, toute modification de la structure de la famille entraîne par voie de conséquence une modification des rôles que nous assumons dans la vie. La société édifie, à travers ses institutions, l'architecture des fonctions et des aspirations sociales qui lui correspondent. La corporation et le syndicat dessinent plus ou moins le portrait-robot du travailleur et du patron, l'école celui du maître et de l'élève. Et la famille de la Seconde Vague a distribué à chacun son rôle — le chef de famille, la ménagère, l'enfant. Mais à partir du moment où la famille nucléaire commence à « diverger », si l'on peut dire, les rôles sociaux qui lui sont associés commencent à se craqueler et à se déliter — avec les pénibles conséquences personnelles que cela implique.

Du jour où le livre en forme de bombe de Betty Friedan, *la Femme mystifiée*, mit sur orbite le féminisme moderne dans de nombreux pays, un dur combat s'est engagé pour redéfinir les rôles respectifs des hommes et des femmes dans l'optique de la famille postnucléaire de demain. Les aspirations et les comportements de l'un et l'autre sexe touchant le travail, les droits juridiques et financiers, les responsabilités au sein du foyer et même la sexualité se sont modifiés. « Maintenant », écrit Peter Knobler, rédacteur en chef de *Crawdaddy*, une revue de musique rock, « un mec doit se faire une raison quand les femmes brisent les règles... Pas mal de règles doivent être brisées, ajoute-t-il, mais ça ne rend pas les choses plus faciles. »

Les rôles sociaux prennent de rudes coups dans la bataille pour l'avortement, par exemple, quand les femmes proclament que ce ne sont ni les hommes politiques, ni les curés, ni les médecins, ni même leurs maris mais elles-mêmes qui ont le droit d'être maîtresses de leur corps. Et les rôles sexuels s'embrouillent encore davantage maintenant que les homosexuels revendiquent, et avec un succès partiel, que leur soit reconnu le droit à la différence. Même le rôle de l'enfant dans la société n'est plus ce qu'il était et l'on a soudain vu un groupe de pression faire campagne en faveur d'une charte de l'enfance.

A mesure que des modèles familiaux autres que la famille nucléaire se multiplient et acquièrent une certaine crédibilité, les litiges portant sur la redéfinition des rôles encombrent les tribunaux. Des concubins doivent-ils se partager leurs biens après la rupture ? Un couple peut-il légalement payer une femme pour qu'elle conçoive leur enfant grâce à une insémination artificielle ? (Un tribunal anglais a répondu par la négative — combien de temps ce veto tiendra-t-il ?) Une lesbienne peut-elle être une « bonne mère » et se voir attribuer la garde de l'enfant après avoir divorcé ? (Oui, a dit un tribunal américain.) Qu'entend-on par « bonne mère » et « bon père » ? Rien ne met mieux en relief la transformation de la structure des rôles sociaux à laquelle nous assistons que le procès intenté à ses parents par un jeune homme en colère de vingt-quatre ans, Tom Hansen, de Boulder, Colorado. Les parents peuvent commettre des erreurs mais, soutint son avocat, ils doivent être tenus légalement — et financièrement — responsables de leurs conséquences. C'est pourquoi Hansen réclamait 350 000 dollars de dommages et intérêts pour un motif inédit : incompétence parentale.

VERS LE FUTUR, SANS DRAMES

Un nouveau système familial de Troisième Vague reposant sur la variété des structures et une diversité plus poussée des rôles individuels est en train de se forger par-delà toute cette confusion et toutes ces turbulences. La démassification de la famille ouvre un vaste éventail de choix aux individus. La civilisation de la Troisième Vague n'enfermera pas de gré ou de force les gens dans un cadre familial unique et uniforme, et chacun sera libre de chercher sa vérité, de choisir ou de créer le style ou l'itinéraire familial en accord avec ses besoins personnels.

Mais avant de crier victoire, nous aurons à faire face aux souffrances de l'accouchement. Des foules d'hommes et de femmes coincés sous les décombres de l'ancien système alors que le nouveau n'est pas encore en place sont déroutés par ce haut niveau de diversité qui les perturbe au lieu de les aider. Loin d'être une libération, la surpluralité des choix les déchire et les mutile, ils sombrent dans une amertume et une solitude que la multiplicité même des options ne fait qu'exacerber.

Pour que cette diversité jusque-là inconnue travaille pour et non pas contre nous, des mutations devront intervenir simultanément dans un grand nombre de domaines, de la morale à la fiscalité en passant par la politique de l'emploi.

Au plan des valeurs, il est nécessaire de jeter par-dessus bord le sentiment de culpabilité abusif qu'engendrent la dislocation et la restructuration de la famille. Au lieu d'envenimer ce prurit, ce complexe que rien ne justifie, il conviendrait que les media, l'Église, les tribunaux et le système politique aient une action déculpabilisante.

La décision de vivre en dehors du cadre de la famille nucléaire devrait être rendue plus aisée et non plus difficile. En règle générale, les valeurs changent moins vite que la réalité sociale. C'est pourquoi, devant cette diversité qu'une société démassifiée tout à la fois exige et sécrète, nous n'avons pas encore adopté une éthique de la tolérance. Élevés dans une société de Seconde Vague où on leur a inculqué l'idée dogmatique qu'un certain type de famille est « normal » et les autres plus ou moins suspects, s'ils ne sont pas carrément « déviants », une multitude de gens, confits dans leur sectarisme, refusent la diversité. Tant qu'il en sera ainsi, la transition sera plus douloureuse qu'il n'est nécessaire.

Au plan de la vie économique et sociale, les individus ne pourront pas jouir des avantages que procure l'élargissement de l'éventail des options familiales aussi longtemps que les lois, la fiscalité, la prévoyance sociale, l'école, les règlements d'urbanisme, et même l'achitecture privilégieront implicitement la famille de type Seconde Vague. Aucune de ces institutions ne prend sérieusement en compte les besoins spécifiques des femmes qui travaillent, des hommes qui restent à la maison pour s'occuper des enfants, des célibataires et des « vieilles filles » (odieuse expression !), des gens qui sont entre deux mariages, des « familles collectives », des veuves qui vivent seules ou s'associent entre elles. Ces catégories et autres groupes similaires ont tous fait l'objet d'une discrimination hypocrite ou ouverte de la part des sociétés de la Seconde Vague.

La civilisation de la Seconde Vague qui portait aux nues les tâches du foyer méprisait, en fait, la ménagère. Or, le travail domestique est un travail productif, capital en vérité, et il doit avoir sa place reconnue dans l'économie. Pour lui conférer sa dignité, qu'il soit effectué par les femmes ou par les hommes, par des individus isolés ou par des groupes d'individus, nous devrons le salarier ou lui attribuer une valeur économique.

Dans une économie où l'activité professionnelle est dissociée du domicile, les conceptions en matière de travail sont encore très souvent dérivées de l'idée périmée que l'homme pourvoit essentiellement à l'entretien de la famille, le salaire de la femme ne constituant qu'un appoint puisque cette dernière n'est pas un partenaire indépendant et à part entière sur le marché du travail. En assouplissant les règles régissant l'ancienneté, en développant les horaires à la carte, en créant des emplois à mi-temps, nous n'humaniserons pas seulement la production : nous l'adapterons aux besoins d'un système familial polymorphe. Bien des indices permettent de penser que l'entreprise commence à s'adapter à cette diversité nouvelle des formules familiales. Peu de temps après avoir adopté une politique de nature à favoriser la promotion des femmes en leur ouvrant l'accès à des postes de haute responsabilité, la Citibank, l'un des plus importants établissements financiers des États-Unis, a constaté chez les cadres masculins une tendance à épouser leurs nouvelles consœurs. Depuis longtemps, elle avait pour règle de ne pas employer de couples ; force lui fut de rompre avec cette vieille tradition. Selon *Business Week,* le *company couple* est maintenant une institution florissante qui profite aussi bien à l'entreprise qu'à la vie de famille.

Selon toute vraisemblance, dans très peu de temps, nous aurons dépassé le stade de ces ajustements mineurs. Ce ne seront peut-être pas simplement des *company couples* qui demanderont à être engagés, mais des familles entières souhaitant travailler en commun en tant qu'unités de production. Ce n'est pas parce que cette formule était inefficace dans les usines de la Seconde Vague qu'elle est forcément inappropriée aujourd'hui. Nul ne peut savoir à quoi une pareille orientation aboutirait mais, comme sur d'autres sujets concernant la famille, il conviendrait d'encourager, voire de subventionner officiellement, des expériences à petite échelle.

Des mesures de cet ordre nous aideraient à entrer dans le monde de demain en atténuant pour des foules de gens les souffrances de la phase transitoire. Mais, douloureusement ou pas, un nouveau système familial destiné à supplanter celui qui caractérisait le passé de la Seconde Vague est en train d'éclore. Ce nouveau système sera une institution clé de la sociosphère sans précédent qui s'élabore parallèlement à la nouvelle technosphère et à la nouvelle infosphère. Il est inséparable de l'acte de création sociale par lequel notre génération s'emploie à s'adapter à une nouvelle civilisation en même temps qu'à l'édifier.

Chapitre 18

La crise d'identité de la corporation

La grande corporation est l'organisation économique caractéristique de l'ère industrielle. Par milliers, ces firmes géantes, tant privées que publiques, recouvrent la planète, fournissant une large proportion de la masse de biens et de services que nous achetons aujourd'hui.

Vues de l'extérieur, elles ne laissent pas d'être impressionnantes. Contrôlant de vastes ressources, employant des millions de gens, elles exercent une influence puissante, non seulement sur l'économie mais aussi sur la vie politique. Leurs ordinateurs et leurs avions d'affaires, la maestria inégalée avec laquelle elles planifient, investissent et réalisent des projets titanesques donne le sentiment d'une puissance et d'une permanence que rien ne pourrait ébranler. A une époque où la plupart d'entre nous se sentent frappés d'impuissance, il semble qu'elles régissent notre destinée.

Pourtant, de l'intérieur, elles n'apparaissent pas sous le même jour aux yeux des hommes (et des quelques femmes) qui les dirigent. En vérité, beaucoup de nos grands managers se sentent aujourd'hui tout aussi dépassés et impuissants que nous car, tout comme la famille nucléaire, l'école, les mass media et autres institutions clés de l'âge industriel, la corporation, aujourd'hui, vacille et se métamorphose sous l'assaut de la Troisième Vague de changement. Et bien des P.-D.G. se demandent ce qui leur arrive.

LA VALSE DES MONNAIES

Le changement qui affecte le plus directement la corporation est la crise de l'économie mondiale. Pendant trois cents ans, la civilisation de la Seconde Vague s'est employée à créer un marché mondial intégré. Cet effort a été périodiquement contrecarré par des guerres, des dépressions et d'autres catastrophes mais, chaque fois, l'économie mondiale s'est rétablie, toujours plus forte et plus étroitement intégrée.

Une nouvelle crise frappe, mais elle est de nature différente. Contrairement à toutes celles qui l'ont précédée depuis le début de l'ère industrielle, elle ne met pas seulement en cause l'argent mais la base énergétique même de la société. Elle est simultanément porteuse d'inflation et de chômage alors que, dans le passé, ces deux phénomènes n'étaient pas concomitants. Elle est directement liée à des problèmes écologiques fondamentaux, à des technologies d'un type foncièrement nouveau et à l'apparition au sein du système de production d'un réseau de communication d'un niveau sans précédent. Enfin, quoi que prétendent les marxistes, elle ne touche pas exclusivement le régime capitaliste, mais aussi les pays industrialisés du bloc socialiste. Bref, c'est une crise générale de la civilisation industrielle dans son ensemble.

Les convulsions qui secouent l'économie mondiale rendent problématique la survie de la corporation telle que nous la connaissons en plongeant ses responsables dans un environnement déconcertant. Depuis la fin de la Seconde Guerre mondiale jusqu'au début des années 1970, la corporation opérait en effet dans un environnement relativement stable. Le mot clé était la croissance, le dollar était roi, les monnaies demeuraient fiables pendant de longues périodes. L'édifice financier mis en place à Bretton Woods, après les hostilités, par les puissances industrielles capitalistes et le COMECON installé par les Soviétiques paraissaient solides. L'ascenseur de la richesse montait toujours et les économistes étaient tellement sûrs de leur capacité de prévoir et de contrôler le comportement de la machine économique qu'ils parlaient à ce propos de « réglage fin ».

Aujourd'hui, pareille prétention fait ricaner. Le président Carter déclare avec dérision qu'il connaît en Georgie une diseuse de bonne aventure dont les prédictions sont plus dignes de foi que les prévisions des économistes ; et un ancien secrétaire au Trésor,

Michael Blumenthal, estime que « les économistes, en tant que groupe professionnel, sont à deux doigts d'une faillite totale si l'on considère leur incapacité à comprendre la situation présente — qu'il s'agisse de prévoir les événements ou de les expliquer après coup ». Les décideurs des grandes sociétés, piétinant au milieu des débris des théories économiques et des décombres de l'infrastructure de l'économie d'après-guerre, sont confrontés à des incertitudes grandissantes.

Les taux d'intérêts font des bonds de cabri. Les monnaies ont le tournis. Les banques centrales achètent et vendent des devises à la pelle pour amortir le mouvement mais cela n'a pour effet que d'amplifier les oscillations. Le dollar et le yen dansent le kabuki, les Européens lancent leur propre monnaie (bizarrement dénommée « écu[1] ») tandis que les Arabes se délestent en catastrophe de milliards de dollars-papier. Et les cours de l'or battent tous les records.

Dans le même temps, la restructuration des marchés mondiaux qu'imposent la technologie et les communications rend la production transnationale à la fois possible et nécessaire. Pour faciliter de telles opérations, un système monétaire adapté à l'âge du jet est en train de prendre forme. Un réseau bancaire électronique enserrant la planète — impensable avant l'ordinateur et les satellites — relie à présent de façon instantanée Hong Kong, Manille ou Singapour aux Bahamas, aux îles Caïman et à New York.

Ce réseau de plus en plus dense, avec ses Citibank et ses Barclays, ses Sumitomo et ses Narodny, pour ne pas citer le Crédit suisse et la Banque nationale d'Abou Dhabi, crée une sorte de ballon de « monnaies apatrides » — devises et crédits échappant à tout contrôle gouvernemental — qui risque de nous éclater à la figure.

La plus grosse masse de cette monnaie apatride est constituée d'eurodollars — c'est-à-dire de dollars qui se trouvent hors des frontières des États-Unis. Évoquant la multiplication accélérée des eurodollars, je lançais en 1975 un cri d'alarme pour dénoncer cette nouvelle devise qui fausse le jeu économique : « Ici, écrivais-je[2], ils alimentent l'inflation, là, ils déséquilibrent la balance des paiements, ailleurs ils sapent la monnaie en se déplaçant librement d'un endroit à un autre », en franchissant les frontières. A cette

---

1. Sigle de *European Currency Unit* (monnaie de compte européenne). (*N.d.T.*)
2. *Le Choc du Futur.*

époque, on évaluait à 180 milliards la quantité d'eurodollars en circulation.

En 1978, *Business Week,* affolé par « l'état incroyable dans lequel se trouvait le système financier international », signalait que ces 180 millards avaient fait des petits : c'était maintenant la contre-valeur de quelque 400 millards de dollars U.S. qui circulaient sous forme d'eurodollars, d'euromarks, d'eurofrancs, d'euroflorins et d'euroyens. Les banques travaillant avec cette monnaie étaient libres d'accorder des crédits illimités et, n'étant pas tenues de constituer des réserves liquides, pouvaient consentir des prêts à des taux planchers. Les eurodevises actuellement en circulation sont évaluées à 1 000 milliards de dollars.

Le système économique de la Seconde Vague qui engendra la corporation reposait sur des marchés nationaux, des monnaies nationales et des gouvernements nationaux. Or, cette infrastructure à base nationale est totalement inapte à réguler ou à maîtriser cette nouvelle « eurobulle » transnationale et électronique. Les structures imaginées en fonction de l'univers de la Seconde Vague ne sont plus adéquates.

Le fait est là : tout le cadre planétaire qui assurait la stabilité des échanges commerciaux au bénéfice des corporations géantes grince et risque de voler en éclats. Une vaste offensive menace gravement la Banque mondiale, le Fonds monétaire international et les accords GATT. Les Européens font des pieds et des mains pour mettre en place de nouvelles structures qu'ils contrôleront. Les « pays moins développés » d'un côté et les Arabes brandissant leurs pétrodollars de l'autre entendent bien peser de tout leur poids sur le système financier de demain et envisagent de créer une sorte de F.M.I. concurrent. Le dollar est détrôné et des convulsions déchirent l'économie mondiale.

A tout cela s'ajoutent des pénuries et des pléthores désordonnées au niveau de l'énergie et des ressources, de rapides changements d'attitude de la part des consommateurs, des travailleurs et du management, des déséquilibres commerciaux brutaux et, par-dessus tout, la pugnacité grandissante du Tiers Monde.

Tel est l'environnement, insaisissable et déroutant, dont les corporations d'aujourd'hui essaient péniblement de s'accommoder. Leurs dirigeants n'ont aucun désir de renoncer à leur pouvoir. Ils persistent à se battre pour faire des bénéfices, pour produire et, sur le plan personnel, pour leur avancement. Mais, confrontés à une imprévisibilité croissante, à l'animosité montante du public et en butte à des pressions politiques hostiles, les plus intelligents d'entre eux s'interrogent sur les buts, la structure, les responsabilités et sur la *raison d'être*[1] même de leurs organisations. Voyant le cadre de la Seconde Vague, naguère stable, se désagréger sous leurs yeux, beaucoup de sociétés parmi les plus importantes sont en train de traverser ce que l'on peut assimiler à une crise d'identité.

L'ÉCONOMIE EN OVERDRIVE

Cette crise d'identité dont souffre la corporation est encore accentuée par la vitesse à laquelle se succèdent les événements. En effet, la rapidité même du changement fait intervenir au plan du management un élément nouveau en obligeant les états-majors, déjà inquiets dans un environnement qui ne leur est pas familier, à prendre des décisions de plus en plus nombreuses dont le tempo ne cesse de s'accélérer. Le temps de réaction est réduit au strict minimum.

Plus les établissements financiers s'informatisent, plus les transactions s'emballent. Certaines banques vont jusqu'à modifier leur implantation géographique pour tirer parti des décalages horaires. « Les fuseaux horaires peuvent être utilisés pour améliorer la compétitivité », écrit *Euromoney,* l'organe des banques internationales.

Plongées dans cet environnement surchauffé, les grosses sociétés sont contraintes, presque de gré ou de force, à investir et à emprunter en devises variées non pas sur la base de douze mois, de quatre-vingt-dix jours ou même d'une semaine mais, littéralement, de vingt-quatre heures quand ce n'est pas à la minute. Un nouveau personnage a fait son apparition : le « manager financier international » qui demeure à son poste vingt-quatre heures sur vingt-quatre dans le casino électronique planétaire à chercher les taux d'intérêts les plus faibles, les transactions monétaires les plus payantes, les prises de bénéfices les plus rapides[2].

---

1. En français dans le texte.
2. Et ce n'est pas une fonction secondaire. Comme les agriculteurs qui gagnent plus en vendant des terrains qu'en y faisant pousser des cultures vivrières, quelques grosses sociétés font plus de bénéfices — ou accusent plus de pertes — en manipulant des devises ou en se livrant à des opérations financières qu'en produisant effectivement des biens. (*N.d.A.*)

On observe une accélération similaire de la commercialisation. « Les *marketers* doivent réagir vite pour survivre demain », lit-on dans *Advertising Age* qui signale que « les programmateurs de télévision... précipitent la décision d'arrêter les nouvelles séries dont l'indice d'écoute est mou. On n'attend plus six ou sept semaines, ni la fin de la saison... Autre exemple : Johnson & Johnson apprend que Bristol-Myers s'apprête à baisser le prix d'un produit concurrent de son Tylenol [1]... J & J adoptera-t-il une tactique d'attente ? Non. En un laps de temps incroyablement bref, il baisse le prix de détail du Tylenol. " Lanterner pendant des semaines ou des mois, c'est fini. " » Le style même est à vous couper le souffle.

Dans tous les secteurs et dans tous les services de la corporation — l'ingénierie, la fabrication, la recherche, les ventes, la formation du personnel, les affaires sociales —, on décèle la même accélération du processus de décision.

Et, une fois de plus, on constate le même phénomène, quoiqu'à un moindre degré, dans les pays socialistes. Le COMECON qui, naguère, révisait les prix tous les cinq ans au moment du lancement du plan quinquennal s'est vu dans l'obligation de procéder à cette remise à jour annuellement pour coller à l'accélération du rythme ; avant longtemps, il sera contraint de le faire tous les six mois, voire à des intervalles encore plus rapprochés.

Les conséquences de cet emballement généralisé du métabolisme de la corporation sont légion : la longévité des produits diminue, le leasing et la location gagnent du terrain, on achète et on vend plus souvent, les types de consommation et les modes changent plus vite, les travailleurs (qui doivent continuellement s'adapter à de nouvelles procédures) suivent des stages de recyclage plus nombreux, les modifications de contrats sont plus fréquentes, il y a davantage de négociations et de travail pour les juristes, davantage de révisions de barèmes, davantage de rotation d'emplois, on est davantage tributaire des données informatives, il y a davantage d'organismes *ad hoc* — et l'inflation ne fait qu'exacerber toutes ces tendances.

Résultat ? Un environnement plein de risques et hypertendu. Il est facile de comprendre pourquoi tant d'hommes d'affaires, de

1. Produit pharmaceutique courant aux U.S.A., d'usage analogue à celui de l'aspirine. (*N.d.T.*)

financiers et de dirigeants d'entreprise, soumis à ces pressions grandissantes, en arrivent à se demander ce qu'ils font — et pourquoi. Imbus des certitudes de la Seconde Vague où ils ont été formés, ils voient leur monde se désagréger sous l'impact d'une vague de changement accélérée.

LA SOCIÉTÉ DÉMASSIFIÉE

L'éclatement de la société de masse, de la société industrielle en vue de laquelle ils ont été formés, est encore plus déroutant et incompréhensible pour eux. On enseignait aux managers de la Seconde Vague que la production de masse est la forme de production la plus avancée et la plus efficiente, que le marché standardisé exige des produits standardisés, que la distribution de masse est un impératif capital, que les « masses » de travailleurs uniformisés sont fondamentalement semblables et que des stimulants uniformisés permettent de les motiver. On inculquait au manager « efficient » que la synchronisation, la centralisation, la maximalisation et la concentration étaient nécessaires à la réalisation de ses objectifs. Et, dans l'environnement de la Seconde Vague, ces dogmes étaient, pour l'essentiel, valables.

Mais, aujourd'hui, la Troisième Vague lance son offensive et remet en question les vieux postulats. La société de masse elle-même, pour laquelle on a inventé la corporation, est en voie de démassification. Ce ne sont pas seulement l'information, la production et la famille qui commencent à se fragmenter en composants plus petits et plus diversifiés : il en va de même du marché du travail et du marché lui-même.

Le marché de masse a explosé, s'est morcelé en minimarchés qui ne cessent de se multiplier et de se transformer, exigeant un éventail toujours plus large d'options, de modèles, de types, de tailles, de couleurs et de personnalisation. La compagnie Bell qui, jadis, espérait équiper tous les foyers américains du même téléphone noir — et elle a frôlé la réussite — fabrique désormais près d'un millier de types d'appareils offrant des combinaisons ou des permutations multiples — des téléphones roses, verts, blancs, des téléphones pour les non-voyants, pour les gens qui n'ont plus l'usage de leur larynx, des téléphones antidéflagrants pour les chantiers de construction. Les grands magasins, originellement

conçus pour massifier le marché, donnent aujourd'hui asile aux
« boutiques » et Phyllis Sewell, vice-président des Federated
Department Stores, prédit que « nous irons vers une plus grande
spécialisation... avec davantage de rayons différents ».

On explique souvent cette diversification accélérée des biens et
des services dans les pays de haute technicité par la volonté de
manipuler le consommateur, d'inventer des besoins artificiels et
d'accroître les bénéfices des corporations en faisant payer très cher
une multitude d'options. Il y a du vrai dans ces accusations, c'est
certain, mais l'explication est quand même un peu courte et il faut
voir plus loin. Ce phénomène, en effet, traduit aussi une diversité
toujours plus grande des besoins, des valeurs et des styles de vie de
la société démassifiée de la Troisième Vague.

Cette élévation du niveau de la diversification sociale est
alimentée par une plus grande parcellisation du marché du travail,
dont la multiplication des professions nouvelles, tout particulièrement dans le tertiaire et les industries de services, est le reflet. Dans
les offres d'emplois, on demande des « secrétaires Vydec » et des
« programmeurs sur mini-ordinateurs ». Lors d'une conférence sur
les professions de service à laquelle j'ai assisté, j'ai entendu un
psychologue citer une liste de 68 nouvelles professions, depuis le
conseiller juridique spécialisé dans les problèmes de consommation, l'avocat au service du public et le thérapiste sexuel jusqu'au
psychochimiothérapiste et à l'ombudsman.

Comme les emplois, les gens deviennent *moins* interchangeables.
Refusant d'être considérés comme tels, ils ont une conscience aiguë
de leur spécificité ethnique, religieuse, professionnelle, sexuelle,
subculturelle et individuelle. Des groupes qui, sous le règne de la
Seconde Vague, se battaient pour être « intégrés » ou « assimi-
lés », pour se fondre dans la société de masse, ne veulent plus
gommer leurs différences. Tout au contraire, ils mettent l'accent
sur leur originalité propre. Et les firmes de la Seconde Vague,
organisées en fonction d'une société de masse, ne savent pas encore
très bien comment faire face au raz de marée de la diversité qui
affecte aussi bien leur personnel que leur clientèle.

Cette démassification de la société est patente aux États-Unis,
mais elle fait également de rapides progrès ailleurs. En Grande-
Bretagne, pays jadis considéré comme fortement homogène, des
minorités ethniques, depuis les Pakistanais, les Antillais, les
Cypriotes et les Ougandais d'origine asiatique jusqu'aux Turcs et

aux Espagnols se mélangent maintenant à une population autochtone elle-même de plus en plus hétérogène, tandis qu'un flot de touristes japonais, américains, allemands, néerlandais, arabes et africains laissent en souvenir de leur passage des baraques où l'on débite des hamburgers yankees, des restaurants de poisson nippons et des pancartes *Se Habla Español* dans des vitrines.

D'un bout à l'autre du globe, les minorités ethniques affirment leur identité et réclament des droits qui leur ont été longtemps refusés : droit au travail, droit à un revenu, droit à la promotion au sein de l'entreprise. Les aborigènes d'Australie, les Maori de la Nouvelle-Zélande, les Esquimaux du Canada, les Américains d'ascendance africaine ou mexicaine et même les minorités orientales qui avaient jadis une réputation de passivité politique se sont, maintenant, ébranlés. Du Maine au Far West, les Américains de souche revendiquent le « pouvoir rouge », exigent la restitution des terres tribales et négocient l'appui économique et politique des pays de l'OPEP.

Même le Japon, qui a été longtemps la plus homogène des nations industrielles, voit se multiplier les symptômes de démassification. Du jour au lendemain, un repris de justice illettré devient le porte-parole du peuple aïnou, la minorité coréenne s'agite et le sociologue Masaaki Takane soupire : « L'angoisse me ronge... La société japonaise contemporaine perd rapidement son unité et est en voie de désintégration. »

Au Danemark, des rixes opposent les Danois aux travailleurs immigrés, des motards en blouson de cuir et des jeunes chevelus. En Belgique, de vieilles rivalités datant, en fait, d'avant l'âge industriel renaissent, dressant les uns contre les autres les Wallons, les Flamands et les Bruxellois. Au Canada, le Québec brandit la menace de la sécession, les sociétés cadenassent leurs sièges sociaux à Montréal et, d'un bout à l'autre du pays, les cadres anglophones se hâtent d'apprendre le français.

Les forces qui ont créé la société de masse ont brutalement fait marche arrière. Dans un contexte de technologie avancée, le nationalisme se mue en régionalisme. Aux pressions du *melting pot,* du creuset interracial, se substitue une nouvelle ethnicité. Les media, au lieu de fabriquer une culture de masse, démassifient la culture. Ces tendances font escorte à la diversification naissante des formes d'énergie et au dépassement de la production de masse.

Tous ces changements imbriqués sécrètent un cadre d'existence totalement nouveau à l'intérieur duquel il faudra qu'opèrent les organisations dont la vocation est de produire, qu'on les baptise corporations ou entreprises socialistes. Les dirigeants qui continuent de penser en termes de société de masse sont désemparés devant un univers qu'ils ne reconnaissent plus.

REDÉFINIR LA CORPORATION

Dans ce contexte déjà déroutant, la crise d'identité de la corporation est encore aggravée par une revendication de caractère universel : on n'exige pas seulement que telle ou telle entreprise apporte tel ou tel modeste infléchissement à sa stratégie mais qu'elle redéfinisse ses objectifs en profondeur.

Aux États-Unis, note David Ewing, coéditeur de la *Harvard Business Review*, « la colère du public envers les sociétés commence à prendre des proportions inquiétantes ». Et il cite une étude réalisée en 1977 par un chercheur attaché à la Harvard Business School dont les conclusions, dit-il, « ont fait frémir les sociétés ». Cette enquête révélait que près de la moitié des consommateurs interrogés estimaient que le traitement qui leur était fait en tant que tels s'était détérioré depuis dix ans ; les 3/5 pensaient que les produits étaient de moins bonne qualité et plus de 50 % de l'échantillon ne faisaient pas confiance aux garanties. Ewing rapporte ce mot d'un industriel inquiet : « On a l'impression d'être assis sur la faille de San Andreas. »

Mais il y a encore plus grave : « De plus en plus de gens, poursuit Ewing, ne sont pas simplement désenchantés, irrités ou furieux mais... (ils ont) une crainte irrationnelle et extravagante des technologies récentes et des risques inhérents aux affaires nouvelles. »

Pour John C. Biegler, l'un des directeurs de la Price Waterhouse, une firme de comptabilité géante très réputée, « jamais la confiance du public dans la corporation américaine n'a été aussi basse depuis la dépression de 1929. On demande à l'entreprise américaine et à la profession comptable de justifier quasiment toutes leurs initiatives dans le moindre détail... On juge les résultats des sociétés en fonction de normes nouvelles et inusitées ».

Des tendances analogues se font jour dans les pays scandinaves, en Europe occidentale et même, *sotto voce*, dans les pays socialistes industrialisés. « Un courant populaire comme on n'en avait encore jamais vu au Japon, qui critique la façon dont les corporations bouleversent la vie quotidienne, rencontre une audience croissante », lit-on dans le très officiel bulletin de la firme Toyota.

Certes, au cours de leur histoire, les grandes sociétés ont déjà été en butte à des attaques virulentes mais, dans la majorité des cas, les protestations qui s'élèvent aujourd'hui sont d'une nature radicalement différente. Elles sont la voix, non d'un passé industriel agonisant, mais des valeurs et des pétitions de principe de la civilisation de la Troisième Vague naissante.

Tout au long de la Seconde Vague, les corporations étaient considérées comme des unités économiques et c'était essentiellement en fonction de critères économiques qu'elles étaient contestées. On leur reprochait de sous-payer leur personnel, d'exploiter le client, de constituer des cartels qui fixaient les prix, de fabriquer des produits de qualité inférieure, et mille autres infractions de nature économique. Mais, quelle que fût leur véhémence, ceux qui les fustigeaient se rangeaient à la définition que la corporation donnait elle-même de sa fonction, à savoir qu'elle était une institution intrinsèquement économique.

Aujourd'hui, ses détracteurs partent d'une prémisse totalement différente. C'est le divorce artificiel entre l'économique d'une part, la politique, la morale et d'autres dimensions de la vie, d'autre part, qu'ils dénoncent. Ils tiennent de plus en plus la corporation pour responsable, non seulement de son action économique mais aussi des retombées de celle-ci dans tous les domaines, depuis la pollution atmosphérique jusqu'au stress du manager. Tout est bon pour instruire son procès : l'empoisonnement par les fibres d'amiante, l'utilisation de populations pauvres servant de cobayes pour expérimenter de nouveaux remèdes, le détournement du développement du monde non industrialisé, leur racisme, leur sexisme, leur goût du secret et leurs mensonges. On l'accuse de soutenir des régimes ou des partis détestables, qu'il s'agisse de la junte des généraux fascistes au Chili, des racistes d'Afrique du Sud ou du Parti communiste italien.

Notre propos n'est pas de savoir si ces accusations sont justifiées — elles ne le sont d'ailleurs que trop souvent. Beaucoup plus importante est la notion de la corporation qu'elles sous-entendent. C'est, en effet, que la Troisième Vague réclame avec toujours plus de vigueur une institution d'un type entièrement nouveau — une corporation qui ne se borne pas à faire des bénéfices ou à produire des biens mais qui, en même temps, contribue à résoudre des problèmes écologiques, moraux, politiques, raciaux, sexuels et sociaux d'une complexité extrême.

Cessant de se cramponner à une fonction économique étroitement compartimentée, la corporation, fouettée par la critique, la législation et ses propres dirigeants, est en train de se transformer en une institution polyvalente.

LES CINQ CONTRAINTES

La redéfinition de la corporation n'est pas une affaire de choix mais de nécessité — c'est la réponse qu'imposent les cinq changements révolutionnaires intervenus dans l'actuel système de production. Changement de l'environnement physique, du rapport des forces sociales, du rôle de l'information, de la structure étatique et de la morale : toutes ces mutations obligent la corporation à adopter un nouveau profil, à devenir une institution pluridimensionnelle et polyvalente.

La première des pressions nouvelles vient de la biosphère.

Au milieu des années 50, quand la Seconde Vague parvint à sa phase de maturité aux États-Unis, la population mondiale s'élevait seulement à 2 750 000 000 d'hommes. Elle dépasse aujourd'hui les 4 milliards. A la même époque, la consommation annuelle d'énergie de toute la population terrestre, exprimée en kilocalories, s'écrivait au moyen du nombre 22 suivi de 15 zéros. Aujourd'hui, ce nombre est passé à 68, toujours suivi de 15 zéros. A l'époque, nous n'utilisions par an que 2 700 000 tonnes d'une matière première aussi essentielle que le zinc. Aujourd'hui, nous en utilisons 5 600 000 tonnes.

Quel que soit l'étalon que l'on choisisse, le pillage auquel nous soumettons la planète devient de plus en plus forcené. En conséquence, la biosphère nous adresse des signaux d'alarme — pollution, désertification, indices d'empoisonnement des océans, modifications climatologiques insidieuses — que nous traitons par le mépris au risque de courir à la catastrophe. Ces avertissements sont clairs : nous ne pouvons plus organiser la production comme pendant la Seconde Vague.

Parce qu'elle est le principal organisateur de la production économique, la corporation est aussi le grand « producteur » d'impacts sur le milieu. Si nous voulons que se poursuive la croissance économique — en fait, si nous voulons survivre —, les managers de demain auront la charge d'inverser le signe des impacts de la corporation sur l'environnement, de les faire passer du négatif au positif. Ou ils assumeront volontairement cette responsabilité supplémentaire ou ils seront contraints de le faire car les modifications apportées à la biosphère l'imposeront impérativement. Institution économique, la corporation se transforme en une institution également écologique, non pas du fait de l'action de boy-scouts, d'extrémistes, de défenseurs de l'environnement ou de fonctionnaires de l'État, mais en raison d'un changement matériel de l'interaction de la production avec la biosphère.

La deuxième contrainte a sa source dans une transformation du milieu social dans lequel baigne la corporation, auquel on n'a guère prêté attention. C'est un environnement considérablement plus organisé qu'autrefois. Jadis, les firmes travaillaient au sein de ce que l'on pourrait appeler une société sous-organisée. Aujourd'hui, et tout particulièrement aux États-Unis, la sociosphère a accédé à un niveau de structuration supérieur. C'est un tissu mouvant et serré d'associations, d'agences, de syndicats et autres organismes bien architecturés, et disposant souvent de fonds considérables.

Pour nous en tenir aux seuls U.S.A., quelque 1 370 000 sociétés ont des contacts interréactionnels avec plus de 90 000 écoles et universités, 330 000 paroisses, 13 000 organismes nationaux totalisant des centaines de milliers d'antennes, plus d'innombrables associations purement locales — de protection de l'environnement, sociales, religieuses, sportives, politiques, ethniques, civiques — ayant chacune son programme et ses priorités. Il ne faut pas moins de 144 000 cabinets juridiques pour servir de médiateurs entre les parties intéressées !

Dans une sociosphère aussi surpeuplée, l'activité d'une quelconque firme n'affecte pas seulement des individus isolés ou impuissants : elle intéresse des groupes organisés qui, pour la plupart, disposent d'une équipe de spécialistes, de leurs journaux, et bénéficient d'appuis politiques et de ressources leur permettant de faire appel aux services d'experts, d'avocats et autres conseillers extérieurs.

Dans cette sociosphère à la trame serrée, les décisions des

corporations sont examinées au microscope. Toute « pollution sociale », qu'il s'agisse du chômage, du bouleversement du cadre de vie de la communauté, de la mobilité forcée, etc., est instantané-ment détectée et l'entreprise fait aussitôt l'objet de pressions afin qu'elle assume comme jamais auparavant la responsabilité de ses « produits » non seulement économiques mais aussi sociaux.

3) Un troisième groupe de contraintes est directement lié aux transformations affectant l'infosphère. La démassification de la société implique nécessairement une intensification considérable de l'échange d'informations entre les différentes institutions — dont la corporation — pour maintenir des rapports équilibrés entre elles. En outre, les méthodes de production de la Troisième Vague aiguisent encore l'avidité des entreprises pour cette matière pre-mière qu'est l'information. C'est pourquoi la firme absorbe les données à la manière d'un aspirateur géant, les traite et les répercute par le canal de filières d'une complexité toujours plus poussée. A mesure que l'information devient capitale pour la production et que l'industrie voit proliférer les « managers de l'information », la corporation a, par la force des choses, un impact sur l'environnement informatif, exactement comme sur l'environ-nement physique et l'environnement social.

Cette importance nouvelle que revêt l'information aboutit à un conflit portant sur la question de savoir qui aura le contrôle des données que détient la corporation. On se bat pour une meilleure information du public, on réclame la publication des comptes (sur la production et les bénéfices des compagnies pétrolières, par exemple), on exige la « vérité dans la publicité », la « vérité sur le crédit ». Cela pour la bonne raison que, dans l'ère nouvelle où nous entrons, les « impacts informatifs » deviennent une affaire aussi sérieuse que les impacts sur l'environnement et les impacts sociaux, et que l'on considère que la corporation est productrice d'informa-tion aussi bien que productrice au sens économique du terme.

La quatrième contrainte qui pèse sur la corporation est de nature politique et procède de la « sphère du pouvoir ». Partout, la rapide diversification de la société et l'accélération du changement se traduisent par une formidable « complexification » de l'État. La différenciation gouvernementale reflète la différenciation de la société, et chaque firme doit donc tenir compte d'organismes spécialisés émanant du gouvernement, dont le nombre ne cesse de grandir. Ces organismes, mal coordonnés et qui ont des priorités différentes sont, par ailleurs, en état de réorganisation perpétuelle.

Jayne Baker Spain, vice-président de la Gulf Oil, faisait observer que, il y a dix ou quinze ans, ni l'EPA, ni l'EEOC, ni l'OSHA, l'ERDA, ni la FEA n'existaient [1]. C'est plus tard que ces agences officielles et beaucoup d'autres encore sont nées.

Toutes les entreprises se trouvent ainsi de plus en plus empêtrées dans la politique locale, régionale, nationale et même transnationale. Inversement, toute décision importante prise par une firme « produit » des effets politiques, au moins indirects, tout comme elle produit des biens ou des services, et la corporation est de plus en plus largement tenue pour responsable de ces retombées.

Enfin, alors que la civilisation de la Seconde Vague entre dans son déclin et que son système de valeurs vole en éclats, une cinquième contrainte se fait jour, qui pèse sur toutes les institutions, y compris la corporation : une pression morale plus rigoureuse. Un comportement qui passait jadis pour normal est brusquement considéré comme malhonnête, immoral ou scandaleux. Le gouvernement japonais est renversé à cause des pots-de-vin distribués par Lockheed. La Olin Corporation est poursuivie pour trafic d'armes en Afrique du Sud. Une affaire de corruption oblige le président de la Gulf Oil à démissionner. La mauvaise volonté de Distillers Company à indemniser décemment les victimes de la thalidomide en Angleterre, les carences de McDonnell Douglas à propos du DC-10 — tout cela soulève des raz de marée de réprobation morale.

On a de plus en plus le sentiment que l'éthique de la corporation a un impact direct sur le système de valeurs de la société, aussi important aux yeux de certains que son impact sur l'environnement physique ou sur le système social. Elle est de plus en plus considérée comme « productrice » d'effets moraux.

Ces cinq changements de grande envergure touchant aussi bien les conditions non matérielles que matérielles de la production

---

1. Respectivement, *Environmental Protection Administration* (Agence pour la protection de l'environnement), *Equal Employment Opportunity Commission* (Commission pour l'égalité de l'embauche), *Occupational Safety and Health Administration* (Agence pour la sécurité et la médecine du travail), *Energy Research and Development Administration* (Agence pour la recherche et le développement énergétiques) et *Federal Energy Administration* (Agence fédérale de l'énergie). (*N.d.T.*)

rendent insoutenable la définition pour manuels scolaires de la corporation, chère à la Seconde Vague, qui ne l'envisageait que comme une institution purement économique. Dans la situation nouvelle qui est celle d'aujourd'hui, elle ne peut plus opérer comme une machine destinée à maximaliser telle ou telle fonction économique, que ce soit la production ou le profit. Le contenu même du terme de « production », considérablement élargi, recouvre désormais non seulement les conséquences primaires mais aussi les conséquences secondaires, non seulement les effets immédiats mais aussi les effets à long terme, de l'action de la corporation. Disons pour simplifier que chaque entreprise fabrique davantage de « produits » (et est désormais tenue pour responsable de davantage de produits) que les dirigeants de la Seconde Vague n'avaient à en prendre en compte — et pas seulement des produits de nature économique mais des produits « environnementaux », sociaux, informatifs, politiques et moraux.

Ainsi, le but de la corporation passe du singulier au pluriel — et pas seulement au niveau de la rhétorique et des relations publiques : ce sont également son identité et sa façon de se définir elle-même qui sont sur la sellette.

Attendons-nous à voir dans chaque firme se déployer une bataille interne entre ceux qui demeurent fidèles au principe de la corporation unidimensionnelle de la Seconde Vague et ceux qui sont prêts à faire face aux conditions de production de la Troisième Vague et à rompre des lances pour la corporation pluraliste de demain.

LA CORPORATION TOUS AZIMUTS

Il n'est pas facile pour les gens qui ont été formés par la civilisation de la Seconde Vague de penser les institutions dans ces termes. Nous avons du mal à concevoir qu'un hôpital ne remplit pas seulement une fonction médicale mais aussi une fonction économique, qu'une école n'a pas seulement un rôle pédagogique mais aussi un rôle politique à jouer — ou qu'une entreprise exerce d'importantes fonctions non économiques ou « transéconomiques ». Pour ce parangon de la pensée de la Seconde Vague qu'est Henry Ford II, en retraite depuis peu, la corporation « est un instrument spécialisé conçu pour satisfaire les besoins économiques de la société, et mal équipé pour satisfaire des besoins sociaux étrangers à son activité propre » — il est très ferme sur ce point. Mais si Ford et d'autres tenants de la Seconde Vague se refusent à toute redéfinition de l'organisation de la production, beaucoup de firmes, en fait, s'emploient à modifier et leur langage et leur politique.

Des formules creuses qui donnent bonne conscience et une phraséologie style relations publiques remplacent souvent des changements véritables. Il est très fréquent que de luxueuses brochures promotionnelles, proclamant l'avènement d'un âge nouveau placé sous le signe de la responsabilité sociale de l'entreprise, ne servent que de paravent à une rapacité de baron pillard[1]. Néanmoins, un « déplacement paradigmatique » — une reconceptualisation de la structure, des objectifs et des responsabilités de la corporation est en train de s'opérer face aux pressions nouvelles introduites par la Troisième Vague. Les signes de ce remaniement ne manquent pas.

C'est, par exemple, Amoco, un géant du pétrole, qui déclare que la « stratégie de notre compagnie dans l'implantation des usines est de compléter l'évaluation économique de routine par une exploration détaillée des conséquences sociales... Nous faisons intervenir de nombreux facteurs, dont l'impact sur l'environnement physique, l'impact sur les services publics... et l'impact sur la situation locale de l'emploi, particulièrement en ce qui concerne les minorités ». Amoco continue de placer au premier rang les considérations d'ordre économique, mais elle ne néglige pas l'importance d'autres éléments d'appréciation. Et quand plusieurs sites sont de valeur égale, économiquement parlant, mais « différents du point de vue de l'impact social », ces facteurs sociaux ont un poids décisif.

Dans l'éventualité d'une fusion, les administrateurs de la Control Data Corporation, l'un des grands de l'informatique aux États-Unis, prennent explicitement en compte, non seulement les données financières ou économiques de l'opération envisagée, mais aussi « tous les facteurs pertinents », y compris les conséquences sociales de cette fusion et ses répercussions sur le personnel et les communautés où la société opère. Contrairement à d'autres firmes qui se sont hâtées de s'installer *extra muros,* Control Data a

---

1. Robber baron : cette expression désigne également, aux U.S.A., les capitalistes de la fin du XIXᵉ siècle qui se sont enrichis en exploitant non seulement les richesses naturelles, mais aussi leur personnel. (*N.d.T.*)

délibérément construit de nouvelles usines au cœur de Washington, de Saint Paul et de Minneapolis afin de contribuer à fournir des emplois aux minorités et redonner vie aux centres urbains. Elle considère avoir pour mission d' « améliorer la qualité de la vie, l'égalité et le potentiel des gens » — l'égalité étant d'ailleurs un objectif insolite pour une corporation.

Aux États-Unis, où une politique nationale de promotion de la femme et des non-Blancs s'est longtemps fait attendre, certaines sociétés vont jusqu'à accorder des primes à ceux de leurs cadres qui satisfont à des objectifs « action positive ». Les trois groupes de production de Pillsbury, qui appartient au peloton de tête de l'industrie alimentaire, ne sont pas seulement tenus de proposer un plan de vente pour l'année suivante : ils doivent également soumettre un programme d'embauche, de formation et de promotion à l'intention des femmes et des membres des groupes ethniques minoritaires. Les avantages dont les managers sont susceptibles de bénéficier sont liés à la réalisation de ces objectifs sociaux. Chez A.T. & T., les états de service des cadres supérieurs sont examinés tous les ans. Avoir mené à bien tel ou tel projet d' « action positive » est une note favorable dans l'appréciation de leur activité. A la Chemical Bank de New York, 10 à 15 % des points attribués à un directeur de succursale en fonction de ses résultats professionnels tiennent compte de son activité sociale — participation à la vie associative locale, crédits accordés à des associations sans but lucratif, embauche et promotion de personnes appartenant à des groupes minoritaires. Un beau jour, Allen Neuharth, qui préside aux destinées de la chaîne de journaux Gannett, fait savoir aux rédacteurs en chef et directeurs de publication locaux qu' « une part importante » de leur boni sera « déterminée en fonction des progrès de ces... programmes ».

Dans beaucoup de grosses sociétés, on constate que les cadres qui se préoccupent des conséquences sur l'environnement de l'activité de l'entreprise bénéficient de promotions et voient grandir leur influence. Certains rendent directement compte au président en personne. Ailleurs, le conseil d'administration a créé en son sein des commissions spéciales chargées de définir les responsabilités nouvelles qui échoient à la firme.

Cette sensibilisation de la corporation au social n'est pas toujours à prendre pour argent comptant. Rosemary Bruner, directrice des affaires sociales de la filiale américaine de Hoffmann-La Roche, dit : « Parfois, bien sûr, c'est simplement affaire de relations publiques ou dans un but intéressé. Mais une grande partie (de cette orientation) traduit une conception nouvelle des fonctions de la corporation. »

Et c'est ainsi que, à leur corps défendant, cédant à la poussée des protestations, des recours en justice et de la peur de l'intervention de l'État ou animés de plus louables motifs, les managers commencent à s'adapter aux nouvelles conditions de la production et en viennent à accepter l'idée que les objectifs de la corporation sont tous azimuts.

DES POINTS D'ANCRAGE MULTIPLES

La corporation multidimensionnelle en gestation exige, entre autres choses, des cadres plus ingénieux. Elle sous-entend une direction capable de définir des objectifs multiples, de les évaluer, de les coordonner et d'imaginer une politique synergique susceptible d'en réaliser plusieurs à la fois. Elle requiert des stratégies intégrant de façon optimale non pas une mais plusieurs variables simultanément. Rien ne saurait être plus éloigné des conceptions du manager de la Seconde Vague tendu vers son objectif unique.

Ce n'est pas tout. Une fois admise la nécessité de poursuivre des objectifs multiples, on est obligé d'inventer des critères de performance nouveaux. Au lieu du « point d'ancrage » unique auquel la plupart des cadres de la Seconde Vague s'accrochaient — c'était ce qu'on leur avait enseigné —, la corporation de la Troisième Vague doit impérativement tenir compte de lignes multiples — sociale, d'environnement, informative, politique et éthique —, toutes liées entre elles.

Confrontés à cette complexité sans précédent, beaucoup de managers sont aujourd'hui en plein désarroi. Ils ne possèdent pas l'équipement intellectuel nécessaire au management de la Troisième Vague. Nous savons déterminer la capacité de profit d'une entreprise mais comment mesurer ou même évaluer la réalisation d'objectifs non économiques ? On demande aux managers « de fournir une analyse justificative du comportement d'une société dans des domaines où aucun véritable critère n'a été établi — où le vocabulaire nécessaire n'a même pas encore été créé », dit John C. Biegler, de la Price Waterhouse.

Cela explique pourquoi l'on s'efforce actuellement d'élaborer une terminologie appropriée. D'ailleurs, la comptabilité elle-même est au bord d'une révolution et s'apprête à sortir de façon explosive de son jargon étroitement économiste.

L'American Accounting Association, par exemple, a rendu publics les rapports d'une « commission d'étude sur la mesure non financière de l'efficacité » et d'une autre commission sur « la mesure de l'efficacité des programmes sociaux ». Les recherches en ce sens sont si fouillées qu'à chacun de ces rapports est annexée une bibliographie comportant près de 250 articles, monographies et autres documents de référence.

Une firme de consultants de Philadelphie, la Human Resources Network, travaille avec 12 grandes sociétés américaines pour mettre au point des méthodes inter-industries propres à établir le cahier des charges de ce que l'on pourrait appeler les objectifs « transéconomiques » de la corporation. Elle cherche à intégrer ces derniers dans les programmes des firmes et à trouver le moyen d'évaluer quantitativement leurs performances. Dans le même temps, à Washington, le ministre du Commerce des États-Unis, Juanita Kreps, a soulevé une tempête en proposant que le gouvernement lui-même mette sur pied un « index du rendement social » qu'elle décrit comme un « instrument pouvant permettre aux entreprises d'évaluer leurs accomplissements et les conséquences sociales de ceux-ci ».

Des recherches analogues se poursuivent en Europe. Selon Meinolf Dierkes et Rob Coppock, de l'International Institute for Environment and Society, dont le siège est à Berlin, « beaucoup de grandes et moyennes entreprises européennes ont fait certains travaux sur le concept (de compte rendu social)... En République fédérale, par exemple, une vingtaine de sociétés parmi les plus importantes publient maintenant régulièrement des bulletins sociaux. En outre, plus d'une centaine d'autres établissent des rapports sociaux à usage interne ».

Dans certains cas, ces documents ne sont que de la poudre aux yeux mettant au pinacle les « B.A. » de la société, mais qui prennent bien soin d'esquiver les problèmes épineux comme la pollution ; mais il en est d'autres qui sont francs, objectifs et sans complaisance. C'est ainsi qu'un rapport d'activités sociales présenté par le géant suisse de l'alimentation, la Migros-Genossenschafts-Bund, avoue, faisant son autocritique, que les salaires féminins du groupe sont inférieurs aux salaires masculins, que beaucoup de tâches sont « extrêmement fastidieuses », et que le taux des rejets de peroxyde d'azote a augmenté au cours des quatre précédentes années. « Il faut du courage à une entreprise pour montrer l'écart (existant) entre ses objectifs et les résultats réels », commente le directeur de la firme, Pierre Arnold.

Des entreprises comme STEAG et Saarbergwerke A.G. ont ouvert la voie en s'efforçant de fixer un rapport entre les frais généraux et des avantages sociaux spécifiques. De façon moins formaliste, des sociétés telles que les éditions Bertelsmann A.G., le fabricant de télécopieurs Rank Xerox GmbH et Hoechst A.G., spécialisé dans les produits chimiques, ont carrément ouvert leurs dossiers sociaux au public.

Un système beaucoup plus avancé est en usage dans certaines sociétés suédoises et helvétiques ainsi qu'à la Deutsche Shell A.G. en Allemagne. Cette dernière publie maintenant, non pas un rapport annuel mais un « rapport annuel et social » mettant en corrélation les données économiques et transéconomiques. Cette méthode de la Shell, que Dierkes et Coppock ont appelée « compte rendu et comptabilité par objectifs », fait l'inventaire des buts concrets — économiques, environnementaux et sociaux de la société —, précise les mesures à prendre pour les réaliser et indique le budget attribué pour les mener à bien.

Shell énumère également 5 objectifs globaux — dont un seul est consacré à « l'amortissement raisonnable » des investissements — et déclare sans équivoque que chacun de ces 5 objectifs, qu'ils soient économiques ou non économiques, devra « avoir la même importance » pour la prise de décision. Cette méthode d'analyse justificative oblige les sociétés à définir explicitement leurs objectifs transéconomiques, d'établir le calendrier de la réalisation de ceux-ci et de porter le tout à la connaissance du public.

Se plaçant à un niveau théorique plus ambitieux, Trevor Gambling, professeur de comptabilité à l'université de Birmingham, en Grande-Bretagne, demande dans son livre *Societal Accounting* que l'on procède à une révision radicale de cette discipline en intégrant les travaux des économistes et des comptables aux recherches des sociologues qui ont mis au point des indicateurs sociaux et des méthodes de comptabilité sociale.

En Hollande, Cornelius Brevoord, doyen de l'École supérieure de gestion des entreprises, à Delft, a élaboré une série de critères multidimensionnels en vue d'évaluer le comportement de la corporation. Cet outil a été rendu nécessaire, dit-il, par les profonds changements des valeurs affectant la société, entre autres le passage d' « une orientation économique de la production » à « une orientation vers le bien-être total ». Le même auteur signale parallèlement le passage de la « spécialisation fonctionnelle à une approche interdisciplinaire ». Ces deux phénomènes ne font que renforcer la nécessité d'une conception moins sommaire de la corporation.

Brevoord recense 32 critères différents en fonction desquels une firme doit mesurer son efficacité, faisant intervenir ses rapports avec les consommateurs, les actionnaires et les syndicats aussi bien qu'avec les organisations écologiques et sa propre direction. Mais ces 32 critères, précise-t-il, ne sont que « quelques-uns » des paramètres que la corporation de demain prendra en compte pour s'évaluer elle-même.

A l'heure où l'infrastructure économique de la Seconde Vague sombre dans la confusion, où le changement s'accélère avec l'extension de la démassification, où la biosphère allume les clignotants « danger », où le niveau d'organisation de la société s'élève, où les normes informatives, politiques et éthiques de la production sont en pleine mutation, la corporation de type Seconde Vague est périmée.

Ce à quoi nous assistons n'est donc pas autre chose qu'une reconceptualisation complète de ce que signifient la production et l'institution qui, jusqu'à présent, avait la charge de l'organiser. Il en résulte une transition délicate vers un nouveau modèle de corporation, celui de l'avenir. Comme dit William Halal, professeur de gestion des affaires à l'American University, « de même qu'au château féodal s'est substituée la corporation quand les sociétés agraires se sont transformées en sociétés industrielles, de même l'ancien modèle de la firme doit être remplacé par une forme d'institution économique nouvelle... ». Cette institution nouvelle combinera les objectifs économiques et les objectifs transéconomiques. Elle aura de multiples points d'ancrage.

Cette métamorphose de la corporation n'est qu'un aspect de la métamorphose plus générale de la sociosphère dans son ensemble, accompagnant les changements spectaculaires qui affectent la technosphère et l'infosphère. Leur conjugaison aboutit à une phénoménale mutation historique. Mais nous ne nous contentons pas de modifier ces structures géantes. Nous modifions aussi la manière dont l'individu moyen se comporte dans son existence quotidienne. Car, en changeant l'infrastructure de la civilisation en profondeur, nous récrivons en même temps tous nos codes de conduite.

Chapitre 19

A la recherche des nouvelles règles

Petit drame rituel qui se joue dans des millions de foyers de la classe moyenne : le fils (ou la fille), fraîchement émoulu de l'université, rentre en retard pour dîner, maussade, prend le journal, jette un coup d'œil à la page des petites annonces et s'exclame que travailler de neuf heures du matin à cinq heures du soir, c'est dégradant et c'est du bidon. Un être humain qui a ne serait-ce qu'un soupçon de dignité ne saurait se soumettre à pareil régime.

Entrent les parents.

Le père, qui vient de faire ses huit heures, et la mère, épuisée et déprimée après avoir liquidé les dernières factures en souffrance, sont scandalisés. Ayant connu de bons jours et d'autres moins bons, ils suggèrent à leur rejeton de chercher un emploi sûr dans une grande société. Le rejeton ricane. Les petites boîtes, c'est encore préférable. Mais tout se vaut. Un diplôme d'études supérieures ? Pour quoi faire ? C'est se fatiguer en pure perte.

Les parents, désemparés, voient leurs suggestions repoussées les unes après les autres ; leur énervement grandit jusqu'au moment où fuse l'ultime argument paternel : « Quand te décideras-tu enfin à regarder le monde tel qu'il est ? »

Ce genre de dialogue n'est pas l'apanage des milieux aisés des États-Unis ni même d'Europe. Les P.-D.G. japonais se lamentent devant leur saké sur le déclin de la conscience professionnelle et de la loyauté envers l'entreprise, de la ponctualité chère à l'industrie et de la discipline chez la jeunesse. Même en Union soviétique, les parents des classes moyennes ont à faire face au même problème.

S'agit-il simplement d'épater les parents ? — du traditionnel conflit de générations ? Ou avons-nous affaire à un phénomène nouveau ? Se pourrait-il, tout simplement, que le « monde réel » ne veuille pas dire la même chose pour les parents et pour les enfants ?

Il est de fait qu'il faut voir plus loin que le banal affrontement opposant les jeunes épris de romantisme à leurs aînés braqués sur le réalisme. En vérité, ce qui était réaliste autrefois ne l'est peut-être plus aujourd'hui car, à l'heure où la Troisième Vague commence à déferler, le code de conduite de base où sont gravées les règles élémentaires de la vie sociale est en train de changer, et vite.

Nous avons vu plus haut que la Seconde Vague avait apporté un ensemble de dogmes régissant le comportement quotidien des gens. Des principes comme la synchronisation, la standardisation ou la maximalisation avaient leur application dans les affaires, au niveau gouvernemental, et dans la vie personnelle d'individus obsédés par l'impératif de l'exactitude et des horaires stricts.

Un contre-code est aujourd'hui en train de prendre forme — de nouveaux principes de base en harmonie avec la vie nouvelle que nous édifions à partir d'une économie et de media démassifiés, de nouvelles structures familiales et de travail. Beaucoup des affrontements apparemment absurdes dressant les jeunes contre les vieux, ainsi que d'autres conflits qui éclatent dans les classes, les conseils d'administration et les coulisses de la politique, ne sont, en réalité, rien de plus que des querelles portant sur le choix du code à appliquer.

Le nouveau code met directement en cause quantité de préceptes qui ont été l'évangile des hommes et des femmes de la Seconde Vague, depuis l'importance de la ponctualité et de la synchronisation jusqu'à la nécessité du conformisme et de la standardisation. Il met aussi en doute l'efficacité présumée de la centralisation et de la spécialisation professionnelle. Il nous oblige à reconsidérer la maxime « plus c'est grand, mieux c'est », et nos conceptions de la « concentration ». Comprendre ce nouveau code, et de quelle façon il s'oppose à l'ancien, c'est comprendre beaucoup des conflits, malaisément explicables autrement, qui font rage autour de nous, épuisant notre énergie et menaçant notre pouvoir personnel, notre prestige et notre feuille de paie.

LE 9 A 5, C'EST FINI

Prenons le cas des parents qui ne savent plus sur quel pied danser. La civilisation de la Seconde Vague, nous l'avons vu, a synchronisé la vie quotidienne en plaquant les rythmes du sommeil et de la veille, du travail et du loisir, sur le tempo sous-jacent de la machine. Pour les parents qui ont été élevés dans cette civilisation, il va de soi que le travail doit être synchronisé, que tout le monde doit pointer et travailler en même temps, que les bouchons des heures de pointe sont inévitables, que les heures des repas doivent être invariables, et que l'on doit inculquer très tôt aux enfants la notion du temps et de l'exactitude. Ils ne comprennent pas pourquoi (et cela les agace) ceux-ci en prennent tellement à leur aise avec les heures de rendez-vous ni pourquoi, si le 9 heures-5 heures (ou tout autre horaire rigide) était bon autrefois, il apparaîtrait brusquement comme une intolérable vexation aux yeux de leur progéniture.

La raison en est pourtant simple : la Troisième Vague qui fait irruption apporte avec elle un sens du temps entièrement différent. Si la Seconde soumettait la vie à la cadence de la machine, la Troisième lance son défi à cette synchronisation mécanique, altère les rythmes sociaux les plus fondamentaux et, ce faisant, nous libère de la machine.

Une fois que l'on a compris cela, on ne s'étonne pas que l'une des novations industrielles à avoir pris le plus rapidement dans les années 70 ait été l' « horaire variable », qui permet au personnel de choisir ses heures de travail à l'intérieur d'un cadre prédélimité. Au lieu d'exiger que tous ses employés arrivent en même temps à la porte de l'usine ou au bureau, ou même à des heures échelonnées déterminées par avance, l'entreprise qui pratique l'horaire variable définit un secteur rigide où tous doivent être présents, et un secteur élastique. Chaque salarié est ainsi libre de choisir dans le secteur élastique les heures qu'il consacrera à son travail.

De la sorte, un « diurne » — c'est-à-dire quelqu'un dont les rythmes biologiques le font se réveiller tôt — pourra pointer, disons à 8 heures du matin, alors qu'un « nocturne » dont le métabolisme est différent commencera s'il le désire à 10 heures ou à 10 heures et demie. Cela signifie aussi qu'une ouvrière aura la possibilité de s'occuper de son ménage, de faire des courses ou de conduire son enfant chez le médecin. Des travailleurs qui ont envie de se retrouver pour aller au bowling tôt le matin ou tard dans l'après-midi n'auront qu'à organiser leur emploi du temps en conséquence. Bref, c'est le temps lui-même qui est démassifié.

L'horaire à la carte a été porté sur les fonts baptismaux en 1965 quand l'économiste allemande Christel Kämmerer a recommandé cette solution afin d'attirer davantage de mères de famille sur le marché de l'emploi. En 1967, la société Messerschmitt-Bölkow-Blohm, le « Boeing allemand », s'est aperçue que beaucoup de ses employés arrivaient au travail fatigués parce que le trafic à l'heure de pointe était éprouvant. Dans la foulée, la direction lança une expérience : elle libéra 2 000 personnes du rigide carcan du 8 heures-5 heures et les autorisa à choisir elles-mêmes l'horaire de travail qui leur convenait. Deux ans plus tard, ses 12 000 employés bénéficiaient de l'horaire variable et certains services avaient même supprimé la présence obligatoire pendant le créneau fixe imposé.

La revue *Europa* signalait en 1972 que « dans quelque 2 000 firmes ouest-allemandes, le dogme national de la ponctualité est définitivement abandonné... La raison en est l'introduction du *Gleitzeit* », autrement dit l'horaire « glissant » ou « souple ». En 1977, un bon quart de la main-d'œuvre ouest-allemande, plus de 5 millions de salariés au total, pratiquait une forme ou une autre d'horaire élastique ; et ce système était en vigueur dans 22 000 entreprises, totalisant environ 4 millions de travailleurs en France, en Finlande, au Danemark, en Suède, en Italie et en Grande-Bretagne. En Suisse, de 15 à 20 % des firmes industrielles ont adopté ce système pour tout ou partie de leur personnel.

Les multinationales (force clé de la diffusion de la culture dans le monde contemporain) n'ont pas tardé à exporter ledit système. Nestlé et Lufthansa, par exemple, l'ont introduit dans leurs filiales aux États-Unis. D'après une étude réalisée par le professeur Stanley Nollen et Virginia Martin, consultante, à l'intention de la American Management Association, l'horaire variable était appliqué en 1977 dans 13 % des entreprises américaines. D'ici quelques années, prévoient les auteurs de cette étude, le chiffre atteindra 17 %, ce qui signifie que plus de 8 millions de salariés bénéficieront de ce système. Parmi les sociétés d'outre-Atlantique qui l'ont mis à l'essai, citons des géants comme Scott Paper, la Banque de Californie, General Motors, Bristol-Myers et Equitable Life.

Quelques syndicats rétrogrades attachés à préserver le *statu quo* de la Seconde Vague ont eu une attitude hésitante mais pour la grande masse des travailleurs, l'horaire souple est libérateur. « Les jeunes femmes mariées ont été absolument ravies par ce changement », déclare le directeur d'une compagnie d'assurances londonienne. Une enquête réalisée en Suisse révèle que 95 % des travailleurs concernés y sont favorables. 35 % des personnes interrogées déclarent qu'elles consacrent à présent plus de temps à leur famille — c'est une majorité d'hommes qui donne cette réponse.

Une femme de couleur employée par une banque de Boston était sur le point d'être licenciée, bien qu'elle donnât par ailleurs toute satisfaction, parce qu'elle arrivait régulièrement en retard. L'absentéisme qu'on lui reprochait ne faisait que renforcer les clichés racistes : « On ne peut pas compter sur les Noirs » ; « ils sont paresseux », etc. Mais quand le service où elle travaillait adopta l'horaire souple, elle ne fut plus jamais en retard. « Si, avant, elle arrivait en retard », précise le sociologue Allan R. Cohen, « c'était parce qu'elle devait conduire son petit garçon dans une crèche du centre, en sorte qu'il lui était tout simplement impossible de prendre son service à l'heure. »

Les employeurs, pour leur part, font état d'un accroissement de la productivité, d'une baisse de l'absentéisme et autres éléments positifs. Certes, il y a des problèmes, comme il y en a toujours lorsque l'on innove, mais selon l'étude de la American Management Association, 2 % seulement des sociétés qui ont tenté l'expérience y ont renoncé pour revenir à la vieille formule de l'horaire rigide. Un cadre de la Lufthansa résume la question sous cette forme lapidaire : « Désormais, le problème de la ponctualité ne se pose plus. »

LA GORGONE INSOMNIAQUE

Mais l'horaire variable, quelle que soit la publicité dont il a fait l'objet, ne constitue qu'une petite partie de la restructuration générale du temps liée à la Troisième Vague. Nous assistons parallèlement à un large développement du travail de nuit, et cela moins dans les centres de production traditionnels comme Akron ou Baltimore, où l'on employait déjà de nombreuses équipes de nuit, que dans le secteur des services en voie de croissance rapide et dans les industries de pointe où l'informatique est reine.

« En fait, a-t-on pu lire dans le quotidien *Le Monde*, la cité moderne est une Gorgone qui ne dort jamais que d'un œil et dont le sommeil même exige qu'une part croissante de ses habitants travaille hors des cycles diurnes (normaux)... »

Pour l'ensemble des pays à technologie avancée, le travail de nuit touche entre 15 et 25 % de l'ensemble de la main-d'œuvre. En France, par exemple, ce pourcentage, qui était seulement de 12 points en 1957, atteignait 21 points en 1974. Aux États-Unis, le chiffre des travailleurs de nuit à plein temps a fait un saut de 13 points entre 1974 et 1977 pour arriver à un total de 13 millions et demi, si l'on tient compte de ceux qui ne travaillent de nuit qu'à temps partiel.

Plus spectaculaire encore est l'extension prise par le travail à mi-temps — et la préférence marquée d'un grand nombre de personnes pour cette formule ne l'est pas moins. Dans la région de Detroit, d'après les estimations, 65 % du personnel employé par les magasins J. L. Hudson travaillent à mi-temps. La Prudential Insurance emploie quelque 1 600 travailleurs à mi-temps dans ses succursales américaines et canadiennes. Toutes entreprises confondues, on compte actuellement aux U.S.A. un travailleur volontaire à mi-temps pour 5 travailleurs à temps complet et, depuis 1954, les effectifs de la première catégorie ont augmenté deux fois plus rapidement que ceux de la seconde.

On en est à ce point qu'une étude réalisée en 1977 par des chercheurs de l'université de Georgetown est parvenue à la conclusion que, dans l'avenir, la quasi-totalité des emplois sera à temps partiel. Cette enquête, intitulée *Permanent Part-Time Employment : The Manager's Perspective,* portait sur 68 sociétés dont plus de la moitié avait déjà adopté le principe du travail à temps partiel. Détail encore plus digne d'être noté : le pourcentage des *chômeurs* désireux de trouver seulement un emploi à mi-temps a doublé au cours des vingt dernières années.

Cette percée du travail à temps partiel trouve un accueil particulièrement favorable de la part des femmes, des personnes âgées ou en préretraite, et de nombreux jeunes qui sont disposés à gagner moins pour pouvoir, en contrepartie, se livrer à leurs hobbies, faire du sport ou se consacrer aux activités religieuses, artistiques ou politiques de leur choix.

C'est là une rupture fondamentale avec le principe de synchronisation dont la Seconde Vague faisait si grand cas. La combinaison d'horaires élastiques -temps partiel- travail de nuit a pour conséquence qu'un nombre toujours plus élevé de gens échappent au cadre du type 9 heures-5 heures et que la société tout entière se dirige vers un fonctionnement ininterrompu vingt-quatre heures sur vingt-quatre.

Simultanément, les nouvelles habitudes des consommateurs entraînent une modification parallèle de la structure du temps au plan de la production. Prenons l'exemple de la multiplication des supermarchés ouverts toute la nuit [1] : « Le client de 4 heures du matin, longtemps considéré comme la preuve par neuf de l'excentricité californienne, deviendra-t-il une caractéristique normale de l'Est moins flamboyant ? » demande le *New Yorker*. La réponse à cette question est un « Oui ! » retentissant.

Le représentant d'une chaîne de grandes surfaces implantées dans l'est des États-Unis annonce que les magasins de la société ouvriront toute la nuit parce que « les gens se couchent plus tard qu'avant ». Un reporter de *Times* qui a passé toute une nuit dans l'un de ces centres commerciaux donne le profil des différents usagers qu'il a eu l'occasion de rencontrer : un chauffeur de camion, père de six enfants, dont la femme est souffrante, fait les commissions ; une jeune femme qui a un rendez-vous tardif fait un saut pour acheter une carte de vœux ; un papa qui veille sa petite fille malade a couru lui acheter un banjo et en profite pour manger un hibachi ; une femme qui passait dans le quartier après son stage de poterie fait ses provisions pour la semaine ; un motard entre en trombe à 3 heures du matin pour acheter un jeu de cartes ; deux pêcheurs à la ligne viennent faire un tour au petit matin...

Les heures des repas sont également touchées par ces changements, et pareillement désynchronisées. Les gens ne mangent plus à la même heure, comme c'était presque toujours le cas autrefois. La prolifération des snacks qui servent des millions de repas à toute heure du jour fait voler en éclats le rituel sacro-saint des trois-repas-quotidiens. L'écoute télévisuelle se transforme, elle aussi ; les responsables de la programmation composent des programmes destinés « aux adultes des zones urbaines, aux travailleurs de nuit

1. Aux États-Unis, tout au moins. (*N.d.T.*)

et aux purs et simples insomniaques ». Et l'on voit les banques renoncer, à leur tour, à leurs célèbres « heures du banquier ».

La Citibank de Manhattan, un géant s'il en est, fait passer à la télévision des spots publicitaires pour annoncer son nouveau système d'opérations automatiques : « Vous allez être témoins de la naissance d'une révolution bancaire. Voici le nouveau service fonctionnant vingt-quatre heures par jour que propose Citibank... Vous pourrez effectuer la plupart de vos opérations courantes à l'heure de votre choix. Si, par exemple, Don Slater désire connaître sa position aux aurores, il le peut. Et Brian Holland peut tirer sur son compte-épargne au moment qui lui convient... Vous savez comme moi que la vie ne s'arrête pas à 15 heures du lundi au vendredi... Citibank ne dort jamais. »

Lorsqu'on examine la façon dont notre société gère désormais le temps, on constate une désaffection subtile mais irrésistible à l'endroit des rythmes de la Seconde Vague au bénéfice d'une nouvelle structure temporelle dans l'existence quotidienne. En fait, il ne s'agit de rien d'autre que d'un processus de démassification du temps qui va de pair avec la démassification d'autres aspects de la vie sociale sous l'impulsion de la Troisième Vague.

LES TEMPS CONJUGUÉS

Nous commençons seulement à ressentir les conséquences sociales de cette restructuration du temps. Par exemple, si l'individualisation grandissante des rythmes temporels personnels rend assurément le travail moins pénible, elle peut aussi aggraver la solitude et l'isolement. Quand des amis, des amants ou les membres d'une même famille travaillent à des heures différentes alors qu'il n'existe pas de services susceptibles de les aider à coordonner leurs emplois du temps personnels, il leur est de plus en plus difficile de se voir et d'avoir de vrais contacts. Les anciens forums — le café du coin, le pique-nique de la paroisse, la distribution des prix — perdent leur importance traditionnelle. Pour les remplacer, la Troisième Vague devra inventer des institutions de rechange.

On peut imaginer, par exemple, un nouveau service informatique — appelons-le « R.-V. Amitié » — qui non seulement vous rappellera vos rendez-vous mais qui, en outre, aura en mémoire les emplois du temps de vos amis et des membres de votre famille. Il suffira alors d'appuyer sur un bouton pour savoir où et quand Untel ou Unetelle est disponible, et l'on prendra ses dispositions en conséquence. Mais d'autres aides beaucoup plus significatives s'avéreront nécessaires sur le plan des rapports sociaux.

La démassification du temps a encore d'autres effets. Ils sont déjà apparents dans le domaine des transports. Les horaires de travail massifiés et rigides de la Seconde Vague ont débouché, et c'était inévitable, sur les pointes de circulation. La démassification redistribuera le trafic à la fois dans le temps et dans l'espace.

En fait, il existe un moyen grossier de mesurer la percée de la Troisième Vague dans une collectivité donnée : il suffit de voir comment on y circule. Si les heures de pointe ont encore un goût de bouchon et si tout le trafic va dans un sens le matin et dans le sens contraire le soir, c'est que la synchronisation de type Seconde Vague prévaut toujours. Si, au contraire, le trafic est fluide tout au long de la journée, ce qui est le cas dans des villes de plus en plus nombreuses, et s'il s'écoule dans toutes les directions au lieu d'être limité à des aller et retour, on peut sans grands risques en conclure que des industries de Troisième Vague se sont implantées, que le secteur tertiaire est prédominant, que les horaires variables ont commencé à se développer, que le travail à temps partiel et le travail de nuit sont largement pratiqués et que l'on ne tardera pas à trouver des services ouverts jour et nuit — supérettes, banques, stations-service, restaurants...

Le passage à des emplois du temps plus souples et plus personnalisés a aussi pour résultat une diminution des dépenses d'énergie et de la pollution du fait de la réduction des surcharges des heures de pointe. Aux U.S.A., les compagnies d'électricité d'une douzaine d'États appliquent dorénavant des barêmes « tranches horaires » pour dissuader les abonnés, entreprises ou particuliers, de consommer trop d'énergie pendant les périodes où la demande est traditionnellement forte, et les services de protection de l'environnement du Connecticut incitent les sociétés à instituer l'horaire variable pour satisfaire aux exigences de la réglementation fédérale en la matière.

Ce ne sont là que les répercussions les plus visibles de ce phénomène de restructuration du temps. A mesure que ce processus s'amplifiera dans les années et les décennies à venir, d'autres conséquences beaucoup plus marquantes, que nous n'imaginons pas encore, se manifesteront. Le redéploiement du temps affectera nos rythmes quotidiens, nos formes d'art, notre biologie. Car, lorsqu'on touche au temps, on touche à l'expérience humaine tout entière.

ORDINATEURS ET MARIJUANA

Ces rythmes de Troisième Vague ont pour moteurs des forces psychologiques, économiques et technologiques profondes. A un premier niveau, ils sont sécrétés par le changement de nature de la population. Les gens d'aujourd'hui, plus aisés et plus instruits que ne l'étaient leurs parents, et à qui la vie offre davantage de choix, refusent purement et simplement d'être « massifiés ». Plus leur travail et les produits qu'ils consomment sont différents, plus ils tiennent à leur spécificité en tant qu'individus, et plus ils sont réfractaires aux horaires que la société prétend leur imposer.

Mais à un autre niveau, on peut rattacher les rythmes plus personnalisés de la Troisième Vague à l'intrusion des technologies nouvelles dans notre vie. Les vidéocassettes et les magnétoscopes, par exemple, nous permettent de mettre en boîte des émissions de télévision pour les regarder au moment choisi. « D'ici deux ou trois ans, écrit le chroniqueur Steven Brill, la télévision aura probablement cessé d'imposer la tyrannie de l'horaire même aux plus inconditionnels des intoxiqués du petit écran. » La dictature qu'exercent les grands réseaux — les N.B.C., les B.B.C., les N.H.K. — sur la synchronisation de l'écoute touche à son terme.

Par ailleurs, l'ordinateur commence à remodeler nos horaires et jusqu'à notre conception du temps. N'est-ce pas lui qui a rendu possible le travail à la carte au sein des grandes organisations ? Au stade élémentaire, il facilite le brassage complexe de milliers d'emplois du temps personnalisés et élastiques. Mais, en outre, il modifie nos cadres de communication du point de vue temporel en ouvrant la voie à une information et à des échanges à la fois « en temps réel » et « en temps différé ».

Le sens profond de cette tendance est illustré par le développement des « conférences par ordinateurs interposés ». Des groupes d'usagers sont en mesure de communiquer entre eux par le truchement de périphériques, au bureau ou chez eux. A l'heure qu'il est, quelque 660 savants, futurologues, planificateurs et enseignants répartis dans plusieurs pays participent à de longs colloques sur l'énergie, l'économie, la décentralisation ou les satellites artificiels par l'intermédiaire de ce que l'on appelle le Electronic Information Exchange System. Leurs téléimprimantes et leurs écrans vidéo leur laissent le choix entre la communication instantanée et la communication différée. Les utilisateurs, situés dans des fuseaux horaires souvent très éloignés, peuvent transmettre et collecter l'information aux moments qui leur conviennent le mieux. Rien n'empêche quelqu'un de travailler à 3 heures du matin si ça lui chante. Et plusieurs usagers peuvent fort bien être en ligne en même temps si tel est leur désir.

Mais l'influence de l'ordinateur sur le temps ne s'arrête pas là. Elle s'exerce même sur notre façon de le percevoir. L'ordinateur fait intervenir un nouveau vocabulaire (comportant des termes tels que « temps réel », par exemple) qui clarifie, définit et reconceptualise les phénomènes temporels. Il est en voie de remplacer la pendule comme instrument social de base pour la mesure de la durée et l'organisation des rythmes.

L'ordinateur est si rapide que nous traitons communément les données en fonction de ce que l'on pourrait appeler le « temps subliminal » — des durées infiniment trop brèves pour que nos sens les enregistrent et sans commune mesure avec les temps de réponse de notre système nerveux. Nous disposons à présent de micro-imprimantes couplées à des ordinateurs capables de sortir de 10 000 à 20 000 lignes à la minute — plus de 200 fois notre capacité de lecture. Et ce n'est encore là que la composante la plus lente des systèmes informatisés. En l'espace de vingt ans, les informaticiens sont passés de la milliseconde à la nanoseconde (un milliardième de seconde) comme terme de référence. L'imagination est presque incapable de concevoir une telle contraction du temps. C'est comme si toute la vie active d'un individu, disons 80 000 heures de travail (2 000 heures par an pendant 40 ans), était comprimée et réduite à 4,8 mn.

Mais en dehors de l'ordinateur, d'autres technologies ou produits poussent à la démassification du temps. Certaines drogues psychotropes (sans parler de la marijuana) modifient la perception que nous avons de celui-ci. Il est vraisemblable que plus elles gagneront en sophistication, plus notre sens intime du temps et notre perçu de la durée se personnaliseront et perdront leur caractère d'universalité — pour le meilleur ou pour le pire.

Durant le règne de la civilisation de la Seconde Vague, les

machines étaient grossièrement synchronisées entre elles et les ouvriers de la chaîne étaient synchronisés aux machines, avec toutes les conséquences sociales découlant de cet état de choses. Aujourd'hui, la synchronisation de la machine a atteint un tel raffinement, et la cadence de l'ouvrier le plus rapide est, en comparaison, si ridiculement lente, que ce n'est pas en associant celui-ci à celle-là, mais au contraire en les dissociant l'un de l'autre que l'on tirera le maximum de la technologie.

Disons pour présenter les choses différemment que, sous la civilisation de la Seconde Vague, cette synchronisation mécanique asservissait l'homme à la machine, l'assujettissait à ses performances et enfermait toute la vie sociale dans un cadre qui s'imposait à tous. On a pu l'observer aussi bien dans les sociétés capitalistes que dans les sociétés socialistes. Maintenant que la synchronisation mécanique s'affine, les hommes, au lieu d'être prisonniers, s'émancipent peu à peu.

Le changement que subit la notion même de ponctualité est l'une des retombées psychologiques de cette mutation. De la ponctualité globale, nous passons à une ponctualité sélective ou situationnelle. Être à l'heure — et nos enfants en ont peut-être obscurément conscience — est une expression qui n'a plus la même signification que naguère.

Nous avons vu plus haut que la ponctualité n'était pas un impératif cardinal de la civilisation de la Première Vague — essentiellement parce que le travail des champs n'a pas un niveau d'interdépendance très élevé. Sous la Seconde Vague, il suffisait qu'un ouvrier arrive en retard pour désorganiser immédiatement et de façon grave le travail d'un grand nombre de ses camarades. D'où une énorme pression culturelle visant à assurer la ponctualité.

Aujourd'hui, à l'heure où la Troisième Vague, en privilégiant les horaires personnalisés, prend le contrepied des emplois du temps universels et massifiés, arriver en retard n'a pas d'inconvénients aussi évidents. Cela peut occasionner une gêne à un ami ou à un collègue mais, au niveau de la production, l'effet est de moins en moins dramatique, sauf dans certaines professions où il risque d'être sérieusement perturbant. Il est malaisé, surtout pour les jeunes, de dire quand l'exactitude revêt une réelle importance et quand elle n'est imposée que par la force de l'habitude, la courtoisie ou la tradition.

L'exactitude demeure un impératif catégorique dans un certain nombre de situations, mais à mesure que l'ordinateur gagne du terrain et que de plus en plus de gens ont la possibilité de s'insérer dans des cycles de vingt-quatre heures continus aux périodes qui leur conviennent, le nombre des travailleurs dont la ponctualité est garante de l'efficacité décroît.

Cela a pour résultat d'affaiblir notre dépendance envers la pendule et de donner aux jeunes une attitude plus décontractée vis-à-vis de la notion de ponctualité qui, comme la moralité, acquiert un caractère relatif.

En résumé, en remettant en cause les pratiques industrialistes anciennes, l'offensive de la Troisième Vague transforme la relation au temps de la civilisation tout entière. La vieille synchronisation mécanique qui a tant fait pour détruire la spontanéité et la joie de vivre, et qui était pour ainsi dire le symbole de la Seconde Vague, est en train de disparaître. Les jeunes qui refusent le 9 heures-5 heures et que les notions traditionnelles de ponctualité laissent froids ne comprennent peut-être pas pourquoi ils se comportent comme ils le font, mais le temps lui-même a changé dans le « monde réel » et cela nous a conduits à modifier les règles qui nous imposaient autrefois leur loi.

LA MENTALITÉ POSTSTANDARDISÉE

La Troisième Vague ne se contente pas de remanier les structures synchronisatrices de la Seconde Vague. Elle livre également l'assaut à un autre bastion de l'industrialisme : la standardisation.

Le code occulte de la civilisation de la Seconde Vague donnait le champ libre au rouleau compresseur de la standardisation qui nivelait tout — depuis les valeurs, les poids, les distances, les tailles, le temps et les monnaies jusqu'aux produits et aux prix. Les industriels de la Seconde Vague faisaient des efforts considérables pour sortir des « bidules » toujours identiques, et certains continuent sur leur lancée.

Nous avons vu qu'aujourd'hui les hommes d'affaires clairvoyants ont appris à personnaliser leur production (au mépris de la standardisation) au moindre coût et qu'ils ont trouvé des solutions ingénieuses pour mettre les dernières conquêtes de la technologie au service de l'individualisation des produits et des services qu'ils proposent. A mesure que s'accroît la disparité des tâches, le nombre des gens qui font un même travail ne cesse de diminuer. Les salaires et les avantages individuels se diversifient. Les salariés deviennent de plus en plus différents les uns des autres et comme ils sont (et que nous sommes) aussi des consommateurs, ces différences ont des répercussions immédiates sur le marché.

Le recul de la production de masse s'accompagne ainsi d'une démassification parallèle de la distribution, de la commercialisation et de la consommation. Les consommateurs en arrivent à faire porter leur choix sur un produit, non seulement parce que celui-ci correspond à une fonction matérielle ou psychologique spécifique, mais aussi parce qu'il occupe le créneau adéquat dans la gamme des divers autres produits ou services que ces consommateurs réclament. Ces configurations fortement individualisées sont éphémères comme le sont les styles de vie qu'elles contribuent à définir. La consommation, comme la production, tend à devenir configurative. A production poststandardisée, consommation poststandardisée.

Les prix eux-mêmes, que la Seconde Vague avait standardisés, commencent à se déstandardiser du fait que, maintenant, les produits sur mesure présupposent des prix également sur mesure. Le prix d'une automobile dépend des options que l'acheteur commande. De même, celui d'une chaîne hi-fi est fonction des éléments que l'on souhaite acquérir et du travail que l'on est disposé à fournir soi-même pour les monter. Le coût-client d'un avion, d'une plate-forme off-shore, d'un navire, d'un ordinateur et autres matériels de haute technologie varient d'un spécimen à l'autre.

Une tendance analogue se manifeste dans le domaine politique. A mesure que, d'un pays à l'autre, le consensus national se délite et que surgissent une poussière de groupes qui se battent pour des objectifs étroitement circonscrits et souvent temporaires, les opinions s'écartent toujours davantage des normes standard. La culture elle-même se déstandardise à son tour de manière croissante.

Ainsi voit-on la mentalité unanimiste éclater avec l'entrée en scène des nouveaux moyens de communication décrits dans le chapitre 13. La démassification des mass media — l'essor des minimagazines, des feuilles informatives et de la communication sur petite échelle, souvent par photocopie, à quoi il faut ajouter l'avènement de la télévision par câble, de la vidéocassette et de l'ordinateur — fait exploser l'image du monde standardisée propagée par les technologies de communication de la Seconde Vague et injecte une multitude de représentations, d'idées, de symboles et de valeurs divers dans la société. Nous n'utilisons pas seulement des produits personnalisés, mais aussi des symboles pluralistes qui personnalisent notre représentation du monde.

Art News résumait en ces termes l'opinion de Dieter Honisch, directeur de la Galerie nationale de Berlin-Ouest : « Ce que l'on admire à Cologne peut ne pas être accepté à Munich et ce qui fait un succès à Stuttgart peut laisser froid le public de Hambourg. Dominé par des centres d'intérêt sectoriels, le pays est en train de perdre le sens de sa culture nationale. »

Rien ne met mieux en relief ce processus de déstandardisation culturelle qu'un récent article publié par *Christianity Today*, l'un des grands porte-parole du protestantisme conservateur en Amérique, où l'on peut lire ceci : « Il semble que de nombreux chrétiens soient déconcertés par les multiples traductions différentes de la Bible disponibles en librairie. Les chrétiens d'autrefois n'avaient pas autant de choix. » Mais le mot de la fin est significatif : « *Christianity Today* recommande qu'aucune version de la Bible ne soit la version " standard ". » Même dans un domaine aussi limité que la traduction biblique, tout comme au plan de la religion en général, la notion de modèle standard unique est en voie de disparition. A l'instar des goûts, les opinions religieuses deviennent moins uniformes et moins standardisées.

Cela a pour conséquence, enfin, de nous détourner de cette société glacée à la Huxley ou à la Orwell, peuplée d'humanoïdes déshumanisés, à laquelle conduit la simple extrapolation des tendances de la Seconde Vague, et de nous faire avancer, au contraire, vers une profusion de styles de vie et une individualisation plus poussée. Nous assistons à la naissance d'une « mentalité poststandardisée » et d'un « public poststandardisé ».

Ce qui entraîne des problèmes sociaux, psychologiques et philosophiques spécifiques dont certains sont déjà perceptibles dans la solitude et l'isolement social où nous baignons, mais qui sont sans commune mesure avec les problèmes issus du conformisme de masse qui ont pesé sur nous pendant l'âge industriel.

Du fait que la Troisième Vague n'est pas encore dominante, même dans les pays les plus techniquement avancés, nous continuons d'être ballottés par les courants de la Seconde Vague et nous en sommes encore à parachever quelques-unes des réalisations qu'elle n'avait pas menées à leur terme. Ce n'est que maintenant, par exemple, que le livre relié, resté longtemps une industrie retardataire aux États-Unis, atteint le stade de la diffusion de masse auquel le livre broché et d'autres industries de consommation étaient parvenus il y a plus d'une génération. D'autres mouvements de Seconde Vague paraissent presque saugrenus, comme celui qui, aux U.S.A., milite au xxᵉ siècle finissant en faveur de l'adoption du système métrique afin que les mesures américaines soient conformes aux mesures européennes. Et d'autres, encore, s'entêtent à édifier des empires bureaucratiques — c'est le cas des technocrates du Marché commun qui, à Bruxelles, s'acharnent à tout « harmoniser », depuis les rétroviseurs des automobiles jusqu'aux diplômes universitaires — l' « harmonisation » est la traduction jargonnesque banalisée de la standardisation industrialiste.

Enfin, il y a les mouvements qui visent littéralement à faire tourner les aiguilles à l'envers — témoin, les campagnes en faveur du retour à l'enseignement des disciplines de base aux États-Unis. Légitimement consterné par les résultats catastrophiques auxquels a conduit l'éducation de masse, ce mouvement, au lieu de se rendre à l'évidence et de reconnaître qu'une société démassifiée requiert une nouvelle stratégie pédagogique, cherche à restaurer et à imposer l'uniforme de la Seconde Vague à l'école.

Mais toutes ces pressions uniformisatrices ne sont, en définitive, que des combats d'arrière-garde livrés par une civilisation à bout de souffle. Le changement qu'apporte la Troisième Vague va dans le sens d'une diversité accrue, non d'une standardisation plus poussée. Et cela n'est pas moins vrai des idées, des convictions politiques, des penchants sexuels, des méthodes éducatives, des habitudes alimentaires, des croyances religieuses, des attitudes morales, des goûts musicaux, de la mode et des structures familiales que de la production automatisée.

Nous sommes arrivés à un tournant historique et la standardisation, l'un des dogmes de la civilisation de la Seconde Vague, est en pleine déroute.

LA NOUVELLE MATRICE

Quand on a vu la rapidité avec laquelle nous nous affranchissons de la synchronisation et de la standardisation industrialistes, personne ne s'étonnera de constater que nous soyons en train de récrire également d'autres chapitres du code social.

Toutes les sociétés ont besoin, assurément, à la fois de centralisation et de décentralisation ; mais nous avons observé que la civilisation de la Seconde Vague privilégiait très largement la première au détriment de la seconde. Les Grands Standardisateurs qui contribuèrent à bâtir l'industrialisme marchaient la main dans la main avec les Grands Centralisateurs — de Hamilton et de Lénine à Roosevelt.

Aujourd'hui, on constate à l'évidence une brutale inversion de la tendance. De nouvelles formations politiques, de nouvelles méthodes de gestion, de nouvelles philosophies surgissent, qui s'attaquent ouvertement aux dogmes centralistes de la Seconde vague. De la Californie à Kiev, la décentralisation est devenue un problème politique d'une brûlante actualité.

En Suède, une coalition de petits partis fortement centralisateurs a chassé les sociaux-démocrates centralistes au pouvoir depuis quarante-quatre ans. Ces dernières années, le débat sur la décentralisation et la régionalisation a enfiévré la France tandis que, de l'autre côté de la Manche, en Grande-Bretagne, une fraction des nationalistes écossais réclame une « décentralisation économique radicale ». On trouve des mouvements politiques analogues dans d'autres pays d'Europe occidentale et, en Nouvelle-Zélande, un *Values Party* encore peu important s'est constitué, qui a à son programme « un élargissement des fonctions et de l'autonomie des gouvernements locaux et régionaux… (et) une réduction corrélative des prérogatives et de la taille du gouvernement central ».

Aux États-Unis également la décentralisation a trouvé des avocats et ce thème alimente, au moins en partie, la révolte des contribuables qui, à tort ou à raison, embrase ce pays. Au niveau municipal, la décentralisation gagne également en force et l'on voit des notables locaux revendiquer le *neighborhood power*, le pouvoir de quartier. D'actives associations de quartier se multiplient, qu'il s'agisse du ROBBED[1] (Residents Organised for Better and Beautiful Environmental Development) [Organisation des rési-

---

1. Le mot *robbed* veut aussi dire : dépouillé, volé. (*N.d.T.*)

dents pour un meilleur développement de l'environnement] à San Antonio, du C.B.B.B. (Citizens to Bring Broadway Back) à Cleveland ou du People's Firehouse à Brooklyn. L'intervention du gouvernement central de Washington est souvent considérée comme la cause de malaises locaux plutôt que comme un remède.

Mgr Geno Baroni, ancien militant des associations de quartier et du mouvement des droits civiques, aujourd'hui secrétaire adjoint chargé des collectivités locales auprès du ministère du Logement et de l'Urbanisme, voit dans le pullulement de ces petits groupes décentralisés la conséquence de l'effondrement de l'appareil politique et de l'incapacité du gouvernement central à faire face à la diversité des situations locales et individuelles. Les militants de quartier, dit le *New York Times,* sont en train de remporter « des victoires à Washington et dans tout le pays ».

La philosophie décentralisatrice envahit, en outre, les écoles d'architecture et d'urbanisme, de Berkeley et Yale aux États-Unis jusqu'à la Architectural Association de Londres. Entre autres choses, les étudiants explorent de nouvelles technologies, qu'il s'agisse de la maîtrise de l'environnement, du chauffage solaire ou de l'agriculture urbaine, dans le but de rendre les communautés de demain partiellement autonomes. L'impact de ces jeunes architectes et urbanistes se fera de plus en plus sentir dans les années qui viennent à mesure qu'ils accéderont à des postes de responsabilité.

Mais il y a plus important. Le vocable « décentralisation » est devenu le maître mot du management et l'on voit les grosses sociétés fractionner aussi vite qu'elles le peuvent leurs services en « centres de profit » légers dotés d'une plus large autonomie. La réorganisation de la Esmark, aux États-Unis, une firme géante avec des intérêts dans l'alimentaire, les produits chimiques, le pétrole et les assurances, est à cet égard exemplaire.

« Autrefois, dit Robert Reneker, son président, nous étions une entreprise lourde et peu maniable... La seule façon de coordonner l'effort était de la fragmenter. » Résultat : un millier de « centres de profit » dont chacun est doté d'une large marge d'indépendance.

« La conséquence a été de soulager Reneker des décisions de routine. La décentralisation est partout présente sauf pour ce qui est des contrôles financiers de la Esmark. »

Ce qui compte, ce n'est pas la Esmark en soi — qui, depuis, a probablement opéré plus d'une réorganisation — mais la tendance générale dont cette firme est l'illustration. Des centaines, sinon des milliers, d'autres sociétés sont également engagées dans cette course à la réorganisation et à la décentralisation permanentes avec, le cas échéant, des erreurs de tir et des retours en arrière ; mais, peu à peu, au fil du temps, elles réduisent la centralisation de leurs opérations au jour le jour.

A un niveau encore plus profond, de grands organismes s'emploient à transformer les filières hiérarchiques qui étayaient le centralisme. La firme ou l'agence gouvernementale type de la Seconde Vague était organisée en fonction de la maxime « un seul patron pour chaque homme ». Même si un employé ou un cadre avait toute une équipe de subordonnés, il (ou elle) n'avait de comptes à rendre qu'à son supérieur. Autrement dit, la chaîne de commandement était centripète.

Or, et c'est fascinant, on voit à présent ce système craquer sous son propre poids dans les industries avancées, les services, les professions libérales et un grand nombre d'administrations. Une chose est claire : de plus en plus nombreux sont aujourd'hui les gens qui dépendent de plus d'un chef.

Dans *Le Choc du Futur*, j'avais mis l'accent sur la prolifération au sein des grosses sociétés de configurations temporaires — groupes d'intervention ponctuelle, comités interservices, et équipes de projet —, phénomène que j'avais baptisé « ad-hocratie ». Beaucoup d'entreprises importantes ont fait un pas de plus dans cette voie en intégrant ces groupes éphémères à une structure formelle radicalement nouvelle, l' « organisation matricielle ». Renonçant au contrôle centralisé, l'organisation matricielle a recours à ce que l'on appelle un « commandement multiple ».

Dans ce cadre d'organisation, chaque employé est affecté à un service donné et rend compte à son chef de service comme par le passé. Mais il — ou elle — travaille également avec une ou plusieurs autres équipes pour des tâches qui ne sont pas de la compétence d'un service unique. C'est ainsi qu'une équipe de projet pourra réunir des gens venant de la production, de la recherche, des services commerciaux, de l'ingénierie, des finances et de bien d'autres secteurs encore. Et ils sont les uns et les autres responsables aussi bien vis-à-vis du patron de l'équipe que de leur patron « normal ».

Ainsi, un très grand nombre de personnes rendent aujourd'hui compte à un patron « administratif » et à un autre (ou à plusieurs autres) pour ce qui est des réalisations pratiques et concrètes. Dans ce système, on mène plusieurs missions de front. La circulation de l'information est plus rapide et l'on ne voit plus les problèmes sous l'optique étroite d'un unique département. L'organisation est alors en mesure de réagir promptement aux fluctuations de la situation. Mais, en même temps, cette stratégie sape la notion de contrôle centralisé.

L'organisation matricielle, dont les pionniers ont été General Electric aux États-Unis et Skandia Insurance en Suède, est désormais partout présente, aussi bien dans les hôpitaux et les firmes de comptabilité qu'au Congrès des États-Unis (où toute sorte de *clearinghouses* et de *caucuses* fleurissent). La matrice, comme disent le professeur S. M. Davis de l'université de Boston et le professeur P. R. Lawrence de Harvard, « n'est ni une nouvelle technique de management mineure ni une mode éphémère... elle représente une rupture brutale... une nouvelle forme d'organisation du business ».

Et par définition moins centralisée que le système traditionnel du patron unique qui caractérisait l'ère de la Seconde Vague.

Chose plus importante encore, nous sommes en train de décentraliser radicalement l'économie dans son ensemble. Ainsi, par exemple, le foisonnement des petites banques régionales qui, aux États-Unis, s'affirment en face de la poignée de géants traditionnels du marché financier. (Plus l'industrie se disperse géographiquement, plus les sociétés qui, jusqu'à présent, devaient recourir aux services d'établissements faisant office de « centres financiers », se tournent vers les banques régionales. « La banque américaine de demain ne reposera plus sur le marché financier bancaire », affirme Kenneth L. Robers, président de la First American de Nashville.) Et ce qui se passe pour le système bancaire touche l'ensemble de l'économie.

La Seconde Vague a engendré les premiers marchés véritablement nationaux, et le concept même d'économie nationale. En même temps se sont constitués les instruments de gestion économique nationaux — la planification centrale dans les nations socialistes, les banques centrales, des politiques monétaires et fiscales nationales dans le secteur capitaliste. Mais, aujourd'hui, toutes ces institutions nous lâchent — au grand émoi des économistes et des hommes politiques de la Seconde Vague qui essaient de gérer le système.

Bien que l'on ne s'en rende pas encore très clairement compte, les économies nationales sont en train de se fragmenter rapidement en économie régionales et sectorielles — en économies subnationa- les ayant leurs propres problèmes. Des régions comme la « ceinture du soleil » aux États-Unis, le Mezzogiorno en Italie ou le Kansaï au Japon, au lieu de tendre à s'uniformiser comme c'était le cas pendant l'ère industrielle, commencent à diverger les unes par rapport aux autres dans des domaines clés comme les besoins en énergie, les ressources, le marché de l'emploi, le niveau d'éduca- tion, et la culture pour ne citer que ces facteurs. En outre, beaucoup de ces économies subnationales n'ont atteint la stature d'économies nationales que depuis une génération.

L'échec des efforts des gouvernements pour stabiliser l'économie tient dans une large mesure à la méconnaissance de cette réalité. Toutes les tentatives que l'on fait pour juguler l'inflation ou le chômage en diminuant ou en augmentant les impôts au plan national à coup de manipulations sur la monnaie ou le crédit, ou en recourant à toutes autres mesures uniformes et indifférenciées ne font qu'aggraver le mal.

Vouloir gérer l'économie de la Troisième Vague en employant les outils centralisés de la Seconde, c'est se comporter comme un médecin qui, faisant sa tournée matinale à l'hôpital, prescrirait systématiquement la même piqûre d'adrénaline pour tous les malades, qu'ils aient une jambe cassée, un éclatement de la rate, une tumeur au cerveau ou un ongle incarné. Seul un management parcellaire et toujours plus décentralisé est capable de faire tourner la nouvelle économie qui, elle aussi, se décentralise de plus en plus alors même qu'elle semble être le plus universelle et le plus uniforme.

Toutes ces tendances anticentralisatrices — en politique, dans les organisations industrielles et étatiques, et dans l'économie elle- même (renforcées par des mouvements parallèles au niveau des media, de la distribution de la puissance informatique, des systèmes énergétiques et dans bien d'autres domaines) — sont en train de créer une société d'un type absolument nouveau, et de rendre caduques les règles valables hier.

ÉLOGE DU PETIT-DANS-LE-GRAND

L'arrivée de la Troisième Vague nous contraint à récrire entièrement beaucoup d'autres chapitres du code social de la

Seconde Vague. C'est ainsi que la maximalisation, cette obsession de la Seconde Vague, est attaquée avec violence. Jamais encore les adeptes de la maxime « plus c'est grand, mieux c'est » n'avaient subi de tels assauts de la part des champions du *Small is Beautiful* (le petit est beau). Avant les années 1970, un livre portant ce titre ne serait en aucun cas devenu un best-seller mondial.

Partout, on assiste à un début de prise de conscience, on s'aperçoit que les économies tant vantées à porter au crédit du gigantisme ont des limites et que beaucoup d'organisations les ont dépassées. Actuellement, les corporations cherchent activement les moyens de réduire la taille de leurs unités. Les technologies nouvelles et le recours aux services extérieurs ont pour conséquence de réduire de façon considérable l'échelle des entreprises. L'usine et le bureau Seconde Vague traditionnels où des milliers de personnes étaient rassemblées sous un même toit feront figure de rareté dans les pays à technologie avancée.

Le président d'une firme automobile australienne à qui je demandais comment il voyait l'usine de demain dans sa partie m'a répondu sur le ton de la plus totale conviction : « Jamais je ne recommencerai à construire une usine comme celle-ci, regroupant 7 000 travailleurs dans la même enceinte. Je la fractionnerai en petites unités de 300 ou 400 personnes chacune. C'est possible grâce aux technologies nouvelles. » J'ai, depuis, retrouvé la même tendance chez des P.-D.G. de sociétés dans de nombreux domaines d'activité.

Nous commençons à nous apercevoir que ni le grand ni le petit ne sont « beaux » et que l' « échelle appropriée », plus une combinaison intelligente de grand *et* de petit est encore ce qu'il y a de mieux. (Ce que E. F. Schumacher, l'auteur de *Small is Beautiful* savait beaucoup mieux que certains de ses disciples les plus ardents : s'il avait vécu dans un monde de petites organisations, disait-il un jour à des amis, il aurait écrit un livre intitulé *Big is Beautiful*.)

Et nous commençons à voir surgir de nouvelles formes expérimentales d'organisation associant les avantages des deux — le grand et le petit. Par exemple, la franchise, pratique qui se développe rapidement aux États-Unis, en Grande-Bretagne, en Hollande et dans d'autres pays, est souvent le moyen de pallier une insuffisance de capitaux quand ce n'est pas une technique d'évasion fiscale prêtant le flanc à la critique. Mais c'est aussi une façon de créer rapidement de petites unités et de les intégrer à de plus grands ensembles avec des degrés variables de centralisation ou de décentralisation — c'est une tentative visant à combiner des organisations d'échelle différente, grandes et petites.

La maximalisation de la Seconde Vague bat en retraite. La tendance va vers la notion d'échelle appropriée.

La société voit également d'un mauvais œil la spécialisation et le professionnalisme qui ont fait les beaux jours de la Seconde Vague. Son code mettait les experts au pinacle. « La spécialisation est la clé de la réussite » était un de ses dogmes. Aujourd'hui, notre attitude à l'endroit de l'expert s'est fondamentalement modifiée, et cela dans tous les domaines, même en politique. Jadis considérés comme la source infaillible de l'intelligence impartiale, les spécialistes ont perdu le crédit qu'ils avaient auprès de l'opinion publique. De plus en plus, on les accuse de ne rechercher que leur propre intérêt et d'avoir des œillères. On s'efforce de limiter toujours davantage le pouvoir de l'expert en introduisant des profanes dans les organes de décision — c'est le cas pour les hôpitaux, par exemple, et beaucoup d'autres institutions.

Les parents d'élèves ne veulent plus laisser les pédagogues professionnels seuls maîtres des décisions : ils exigent d'avoir voix au chapitre. Après avoir réalisé, il y a quelques années, une étude sur la participation politique des citoyens, une commission de l'État de Washington concluait par cette formule qui résume l'attitude nouvelle : « Pas besoin d'être un expert pour savoir ce que l'on veut ! »

La civilisation de la Seconde Vague insistait sur un autre principe : la concentration. Elle concentrait l'argent, l'énergie, les ressources, les gens. Elle rassemblait de vastes populations dans les villes. Cette tendance commence aujourd'hui à s'inverser, elle aussi, et l'on voit, au contraire, se développer un mouvement de dispersion géographique. En ce qui concerne l'énergie, nous nous dirigeons vers l'abandon de l'exploitation des réserves de combustibles fossiles concentrées pour nous tourner vers d'autres sources plus largement disséminées. De nombreuses expériences de déconcentration de population au niveau des écoles, des hôpitaux et des institutions psychiatriques sont également à l'ordre du jour.

Bref, si l'on passe systématiquement en revue le code de la civilisation de la Seconde Vague — depuis la synchronisation jusqu'à la centralisation, la maximalisation, la spécialisation et la concentration —, on constate que l'irruption de la civilisation de la Troisième Vague bouleverse les uns après les autres tous les dogmes traditionnels qui déterminaient notre existence quotidienne et la prise de décision en matière sociale.

L'ORGANISATION DU FUTUR

Nous avons vu plus haut que lorsqu'une entité mettait en œuvre la totalité des principes de la Seconde Vague, le résultat était une bureaucratie industrielle classique : une organisation géante, hiérarchisée, permanente, pyramidale et mécaniste parfaitement adaptée à la fabrication de produits répétitifs ou à la prise de décisions répétitives dans un environnement industriel relativement stable.

Mais maintenant que nous passons aux nouveaux principes et commençons à les appliquer, nous sommes tout naturellement conduits à adopter des types d'organisation entièrement différents — ceux du futur. Les organisations de la Troisième Vague se distinguent par un nombre plus réduit de niveaux hiérarchiques. Elles sont moins lourdes au sommet. Elles sont constituées d'une trame de petites composantes s'associant en configurations temporaires, chacune d'entre elles entretenant une relation spécifique avec le monde extérieur — gérant sa propre politique étrangère, en quelque sorte — sans qu'il lui soit nécessaire pour cela d'en référer au centre. Enfin, ces organisations tendent à fonctionner vingt-quatre heures sur vingt-quatre.

En outre, elles se différencient des bureaucraties sous un autre aspect fondamental. Ce sont, pourrait-on dire, des « bi » ou des « poly » organisations susceptibles de prendre deux ou plusieurs profils structuraux distincts lorsque la situation l'exige — un peu comme les plastiques futuristes qui changent de forme sous l'action de la chaleur ou du froid mais reviennent à leur modalité originelle quand la température redevient normale.

On peut se les représenter comme des armées qui, en temps de paix, seraient démocratiques et participatives mais qui, en temps de guerre, seraient fortement centralisées et autoritaristes, ayant été initialement conçues pour être capables de se plier à ces deux formules. On peut aussi utiliser l'image d'une équipe de football dont les membres sauraient adopter différentes formations de jeu en fonction de la partie mais qui, sur un coup de sifflet, pourraient également devenir une équipe de base-ball ou de basket-ball si l'on décide de changer de jeu. Ces joueurs « organisationnels » doivent être formés en vue d'une adaptation instantanée et se sentir à l'aise dans une plus grande variété d'organigrammes et de fonctions.

Ce qu'il nous faut, ce sont des managers aptes à travailler avec une égale compétence dans un environnement fluide ou dans un cadre hiérarchisé, au sein d'une organisation inspirée de la pyramide égyptienne aussi bien que du mobile de Calder, un ensemble complexe de modules quasi autonomes reliés entre eux par quelques fils organisationnels ténus qui réagissent au plus léger souffle.

Nous ne possédons pas encore le vocabulaire voulu pour décrire les organisations du futur. Des termes tels que *matriciel* ou *ad hoc* ne conviennent pas. Divers théoriciens en ont proposé d'autres. Le publicitaire Lester Wunderman disait : « Des groupes globaux agissant comme des commandos intellectuels... remplaceront (peu à peu) la structure hiérarchique. » Tony Judge, l'un de nos plus brillants théoriciens de l'organisation, a longuement disserté sur le caractère « réticulé » de ces organisations du futur que l'on voit déjà poindre, et souligné, entre autres, que « le réseau n'est coordonné par personne. Les corps participant se coordonnent eux-mêmes de sorte que l'on peut parler d' " autocoordination " ». Ailleurs, il fait appel pour les définir aux principes de la *tensegrity* ou « intégrité tensionnelle » introduits par Buckminster Fuller.

Mais quelle que soit la terminologie utilisée, une révolution est en marche. Nous n'assistons pas seulement à la naissance de nouvelles formes d'organisation mais à la naissance d'une nouvelle civilisation. Un nouveau code est en train de se forger — un corpus de préceptes de Troisième Vague, de règles de base inédites propres à assurer la survivance sociale.

Il n'est guère étonnant que les parents, encore attachés pour l'essentiel au code de l'ère industrielle, entrent en conflit avec des enfants qui, s'ils sont conscients de l'inadéquation grandissante des anciens dogmes, discernent mal les nouvelles règles ou les méconnaissent purement et simplement. Nous sommes les uns les autres pris en fourchette entre l'ordre agonisant de la Seconde Vague et la civilisation de la Troisième, la civilisation de demain.

De nouvelles règles du jeu.

Chapitre 20.

Quand le prosommateur sort de l'ombre

Il arrive parfois que des mutations historiques géantes soient symbolisées par d'infimes changements du comportement quotidien. L'un de ces changements, dont l'importance est passée complètement inaperçue, est intervenu dans les années 1970 quand un produit nouveau a envahi les pharmacies de France, d'Angleterre, de Hollande et d'autres pays européens : un accessoire permettait aux femmes de faire elles-mêmes le test de grossesse. On estime que, en quelques années, 15 à 20 millions d'unités ont été achetées par les Européennes. On ne tarda pas à voir fleurir dans les journaux américains le placard : « Enceinte ? Plus vite vous le saurez, mieux cela vaudra. » Quand la firme Warner-Lambert sortit cet article sous son label, la réaction du public fut « sensationnelle » (*overwhelmingly good*). En 1980, d'un bord à l'autre de l'Atlantique, des millions de femmes accomplissent banalement un geste qui était auparavant du ressort des médecins et des laboratoires.

Elles ne sont pas seules à court-circuiter l'homme de l'art. Selon *Medical World News*, « le *self-care* — l'idée que les gens peuvent et doivent davantage se prendre médicalement en charge — est un nouveau thème qui se répand à pas de géant... Partout, les profanes apprennent à se servir du stéthoscope et du sphygmomanomètre, pratiquent eux-mêmes les examens de dépistage des tumeurs du sein, l'analyse d'haleine ou le test de Pap[1], (et) procèdent même à des actes chirurgicaux élémentaires ».

Les mères d'aujourd'hui savent faire des prélèvement de gorge. A l'école, il y a des cours sur tout, des soins des pieds à la « pédiatrie à la minute ». Et, aux États-Unis, on trouve des machines à sous grâce auxquelles on peut vérifier sa tension dans plus de 1 300 centres commerciaux, aéroports et grands magasins.

En 1972 encore, on vendait peu d'instruments médicaux au grand public. Aujourd'hui, la part de ce marché destinée à l'usage familial ne cesse de grandir. Les ventes d'otoscopes, d'appareils pour nettoyer les oreilles, d'irrigateurs rhinolaryngologiques et de fortifiants pour les convalescents sont en plein boom depuis que les gens s'occupent davantage eux-mêmes de leur santé, consultent moins souvent le médecin et abrègent leurs séjours à l'hôpital.

Superficiellement, cela pourrait donner l'impression d'être une simple mode. Et pourtant, cet empressement à vouloir prendre ses propres problèmes en charge (au lieu de payer quelqu'un pour s'en occuper) traduit une importante transformation de notre système de valeurs, de notre définition de la maladie et de la façon dont nous percevons notre corps et notre moi. Toutefois, cette explication même nous détourne de la signification plus profonde de ce phénomène. Pour appréhender cette signification d'une ampleur véritablement historique, il nous faut jeter un bref coup d'œil sur le passé.

L'ÉCONOMIE INVISIBLE

Au cours de la Première Vague, la plupart des gens consommaient ce qu'ils produisaient eux-mêmes. Ils n'étaient ni des producteurs ni des consommateurs dans l'acception usuelle de ces termes : ils étaient ce que j'appellerais des « prosommateurs ».

Ce fut la révolution industrielle, quand elle enfonça son coin dans la société, qui dissocia les deux fonctions, engendrant du même coup le producteur et le consommateur, comme on dit aujourd'hui. Cet éclatement amena une rapide expansion du marché ou réseau d'échanges — cet inextricable labyrinthe de

---

1. Du nom de son inventeur, George Papanicolaou, méthode de cytodiagnostic pour la détection du cancer du vagin et du col de l'utérus. (*N.d.T.*)

filières par lesquelles les biens ou les services que vous produisez me parviennent, et *vice versa.*

J'ai soutenu plus haut que, avec la Seconde Vague, nous sommes passés d'une société agraire fondée sur la « production pour l'usage » — une économie prosumériste, si l'on veut — à une société industrielle reposant sur une « production pour l'échange ». La réalité était cependant plus compliquée. En effet, de même qu'il existait pendant la Première Vague une petite production d'échange — c'est-à-dire destinée au marché —, une petite production d'usage subsista pendant la Seconde Vague.

Par conséquent, si l'on veut avoir une vue plus précise de l'économie, il convient de considérer qu'elle comporte deux secteurs : le secteur A qui englobe tout le travail non rémunéré que les gens effectuent directement pour eux-mêmes, leur famille ou leur communauté ; et le secteur B comprenant l'ensemble des biens et des services produits pour être vendus ou échangés à travers le marché.

Dans cette perspective, on peut alors dire que pendant la Première Vague, le secteur A — dont la base était la production d'usage — était énorme, alors que le secteur B était minime. Durant la Seconde Vague, c'était l'inverse. En vérité, la production des biens et des services destinés au marché prit des proportions telles que les économistes de la Seconde Vague en oublièrent pratiquement l'existence du secteur A. La définition même du mot « économie » excluait toutes les formes de travail ou de production n'ayant pas le marché pour fin, et le prosommateur devint invisible.

Cela signifiait, par exemple, qu'on écartait dédaigneusement en le qualifiant de « non économique » tout le travail non rétribué fait par la femme à la maison — le ménage, le récurage, les soins des enfants, l'organisation de la communauté — alors que le secteur B — l'économie visible — n'aurait pu exister sans les biens et les services en provenance du secteur A — l'économie invisible. S'il n'y avait eu personne à la maison pour s'occuper des enfants, les salariés de la génération suivante auraient fait défaut au secteur B et le système se serait effondré sous son propre poids.

Peut-on imaginer une économie fonctionnelle, hautement productive de surcroît, ne disposant pas de travailleurs auxquels on aurait appris dès l'enfance à se laver et à parler, qui n'auraient pas été socialement intégrés à la culture ? Qu'adviendrait-il du secteur B si les travailleurs qui y affluent n'avaient pas ce minimum de connaissances ? Le fait est là, même si les économistes de la Seconde Vague le négligent : les deux secteurs sont étroitement interdépendants du point de vue de la productivité.

Aujourd'hui, alors que les sociétés en crise de la Seconde Vague sont agonisantes, politiciens et experts en sont encore à se jeter à la tête des statistiques exclusivement fondées sur les mécanismes du secteur B. Ils se lamentent sur le déclin de la « croissance » et de la « productivité ». Pourtant, tant qu'ils continueront de s'accrocher aux catégories de la Seconde Vague, d'ignorer le secteur A en le considérant comme extérieur à l'économie — et tant que le prosommateur restera invisible —, ils seront incapables de gérer nos affaires économiques.

Car si l'on regarde les choses d'un œil attentif, on s'aperçoit qu'une modification fondamentale s'amorce dans les rapports mutuels de ces deux secteurs, de ces deux formes de production. Nous voyons se gommer progressivement la frontière qui sépare le producteur du consommateur. Nous voyons grandir l'importance du prosommateur. Et, en regardant plus loin, nous voyons se profiler à l'horizon une mutation phénoménale qui transformera jusqu'au rôle que tient le marché lui-même dans notre existence et dans le système mondial.

Tout cela nous ramène aux multitudes de gens qui commencent à effectuer eux-mêmes des actes dont, jusque-là, la médecine avait le monopole. En effet, que se passe-t-il en réalité ? Ils transfèrent une partie de la production du secteur B au secteur A, de l'économie visible régie par les économistes à l'économie fantôme que ces derniers ont oubliée.

Ils agissent en tant que « prosommateurs ». Et ils ne sont pas les seuls.

DES BOULIMIQUES ET DES VEUVES

En 1970, une habitante de Manchester, Katherine Fisher, qui souffrait d'une agoraphobie aiguë lui interdisant depuis des années de sortir de chez elle, créa une organisation à l'intention des personnes affligées de phobies analogues. La Phobics Society, qui compte aujourd'hui de nombreuses sections locales, n'est que l'une des milliers de nouvelles associations ayant vocation d'aider les gens à surmonter directement leurs problèmes particuliers —

psychologiques, médicaux, sociaux ou sexuels — et qui se multiplient dans un grand nombre de nations à technologie avancée.

A Detroit sont nés une cinquantaine de *bereavement groups*
« groupes d'affligés », dont la mission est de porter assistance aux
personnes endeuillées par la perte d'un parent ou d'un être cher.
En Australie, le GROW rassemble d'anciens malades mentaux et
des névrosés ; il a des antennes à Hawaii, en Nouvelle-Zélande et
en Irlande. Aux États-Unis, une organisation appelée Parents of
Gays and Lesbians ayant pour but d'apporter assistance aux
parents d'enfants homosexuels est en cours de constitution dans
22 États. En Grande-Bretagne, les « Dépressifs Associés »
(*Depressive Associated*) ont une soixantaine de chapitres locaux.
Des Alcooliques Anonymes et de l'Association des Tuberculeux
(*Black Lung Association*) à Parents sans Partenaires (*Parents
without Partners*) et à Veufs Entre Eux (*Widow to Widow*), des
groupes nouveaux éclosent partout.

Certes, que des gens en difficulté se réunissent pour parler de
leurs problèmes et mener une action pédagogique réciproque n'a
rien de nouveau. Et pourtant, les historiens auront du mal à trouver
des précédents à ce mouvement d'entraide qui se propage aujour-
d'hui comme une traînée de poudre.

D'après les estimations de Frank Riessman et Alan Gartner,
codirecteurs du New Human Services Institute, rien qu'aux États-
Unis, il existe plus de 500 000 groupes de ce genre — environ un
pour 435 habitants —, et il s'en crée de nouveaux tous les jours.
Beaucoup n'ont qu'une vie éphémère mais pour un qui disparaît,
plusieurs naissent.

Ces organismes sont d'une grande variété. Certains, partageant
la méfiance envers les spécialistes commune à beaucoup de nos
contemporains, essaient de travailler sans eux en recourant exclusivement à ce que l'on pourrait appeler le *cross-counseling* — les gens
se donnent mutuellement des conseils sur la base de leur expérience
personnelle au lieu de demander comme il est d'usage l'avis
autorisé des professionnels. Les uns se considèrent comme une
structure d'assistance pour les personnes en difficulté et les autres
jouent un rôle politique, luttant pour modifier la législation ou la
réglementation fiscale. Les uns ont un caractère quasi religieux ;
d'autres se veulent des communautés dont les membres ne se
contentent pas de se rencontrer mais vivent effectivement
ensemble.

Ces collectifs nouent entre eux des liaisons interrégionales, voire transnationales. Les psychologues professionnels, les travailleurs sociaux ou les médecins, dans les cas où ils sont appelés à participer à leurs activités, voient leur fonction propre se métamorphoser : cessant d'être l'expert impersonnel censé en savoir plus long que les autres, ils assurent de plus en plus le rôle d'écoutants, de pédagogues et de guides travaillant avec le patient ou le client. Des groupes bénévoles ou à buts non lucratifs, originellement créés pour aider autrui, s'efforcent pareillement de voir comment ils peuvent s'insérer dans un mouvement dont le principe de base est l'auto-assistance.

Et ce mouvement d'auto-assistance contribue ainsi à restructurer la sociosphère. Les fumeurs, les bègues, les suicidaires, les joueurs, les victimes de maladies du larynx, les parents de jumeaux, les boulimiques et autres minorités constituent un réseau serré d'organismes qui s'imbriquent à la charpente de la famille et de la corporation de la Troisième Vague en train de naître.

Mais, indépendamment de leur portée au plan de l'organisation sociale, ces groupes personnifient, et c'est capital, une métamorphose qui transforme le consommateur passif en prosommateur actif — et ils ont aussi, par conséquent, une importance au plan économique. S'ils sont en dernière analyse tributaires du marché avec lequel ils ont toujours des liens étroits, ces groupements opèrent un transfert d'activité du secteur B de l'économie vers le secteur A, du secteur de l'échange au secteur du prosumérisme. Et ce mouvement en train de s'ébaucher n'est pas la seule force à agir dans ce sens : un certain nombre de corporations parmi les plus riches et les plus puissantes du monde s'emploient également — pour des raisons d'ordre technologique et économique qui leur sont propres — à hâter la promotion du prosommateur.

LA MAIN À LA PÂTE

En 1956, incapable de répondre à l'accroissement brutal du nombre des communications, la American Telephone & Telegraph Company commença à avoir recours à une technologie permettant à l'abonné d'effectuer lui-même ses appels interurbains. Aujourd'hui, il est possible à l'usager de téléphoner directement dans de nombreux pays étrangers. En composant le numéro approprié sur son cadran, le consommateur se charge ainsi d'un travail que l'opératrice faisait jadis pour lui.

En 1973-1974, la pénurie de pétrole provoquée par l'embargo arabe fit monter le prix de l'essence. Les grosses compagnies pétrolières réalisèrent d'énormes bénéfices, mais les distributeurs durent se battre farouchement pour assurer leur survie économique, et beaucoup de stations-service adoptèrent la formule du libre-service afin de réduire leurs frais. D'abord, ce système surprit, et l'on ironisait dans les journaux sur les automobilistes qui s'obstinaient à vouloir enfoncer le pistolet dans leur radiateur. Mais, bientôt, le spectacle des conducteurs faisant eux-mêmes leur plein devint on ne peut plus banal.

En 1974, il n'y avait que 8 % de stations libre-service aux États-Unis. En 1977, le chiffre frôlait les 50 %. En Allemagne de l'Ouest, en 1976, sur 33 500 stations-service, quelque 15 % étaient en libre-service pour 35 % des ventes totales de carburant. D'après les experts, le secteur libre-service atteindra bientôt 70 % de l'ensemble. Là encore, le consommateur se substitue au producteur et devient prosommateur.

Au cours de la même période, on a vu apparaître dans les banques le guichet automatique qui non seulement fit une brèche dans le système des heures d'ouverture, mais en outre élimina de plus en plus le caissier puisqu'on laissait au client le soin d'effectuer des opérations jusque-là du ressort exclusif du personnel.

Faire faire au client une partie du travail — l' « externalisation des frais de main-d'œuvre », disent les économistes — n'est certes pas une nouveauté. Les supermarchés ne font pas autre chose. Fini le vendeur souriant qui connaissait son stock et allait vous chercher l'article que vous désiriez : maintenant, vous poussez vous-même votre chariot.

Certains nostalgiques soupirent sur le bon vieux temps où le service était personnalisé mais le nouveau système a la faveur d'une nombreuse clientèle. On peut chercher soi-même dans les rayons et on débourse quelques cents de moins. En fait, le client est payé pour faire le travail que faisait l'employé autrefois.

Ce phénomène se retrouve aujourd'hui dans bien d'autres domaines. Le développement des magasins discount, par exemple, représente un petit pas dans la même direction. Il y a moins de vendeurs, le client paie un peu moins cher mais travaille un peu plus. Même les magasins de chaussures, où l'on a longtemps considéré qu'un personnel théoriquement qualifié était indispensable, s'orientent vers le libre-service et mettent le client à contribution.

Le même principe est également appliqué dans d'autres secteurs. Comme l'a noté Caroline Bird dans un livre clairvoyant, *The Crowding Syndrome*, « davantage de choses sont livrées en pièces détachées pour être montées soi-disant facilement chez soi... et, à la saison de Noël, dans certains magasins les plus sélects du vieux New York, les clients doivent rédiger les bordereaux de vente à la place des employés qui ne peuvent ou ne veulent pas le faire ».

En janvier 1978, un fonctionnaire de Washington d'une trentaine d'années remarqua que son réfrigérateur émettait des bruits bizarres. D'ordinaire, dans un cas pareil, on alertait naguère un dépanneur et on payait la réparation. Comme cela revenait très cher et qu'il était difficile d'avoir un ouvrier à une heure qui lui convenait, notre homme, Barry Nussbaum, se plongea dans la notice de l'appareil et il y trouva le numéro de téléphone du fabricant — Whirlpool Corporation, Benton Harbor, Michigan — que l'on pouvait appeler en P.C.V. C'était la « Cool-Line » créée par Whirlpool pour faciliter le service après-vente. Nussbaum composa ledit numéro. Il eut au bout du fil quelqu'un qui analysa l'incident, lui expliqua avec précision quelles vis il fallait enlever, quels bruits il fallait guetter et quelle pièce de rechange serait nécessaire ensuite pour remettre l'engin en état. « Ce type, dit Nussbaum, était super-serviable. Non seulement il savait ce que je devais faire mais il m'a donné confiance en moi. » Son réfrigérateur fut réparé en un rien de temps.

Whirlpool dispose d'une équipe de 9 conseillers à plein temps, plus quelques-uns à temps partiel, dont plusieurs anciens hommes de terrain, pour répondre à ce genre d'appel. Le casque aux oreilles, ils ont devant eux un écran sur lequel apparaît instantanément le diagramme de montage de l'appareil concerné, quel qu'il soit (outre les réfrigérateurs, Whirlpool fabrique des congélateurs, des lave-vaisselle, des climatiseurs et autres appareils électroménagers), grâce auquel ils sont en mesure de guider le client. La société a traité 150 000 appels similaires pour la seule année 1978.

La Cool-Line est l'embryon encore rudimentaire du futur système de maintenance qui permettra à l'utilisateur de faire lui-même une grande partie de la tâche qu'effectuait jadis l'ouvrier ou le spécialiste venant à la rescousse et payé pour cela. Ce service,

rendu possible par les progrès techniques qui ont fait baisser le prix
des communications téléphoniques longue distance, préfigure ceux
de demain où l'on pourra effectuer soi-même un dépannage
quelconque en observant chaque stade sur l'écran de son téléviseur
tandis que le technicien vous donnera les instructions au fur et à
mesure. Leur extension limitera l'intervention du réparateur professionnel aux cas graves ou transformera ce dernier en professeur,
en guide et en gourou du prosommateur.

Nous avons affaire en l'occurrence à une tendance qui se
manifeste dans de nombreuses industries — allègement des charges
de l'entreprise, plus participation du consommateur à des travaux
autrefois accomplis par d'autres —, et donc, une fois de plus, à un
transfert d'activité du secteur B au secteur A, du secteur de
l'échange au secteur de la prosommation.

Mais ce phénomène est bien peu de chose à côté des transformations spectaculaires affectant d'autres branches de l'industrie du *do-
it-yourself,* du « faites-le-vous-même ». Il y a toujours eu des
bricoleurs pour remplacer un carreau cassé, réparer un appareil
électrique défaillant ou poser un carrelage. Mais il s'agit là de tout
autre chose. Ce qui a changé, et de manière stupéfiante, c'est le
rapport entre l'amateur et le professionnel — maçon, charpentier,
électricien, plombier, et j'en passe.

Aux États-Unis, il y a dix ans, 30 % seulement des ventes totales
d'outillage électrique étaient faites à des particuliers. A présent, en
l'espace d'une petite décennie, la tendance s'est inversée : 70 %
des clients sont des bricoleurs contre 30 % de professionnels, les
consommateurs faisant de plus en plus de choses eux-mêmes.

Selon une des plus importantes sociétés de recherches industrielles, Frost & Sullivan, un seuil encore plus significatif a été franchi
aux U.S.A. entre 1974 et 1976 quand, « pour la première fois, plus
de la moitié de l'ensemble des matériaux de construction... a été
acheté par des particuliers et non par des entrepreneurs à leur
service ». Et il faut ajouter à cela 350 millions de dollars dépensés
par les amateurs pour des travaux d'un coût inférieur à 25 dollars.

Alors que les ventes de matériel augmentaient globalement de
31 % entre 1970 et 1975, les achats des particuliers augmentaient,
eux, de 65 % — soit un accroissement deux fois plus rapide. C'est
là un changement « à la fois spectaculaire et continu », note le
rapport Frost & Sullivan.

Une autre étude de la même firme parle de la croissance vertigineuse (*skyrocketing*) des dépenses de ce genre et met l'accent sur la tendance à l' « indépendance » qu'elles révèlent. « Alors que l'on méprisait le travail manuel (au moins dans la classe moyenne), on en tire orgueil, maintenant. Les gens qui exécutent des travaux eux-mêmes en sont fiers. »

Écoles, universités et maisons d'édition proposent à qui mieux mieux des cours et des ouvrages du style « comment fabriquer ci ou ça » — c'est une véritable avalanche. « Riches ou pauvres, tout le monde est entraîné par le courant, écrit *U.S. News and World Report.* A Cleveland, les offices du logement donnent des conseils pour réparer son appartement. En Californie, la grande vogue est aux saunas, aux piscines et aux terrasses en plein air que l'on installe soi-même. »

En Europe aussi, la « révolution du D.I.Y. », du *do-it-yourself*, comme on dit, est en marche à quelques variantes près selon les tempéraments nationaux. (Les Allemands et les Hollandais ont tendance à faire un travail très soigné, à être perfectionnistes et à s'équiper avec le plus grand soin. Les Italiens, en revanche, commencent à peine à découvrir le mouvement D.I.Y. et beaucoup de chefs de famille d'un certain âge estiment déshonorant de mettre soi-même la main à la pâte.)

Là aussi, les causes du phénomène sont multiples : l'inflation, la difficulté qu'il y a à trouver un menuisier ou un plombier, les artisans qui bâclent le travail, le développement des loisirs — tout cela joue. Cependant, il existe peut-être une cause plus profonde — ce que l'on pourrait appeler la « loi d'inefficacité relative » et qui se formule ainsi : plus la production de biens s'automatise et plus les prix unitaires sont abaissés, plus le coût relatif du travail artisanal et des services non automatisés augmente. (Si l'heure du plombier qui vient effectuer une réparation à domicile est facturée 20 dollars et si, avec 20 dollars, on peut acheter une calculatrice de poche, son tarif augmente en fait de façon substantielle lorsque l'on peut s'offrir plusieurs calculettes avec les mêmes 20 dollars. Rapporté au coût d'autres biens, celui du plombier a été multiplié par 4 ou 5.)

Pour toutes ces raisons, il est prévisible que l'escalade des prix de nombreux services se poursuivra dans les prochaines années, et que plus ils monteront, plus les gens retrousseront leurs manches et mettront la main à la pâte. Bref, même si l'on ne tient pas compte de l'inflation, la loi de l'inefficacité relative rendra de plus en plus rentable la production pour notre consommation personnelle et transférera en conséquence une part supplémentaire d'activités du secteur B au secteur A, de la production d'échange à la prosommation.

L'AVAL ET L'AMONT

Pour se faire une idée de l'avenir à long terme de cette orientation, il ne faut pas s'en tenir aux seuls services mais considérer également les biens. On s'aperçoit alors que, là aussi, le consommateur est toujours davantage concerné par le processus de production.

C'est ainsi que des industriels dynamiques mobilisent — et, parfois même, paient — des clients pour les aider à concevoir leurs produits. Et pas uniquement dans les secteurs qui vendent directement au public des denrées diverses, savonnettes, produits de toilette, etc., mais aussi dans les industries avancées comme l'électronique où la démassification est la plus rapide.

« C'est en coopérant étroitement avec un ou deux clients que nous avons obtenu le plus de succès », déclare le responsable du département planification de Texas Instruments. « En étudiant nous-mêmes une application et en essayant ensuite de sortir un produit standard, nous n'avons pas eu de bons résultats sur ce marché. »

Cyril H. Brown, de la Analog Devices, Inc., va plus loin. Il divise tous les produits en deux catégories : les produits « amont » (*inside-out*) et les produits « aval » (*outside-in*). Ces derniers sont définis, non par le fabricant mais par le client potentiel, et, pour Brown, ils sont l'idéal. Plus nous irons vers des formes de production avancées, et plus la production sera démassifiée et personnalisée, plus la participation du client à cette production s'accentuera — c'est inéluctable.

On travaille d'arrache-pied à la Computer-aided Manufacturing International (CAMI) pour répertorier et coder les pièces et les opérations qui permettront d'automatiser entièrement la production. Le stade final de ce redéploiement n'existe encore que sous la forme d'une lueur dans la prunelle des experts, comme le professeur Inyong Ham, du Department of Industrial and Manufacturing

Systems Engineering, en Pennsylvanie, mais, à l'arrivée, le client
ou la cliente n'aura plus qu'à indiquer directement ses spécifications à l'ordinateur du fabricant.

L'ordinateur, explique le professeur Ham, n'élaborera pas
seulement le produit désiré : il sélectionnera aussi les méthodes de
fabrication à employer. Il répartira la tâche entre les machines. Il
établira l'ordre selon lequel les opérations devront se succéder —
depuis, disons, le fraisage ou le meulage jusqu'à la peinture. Il
fournira les programmes nécessaires aux ordinateurs secondaires
ou aux appareils de contrôle numérique qui dirigeront les machines. Peut-être même introduira-t-il un « régulateur adaptatif »
qui optimisera les différentes phases de la fabrication en fonction
de critères tant économiques que d'environnement.

A terme, le client ne se bornera pas à donner des spécifications.
En appuyant sur un bouton, il lancera tout le processus de
fabrication et deviendra ainsi un élément de production, au même
titre que les travailleurs à la chaîne en salopette de notre monde
agonisant.

Nous n'en sommes certes pas encore là. Néanmoins, la base
matérielle de ce système où le consommateur donnera le coup
d'envoi aux opérations de fabrication existe déjà dans une certaine
mesure. C'est ainsi que, dans le domaine du prêt-à-porter, le canon
laser couplé à l'ordinateur dont il a été question au chapitre 15,
pourrait — en théorie, tout au moins —, si on le reliait téléphoni-
quement à un périphérique individuel, permettre au client ou à la
cliente d'indiquer ses mesures, de choisir le tissu qui lui convient et
de démarrer les opérations de coupe sans quitter son appartement.

« Dans vingt ans », dit Robert H. Anderson, responsable des
services information de la RAND Corporation, l'un des grands
spécialistes de la production informatisée, « la fonction la plus
créative de l'individu sera d'être un consommateur très créatif...
Assis dans votre fauteuil, vous imaginerez un vêtement ou vous
modifierez un patron standard pour que les ordinateurs le coupent
à vos mesures au moyen d'un laser et le cousent grâce à des
machines à commande numérique... Les ordinateurs fabriqueront
une voiture à partir de vos propres spécifications. Ils seront
naturellement dotés d'un programme assurant que toutes les
réglementations fédérales sur la sécurité et toutes les lois physiques
sont respectées, pour que vous n'alliez pas trop loin. »

Et si, en outre, nous faisons entrer en ligne de compte la maison électronique grâce à laquelle les gens pourront demain travailler chez eux, nous commençons à avoir une idée de la métamorphose dont seront l'objet les « outils » mis à la disposition du consommateur. Beaucoup des instruments électroniques dont nous nous servirons pour travailler à domicile pour gagner notre vie nous permettront également de produire des biens ou des services à notre propre usage. Dans ce contexte, le prosommateur, prépondérant dans les sociétés de la Première Vague, redevient le centre de l'activité économique — mais sur la base d'une technologie Troisième Vague d'avant-garde.

En résumé, qu'il s'agisse des mouvements d'auto-assistance, des courants *do-it-yourself* ou des nouvelles techniques de production, on retrouve partout la même évolution vers une intégration beaucoup plus étroite du consommateur au processus de production. Du coup, les distinctions opposant traditionnellement le producteur et le consommateur s'effacent. Celui qui était « en aval » passe « en amont », et c'est encore une autre fraction du secteur B de l'économie qui glisse au secteur A, le royaume du prosommateur.

A mesure que cette mutation intervient, nous commençons — imperceptiblement d'abord, mais peut-être, par la suite, à une vitesse accélérée — à transformer la plus fondamentale de nos institutions : le marché.

UN ART DE VIVRE PROSUMÉRISTE

La séduction que la fonction de production exerce sur le consommateur a des implications ahurissantes. Pour comprendre pourquoi, il est bon de se rappeler que le principe de base sur lequel repose le marché est précisément ce fossé entre le producteur et le consommateur, qui est en train de se combler. L'existence d'un marché élaboré était sans objet quand la plupart des gens consommaient ce qu'ils produisaient eux-mêmes. Sa nécessité ne s'est fait sentir qu'à partir du moment où la fonction de consommation s'est détachée de la fonction de production.

Les auteurs orthodoxes donnent du marché une définition étroite : c'est, selon eux, un phénomène capitaliste fondé sur l'argent. Or, le marché est simplement un avatar de la notion de circuit d'échange et il y a eu (il y a encore) beaucoup d'espèces différentes de circuits d'échange. Celui qui nous est le plus familier à nous autres Occidentaux est effectivement le marché capitaliste dont le moteur est le profit. Mais il existe aussi des marchés socialistes — des circuits par le canal desquels les biens ou les services produits par Ivan Ivanovitch de Smolensk sont échangés contre les biens et les services produits par Johann Schmidt, de Berlin-Est. A côté des marchés reposant sur l'argent, il en existe d'autres qui sont basés sur le troc. Le marché n'est ni capitaliste ni socialiste. Il n'est rien de plus que la conséquence directe, inéluctable, du divorce entre le producteur et le consommateur. Le marché apparaît partout où intervient ce divorce. Et sa fonction, son rôle, sa puissance, sont remis en question partout où le fossé entre le producteur et le consommateur se rétrécit.

Voilà pourquoi l'influence grandissante du prosumérisme est en passe de modifier le rôle que tient le marché dans notre vie.

Il est encore trop tôt pour savoir où cette évolution, qui, pour être subtile n'en a pas moins une grande portée, nous entraîne. Il est certain que le marché ne va pas disparaître. Nous n'allons pas revenir à une économie de type prémarché, c'est évident. Ce que j'ai appelé le secteur B — le secteur de l'échange — ne va pas s'atrophier et s'évanouir. Nous continuerons encore longtemps d'être largement dépendants du marché.

Cela étant dit, l'essor du prosumérisme annonce éloquemment une transformation fondamentale des rapports entre le secteur B et le secteur A, transformation que les économistes de la Seconde Vague ont pratiquement ignorée jusqu'ici.

En effet, le prosumérisme implique la « démarchification » de certaines activités pour le moins et, partant, une brutale modification du rôle joué par le marché dans la société. Il laisse pressentir pour demain une économie qui ne ressemblera en rien à ce que nous avons connu jusqu'à présent — une économie qui ne privilégiera ni le secteur A ni le secteur B. Il est le signe avant-coureur d'une économie qui sera aussi étrangère à celle de la Première Vague qu'à celle de la Seconde Vague, mais qui réunira les caractéristiques de l'une et de l'autre dans une nouvelle synthèse historique.

La montée du prosumérisme, résultante de l'augmentation croissante du coût de nombreux services, de l'effondrement des bureaucraties de service de la Seconde Vague, de l'invasion des technologies de Troisième Vague, des problèmes que pose le chômage structural, et de bien d'autres facteurs convergents, ouvre la voie à de nouvelles modalités de travail et à de nouveaux styles de vie. Si nous rêvons un peu, en gardant présents à l'esprit quelques-uns des changements que nous avons décrits dans les pages précédentes — comme la tendance à la désynchronisation, au travail à temps partiel rémunéré, à l'éventuelle maison électronique ou au remaniement des structures familiales —, nous pouvons commencer à entrevoir certaines des modifications qui affecteront l'art de vivre.

C'est ainsi que, dans l'économie de demain, des multitudes de gens ne travailleront pas à plein temps — ou alors, la notion de « plein temps » sera redéfinie, comme cela a eu lieu au cours des dernières années, de sorte que la durée hebdomadaire ou annuelle du travail sera de plus en plus courte. (En Suède, où une loi récemment adoptée garantit à tous les travailleurs cinq semaines de congés payés indépendamment de l'âge et de l'ancienneté des intéressés, on considérait qu'une année de travail normale comportait 1 840 heures. En fait, l'absentéisme a pris de telles proportions dans ce pays que la durée moyenne de l'année de travail doit être estimée, de façon plus réaliste, à 1 600 heures.)

Beaucoup de salariés ne travaillent déjà, l'un dans l'autre, que 3 ou 4 jours par semaine. Ou bien ils prennent 6 mois, voire un an, de congé pour se recycler ou pour se détendre. Plus les foyers bénéficiant d'un double salaire se multiplieront, plus cette tendance se renforcera. L'augmentation des effectifs de la main-d'œuvre peut fort bien aller de pair avec la réduction du temps de travail de chaque salarié.

Et cela éclaire d'un jour nouveau le problème des loisirs. A partir du moment où l'on admet qu'une grande partie de ce qu'il est convenu d'appeler le temps libre est consacrée, en fait, à produire des biens et des services à notre propre usage — c'est la prosommation —, la vieille barrière entre le travail et le loisir s'écroule. La question ne se pose pas en termes « de travail ou de loisir » : l'opposition est entre un travail rétribué du secteur B et un travail non rémunéré, indépendant et autogéré ressortissant au secteur A.

Dans le contexte de la Troisième Vague, de nouveaux styles de vie reposant en partie sur la production d'échange et en partie sur la

production d'usage deviennent viables. C'était d'ailleurs une pratique largement répandue au début de la révolution industrielle chez
les populations rurales quand leur absorption par le prolétariat
urbain était lente. Pendant une période transitoire prolongée, des
millions de gens travaillaient moitié à l'usine et moitié dans les
champs. Ils produisaient ce qu'il leur fallait pour se nourrir,
achetaient quelques produits de nécessité et fabriquaient le reste.
Ce système prévaut encore aujourd'hui dans de nombreuses
régions du monde — mais en général sur une base technologique
primitive.

Imaginons ce que ce mode de vie pourrait donner s'il s'appuyait
sur la technologie du XXIᵉ siècle, tant dans le domaine de la
production des biens et des denrées alimentaires que dans celui des
services, compte tenu d'une infrastructure d'auto-assistance considérablement renforcée. Au lieu de se procurer le patron d'une
robe, par exemple, la prosommatrice de demain n'aura peut-être
qu'à acheter une cassette-programme et sa machine à coudre
électronique « intelligente » fera le travail. Grâce à ces cassettes, le
plus empoté des maris au foyer confectionnera ses chemises sur
mesure. Les mordus de la mécanique ne se contenteront pas de
régler le moteur de leurs voitures : ils pourront construire à moitié
leur engin favori.

Nous avons vu que le client aura peut-être un jour la possibilité
de dicter ses desiderata à l'usine grâce à l'ordinateur et au
téléphone mais, aujourd'hui déjà, l'acheteur peut d'une autre façon
participer à la fabrication de son auto.

Un constructeur, Bradley Automotive, propose en effet un
« Bradley GT Kit » grâce auquel la possibilité vous est donnée de
« monter votre voiture de sport grand luxe ». Le prosommateur
qui achète ces éléments pré-assemblés n'a plus qu'à boulonner la
caisse en fibre de verre sur un châssis Volkswagen, à connecter les
câbles du moteur, à monter la direction, à installer les sièges, etc.

On peut aisément se représenter une génération ayant grandi
sous le régime du travail partiel considéré comme la norme, aimant
se servir de ses mains, possédant à domicile le matériel nécessaire
pour mettre en œuvre de nombreuses minitechnologies à bas prix,
et qui formerait une fraction non négligeable de la population.
Intégrée au marché pour une partie de son activité, indépendante
de lui pour le reste, travaillant de façon intermittente et non tout le
long de l'année, cessant même de temps à autre pendant une année

entière toute activité rémunérée, ses membres gagneraient probablement moins — mais ils compenseraient en effectuant eux-mêmes de nombreuses tâches pour lesquelles nous devons actuellement dépenser de l'argent, et atténueraient ainsi les effets de l'inflation.

Les mormons d'Amérique nous dévoilent un autre mode de vie possible pour l'avenir. De nombreux *stakes* — l'équivalent du diocèse, en quelque sorte — possèdent et exploitent leurs propres fermes. Les membres du *stake,* y compris les citadins, consacrent une part de leur temps libre à travailler dans les champs à titre bénévole. La majorité de la production, au lieu d'être vendue, est soit mise en réserve en prévision d'une éventuelle pénurie, soit distribuée aux nécessiteux de la secte. La collectivité dispose de conserveries, d'ateliers d'embouteillage, de silos. Certains mormons récoltent ce dont ils ont besoin pour se nourrir et font des conserves avec l'excédent. D'autres achètent des légumes frais au supermarché et les apportent à la conserverie locale.

« Ma mère, nous disait un mormon de Salt Lake City, achète des tomates et en fait des conserves. Sa " société " d'entraide, le Groupe auxiliaire des femmes, prend une journée et tout le monde va faire des conserves de tomates pour son usage personnel. » Dans le même esprit, nombreux sont les mormons qui, non contents d'apporter leur contribution financière à leur Église, s'astreignent à un travail volontaire — comme maçons, par exemple.

Nous ne prétendons pas, loin de là, que nous allons tous nous convertir au mormonisme, pas plus qu'il ne sera possible de recréer dans l'avenir et sur une grande échelle les liens sociaux et communautaires caractéristiques de ce groupe où la participation est d'un niveau élevé, encore qu'il soit de nature théocratique. Mais le principe de la production à usage personnel, qu'elle soit le fait d'individus isolés ou de collectivités organisées, est vraisemblablement destiné à faire boule de neige.

A partir du moment où les ordinateurs domestiques seront d'un usage courant, où l'on disposera de semences génétiquement conçues pour une agriculture urbaine ou, pourquoi pas ? pour pousser en appartement, où l'on aura un outillage bon marché permettant de travailler le plastique chez soi, des matériaux, des colles et des enduits nouveaux, où l'on pourra recevoir gratuitement des conseils techniques rien qu'en décrochant son téléphone, où, peut-être, des instructions s'inscriront sur l'écran de notre téléviseur ou de notre périphérique, il sera possible d'inventer des styles de vie plus satisfaisants, plus variés, moins monotones, plus créateurs et plus gratifiants, moins axés sur le marché que ceux qui caractérisaient la civilisation de la Seconde Vague.

Jusqu'où ce transfert d'activités du secteur B, le secteur de l'échange, au secteur A, celui de la prosommation, ira-t-il ? Comment l'équilibre entre les deux secteurs variera-t-il d'un pays à l'autre ? Quels styles de vie spécifiques engendrera-t-il exactement ? Il est encore trop tôt pour le dire. Il est certain, cependant, que toute modification d'équilibre entre la production d'usage et la production d'échange ne peut que dynamiter notre système économique et, simultanément, notre échelle de valeurs.

L'ÉCONOMIE DE LA TROISIÈME VAGUE

Serait-il possible que le déclin de l'éthique protestante du travail, objet de tant de lamentations, soit lié à cette dérive de la production pour autrui à la production pour soi ? Partout dépérit l'idéal industrialiste prônant l'acharnement au travail. Les chefs d'entreprise occidentaux maugréent contre le « mal anglais » censé nous réduire tous à la pénurie si nous n'y portons pas remède. « Il n'y a plus que les Japonais qui se donnent de la peine », gémissent-ils. Mais j'ai entendu des dirigeants de l'industrie japonaise parmi les plus hauts placés se plaindre que la même maladie affectait leur main-d'œuvre et soupirer : « Il n'y a plus que les Sud-Coréens qui se donnent de la peine. »

Or, bien souvent, les mêmes gens qui, dit-on, renâclent au travail professionnel ne ménagent pas leurs efforts quand ils travaillent non professionnellement — qu'il s'agisse de carreler la salle de bains, de tisser des tapis, de consacrer leur temps et leur talent à une campagne politique, de participer à des réunions de groupes d'auto-assistance, de coudre, de cultiver des légumes dans leur jardin, d'écrire des nouvelles ou de refaire la chambre du grenier. Et si la motivation qui avait donné son élan à l'expansion du secteur B devenait à présent le moteur du secteur A — de la prosommation ?

La Seconde Vague n'a pas seulement apporté en dot la machine à vapeur et le métier à tisser mécanique. Elle a aussi entraîné un formidable changement caractérologique. Aujourd'hui encore, ce glissement est sensible dans les populations qui sont en train de passer d'une société de la Première Vague à une société de la Seconde — chez les Coréens, par exemple, qui s'emploient fiévreusement à développer le secteur B au détriment du secteur A.

A l'inverse, dans les sociétés de la Seconde Vague parvenues à la maturité et qu'ébranle le choc de la Troisième Vague — où la production retourne au secteur A et où le consommateur est à nouveau intégré au processus de production —, on voit s'amorcer un autre mouvement caractérologique. Nous examinerons plus tard cette fascinante métamorphose. Qu'il nous suffise, pour le moment, d'avoir présente à l'esprit cette idée que la montée de la prosommation est de nature à influer, et puissamment, sur les structures de la personnalité même.

Toutefois, il est vraisemblable que les changements résultant de ce phénomène ne seront nulle part aussi explosifs que dans le domaine de l'économie. Au lieu de concentrer leur tir sur le secteur B, les économistes se verront contraints d'élaborer une conception de l'économie nouvelle et plus globale, d'analyser aussi ce qui se passe dans le secteur A et d'apprendre à voir comment les deux secteurs s'engrènent mutuellement.

A présent que la Troisième Vague commence à restructurer l'économie mondiale, on tire à boulets rouges sur les économistes professionnels, accusés d'être incapables d'expliquer ce qui arrive. Leurs outils les plus sophistiqués, y compris leurs modèles et leurs matrices directement sortis de l'ordinateur, sont, semble-t-il, de moins en moins aptes à élucider la manière dont fonctionnent vraiment les mécanismes économiques. Et, à la vérité, beaucoup de spécialistes en arrivent eux-mêmes à la conclusion que la pensée économique traditionnelle, occidentale ou marxiste, a perdu le contact avec une réalité en voie de transformation rapide.

La raison essentielle en est, peut-être, que les changements de grande envergure qui interviennent se situent en dehors du secteur B — c'est-à-dire en dehors du réseau d'échange. Pour avoir à nouveau prise sur la réalité, les économistes de la Troisième Vague devront inventer de nouveaux modèles, de nouveaux instruments de mesure et de nouveaux indicateurs afin de décrire les mécanismes du secteur A, et il leur faudra réviser plus d'un postulat de base à la lumière de ce phénomène : l'essor du prosommateur.

Dès l'instant où, nous rendant à l'évidence, nous admettons qu'il existe un lien étroit entre la production (et la productivité) mesurée du secteur B et la production (et la productivité) non mesurée du secteur A, l'économie invisible, nous nous trouvons dans l'obligation de redéfinir ces termes. Un économiste du National Bureau of Economic Research, Victor Fuchs, avait déjà pressenti ce problème dans les années 60, et souligné que le développement des services rendait caduques les méthodes de mesure classiques de la productivité. « Le savoir, l'expérience, l'honnêteté et la motivation du consommateur affectent la productivité des services », disait-il.

Mais, même dans cette formule, la « productivité » du consommateur est toujours exclusivement considérée dans le cadre du secteur B — elle n'est qu'une contribution au système de la production d'échange. On ne reconnaît pas encore que la production est effectivement présente dans le secteur A aussi — que les biens et les services que l'on produit pour soi-même sont tout à fait réels et susceptibles de se substituer à des biens et services issus du secteur B. Les statistiques de production traditionnelles, et en particulier le P.N.B., auront de moins en moins de signification tant qu'on ne les élargira pas pour qu'elles englobent les phénomènes propres au secteur A.

Comprendre cet envahissement de la prosommation aide également à appréhender la notion de coût de manière plus fine. Ainsi les choses s'éclairent-elles beaucoup lorsque l'on admet que l'efficacité du prosommateur du secteur A peut conduire à une augmentation ou à un abaissement des charges supportées par les compagnies ou les agences gouvernementales opérant dans le secteur B.

Par exemple, un niveau élevé d'alcoolisme et d'absentéisme, de dépressions nerveuses et de troubles mentaux chez les travailleurs entre dans le calcul conventionnel des coûts de fabrication du secteur B. (On estime que, à lui seul, l'alcoolisme coûte à l'industrie américaine 20 milliards de dollars par an en temps de production perdue. En Pologne ou en Union soviétique, où ce fléau cause probablement davantage de ravages, les chiffres doivent être encore plus effrayants.) Dans la mesure où ils atténuent les problèmes de cet ordre, les groupes d'auto-assistance contribuent à réduire les frais de production. Donc, l'efficience de la prosommation affecte l'efficience de la production.

D'autres facteurs, plus subtils, exercent aussi une influence sur les coûts industriels et commerciaux. Quel est le degré d'instruction des travailleurs ? Parlent-ils tous la même langue ? Savent-ils lire l'heure ? Sont-ils culturellement préparés à la tâche qu'ils effectuent ? Les talents sociaux acquis dans le cadre familial augmentent-ils leur compétence ou la diminuent-ils ? Tous ces traits de caractère, ces attitudes, ces valeurs, ces aptitudes et ces motivations, nécessaires à une productivité élevée dans le secteur B, le secteur d'échange, sont produits ou, plus précisément, sont prosommés dans le secteur A. L'essor du prosommateur — la réintégration du consommateur à la production — nous forcera à considérer de telles interrelations avec beaucoup plus d'attention.

Ce puissant courant de changement nous obligera aussi à repenser le concept d' « efficience ». Aujourd'hui, pour la déterminer, les économistes comparent différentes manières de « sortir » le même produit ou le même service, mais ils comparent rarement l'efficience productrice du secteur B à l'efficience prosommatrice du secteur A. Or, c'est justement ce que font des millions de gens considérés comme ignorant tout de la théorie économique. Et ils découvrent que, une fois un certain seuil de revenu acquis, il est peut-être plus profitable, économiquement et psychologiquement parlant, de prosommer que de gagner davantage d'argent.

Les économistes et les hommes d'affaires, qui plus est, ne s'attachent pas à détecter systématiquement les effets négatifs de l'efficience du secteur B sur le secteur A — quand, par exemple, une société exige une mobilité extrême chez ses cadres supérieurs, provoquant ainsi une épidémie de maladies du stress, la dislocation des familles ou une augmentation de la consommation d'alcool chez les intéressés. Il est fort possible que l'on s'aperçoive que ce qui paraît inefficient quand on raisonne traditionnellement en termes de secteur B soit, en fait, extraordinairement efficient si l'on considère l'économie dans son ensemble au lieu de n'en voir qu'une seule partie.

Pour avoir un sens, l' « efficience » doit se référer à ses conséquences d'ordre secondaire et pas simplement à ses effets primaires — et aux deux secteurs de l'économie, pas à un seul.

Que penser de concepts tels que ceux de « revenus » de « protection sociale », de « pauvreté » ou de « chômage » ? Si une personne vit à moitié dans le système du marché et à moitié en dehors, quels produits, tangibles ou immatériels, doit-on retenir comme éléments de ses revenus ? Un revenu chiffré a-t-il encore un sens dans une société où la prosommation peut représenter une part considérable de ce dont dispose l'individu moyen ?

Comment, dans un pareil système, définir la notion de protection sociale ? Faut-il que ceux qui en bénéficient travaillent ? Et, dans l'affirmative, ce travail doit-il ressortir intégralement au secteur B ? Ou devrait-on inciter les allocataires à la prosommation ?

Quelle est la signification réelle du chômage ? L'ouvrier licencié par une société de construction automobile qui refait le toit de sa maison ou répare sa propre voiture est-il le même chômeur que celui qui, les pieds dans ses pantoufles, regarde un match de foot à la télévision ? L'extension du prosumérisme nous oblige à réviser entièrement notre façon de considérer ces problèmes jumeaux que sont le chômage d'un côté, le gaspillage et le personnel superflu engendrés par la bureaucratie de l'autre.

Pour juguler le chômage, par exemple, les sociétés de la Seconde Vague ont employé diverses stratégies : résister au progrès technique, fermer les frontières à l'immigration, déplacer la main-d'œuvre, augmenter les exportations, freiner les importations, lancer des programmes de grands travaux, réduire la durée du travail, accroître la mobilité de la main-d'œuvre, déporter des populations entières ou même faire la guerre afin de stimuler l'économie. Pourtant, le problème devient de jour en jour plus complexe et plus difficile à résoudre.

Et si ce problème — la pénurie ou la pléthore de main-d'œuvre — ne pouvait *jamais* être résolu dans le cadre des sociétés de la Seconde Vague, qu'elles soient capitalistes ou socialistes ? Ne pourrions-nous pas, en jetant sur l'économie un regard global au lieu de nous braquer exclusivement sur une seule de ses composantes, appréhender ce problème sous une perspective nouvelle qui nous aiderait à en finir avec lui ?

Si la production existe dans les deux secteurs, si dans l'un des deux les gens produisent des biens et des services pour eux-mêmes et si, dans le second, ils les produisent pour des tiers, quelles répercussions cela peut-il avoir sur la revendication d'un revenu minimum garanti pour tout le monde ? Dans les sociétés de la Seconde Vague, la notion de revenu est, de façon caractéristique, indissociablement liée à celle de travail dans le cadre d'une économie d'échange. Mais les prosommateurs ne « travaillent »-ils pas, eux aussi, même s'ils sont en dehors du marché, en tout ou en partie ? Un homme ou une femme qui reste à la maison et élève un enfant, contribuant ainsi à la productivité du secteur B par l'effort produit dans le secteur A, ne devrait-il (ou elle) pas disposer d'un revenu, même si il (ou elle) n'est pas un(e) salarié(e) de ce même secteur B ?

L'importance prise par le prosommateur modifiera de fond en comble la pensée économique. Elle modifiera aussi la base des conflits économiques. La rivalité entre les travailleurs-producteurs et les patrons-producteurs se perpétuera sans aucun doute, mais plus le prosumérisme se développera et plus nous pénétrerons avant dans la société de la Troisième Vague, plus elle s'amenuisera. Alors, des conflits sociaux d'un autre type surgiront.

On se battra pour déterminer les besoins à satisfaire et à quel secteur de l'économie il appartiendra de les satisfaire. Plus les forces de la Seconde Vague chercheront à conserver leurs emplois et leurs avantages en faisant barrage aux prosommateurs par le biais des licences de fabrication, codes de construction et autres réglementations, plus les conflits deviendront aigus. Les syndicats d'enseignants, et c'est typique, mènent une lutte tout aussi farouche pour interdire l'accès de leurs classes aux parents que les entrepreneurs attachés à maintenir des réglementations périmées. Néanmoins, de même qu'un certain nombre de problèmes d'hygiène (comme ceux qui dérivent d'une alimentation trop riche, du manque d'exercice ou du tabagisme) ne peuvent pas être réglés par les seuls médecins mais requièrent la participation active du patient, de même beaucoup de problèmes pédagogiques ne sauraient être résolus sans les parents. La montée du prosumérisme transforme tout le paysage social.

Ainsi, toutes ces conséquences seront intensifiées et l'économie mondiale tout entière sera bouleversée du fait d'une réalité historique dont le poids pèse déjà sur nous — et que ne semblent pas voir les économistes et les maîtres à penser de la Seconde Vague. Cette dernière donnée qui nous domine met en perspective tous les éléments dont il a été question dans ce chapitre.

LA FIN DE LA « MARCHIFICATION »

Ce n'est pas seulement la transformation du schéma de la participation au marché qui est passée quasiment inaperçue, mais aussi une autre donnée encore plus fondamentale — l'achèvement de tout un processus historique : la construction même du marché. Ce tournant a des implications si révolutionnaires et, en même temps, si difficiles à discerner que les doctrinaires capitalistes aussi bien que marxistes, obnubilés par leurs polémiques Seconde

Vague, en ont rarement décelé les symptômes. Comme cette réalité ne s'adapte pas à leurs diverses théories, ils ne la voient pas.

Pendant 10 000 ans au moins, la race humaine s'est activement employée à construire un réseau d'échanges — un marché planétaire. Au cours des trois siècles écoulés — depuis le début de la Seconde Vague —, cette tendance s'est poursuivie à un rythme endiablé. La civilisation de la Seconde Vague a « marchifié » le monde. Or, aujourd'hui, à l'heure où la prosommation fait un retour offensif, ce processus arrive à son terme.

Pour prendre conscience de l'immense portée historique de ce fait, il importe d'avoir une idée claire de ce qu'est un marché ou un circuit d'échanges. Imaginons un pipe-line. Lorsque la révolution industrielle a surgi, déclenchant le raz de marée de la Seconde Vague, les peuples de la terre liés au système monétaire étaient très peu nombreux. Le commerce existait, certes, mais il n'avait qu'un caractère marginal. Les divers réseaux d'intermédiaires, de distributeurs, de grossistes, de détaillants, de banquiers, etc., peu développés et rudimentaires, n'offraient qu'un petit nombre de canaux étroits à la circulation des biens et de l'argent.

Pendant trois cents ans, nous avons accompli des efforts de titans pour construire le pipe-line en question. Cela s'est fait de trois façons. Tout d'abord, les marchands et les mercenaires de la civilisation de la Seconde Vague ont rayonné aux quatre coins de la planète, invitant ou contraignant d'autres peuples à s'intégrer au marché — à produire davantage et à prosommer moins. Des tribus africaines qui vivaient en autarcie durent, de gré ou de force se lancer dans des cultures lucratives et extraire du cuivre. Les paysans d'Asie qui, autrefois, vivaient sur leurs récoltes, se virent forcés de travailler dans les plantations d'hévéas parce qu'il fallait des pneus pour les automobiles. Les Latino-Américains se mirent à faire pousser du café qu'achetaient l'Europe et les États-Unis. C'est ainsi que se construisit peu à peu le pipe-line, qu'il se modernisa, et que de plus en plus de gens passèrent sous sa dépendance.

L'expansion du marché avait lieu d'une autre façon encore : par la « marchandification » de plus en plus poussée de la vie. Non seulement des populations toujours plus nombreuses étaient absorbées *par* le marché mais, en outre, on inventait de plus en plus de biens et de services *pour* le marché, ce qui nécessitait un élargissement continuel de la « capacité de circulation » du système — il fallait, en quelque sorte, augmenter le diamètre des tuyaux.

Enfin, le marché se dilatait d'une troisième façon. A mesure que la société et l'économie gagnaient en complexité, le nombre des transactions requises pour qu'une simple savonnette, disons, passe du producteur au consommateur allait se multipliant. Plus il y avait d'intermédiaires, plus le fouillis des canaux et des tuyaux se ramifiait. La sophistication grandissante du système était elle-même un nouveau progrès. C'était comme l'adjonction de conduits et de vannes plus spécialisés à un pipe-line.

Ces différentes formes d'expansion du marché atteignent aujour-d'hui leurs limites extrêmes. Il n'y a plus guère de populations qui n'aient pas encore été happées par l'engrenage, hormis une poignée de peuplades dans quelques régions très reculées. Des centaines de millions de paysans des pays pauvres vivant dans une économie de subsistance sont eux-mêmes, au moins partiellement, intégrés au marché et au système monétaire qui en est inséparable. Il ne reste donc, tout au plus, qu'à réduire les îlots de résistance. Le marché ne peut plus s'élargir davantage en engloutissant de nouvelles et nombreuses populations.

La seconde forme d'expansion demeure encore possible, au moins en théorie. Avec un peu d'imagination, on pourrait sans aucun doute inventer d'autres services ou biens susceptibles d'être vendus ou échangés. Mais c'est précisément là que le développe-ment de la prosommation prend toute son importance. Les rapports entre le secteur A et le secteur B sont complexes et nombre d'activités prosuméristes dépendent de matériaux ou d'outils que l'on doit se procurer sur le marché. Toutefois, l'essor de l'auto-assistance, en particulier, et la démarchification de nombreux biens et services laissent aussi présager dans ce domaine la fin imminente du processus de marchification.

Enfin, la sophistication croissante du « pipe-line » — la com-plexité grandissante de la distribution, l'intervention d'intermédiai-res toujours plus nombreux — approche apparemment du point de non-retour. Le coût des échanges, même en s'en tenant aux étalons de mesure traditionnels, dépasse à présent les coûts de production dans bien des secteurs. Tôt ou tard, on se heurtera fatalement à un butoir. Dans le même temps, l'ordinateur et la surrection d'une technologie ayant la prosommation pour moteur semblent devoir privilégier les stocks réduits et les chaînes de distribution simpli-fiées par opposition aux chaînes plus complexes. Ainsi, là encore, tout indique que la marchification approche de son terme. Si elle ne l'atteint pas de notre vivant, cela ne saurait tarder très longtemps.

Si le parachèvement de notre « projet pipe-line » est proche, quelle incidence cela aura-t-il sur notre mode de travail, nos valeurs et notre psyché ? Après tout, un marché, ce n'est pas simplement l'acier, les chaussures, le coton ou les boîtes de conserve qu'il fait circuler. Le marché est le mécanisme qui assure l'acheminement des biens et des services. Mais il ne se réduit pas pour autant à une simple structure économique. Le marché est une manière d'organiser les gens, une façon de penser, une éthique et un faisceau de certitudes communes (ce qui a été commandé sera bien livré, par exemple). Le marché est donc une structure psychosociale tout autant qu'une réalité économique. Et ses effets transcendent largement l'économique.

En reliant systématiquement des milliards d'êtres entre eux, il a créé un monde où rien ni personne — nul individu, nulle nation, nulle culture — n'est maître de son destin. Il a posé en principe qu'il était « progressiste » alors que l'autarcie était « rétrograde ». Il a propagé un matérialisme vulgaire et l'idée que l'économie et la motivation économique étaient les moteurs de l'existence des hommes. La vie, selon l'image qu'il en donnait, était un enchaînement de transactions contractuelles et la société avait pour ciment le « contrat de mariage » ou le « contrat social ». C'est ainsi que la marchification a modelé les mentalités et les valeurs aussi bien que les actions de milliards d'êtres, et qu'elle a conféré sa marque distinctive à la civilisation de la Seconde Vague.

Il fallut un phénoménal investissement en temps, en énergie, en capitaux, en culture et en matières premières pour en arriver à ce qu'un acheteur de la Caroline du Sud puisse conclure une affaire avec un Sud-Coréen inconnu et qu'il n'avait jamais vu — chacun muni de son abaque ou de son ordinateur, chacun ayant une image du marché dans la tête, chacun ayant ses certitudes sur l'autre, chacun accomplissant un certain nombre d'actes prévisibles parce que la vie les avait tous deux préparés à tenir certains rôles prédéterminés, chacun étant un rouage d'un gigantesque système planétaire regroupant des millions, des milliards même d'autres individus.

Il ne serait pas absurde de dire que l'édification de cet échafaudage élaboré de rapports et sa diffusion explosive d'un bout à l'autre du globe ont, à eux seuls, été l'exploit le plus impressionnant de la civilisation de la Seconde Vague, éclipsant même ses spectaculaires réalisations technologiques. L'érection progressive de cette structure d'échange essentiellement socioculturelle et psychologique (indépendamment du torrent de biens et de services qui s'y engouffrait) peut se comparer à la construction, prise en bloc et multipliée par mille, des pyramides d'Égypte, des aqueducs romains, de la Grande Muraille de Chine et des cathédrales du Moyen Age.

Cette entreprise, la plus grandiose de toute l'histoire, la mise en place des filières et des canaux le long desquels circulait la majeure partie de la vie économique de la civilisation de la Seconde Vague, conféra à cette dernière son dynamisme interne et son action motrice. En vérité, si l'on peut dire que cette civilisation, aujourd'hui mourante, a eu une mission, cela a été de marchifier le monde.

Aujourd'hui, l'aventure est pratiquement arrivée à son terme.

L'âge héroïque de l'édification du marché est clos et nous en sommes à une phase nouvelle où il ne s'agit plus que d'entretenir, rénover et moderniser le pipe-line. Mais il faudra, sans aucun doute, en modifier radicalement d'importants segments pour qu'ils puissent absorber des flux d'informations qui ne cessent de grossir. Le système reposera de plus en plus sur l'électronique, la biologie et des techniques sociales nouvelles. Ce travail exigera, aussi, c'est évident, des ressources, de l'imagination et des capitaux. Pourtant, comparé aux efforts accablants que la marchification de la Seconde Vague a requis, ce programme de rajeunissement réclamera considérablement moins de temps, d'énergie, de capitaux et d'imagination. Pour le mener à bien, il faudra moins de hardware — et pas davantage — moins de gens — et pas davantage — qu'il n'en avait fallu au départ pour mettre l'appareil en place. Si complexe que soit cette reconversion, la marchification ne sera plus la tâche maîtresse de la civilisation.

Ainsi, la Troisième Vague engendrera la première civilisation « transmarché ».

Je ne veux pas dire par là que ce sera une civilisation sans circuits d'échanges — le retour à un monde composé d'une mosaïque de petites communautés isolées et entièrement autarciques qui ne pourraient ou ne voudraient pas commercer entre elles. Non, il ne s'agit pas dans mon esprit d'un retour au passé. Par civilisation

« transmarché », j'entends une civilisation qui dépend du marché mais n'est plus dévorée par le besoin de construire, élargir, parfaire et intégrer cette structure. Une civilisation capable d'adopter un nouvel ordre du jour — précisément parce que le marché existe déjà.

Personne, au xvie siècle, n'aurait pu imaginer comment la croissance du marché allait transformer l'activité du monde dans tous les domaines — technologie, politique, religion, arts, vie sociale, mariage, développement de la personnalité. De même nous est-il extrêmement difficile aujourd'hui de prévoir les conséquences à long terme de la fin de la marchification.

Et pourtant, elles auront des résonances jusqu'au moindre recoin de la vie de nos enfants, sinon de la nôtre. L'œuvre de marchification a coûté cher. Un prix énorme, même, sur le plan purement économique. Durant trois siècles, à mesure que la productivité de la race humaine augmentait, une fraction importante de cette productivité a été dérivée sur la construction du marché — et ce dans les deux secteurs de l'économie.

Maintenant que cette tâche fondamentale est, pour l'essentiel, achevée, les gigantesques sommes d'énergie jusque-là consacrées à l'édification du marché mondial deviennent disponibles pour d'autres objectifs. Ce seul fait déterminera une variété illimitée de bouleversements au niveau de la civilisation. De nouvelles religions naîtront. Des œuvres d'art à une échelle jusqu'à présent inconcevable surgiront. La science enregistrera des progrès fantastiques. Et, par-dessus tout, s'instaureront des institutions sociales et politiques d'un type totalement nouveau.

Ce qui est désormais en jeu va plus loin que le capitalisme ou le socialisme, que l'énergie, l'approvisionnement alimentaire, la démographie, les capitaux, les matières premières ou les emplois : l'enjeu, dorénavant, c'est le rôle du marché dans notre existence et l'avenir même de la civilisation.

Voilà ce que représente, en dernier ressort, l'essor de la prosommation.

La transformation de l'infrastructure profonde de l'économie fait partie intégrante de la vague de changements indissociablement liés entre eux qui déferle sur notre base énergétique, notre technologie, notre système d'information et nos structures, tant familiales qu'industrielles et commerciales. Et ces mutations sont à leur tour inextricablement liées à notre vision du monde. Dans ce domaine aussi se profile une révolution de portée historique. C'est, en effet, toute notre conception de la civilisation industrielle — l'industréalité — qui est bouleversée dans ses fondements.

Chapitre 21.
Le maelström mental

Jamais encore un aussi grand nombre de gens — et même de gens instruits et supposés cultivés — n'ont connu un tel désarroi intellectuel, submergés qu'ils sont, pourrait-on dire, par un maelström d'idées contradictoires, déroutantes et cacophoniques. Toutes ces images qui se bousculent et se télescopent ébranlent notre univers mental.

Chaque jour voit naître une nouvelle mode, une nouvelle découverte scientifique, une nouvelle religion, un nouveau mouvement, un nouveau manifeste. Culte de la nature, perception extrasensorielle, médecine holistique, sociobiologie, anarchisme, structuralisme, néomarxisme, nouvelle physique, mysticisme orientaliste, technophilie, technophobie et mille autres courants et contre-courants, ayant chacun ses prêtres à label scientifique ou ses gourous formés en dix minutes, déferlent sur l'écran de notre conscience.

Une offensive se déploie contre la science établie. Nous assistons à un retour en force explosif du vieux fondamentalisme et à la recherche désespérée d'une foi — n'importe laquelle, ou presque.

En réalité, cette confusion est dans une large mesure la conséquence d'une guérilla culturelle de plus en plus intense, de l'affrontement entre une culture de Troisième Vague naissante et les idées et postulats de la société industrielle assiégée. C'est que, en effet, alors que la Seconde Vague a réduit à néant les notions traditionnelles auparavant en vigueur et fait rayonner le système que j'ai appelé industréalité, l'amorce d'une révolution philosophique visant à jeter bas les dogmes qui ont dominé pendant trois cents ans se fait jour sous nos yeux. Les idées clés de la période industrielle sont discréditées, déconsidérées, détrônées ou phagocytées par des théories beaucoup plus ambitieuses et dynamiques.

Le corpus des croyances de la civilisation de la Seconde Vague ne s'était pas imposé sans combat au cours des trois derniers siècles. Dans les domaines de la science, de la pédagogie, de la religion, et dans combien d'autres encore, les doctrinaires « progressistes » de l'industrialisme se sont heurtés aux doctrinaires « réactionnaires », émanation des sociétés agraires qu'ils fondaient en raison. A l'heure où une culture de Troisième Vague est en train de prendre forme, ce sont à leur tour les défenseurs de l'industrialisme qui se battent dos au mur.

LA NOUVELLE IMAGE DE LA NATURE

Rien n'illustre de manière plus limpide ce débat que la métamorphose de notre vision de la nature.

On a vu naître au cours des dix dernières années un mouvement de protection de l'environnement d'envergure planétaire en réaction aux modifications fondamentales et potentiellement dangereuses que subit la biosphère terrestre. Et ce mouvement ne s'est pas borné à s'attaquer à la pollution, aux additifs alimentaires, aux réacteurs nucléaires, aux autoroutes et aux laques en aérosols : il nous a aussi obligés à réexaminer notre dépendance envers la nature. Conséquence : au lieu de nous considérer comme engagés dans une guerre sans merci contre elle, nous basculons vers une nouvelle optique mettant l'accent sur la symbiose ou l'harmonie entre l'homme et la terre. A la notion d'hostilité se substitue celle d'alliance.

Au plan de la science, cette remise en question a abouti à des milliers d'études dont le but est d'acquérir une meilleure intelligence des rapports écologiques afin d'atténuer notre impact sur la nature ou de le rendre constructif. Nous commençons tout juste à prendre la mesure de la complexité et du dynamisme de ces rapports et à reconceptualiser la société elle-même en introduisant les thèmes du recyclage, de la « renouvelabilité » et de la capacité de charge des systèmes naturels.

Tout cela a pour pendant une transformation correspondante des attitudes populaires à l'égard de la nature. Que l'on analyse les enquêtes d'opinion, les paroles des chansons pop, l'imagerie véhiculée par la publicité ou les sermons, nous découvrons les signes d'un respect magnifié, encore que souvent romantique, de celle-ci.

Des millions de citadins rêvent de campagne et le Urban Land Institute fait état d'un exode non négligeable vers les zones rurales. L'intérêt que l'on porte à l'alimentation naturelle et à l'accouchement naturel, à l'allaitement maternel, aux rythmes biologiques et aux soins du corps a pris des proportions considérables depuis quelques années, et la méfiance que la technologie suscite dans le public est si largement répandue que les sectateurs les plus bornés du P.N.B. rendent, au moins verbalement, hommage à l'idée qu'il faut protéger la nature et non la violenter, qu'il faut anticiper et prévenir, et non point passer sous silence les conséquences néfastes de la technologie.

Parce que nos capacités de nuisance se sont multipliées, la terre nous paraît être beaucoup plus fragile que pouvait le penser la civilisation de la Seconde Vague. En même temps, elle est perçue comme une parcelle de plus en plus infime au sein d'un univers qui, d'instant en instant, s'élargit et gagne en complexité.

Depuis vingt-cinq ans — depuis le début de la Troisième Vague —, les savants ont mis au point tout un arsenal d'instruments inédits pour explorer les confins extrêmes de la nature, et ces lasers, ces fusées, ces accélérateurs de particules, ces plasmas, ces appareils photographiques aux capacités fantastiques, ces ordinateurs ont pulvérisé la conception traditionnelle de l'univers.

Les phénomènes que nous observons aujourd'hui sont infiniment plus grands, ou plus petits, et plus rapides que tous ceux qui ont été recensés durant la Seconde Vague : on étudie des objets d'un diamètre de $1/1\,000\,000\,000\,000\,000$ de centimètre dans un univers explorable dont la limite extrême est au moins égale à $100\,000\,000\,000\,000\,000\,000\,000$ de milles, des phénomènes d'une durée inférieure à $1/10\,000\,000\,000\,000\,000\,000\,000$ de seconde tandis qu'à l'autre extrême, selon les astronomes et les spécialistes de la cosmologie, notre univers est âgé de $20\,000\,000\,000$ d'années. Ses dimensions dépassent les hypothèses qui, hier, paraissaient les plus extravagantes.

Et, non content de cela, on nous dit, en outre, que la Terre n'est peut-être pas la seule planète habitée dans cette immensité tourbillonnante. « Le grand nombre d'étoiles qui doivent posséder des planètes, déclare l'astronome Otto Struve, les conclusions auxquelles sont arrivés de nombreux biologistes — à savoir que la vie est une propriété inhérente à certains types de molécules complexes ou d'agrégats moléculaires —, l'uniformité des éléments chimiques à travers l'univers tout entier, la lumière et la chaleur émises par des étoiles de type solaire et la présence d'eau non seulement sur la Terre mais aussi sur Mars et sur Vénus, nous contraignent à réviser notre manière de penser », et à envisager la possibilité d'une vie extraterrestre.

Cela ne veut pas dire « petits humanoïdes verts », cela ne veut pas dire OVNI (et cela ne les nie pas non plus), mais le seul fait d'avancer l'hypothèse que la vie n'est pas un phénomène particulier à la Terre modifie un peu plus notre perception de la nature et l'idée que nous nous faisons de la place que nous y tenons. Depuis 1960, des hommes de science sondent l'espace dans l'espoir de détecter des signaux lancés par des intelligences lointaines. Le Congrès des États-Unis a procédé à des investigations sur « l'éventualité (de l'existence) d'une vie intelligente autre part ». Et Pioneer 10, filant parmi les étoiles, est porteur d'un message pictographique à l'intention des extraterrestres.

Au moment où la Troisième Vague prend forme, notre planète nous paraît se rétrécir et être plus vulnérable. La place que nous occupons dans l'univers nous semble moins grandiose. Et la possibilité, si lointaine soit-elle, que nous ne soyons pas seuls, nous donne à réfléchir.

Notre vision de la nature n'est plus ce qu'elle était.

MAÎTRES D'ŒUVRE DE L'ÉVOLUTION

L'image que nous avions de l'évolution — et l'évolution elle-même, finalement — non plus.

Les biologistes, les archéologues et les anthropologues qui s'efforcent d'en percer les mystères se trouvent, eux aussi, précipités dans un monde plus vaste et plus complexe qu'on ne l'avait imaginé et s'aperçoivent que des lois, jadis tenues pour universelles, ne sont, en réalité, que des cas particuliers. C'est le généticien François Jacob, prix Nobel de médecine, qui déclare : « Depuis Darwin, les biologistes ont progressivement développé un schéma... du mécanisme opérant dans l'évolution du monde vivant : la sélection naturelle. Depuis lors, on a souvent tenté d'invoquer un mécanisme de sélection semblable pour décrire n'importe quel type d'évolution : cosmique, chimique, culturelle, idéologique ou sociale. Mais une telle entreprise paraît condamnée dès le départ. A chaque niveau, le jeu change de règles. »

Même en biologie, les règles dont on pensait qu'elles étaient valables toujours et en tout lieu sont remises en question. Et les savants doivent s'interroger : l'évolution biologique est-elle immanquablement la réponse à des variations et à la sélection naturelle ? Ou bien dépend-elle, au niveau moléculaire, d'une accumulation de variations aboutissant à une « dérive génétique », sans qu'intervienne la sélection naturelle selon Darwin ? Pour le Dr Motoo Kimura, de l'Institut de génétique japonais, l'évolution au niveau moléculaire est « totalement incompatible avec les prévisions du néodarwinisme ».

D'autres hypothèses, qui semblaient fermement établies, sont mises à mal, elles aussi. Les biologistes nous affirmaient que les *eukaryotès* (les êtres humains et la plupart des autres formes de vie) étaient issus, en dernière analyse, de cellules plus simples, les *prokaryotès* (dont font partie les bactéries et les algues). Or, des travaux récents réfutent cette doctrine et conduisent à l'hypothèse troublante que les formes de vie simples proviennent peut-être des formes de vie plus complexes.

Par ailleurs, l'évolution est supposée devoir favoriser les adaptations qui augmentent les chances de survie. Pourtant, nous découvrons maintenant de saisissants exemples de développements évolutionnaires qui paraissent apporter un avantage à long terme — au prix d'un désavantage à court terme. Que favorise donc l'évolution ?

Une nouvelle extraordinaire, enfin, nous parvient du Grant Park Zoo d'Atlanta : l'union fortuite de deux singes anthropoïdes dont les patrimoines chromosomiques étaient totalement différents a produit le premier primate hybride que l'on connaisse. Même si les chercheurs ne sont pas sûrs qu'il sera fertile, son génotype singulier conforte la théorie selon laquelle l'évolution peut procéder par bonds aussi bien que par accumulation de petits changements.

Et, de fait, beaucoup de biologistes et d'archéologues contemporains, au lieu de la concevoir comme un processus uniforme et sans à-coups, retiendraient la « théorie des catastrophes » pour expliquer les sauts et les chaînons manquants que l'on constate dans de multiples rameaux évolutionnaires. D'autres s'intéressent à de petits changements qui auraient pu, en s'amplifiant par un effet de rétro-action, déboucher sur des transformations structurales soudaines. Ces questions controversées divisent la communauté scientifique.

Mais un fait de nature à bouleverser l'histoire a éclipsé ces querelles. Un beau jour de 1953, un jeune biologiste anglais, James Watson, attablé dans un pub de Cambridge à l'enseigne de l'Aigle, vit son confrère Francis Crick entrer en trombe dans l'établissement et annoncer « à quiconque était à portée de voix : nous avons découvert le secret de la vie ! »

C'était vrai. Watson et Crick avaient élucidé la structure de l'A.D.N.

En 1957, alors que l'on percevait déjà les premiers frémissements de la Troisième Vague, le Dr Arthur Kornberg découvrit comment l'A.D.N. se reproduit. Depuis, pour reprendre le résumé célèbre qui décrit l'enchaînement des événements, « nous avons déchiffré le code de l'A.D.N... nous avons appris comment l'A.D.N. transmet ses directives à la cellule... Nous avons analysé les chromosomes pour déterminer leur fonction génétique... Nous avons synthétisé une cellule... nous avons fusionné des cellules provenant d'espèces différentes... Nous avons isolé des gènes humains purs... Nous avons établi une " carte " des gènes... Nous avons synthétisé un gène... Nous avons modifié l'hérédité d'une cellule ».

Aujourd'hui, dans certains laboratoires disséminés dans le monde entier, travaillent des ingénieurs généticiens capables de créer des formes de vie entièrement nouvelles. Ils ont débordé l'évolution elle-même.

Pour les théoriciens de la Seconde Vague, l'espèce humaine était l'apothéose d'un long processus évolutionnaire. Ceux de la Troisième doivent maintenant tenir compte du fait que nous sommes sur le point de devenir les maîtres d'œuvre de l'évolution.

L'évolution n'aura plus jamais le même visage. Tout comme notre concept de la nature, elle est l'objet d'une reconceptualisation drastique.

L'ARBRE DU PROGRÈS

Avec ce changement affectant l'idée que la Seconde Vague avait de la nature et de l'évolution, comment s'étonner du fait que notre notion de progrès, héritée elle aussi de la Seconde Vague, soit également l'objet de profonds remaniements ? L'âge industriel, comme nous l'avons vu, se caractérisait par un aimable optimisme : chaque conquête de la science, chaque « nouveau produit amélioré » était la preuve de l'irrésistible marche en avant de l'homme vers la perfection. Mais, depuis le milieu des années 50, date à laquelle la Troisième Vague commença à poindre, peu d'idées ont été aussi rudement mises à mal que cette profession de foi tout en rose.

Les beatniks des années 50 et les hippies des années 60 ont fait du du pessimisme touchant la condition humaine une dominante culturelle. Ces mouvements ont largement contribué à remplacer l'optimisme-réflexe par le désespoir-réflexe.

Le pessimisme devint rapidement la grande mode. Dans les films hollywoodiens de ces deux décennies, par exemple, les héros au menton volontaire des années 30 et 40 se sont vus évincés par des anti-héros aliénés — rebelles sans cause, gangsters de charme, trafiquants de drogue, anges de la mort sur leurs vrombissantes machines, punks *hard* et pas causants (mais sentimentaux jusqu'à la moelle). La vie était un jeu où il n'y avait pas de gagnants.

La littérature, le théâtre et les arts sombrèrent également dans une désespérance morbide dans de nombreux pays de la Seconde Vague. Au début des années 50, Camus avait déjà défini les thèmes que d'innombrables romanciers allaient plus tard reprendre à leur compte et qu'un critique anglais résumait ainsi : « L'homme est faillible, les doctrines politiques sont relatives, le progrès automatique est un mirage. » Même la science-fiction, autrefois pépinière d'épopées utopistes, s'enlisait dans la morosité et le pessimisme, dévidant en série de pâles imitations de Huxley et de Orwell.

Cessant d'être considérée comme la locomotive du progrès, la technologie était de plus en plus représentée comme une bête d'Apocalypse broyant la liberté humaine et l'environnement physique. Dans la bouche d'une foule d'« environnementalistes », le mot « progrès » avait valeur de blasphème. Les rayons des librairies fléchissaient sous d'épais volumes dont les titres étaient *The Stalled Society*, *The Coming Dark Age*, *In Danger of Progress*,

The Death of Progress (La Société bloquée, L'Arrivée des ténèbres, En danger de progrès, La Mort du progrès).

Comme la société de la Seconde Vague entrait cahin-caha dans les années 70, le rapport du Club de Rome sur « Les Limites de la croissance » prédisant la faillite catastrophique du monde industriel aida puissamment à peindre sous des couleurs funéraires la décennie qui s'ouvrait. Les troubles, le chômage et l'inflation, aggravés par l'embargo sur le pétrole de 1973, jouèrent pour répandre davantage l'ombre funèbre de ce pessimisme et tordre le cou à la notion de progrès inéluctable. En annonçant le déclin de l'Occident avec des accents que n'eût pas désavoués Spengler, Henry Kissinger en fit, de son côté, frissonner plus d'un.

Ce pessimisme était-il ou non justifié ? Au lecteur de trancher. Une chose, en tout cas, est claire : l'idée de progrès inévitable et irréversible, autre pilier de l'industréalité, trouve de moins en moins d'adeptes à mesure que la civilisation de la Seconde Vague approche de son terme.

Sur la terre entière, on se rend de plus en plus à cette évidence qu'il n'est plus possible de mesurer le progrès exclusivement en termes de technologie ou de niveau de vie matériel — qu'une société moralement, esthétiquement, politiquement dévoyée, et même dévoyée par rapport à son environnement, si riche ou si techniquement sophistiquée soit-elle, n'est pas une société avancée. Autrement dit, c'est vers une notion de progrès beaucoup plus large que nous nous dirigeons — un progrès qui n'est plus automatique et ne se définit plus en fonction des seuls critères matériels.

En outre, nous avons moins tendance à penser que les sociétés roulent sur une voie unique, passant automatiquement d'une gare culturelle à la suivante, chaque station étant plus « avancée » que la précédente. En quelque sorte, il peut y avoir beaucoup d'embranchements et les sociétés peuvent atteindre un développement exhaustif en prenant des routes diverses.

Nous commençons à concevoir le progrès comme un arbre épanoui dont les nombreuses branches s'étendent dans l'avenir, la variété et la richesse mêmes des cultures humaines servant d'étalon. Dans cette optique, le basculement actuel vers un monde plus divers, démassifié, apparaîtra peut-être comme un important bond en avant — analogue à la tendance à la diversification et la complexité, si banales dans l'évolution biologique.

Quoi qu'il arrive, il est improbable que la culture en revienne jamais au progressivisme naïf, linéaire et béatement optimiste qui caractérisa et inspira l'ère de la Seconde Vague.

Ainsi, nous avons assisté depuis quelques décennies à une reconceptualisation forcée de la nature, de l'évolution et du progrès. Toutefois, ces trois concepts reposaient eux-mêmes sur des idées encore plus élémentaires : nos notions du temps, de l'espace, de la matière et de la causalité. Et la Troisième Vague fait se dissoudre jusqu'à ces prédicats — ce ciment intellectuel qui assurait la cohésion de la civilisation de la Seconde Vague.

LE FUTUR DU TEMPS

L'irruption d'une civilisation nouvelle ne modifie pas seulement la manière dont les gens manipulent le temps dans la vie de tous les jours : elle transforme aussi la « carte » du temps qu'ils ont dans la tête. Et la Troisième Vague est en train de redessiner nos cartes temporelles.

Depuis Newton, la civilisation de la Seconde Vague partait de l'axiome que le temps s'écoulait en ligne droite, allant des brumes du passé vers les profondeurs les plus reculées de l'avenir. Il était absolu et uniforme dans tout l'univers, il était indépendant de la matière et de l'espace. Et il allait de soi que chaque moment, chaque fragment de temps était identique au suivant.

Aujourd'hui, dit John Gribbin, astrophysicien et auteur de romans de science-fiction, « des savants sérieux, d'une formation au-dessus de tout soupçon, avec derrière eux des années de recherches expérimentales, nous annoncent calmement que... le temps n'est pas quelque chose qui s'écoule inexorablement d'arrière en avant au rythme régulier qu'indiquent nos pendules et nos calendriers mais qu'il est susceptible d'être naturellement gauchi et déformé, le résultat final dépendant de la position de l'observateur. A la limite, des objets ultra-contractés — les trous noirs — peuvent le neutraliser totalement, le figer à leur voisinage ».

Au début du siècle, Einstein avait déjà démontré que le temps pouvait être comprimé ou dilaté, et il avait dynamité la notion de temps absolu. On peut paraphraser ainsi l'exemple, désormais classique, du chemin de fer.

Un homme qui se trouve devant une voie ferrée voit luire deux éclairs en même temps — l'un loin au nord, l'autre au sud. Il est exactement entre les deux. Un deuxième homme se trouve dans un train animé d'une grande vitesse roulant vers le nord. Quand il passe devant l'observateur extérieur, il voit également les éclairs. Mais, pour lui, ils ne sont pas simultanés. Du fait que le train se déplace du sud au nord, l'une des deux lueurs lui parvient avant l'autre. Le voyageur, lui, voit d'abord l'éclair qui éclate vers le nord.

Dans la vie quotidienne, les distances sont trop faibles et la vitesse de la lumière trop grande pour que l'on puisse déceler la différence, mais la parabole einsteinienne souligne que l'ordre chronologique des événements — celui qui vient en premier lieu, ou en second, ou tout de suite après — dépend de la vitesse propre de l'observateur. Le temps n'est pas absolu, il est relatif.

Nous sommes bien loin du temps qui était à la base de la physique classique et de l'industréalité. L'une et l'autre tenaient pour acquis que « avant » et « après » étaient des données immuables, indépendantes de l'observateur.

Aujourd'hui, la physique tout à la fois explose et implose. Il n'est pas de jour qui passe sans que les physiciens imaginent hypothétiquement — ou découvrent — de nouvelles particules élémentaires ou des phénomènes astrophysiques, des quarks aux quasars, ayant des implications fantastiques dont certaines nous obligent à modifier encore notre conception du temps.

A une extrémité de l'échelle, par exemple, ce sont les trous noirs qui semblent ponctuer le ciel et qui happent tout, y compris la lumière, faisant violence aux lois physiques — pour ne pas dire qu'ils les font voler en éclats. Il paraît que ces trous noirs constituent des « points singuliers » où l'énergie et la matière s'évanouissent purement et simplement. Le physicien Roger Penrose est allé jusqu'à affirmer l'existence de « trous de vers » et de « trous blancs » à travers lesquels énergie et matière perdues ruisselleraient dans un autre univers — quoi qu'il faille entendre par là.

A proximité d'un trou noir, croit-on, un instant pourrait équivaloir à des éons sur terre. Ainsi, si une mission de contrôle interstellaire envoyait un astronef en explorer un, nous devrions peut-être attendre un million d'années le retour du vaisseau. Pourtant, en raison de la distorsion gravifique aux abords du trou noir, sans même parler des effets de la vitesse de l'astronef, il ne s'écoulerait que quelques minutes ou quelques secondes aux horloges du bord.

Si l'on quitte l'immensité des cieux pour pénétrer dans l'univers des particules ou des ondes microscopiques, on découvre des phénomènes qui ne sont pas moins déconcertants. Le Dr Gerald Feinberg, de la Columbia University, a même supposé l'existence de particules appelées tachyons dont la vitesse est supérieure à celle de la lumière, et pour lesquelles, selon certains de ses confrères, le sens du temps est inversé.

« La notion microscopique du temps est très différente de la macroscopique », déclare le physicien britannique J.G. Taylor. Son confrère Fritjof Capra formule la chose plus simplement : « Le temps, dit-il, s'écoule à des rythmes différents dans différentes régions de l'univers. » Ainsi est-il de moins en moins possible de parler du temps « au singulier ». Il y a des « temps » alternatifs, des « temps » plurivoques obéissant à d'autres règles dans différentes régions du ou des univers que nous habitons. Tout cela fait sauter les piliers étayant le concept de temps universel et linéaire cher à la Seconde Vague, sans lui substituer pour autant l'ancienne notion de temps cyclique.

Par conséquent, au moment même où nous restructurons radicalement les utilisations sociales du temps — en introduisant les horaires de travail mobiles, en affranchissant l'ouvrier de la chaîne et en recourant aux autres innovations décrites au chapitre 19 —, nous reformulons également de façon fondamentale notre image mentale du temps. Et si ces découvertes théoriques ne semblent pas susceptibles, pour l'heure, d'applications pratiques au niveau de la vie quotidienne, on pouvait en dire autant de ces gribouillages à la craie apparemment spéculatifs, et rien de plus, tracés sur le tableau noir — ces formules qui ont finalement abouti à la désintégration de l'atome.

LES VOYAGEURS DE L'ESPACE

Beaucoup de ces changements qui affectent notre conception du temps ont aussi pour effet d'ouvrir des brèches dans notre notion de l'espace car tous deux, l'espace et le temps, sont étroitement entremêlés. Mais nous modifions également notre image de l'espace de manière plus directe.

Nous sommes en train de transformer les espaces bien concrets où, les uns et les autres, nous vivons, travaillons et nous divertissons. Comment nous nous rendons à notre travail, les distances et la fréquence de nos déplacements, l'endroit où nous vivons — tout cela a une influence sur notre perçu de l'espace. Et ces données changent. En fait, avec l'arrivée de la Troisième Vague, nous entrons dans une phase nouvelle du rapport de l'humanité à l'espace.

La Première Vague, qui fit rayonner l'agriculture à la surface de la planète, inaugura, ainsi que nous l'avons vu plus haut, les villages ruraux permanents. La plupart des gens passaient toute leur existence à quelques kilomètres de leur lieu de naissance. L'agriculture sécréta un mode de vie immobiliste et spatialement intensif, et développa une sensibilité locale exacerbée — l'esprit de clocher.

La civilisation de la Seconde Vague, en revanche, concentra d'immenses populations dans les grandes villes et, comme elle avait besoin, d'une part, d'aller au loin chercher des ressources, d'autre part, de distribuer les biens à distance, elle engendra la mobilité. La culture qu'elle produisit était spatialement extensive et polarisée, non sur le village, mais sur la cité ou la nation.

La Troisième Vague entraîne une refonte de notre expérience spatiale dans la mesure où elle disperse la population au lieu de la concentrer. Si, dans les régions du globe encore en voie d'industrialisation, des millions d'êtres continuent d'envahir les zones urbaines, on observe déjà le processus inverse dans tous les pays de haute technologie. La population de Tokyo, de Londres, de Zurich, de Glasgow et de dizaines d'autres métropoles décroît alors que celle des villes moyennes et petites augmente.

C'est le American Council of Life Insurances, le Syndicat professionnel des assurances, qui déclare : « Certains urbanistes pensent qu'aux U.S.A., la grande ville appartient au passé. » « La technologie des transports et des communications », observe la revue *Fortune*, « a rompu les amarres qui rattachaient les grosses sociétés aux quartiers généraux traditionnels qu'étaient les villes. » Et *Business Week* titrait un article : « Vers une nation sans villes importantes. »

Cette redistribution et cette déconcentration des populations transformera le moment venu nos postulats et nos certitudes concernant aussi bien l'espace personnel que l'espace social, les distances foyer-lieu de travail admissibles, la densité de l'habitat et une foule d'autres notions encore.

Outre ces changements, la Troisième Vague engendre une nouvelle attitude intensément locale mais, en même temps, planétaire — voire galactique. Partout, on constate une polarisation sur la « communauté » et le « quartier », sur la politique locale et les liens locaux. Simultanément, un grand nombre de gens — souvent les mêmes que ceux qui sont le plus braqués sur le « local » — s'intéressent aux problèmes de la planète et sont préoccupés par une famine qui sévit ou une guerre qui éclate à quinze mille kilomètres de chez eux.

A mesure que les moyens de communication de pointe foisonneront et que le travail commencera à émigrer vers la maison électronique, cette dualité se renforcera et une multitude de gens resteront relativement près de leur domicile, déménageront moins souvent, voyageront peut-être davantage pour leur plaisir mais moins fréquemment pour affaires — tandis que leur esprit et leurs messages sillonneront toute la terre, et même l'espace. La mentalité Troisième Vague associe le près et le loin.

Nous sommes aussi en train d'adopter rapidement une vision plus dynamique et plus relativiste de l'espace. J'ai dans mon bureau plusieurs agrandissements de photos de New York et de ses environs prises par des satellites et des avions U-2. Les premières ressemblent à des tableaux abstraits d'une beauté fantastique — une mer d'un vert profond sur lequel se détachent tous les détails de la côte. Les secondes, qui montrent la ville en infrarouge, sont si fouillées que le Metropolitan Museum et les avions au parking de l'aéroport La Guardia sont nettement visibles. Un jour, j'ai demandé à un officiel de la NASA si, en poussant encore davantage l'agrandissement, on pourrait distinguer leurs numéros d'identification et les cocardes d'ailes. Mon interlocuteur me décocha un regard empreint d'une condescendance amusée et laissa tomber : « On verrait les rivets. »

Mais nous n'en sommes plus aux photographies raffinées dans leurs plus infimes détails. Dans dix ans, affirme Arthur H. Robinson, cartographe attaché à l'université du Wisconsin, les satellites nous apporteront des cartes vivantes — des paysages animés — d'une ville ou d'un pays et nous pourrons voir tout ce qui s'y passe.

Dès lors, une carte ne sera plus une image statique mais un film — et même un film aux rayons X puisqu'elle ne montrera pas seulement les activités qui interviennent à la surface du sol mais nous révélera, strate par strate, tout ce qui se produit sous l'écorce terrestre et en altitude. Ainsi disposerons-nous d'une image du terrain perpétuellement changeante et de notre relation avec lui.

Par ailleurs, certains cartographes partent en guerre contre les bons vieux planisphères qui ornaient les murs de toutes les salles de classe des écoles de la Seconde Vague. Depuis la révolution industrielle, c'était, dans ce domaine, la projection de Mercator la plus employée. Si ce type de carte convient à la navigation transocéanique, il déforme de façon inouïe l'échelle des masses continentales. Il suffit de jeter un bref coup d'œil à l'atlas — s'il utilise cette projection — pour se rendre compte que la Scandinavie paraît aussi grande que l'Inde alors qu'en réalité elle est presque trois fois moins étendue.

Une querelle violente fait rage chez les spécialistes à propos d'une nouvelle projection imaginée par l'historien allemand Arno Peters qui a pour but de représenter les masses continentales en respectant leurs dimensions relatives. Peters accuse les cartes Mercator d'avoir nourri l'arrogance des nations industrielles et de nous rendre difficile de voir le monde non industrialisé dans sa perspective réelle, politique aussi bien que cartographique. « On a dupé les pays en développement, tant pour ce qui est de leur superficie que de leur importance », proclame-t-il. Sa carte, qui surprend l'Européen ou l'Américain, montre une Europe rabougrie, aplatit et écrase l'Alaska, le Canada et l'Union soviétique alors que l'Amérique du Sud, l'Afrique, les pays arabes et l'Inde sont très allongés. Soixante mille exemplaires de ce document ont été distribués dans les pays non industriels par les soins d'une mission évangélique allemande, la Weltmission, et d'autres organisations religieuses.

Cette querelle néglige le fait qu'il n'existe pas de cartes « exactes » mais seulement différentes images de l'espace ayant des finalités différentes. L'irruption de la Troisième Vague nous fait voir le monde d'un autre œil — au sens littéral.

LE TOUT ET LES PARTIES

Ces profonds changements qui bouleversent nos conceptions de la nature, de l'évolution, du progrès, du temps et de l'espace ont tendance à fusionner à mesure que nous nous détournons de la culture Seconde Vague qui mettait l'accent sur l'examen analytique -de choses et de phénomènes isolés les uns des autres, et que nous nous dirigeons vers une culture de Troisième Vague privilégiant les contextes, les rapports et les ensembles.

Au début des années 50, presque au moment où les biologistes décryptaient le code génétique, une période de travaux intenses et passionnants s'ouvrit également pour les théoriciens de l'information et les ingénieurs des laboratoires Bell, pour les informaticiens d'I.B.M., pour les physiciens du Laboratoire des Postes britanniques et, en France, pour les chercheurs du C.N.R.S.

Ces travaux, issus de la « recherche opérationnelle » datant de la Seconde Guerre mondiale, mais qui allaient beaucoup plus loin, aboutirent à la révolution de l'automation et donnèrent naissance à une nouvelle famille de technologies devenue ensuite l'assise de la production de la Troisième Vague, tant à l'usine qu'au bureau. Mais ce hardware n'était pas tout. Une autre forme de pensée naissait en même temps. L'un des principaux produits de la révolution de l'automation fut, en effet, la notion de « systèmes ».

Contrairement aux intellectuels cartésiens qui mettaient l'accent sur l'analyse des composantes, souvent au détriment du contexte, les tenants de la théorie des systèmes insistaient sur ce que Simon Ramo, l'un des premiers avocats de cette méthode, appelait « une appréhension totale, et non fragmentaire, des problèmes ». La théorie des systèmes, qui soulignait les relations de rétro-action, de feedback, entre les sous-systèmes et les ensembles plus larges constitués par ces unités, eut un puissant impact culturel à partir du milieu des années 50 quand elle commença à sortir des laboratoires. Sociologues et psychologues, philosophes et spécialistes de politique étrangère, logiciens et linguistes, ingénieurs et administrateurs se mirent à utiliser son vocabulaire et ses concepts. Mais, depuis dix ou vingt ans, les inconditionnels de la théorie des systèmes n'ont pas été les seuls à réclamer une approche plus intégrationniste des problèmes.

La révolte contre la superspécialisation étroite a aussi reçu un coup de fouet du fait des campagnes pour la protection de l'environnement quand les écologistes des années 70 découvraient la « toile d'araignée » de la nature, l'interrelation des espèces et le caractère global des écosystèmes. « Les non-environnementalistes cherchent à diviser les choses en leurs éléments constitutifs et à résoudre les problèmes les uns après les autres », écivait Barry Lopez dans *Environmental Action*, alors que, tout au contraire, les « environnementalistes ont tendance à voir les choses tout autrement... Leur instinct les pousse à équilibrer l'ensemble et non à traiter une partie isolée ». L'approche écologique et l'approche par les systèmes se recoupaient, et toutes deux avaient le même parti pris de synthèse et d'intégration de la connaissance.

Dans le même temps, les universitaires appelaient de plus en plus à une réflexion interdisciplinaire. Alors que le compartimentage au sein de la plupart des établissements d'enseignement bloque toujours la « fécondation croisée » des idées et l'intégration de l'information, la revendication de l'inter ou de la pluridisciplinarité est désormais si communément répandue qu'elle revêt un caractère quasi rituel.

Ces transformations de la vie intellectuelle avaient leur pendant dans d'autres secteurs de la culture. Les religions orientales avaient de tout temps attiré une frange infime de la moyenne bourgeoisie d'Europe, mais ce ne fut qu'à partir du moment où la société industrielle commença à se désintégrer que l'on vit des légions de jeunes Occidentaux hisser les swamis indiens sur un piédestal, envahir l'Astrodrome pour entendre un gourou de seize ans, écouter des *ragas* indiens, ouvrir des restaurants végétariens hindouisants et descendre la 5ᵉ Avenue en dansant. Le monde, psalmodiaient-ils soudain, n'était pas morcelé en nodules cartésiens : il était « unicité ».

Dans le domaine de l'hygiène mentale, les psychothérapeutes cherchaient à guérir la « personne totale » par des méthodes globalisantes. Ce fut l'explosion du *Gestalt* : dans tous les États-Unis, on vit s'ouvrir des établissements et des institutions thérapeutiques sous ce label. L'objectif, selon le psychothérapeute Frederick S. Perls, était d' « accroître le potentiel humain par l'intégration » de la conscience sensorielle de l'individu, de ses perceptions et de sa relation au monde extérieur.

En médecine était né le mouvement « holistique » dont le principe de base était que le bien-être de l'individu dépend de l'intégration du physique, du spirituel et du mental. Mélange de charlatanisme et d'innovations médicales sérieuses, il a acquis une force énorme à la fin des années 70.

« Il y a quelques années, note la revue *Science*, il aurait été impensable que le gouvernement fédéral accordât son patronage à une conférence sur la santé annonçant des communications sur des thèmes tels que la guérison par la foi, l'iridologie, l'acupressure, la méditation zen et l'électromédecine. » Depuis, l'intérêt suscité par les « méthodes et systèmes curatifs dits holistiques a été véritablement explosif ».

Comment s'étonner si une telle floraison d'activités s'exerçant sur tant de plans différents ait donné droit de cité aux termes de *wholism*[1] ou d' « holisme » dans le vocabulaire profane ? On met aujourd'hui ce vocable à peu près à toutes les sauces. Un expert de la Banque mondiale réclame « une compréhension holistique de... l'abri urbain ». Une commission du Congrès des États-Unis exige des recherches « holistiques » à long terme. Un pédagogue se vante d'employer une méthode « holistique » de lecture et de notation pour apprendre à écrire aux enfants des écoles. Et un institut de développement corporel de Beverly Hills propose à sa clientèle des exercices de gymnastique « holistique ».

Ces divers mouvements, ces modes, ces courants culturels sont tous différents mais ils ont un évident dénominateur commun : les uns et les autres nient le principe selon lequel on peut comprendre le tout en en examinant séparément les parties. Ce que l'un des chefs de file de la théorie des systèmes, le philosophe Ervin Laszlo, résume par cette formule : nous « faisons partie d'un système naturel interconnecté et, si des " généralistes " informés ne s'emploient pas à développer des théories systématiques des schémas d'interconnexion, nos projets à court terme et les limitations de nos capacités de contrôle peuvent nous conduire à notre propre destruction ».

Cette offensive contre le fragmentaire, le partiel et l'analytique est devenue si féroce que nombre de « holistes » fanatiques oublient allègrement la partie dans leur quête du « tout » ineffable. Le résultat n'est pas un globalisme mais bien un autre genre de morcellement. Leur tout n'est qu'une moitié du tout.

Des critiques plus sérieux cherchent, toutefois, à équilibrer les talents d'analyse de la Seconde Vague en accentuant la synthèse. La formulation la plus claire de cette idée a peut-être été donnée par l'écologiste Eugene P. Odum quand il exhortait ses pairs à combiner le « globalisme » et le « réductionnisme », à s'intéresser au tout aussi bien qu'aux parties. « A mesure que les composants...

1. D'après le mot anglais *whole,* le tout.

se combinent pour former des ensembles fonctionnels plus larges »,
disait-il après avoir reçu conjointement avec son frère Howard,
plus connu, le prix de l'Institut de la Vie, « des propriétés nouvelles
qui n'étaient pas présentes ou n'étaient pas évidentes au niveau
immédiatement inférieur surgissent... Il ne s'agit pas pour autant
d'abandonner la science réductionniste car, de cette approche,
beaucoup de bien est résulté pour l'humanité », mais le moment est
venu de soutenir de manière égale l'étude des « systèmes intégrés
sur grande échelle ».

Conjointement, la théorie des systèmes, l'écologie et la promotion
généralisée de la pensée « globaliste » — au même titre que
l'évolution de notre conception de l'espace et du temps — sont
parties intégrantes de l'assaut culturel qui se développe contre les
prémisses intellectuelles de la civilisation de la Seconde Vague.
Cette offensive atteint cependant son point culminant dans la façon
neuve dont nous commençons d'appréhender le pourquoi des
choses : la nouvelle causalité.

LE BILLARD AU MUSÉE

La civilisation de la Seconde Vague nous apportait la réconfortante
assurance que nous connaissions (ou, au moins, que nous
pouvions connaître) les causes des phénomènes. Chacun de ceux-ci,
nous disait-elle, occupait une place unique et déterminable dans
l'espace et le temps. Les mêmes conditions, nous disait-elle,
produisaient toujours les mêmes résultats. L'univers tout entier,
nous disait-elle, était en quelque sorte constitué de queues et de
boules de billard — les causes et les effets.

Cette vision mécaniste de la causalité fut — et est encore —
extrêmement utile. Elle nous aide à guérir les malades, à construire
des gratte-ciel géants, à imaginer des machines ingénieuses, à
édifier d'énormes organisations. Mais si efficace soit-elle quand elle
nous explique des phénomènes qui se comportent comme de
simples machines, elle se révèle beaucoup moins satisfaisant pour
rendre compte d'autres phénomènes tels que la croissance, la
sénescence, l'accession soudaine à des niveaux de complexité
supérieurs, les grands changements qui s'étiolent brusquement ou,
inversement, les événements infimes, souvent dus au hasard, qui,
parfois, se muent en forces explosives colossales.

Le billard newtonien est aujourd'hui remisé dans un coin de la salle de jeu cosmique. La causalité mécaniste est considérée comme un cas d'espèce, valable pour certains phénomènes mais pas pour tous, et, d'un bout à l'autre de la terre, chercheurs et savants s'emploient à élaborer une nouvelle image du changement et de la causalité mieux accordée à la rapide transformation de nos conceptions de la nature, de l'évolution et du progrès, du temps, de l'espace et de la matière.

L'épistémologiste d'origine japonaise Magoroh Maruyama, le sociologue français Edgar Morin, des théoriciens de l'information comme Stafford Beer et Henri Laborit, et bien d'autres, nous livrent des indications grâce auxquelles nous pouvons nous faire une idée de la manière dont la causalité opère dans les systèmes non mécaniques qui vivent, meurent, se développent, et sont à la fois en évolution et en révolution. Le prix Nobel belge Ilya Prigogine, dans une vertigineuse synthèse des notions d'ordre et de chaos, de hasard et de nécessité, nous montre comment celles-ci se rattachent à la relation de cause à effet.

La causalité Troisième Vague qui est en train de prendre forme procède pour une part d'un concept clé de la théorie des systèmes : l'idée de feedback, de rétro-action. Le thermostat domestique qui maintient uniforme la température d'une pièce est l'exemple classique de cette notion. Il allume la chaudière, surveille la température et, quand il fait suffisamment chaud, coupe ladite chaudière. Lorsque la température baisse, il enregistre le changement et la rallume.

Il s'agit en la circonstance d'un feedback qui entretient un état d'équilibre en atténuant ou en supprimant tout changement qui risque de dépasser un seuil déterminé. Appelé « feedback négatif », il a pour fonction de maintenir la stabilité.

Après que les spécialistes de la théorie des systèmes et de l'information eurent défini et exploré le feedback négatif à la fin des années 40 et au début des années 50, les savants commencèrent à chercher des exemples et des processus analogues. Et ils découvrirent avec une exaltation grandissante que des systèmes stabilisateurs similaires existaient partout, aussi bien dans le domaine de la physiologie (par exemple, les mécanismes par lesquels l'organisme maintient constante sa température) qu'en politique (témoin la façon dont l'*establishment* étouffe la contestation lorsqu'elle va au-delà du seuil acceptable). Apparemment, le feedback négatif grâce auquel les choses maintiennent leur équilibre ou leur stabilité est omniprésent.

Cependant, au début des années 1960, des observateurs critiques comme le Pr Maruyama commencèrent à noter que l'on s'attachait trop à la stabilité et pas assez au changement. Il était nécessaire, disait-il, de faire davantage de recherches sur le « feedback positif » — les processus qui amplifient le changement au lieu de le supprimer, qui défient la stabilité au lieu de la préserver, et parfois l'anéantissent. Le feedback positif, insistait Maruyama, peut amplifier une petite déviation du système, une secousse anodine, jusqu'aux dimensions d'un séisme gigantesque qui en ébranle l'architecture.

Si le feedback du premier type réduisait le changement, était « négatif », on avait maintenant toute une classe de mécanismes amplificateurs de changement, « positifs », et tous deux exigeaient une égale attention. Le feedback positif pouvait éclairer la relation de cause à effet agissant dans un grand nombre de phénomènes qui, auparavant, semblaient incompréhensibles.

Parce que le feedback positif rompt la stabilité et s'entretient de lui-même, il permet d'expliquer certains cercles vicieux — et d'autres... vertueux. Reprenons notre thermostat mais, cette fois, en inversant le sens de son capteur ou de son mécanisme de déclenchement. Quand la pièce se réchauffe, au lieu de *couper* la chaudière, il l'*allume* et fait monter la température qui s'élève de plus en plus. On peut aussi penser au Monopoly (ou, pourquoi pas ? au jeu bien réel de l'économie) : plus un joueur a d'argent, plus il peut acheter d'immeubles. Il touchera donc davantage de loyers et aura par conséquent plus d'argent pour acheter encore de nouveaux immeubles. Ce sont là deux exemples de feedback positif.

Cette notion permet d'expliquer n'importe quel processus autostimulant — la course aux armements, par exemple, où, chaque fois que l'U.R.S.S. fabrique un nouvel engin, les U.S.A. en fabriquent un plus gros, ce qui entraîne la première à en fabriquer un nouveau... jusqu'au moment où l'on sombre dans la folie planétaire.

Et lorsque l'on associe le feedback négatif et le feedback positif, que l'on voit la richesse des interactions de ces deux mécanismes différents au sein d'organismes complexes, du cerveau humain à l'économie, des possibilités stupéfiantes nous apparaissent alors.

En vérité, à partir du moment où une culture accepte l'idée que tout système réellement complexe — un être vivant, une ville ou l'ordre politique international — possède vraisemblablement des amplificateurs et des réducteurs de changement, que des boucles de feedback positif et de feedback négatif sont en interaction en son sein, on commence à entrevoir tout un niveau de complexité insoupçonné dans le monde auquel nous sommes confrontés. Notre intelligence de la causalité progresse.

Mais elle fait un nouveau bond lorsque l'on accepte aussi l'idée que ces réducteurs et ces amplificateurs de changement ne sont pas nécessairement présents à l'origine dans les systèmes biologiques ou sociaux. Ils peuvent en effet s'installer ultérieurement, pousser, en quelque sorte, parfois sous l'effet de quelque chose qui équivaut au hasard. Ainsi, un événement fortuit peut-il déclencher un fantastique enchaînement de conséquences inattendues.

On comprend alors pourquoi il est si souvent malaisé de dépister et d'extrapoler des changements qui nous réservent tant de surprises. Pourquoi un processus lent et uniforme peut brusquement se muer en transformation brutale — et *vice versa*. Et cela, à son tour, explique pourquoi des situations initiales semblables peuvent aboutir à des dénouements on ne peut plus dissemblables. C'est là une idée étrangère à la mentalité de la Seconde Vague.

La causalité Troisième Vague qui petit à petit prend forme nous dévoile un univers complexe de forces réagissant les unes sur les autres, un monde étonnant équipé d'amplificateurs aussi bien que de réducteurs de changement et de bien d'autres éléments encore, qui ne se réduit pas à des boules s'entrechoquant sans fin selon des trajectoires prévisibles sur le billard cosmique. Un monde beaucoup plus déroutant que le mécanisme simpliste de la Seconde Vague ne le laissait penser.

Tout est-il en principe prévisible ainsi que l'impliquait la causalité de Seconde Vague ? Ou les choses sont-elles inéluctablement et par nature imprévisibles comme l'ont affirmé avec force les critiques du mécanisme ? Sommes-nous régis par le hasard ou par la nécessité ?

La causalité Troisième Vague a bien des choses passionnantes à dire à propos aussi de cette très ancienne contradiction. En fait, elle nous aide à échapper au piège du dilemme qui a si longtemps opposé déterministes et antidéterministes, la nécessité au hasard. Et peut-être est-ce là son acquis philosophique majeur.

LA LEÇON DU TERMITE

Le Dr Ilya Prigogine et ses collaborateurs de l'Université libre de Bruxelles et de l'université du Texas ont porté un coup direct aux dogmes de la Seconde Vague en montrant comment l'action combinée du hasard et de la nécessité fait accéder les corps chimiques et autres structures à des niveaux de différenciation et de complexité supérieurs. Ce sont ces travaux qui lui ont valu le prix Nobel.

Né à Moscou et élevé en Belgique, Progogine, passionné dès sa jeunesse par les problèmes du temps, était troublé par une apparente contradiction. D'un côté, les physiciens croyaient à l'entropie — le principe en vertu duquel l'univers s'épuise, toutes les formes d'organisation étant vouées à se dégrader et à disparaître. De l'autre, les biologistes soutenaient que la vie est elle-même organisation et que nous nous élevons perpétuellement à des états d'organisation supérieurs et toujours plus complexes. L'entropie indiquait une direction, l'évolution une autre.

Cela amena Prigogine à se demander comment surgissaient des formes d'organisations supérieures et, pour trouver la réponse, il se consacra pendant des années à des recherches chimiques et physiques.

Aujourd'hui, sa thèse est la suivante : dans tout système complexe, depuis les molécules d'un liquide jusqu'aux neurones du cerveau ou à la circulation dans une ville, les parties qui composent ce système subissent sans cesse des changements de faible amplitude. Ils fluctuent constamment. Tout système vibre intérieurement de fluctuations.

Quelquefois, quand un feedback négatif intervient, ces fluctuations sont amorties ou abolies, et l'équilibre du système se maintient. Mais lorsqu'un feedback amplificateur, positif, entre en jeu, certaines d'entre elles peuvent se trouver formidablement renforcées — au point que l'équilibre du système tout entier est menacé. Si, à ce moment-là, des fluctuations affectant l'environnement externe se manifestent et intensifient encore la vibration montante, l'équilibre de l'ensemble est détruit et la structure existante anéantie[1].

Qu'elle soit la conséquence de fluctuations internes incontrôlées ou de l'action de forces externes, ou des deux, la rupture de l'ancien équilibre ne se solde pas toujours par le chaos ou la débâcle : souvent, elle détermine l'apparition d'une structure inédite d'un niveau supérieur. Cette nouvelle structure peut être plus différenciée, plus intérieurement interactive, plus complexe, et nécessiter davantage d'énergie et de matière (voire davantage d'informations et autres ressources) que sa devancière. Évoquant surtout les réactions physiques et chimiques mais s'intéressant aussi, le cas échéant, à des analogies sociales, Prigogine appelle ces nouveaux systèmes plus complexes « structures dissipatives ».

Il suggère que l'évolution elle-même peut se définir comme une tendance à l'accroissement de la complexité et de la diversification des organismes biologiques et sociaux à travers l'émergence de nouvelles structures dissipatives d'un ordre plus élevé. Ainsi, selon cet auteur dont les idées, outre leur signification purement scientifique, ont des résonances politiques et philosophiques, nous faisons émerger l' « ordre de la fluctuation » — *Order out of Chaos*, « l'ordre qui naît du chaos » comme le formulait le titre d'une de ses conférences. Cette évolution ne saurait être ni planifiée ni prédéterminée de façon mécaniste. Avant l'introduction de la théorie quantique, la plupart des chefs d'école de la Seconde Vague croyaient que le rôle du hasard dans le changement était faible, sinon nul. La situation initiale déterminait par avance l'issue des processus. Aujourd'hui, dans le domaine de la physique subatomique, par exemple, l'idée que le hasard est prépondérant dans le changement est largement répandue. Au cours des dernières années, des savants comme Jacques Monod en biologie, Walter Buckley en sociologie, Maruyana pour l'épistémologie et la cybernétique, ont commencé à faire fusionner les contraires.

---

1. Il est fort instructif de penser l'économie dans ces termes. L'équilibre entre l'offre et la demande est maintenu grâce à divers processus de feedback. Le chômage, s'il est intensifié par un feedback positif et n'est pas contrarié par un feedback négatif intervenant à un autre point du système, peut mettre en péril la stabilité de l'ensemble. D'éventuelles fluctuations externes — comme des flambées du prix du pétrole — peuvent converger et emballer les oscillations et les fluctuations internes jusqu'à rompre l'équilibre de tout le système. Cela vaut probablement aussi bien pour le saut de la civilisation de la Seconde Vague à celle de la Troisième que pour les réactions chimiques. (*N.d.A.*)

Theilard démontre également une plus grande complexité chez l'être

Prigogine ne se contente pas d'associer le hasard à la nécessité : il précise, en outre, les relations mutuelles de ces deux termes. En deux mots, il suppose qu'au moment où une structure « saute » à un stade supérieur de complexité, il est impossible dans la pratique, et même en théorie, de prévoir la forme qu'elle revêtira. Mais une fois que la voie est choisie, une fois que la nouvelle structure est née, le déterminisme reprend ses droits.

Prenant un exemple pittoresque, il décrit la manière dont les termites édifient des nids hautement structurés à partir d'une activité apparemment non structurée. Ils commencent par aller et venir de façon incohérente sur un site en faisant halte ici et là pour déposer une bribe de mucus. Ces dépôts sont placés au hasard mais contiennent un principe chimique qui a la propriété d'attirer les autres termites. Peu à peu, cette pâte commence à s'accumuler en certains points, amorçant un pilier ou un mur. Si ces structures embryonnaires sont isolées, le travail s'interrompt ; mais si le hasard veut qu'elles soient proches les unes des autres, il en résulte une voûte qui servira alors de base à la complexe architecture de la termitière. Ce qui, au départ, était une activité décousue se transforme en éléments volontaristes et hautement élaborés. Il s'agit, dit Prigogine, de « la formation spontanée de structures cohérentes ». L'ordre sort du chaos.

La vieille causalité subit de rudes assauts. Aujourd'hui, résume Prigogine, « les lois de la stricte causalité nous apparaissent comme des situations limites applicables dans des cas idéaux à l'extrême, presque comme des caricatures de la description du changement... La science du complexe... conduit à une vision totalement différente ».

Au lieu d'être prisonniers d'un univers clos fonctionnant à la manière d'un mécanisme d'horlogerie, nous nous apercevons que nous faisons partie d'un système beaucoup plus souple où, précise Prigogine, il est toujours possible qu'une instabilité débouche sur un nouveau mécanisme. Nous sommes véritablement plongés dans un « univers ouvert ».

A mesure que nous nous détournons de la mentalité causale de la Seconde Vague, que nous commençons à penser en termes d'interaction, d'amplificateurs et de réducteurs, de ruptures de systèmes et de bonds révolutionnaires brutaux, de structures dissipatives et d'alliance du hasard et de la nécessité — bref, à mesure que nous abandonnons nos œillères Seconde Vague —, nous pénétrons, éblouis, dans une nouvelle culture. Celle de la Troisième Vague.

Cette nouvelle culture, orientée vers le changement et une diversité croissante, s'efforce d'intégrer la nouvelle image de la nature, de l'évolution et du progrès, les nouvelles — et plus riches — notions du temps et de l'espace, et la fusion du réductionnisme et du globalisme en une nouvelle causalité.

L'industréalité, qui jadis paraissait expliquer de façon si convaincante, si complète, si exhaustive comment s'engrenaient l'univers et ses parties constitutives, a été d'une utilité considérable. Mais sa prétention à l'universalité a volé en éclats. Avec le recul, la super-idéologie de la Seconde Vague apparaîtra entachée de provincialisme et d'autosatisfaction.

Le déclin qui frappe le système de pensée de la Seconde Vague conduit des millions d'individus à chercher désespérément quelque chose à quoi ils pourraient se raccrocher. N'importe quoi — du taoïsme version texane au soufisme suédois, de la chirurgie à mains nues philippine à la sorcellerie galloise. Au lieu de construire une nouvelle culture convenant à un monde nouveau, ils essaient d'importer et d'implanter de vieilles idées appropriées à une autre époque et à d'autres lieux ou de ressusciter la foi de nos ancêtres qui vivaient dans un monde radicalement différent.

C'est précisément l'effondrement des structures mentales de l'ère industrielle, leur inadéquation grandissante aux nouvelles réalités technologiques, sociales et politiques qui favorise cette quête — facile — de solutions dépassées et cette floraison à jet continu de modes pseudo-intellectuelles qui ne sont que feu de paille.

Les graines d'une nouvelle culture positive, appropriée à notre temps et à notre situation, sont déjà semées au cœur même de ce supermarché idéologique avec ses faux-semblants religieux et ses oripeaux déprimants. Des intuitions intégratrices efficaces, de nouvelles métaphores pour expliquer la réalité surgissent. A l'heure où la Troisième Vague historique de changement balaie les débris culturels de l'industrialisme, nous commençons à entrevoir l'aube d'une cohérence et d'une simplicité nouvelles qui se lève.

La super-idéologie de la civilisation de la Seconde Vague à la débâcle de laquelle nous assistons aujourd'hui se reflétait dans l'organisation industrialiste du monde. A l'image d'une nature fondée sur des particules distinctes et isolées correspondait l'idée de l'État-nation souverain, particule distincte et isolée, lui aussi. Aujourd'hui, notre vision de la nature et de la matière se transforme et l'État-nation, lui aussi, est en voie de mutation. Et c'est un pas de plus en direction de la civilisation de la Troisième Vague.

Chapitre 22.
La nation disloquée

Tandis que le monde est en proie à la fièvre nationaliste, que les mouvements de libération ont le vent en poupe dans des pays comme l'Ethiopie et les Philippines, que de petites îles comme la Dominique dans les Caraïbes ou l'archipel des Fidji dans le Pacifique Sud se proclament nations souveraines et envoient leurs délégués aux Nations Unies, un singulier phénomène a lieu dans le monde placé sous le signe de la technologie avancée : il n'y naît pas de nouvelles nations. Au contraire, les anciennes sont menacées de désintégration.

A l'heure où s'enfle la rumeur de la Troisième Vague, l'État-nation, clé de voûte de l'ère de la Seconde Vague, est pris en tenaille par des pressions antagonistes.

Un ensemble de forces tend à opérer un transfert du pouvoir politique du haut vers le bas — de l'État national à des régions ou à des groupes de régions infranationaux. En même temps, d'autres forces veulent le faire émigrer du bas vers le haut — de la nation vers des agences et des organismes transnationaux. Ce double mouvement conduit à l'éclatement des nations de haute technologie, à leur émiettement en unités plus petites et moins puissantes. Il suffit de jeter un bref coup d'œil autour du monde pour en avoir la confirmation.

ABKHAZIENS ET TEXICAINS

Août 1977. Trois hommes au visage dissimulé par une cagoule sont assis derrière une table branlante aux deux bouts de laquelle luisent respectivement une lampe tempête et une bougie qui pleure des larmes de cire. Entre les deux, un drapeau est étalé, orné d'une tête courroucée au front ceint d'un bandeau et frappé des lettres F.L.N.C. Les encagoulés annoncent aux journalistes qui ont été conduits les yeux bandés au lieu du rendez-vous qu'ils revendiquent l'attentat qui a détruit le ré-émetteur de Serra-di-Pagno, la seule station relayant les émissions de télévision en provenance du continent. Leur objectif : la sécession de la Corse.

Déjà irrités par le mépris dans lequel Paris les tient traditionnellement et par la mollesse du gouvernement français à promouvoir le développement de leur île, les Corses n'ont pas apprécié que des unités de la Légion étrangère aient été envoyées en garnison chez eux après la guerre d'Algérie. La colère a encore grandi lorsque les autorités métropolitaines ont accordé aux Pieds-Noirs des subventions et des privilèges spéciaux pour qu'ils s'installent en Corse. Des foules de rapatriés fondirent alors sur l'île de Beauté et achetèrent de nombreux vignobles (la principale industrie insulaire après le tourisme),et les Corses se sentirent encore un peu plus dépossédés de leur sol natal. Et la France a aujourd'hui en Méditerranée sa turbulente petite Irlande du Nord.

Plus au nord, un séparatisme qui fermentait depuis longtemps a également éclaté au grand jour ces dernières années. En Bretagne, où le taux de chômage est élevé et où les salaires sont parmi les plus bas par rapport au reste de la France, le mouvement autonomiste bénéfice d'un large soutien populaire. Il est divisé en factions rivales et possède une branche militaire dont certains membres ont été arrêtés pour s'être livrés à des attentats à la bombe contre les édifices publics, le château de Versailles, entre autres. Par ailleurs, l'Alsace et la Lorraine, les pays occitans et d'autres régions encore réclament l'autonomie culturelle et régionale.

De l'autre côté de la Manche, la Grande-Bretagne doit faire face à un harcèlement comparable, bien que moins violent, de la part des Ecossais. Au début des années 1970, le nationalisme écossais faisait, à Londres, figure de plaisanterie. Aujourd'hui, alors que les ressources pétrolières de la mer du Nord ouvrent les perspectives d'un développement indépendant de l'économie écossaise, on n'a plus du tout envie de rire. Si, en 1979, le mouvement visant à la constitution d'une Assemblée écossaise séparée n'a pas fait long feu, il n'en demeure pas moins que la revendication de l'autonomie est profondément enracinée. Longtemps mécontents de la politique de Londres qui favorisait le développement économique du sud du pays, les nationalistes écossais proclament maintenant que leur économie est prête à décoller et que la léthargie de l'économie britannique est un boulet qu'ils traînent. Ils réclament un contrôle accru sur leur pétrole et s'efforcent de remplacer leur industrie sidérurgique et de construction navale en mauvaise posture par de nouvelles industries reposant sur l'électronique et d'autres technologies de pointe. Et il est vrai que, alors qu'en Grande-Bretagne la controverse sur la question de savoir s'il faut ou non poursuivre l'étude de projets de création d'une industrie des semi-conducteurs bénéficiant du soutient de l'État fait rage, l'Écosse est d'ores et déjà le troisième producteur mondial de circuits intégrés derrière la Californie et le Massachusetts.

Toujours en Grande-Bretagne, les tensions séparatistes sont évidentes au pays de Galles, et de petits mouvements autonomistes ont même fait leur apparition en Cornouailles et dans le Wessex, où les militants régionalistes réclament l'autonomie politique (*home rule*), l'élection d'une Assemblée législative et la substitution d'une technologie avancée à l'actuelle industrie rétrograde.

De la Belgique (où les tensions s'exacerbent entre les Wallons, les Flamands et les Bruxellois) à la Suisse (où un groupe sécessionniste jurassien a récemment obtenu la création d'un nouveau canton) et à l'Allemagne de l'Ouest (où les Sudètes revendiquent le droit de retourner dans leur pays natal, la Tchécoslovaquie voisine), des Tyroliens du Sud en Italie et des Slovènes en Autriche aux Basques et aux Catalans en Espagne, en passant par les Croates en Yougoslavie, sans compter des dizaines d'autres groupes de moindre notoriété, on assiste dans toute l'Europe à l'émergence continuelle de courants centrifuges.

Mais franchissons l'Atlantique. Au Canada, la querelle du Québec n'est pas terminée. L'élection d'un premier ministre québécois séparatiste en la personne de René Lévesque, l'exode des capitaux et des affaires de Montréal, l'animosité qui grandit entre Canadiens francophones et Canadiens anglophones, tout cela rend crédible la possibilité d'une désintégration de la nation canadienne. L'ex-premier ministre Pierre Trudeau [1], luttant pour

---

1. Réélu en février 1980. (*N.d.T.*)

sauvegarder l'unité nationale, avait lancé en son temps cette mise en garde : « Si certaines tendances centrifuges se concrétisent, ou ce pays se démembrera ou il sera si divisé que son existence et sa capacité à agir en tant que nation seront détruites. » Le Québec n'est d'ailleurs pas, au Canada, le seul champ clos des pressions dissociatrices. Bien que moins connu à l'étranger, le chœur de plus en plus bruyant des voix séparatistes ou autonomistes qui s'élèvent dans la province d'Alberta, riche en ressources pétrolières, est peut-être d'une égale importance.

Dans le Pacifique, on retrouve les mêmes tendances dans des nations comme l'Australie et la Nouvelle-Zélande. A Perth, un magnat de l'industrie minière, Lang Hancock, accuse : l'Ouest australien, où les réserves minérales sont abondantes, est contraint d'acheter à des prix artificiellement gonflés les produits manufacturés venant de l'est du pays. L'Australie occidentale se plaint, entre autres, d'être politiquement sous-représentée à Canberra ; de tarifs aériens prohibitifs dans un pays où les distances sont immenses ; de la politique suivie par le gouvernement qui décourage les investissements étrangers dans cette région. « Mouvement de Sécession de l'Australie occidentale », peut-on lire en lettres d'or sur la porte du bureau de Lang Hancock.

Le prurit séparatiste n'épargne pas non plus la Nouvelle-Zélande. Les installations hydro-électriques de l'île du Sud satisfont une grande partie des besoins énergétiques de l'ensemble du pays mais les habitants de cette île du Sud — approximativement le tiers de l'ensemble de la population — prétendent qu'ils n'en bénéficient que faiblement et que les industries continuent d'émigrer vers le nord. Lors d'un meeting qui s'est tenu récemment sous la présidence du maire de Dunedin, un mouvement en faveur de l'indépendance de l'île du Sud s'est constitué.

Ainsi, nous voyons partout s'élargir des fissures qui menacent les États-nations d'éclatement. Et les deux super-puissances, l'U.R.S.S. et les États-Unis, ne sont pas à l'abri de la contagion.

On a du mal à imaginer l'éclatement de l'Union soviétique qu'a prophétisé l'historien dissident Andrei Amalrik. Pourtant, les tribunaux soviétiques ont prononcé des peines de prison à l'encontre de nationalistes arméniens auteurs d'un attentat à la bombe dans le métro de Moscou en 1977, et un Parti d'unification nationale clandestin fait campagne depuis 1968 pour la réunification des territoires arméniens. Il existe des groupes analogues dans d'autres républiques soviétiques. En Géorgie, des manifestations rassemblant des milliers de personnes ont obligé les autorités à adopter le géorgien comme langue officielle de la république et des voyageurs étrangers ont sursauté en entendant à l'aéroport de Tbilissi l'annonce du départ d'un « vol à destination de l'Union soviétique » — il s'agissait de l'avion de Moscou.

Mieux encore : alors même que les Géorgiens se livraient à des manifestations antirusses, les Abkhaziens, une minorité géorgienne, se rassemblaient à Sukhumi, leur capitale, pour réclamer leur propre indépendance vis-à-vis de la Géorgie. Ces revendications et les meetings de masse qui se tinrent dans trois villes revêtaient une telle gravité que des fonctionnaires du parti furent relevés de leurs fonctions et que Moscou, pour apaiser les esprits, annonça un programme de développement de 750 millions de dollars à l'intention des Abkhaziens.

Il est impossible de pleinement mesurer la puissance du sentiment séparatiste dans les diverses régions de l'U.R.S.S. mais la multiplication des mouvements sécessionnistes doit sûrement être un cauchemar qui hante les autorités. Si jamais la guerre devait éclater avec la Chine ou si une série de soulèvements embrasaient soudain l'Europe orientale, il se pourrait fort bien que Moscou ait à faire face à des insurrections sécessionnistes ou autonomistes dans beaucoup de républiques de l'Union.

La plupart des Américains peuvent difficilement concevoir des circonstances qui entraîneraient la dislocation des États-Unis. (Il en allait de même, en ce qui les concerne, pour l'écrasante majorité des Canadiens, il y a seulement dix ans.) Et pourtant, des pressions « sectionalistes[1] » accusées se font jour aux U.S.A. Un best-seller underground qui fait fureur en Californie raconte comment le Nord-Ouest fait sécession en menaçant de faire exploser des mines nucléaires à New York et à Washington. D'autres scénarios séparatistes circulent. Ainsi, un rapport préparé pour Kissinger quand il était encore membre du Conseil national de sécurité envisageait l'éventuelle partition de la Californie et du Sud-Ouest américain se constituant en entités géographiques séparées hispanophones ou bilingues — les « Québecs chicanos ». Dans la presse,

---

1. Nous avons traduit par ce néologisme le mot *sectional,* plus fort, en l'espèce, que « régionalisme ». Le *sectionalism* américain recouvre en effet l'idée d'un attachement jaloux aux intérêts régionaux et la méfiance exacerbée qui oppose les grandes régions géographiques entre elles. (*N.d.T.*)

des lettres du courrier des lecteurs suggèrent d'unir à nouveau le Texas au Mexique pour créer un puissant pays producteur de pétrole qui prendrait le nom de Texico.

Il y a peu de temps, j'ai acheté dans un kiosque d'un hôtel d'Austin un numéro du *Texas Monthly* qui s'en prenait avec virulence à la politique « gringo » de Washington à l'égard du Mexique. L'article ajoutait : « Il semble que, ces dernières années, nous ayons plus de choses en commun avec nos anciens ennemis de Mexico qu'avec nos leaders de Washington... Les Yankees pillent notre pétrole depuis Spindletop... [1]. Les Texans devraient être les derniers à s'étonner que le Mexique cherche à échapper au même genre d'impérialisme économique. »

J'ai également acheté à ce même kiosque un autocollant ostensiblement exposé sur lequel figurait l'étoile solitaire, emblème du Texas, avec ce seul mot : *Secede* (Sécession).

De telles déclarations et prises de position sont peut-être tirées par les cheveux. Néanmoins le fait est là : aux États-Unis comme dans les autres pays technologiquement avancés, l'autorité nationale est mise à l'épreuve et les pressions « sectionnelles » s'accentuent. Sans parler de l'existence d'un séparatisme virtuel qui s'affirme à Porto Rico et en Alaska, ni des Américains de souche, les Indiens, qui réclament d'être reconnus comme nation souveraine, on décèle des clivages qui ne font que s'élargir parmi les États continentaux eux-mêmes. La conférence nationale des législatures d'État est arrivée à cette conclusion qu' « une seconde guerre civile est en cours en Amérique. Le conflit oppose le Nord-Est et le Midwest industriels aux États du *sunbelt* du Sud et du Sud-Ouest ».

Une importante revue d'affaires parle de la « seconde guerre des États » et déclare que la « croissance économique inégale entraîne les régions dans un violent conflit ». On trouve le même langage martial dans la bouche de gouverneurs et d'officiels du Sud et du Sud-Ouest qui disent en bombant le torse que ce qui se passe est l' « équivalent économique d'une guerre civile ». Selon le *New York Times,* ces personnalités, irritées par le plan d'économies d'énergie de la Maison-Blanche, sont décidées à prendre n'importe quelles initiatives, « hormis de se retirer de l'Union, afin de

1. Site du premier gisement pétrolier texan mis en exploitation en 1901. (*N.d.T.*)

conserver les réserves de pétrole et de gaz naturel pour la base industrielle en cours de développement de la région ».

Des fissures lézardent aussi les États de l'Ouest eux-mêmes, qui « se considèrent de plus en plus comme des colonies énergétiques d'États comme la Californie », dit Jeffrey Knight, directeur législatif des Amis de la Terre.

N'oublions pas non plus les autocollants dont on a tant parlé et que l'on a vu éclore au Texas, dans l'Oklahoma et en Louisiane lors de la pénurie de fuel domestique du milieu des années 70 — ces autocollants qui proclamaient : « Que ces salauds gèlent dans le noir » (*Let the Bastards Freeze in the Dark*). Une petite annonce publiée dans le *New York Times* et payée par la Louisiane était une allusion à peine voilée à la sécession : « Imaginez une Amérique sans la Louisiane. »

Les populations du Midwest sont invitées à « arrêter de faire la chasse aux cheminées d'usine », à s'orienter vers des activités industrielles plus avancées et à penser en régionalistes, tandis que les gouverneurs du Nord-Est s'organisent pour défendre les intérêts de leur région. Une page publicitaire achetée par une « Coalition pour Sauver New York » où l'on pouvait lire que « New York est violée » par la politique fédérale et que « New York peut riposter » donne une idée des sentiments de l'opinion.

Que signifient ces proclamations belliqueuses qui retentissent d'un bout à l'autre du monde, sans parler des manifestations et des violences ? Il n'y a pas à s'y tromper : elles sont le symptôme de tensions internes potentiellement explosives qui travaillent les nations filles de la révolution industrielle.

Il est évident que, pour une part, ces tensions tiennent à l'actuelle crise de l'énergie et à la nécessité à laquelle nous sommes confrontés de passer d'une base énergétique de Seconde Vague à une base énergétique de Troisième Vague. D'autres ont pour source les conflits que présuppose l'abandon d'une base industrielle de Seconde Vague au profit d'une base industrielle de Troisième Vague. En de nombreux endroits, comme nous l'avons vu au chapitre 19, nous assistons à la création d'économies subnationales ou régionales aussi vastes, aussi complexes et aussi intérieurement différenciées que l'étaient les économies nationales il y a une génération. Elles sont le tremplin économique des mouvements séparatistes et des courants autonomistes.

Mais quelle que soit la forme qu'elles prennent — la sécession ouverte, le régionalisme, le bilinguisme, l'autonomie politique du *home-rule* ou la décentralisation —, ces forces centrifuges trouvent aussi un soutien de la part de la population en raison de l'incapacité des gouvernements nationaux à s'adapter avec souplesse au processus de démassification rapide dont la société est l'objet.

A mesure que la société de masse caractérisant l'ère industrielle se délite sous la poussée de la Troisième Vague, les groupes régionaux, locaux, ethniques, sociaux, religieux voient leur monolithisme se désagréger. Les situations et les besoins tendent à diverger et les individus, à leur tour, prennent conscience de leur spécificité ou la réaffirment.

Les corporations réagissent en diversifiant leur production et en adoptant une stratégie agressive de « segmentation du marché ».

Mais il n'est pas facile pour les gouvernements nationaux de personnaliser leurs orientations. Corsetés comme ils le sont dans les structures politiques et bureaucratiques de la Seconde Vague, il leur est impossible d'accorder un traitement sur mesure à chaque région ou à chaque ville, à chaque groupe revendicatif racial, confessionnel, social, sexuel ou ethnique et *a fortiori* de tenir compte de la personnalité de chaque citoyen. Les situations se diversifient et les décideurs, au plan national, ne sont pas informés des aspirations locales, qui évoluent rapidement. S'ils essaient d'inventorier ces besoins très ponctuels ou très spécialisés, ils sont submergés sous un déluge de données trop riches en détails pour être assimilées.

C'est ce que Pierre Trudeau confronté au sécessionnisme canadien exprimait clairement dès 1967 quand il disait : « On ne peut pas avoir un système de gouvernement fédéral efficace si une partie de ce système, que ce soit une province ou un État, dispose d'un statut particulier très important, si elle a avec le gouvernement central un type de rapport différent de celui des autres provinces. »

En conséquence, à Washington, à Londres, à Paris comme à Moscou, les gouvernements centraux continuent obstinément d'imposer à des publics toujours plus différenciés et fragmentés des orientations uniformes et standardisées conçues en fonction d'une société de masse. On néglige ou on ignore les besoins locaux et individuels, ce qui a pour effet d'attiser les rancœurs. Plus la démassification ira de l'avant, plus nous devrons nous attendre que

les forces centrifuges ou séparatistes s'intensifient de façon spectaculaire, menaçant l'unité de bien des États-nations.

La Troisième Vague engendre d'énormes pressions à la base de
ces derniers.

LE PÉRIL QUI VIENT D'EN HAUT

Simultanément, d'autres griffes, tout aussi puissantes, prennent
l'État-nation à la gorge. Mais la menace, cette fois, vient d'en haut.
La Troisième Vague apporte avec elle de nouveaux problèmes, une
nouvelle structure de communications et de nouveaux protagonistes dont l'action conjuguée réduit considérablement le pouvoir de
l'État-nation.

Si bien des difficultés sont trop minimes ou trop localisées pour
que les gouvernements nationaux puissent les prendre efficacement
en compte, il en est d'autres, et elles se multiplient rapidement,
dont les pesanteurs sont telles qu'aucune nation quelle qu'elle soit,
n'est en mesure de les affronter avec ses seules forces. « L'État-
nation, qui se dit souverain absolu, écrit Denis de Rougemont, est
manifestement trop petit pour jouer un rôle réel à l'échelle
planétaire. Aucun de nos vingt-huit États européens ne peut plus
assurer seul sa défense militaire et sa prospérité, son équipement
technologique... la prévention des guerres nucléaires et des catastrophes écologiques. » Cela vaut également pour les États-Unis,
l'Union soviétique ou le Japon.

Les liens économiques étroits qui assujettissent les nations
interdisent pratiquement aujourd'hui à tout gouvernement national
de gérer son économie en toute indépendance ou de se maintenir à
l'abri de l'inflation. Nous avons montré plus haut, par exemple,
qu'il n'est au pouvoir d'aucun pays de contrôler la prolifération
grandissante des eurodevises. Le politicien qui prétend que la
politique intérieure de son gouvernement portera « un coup d'arrêt
à l'inflation » ou « mettra fin au chômage » pèche par naïveté ou
ment purement et simplement car la plupart de nos maux économiques infectieux franchissent désormais les frontières nationales. Le
cocon économique à l'intérieur duquel s'enferme l'État-nation est
de plus en plus perméable.

En outre, les frontières nationales, désormais impuissantes à
s'opposer à l'infiltration des courants économiques, sont encore

plus vulnérables aux nuisances environnementales. Si des usines chimiques suisses déversent leurs résidus dans le Rhin, la pollution gagne l'Allemagne, la Hollande et contamine finalement la mer du Nord. Ni la Hollande ni l'Allemagne ne peuvent se porter unilatéralement garantes de la qualité de leurs voies d'eau. Les rejets des navires pétroliers, la pollution atmosphérique, les modifications climatiques dues à l'insouciance des hommes, la destruction des forêts et d'autres activités encore ont souvent des conséquences secondaires qui ne s'arrêtent pas aux frontières nationales. Les frontières sont devenues poreuses.

Il convient d'ajouter à cela que le système de télécommunications moderne est, pour toutes les nations, la porte ouverte à la pénétration extérieure. Il y a longtemps que les Canadiens sont ulcérés par l'implantation le long de leur frontière méridionale de quelque 70 stations de télévision américaines dont les programmes visent les téléspectateurs de leurs pays. Mais cette forme d'invasion culturelle de Seconde Vague est peu de chose à côté de ce que le système de communication de Troisième Vague reposant sur les satellites, les ordinateurs, les télex, les réseaux à câbles interactifs et les émetteurs à bon marché rendent possible.

« Pour " attaquer " une nation, écrit le sénateur George S. McGovern, on peut procéder par rétention du flux d'informations — couper le contact entre le siège d'une société multinationale et ses filiales à l'étranger... élever des barrières informatives autour d'elle... Le vocabulaire international s'est enrichi d'une expression nouvelle : la " souveraineté de l'information ". »

On est néanmoins en droit de se demander jusqu'à quel point il est possible de verrouiller effectivement une frontière — et pendant combien de temps. En effet, le passage à une base industrielle de Troisième Vague exige le développement d'un « réseau nerveux », d'un système informatif hautement ramifié, sensible et ouvert, et toute tentative faite par telle ou telle nation en vue d'endiguer la circulation des données risque de gêner son propre développement économique au lieu de l'accélérer. D'autant que toute percée technologique donne des possibilités nouvelles pour pénétrer la cuirasse dans laquelle s'enferme la nation.

Tous ces éléments — les problèmes économiques nouveaux, les nouveaux problèmes d'environnement, les nouvelles technologies de communication — se conjuguent pour saper la position de l'État-nation au niveau planétaire. Par-dessus le marché, ils surgis-

sent précisément au moment où de nouveaux et puissants protagonistes font leur entrée sur la scène mondiale, ébranlant le pouvoir
de la nation.

LA CORPORATION À L'ÉCHELLE DU GLOBE

La plus puissante et la plus notoire de ces forces est la
corporation transnationale, ou multinationale comme on l'appelle
plus communément.

Depuis vingt-cinq ans, nous sommes témoins d'une extraordinaire mondialisation de la production, fondée non seulement sur
l'exportation de matières premières ou des produits manufacturés,
passant d'un pays à un autre, mais aussi d'une organisation
transfrontalière de la production.

Une *transnational corporation* (ou T.N.C.) peut faire de la
recherche dans un pays, fabriquer des pièces dans un autre, les
assembler dans un troisième, vendre le produit fini dans un
quatrième, domicilier ses bénéfices dans un cinquième, et ainsi de
suite. Elle peut avoir des filiales dans des dizaines de pays
différents. La taille, l'importance et la puissance politique de ce
nouveau partenaire dans le jeu mondial ont pris des proportions
inouïes depuis le milieu des années 50. Aujourd'hui, au moins
10 000 sociétés ayant leur siège dans les pays non communistes à
technologie avancée ont des succursales à l'étranger et plus de 2 000
en ont dans 6 pays ou davantage.

Sur 382 grosses firmes industrielles dont le chiffre d'affaires
dépasse le milliard de dollars, il y en a 242 dont au moins 25 % de
« l'activité » (ventes, actif, exportations, bénéfices ou personnel)
est « étranger ». Bien que les économistes s'opposent violemment
entre eux sur les critères permettant de définir et d'évaluer — donc,
de classer et de répertorier — ces sociétés, il est clair qu'elles
représentent un facteur nouveau essentiel au plan de l'organisation
du monde — et un défi à l'État-nation.

Pour se faire une idée de l'énormité de l'échelle, qu'il nous
suffise de dire qu'un certain jour de l'année 1971, ces corporations
détenaient globalement 268 milliards de dollars de liquidités à court
terme, soit « plus de deux fois l'actif de toutes les institutions
monétaires internationales du monde à la même date » — selon
une étude de la sous-commission du Commerce international du

Sénat des Etats-Unis. Le budget total *annuel* des Nations Unies était inférieur à 1/268 de cette somme, soit 0,0037 %.

Au début des années 1970, le chiffre des ventes annuel de General Motors excédait le produit national brut de la Belgique ou de la Suisse. De telles comparaisons ont conduit un économiste comme Lester Brown, président du Worldwatch Institute, à déclarer : « On disait autrefois que le soleil ne se couchait jamais sur l'empire britannique. Aujourd'hui, il se couche sur l'empire britannique mais il ne se couche pas sur les empires industriels planétaires, tels que I.B.M., Unilever, Volkswagen et Hitachi. »

La flotte de tankers de la société Exxon est, à elle seule, de 50 % plus importante que celle de l'Union soviétique. Joseph Wilczynski, économiste travaillant pour le Royal Military College d'Australie et spécialiste des relations Est-Ouest, faisait un jour observer sur un ton pince-sans-rire qu'en 1973 les bénéfices de seulement 10 de ces corporations transnationales auraient « suffi pour offrir aux 58 millions de membres des partis communistes des 14 pays socialistes 6 mois de vacances sur la base du niveau de vie américain ».

Bien que cela soit en général considéré comme une fable inventée par les capitalistes, le fait est là : une cinquantaine de « transnationales socialistes » opèrent dans les pays du COMECON — elles posent des pipe-lines, fabriquent des produits chimiques et des roulements à billes, extraient de la potasse et de l'amiante, dirigent des lignes maritimes. Par ailleurs, des banques et des institutions financières socialistes — de la Narodny de Moscou aux Assurances générales de la mer Noire et de la Baltique — opèrent à Zurich, à Vienne, à Londres, à Francfort et à Paris. Certains théoriciens marxistes estiment maintenant que l' « internationalisation de la production » est nécessaire et qu'elle est « progressiste ». Ajoutons que sur les 500 T.N.C. du secteur privé ayant leur siège à l'Ouest dont les ventes dépassaient 500 millions de dollars en 1973, 140 entretenaient des « relations commerciales non négligeables » avec un ou plusieurs pays du COMECON.

Cela dit, les T.N.C. n'ont pas toutes leur siège dans les nations riches. Les 25 pays constituant le sytème économique latino-américain ont récemment créé leurs propres transnationales spécialisées dans l'agro-industrie, le logement économique et les biens d'investissement. Des sociétés installées aux Philippines construisent des ports en eau profonde dans le golfe Persique tandis que d'autres implantent des usines électroniques en Yougoslavie, des aciéries en Libye et une industrie de la machine-outil en Algérie.

L'essor des T.N.C. a pour effet de modifier la situation de l'État-nation sur toute la planète.

Les marxistes ont tendance à considérer les gouvernements nationaux comme les laquais des grosses sociétés et, en conséquence, ils mettent l'accent sur la communauté d'intérêts qui lient les premiers aux secondes. Or, il est très fréquent que les intérêts particuliers des T.N.C. s'opposent à ceux de leur « patrie », et inversement.

Des T.N.C. « anglaises » en ont pris à leur aise avec les embargos décidés par la Grande-Bretagne. Des T.N.C. « américaines » ont enfreint les directives officielles relatives au boycottage des firmes juives décrété par les Arabes. A l'époque de l'embargo imposé par l'OPEP, les transnationales pétrolières ont réparti les livraisons rationnées entre les pays en fonction de leurs propres priorités, non des priorités nationales. Le patriotisme ne pèse guère quand l'occasion de faire de bonnes affaires se présente ailleurs — et les T.N.C. transfèrent les emplois d'un pays à l'autre, échappent aux lois sur la protection de l'environnement et mettent les pays d'accueil en concurrence.

« Le monde était depuis quelques siècles divisé de manière bien tranchée en États-nations indépendants et souverains, a écrit Lester Brown... Avec l'apparition de, littéralement, des centaines de corporations multinationales ou planétaires, à cette organisation du monde en entités politiques se méfiant les unes des autres se superpose maintenant un réseau d'institutions économiques. »

Dans cette matrice, le pouvoir dont l'État-nation était autrefois l'unique dépositaire quand il était la seule force importante sur la scène mondiale est fortement affaibli, en termes relatifs tout au moins.

En vérité, les transnationales ont déjà pris un développement tel qu'elles se sont arrogées quelques-uns des attributs de l'État-nation lui-même — entre autres, elles ont leur propre corps de quasi-diplomates et leurs propres agences de renseignement extrêmement efficaces. Analysant les services de renseignement privés, Jim Hougan écrit dans *Spooks* : « Les besoins en renseignements des multinationales... ne sont guère différents de ceux des États-Unis, de la France ou de n'importe quel autre pays... A vrai dire, toute

réflexion sur les batailles d'espionnage que se livrent la C.I.A., le
K.G.B. et leurs agences satellites est incomplète si l'on n'évoque
pas le rôle de plus en plus important joué par les appareils d'Exxon,
de la Chase Manhattan, de Mitsubishi, de Lockheed, de Philips et
autres. »

Tantôt coopérant avec la nation « patrie » et tantôt l'exploitant,
parfois exécutant sa politique et parfois se servant d'elle pour
mener la leur, les transnationales ne sont ni vraiment bonnes, ni
entièrement mauvaises. Mais grâce à leur aptitude à tranférer
instantanément des milliards en sautant les frontières, à leur
capacité de déploiement technologique et à leurs possibilités
d'intervention relativement rapide, elles ont souvent débordé et
dépassé les gouvernements nationaux.

« La question n'est pas simplement, ni même principalement, de
savoir si les sociétés internationales peuvent tourner telles lois ou
telles réglementations régionales particulières, note Hugh Stephenson dans une étude à propos de l'impact des T.N.C. sur l'État-
nation. Le problème est que notre cadre de pensée et de réaction
tout entier repose sur le… concept de l'État-nation souverain (alors
que) les corporations internationales frappent cette notion de
nullité. »

En termes de pouvoir planétaire, l'essor des grandes transnationales a affaibli au lieu de le renforcer le rôle de l'État-nation,
précisément au moment où les pressions centrifuges s'exerçant de
bas en haut menacent de le faire éclater.

LE RÉSEAU « TRANSNAT »

Si ce sont elles que l'on connaît le mieux, les corporations
transnationales ne sont pas les seules forces nouvelles sur la scène
mondiale. Nous assistons actuellement, par exemple, à des regroupements syndicaux transnationaux — le pendant des corporations,
en quelque sorte. Nous voyons fleurir des mouvements religieux,
culturels et ethniques qui se rejoignent par-dessus les lignes de
démarcation nationales. Nous observons la constitution d'un courant antinucléaire dont, en Europe, les manifestations rassemblent
des contestataires venant de différents pays. Enfin, nous sommes
aussi témoins de la naissance d'un regroupement transnational au
niveau des partis politiques. C'est ainsi que les démocrates-

chrétiens et les socialistes parlent de se transformer en « europar-
ties » transcendant les frontières nationales, tendance que la
création du Parlement européen n'a fait qu'accélérer.

En même temps, on voit se multiplier rapidement les associations
transnationales extra-gouvernementales qui se consacrent à un
nombre incalculable d'activités, de la pédagogie à l'exploration
sous-marine, du sport à la science, de l'horticulture à l'aide aux
victimes des catastrophes. L'éventail va de la Confédération
océanienne de football et de la Fédération odontologique d'Amérique latine à la Croix-Rouge internationale et la Fédération
internationale des petites et moyennes entreprises, en passant par
la Fédération internationale des femmes avocats. Cette
« ombrelle » d'organisations et de fédérations représente, tous
sigles confondus, des millions d'adhérents et des dizaines de
milliers de groupes affiliés dans de nombreux pays, reflet de toutes
les nuances imaginables d'intérêt (ou de manque d'intérêt) politique.

En 1963, on recensait quelque 1 300 organismes à vocation
internationale. Au début des années 70, leur nombre avait doublé,
passant à 2 600. On estime que leur chiffre total sera de l'ordre de
3 500 à 4 500 en 1985 et qu'une nouvelle organisation naîtra alors
tous les trois jours environ.

Si les Nations Unies sont l' « organisation mondiale » par
excellence, ces groupes, moins visibles, forment, en fait, une
« seconde organisation mondiale ». Globalement, leurs budgets
n'atteignaient au total qu'un milliard et demi de dollars en 1975
— mais cette somme ne représente qu'une infime fraction des
ressources que contrôlent leurs unités affiliées. Ils ont leur « syndicat » — l'Union des Associations internationales, dont le siège est à
Bruxelles. Ils ont entre eux des liaisons verticales par le truchement
des groupements locaux, régionaux, nationaux et autres que coiffe
l'organisation supranationale, et des liaisons horizontales assurées
par un réseau serré de consortiums, de groupes de travail, de
comités interorganisations et d'unités d'intervention sur le terrain.

Ce maillage transnational est si dense que, selon une étude de
l'Union des Associations internationales, pour 1 857 groupements
identifiables, on estimait en 1977 à 52 075 le nombre des faisceaux
de relations imbriquées et entrelacées qui les liaient entre eux. Et il
ne fait, lui aussi, que croître. Ce sont littéralement des milliers de

séminaires, de conférences et de symposiums transnationaux qui mettent en contact les membres de ces diverses associations.

Bien qu'encore relativement peu développé, ce réseau transnational qui fait rapidement tache d'huile ajoute une dimension supplémentaire au système mondial de Troisième Vague en train de s'ébaucher. Mais les choses ne s'arrêtent pas là.

La nécessité pour les nations elles-mêmes de mettre en place des organismes supranationaux a pour effet de réduire encore un peu plus les responsabilités de l'État-nation. Elles se battent pour conserver le maximum de souveraineté et de liberté d'action, mais elles doivent se résigner à un grignotement progressif de leur indépendance.

Les pays d'Europe, par exemple, ont été forcés de créer, à contrecœur mais il fallait bien en passer par là, un Marché commun, un Parlement européen, un système monétaire européen et des agences spécialisées telles que le CERN — le Centre européen de recherches nucléaires. Richard Burk, le Monsieur Fisc du Marché commun, fait pression pour que les nations membres modifient leur fiscalité interne. Les orientations agricoles ou industrielles jadis déterminées à Londres ou à Paris sont dorénavant élaborées à Bruxelles. Malgré les objections de leurs gouvernements nationaux, les membres du Parlement européen ont voté une augmentation de 840 millions de dollars du budget de la Communauté.

Si le Marché commun est peut-être la meilleure illustration de la confiscation du pouvoir par une autorité supranationale, il n'est pas le seul exemple de ce phénomène. En fait, nous assistons à une véritable explosion d'organismes intergouvernementaux — groupements ou « syndicats » de trois nations ou davantage, qui vont de l'Organisation météorologique mondiale et de l'Agence internationale de l'énergie atomique à l'Organisation internationale du café ou à l'Association latino-américaine de la libre entreprise, sans parler de l'OPEP. De telles agences sont aujourd'hui indispensables pour assurer à l'échelle du globe la coordination des transports, des communications, des brevets, et elles sont actives dans des dizaines d'autres secteurs, comme ceux du riz ou du caoutchouc. Et leur nombre a, lui aussi, doublé, passant de 139 en 1960 à 262 en 1977.

L'État-nation cherche par l'intermédiaire de ces organismes intergouvernementaux à résoudre des problèmes dépassant les dimensions nationales tout en conservant le maximum de pouvoir de décision au plan national. Cependant, petit à petit, un mouvement de dérive se dessine à mesure que la décision est de plus en plus largement transférée à — ou imposée par — ces entités supranationales.

Essor de la corporation transnationale, prolifération explosive d'associations transnationales, création d'une nébuleuse d'organismes intergouvernementaux — tous ces développements vont dans le même sens. Les nations sont de moins en moins capables de mener une action indépendante — elles perdent une grande partie de leur souveraineté.

Ce que nous sommes en train de créer est un nouveau jeu planétaire stratifié où les adversaires et partenaires ne sont pas seulement des nations mais des corporations et des syndicats, des groupes politiques, ethniques et culturels, des associations transnationales et des agences supranationales. L'État-nation, déjà menacé par les pressions qui s'exercent sur lui du bas vers le haut, voit sa liberté d'action entravée et son pouvoir déplacé ou réduit à mesure que prend forme un système planétaire d'un type radicalement nouveau.

UNE CONSCIENCE PLANÉTAIRE

Le rétrécissement de l'État-nation est le reflet d'un nouveau style d'économie mondiale apparu depuis la surrection de la Troisième Vague. Les États-nations étaient les indispensables supports politiques des économies de taille nationale. Aujourd'hui, non seulement ces moules se fissurent, mais leur succès même les a rendus caducs. D'une part, à l'intérieur du système se sont développées des économies régionales qui ont atteint une ampleur comparable à celle des anciennes économies nationales. D'autre part, l'économie mondiale qu'elles ont engendrée a pris une envergure fabuleuse et elle revêt des formes nouvelles et insolites.

C'est ainsi que l'actuelle économie mondiale est dominée par les grandes corporations multinationales. Elle s'appuie sur un appareil bancaire et financier ramifié qui opère à des vitesses électroniques. Elle sécrète des masses de devises et de crédits qu'aucune nation n'est en mesure de réguler. Elle tend vers la création de monnaies transnationales — non pas une seule et unique « monnaie mondiale » mais toute une variété de monnaies ou de « métamon-

naies » se référant chacune à un « panier » de monnaies nationales
ou de biens nationaux. Elle est déchirée par le conflit universel qui
oppose les producteurs de ressources aux utilisateurs. Elle souffre
d'un endettement flottant atteignant des proportions auparavant
inimaginables. C'est une économie mixte où le capital privé et des
entreprises ressortissant au socialisme d'État se lancent dans des
opérations communes et travaillent la main dans la main. Et son
idéologie n'est ni le laisser-faire ni le marxisme mais le globalisme
— l'idée selon laquelle le nationalisme est une valeur dépassée.

De même que la Seconde Vague avait donné naissance à une
tranche de population dont les intérêts transcendaient l'échelle
locale et qui devint le tremplin des idéologies nationalistes, la
Troisième Vague fait émerger des groupes qui, voyant plus loin que
les intérêts nationaux, constituent la base de la jeune idéologie
globaliste que l'on appelle parfois « conscience planétaire ».

Les dirigeants des multinationales, les militants barbus et chevelus de la protection de l'environnement, des financiers, des
révolutionnaires, des intellectuels, des poètes et des peintres, sans
parler des membres de la Commission trilatérale, participent de
cette conscience planétaire. J'ai même entendu un célèbre général
américain à quatre étoiles m'affirmer que « l'État-nation est
mort ». Le globalisme est plus qu'une idéologie au service des
intérêts d'un groupe limité. A l'instar du nationalisme qui s'affirmait comme le porte-parole de la nation tout entière, le globalisme
prétend parler au nom du monde tout entier. Et il fait figure de
nécessité évolutionnaire — c'est un pas en avant vers une
« conscience cosmique » embrassant la terre et les cieux.

Donc, en résumé, nous assistons sur tous les plans — de
l'économie et de la politique à l'organisation et à l'idéologie — à
une offensive dévastatrice, de l'intérieur et de l'extérieur, contre ce
pilier de la civilisation de la Seconde Vague qu'est l'État-nation.

A ce moment précis de l'histoire où tant de pays pauvres se
battent farouchement pour conquérir leur identité nationale parce
que, dans le passé, la nation était la condition nécessaire à une
industrialisation réussie, les pays riches, ayant dépassé l'industrialisme, rognent le rôle de la nation, l'évincent ou la rabaissent.

Il est prévisible que les prochaines décennies seront placées sous
le signe de la lutte pour la création de nouvelles institutions
mondiales propres à représenter équitablement les peuples préna-
tionaux aussi bien que les peuples postnationaux de la terre.

MYTHES ET INVENTIONS

Personne aujourd'hui, pas plus les experts de la Maison-Blanche ou du Kremlin que l'homme de la rue, ne peut dire avec certitude quel sera le visage de ce monde nouveau, quelles institutions émergeront pour assurer un ordre régional ou planétaire. Mais il est quand même possible de tordre le cou à un certain nombre de mythes en vogue.

Celui, en premier lieu, popularisé par des films comme *Rollerball* et *Network* où un grand méchant à l'œil torve fait savoir que le monde est, ou sera, découpé en zones d'influence et dirigé par un groupe de sociétés multinationales. En général, ce mythe comporte une corporation mondiale unique pour l'énergie, une unique corporation pour l'industrie alimentaire, une unique corporation du logement, une corporation des jeux et divertissements, et tout le reste à l'avenant. Selon une variante du même mythe, chacune de ces sociétés constitue une simple branche d'une unique mégacorporation encore plus tentaculaire.

Cette image simpliste n'est que l'extrapolation pure et simple de courants propres à la Seconde Vague : la spécialisation, la maximalisation et la centralisation.

Non seulement une telle vision fait bon marché de la fantastique diversité de la vie réelle, des heurts entre les cultures, les religions et les traditions existantes, de l'accélération du changement et de la poussée de l'histoire qui entraîne les pays à technologie avancée vers la démassification ; non seulement elle présuppose naïvement que des besoins comme l'énergie, le logement et l'alimentation peuvent être cloisonnés et compartimentés — mais, de plus, elle ne tient aucun compte des mutations fondamentales qui sont en train de bouleverser et les structures et les finalités de la corporation même. Bref, elle repose sur une notion dépassée, une notion Seconde Vague de la nature et de l'architecture de la corporation.

Une autre représentation fantaisiste du monde futur, très proche de la première, est une planète administrée par un gouvernement mondial centralisé. Le plus souvent, il ne s'agit que d'une surenchère sur telles institutions, telles formes de gouvernement déjà existantes — les « États-Unis du Monde », un « État prolétarien planétaire » ou, tout bonnement, les Nations Unies portées à la puissance n + 1. Là encore, ce mode de pensée ne repose que sur une extension simpliste des principes de la Seconde Vague.

Ce n'est ni un futur où les corporations seront reines, ni un gouvernement planétaire qui nous attendent, mais un système beaucoup plus compliqué, apparenté aux organisations matricielles qui, nous l'avons vu, s'implantent dans certaines industries. Plutôt qu'une poignée de bureaucraties pyramidales, attendons-nous à voir se créer des faisceaux imbriqués, des matrices réunissant différents types d'organisations, ayant des préoccupations communes.

Peut-être, par exemple, se constituera-t-il dans les dix prochaines années une « matrice océanique » rassemblant non seulement des États-nations mais aussi des régions, des villes, des sociétés, des groupes environnementalistes, des équipes scientifiques, etc. s'intéressant tous à la mer. A mesure que s'amplifieront les changements, de nouveaux organismes verront le jour, qui s'intégreront à la matrice tandis que d'autres la quitteront. Il se peut que d'autres structures organisationnelles surgissent aussi — en un sens, c'est déjà le cas — pour s'attaquer à d'autres problèmes : une matrice spatiale, une matrice alimentaire, une matrice des transports, une matrice énergétique et bien d'autres encore, qui fusionneront et s'engendreront les unes les autres, qui se chevaucheront pour former un système, non pas rigide et clos mais souple et ouvert.

Bref, nous nous dirigeons vers un monde formé d'unités étroitement interréactionnelles à l'image des neurones du cerveau et non pas organisé à la manière des différents services d'une bureaucratie.

Préparons-nous alors à assister au sein des Nations Unies à une extraordinaire bataille ayant pour enjeu de décider si cette organisation demeurera un « syndicat d'États-nations » ou si d'autres entités — des régions, peut-être des religions, voire des corporations ou des groupes ethniques — doivent y être représentées.

Plus les nations se déliteront et se restructureront, plus les multinationales et autres protagonistes nouveaux interviendront sur la scène mondiale, plus l'instabilité et les menaces de guerre grandiront, plus nous aurons à inventer des formes politiques, des « supports » inédits, pour mettre un semblant d'ordre dans le monde — un monde où, à plus d'un titre, l'État-nation est devenu un dangereux anachronisme.

Chapitre 23

Gandhi plus des satellites

« Spasmes convulsifs »... « soulèvement inattendu »... « soubresauts démentiels »... Les journalistes cherchent frénétiquement les manchettes pour décrire ce qu'ils ressentent comme une agitation désordonnée qui gagne la terre entière. La révolution islamique en Iran les abasourdit. Le revirement brutal de la politique maoïste en Chine, l'effondrement du dollar, la pugnacité nouvelle des pays pauvres, l'explosion des rébellions au Salvador ou en Afghanistan apparaissent comme des événements surprenants, sans liens entre eux et sans logique. Le monde, nous explique-t-on, est en train de sombrer dans le chaos.

Et pourtant, beaucoup de choses qui semblent être anarchiques ne le sont pas. L'irruption d'une nouvelle civilisation ne pouvait pas ne pas fracasser les anciens rapports établis, renverser des régimes et semer la panique dans le système financier. Ce que nous percevons comme chaos est, en réalité, un gigantesque réalignement du pouvoir pour s'adapter à cette civilisation nouvelle.

Si nous regardons en arrière, vers la civilisation de la Seconde Vague dont nous vivons aujourd'hui le crépuscule, nous sommes saisis de tristesse. Car qu'a laissé la civilisation industrielle à l'approche de sa fin ? Un monde où le quart de l'humanité connaît une richesse relative et les trois quarts une pauvreté relative — et plus de 800 millions d'êtres humains vivant dans ce que la Banque mondiale appelle la pauvreté « absolue ». 700 millions de sous-alimentés et 550 millions d'analphabètes. 1 200 000 000 hommes et femmes non médicalisés et qui manquent même d'eau potable.

L'industrialisme finissant laisse un monde où quelque vingt ou trente nations industrialisées ne doivent la plus grande part de leur réussite économique qu'à des subventions invisibles constituées par une énergie et des matières premières à vil prix. Il laisse une infrastructure planétaire — le Fonds monétaire international, le GATT, la Banque mondiale et le COMECON — régulant les échanges commerciaux et les finances au bénéfice des puissances de la Seconde Vague. Il laisse un monde où nombre de pays pauvres dont l'économie a été orientée vers la monoculture sont pressurés pour satisfaire les besoins des pays riches.

La montée rapide de la Troisième Vague n'annonce pas seulement la mort de l'hégémonie de la Seconde Vague : elle pulvérise aussi toutes nos idées conventionnelles relatives à la suppression de la pauvreté sur la planète.

LA STRATÉGIE DE SECONDE VAGUE

Depuis la fin des années 40, presque tous nos efforts en vue de réduire le fossé entre les riches et les pauvres ont été déterminés en fonction d'une unique stratégie dominante. Je l'appelle la stratégie de Seconde Vague.

Elle part de cette prémisse que les sociétés de la Seconde Vague sont le parangon de l'évolution et que, pour résoudre leurs problèmes, toutes les sociétés doivent impérativement reprendre à leur compte l'essentiel du scénario de la révolution industrielle telle que l'ont faite l'Occident, l'Union soviétique ou le Japon. Le progrès consiste à arracher des millions de paysans à l'agriculture pour les lancer dans la production de masse. Il requiert l'urbanisation, la standardisation et tous les autres impedimenta de la Seconde Vague. Bref, le progrès implique l'imitation fidèle d'un modèle ayant déjà réussi.

Pays après pays, des gouvernements ont par dizaines effectivement essayé d'appliquer ce schéma. Quelques-uns de ces pays, comme la Corée du Sud ou Taiwan, où prévalent des conditions particulières, semblent parvenir à instaurer une société de Seconde Vague. Mais, la plupart du temps, cette approche s'est avérée catastrophique.

Les échecs que rencontraient les pays pauvres les uns après les autres ont été attribués à une multitude de causes, si nombreuses qu'on en est étourdi. C'est la faute au néo-colonialisme. A une planification défectueuse. A la corruption. Aux religions arriérées. Au tribalisme. Aux multinationales. A la C.I.A. Ils sont allés trop lentement. Ils sont allés trop vite. Mais, quelles que soient les raisons avancées, le fait est là : l'industrialisation sur le modèle de la Seconde Vague a échoué beaucoup plus souvent qu'elle n'a réussi.

Le cas de l'Iran est l'illustration la plus flagrante de cet échec.

En 1975, un monarque tyrannique se vantait qu'il ferait de son pays l'État industriel le plus avancé du Proche-Orient en poursuivant la stratégie de Seconde Vague. « Les constructeurs du shah, écrivait *Newsweek*, travaillaient à un grandiose déploiement d'usines, de barrages, de voies ferrées, d'autoroutes et de toute la machinerie d'une révolution industrielle en vraie grandeur. » En juin 1978 encore, les banquiers internationaux se bousculaient pour prêter des milliards de dollars à des taux d'intérêt dérisoires à la Société des chantiers navals du golfe Persique, à la société de textile Mazadern, à Tavanir, la société nationale d'électricité, au complexe sidérurgique d'Ispahan et à la Compagnie iranienne d'aluminium, pour ne citer que ces entreprises.

Cependant, alors que se poursuivait cet effort censé faire de l'Iran une nation « moderne », la corruption régnait en maîtresse à Téhéran. Un luxe outrancier aggravait le contraste entre les riches et les pauvres. Les intérêts étrangers — principalement mais pas exclusivement américains — s'en donnaient à cœur joie. (Un directeur allemand gagnait à Téhéran un tiers de plus que ce qu'il aurait gagné chez lui, mais le personnel qu'il avait sous ses ordres touchait le dixième du salaire d'un ouvrier allemand.) La classe moyenne urbaine était un minuscule îlot au milieu d'un océan de misère. Le pétrole excepté, les deux tiers de l'ensemble des biens produits pour le marché étaient consommés à Téhéran par le dixième de la population totale du pays. Dans les campagnes, où le revenu était à peine le cinquième de celui des citadins, les masses rurales, soumises à la répression, vivaient dans des conditions révoltantes.

Les milliardaires, les généraux et les technocrates recrutés à grands frais qui étaient à la tête du gouvernement, formés par l'Occident et qui s'efforçaient d'appliquer la stratégie de Seconde Vague, concevaient essentiellement le développement comme un processus économique. La religion, la culture, la famille, les rôles sexuels — tout cela s'aménagerait spontanément pourvu que le message du dollar fût reçu haut et clair. L'authenticité culturelle signifiait fort peu de chose pour ces hommes qui, pétris par l'industréalité, voyaient le monde se diriger vers une standardisation croissante et non vers la diversité. La résistance aux idées occidentales était dédaigneusement qualifiée d'attitude « rétrograde » par un cabinet dont 90 % des membres avaient fait leurs études à Harvard, à Berkeley ou dans les universités européennes.

En dépit de certaines circonstances spécifiques — le mélange détonant pétrole-Islam, par exemple —, une bonne partie de ce qui s'est passé en Iran recoupe dans une large mesure ce qui a eu lieu dans d'autres pays qui s'accrochent à la stratégie de Seconde Vague. On pourrait dire à peu près la même chose, à quelques variantes près, de dizaines d'autres sociétés misérables d'Asie, d'Afrique ou d'Amérique latine.

L'écroulement du régime du shah a ouvert un vaste débat dans nombre de capitales, de Manille à Mexico. Une question fréquemment posée est celle du rythme du changement. Avait-il été trop rapide ? Les Iraniens ont-ils été victimes du choc du futur ? Les gouvernements peuvent-ils, même s'ils disposent des revenus du pétrole, créer une classe moyenne suffisamment nombreuse dans des délais suffisamment rapides pour éviter les convulsions révolutionnaires ? Mais la tragédie iranienne et le remplacement du régime du shah par une théocratie également répressive nous obligent à nous interroger sur les postulats fondamentaux mêmes de la stratégie de Seconde Vague.

L'industrialisation classique est-elle l'unique voie du progrès ? Et n'est-il pas absurde de vouloir imiter le modèle industriel alors que la civilisation industrielle elle-même agonise ?

LE MODÈLE BRISÉ

Tant que les nations de la Seconde Vague « réussissaient » — qu'elles étaient stables, qu'elles étaient riches et qu'elles continuaient de s'enrichir —, rien n'était plus facile que de les regarder comme des modèles pour le reste du monde. Mais la crise générale de l'industrialisme ayait éclaté à la fin des années 60.

Grèves, pannes d'électricité géantes, blocages, criminalité, détresse psychologique, sévissaient dans le monde de la Seconde

Vague. Les magazines publiaient enquêtes sur enquêtes sur le thème : « Pourquoi rien ne marche-t-il plus ? » Le système énergétique et le système familial étaient ébranlés ; les systèmes de valeurs s'effritaient et les structures urbaines se désagrégeaient. Une offensive en règle se déchaînait, mettant en cause la pollution, la corruption, l'inflation, l'aliénation, la solitude, le racisme, la bureaucratie, le divorce, le consumérisme aveugle. Les économistes brandissaient le spectre de l'effondrement total de l'appareil financier.

En même temps, un mouvement de protection de l'environnement d'une envergure planétaire prophétisait que les problèmes de la pollution et de l'énergie et les limites des ressources disponibles risquaient d'interdire aux nations de la Seconde Vague elles-mêmes la poursuite de leurs activités normales. De plus, affirmait-on, même si, par miracle, la stratégie de Seconde Vague devait triompher dans les pays pauvres, elle transformerait la planète en une monstrueuse usine, et ce serait le désastre écologique.

Les nations les plus riches sombraient dans le pessimisme à mesure que la crise générale de l'industrialisme s'aggravait. Et soudain, voici que des millions de personnes de par le monde, non seulement mettaient en doute le succès final de la stratégie de Seconde Vague, mais se demandaient qui pourrait vouloir s'inspirer d'une civilisation en pleine décomposition.

Un autre événement surprenant vint saper l'idée que la stratégie de Seconde Vague était le seul moyen de passer de la misère à l'opulence. Cette stratégie avait toujours reposé sur l'axiome implicite : « Commencez par vous " développer ". Ensuite, vous deviendrez riches » — la richesse était le résultat de l'acharnement au travail, de l'épargne, de l'éthique protestante, bref d'un long processus de transformation économique et sociale.

Mais voilà que l'embargo pétrolier décidé par l'OPEP et la brusque avalanche de pétrodollars inondant le Proche-Orient déboulonnèrent cette notion calviniste. En l'espace de quelques petits mois, ce fut un raz de marée de milliards de dollars qui s'abattirent soudain sur l'Iran, l'Arabie saoudite, le Koweït, la Libye et les autres pays arabes : le monde entier put contempler une abondance apparemment illimitée précédant la transformation au lieu de la suivre. Dans cette région du globe, c'était l'argent qui stimulait le « développement » et non le « développement » qui produisait l'argent. Jamais cela ne s'était encore vu sur une aussi vaste échelle.

Simultanément, la concurrence entre les nations riches se faisait virulente. « Avec l'acier sud-coréen utilisé sur les chantiers californiens, l'arrivée sur le marché européen de téléviseurs fabriqués à Taiwan, des tracteurs venus d'Inde vendus au Proche-Orient et... la Chine émergeant spectaculairement comme une future puissance industrielle majeure, on se demande avec une inquiétude grandissante jusqu'à quel point les économies en développement concurrenceront les industries établies des nations avancées, Japon, États-Unis et Europe », écrivait le correspondant à Tokyo du *New York Times.*

Les métallurgistes français en grève emploient, comme on pouvait s'y attendre, un langage plus cru. Ils demandent que l'on mette fin au « massacre de l'industrie » et des protestataires occupent la tour Eiffel. Dans toutes les vieilles nations industrielles, les industries de la Seconde Vague et leurs alliés politiques pourfendent l'« exportation de l'emploi » et la politique d'industrialisation des pays pauvres.

Bref, de tous côtés, on doute de plus en plus que la stratégie de Seconde Vague tant vantée puisse — ou même doive — marcher.

LA STRATÉGIE DE PREMIÈRE VAGUE

Dans les années 70, devant les échecs de la stratégie de Seconde Vague, les nations riches, désemparées par les exigences des pays pauvres qui réclamaient avec véhémence une révision déchirante de l'économie mondiale et angoissées par leur propre avenir, se mirent en devoir d'élaborer une stratégie de remplacement pour ces derniers.

Presque du jour au lendemain, une pléiade de gouvernements et d'« agences pour le développement », dont la Banque mondiale, l'Agence pour le développement international et l'Overseas Development Council, changeant leur fusil d'épaule, adoptèrent une orientation à laquelle on ne peut donner qu'un seul nom : une stratégie de Première Vague.

Une formule qui était presque le négatif de la stratégie de Seconde Vague : au lieu de faire pression sur les agriculteurs et de les obliger à aller vivre dans des villes sursaturées, on mettait à nouveau l'accent sur le développement rural ; au lieu de privilégier les cultures rentables à l'exportation, on insistait sur l'autarcie alimentaire ; au lieu de faire des efforts aveugles pour accroître le produit national brut dans l'espoir que les pauvres bénéficieraient de quelques miettes, on proposait que les ressources servent directement à la satisfaction des « besoins humains élémentaires ».

Au lieu de stimuler les technologies propres à économiser la main-d'œuvre, la nouvelle approche prônait une production fondée sur une main-d'œuvre nombreuse, un financement léger, une faible dépense en énergie et une qualification réduite ; au lieu de pousser à la construction d'aciéries géantes ou d'immenses usines urbaines, elle encourageait les petites entreprises décentralisées conçues à l'échelle du village.

Retournant comme un gant les arguments des champions de la Seconde Vague, les tenants de la stratégie de Première Vague démontrèrent sans difficulté que le transfert à un pays pauvre de bon nombre de technologies industrielles était désastreux. Les machines tombaient en panne et on ne les réparait pas. Il fallait des matières premières d'un coût élevé, souvent importées. La main-d'œuvre qualifiée était rare. D'où le nouveau mot d'ordre : il fallait des « technologies appropriées ». Tour à tour baptisées techniques « intermédiaires », « douces », ou « alternatives », elles se situaient, si l'on veut, à mi-chemin de la faucille et de la moissonneuse-batteuse.

Des centres d'élaboration de techniques de ce genre ne tardèrent pas à fleurir un peu partout aux États-Unis et en Europe sur le modèle de l'Intermediate Technology Development Group créé en 1965 en Grande-Bretagne. Mais les pays en voie de développement mirent eux aussi sur pied des centres analogues, et commencèrent à sortir des innovations techniques à petite échelle.

Au Botswana, par exemple, la Mochudi Farmers Brigade a mis au point un instrument aratoire à traction animale (bœuf ou âne) pouvant servir tout à la fois de charrue, de semoir et d'épandeur d'engrais pour les cultures à un ou à deux sillons. Le ministère de l'Agriculture gambien a adopté un instrument sénégalais, un châssis universel sur lequel on peut monter un soc de charrue, un instrument à arracher les tubercules, un semoir ou une lame à butter.

On est en train d'étudier au Ghana une batteuse à pédale pour le riz, un pressoir à vis pour les brasseries et une presse entièrement en bois pour extraire l'eau des fibres de bananes.

La stratégie de Première Vague a été également appliquée sur des bases beaucoup plus larges. C'est ainsi qu'en 1978, le nouveau gouvernement indien, effaré par la flambée des prix du pétrole et des engrais, et déçu par les stratégies de Seconde Vague auxquelles avaient fait appel Nehru et Indira Ghandi, mit un coup d'arrêt au développement de la mécanisation dans le textile au profit du tissage à la main. L'objectif n'était pas simplement de créer des emplois mais aussi de retarder l'urbanisation en favorisant une industrie artisanale rurale pratiquée à domicile.

Cette solution, indiscutablement judicieuse, présente beaucoup d'intérêt. Elle répond au besoin de freiner l'exode massif vers les villes. Elle tend à rendre plus vivable le village où est concentrée la grande masse de la population des pays pauvres. Elle tient compte des facteurs écologiques. Elle table sur des ressources locales peu coûteuses qu'elle substitue à d'onéreuses importations. Elle remet en question les définitions conventionnelles et étroites du « rende- ment ». Elle ouvre la voie à une approche moins technocratique du développement, prenant en compte les coutumes et les cultures locales. Elle opte pour l'amélioration des conditions d'existence des pauvres au lieu de fournir des capitaux aux riches dans l'espoir qu'une part de la manne finira par profiter aux déshérités.

Mais, cela étant dit, la « formule Première Vague » n'est rien de plus qu'une stratégie visant à parer au plus pressé, sans pour autant transformer la situation. Il s'agit d'un cachet d'aspirine, pas d'un traitement, et c'est exactement le sentiment de nombreux gouver- nements dans le monde.

Le président indonésien Suharto exprimait une opinion très largement répandue quand il accusait cette stratégie d'être « peut- être la nouvelle forme de l'impérialisme. Si l'Occident ne participe qu'à des projets agraires de petite envergure, il est possible que cela adoucisse notre sort mais nous ne nous développerons jamais ».

L'engouement soudain pour les techniques à main-d'œuvre nombreuse est également sujet à caution dans la mesure où l'on peut juger qu'il sert l'intérêt des pays riches. Plus longtemps les pays pauvres stagneront dans les conditions de la Première Vague, moins ils seront à même d'inonder de produits concurrentiels un marché mondial déjà saturé. Plus longtemps ils resteront attachés à la ferme, si l'on veut, moins ils consommeront de pétrole, de gaz naturel et autres ressources en voie de raréfaction — et plus ils demeureront faibles et politiquement peu turbulents.

Enfin, un prédicat paternaliste est inséparablement lié à la stratégie de Première Vague : alors que tous les autres facteurs de la production doivent être économisés, point n'est besoin de ménager le temps et l'énergie du travailleur. C'est très bien de peiner dans les champs ou les rizières — tant que ce sont les autres qui triment.

Résumant un grand nombre de ces arguments, Samir Amin, directeur de l'Institut africain de la planification et du développement économique, remarque que les techniques exigeant beaucoup de main-d'œuvre sont soudainement devenues séduisantes « grâce à un mélange (où se côtoient) l'idéologie hippie, le retour au mythe de l'âge d'or et du bon sauvage, et la dénonciation de la réalité du monde capitaliste ».

Plus grave encore, la formule Première Vague sous-estime dangereusement le rôle de la science et de la technologie avancées. Beaucoup de ces technologies que l'on pare maintenant de l'adjectif « appropriées » sont encore plus primitives que celles dont disposait le fermier américain de 1776 — elles sont beaucoup plus proches de la faucille que de la moissonneuse-batteuse. Quand, il y a cent cinquante ans, les fermiers d'Amérique et d'Europe commencèrent à utiliser une technologie plus « appropriée », quand ils abandonnèrent la herse en bois pour la herse à dents de métal ou adoptèrent la charrue en acier, ils n'ont pas tourné le dos au savoir mécanique et métallurgique accumulé qui existait alors : ils s'en sont emparés.

Selon un compte rendu contemporain, une démonstration spectaculaire des batteuses nouvellement inventées eut lieu lors de l'Exposition de Paris en 1855 : « Six hommes commencèrent de battre au fléau au moment où les différentes machines étaient mises en marche. Au bout d'une heure de travail, les résultats furent les suivants :

Six hommes travaillant au fléau	36 litres de blé
Batteuse belge	150 litres de blé
Batteuse française	250 litres de blé
Batteuse anglaise	410 litres de blé
Batteuse américaine	740 litres de blé. »

Seuls ceux qui n'ont pas passé des années à faire un travail physique exténuant peuvent écarter avec désinvolture une mécanique qui, dès 1855, battait le grain 123 fois plus vite qu'un homme.

Une grande partie de ce que nous appelons aujourd'hui la « science avancée » a été élaborée par les savants des pays riches pour résoudre les problèmes des pays riches. Extrêmement modestes, en revanche, ont été les recherches intéressant les problèmes quotidiens des pays pauvres. Or, toute « politique de développement » qui commence par refuser de voir le potentiel représenté par le savoir scientifique et technologique avancé condamne des centaines de millions de paysans désespérés, affamés et épuisés par le travail à une dégradation perpétuelle.

La stratégie de Première Vague peut, ici ou là, à tel ou tel moment, améliorer les conditions d'existence de beaucoup de gens. Malheureusement, bien rares sont les indices montrant qu'un pays d'une certaine taille puisse jamais, en employant les méthodes prémécanisées de la Première Vague, arriver à une production suffisante pour investir dans le changement. En fait, de nombreuses indications tendent précisément à prouver le contraire.

Au prix d'un héroïque effort, la Chine de Mao, qui inventa et essaya les éléments de base de la formule Première Vague, a presque — mais pas tout à fait — réussi à juguler la famine. Ce fut un exploit gigantesque. Mais à la fin des années 60, la politique maoïste privilégiant le développement rural et l'industrie arriérée avait atteint ses limites extrêmes. La Chine était dans l'impasse.

C'est que, en définitive, la formule Première Vague n'est, en soi, qu'une recette de stagnation, et elle n'est pas plus applicable à l'ensemble des pays pauvres que la stratégie de Seconde Vague.

Dans un monde d'une diversité explosive, nous devrons inventer des dizaines et des dizaines de stratégies novatrices, en cessant de chercher des modèles dans le présent industriel ou dans le passé pré-industriel. L'heure a sonné de regarder en face le futur qui s'annonce.

LA PROBLÉMATIQUE DE LA TROISIÈME VAGUE

Nous faudra-t-il rester éternellement prisonniers de deux visions périmées ? C'est volontairement que j'ai caricaturé ces stratégies alternatives afin d'en accentuer les différences. Il est rare que, dans la vie réelle, des gouvernements puissent se permettre de s'abandonner à des théories abstraites, et nombreux sont les exemples de tentatives d'alliance entre les deux stratégies. Cela étant dit, la montée de la Troisième Vague nous donne fortement à penser que le temps du ping-pong entre les deux formules est fini.

Son irruption, en effet, modifie radicalement toutes les données. Alors qu'aucune doctrine issue du monde à haute technologie — et quelle que soit son orientation, capitaliste ou marxiste — n'est de nature à résoudre les problèmes du Tiers Monde, et qu'aucun modèle existant n'est entièrement exportable, une relation singulière est en train de se faire jour entre les civilisations de Première Vague et cette civilisation de Troisième Vague qui avance à grands pas.

On a vu à maintes reprises des tentatives ingénues visant à « développer » un pays appartenant essentiellement à la Première Vague en lui imposant des structures de Seconde Vague parfaitement incongrues — la production de masse, les mass media, une éducation style usine, un régime parlementaire inspiré de Westminster et la notion d'État-nation, pour ne citer que celles-là, sans prêter attention au fait que le succès de ce type de société passe par le démantèlement des traditions familiales, des us et coutumes conjugaux, de la religion et de la définition des rôles sociaux, par l'extirpation de toute la culture du peuple intéressé.

Chose étonnante, il se révèle, en revanche, que beaucoup de traits distinctifs de la civilisation de la Troisième Vague — production décentralisée, réduction d'échelle, énergie renouvelable, désurbanisation, travail à domicile, haut niveau de prosommation, pour nous en tenir à ces seules caractéristiques — ressemblent à ceux des sociétés de la Première Vague. Voilà un phénomène qui s'apparente singulièrement à un mouvement de balance dialectique.

C'est la raison pour laquelle tant d'innovations parmi les plus surprenantes d'aujourd'hui nous font l'effet de comètes traînant dans leur sillage une queue de souvenirs en pointillé. C'est cette mystérieuse impression de *déjà vu*[1] qui explique la fascination pour un passé rural que l'on constate dans les sociétés de Troisième Vague qui éclosent le plus rapidement. Et ce qui nous frappe tellement, aujourd'hui, c'est que les civilisations de Première et de

1. En français dans le texte.

Troisième Vague ont apparemment plus de points communs entre elles qu'avec la civilisation de la Seconde Vague. Bref, il y a adéquation entre l'une et l'autre.

Cette curieuse concordance permettra-t-elle à de nombreux pays de la Première Vague actuels d'adopter certains éléments de la civilisation de la Troisième — mais sélectivement, sans sacrifier intégralement leur culture ni passer au préalable par l' « étape » du développement Seconde Vague ? Sera-t-il finalement plus facile pour certains d'emprunter des structures de Troisième Vague que de s'industrialiser selon la recette classique ?

Contrairement à ce qui était le cas autrefois, une société peut-elle, à présent, atteindre un niveau de vie matérielle élevé sans mobiliser de façon obsessionnelle toutes ses énergies sur la production destinée à l'échange ? Eu égard à la plus large gamme de choix que propose la Troisième Vague, un peuple ne pourrait-il pas faire baisser le taux de la mortalité infantile, augmenter la longévité, développer l'alphabétisation, vaincre la malnutrition et, plus généralement, améliorer la qualité de la vie sans renoncer à sa religion et à ses valeurs, sans embrasser obligatoirement le matérialisme occidental qui va de pair avec l'extension de la civilisation de la Seconde Vague ?

. Les stratégies du « développement » de demain ne seront pas élaborées à Washington, à Moscou, à Paris ou à Genève mais en Afrique, en Asie et en Amérique latine. Elles seront indigènes et épouseront les besoins locaux. Elles ne mettront pas exagérément l'accent sur l'économique au détriment de l'écologie, de la culture, de la religion, de la structure de la famille et de la dimension psychologique de l'existence. Elles ne copieront aucun modèle extérieur, ni de Première Vague, ni de Seconde Vague, ni même de Troisième Vague.

Mais l'avancée de cette Troisième Vague situe nos efforts dans une perspective nouvelle car elle ouvre des possibilités absolument neuves aux nations les plus déshéritées du monde aussi bien qu'aux plus riches.

DU SOLEIL, DES CREVETTES ET DES PUCES

Cette étonnante connivence entre de nombreux caractères structuraux propres aux civilisations de la Première et de la Troisième

Vague conduit à penser qu'il sera peut-être possible dans les prochaines décennies d'allier certains éléments du passé et certains éléments du futur pour créer un présent meilleur que celui d'aujourd'hui.

Prenons, par exemple, l'affaire de l'énergie.

On parle tant de la crise énergétique qui frappe les pays en marche vers une civilisation de Troisième Vague que l'on oublie souvent celle à laquelle sont confrontées les sociétés de Première Vague. Partant d'un seuil extrêmement bas, quels systèmes énergétiques doivent-elles créer ?

Assurément, elles ont besoin de grandes centrales alimentées par des combustibles d'origine fossile de type Seconde Vague, mais le besoin le plus urgent pour beaucoup de ces sociétés, ainsi que l'a montré le savant indien Amulya Kumar N. Reddy, n'est pas un approvisionnement abondant et centralisé destiné aux villes mais une base énergétique décentralisée installée dans les campagnes.

La famille d'un paysan indien qui ne possède pas de terres consacre actuellement six heures par jour à la recherche du bois nécessaire à la cuisine et au chauffage. A cela, il convient d'ajouter entre quatre et six heures pour tirer l'eau du puits, et encore à peu près autant pour faire paître les vaches, les chèvres ou les moutons. « Comme une telle famille est dans l'incapacité d'engager de la main-d'œuvre ou d'acheter des machines économisant l'effort, la seule solution rationnelle est d'avoir au moins trois enfants pour satisfaire ses besoins en énergie », dit Reddy, qui ajoute que l'énergie rurale « se révélera peut-être un excellent moyen contraceptif ».

Après étude, Reddy estime que les besoins énergétiques d'un village pourraient être facilement satisfaits grâce à de petites usines de production de biogaz peu onéreuses traitant sur place les excréments humains et animaux. Poursuivant son raisonnement, il démontre que des milliers d'unités de ce genre seraient beaucoup plus utiles, écologiquement plus « saines » et plus économiques que quelques centrales géantes.

C'est sur ce raisonnement que reposent les recherches en matière de biogaz et les programmes en cours d'exécution, du Bangladesh aux îles Fidji. L'Inde a déjà 12 000 unités de ce type en fonctionnement, et elle s'est fixé un objectif de 100 000. La Chine prévoit 200 000 installations familiales dans la province du Sseu-tch'ouan.

La Corée, qui en revendique 29 450, espère atteindre un total de 55 000 en 1985.

L'éminent futurologue et industriel Jagdish Kapur a transformé un domaine aride et improductif de 4 hectares à proximité immédiate de La Nouvelle-Delhi en une « ferme solaire », équipée d'une unité de production de biogaz, célèbre dans le monde entier. Elle produit maintenant suffisamment de céréales, de fruits et de légumes pour qu'il puisse vendre des tonnes de denrées alimentaires après avoir nourri sa famille et son personnel.

L'Institut indien de technologie a, entre-temps, mis au point un générateur solaire « villageois » de 10 kilowatts capable de fournir l'électricité nécessaire à l'éclairage, au fonctionnement des pompes à eau et des téléviseurs et postes de radio individuels. A Tamil Nadu, Madras, les autorités ont construit une usine de dessalement utilisant le rayonnement solaire. Et Central Electronics présente aux environs de La Nouvelle-Delhi une maison témoin fabriquant sa propre électricité grâce à des piles photo-voltaïques.

En Israël, Haim Aviv, spécialiste de la biologie moléculaire, a proposé la création d'une installation agro-industrielle mixte égypto-israélienne dans le Sinaï. Ce complexe, utilisant les réserves d'eau égyptiennes et la technologie israélienne de pointe en matière d'irrigation, permettrait de faire pousser du manioc ou de la canne à sucre qui pourront être transformés en éthanol utilisable comme carburant automobile. Le projet d'Haim Aviv envisage l'élevage de bovins ou d'ovins qui se nourriront des sous-produits de la canne à sucre, et la mise en service de fabriques de papier afin d'utiliser les déchets cellulosiques — ce sera ainsi un cycle écologique intégré. Et il avance que d'autres projets analogues pourraient voir le jour dans certaines régions d'Afrique, de l'Asie du Sud-Est et d'Amérique latine.

La crise énergétique inhérente à l'effondrement de la civilisation de la Seconde Vague fait naître une multitude d'idées nouvelles tendant à stimuler dans les secteurs les plus défavorisés de la planète une production d'énergie à la fois centralisée et décentralisée, sur grande aussi bien que sur petite échelle. Et il est facile de faire un parallèle entre quelques-uns des problèmes qu'ont à affronter les sociétés de Première Vague et les sociétés encore embryonnaires de Troisième Vague : ni les unes ni les autres ne peuvent compter sur les systèmes d'énergie conçus pour l'ère de la Seconde Vague.

Et l'agriculture ? Là encore, la Troisième Vague nous découvre des horizons imprévus. Le Environmental Research Lab de Tucson, Arizona, élève des crevettes dans des viviers installés le long des planches de concombres et de salades cultivés en serre ; les excréments des crustacés, recyclés, servent d'engrais aux légumes. Des expériences analogues ont lieu dans le Vermont avec des poissons-chats, des truites et des légumes. L'eau des viviers recueille la chaleur solaire et la libère la nuit, ce qui maintient la température. Là aussi, les excréments des poissons servent de fumure.

Au New Alchemy Institute, dans le Massachusetts, des poulaillers sont installés au-dessus des aquariums. La fiente qui tombe fertilise les algues que les poissons mangent ensuite.

Ce ne sont là que trois exemples des innombrables innovations portant sur la production et le traitement des aliments — dont beaucoup sont d'un intérêt tout particulier pour les sociétés de Troisième Vague d'aujourd'hui.

Une étude prospective sur l'évolution de l'agro-alimentaire dans les vingt prochaines années, réalisée par le Center for Futur Research (C.F.R.) de l'université de Californie du Sud, suggère, par exemple, que plusieurs progrès névralgiques auront vraisemblablement pour effet de diminuer, et non d'augmenter, les besoins en engrais artificiels. Selon cette étude, il y a neuf chances sur dix pour que nous disposions en 1996 d'un engrais à dispersion lente, bon marché, qui réduira de 15 % les besoins en engrais azotés. Et il est assez probable que l'on disposera aussi à cette date de semences capables de fixer l'azote, qui abaisseront encore davantage la demande.

L'étude en question considère comme « pratiquement certaine » l'arrivée sur le marché de nouvelles variétés de semences qui augmenteront de 25 à 50 % le rendement des cultures en sol non irrigué. Elle laisse entrevoir l'apparition de systèmes d'irrigation « au goutte à goutte » à partir de puits éoliens décentralisés et de transport d'eau par animaux de trait, qui amélioreront les récoltes dans des proportions non négligeables et atténueront les écarts de production d'une année sur l'autre.

On évoque, en outre, un possible doublement de la capacité d'élevage du bétail dans les zones arides grâce à des herbes fourragères n'ayant besoin que de très peu d'eau ; un éventuel accroissement de 30 % des récoltes non céréalières dans les pays tropicaux du fait d'une meilleure connaissance des associations d'éléments nutritifs ; des progrès décisifs dans la lutte antiparasites qui limiteront considérablement les pertes de récoltes ; de nouvelles méthodes de pompage peu coûteuses ; l'élimination de la mouche tsé-tsé qui ouvrira d'immenses territoires à l'élevage — et bien d'autres développements.

On peut imaginer qu'à plus longue échéance une grande partie de l'agriculture sera consacrée aux « fermes d'énergie » — on cultivera des végétaux pour produire de l'énergie. Finalement, nous verrons peut-être l'alliance de la manipulation météorologique, de l'ordinateur, de l'observation par satellites et de la génétique bouleverser de fond en comble la base de l'approvisionnement alimentaire de la terre.

Bien que de telles perspectives ne remplissent pas le ventre des paysans affamés d'aujourd'hui, les gouvernements des pays de Première Vague doivent tenir compte de ces possibilités latentes dans leurs prévisions à long terme en matière d'agriculture, et chercher comment marier, en quelque sorte, la houe et l'ordinateur.

L'association entre les technologies nouvelles et le passage à la civilisation de la Troisième Vague offre également des possibilités inexplorées. Le regretté futurologue John McHale et son épouse et collègue Magda Cordell McHale écrivaient dans leur excellente étude, *Basic Human Needs*, que l'émergence de biotechnologies ultra-avancées portait en elle de grandes transformations pour les sociétés de Première Vague. Ces technologies embrassent tout, de l'aquiculture à la domestication des insectes et autres organismes pour leur faire faire un travail productif, de la conversion des déchets cellulosiques en viande sous l'action de micro-organismes à la transformation de plantes telles que l'euphorbe en carburant sans soufre. La « médecine verte » — fabrication de produits pharmaceutiques à partir de végétaux jusqu'ici inconnus ou sous-utilisés — est, elle aussi, riche en promesses pour les pays de Première Vague.

Les progrès qui interviennent dans d'autres domaines jettent également un doute sur la conception traditionnelle du développement. Les pays de Première Vague affrontent un problème explosif : celui du chômage et du sous-emploi. Cette question oppose les champions de la Première Vague à ceux de la Seconde en un débat aux dimensions de la planète. D'un côté, on soutient que les industries reposant sur la production de masse n'utilisent pas une main-d'œuvre suffisante, et que le développement doit faire porter l'effort sur de petites manufactures plus rudimentaires du point de vue technologique mais qui font travailler davantage de gens et demandent moins de capitaux et moins d'énergie. L'autre camp, tout au contraire, prône le transfert aux pays de Première Vague des industries de Seconde Vague dont se délestent les nations technologiquement les plus avancées — l'acier, l'automobile, la chaussure, le textile, etc.

Mais se précipiter dans la construction d'une aciérie Seconde Vague équivaudrait à monter une fabrique de fouets de cocher. Des raisons stratégiques ou autres militent peut-être en faveur de l'implantation d'une aciérie, mais quand il existe des matériaux nouveaux plus solides, plus rigides et plus légers que l'aluminium, des substances transparentes aussi résistantes que l'acier, des plastiques renforcés pour remplacer les anciens tuyaux en tôle galvanisée, combien de temps reste-t-il avant que les besoins en acier plafonnent et que la capacité de production devienne surabondante ? Des progrès tels que ceux-là rendront peut-être « superflue l'augmentation linéaire de la production de l'acier et de l'aluminium », selon le savant indien M.S. Iyengar. Au lieu de chercher à obtenir des crédits ou de faire appel aux investissements étrangers pour édifier une industrie de l'acier, les pays pauvres ne seraient-ils pas mieux inspirés s'ils se préparaient dès maintenant à l' « âge des matériaux » (nouveaux) ?

Mais la Troisième Vague nous offre aussi des possibilités plus immédiates. Ward Morehouse, du Programme de recherches politiques de l'université de Lund, en Suède, est d'avis que les pays pauvres, au lieu de s'obnubiler sur l'industrie artisanale de type Première Vague ou, au contraire, sur l'industrie lourde centralisée de type Seconde Vague, devraient se concentrer sur une des industries clés de la Troisième Vague naissante : la micro-électronique. « S'axer exagérément sur les technologies à main-d'œuvre nombreuse et à faible productivité peut devenir un piège pour les pays pauvres », affirme-t-il. Et, soulignant que la productivité fait un bond spectaculaire dans l'industrie des composantes pour l'informatique, il montre qu'il est évidemment « avantageux pour les pays en voie de développement manquant de capitaux d'obtenir un meilleur rendement de leurs investissements ».

Mais ce qui est encore plus important, c'est la compatibilité entre la technologie de la Troisième Vague et les conditions sociales existantes. La grande diversité des composantes micro-électroniques, soutient Morehouse, permet aux « pays en voie de développement d'adopter une technologie de base et de l'adapter plus aisément en fonction de leurs besoins sociaux ou des matières premières dont ils disposent. La micro-électronique se prête à la décentralisation de la production ».

Cela signifie aussi une diminution de la pression démographique dans les grandes villes, et la rapide miniaturisation qui se manifeste dans ce secteur réduit également les frais de transport. Et, surtout, cette forme de production n'est pas gourmande en énergie, et le marché se développe à un rythme si accéléré — et la concurrence y est si intense — que même si les nations riches cherchent à monopoliser cette industrie, elles ont peu de chances d'y parvenir.

Morehouse n'est pas le seul à mettre l'accent sur le fait que la plupart des industries avancées de Troisième Vague sont en harmonie avec les besoins des pays pauvres. C'est Roger Melen, directeur adjoint du Laboratoire des circuits intégrés de la Stanford University, qui déclare : « Le monde industriel a déplacé les populations vers les villes pour produire et, à présent, nous installons les usines et la main-d'œuvre à la campagne. Mais beaucoup de pays, y compris la Chine, n'ont jamais véritablement abandonné l'économie agraire du XVIIe siècle. Il apparaît maintenant qu'ils sont en mesure d'intégrer de nouvelles techniques de fabrication à leur société sans déplacement de populations entières. »

Si tel est le cas, la Troisième Vague propose une stratégie technologique inédite pour mener la guerre contre la misère.

La Troisième Vague éclaire également le problème du transport et de la communication d'un jour nouveau. A l'époque de la révolution industrielle, les routes étaient un préalable au développement social, politique et économique. Aujourd'hui, ce qui est nécessaire, c'est un système de communication électronique. On considérait autrefois que les moyens de communication étaient une retombée du progrès économique. C'est là une « thèse aujourd'hui dépassée, dit John Magee, président de la société de recherches Arthur D. Little. ... Les télécommunications sont plus une précondition qu'une conséquence. »

L'effondrement du coût des télécommunications autorise à penser qu'elles remplaceront un grand nombre de fonctions de transport. Mettre en place un réseau de communication avancée de préférence à un tissu ramifié et coûteux de routes et de rues s'avérera peut-être beaucoup plus économique, moins gaspilleur d'énergie et plus approprié. Le transport routier est une nécessité, c'est évident, mais dans la mesure où la production est décentralisée au lieu d'être centralisée, on peut abaisser les frais de transport sans isoler pour autant les villages des autres villages, des agglomérations urbaines et du reste du monde.

L'intérêt croissant que les leaders des pays de Première Vague attachent aux communications se manifeste clairement à travers le combat qu'ils sont de plus en plus nombreux à mener pour une redistribution des fréquences internationales. Les puissances de la Seconde Vague avaient fait main basse sur les ondes hertziennes parce qu'elles avaient développé très tôt les télécommunications. A eux seuls, les U.S.A. et l'U.R.S.S. détiennent 25 % des bandes d'ondes courtes disponibles, et une part plus importante encore des plages plus sophistiquées du spectre des fréquences.

Pourtant ce spectre, tout comme les fonds océaniques ou l'atmosphère de la planète, appartient — ou devrait appartenir — non pas à quelques-uns, mais à tous. Aussi, nombre de pays de Première Vague, arguant qu'il constitue une ressource limitée, réclament qu'une fraction leur en soit affectée — même si, pour l'instant, ils n'ont pas les moyens techniques de l'exploiter. (Ils partent du principe qu'ils pourraient « louer » à des tiers les bandes qui leur seront attribuées jusqu'au moment où ils seront prêts à les utiliser pour eux-mêmes.) Devant la résistance que leur opposent les U.S.A. et l'U.R.S.S., ils demandent l'instauration d'un « nouvel ordre mondial de l'information ».

Néanmoins, leur plus gros problème est d'ordre interne : comment répartir leurs ressources limitées entre les télécommunications et les transports ? Les nations les plus avancées techniquement se heurtent au même butoir. Avec des émetteurs bon marché, des systèmes d'irrigation informatisés aux dimensions du kibboutz, peut-être même des capteurs analysant les conditions de surface et des terminaux ultra-bon marché utilisables pour les besoins du village et de l'industrie à domicile, les sociétés de Première Vague pourront peut-être éviter en partie les énormes frais des transports lourds que les nations de Seconde Vague ont dû supporter. Certes, tout cela semble utopique aujourd'hui mais ce sera avant longtemps la réalité la plus banale.

Il y a quelque temps, le président Suharto a enfoncé une touche électronique avec la pointe d'un sabre traditionnel, inaugurant ainsi un système de communication par satellite reliant les différentes îles de l'archipel indonésien. Cela ressemblait beaucoup à ce qui s'était passé un siècle plus tôt en Amérique quand les voies ferrées avec leurs éclisses d'or avaient mis en contact la côte atlantique et la côte pacifique. Le geste de Suharto symbolisait les nouvelles options qu'offre la Troisième Vague aux pays qui cherchent à se transformer.

De tels développements dans les secteurs de l'énergie, de l'agriculture, de la technologie et des communications font entrevoir un phénomène plus profond : l'émergence de sociétés nouvelles fondées sur la fusion du passé et de l'avenir, sur l'alliance de la Première Vague et de la Troisième.

On peut d'ores et déjà imaginer une stratégie de la transformation fondée conjointement sur le développement d'industries rurales de bas de gamme, axées sur le village, sobres en investissements de capitaux, et sur certaines technologies de haut de gamme soigneusement sélectionnées dans le cadre d'une économie structurée de façon à protéger ou à promouvoir les unes et les autres.

« Un nouvel équilibre, écrit Jagdish Kapur, doit être trouvé » entre la science et la technologie les plus avancées accessibles à l'espèce humaine et « la vision gandhiste d'idylliques verts pâturages, de républiques villageoises ». Dans la pratique, pareille combinaison, ajoute cet auteur, requiert une « totale transformation de la société, de ses symboles et de ses valeurs, de son système éducatif, de ses stimulants, de la circulation de ses ressources énergétiques, de sa recherche scientifique et industrielle, et d'une foule d'autres institutions ».

Néanmoins, une armée toujours plus nombreuse de théoriciens du long terme, de sociologues, d'érudits et de savants croient que cette mutation est dès à présent amorcée et qu'elle nous entraîne vers une nouvelle et radicale synthèse : Gandhi plus des satellites, pour simplifier.

LES PROSOMMATEURS ORIGINAUX

Cette approche sous-entend une autre synthèse à un niveau encore plus profond. Une synthèse qui met en cause l'ensemble des rapports économiques liant les gens au marché, quelle que soit la forme, capitaliste ou socialiste, de celui-ci. Et qui nous oblige à nous interroger : quelle somme de temps et de travail l'individu doit-il consacrer à la production d'une part, à la prosommation d'autre part — autrement dit, quelles doivent être les parts respectives du travail rémunéré destiné au marché et du travail que l'on effectue pour soi ?

La plupart des peuples de Première Vague ont déjà été pris dans l'engrenage du système monétaire. Ils ont été « marchifiés ». Mais si les gains misérables qui sont le lot des populations les plus pauvres sont essentiels pour assurer leur survie, la production pour l'échange n'entre que pour une part dans leur revenu : la prosommation pourvoit au reste.

La Troisième Vague nous invite aussi à considérer cet état de choses avec un autre regard. Pays après pays, le chômage s'amplifie. Mais, dans ces sociétés, le plein emploi est-il un objectif réaliste ? Quelles combinaisons d'orientations peuvent, au cours de cette génération, fournir un travail à temps complet à cette armée de chômeurs dont le nombre ne cesse de s'accroître ? Et si, comme le laisse entendre l'économiste suédois Gunnar Myrdal, la notion même de " chômage " n'était qu'un concept de Seconde Vague ?

Le problème, note Paul Streeten de la Banque mondiale, « n'est pas le " chômage ", qui est une conception occidentale présupposant un secteur salarial moderne, un marché de l'emploi, des transferts de main-d'œuvre et des cotisations de sécurité sociale... Le problème (est) plutôt (celui du) travail non rétribué et non productif des pauvres, particulièrement à la campagne ». Le remarquable essor du prosumérisme auquel nous assistons aujourd'hui dans les nations nanties, phénomène typique de la Troisième Vague, nous conduit à nous interroger sur les postulats et les buts prônés par la plupart des économistes de la Seconde Vague.

Peut-être est-ce une erreur de vouloir se faire les émules de la révolution industrielle de l'Occident, qui a vu la quasi-totalité de l'activité économique passer du secteur A (le secteur de la prosommation) au secteur B (le secteur du marché).

Peut-être convient-il de considérer la prosommation comme

une force positive et non comme un regrettable vestige du passé.

Peut-être que ce dont la majorité des gens a besoin, c'est d'un emploi à temps partiel rémunéré (assorti, éventuellement, de transferts), avec des politiques imaginatives tendant à rendre la prosommation plus « productive ». En vérité, une association plus intelligente entre ces deux types d'activité économique est le maillon manquant susceptible de garantir la survie de millions d'êtres.

Concrètement parlant, cela reviendrait à ceci : « fournir les moyens nécessaires à la prosommation » — exactement ce qui se passe actuellement dans les pays riches qui sont le théâtre d'un fascinant phénomène de coordination entre les deux secteurs, le marché mettant à la disposition des prosommateurs des outils efficaces, absolument tout, depuis le lave-vaisselle et la perceuse jusqu'au vérificateur de batterie. La misère dans les pays pauvres est si profonde que, à première vue, parler de machines à laver ou de perceuses électriques semble d'une rare incongruité. Et pourtant, n'y a-t-il pas là une analogie pour les sociétés qui commencent à sortir de la civilisation de la Première Vague ?

L'urbaniste français Yona Friedman nous rappelle que les déshérités du monde ne veulent pas forcément des emplois mais de la nourriture et un toit. Les emplois ne sont qu'un moyen en vue de cette fin. Mais l'on peut souvent faire pousser ce que l'on mange et bâtir sa propre maison — ou, au moins, y contribuer personnellement. Dans une communication à l'UNESCO, Friedman suggère donc que les gouvernements encouragent ce que j'ai appelé la prosommation en assouplissant certaines lois foncières et les réglementations relatives à la construction qui compliquent la tâche (quand ils ne la rendent pas tout simplement impossible comme c'est souvent le cas) des squatters désireux de construire leur logement ou de l'améliorer.

Il les exhorte avec force à supprimer ces obstacles et à aider les intéressés à bâtir leur maison en leur « apportant leur concours en matière administrative, en leur fournissant des matériaux qu'il leur serait autrement malaisé de se procurer et, si possible, des sites viabilisés » — c'est-à-dire disposant d'eau et d'électricité. Ce que Friedman et d'autres commencent à dire, c'est que tout ce qui aide plus efficacement le prosommateur peut être aussi important que la production traditionnellement calculée en termes de P.N.B.

Pour accroître la « productivité » du prosommateur, il faudrait que les pouvoirs publics centrent la recherche scientifique et technologique sur le prosumérisme. Mais ils pourraient dès maintenant, et ce pour une dépense extrêmement modique, fournir du petit outillage, des ateliers collectifs, des artisans expérimentés ou des professeurs et, dans la mesure du possible, des générateurs de courant — plus un effort de propagande ou un soutien moral à ceux qui investissent leur « capital-sueur » pour construire leur maison ou améliorer leur parcelle de terrain.

Malheureusement, la propagande de la Seconde Vague répand jusqu'aux recoins les plus reculés et les plus misérables du monde l'idée que ce que les gens font de leurs mains est par définition inférieur à la plus médiocre des camelotes que l'on sort en série. Au lieu de les inciter à n'avoir que mépris pour leurs propres efforts, à surévaluer les produits de Seconde Vague et à dénigrer ce qu'ils créent eux-mêmes, les gouvernements feraient mieux d'attribuer des récompenses aux logements et aux objets autofabriqués les mieux réalisés ou les plus inventifs, à la prosommation la plus « productive ». Le fait que même les personnes les plus riches deviennent de plus en plus des prosommateurs contribuera peut-être à modifier la façon de voir des plus pauvres. La Troisième Vague, en effet, éclaire d'une lumière nouvelle et crue l'ensemble des rapports entre les activités de marché et les activités hors marché de toutes les sociétés de l'avenir.

La Troisième Vague soulève aussi des questions non économiques et non technologiques d'une importance capitale. Elle nous oblige, par exemple, à porter un regard neuf sur l'éducation. L'éducation, tout le monde en convient, est un élément essentiel du développement. Mais quel genre d'éducation ?

En introduisant l'éducation officielle en Afrique, en Asie et autres régions de la Première Vague, ou bien les puissances coloniales transplantèrent simplement des écoles du type usine, ou bien elles implantèrent des copies miniatures de dixième ordre de leurs propres établissements scolaires d'élite. Les modèles éducatifs de la Seconde Vague sont aujourd'hui partout remis en question. La Troisième Vague prend le contrepied de cette idée Seconde Vague que l'instruction ne peut être donnée que dans la salle de classe. Nous apprenons à présent à associer l'étude au travail, au combat politique, au service de la collectivité et même aux distractions. Il est impératif de réexaminer toutes nos conceptions traditionnelles en ce domaine, tant dans les pays riches que dans les pays pauvres.

L'instruction de base, par exemple, est-elle un objectif approprié ? Si oui, que faut-il entendre au juste par là ? Cela veut-il dire savoir lire et écrire ? Dans un article provocateur publié sous l'égide du Nevis Institute, centre de recherches prospectives situé à Edimbourg, l'éminent anthropologue Sir Edmund Leach a soutenu que lire est plus facile à apprendre et plus utile qu'écrire, et que tout le monde n'a pas besoin de savoir écrire. Marshall McLuhan a parlé d'un retour à une culture orale mieux adaptée à beaucoup de communautés de la Première Vague. La technologie ouvre des perspectives incroyables à la notion d'identification par la parole. Peut-être que des « badges » de communication très bon marché ou de minuscules magnétophones équipant des instruments agricoles simples pourront un jour donner des instructions verbales aux paysans illettrés. Face à de pareilles possibilités, c'est la définition même de la fonction de l'instruction qui demande à être repensée.

La Troisième Vague, enfin, nous invite aussi à décortiquer les prédicats conventionnels de la Seconde sur la motivation. Une meilleure alimentation a toutes les chances d'élever le niveau d'intelligence et de compétence fonctionnelle de millions d'enfants et, en même temps, de stimuler le dynamisme et la motivation.

Les ressortissants de la Seconde Vague parlent volontiers de la passivité et du manque de motivation du villageois indien, disons, ou du paysan colombien. En faisant même abstraction des effets démotivants de la malnutrition, des maladies parasitaires, du climat et de la coercition politique, ce qui apparaît comme une absence de motivation ne serait-il pas, peut-être, une manifestation de la répugnance des intéressés à renoncer à leur maison, à leur système familial et à leur vie présente en échange de l'espoir douteux d'avoir une existence plus heureuse dans une époque très éloignée ? Aussi longtemps que le « développement » consistera à superposer une culture totalement étrangère à la culture existante et que l'amélioration effective du sort des gens semblera un rêve hors d'atteinte, ils auront toutes les raisons de s'accrocher au peu qu'ils possèdent.

Le fait que de nombreuses caractéristiques distinctives de la civilisation de la Troisième Vague soient compatibles avec celles de la civilisation de la Première, en Chine aussi bien qu'en Iran, implique que le changement pourra être moins traumatisant, moins douloureux, et le choc du futur atténué. Ce qui, par conséquent, peut frapper à la base de ce que nous appelons « démotivation ».

Ainsi, n'est-ce pas seulement dans les domaines de l'énergie ou de la technologie, de l'agriculture ou de l'économie, mais à hauteur même du cerveau et du comportement des individus que la Troisième Vague crée les conditions d'une transformation révolutionnaire.

SUR LA LIGNE DE DÉPART

La civilisation de la Troisième Vague naissante n'apporte pas un modèle tout prêt qu'il n'y aurait qu'à imiter. Elle n'a pas encore atteint sa pleine maturité. Mais elle ouvre à tous, aux pauvres comme aux riches, des possibilités nouvelles — libératrices, peut-être. Car ce n'est pas sur la faiblesse, la pauvreté et la détresse du monde de la Première Vague mais sur certains de ses points forts qu'elle attire l'attention. Les caractères mêmes de cette vieille civilisation qui paraissent tellement rétrogrades du point de vue de la Seconde Vague font figure d'avantages potentiels quand on les juge dans le cadre de la Troisième Vague en marche.

Dans les années à venir, les affinités que présentent ces deux civilisations modifieront sans doute la façon dont nous percevons les rapports entre les riches et les pauvres de la planète. L'économiste Samir Amin parle de la « nécessité absolue » de briser le « faux dilemme : (ou) des techniques modernes imitées de l'Occident d'aujourd'hui, ou des techniques anciennes correspondant aux conditions qui prévalaient en Occident il y a un siècle ». C'est précisément ce que la Troisième Vague rend possible.

Les pauvres et les riches sont sur la ligne de départ, prêts à se lancer dans une nouvelle course vers le futur, prodigieusement différente.

Chapitre 24

Envoi : le grand confluent

Les choses ne sont plus ce qu'elles étaient il y a dix ans, quand nous étions étourdis par des changements dont les rapports mutuels nous échappaient. Aujourd'hui, un schéma de plus en plus cohérent transparaît derrière le tourbillon des transformations. Le futur est en train de prendre forme.

C'est le grand confluent historique où de multiples rivières tumultueuses se rejoignent, formant une Troisième Vague de changement dont la force vive grandit d'heure en heure.

La Troisième Vague n'est pas une simple extension de la société industrielle : c'est un changement radical de direction, souvent la négation de ce qui existait avant. Elle ne représente rien de moins qu'une mutation totale, au moins aussi révolutionnaire que le fut l'émergence de la civilisation industrielle il y a trois cents ans.

Et ce n'est pas seulement une révolution technologique mais l'avènement d'une civilisation entièrement nouvelle dans la pleine acception du terme. Aussi, si nous jetons un bref coup d'œil en arrière pour examiner le territoire que nous avons couvert jusqu'ici, nous découvrons des changements profonds et fréquemment parallèles se situant à de nombreux niveaux de façon simultanée.

Chaque civilisation exerce son action à l'intérieur de et sur la biosphère, reflétant ou modifiant la combinaison population-ressources existantes. Chaque civilisation a sa technosphère caractéristique — une base énergétique liée à un système de production, lui-même lié à un système de distribution. Chaque civilisation a sa sociosphère, tissu d'institutions sociales imbriquées. Chaque civilisation a son infosphère — des canaux de communication véhiculant les nécessaires flux d'informations. Et chaque civilisation a sa propre sphère de pouvoir.

Toutes les civilisations ont, de plus, un ensemble de relations spécifiques avec le monde extérieur — rapports d'exploitation, rapports de symbiose, rapports agressifs ou rapports pacifiques — et elles ont aussi leur super-idéologie, puissant faisceau de postulats culturels qui structurent leur image du réel et justifient leurs activités.

Il doit clairement apparaître, au point où nous en sommes, que la Troisième Vague introduit des changements révolutionnaires qui se renforcent mutuellement sur tous ces plans en même temps. La conséquence n'est pas seulement la désintégration de l'ancienne société mais la mise en place des fondations de la nouvelle.

Alors que les institutions de la Seconde Vague s'écroulent sur nos têtes, que la criminalité monte, que la famille nucléaire éclate, qu'une bureaucratie jadis efficace bafouille et a des ratés, que le système de santé craque et que les économies chancellent dangereusement, nous ne percevons le plus souvent que décadence et dépérissement. Pourtant, le déclin d'une société est le terreau de la civilisation qui lui succède. Qu'il s'agisse de l'énergie, de la structure de la famille, de la culture et de bien d'autres choses encore, nous sommes en train d'édifier les structures de base qui définiront les principaux aspects de cette civilisation nouvelle.

En fait, nous sommes maintenant et pour la première fois capables de les identifier, et même de déterminer dans une certaine mesure leurs interconnexions. Il est encourageant de constater que la civilisation embryonnaire de la Troisième Vague n'est pas seulement cohérente et réalisable en termes écologiques et économiques mais que nous pourrons aussi, pour peu que nous en ayons la volonté, la rendre plus satisfaisante et plus démocratique que la nôtre.

Ce qui ne signifie en aucune façon qu'il en ira fatalement ainsi. La période de transition sera marquée par des convulsions sociales d'une extrême gravité aussi bien que par des fluctuations économiques vertigineuses, des affrontements régionaux, des menées séparatistes, des accidents ou des désastres technologiques, une agitation politique, des violences, des guerres ou des menaces de guerre. Dans ce climat de liquéfaction des institutions et de naufrage des valeurs surgiront des mouvements et des démagogues totalitaires qui chercheront et, peut-être, réussiront à s'emparer du pouvoir. C'est là une éventualité qu'aucun esprit sensé ne saurait écarter avec négligence. Le heurt de deux civilisations est gros de périls titanesques.

Pourtant, les probabilités ne vont pas dans le sens de la destruction mais bien dans celui de la survivance. Et il est important de savoir vers quoi nous entraînent les courants de fond du changement, à quel genre de monde nous avons quelque chance d'aborder si nous parvenons à éviter les principaux écueils à court terme qui nous guettent. En deux mots, quel type de société est-il en train de naître ?

LES BASES DU MONDE DE DEMAIN

La civilisation de la Troisième Vague, contrairement à celle qui la précédait, devra recourir (et elle le fera) à des sources d'énergie d'une étonnante variété — l'hydrogène, le solaire, la géothermie, les marées, la biomasse, la foudre et peut-être même, finalement, un système de fusion avancé, sans parler d'autres possibilités encore inconcevables dans les années 80. (Si, sans aucun doute, certaines centrales nucléaires continueront de fonctionner, et même si nous devons connaître une série d'accidents plus graves que l'affaire de Three Mile Island, on s'apercevra, au bout du compte, que le nucléaire n'aura été qu'une coûteuse et dangereuse digression.)

Le passage à cette nouvelle base énergétique diversifiée sera terriblement anarchique. Ce sera une succession fébrile de pléthores, de pénuries, de délirantes flambées des prix, mais, à longue échéance, l'orientation est claire : à une civilisation misant presque exclusivement sur une seule et unique source d'approvisionnement succédera une civilisation fondée sur la pluralité des sources, donc moins fragile. Et, finalement, elle reposera sur des ressources énergétiques, non plus épuisables, mais aptes à se reconstituer et renouvelables.

Ce n'est pas tout. La civilisation de la Troisième Vague aura également une assise technologique beaucoup plus diversifiée dérivant de la biologie, de la génétique, de l'électronique, de la science des matériaux comme de l'exploitation de l'espace et des

mers. Certaines de ces techniques nouvelles exigeront, certes,
d'importants apports d'énergie, mais la majeure partie de la
technologie de Troisième Vague sera plus sobre. Qui plus est, les
technologies de Troisième Vague ne seront ni aussi colossales ni
aussi écologiquement hasardeuses que celles du passé. Nombre
d'entre elles, moins lourdes et d'un maniement simple, utiliseront
les déchets de telle ou telle industrie prédéterminée qui, après
recyclage, fourniront la matière première d'une autre industrie.

C'est que, en effet, le matériau essentiel de la Troisième Vague
— et il ne risque pas de tarir —, c'est l'information et l'imagination.
Grâce à elles on trouvera des substituts à beaucoup des ressources
épuisables utilisées aujourd'hui — encore que, une fois de plus,
cette permutation ne s'accompagnera que trop souvent de dérapa-
ges et de secousses économiques brutales.

Dans un contexte où l'information sera plus importante qu'elle
ne l'a jamais été, la nouvelle civilisation opérera une refonte de
l'éducation, elle redéfinira les missions de la recherche scientifique,
et surtout réorganisera les moyens de communication. Nos mass
media, tant électroniques qu'imprimés, sont totalement incapables
de traiter de manière satisfaisante la charge de la communication et
d'apporter la variété culturelle indispensable à la survivance. Au
lieu d'être sous la domination culturelle d'un petit nombre de
media, la civilisation de la Troisième Vague disposera de media
interactifs et démassifiés qui feront circuler une imagerie extrêmement diversifiée, souvent hautement personnalisée, à l'intérieur ou
à l'extérieur des courants de pensée de la société.

A long terme, la télévision s'effacera devant l' « individéo ». Ce
sera l'ultime aboutissement de la parcellisation : des images émises
à l'intention d'un seul individu à la fois. Peut-être utilisera-t-on
aussi des drogues, peut-être y aura-t-il des liaisons directes de
cerveau à cerveau et encore d'autres formes de communication de
nature électrochimique presque insoupçonnées jusque-là. Et cela
soulèvera des problèmes politiques et moraux surprenants mais non
insolubles.

L'ordinateur centralisé géant avec ses bandes magnétiques
bruissantes et son complexe système de refroidissement, pour
autant qu'il existe encore, sera complété par des myriades de
nodules d'intelligence qui, sous une forme ou sous une autre,
équiperont tous les appartements, tous les hôpitaux et tous les
hôtels, tous les véhicules et tous les appareils ménagers, pratique-

ment chaque brique de chaque mur. L'environnement électronique dialoguera quasiment avec nous.

Contrairement à une idée fausse couramment répandue, une société électronique fondée sur l'information consommera non pas plus mais moins d'énergie coûteuse.

Par ailleurs, l'informatisation de la société n'aura pas pour résultat de dépersonnaliser encore davantage les rapports humains. Comme nous le verrons dans le prochain chapitre, les gens continueront de souffrir, de pleurer, de rire, d'avoir du plaisir ensemble et de se distraire — mais dans un contexte profondément transformé.

La coalescence des formes d'énergie, des technologies et des moyens d'information de la Troisième Vague précipitera les changements révolutionnaires qui affecteront nos méthodes de travail. On construit encore des usines (et on en construira pendant des décennies dans certaines régions du monde) mais, déjà, l'usine de la Troisième Vague ne ressemble plus guère aux usines d'antan, et — dans les pays riches — le nombre des ouvriers d'usine ne cessera de décroître.

L'usine de la Troisième Vague ne servira plus de modèle à d'autres types d'institution. Et elle ne sera pas d'abord et avant tout axée sur la production de masse. Même aujourd'hui, l'usine de Troisième Vague produit des biens démassifiés — et souvent personnalisés. Elle fait appel à des techniques avancées comme la globalisation de la production ou l'effet « presto ». Finalement, elle consommera moins d'énergie, gaspillera moins de matières premières, utilisera moins de composants et exigera considérablement plus d'intelligence conceptuelle. Beaucoup de machines, et c'est le plus important, ne seront pas commandées par les ouvriers mais directement télécommandées par les consommateurs eux-mêmes.

Les travailleurs des usines de la Troisième Vague auront des tâches infiniment moins abrutissantes et répétitives que les travailleurs prisonniers des tâches de la Seconde Vague. Les cadences ne seront plus réglées par la vitesse de la chaîne. Le niveau de bruit sera réduit. Ils prendront leur poste et sortiront aux heures qui leur conviendront. Le lieu de travail lui-même sera infiniment plus humain et plus individualisé, des fleurs et des plantes vertes cohabiteront avec les machines. Les salaires et les primes seront, dans une certaine fourchette, de plus en plus en harmonie avec les desiderata individuels.

Les usines de la Troisième Vague seront de façon croissante implantées loin des métropoles tentaculaires. Sans doute seront-elles aussi beaucoup plus petites que par le passé et réparties en unités de taille réduite jouissant d'une plus large marge d'autonomie au niveau du management.

Le bureau de la Troisième Vague ne ressemblera guère, lui non plus, au bureau d'aujourd'hui. L'un de ses éléments essentiels, le papier, perdra beaucoup de son omniprésence. Le jacassement des batteries de machines à écrire cessera. Ce sera la déroute des armoires de classement. La secrétaire verra son rôle magnifié à mesure que l'électronique la libérera de ses anciennes tâches et lui ouvrira des possibilités nouvelles. Les aller et retour des documents de bureau à bureau, le fastidieux recopiage de colonnes de chiffres — tout cela perdra de son importance quand davantage de personnes seront associées à la prise de décision.

Pour faire fonctionner l'usine et le bureau du futur, les entreprises de la Troisième Vague auront besoin de gens capables de discernement et de débrouillardise, et pas seulement de réflexes routiniers. Et, pour former ce personnel, les écoles seront toujours plus nombreuses à abandonner les méthodes actuelles, encore largement conçues pour préparer leurs élèves au travail hautement répétitif de la Seconde Vague.

Le changement le plus frappant qu'apportera la civilisation de la Troisième Vague, cependant, sera probablement l'exode du travail, du bureau ou de l'usine vers le domicile.

Certes, tout le travail ne se fera pas chez soi. Mais à mesure que des moyens de télécommunication peu coûteux se substitueront aux transports onéreux, que l'intelligence et l'imagination auront la part plus belle au niveau de la production, réduisant le rôle de la force physique et des besognes intellectuelles routinières, une fraction importante de la main-d'œuvre accomplira au moins une partie de son travail à domicile. Les usines n'emploieront plus que le personnel obligé de manipuler des objets matériels.

Et voilà qui nous éclaire sur la structure institutionnelle de la civilisation de la Troisième Vague. Selon certains, du fait de la part accrue de l'information, ce serait l'université qui remplacerait l'usine en tant qu'institution centrale du monde de demain. Cette opinion, qui est surtout celle des universitaires, découle du point de vue étroit selon lequel l'université serait seule détentrice du savoir théorique. Ce n'est guère plus qu'un rêve de professeurs nostalgiques.

Pour les P.-D.G. des multinationales, c'est l'étage de la direction qui sera le pivot de la société de demain. La nouvelle profession de « manager information » fait, à leurs yeux, de la salle des ordinateurs le centre de la civilisation de l'avenir. Les scientifiques, quant à eux, regardent plutôt vers le laboratoire de recherches. Quelques hippies irréductibles rêvent d'un futur néo-médiéval dont la pierre angulaire serait la commune agricole nouvelle manière. Et d'aucuns prônent les centres hédoniques d'une civilisation gorgée de loisirs.

En ce qui me concerne, et pour les motifs que j'ai déjà indiqués, je ne souscris à aucune de ces thèses. En réalité, l'axe de demain, ce sera le foyer.

Je crois qu'il occupera une place d'une surprenante importance dans la civilisation de la Troisième Vague. L'essor du prosumérisme, le développement de la maison électronique, l'élaboration de nouvelles structures d'organisation industrielles et commerciales, l'automation et la démassification de la production, tout cela laisse prévoir la restauration du foyer comme unité de base de la société de demain — une unité dont les fonctions économique, médicale, pédagogique et sociale, loin d'être réduites au minimum, seront exaltées.

Cela dit, il est peu probable qu'aucune de ces diverses institutions, pas même le foyer, jouera le rôle central qu'ont joué autrefois la cathédrale ou l'usine. Car, selon toute vraisemblance, la société de demain ne se construira pas autour d'une hiérarchie d'institutions nouvelles mais autour d'un réseau institutionnel.

C'est pourquoi on est fondé à penser que les corporations de l'avenir (et ce sera tout aussi vrai des unités de production socialiste) ne domineront plus les autres organisations sociales. Les sociétés de la Troisième Vague les reconnaîtront pour ce qu'elles sont, c'est-à-dire des ensembles complexes poursuivant simultanément une pluralité d'objectifs, et pas seulement le profit ou des quotas de production. Au lieu de s'hypnotiser dans une seule direction, comme on l'a inculqué à tant de managers d'aujourd'hui, le manager clairvoyant de la Troisième Vague aura l'œil à plusieurs points d'ancrage — dont il assumera personnellement la responsabilité.

Les salaires et les primes des cadres dirigeants refléteront progressivement cette nouvelle pluridisciplinarité à mesure que la corporation, par choix ou par force, sera plus sensibilisée aux facteurs aujourd'hui considérés comme extra-économiques, et donc dans une large mesure hors de propos — écologiques, politiques, sociaux, culturels et moraux.

Les concepts d'efficacité de Seconde Vague — reposant en général sur la capacité de la corporation à faire assumer ses charges indirectes au consommateur ou au contribuable — seront repensés de manière à prendre en compte les coûts cachés, sociaux, économiques et autres qui, en fait, se traduisent par des transferts économiques différés. L' « éco-pensée », cette déformation caractéristique du manager de la Seconde Vague, sera moins répandue.

A mesure que les principes de base de la Troisième Vague prendront corps, la corporation — à l'instar de la plupart des autres institutions — sera l'objet d'une refonte structurale fondamentale. Au lieu d'être une société synchronisée au tempo de la chaîne de montage, la société de la Troisième Vague mettra en honneur des rythmes et des horaires souples. Au lieu de la standardisation extrême du comportement, des idées, des vocabulaires et des modes de vie qui est le propre de la société de masse, la société de la Troisième Vague optera pour la parcellisation et la diversité. Au lieu de concentrer les populations, les flux d'énergie et autres éléments qui sont partie intégrante de la vie, la société de la Troisième Vague cherchera à disperser et à déconcentrer. Au lieu de militer en faveur de la maximalisation, en vertu du précepte « plus c'est grand, meilleur c'est », la société de la Troisième Vague sera consciente de l'importance de l' « échelle appropriée ». Au lieu d'être hautement centralisée, la société de la Troisième Vague sera ouverte à la notion de décentralisation de la décision.

Pareils changements impliquent une brutale rupture d'avec les bureaucraties classiques de la vieille école et leur remplacement par des organisations d'un type nouveau offrant une large diversité, tant dans les affaires que dans l'administration, à l'école et ailleurs. Les hiérarchies qui se maintiendront auront tendance à être plus aplaties et plus éphémères. Nombre de ces organisations rénovées enterreront le vieux principe « un homme, un patron » — autrement dit, il y aura dans le monde du travail davantage de gens qui participeront de façon temporaire au pouvoir de décision.

Toutes les sociétés en marche vers la Troisième Vague font face à des problèmes de chômage à court terme qui vont s'aggravant. Depuis les années 1950, l'effectif des employés est en forte augmentation, et les industries de services en expansion ont absorbé des millions de travailleurs rejetés par le secteur en déclin de la production, et aujourd'hui, alors que l'automatisation touche à son tour les « cols blancs », on se demande non sans inquiétude si une extension accrue du secteur des services pourra prendre le relais. Dans certains pays, on camoufle le problème en réduisant les cadences, en développant la bureaucratie, publique et privée, en exportant les travailleurs en surnombre, etc., mais il n'en demeure pas moins insoluble dans le cadre de l'économie de la Seconde Vague.

Cela nous aide à mieux comprendre la portée de ce phénomène de fusion entre le producteur et le consommateur, ce que j'appelle l'essor du prosommateur. La Troisième Vague, c'est la résurgence d'un énorme secteur économique fondé non sur l'échange mais sur la production d'usage, sur le *do-it-yourself* et pas sur le principe « faites-le-pour-autrui ». Après trois cents ans de « marchification », cette spectaculaire volte-face s'imposera et, en même temps, rendra possible une révision déchirante de nos vues sur tous les problèmes économiques qui nous hantent, du chômage et de l'aide sociale aux loisirs et au rôle du travail.

Elle modifiera aussi l'idée que nous nous faisons de la fonction des « tâches domestiques » dans l'économie et, partant, notre conception des fonctions assumées par les femmes qui, dans leur écrasante majorité, constituent l'armée de réserve du travail ménager. Le puissant raz de marée de la marchification planétaire a atteint son point culminant, et les conséquences de ce fait pour les civilisations futures dépassent encore nos facultés d'imagination.

En attendant, les gens de la Troisième Vague adopteront une nouvelle façon de concevoir la nature, le progrès, l'évolution, le temps, l'espace, la matière et la causalité. Leur pensée sera moins influencée par les analogies machinistes, et davantage soumise à des notions telles que celles de processus, de feedback et de déséquilibre. Ils seront plus conscients des discontinuités qui découlent directement de la continuité.

Une foule de religions nouvelles, de principes scientifiques nouveaux, de nouvelles représentations de la nature humaine, de nouvelles formes d'art surgiront — infiniment plus variés qu'ils ne l'étaient pendant l'âge industriel, parce que cette diversité n'était

alors ni possible ni nécessaire. Cette multiculture naissante sera
cahotique jusqu'au moment où des méthodes de règlement collectif
des conflits entreront en vigueur (nos actuels systèmes légaux
manquent d'imagination et sont dramatiquement inadaptés à une
société hautement diversifiée).

La différenciation de plus en plus accentuée de la société
entraînera un abaissement du rôle de ce qui était jusqu'à maintenant la principale force de standardisation : l'État-nation. La
civilisation de la Troisième Vague reposera sur une nouvelle
répartition du pouvoir dans le cadre de laquelle la nation en tant
que telle n'aura plus le poids qui était jadis le sien, tandis que
d'autres institutions — depuis la transnationale jusqu'à l'association de quartier ou même l'État-cité — verront croître leur
importance.

A mesure que les marchés nationaux et les économies nationales
se fractionneront en secteurs dont certains sont déjà plus importants que ces anciens marchés et ces anciennes économies, les
régions acquerront davantage de pouvoir. Il se peut que se
contractent des alliances sans précédent fondées, non sur la
proximité géographique, mais sur des affinités culturelles, écologiques, religieuses et économiques, que telle région des États-Unis
noue avec telle autre région d'Europe ou du Japon des liens plus
étroits que ceux qui la rattachent à sa voisine ou, pourquoi pas ? à
son gouvernement national. Le ciment ne sera pas un gouvernement mondial unitaire mais un dense réseau d'organismes transnationaux.

Mais laissons les pays riches. Les trois quarts de la population
non industrialisée du globe disposeront de nouvelles armes dans
leur combat contre la pauvreté, ils ne chercheront plus à copier
aveuglément la société de la Seconde Vague et ne se contenteront
plus d'une situation de type Première Vague. Apparaîtront des
« stratégies de développement » radicalement neuves, traduisant le
caractère religieux et culturel spécifique de chaque région et visant
à réduire au minimum le choc du futur.

Cessant de démanteler implacablement leurs traditions religieuses, leurs structures familiales et leur vie sociale dans l'espoir
d'imiter les pays industriels — Grande-Bretagne, Allemagne,
États-Unis ou Union soviétique —, nombre de pays s'attacheront à
construire une société en harmonie avec leur propre passé,
conscients d'une adéquation entre certains traits des sociétés de la

Première Vague et telles caractéristiques qui refont seulement surface (sur la base d'une technologie d'avant-garde) dans les pays de la Troisième Vague.

Ainsi voyons-nous s'ébaucher une tout autre forme de vie ayant des incidences non seulement sur les hommes mais aussi sur la planète tout entière. Cette civilisation nouvelle que nous avons esquissée ne saurait être qualifiée d'utopie. Elle sera travaillée par de graves problèmes, que nous allons maintenant évoquer. Des problèmes individuels et des problèmes collectifs. Des problèmes de justice, d'équité et de morale. Des problèmes posés par la nouvelle économie (et notamment les rapports entre l'emploi, l'aide sociale et la prosommation). Ceux-là et beaucoup d'autres soulèveront les passions.

Mais la civilisation de la Troisième Vague n'est pas non plus une « anti-utopie ». Ce ne sera ni un *1984* écrit en majuscules, ni un *Meilleur des Mondes* devenu réalité. Ces deux ouvrages brillants — et toute une pléiade de romans d'anticipation qui en sont les épigones — dépeignent un monde futur intensément standardisé, bureaucratisé et centralisé, écrasant toutes les caractéristiques individuelles. Or, nous allons dans une direction diamétralement opposée.

La Troisième Vague, certes, lance de graves défis à l'humanité — de la menace contre l'écologie au terrorisme nucléaire et au fascisme électronique. Mais elle n'est pas une simple extension linéaire et cauchemardesque de l'industrialisme.

Ce que nous entr'apercevons est la naissance de ce que l'on pourrait nommer une « practopie » — qui ne sera ni le meilleur ni le pire des mondes possible. Simplement, un monde à la fois praticable et préférable à l'ancien. Contrairement aux utopies, la practopie n'est pas immunisée contre les maladies, les magouilles politiques nauséabondes et les mauvaises manières. Contrairement à la plupart des utopies, elle n'est ni statique ni figée dans une irréelle perfection. Et elle n'est pas rétrograde, elle ne se moule pas sur un passé idéal et imaginaire.

Inversement, une practopie n'est pas l'incarnation maléfique d'une utopie retournée. Elle n'est pas agressivement antidémocratique. Elle n'est pas congénitalement militariste. Elle ne réduit pas les citoyens à l'uniformité et à l'anonymat. Elle ne détruit pas ses voisins, elle ne détériore pas l'environnement.

Bref, une practopie offre une alternative positive, révolutionnaire même, tout en demeurant un objectif accessible et réaliste.

C'est précisément ce qu'est, en ce sens, la civilisation de la Troisième Vague : un futur « practopique ». Une civilisation qui admet les différences individuelles et englobe, au lieu de les gommer, toutes les variantes raciales, régionales, confessionnelles et subculturelles. Une civilisation édifiée pour une très large part autour du pôle du foyer. Une civilisation qui, bien loin d'être fossilisée, est un bouillon de culture où fermente la nouveauté, mais qui est également capable d'offrir des îlots de stabilité à ceux qui en ont besoin ou qui le désirent. Une civilisation qui n'a plus besoin d'engloutir le meilleur de son énergie dans la marchification. Une civilisation propre à susciter l'enthousiasme de l'artiste. Une civilisation affrontant des choix historiques sans précédent — sur le plan de la génétique et de l'évolution, pour nous borner à ce seul exemple — et qui invente de nouveaux critères éthiques et moraux pour résoudre des questions d'une aussi vertigineuse complexité. Une civilisation, enfin, au moins potentiellement plus démocratique et plus humaine, plus harmonieusement accordée à la biosphère, moins dangereusement dépendante de l'exploitation du reste du monde pour ses ressources.

Un but difficile à atteindre — mais pas impossible.

La grande confluence des changements nous révèle donc une contre-civilisation viable, une solution de rechange au système industriel de plus en plus caduc et de moins en moins viable, lui.

Elle nous dévoile, en un mot, une practopie.

LA FAUSSE QUESTION

Pourquoi en va-t-il de la sorte ? Pourquoi la Seconde Vague est-elle soudain devenue inopérante ? Pourquoi la nouvelle vague de civilisation entre-t-elle en collision avec la précédente ?

Nul ne le sait. Aujourd'hui encore, trois cents ans après l'événement, les historiens sont dans l'incapacité de définir la « cause » de la révolution industrielle. Nous avons vu que chaque école universitaire ou philosophique a son explication. Les déterministes technologiques mettent en avant la machine à vapeur, les écologistes le déboisement de la Grande-Bretagne, les économistes les fluctuations des cours de la laine. Et d'autres insistent sur les transformations religieuses ou culturelles, la Réforme, le Siècle des lumières, etc.

Aujourd'hui aussi, nous pouvons identifier un grand nombre de forces causales à l'œuvre. Divers experts attirent l'attention sur la demande de plus en plus forte en pétrole, produit dont les réserves sont en voie d'épuisement, l'explosion démographique mondiale ou l'aggravation de la pollution qui sont autant de facteurs déterminants des modifications structurales planétaires. D'autres soulignent les progrès fabuleux qui ont bouleversé la science et la technologie depuis la Seconde Guerre mondiale, et les mutations socio-politiques qu'elles ont entraînées. D'autres encore mettent l'accent sur l'éveil du monde non industriel et les convulsions politiques consécutives qui font planer une grave menace sur notre approvisionnement en énergie et en matières premières à bon compte.

On peut évoquer des changements frappants affectant nos systèmes de valeurs — la révolution sexuelle, l'insurrection de la jeunesse dans les années 60, la rapidité d'évolution des attitudes quant à la notion de travail. On peut aussi privilégier l'accélération vertigineuse de certains types de technologie engendrés par la course aux armements. Ou bien rechercher la cause de la Troisième Vague dans les mutations culturelles et épistémologiques de notre temps — peut-être d'une aussi grande portée que celles engendrées tout à la fois par la Réforme et le Siècle des lumières.

C'est dire que l'on peut détecter des dizaines, pour ne pas dire des centaines, de courants de changement qui se rejoignent dans la grande confluence, tous inextricablement enchevêtrés et constituant autant de forces causales en interrelation. Nous pourrions trouver dans le corps social de stupéfiants feedbacks positifs qui surmultiplient et amplifient certains changements de façon inouïe, et des feedbacks négatifs qui, eux, font obstacle à d'autres changements. Dans cette période tumultueuse que nous vivons, nous pourrions trouver des processus analogues aux grands « bonds » décrits par des savants comme Ilya Prigogine grâce auxquels, et en partie du fait du hasard, les structures simples accèdent brutalement à un niveau supérieur de complexité et de diversité.

Mais nous ne trouverons jamais LA cause de la Troisième Vague, si l'on entend par là une seule et unique variable indépendante, un seul et unique maillon. En vérité, demander quelle est LA cause est peut-être la mauvaise manière de formuler la question — c'est peut-être même là la fausse question par excellence. « Quelle est la cause de la Troisième Vague ? » est peut-être une question de Seconde Vague.

Ce qui ne veut pas dire que l'on fait bon marché de la causalité mais, bien au contraire, que l'on reconnaît la complexité de cette notion. Ce n'est pas davantage sombrer dans le fatalisme historique. Il se peut que la civilisation de la Seconde Vague vole en éclats et qu'elle ne soit plus viable. Cela ne signifie pas pour autant que celle de la Troisième Vague que nous dépeignons ici soit un aboutissement inéluctable. Une multitude de facteurs peuvent radicalement modifier le paysage. On pense immédiatement à la guerre, à la catastrophe économique, au désastre écologique. Nous ne pouvons pas arrêter la dernière vague historique de changement dans son élan, mais le hasard et la nécessité sont l'un et l'autre à l'œuvre. Pourtant, il serait faux d'en conclure que nous ne pouvons pas influencer son cours. Si ce que j'ai dit à propos du feedback positif est juste, il suffit souvent d'une chiquenaude pour provoquer des changements à grande échelle à l'intérieur d'un système.

Les décisions que nous prenons aujourd'hui en tant qu'individus, groupes ou gouvernements sont susceptibles d'infléchir, d'écarter ou de canaliser les turbulents courants de changement. Chaque peuple réagira différemment aux défis du super-combat opposant les tenants de la Seconde Vague aux champions de la Troisième. Les Russes y répondront à leur manière, les Américains à la leur, les Japonais, les Allemands, les Français, les Norvégiens les relèveront chacun à sa façon et, vraisemblablement, au lieu de s'uniformiser, les différents pays divergeront.

Il en va de même sur le plan intérieur. Des changements de faible amplitude peuvent être lourds de conséquences — au niveau des entreprises, des établissements d'enseignement, des Églises, des hôpitaux, des quartiers. Et c'est la raison pour laquelle, en dépit de tout, les peuples — et les individus — comptent toujours.

Et cela est d'autant plus vrai que les changements qui nous attendent ne seront pas le fruit d'une évolution automatique mais le résultat de conflits. C'est ainsi que, dans toutes les nations technologiquement avancées, des régions arriérées luttent pour parachever leur industrialisation. Elles cherchent à sauver leurs usines de Seconde Vague et les emplois liés à celles-ci. Et cela les oppose directement aux autres régions qui sont déjà engagées très avant dans l'édification d'une base technologique de Troisième Vague. De telles batailles déchirent la société mais elles offrent aussi un grand nombre de possibilités pour une action politique et sociale efficace.

Le super-combat qui se déroule partout entre le peuple de la Seconde Vague et le peuple de la Troisième ne doit pas éclipser l'importance d'autres affrontements. Conflits de classes, conflits raciaux, conflits de générations opposant les jeunes à ce que j'ai appelé ailleurs l' « impérialisme de l'âge mûr », conflits entre régions, guerre des sexes et guerres de religions — tout cela continue. Certaines de ces confrontations seront même encore plus aiguës. Mais toutes sont modelées par, et subordonnées à, ce supercombat. C'est lui qui, en dernier ressort, déterminera l'avenir.

Pour l'heure, au moment où la Troisième Vague qui déferle emplit nos oreilles de son grondement, deux phénomènes sont omniprésents : d'une part, la tendance à une diversification plus poussée de la société — la démassification de la société de masse ; d'autre part, l'accélération du rythme du changement historique. Ces deux facteurs qui pèsent d'un poids formidable aussi bien sur les individus que sur les institutions exacerbent la violence du super-combat qui fait rage autour de nous.

Accoutumés à un faible niveau de diversité et à un tempo de changement lent, les individus et les institutions doivent soudain faire face à une diversité élevée et à des transformations d'une cadence enfiévrée. Ce conflit de forces comporte le risque de provoquer par surcharge un court-circuit mettant en péril leur capacité de décision. D'où un traumatisme : cela s'appelle le choc du futur.

Il ne nous reste qu'une seule option : nous transformer de bon gré et transformer nos institutions afin de faire face aux nouvelles réalités.

C'est le prix du passeport qui nous ouvrira les frontières d'un avenir viable et raisonnablement humain. Mais pour franchir ce pas nécessaire, il nous faut considérer deux problèmes brûlants d'un œil neuf et faire preuve d'imagination. Deux problèmes aussi capitaux l'un que l'autre pour notre survivance mais sur lesquels on jette un voile pudique : l'avenir de la personnalité et la politique du futur.

Et c'est de cela que nous allons parler maintenant.

CONCLUSION

Chapitre 25

La nouvelle psychosphère

Une nouvelle civilisation est en train de prendre forme. Mais nous, comment nous y insérons-nous ? Les transformations technologiques et les bouleversements sociaux dont nous sommes les témoins ne sonnent-ils pas le glas de l'amitié, de l'amour, de la participation, de la vie collective, de nos attaches ? Les merveilles électroniques de demain ne rendront-elles pas les rapports humains encore plus creux et impersonnels qu'ils ne le sont aujourd'hui ?

Ce sont là des questions que nous sommes en droit de nous poser. Elles sont issues de craintes légitimes et il faut être un technocrate ingénu pour les repousser d'une main négligente. Il suffit, en effet, de regarder autour de soi : les indices d'une débâcle psychologique sont partout présents. Comme si une bombe avait explosé dans notre commune « psychosphère ». Car, ce n'est pas seulement la technosphère, l'infosphère ou la sociosphère de la Seconde Vague qui part en lambeaux, mais aussi la psychosphère.

Dans tous les pays riches, c'est la même litanie trop connue : augmentation du taux de suicides chez les jeunes, montée en flèche de l'alcoolisme, accroissement du nombre des dépressions nerveuses, vandalisme et criminalité. Aux États-Unis, les services d'urgence sont pleins à craquer de « flippés », de « shootés », d' « accros » et de « junkies », sans parler des « déprimes ».

Pour les assistants sociaux et les industries de la santé mentale, c'est l'âge d'or. A Washington, une commission présidentielle de l'hygiène mentale annonce qu'un bon quart de la population américaine souffre d'une forme ou d'une autre de stress émotionnel grave tandis qu'un psychologue attaché au Institute of Mental Health, affirmant qu'il n'existe pour ainsi dire pas de famille qui ne soit affligée de quelconques troubles mentaux, déclare que la « turbulence psychologique... est endémique dans une société américaine désemparée, divisée et inquiète pour son avenir ».

Il est vrai que des définitions élastiques et des statistiques sujettes à caution rendent suspectes ce genre de généralisations à l'emporte-pièce — et il est encore plus vrai que les sociétés antérieures n'étaient pas, loin de là, des modèles d'équilibre mental. Il n'empêche qu'il y a indiscutablement aujourd'hui quelque chose qui ne tourne pas rond.

La vie quotidienne est harassante, la tension permanente. Les gens ont les nerfs à fleur de peau — les bagarres et les coups de feu dans le métro ou dans les files d'attente devant les pompes à essence en sont la preuve — et il s'en faut d'un rien pour qu'ils perdent leur maîtrise. Des millions de personnes ont atteint le point de non-retour du « ralbol ».

En outre, nous sommes de plus en plus harcelés par une armée, toujours plus nombreuse, de détraqués, d'illuminés, de névrosés, dont les media portent souvent aux nues le comportement antisocial. Nous assistons, dans le monde occidental tout au moins, à un pernicieux éloge de la folie présentée sous un jour romantique, à la glorification de l'hôte du « nid de coucous ». A en croire les best-sellers, la folie est un mythe, et Berkeley publie une revue littéraire dont le cri de ralliement est que « la folie, le génie et la sainteté ne font qu'un et doivent avoir le même nom et le même prestige ».

Et des millions d'individus lancés dans une quête frénétique battent la campagne dans l'espoir de trouver leur identité ou la potion magique qui leur restituera leur personnalité, leur apportera instantanément l'intériorité ou l'extase, ou les fera accéder à des états de conscience « supérieurs ».

A la fin des années 1970, un mouvement dit du potentiel humain né en Californie mais qui gagna le reste du pays avait donné le jour à quelque 8 000 « thérapies » diverses et variées à base de vagues bribes de psychanalyse, de religions orientales, d'expériences sexuelles, de jeux, de simulation et de résurgences du vieux « revivalisme ». « Ces techniques, bien emballées, lisait-on dans une étude critique, étaient débitées au détail d'un bout à l'autre du territoire sous des dénominations telles que dynamique mentale,

Arica, Silva ou contrôle de l'esprit. La méditation transcendantale se vendait déjà comme la méthode de lecture rapide. La scientologie commercialisait sa propre thérapie, la dianétique, largement répandue depuis les années 50. Simultanément, les sectes religieuses qui avaient le vent en poupe lançaient tranquillement des campagnes massives de collecte de fonds et de recrutement dans toute l'Amérique.

L'évangélisme chrétien dépasse en importance l'industrie grandissante du « potentiel humain » en plein essor. S'adressant aux couches les plus pauvres et les moins cultivées, utilisant avec habileté l'immense puissance de la radio et de la télévision, le mouvement *born again*[1] connaît un succès grandissant. Ses grands prêtres exhortent les adeptes à faire leur salut dans une société qu'ils présentent comme décadente et condamnée.

Ce courant morbide ne contamine pas l'ensemble du monde technologique avec une force égale. Aussi, en Europe et ailleurs, le lecteur peut être tenté d'y voir un phénomène essentiellement américain, et certains, aux États-Unis mêmes, le considèrent encore comme une manifestation — une de plus — de la légendaire excentricité californienne.

Rien ne saurait être plus éloigné de la vérité. Si la détresse et la désintégration psychiques sont tout particulièrement évidentes aux États-Unis, et surtout en Californie, c'est pour la simple raison que la Troisième Vague, qui y a abordé un peu plus tôt qu'ailleurs, a démantelé les structures sociales de la Seconde plus précocement et de façon plus spectaculaire.

En fait, une sorte de paranoïa s'est emparée de nombreuses communautés, et pas seulement aux U.S.A. A Rome et à Turin, les terroristes tiennent le haut du pavé. A Paris et même dans ce havre de paix qu'était jadis Londres, les agressions et les actes de vandalisme se multiplient. A Chicago, les personnes âgées ont peur de sortir le soir. A New York, la violence se déchaîne dans le métro et dans les écoles. Et, pour revenir à la Californie, un magazine propose à ses lecteurs un guide pratique de « l'entraînement au tir, des chiens d'attaque, des dispositifs d'alarme anticambriolage, des accessoires de protection rapprochée, des cours d'autodéfense et des systèmes de sécurité électroniques ».

---

1. Littéralement « né deux fois ». Secte baptiste dont les fidèles (dont le président Carter) proclament que le baptême est leur seconde naissance. (*N.d.T.*)

Une odeur nauséabonde flotte dans l'air. L'odeur de la civilisation de la Seconde Vague en train de mourir.

DES REMÈDES A LA SOLITUDE

Si l'on veut créer une vie émotionnelle satisfaisante et une psychosphère saine pour la civilisation naissante de demain, trois besoins fondamentaux nécessaires à tout individu doivent être pris en compte : une communauté, une structure et une motivation. A partir du moment où l'on comprend comment l'effondrement de la société de la Seconde Vague sape ces trois besoins, on peut peut-être commencer à jeter les bases d'un environnement futur plus salubre pour nous et pour nos enfants.

En premier lieu, une société digne de ce nom doit promouvoir un sentiment d'appartenance à une communauté. La communauté est le palliatif de la solitude. L'atmosphère solidariste qu'elle apporte est une nécessité vitale. Or, dans toutes les technosociétés d'aujourd'hui, les institutions sur lesquelles reposent la communauté s'écroulent, ce qui a pour résultat de répandre ce fléau qui ne cesse de s'étendre : l'isolement.

Partout, de Los Angeles à Leningrad, les adolescents, les jeunes couples mal dans leur peau, les parents célibataires, les simples travailleurs du rang, les vieux, tout le monde se plaint de la solitude sociale. Pères et mères avouent que leurs enfants sont trop occupés pour leur rendre visite ou même leur téléphoner. Dans les bars et les laveries automatiques, des inconnus esseulés se répandent en « confidences d'une tristesse infinie » pour reprendre le mot d'un psychologue. Les « clubs de célibataires » et les discothèques sont autant de marchés de chair fraîche pour les divorcés qui sombrent dans la désespérance.

La solitude a même une influence que l'on néglige sur l'économie. Combien de femmes de milieu bourgeois à qui le vide sonore de leurs opulentes résidences de banlieue est intolérable les fuient-elles en travaillant pour leur échapper et préserver leur équilibre mental ? Combien achète-t-on d'animaux de compagnie — et combien de kilos de boîtes d'aliments — pour briser le silence d'une maison déserte ? La solitude est la locomotive des agences de voyages et de l'industrie des loisirs. Elle contribue à la toxicomanie, à la dépression nerveuse et à la baisse de la productivité. Et elle est à l'origine d'un lucratif commerce des « cœurs solitaires », ces officines qui prétendent vous aider à trouver et prendre l'âme sœur au lasso.

La solitude n'est assurément pas une maladie nouvelle. Mais elle est à présent si généralisée qu'elle est paradoxalement devenue un vécu collectif.

Cependant, la communauté réclame autre chose que des liens affectivement satisfaisants entre les individus : elle exige aussi des liens solides entre eux et leurs organisations. Des foules de gens à qui la compagnie d'autrui fait défaut sont, en outre, coupés aujourd'hui des institutions auxquelles ils appartiennent. Ils ont la nostalgie d'institutions appelant leur respect, leur attachement et leur loyauté.

L'entreprise est une excellente illustration de cet état de fait.

A mesure qu'elles se sont agrandies et sont devenues plus impersonnelles, qu'elles ont diversifié leurs activités et se sont lancées dans de multiples opérations disparates, leurs employés ont peu à peu perdu « l'esprit maison ». Le sentiment d'appartenance à la communauté n'existe plus. L'expression même de « loyauté envers l'entreprise » vous a un petit air franchement rétro. En vérité, aux yeux de beaucoup, ce loyalisme est une trahison de soi-même. L'héroïne de *The Bottom Line*, le célèbre roman de Fletcher Knebel sur le *big business*, lance à son grand directeur de mari : « La loyauté envers la société ! Ça me donne envie de vomir ! »

Sauf au Japon, où le système de la carrière garantie à vie (encore que ses bénéficiaires soient en voie de diminution) et le paternalisme tiennent toujours bon, les rapports au travail sont de plus en plus éphémères et de moins en moins émotionnellement satisfaisants. Même lorsque les entreprises font un effort pour donner une dimension sociale au travail — le pique-nique annuel, la commandite d'une équipe de bowling, la fête au bureau pour Noël —, les relations de collègues à collègues restent la plupart du temps superficielles.

Pour toutes ces raisons, rares sont ceux de nos contemporains qui ont l'impression de faire partie de quelque chose d'exaltant. Ce chaud sentiment de solidarité se manifeste parfois à l'occasion d'une crise, d'un stress, d'une catastrophe ou d'une émeute. Les grandes grèves estudiantines des années 60, par exemple, ont engendré ce lumineux sentiment. Même chose pour les manifestations antinucléaires d'aujourd'hui. Mais il ne s'agit là que de flambées passagères, vite éteintes. La communauté a du plomb dans l'aile.

La diversification sociale accrue est l'une des causes de ce mal qu'est l'isolement. En démassifiant la société et en accentuant les différences plutôt que les similitudes, nous poussons les gens à s'individualiser et chacun de nous peut s'affirmer davantage. Mais cela rend en même temps le contact humain plus difficile, car plus on est individualisé, plus il est malaisé de trouver un ami ou un amant, une amie ou une maîtresse qui ait exactement les mêmes centres d'intérêts, la même échelle des valeurs, les mêmes disponibilités et les mêmes goûts. Les amitiés se raréfient aussi. Nous sommes tous plus exigeants sur la qualité de nos relations sociales, d'où un grand nombre de rapports mal assortis — ou pas de rapports du tout.

Ainsi, la dislocation de la société de masse, si elle porte en germe un accomplissement individuel beaucoup plus riche, propage, au moins actuellement, le virus de la solitude. Si nous ne voulons pas que la société de la Troisième Vague qui s'ébauche soit une carapace métallique et glacée recouvrant du vide, il nous faut attaquer ce problème de front. Il importe de restaurer le sens de la communauté.

Mais comment ?

Une fois admis que la solitude n'est plus une affaire personnelle mais bien un problème général, la conséquence même de la décomposition des institutions de la Seconde Vague, quantité de possibilités d'action s'offrent à nous. En commençant par l'espace où commence communément la société : la famille. Il nous faut donc élargir ses fonctions sclérosées.

Depuis la révolution industrielle, la famille s'est vue progressivement libérée du poids des personnes âgées. Peut-être le moment est-il venu de lui restituer partiellement cette responsabilité dont elle a été dégagée. Il faudrait être fou pour proposer par nostalgie du passé de faire table rase des retraites, publiques ou privées, ou de rendre à nouveau les personnes âgées entièrement dépendantes de leurs familles comme autrefois. Mais pourquoi ne pas prévoir des exonérations fiscales et autres avantages en faveur des familles — y compris les familles de type non nucléaire et les familles « hors norme » — qui prendraient les vieux en charge au lieu de les parquer dans des « foyers » du troisième âge ? Pourquoi, au lieu de les sanctionner économiquement, ne pas encourager ceux qui maintiennent et consolident les liens familiaux entre les générations ?

Le même principe vaut pour les autres fonctions familiales. Il conviendrait d'inciter les familles à s'occuper davantage de l'éducation des jeunes. Il conviendrait que les établissements scolaires aident les parents désireux d'instruire leurs enfants à la maison, au lieu de les considérer comme des farfelus ou des éléments antisociaux. Et il conviendrait que l'influence des parents soit plus, et non pas moins, marquée à l'école.

L'école elle-même pourrait beaucoup faire, elle aussi, pour promouvoir ce sentiment d'appartenance communautaire. Au lieu d'être exclusivement fondée sur les résultats individuels, la notation de l'élève pourrait au moins en partie tenir compte des résultats de la classe tout entière ou d'une équipe. Voilà qui accréditerait tôt et ouvertement cette idée que chacun d'entre nous a une responsabilité envers les autres. S'ils étaient si peu que ce soit soutenus, les éducateurs inventifs trouveraient d'autres méthodes, et autrement efficaces, pour susciter le sens de la communauté.

Les corporations, de leur côté, pourraient largement contribuer à rénover les rapports humains. La production de type Troisième Vague rend possible la décentralisation, la réduction et une personnalisation plus accentuée de l'unité de travail. Des entreprises novatrices pourraient contribuer à développer le solidarisme en demandant à des équipes de se constituer en minifirmes ou en coopératives qui passeraient des contrats avec elles pour réaliser des programmes spécifiques.

L'atomisation des géants industriels en petites unités autogérées, outre qu'elle serait de nature à libérer des quantités prodigieuses d'énergie productive, aurait pour effet, d'engendrer en plus l'esprit communautaire.

Norman Macrae, rédacteur en chef adjoint de la revue *The Economist,* a suggéré que des « équipes semi-autonomes de 6 à 17 personnes ayant choisi de travailler ensemble comme des amis, sachant en fonction de la conjoncture quel produit se vendra et à quel coût unitaire, soient de plus en plus autorisées à le fabriquer elles-mêmes ». En vérité, poursuit Macrae, « ceux qui mettront sur pied des groupes coopérateurs amicaux dont les résultats seront

bons feront une excellente action sociale et mériteront peut-être de
bénéficier d'avantages financiers ou fiscaux ». (Ce qui est particulièrement intéressant dans un tel schéma, c'est que l'on pourra
monter des coopératives à l'intérieur d'une entreprise à but
lucratif et même des sociétés à but lucratif dans le cadre d'une
entreprise de production socialiste.)

Il serait souhaitable également que les entreprises réexaminent
sans complaisance leur système de mise à la retraite. Remercier un
vieil employé du jour au lendemain, ce n'est pas seulement le priver
d'une fraction de ses revenus et le déclarer inapte à tenir un rôle
considéré comme productif par la société : c'est aussi sectionner un
grand nombre de liens sociaux. Alors, pourquoi ne pas envisager
davantage de mises à la retraite partielle, pourquoi ne pas faire
faire aux semi-retraités un service bénévole ou en partie rétribué
dans des collectivités manquant de personnel ?

Une autre solution pour développer le solidarisme serait d'établir
un contact entre les retraités et la jeunesse, et *vice versa*. Une
communauté pourrait demander aux personnes âgées de faire
office de « précepteurs », les inviter à transmettre leur savoir à
temps partiel ou à titre bénévole en enseignant dans une école
comme professeurs adjoints, ou de parrainer un élève qui se
rendrait régulièrement chez elles, par exemple. Ainsi, et sous le
contrôle de l'autorité scolaire, l'ex-photographe apprendrait la
photographie aux jeunes, le mécanicien leur apprendrait à réparer
un moteur récalcitrant, le comptable leur apprendrait à tenir les
livres, et ainsi de suite. Dans la plupart des cas, par-delà la matière
enseignée, des liens se créeraient entre le mentor et son protégé.

La solitude n'est pas une tare et, dans une société dont les
structures se détériorent rapidement, ce ne devrait pas être un
opprobre. Une lettre du courrier des lecteurs du *Jewish Chronicle*
demandait : « Pourquoi est-il mal vu de rejoindre des groupes dont
le but manifeste est de faire se rencontrer des personnes du sexe
opposé ? » La même question est tout aussi pertinente, s'agissant
des bars pour célibataires, des discothèques et des clubs de
vacances. Le même lecteur fait observer que dans les *shtetls*
d'Europe orientale, la *shadchan,* la marieuse, faisait œuvre utile en
mettant en rapport des personnes « mariables » et que les clubs de
rencontre, agences matrimoniales et assimilées sont tout aussi
nécessaires aujourd'hui. « Nous devrions pouvoir reconnaître

ouvertement que nous avons besoin d'aide, de contacts humains et d'une vie sociale. »

Nous avons besoin de beaucoup d'autres services — tant traditionnels que nouveaux — pour rapprocher les solitaires tout en respectant leur dignité. Certains comptent aujourd'hui sur les petites annonces spécialisées « de particulier à particulier » pour les aider à trouver un compagnon ou une compagne. Avant longtemps, n'en doutons pas, la télévision par câble, locale ou au niveau du quartier, passera des annonces vidéo et les postulants auront la possibilité de se voir avant de se fixer rendez-vous. (On est en droit de penser que l'indice d'écoute de ces émissions battra tous les records.)

Mais devra-t-on se limiter à organiser des contacts d'ordre romanesque ? Pourquoi n'y aurait-il pas de services — ou d'endroits — qui donneraient aux gens l'occasion de se rencontrer, tout simplement, sans arrière-pensées de nature plus ou moins galante ? De tels services sont nécessaires à la société, et tant qu'ils sont honnêtes et conformes aux bonnes mœurs, nous n'avons pas à rougir de les inventer et d'en user.

LA TÉLÉCOMMUNAUTÉ

A plus long terme, la société devra s'orienter rapidement vers la « télécommunauté ». Ceux qui souhaitent restaurer la communauté devraient braquer leur attention sur l'atomisation sociale qui est la conséquence d'un double phénomène : l'exode vers les banlieues et une grande mobilité. Je me suis longuement étendu sur cette question dans *Le Choc du Futur* — je n'y reviendrai donc pas. Mais une initiative clé pour faire renaître la convivialité dans la société de la Troisième Vague consistera à substituer sélectivement la télécommunication aux transports.

Il est tout à la fois naïf et simpliste de craindre que l'ordinateur et les télécommunications porteront le coup de grâce aux contacts directs et dépersonnaliseront encore davantage les rapports humains. En réalité, il se pourrait fort bien que ce soit le contraire qui se produise. Si, dans certains cas, les relations individuelles risquent de se distendre au bureau ou à l'usine, il n'est nullement invraisemblable que les nouvelles technologies renforcent les liens au niveau du foyer et de la communauté. L'ordinateur et les télécommunications peuvent nous aider à développer le sens communautaire.

Même si cela ne doit pas aller plus loin, ils libéreront un grand nombre de gens de la navette domicile-lieu de travail — de cette force centrifuge qui, tous les matins, nous disperse et nous entraîne vers des relations professionnelles superficielles, affaiblissant les liens plus importants qui nous rattachent à notre foyer et à notre communauté. En permettant à beaucoup de personnes de travailler chez elles (ou à proximité de chez elles), il se peut que les technologies nouvelles resserrent et rendent plus chaleureux les liens familiaux, et renforcent le tissu communautaire. Il n'est pas exclu que la maison électronique devienne demain le pôle professionnel de papa-maman et, comme nous l'avons vu, qu'elle fasse naître une nouvelle unité de travail familial — où participeront les enfants, voire même parfois des gens de l'extérieur.

Et pourquoi des couples qui travailleront ensemble pendant de longues heures dans la journée n'auraient-ils pas alors envie de sortir le soir ? (Aujourd'hui, dans l'écrasante majorité des cas, lorsqu'il rentre chez lui, le banlieusard exténué refuse obstinément de mettre un pied dehors.) Quand les télécommunications commenceront à remplacer les déplacements physiques, on peut s'attendre à une active prolifération de restaurants, de cinémas, de bistros et de clubs de quartiers, à un renouveau de la vie paroissiale et associative, à un retour en force des contacts directs.

Mais ce n'est pas une raison pour vouer en bloc aux gémonies toutes les relations par machines interposées. Ce n'est pas simplement la médiation qui est en jeu mais la passivité et l'impuissance. Pour le timide ou l'invalide incapables de sortir de chez eux ou qui appréhendent de voir les gens face à face, cette infosphère qui s'ébauche permettra des contacts électroniques interactifs avec des personnes ayant des centres d'intérêt communs — joueurs d'échecs, collectionneurs de timbres ou mordus du sport —, où qu'elles se trouvent. Il suffira de composer un numéro de code.

De telles relations seront, assurément, indirectes. Pourtant, elles seront un bien meilleur antidote contre la solitude que la télévision d'aujourd'hui qui nous bombarde de messages unilatéraux, contraignant le téléspectateur à la passivité.

Les moyens de communication, utilisés de manière sélective, peuvent servir l'objectif de la télécommunauté.

Bref, en constituant la civilisation de la Troisième Vague, nous pouvons, au lieu de détruire la communauté, faire beaucoup pour la renforcer et l'enrichir.

LA STRUCTURE HÉROÏNE

Toutefois, la reconstruction de la communauté n'est qu'une partie d'un plus vaste projet. En effet, l'effondrement des institutions de la Seconde Vague a pour corollaire une destruction et une démotivation de l'existence.

Or, l'individu a besoin d'une structure. Une existence dépourvue de structures intelligibles est une dérive, un naufrage. L'absence de structures est la mère de l'échec.

Les structures nous apportent les bases de référence relativement permanentes qui nous sont indispensables. C'est la raison pour laquelle avoir un emploi revêt pour tant de gens une importance psychologique cruciale — cela compte infiniment plus que l'enveloppe que l'on touche à la fin du mois. Le travail nécessite qu'on lui consacre une part de son temps et de son énergie, il constitue un élément structural autour duquel on peut organiser sa vie. Les exigences absolues qu'un nourrisson impose à ses parents, les soins que requiert un invalide, la discipline rigoureuse qu'une église ou, dans un certain pays, tel parti politique réclame de leurs adhérents — tout cela peut aussi conférer une structure simple à l'existence.

Un certain nombre de jeunes, confrontés à l'absence de structures visibles, ont recours à la drogue pour en créer une. « L'héroïnomanie apporte une manière de vivre au jeune, écrit le psychologue Rollo May. Pour le drogué perpétuellement à la dérive, la structure consiste à essayer d'échapper à la police, à trouver l'argent nécessaire, à savoir où se procurer son prochain shoot — tout cela lui est un nouveau faisceau d'énergie remplaçant l'univers astructural d'avant. »

La famille nucléaire, des horaires socialement imposés, des rôles bien délimités, des statuts sociaux parfaitement définis, une solide architecture hiérarchique, étaient autant de facteurs de structuration pour les gens de la Seconde Vague.

Aujourd'hui, la Seconde Vague craque et les structures vitales se défont alors que les nouvelles institutions structurogènes de la Troisième ne sont pas encore en place. C'est cela, et non de simples échecs individuels, qui explique pourquoi tout semblant d'ordre fait défaut dans la vie d'une multitude de gens.

Ce n'est d'ailleurs pas seulement l'ordre qui manque mais aussi une raison d'être. Le sentiment que notre vie « compte » résulte des relations saines que nous entretenons avec la société dans laquelle nous baignons — famille, entreprise, Église ou mouvement politique. Il découle aussi de notre capacité à nous considérer comme une partie d'un schéma plus vaste, cosmique même.

Le brutal changement des postulats sociaux élémentaires, l'estompage des rôles, le gommage des distinctions de rang et des filières de l'autorité, la plongée dans une culture éclatée, et, par-dessus tout, l'écroulement de ce vaste système de pensée qu'était l'industréalité ont fracassé notre image du monde. En conséquence de quoi, la plupart des gens, quand ils regardent autour d'eux, ne voient plus aujourd'hui que chaos. Ils se sentent douloureusement impuissants et inutiles.

Ce n'est que lorsque nous rapprochons ces éléments — la solitude, l'absence de structures et de motivation qui font escorte au déclin de la civilisation industrielle — que nous pouvons commencer à percevoir la signification de quelques-uns des phénomènes de société les plus troublants de notre temps et dont le moindre n'est pas la stupéfiante montée des sectes.

LE SECRET DES SECTES

Pourquoi des multitudes de personnes apparemment intelligentes et qui semblent avoir réussi dans la vie se laissent-elles embobiner par les myriades de sectes qui jaillissent des lézardes de plus en plus profondes du système de la Seconde Vague ? Comment expliquer l'empire absolu qu'un Jim Jones exerçait sur ses adeptes ?

On estime qu'approximativement 3 millions d'Américains sont membres d'un millier de sectes religieuses dont les principales sont l'Église de l'Unification, la Mission de la Lumière divine, Hare Krishna (la Conscience de Krishna) et le Véhicule (*the Way*), chacune possédant ses temples ou ses antennes dans la plupart des grandes villes. L'Église de l'Unification de Sun Myung Moon revendique à elle seule de 60 000 à 80 000 fidèles, elle publie un quotidien à New York, possède une conserverie en Virginie, sans compter de nombreuses autres entreprises lucratives. Le spectacle de ses quêteurs affichant une gaieté toute mécanique est devenu banal.

Ces groupes ne sont pas confinés aux États-Unis. Récemment, en Suisse, un procès qui fit sensation a attiré l'attention de l'opinion internationale sur le Centre de la Lumière divine de Winterthur. « Les cultes, sectes et communautés... sont particulièrement nombreux aux États-Unis parce que l'Amérique a, en ce domaine, vingt ans d'avance sur le reste du monde, écrit *The Economist* de Londres. Mais on en trouve en Europe, occidentale et orientale, et dans beaucoup d'autres lieux. » Mais pourquoi ces groupes inspirent-ils un dévouement et une obéissance quasi totale à leurs adeptes ? Le secret en est simple : ils jouent sur le besoin d'une appartenance, de structures et de motivations. Toutes les sectes tablent là-dessus.

Aux isolés, elles offrent de prime abord la chaleur d'une amitié sans discrimination. « Si quelqu'un est solitaire, nous lui parlons, dit un responsable de l'Église de l'Unification. Il y a beaucoup de solitaires autour de nous. » Le nouveau venu se trouve donc entouré de gens qui lui offrent une fraternité et un rayonnant accueil. Un grand nombre de sectes exigent que les adeptes vivent en commun. Cette soudaine sollicitude est si gratifiante que souvent, en échange, les membres rompent de bon cœur les ponts avec leurs familles et leurs anciens amis, font don de ce qu'ils gagnent à la secte, renoncent à la drogue et même au sexe.

Mais les sectes apportent plus qu'un certain sens de la communauté : elles offrent aussi aux néophytes une structure qui leur faisait défaut. Elles imposent des contraintes draconiennes, elles exigent et créent une monstrueuse discipline et certaines, pour la faire respecter, vont jusqu'à recourir aux sévices physiques, au travail forcé et à diverses autres formes d'ostracisme ou de séquestration de leur cru. Après avoir interrogé des survivants du suicide collectif de Jonestown et étudié les écrits de membres du Temple du Peuple, le psychiatre H. A. S. Sukhdeo, de l'école de médecine du New Jersey, conclut : « Notre société est si libre et si permissive, les gens sont confrontés à un si grand nombre de choix qu'ils ne peuvent pas prendre eux-mêmes leurs décisions de façon efficace. Ils veulent que d'autres le fassent pour eux et ils suivent. »

Un dénommé Sherwin Harris, dont la fille et l'ex-épouse furent de ceux qui, hommes et femmes, ont suivi Jim Jones jusqu'à la mort au Guyana, résume tout cela d'une phrase : « Cela montre de façon exemplaire jusqu'à quelles extrémités certains Américains peuvent aller pour avoir une structure de vie. »

Une raison d'être, telle est la dernière et capitale marchandise que les sectes lancent sur le marché. Chacune a sa version de la réalité à sens unique — religieuse, politique ou culturelle. Elle est détentrice de LA vérité et les gens de l'extérieur qui émettent des doutes sont ou bien mal informés, ou bien des suppôts de Satan. Le message est seriné aux nouvelles recrues pendant des séances qui durent des jours entiers, des nuits entières, il est inlassablement répété jusqu'à ce qu'il finisse par devenir le terme de référence du postulant, qu'il entre dans son vocabulaire et, finalement, s'identifie pour lui à la notion même d'existence. Pour le profane, cette « raison d'être » peut paraître absurde — c'est sans importance.

En fait, le contenu précis de ce message est presque secondaire. Son importance tient au fait qu'il propose une synthèse, une solution de rechange à la culture éclatée. Une fois que le novice l'a accepté, ce cadre l'aide à mettre de l'ordre dans le fatras d'informations d'origine extérieure au bombardement desquelles il est soumis. Que ce cadre idéologique corresponde ou non à la réalité externe, il fournit à l'adepte les tiroirs où ranger les données qu'il reçoit. Il ne lui apporte pas une vérité en tant que telle mais un ordre, donc une raison d'être.

En donnant à ses fidèles le sentiment que la réalité a un sens — qu'ils doivent transmettre à ceux de l'extérieur —, la secte introduit un dessein et une cohérence dans un monde qui en est apparemment dépourvu.

Ainsi, elle « vend » le sens de la communauté, une structuration et une motivation à un prix extrêmement élevé : le sacrifice aveugle du moi. Pour certains, c'est sans aucun doute le seul remède à la désintégration de la personnalité mais, pour la plupart d'entre nous, c'est trop cher payé.

Pour que la civilisation de la Troisième Vague soit à la fois saine et démocratique, il ne suffit pas d'inventer de nouvelles sources d'énergie ou d'emboîter le pas à la technologie nouvelle. Créer une solidarité n'est pas non plus suffisant. Il faut aussi offrir des structures et des raisons d'être. Et, là encore, on peut commencer par des choses simples.

ORGANISATEURS DE VIE ET SEMI-SECTES

Au niveau le plus élémentaire et le plus immédiat, pourquoi ne pas créer un corps d' « organisateurs de vie » professionnels et paraprofessionnels ? Nous avons, par exemple, moins besoin de psychothérapeutes qui explorent les souterrains de l'id et de l'ego que de gens capables de nous aider, même modestement, à mettre sur pied notre existence quotidienne. « Demain, je vais m'organiser », « Je vais agir en accord avec moi-même ». Ces promesses creuses sont la litanie d'aujourd'hui.

Mais structurer sa vie dans le tourbillon socio-technologique qui est le signe de notre temps est une entreprise de plus en plus ardue. La désagrégation des structures spécifiques de la Seconde Vague, l'hyperchoix des styles de vie, le carcan des horaires, les moyens éducatifs, tout cela, nous l'avons vu, ne fait qu'accroître la difficulté. Pour les gens les moins riches, les pressions économiques imposent une structure trop contraignante. Pour les membres de la classe moyenne, et surtout pour leurs enfants, c'est l'inverse. Pourquoi ne pas reconnaître ce fait ?

Certains psychiatres agissent aujourd'hui en tant qu'organisateurs de vie. Au lieu de séances de divan qui se prolongent des années durant, ils offrent à leurs patients une assistance pratique — ils les aident à trouver du travail, un petit ami ou une petite amie, à établir leur budget, à suivre un régime, etc. Il faudrait qu'il y ait beaucoup plus de ces conseillers structurateurs, car il n'y a aucune honte à faire appel à leurs services.

Au plan de l'éducation, il conviendrait de s'attacher à des questions habituellement délaissées. On consacre de longues heures à essayer d'apprendre aux gens des tas de choses, disons la structure de l'appareil gouvernemental ou celle de l'amibe. Mais combien en consacre-t-on à l'étude des structures de la vie quotidienne ? Comment est distribué le temps, comment utiliser son argent, où s'adresser pour trouver de l'aide dans une société d'une complexité explosive ? On tient pour acquis que les jeunes n'ignorent rien de notre charpente sociale. En réalité, la plupart d'entre eux n'ont qu'une idée des plus fumeuses de la manière dont est organisé le monde du travail ou celui des affaires. Combien d'étudiants connaissent-ils l'architecture économique de leur propre ville, les règles de fonctionnement des administrations locales, l'autorité à laquelle s'adresser pour se plaindre des pratiques de tel ou tel commerçant ? Rares sont ceux qui savent même quel est l'organigramme de leur propre école, de leur propre université — et, à plus forte raison, qui ont conscience des transformations que subissent ces structures sous l'assaut de la Troisième Vague.

Il nous faut également porter un regard neuf sur les institutions « structurogènes » — y compris les sectes. Dans une société intelligente, il devrait y avoir tout un éventail d'institutions, aussi bien informelles qu'étroitement structurées. A côté des classes traditionnelles, il devrait y avoir des classes ouvertes. Nous avons autant besoin d'organisations souples que d'ordres monastiques rigides (laïcs ou religieux).

Peut-être le fossé qui sépare aujourd'hui les structures totalitaires de la secte de l'astructuralisme apparemment total de la vie quotidienne est-il trop profond.

Si l'on estime intolérable l'asservissement intégral exigé par de nombreuses sectes, peut-être serait-il bon de favoriser la création de ce que l'on pourrait appeler des « semi-sectes » à mi-chemin du laxisme amorphe et de l'embrigadement dictatorial. On pourrait encourager telles organisations religieuses, végétariennes ou autres à créer des communautés proposant à ceux de leurs membres qui choisiraient tel ou tel mode de vie l'option entre une structuration « douce » et une structuration rigide. Ces semi-sectes seraient homologuées ou surveillées afin que l'on ait l'assurance qu'elles ne recourent à aucune violence, ni physique ni morale, qu'elles ne s'approprient pas indûment des fonds, qu'elles ne pratiquent aucune exaction, aucune forme d'extorsion. Et il serait loisible à ceux qui désirent bénéficier de ce type de structures d'accueil de signer pour six mois ou un an et de se retirer ensuite sans subir de pressions, sans grogne ni rogne.

Rejoindre une de ces semi-sectes pendant un temps donné, la quitter puis y retourner encore quelque temps et ainsi de suite, passant tour à tour d'une structure rigide à la liberté qu'offre la société au sens large, pourrait aider certains. Pourquoi ne serait-ce pas possible ?

Ces semi-sectes mettent en évidence la nécessité d'organismes laïcs constituant un moyen terme entre la liberté de la vie civile et la discipline de l'armée. On pourrait imaginer la création de différents corps civils sous le patronage de municipalités, d'universités, voire de sociétés privées, ayant vocation de servir la collectivité, formés de volontaires s'engageant par contrat qui accepteraient une stricte discipline militaire et seraient rétribués sur la base de la solde du

2e classe. (Pour que leur rémunération soit égale au salaire minimum garanti, ces jeunes gens pourraient bénéficier de primes complémentaires calculées en fonction de leurs diplômes ou de leur formation.) Un « corps antipollution », un « corps d'hygiène publique », un « corps paramédical », un corps spécialisé dans l'assistance aux personnes âgées, pourraient être extrêmement bénéfiques, tant sur le plan de la collectivité que sur le plan de l'individu.

Outre les services qu'ils rendraient et la structuration qu'ils apporteraient dans la vie de leurs membres, de tels organismes contribueraient à leur donner une motivation qui fait cruellement défaut — non pas on ne sait quelle théologie mystique ou politique factice mais, tout simplement, cet idéal : travailler pour la communauté.

Mais tout cela n'est pas encore assez. Il faudra aussi intégrer la motivation personnelle à une conception du monde plus large et plus universelle.

Il ne suffit pas que les gens comprennent (ou croient comprendre) ce que représente leur modeste contribution à la société. Il importe qu'ils aient une idée, si vague soit-elle, de la place qu'ils tiennent dans un ordre transcendant. Avec l'arrivée de la Troisième Vague, nous avons besoin de formuler de manière exhaustive une nouvelle conception intégratrice du monde — une synthèse cohérente et non simplement parcellaire — reliant les choses entre elles.

Une seule et unique image de l'univers ne saurait rendre compte de la vérité. Ce n'est qu'en recourant à des métaphores multiples et provisoires que nous parviendrons à une idée globale — encore qu'incomplète — du monde. Ce n'est pas dire pour autant que la vie est dépourvue de signification. Même si d'un point de vue cosmique elle n'en a pas, nous pouvons lui conférer un sens — et c'est souvent le cas — en nous fondant sur des relations sociales dignes de ce nom et en prenant conscience que nous sommes les protagonistes d'un drame qui nous transcende — le déroulement cohérent de l'histoire.

Pour édifier la civilisation de la Troisième Vague, nous ne devons donc pas nous borner à déclarer la guerre à la solitude. Nous devons aussi commencer à construire un ordre et un dessein qui seront un cadre d'existence. Une raison d'être, une structure et le sens de la communauté sont, en effet, les indissociables préalables d'un futur vivable.

Savoir que la solitude, l'anonymat, l'absence de structures et de motivations, dont souffrent tant de nos contemporains sont les symptômes de l'agonie du passé et non les prodromes de l'avenir nous aidera à œuvrer dans ce sens.

Mais il ne suffira pas de changer la société. Si nous donnons forme à la civilisation de la Troisième Vague par nos décisions et nos actions au jour le jour, cette civilisation nous façonnera à son tour. La nouvelle psychosphère en train de naître modifiera fondamentalement notre être. Et c'est cela — la personnalité future — que nous allons maintenant aborder.

Une civilisation nouvelle investit notre vie quotidienne, et voilà que nous demandons si nous ne sommes pas, nous aussi, frappés d'obsolescence. Comment s'étonner, alors que tant de nos habitudes, de nos valeurs, de nos usages, de nos réactions sont remis en question, si nous avons parfois l'impression d'appartenir au passé, d'être des laissés-pour-compte de la civilisation de la Seconde Vague ? Certains de nos contemporains sont assurément bien anachroniques, mais y a-t-il également parmi nous des hommes et des femmes du futur — des précurseurs de la civilisation montante de la Troisième Vague, en somme ? Si nous regardons au-delà de la décomposition et de la désintégration environnantes, pouvons-nous discerner l'ébauche de la personnalité future — la naissance d'un « homme nouveau », pour ainsi dire ?

Si tel est le cas, ce ne serait pas la première fois que l'on prétendrait voir *un homme nouveau*[1] se profiler à l'horizon. Dans un essai brillant, André Reszler, directeur du Centre d'études européennes, a évoqué les précédentes prophéties annonçant l'apparition d'un nouveau type d'être humain. Il y eut, par exemple, à la fin du XVIIIᵉ siècle, l' « Adam américain » — l'homme qui re-naissait en Amérique du Nord, affranchi, disait-on, des tares et des faiblesses de l'Européen. Au milieu du XXᵉ siècle, la terre d'élection de l'homme nouveau aurait été l'Allemagne de Hitler. « Le national-socialisme, écrivait Hermann Rauschning, est

---

1. En français dans le texte.

plus qu'une religion : c'est la volonté de créer le surhomme. » Cet « aryen » viril serait en partie paysan, en partie guerrier et en partie Dieu. « J'ai vu l'homme nouveau, confiait un jour Hitler à Rauschning. Il est intrépide et cruel. J'ai eu peur devant lui. »

Cette image de l'homme nouveau (il est rare que l'on parle de la « femme nouvelle », sinon par souci de symétrie) a pareillement obsédé les communistes. Les Soviétiques continuent de parler de l'avènement de l' « homme socialiste » mais ce fut Trotski qui chanta avec le plus de lyrisme l'humanité future : « L'homme deviendra incomparablement plus fort, plus sage et plus subtil. Son corps deviendra plus harmonieux, ses mouvements plus rythmés, sa voix plus mélodieuse. Les formes de son existence acquerront une qualité puissamment dramatique. L'homme moyen atteindra la taille d'un Aristote, d'un Goethe, d'un Marx. »

Il y a quelque dix ou vingt à peine, Frantz Fanon se faisait le héraut d'un... nouvel homme nouveau animé d'une « pensée neuve ». L'homme idéal de demain selon Che Guevara sera « plus riche intérieurement ».

A chacun le sien !

Néanmoins, Reszler montre de façon convaincante que derrière ces différents archétypes de l' « homme de nouveau » se cache une vieille connaissance, le Noble Sauvage, créature mythique douée de toute sorte de vertus que la civilisation est supposée avoir dévoyées ou détruites. Interpellant de façon pénétrante cette idéalisation romantique du primitif, l'auteur nous rappelle avec à-propos que les régimes qui se sont délibérément attachés à promouvoir un « homme nouveau » ont le plus souvent déchaîné l'horreur totalitaire.

Aussi serait-il ridicule d'annoncer une fois de plus la naissance d'un « homme nouveau » (à moins que, maintenant que les bio-ingénieurs sont à l'œuvre, il ne faille prendre cette expression dans un sens purement biologique qui fait froid dans le dos). Ce concept suggère l'idée d'un prototype, d'un modèle idéal unique en son genre que la société entière s'efforce d'imiter — or, dans une société qui se démassifie rapidement, rien n'est plus improbable.

Cela dit, il ne serait pas moins absurde de soutenir que des transformations radicales du mode de vie n'ont aucune incidence sur la personnalité ou, plus précisément, sur son caractère social. En modifiant en profondeur la structure de la société, nous modifions aussi les hommes. Même si l'on croit en je ne sais quelle permanence de la nature humaine, opinion largement répandue que je ne partage point, il n'en demeure pas moins que la société récompense et favorise certains traits de caractère, et en pénalise d'autres, ce qui entraîne des transformations progressives dans leur distribution au sein de la population.

Le psychanalyste Erich Fromm, peut-être l'un des plus fins analystes du caractère social, le définit comme « la partie de leur structure caractérielle commune au plus grand nombre des membres du groupe ». Dans toute culture, note-t-il, il existe certaines caractéristiques largement partagées qui font le caractère social. Celui-ci modèle à son tour les gens, de sorte que « leur comportement ne découle pas de la décision consciente de suivre ou de ne pas suivre le modèle social (proposé) mais de *la volonté d'agir comme il convient d'agir* et, en même temps, de la satisfaction de se conduire conformément aux exigences de la culture (à laquelle on appartient) ».

Ainsi, la Troisième Vague ne crée pas un surhomme idéal, une nouvelle race de héros surgissant parmi nous ; elle détermine les transformations spectaculaires des caractéristiques de la société — il ne s'agit pas d'un homme nouveau mais d'une nouvelle caractérologie sociale. Par conséquent, nous n'avons pas pour tâche de traquer un « homme » mythique mais de rechercher les traits de caractère qui auront le plus de chances d'être prisés par la civilisation de demain.

Cette caractérologie n'est pas simplement la conséquence (ou le reflet) des pressions extérieures qui s'exercent sur les gens. Elle dérive de la tension opposant ces pressions exogènes aux pulsions ou aux désirs individuels. Mais, une fois constituées, ces particularités ont une influence prépondérante sur le développement économique et social de la société.

L'irruption de la Seconde Vague, par exemple, eut pour corollaire le rayonnement de l'éthique protestante qui glorifiait l'épargne, l'assiduité au travail, et repoussait la récompense à plus tard — autant de conduites destinées à cristalliser des sommes d'énergie considérables sur le développement économique. La Seconde Vague transforma également le binôme objectivité-subjectivité, l'individualisme, les attitudes à l'égard de l'autorité et les capacités d'abstraction, d'empathie et d'imagination de l'homme.

Aux ruraux mobilisés dans l'armée du travail industriel, il fallait donner un rudiment d'instruction, les éduquer, les informer et les façonner. Il fallait qu'ils comprennent qu'un autre mode de vie, différent de celui dont ils avaient l'habitude, était possible. Bref, on avait besoin de légions d'hommes capables de se percevoir dans un nouveau rôle et dans un autre environnement. Il convenait de les arracher intellectuellement au présent immédiat. C'est pourquoi, de même qu'il avait été contraint de démocratiser dans une certaine mesure les moyens de communication et la politique, l'industrialisme fut dans l'obligation de démocratiser aussi l'imagination.

Ces changements psychoculturels débouchèrent sur un changement des sensibilités — sur une nouvelle caractérologie sociale. Or, nous sommes aujourd'hui au seuil d'un bouleversement psychoculturel comparable.

Du fait même que nous tournons le dos à l'uniformité de Seconde Vague de type orwellien, il nous est difficile d'avoir un discours exhaustif sur la nouvelle psyché. Plus encore que dans d'autres domaines touchant à l'avenir, nous en sommes, sur ce point, réduits aux spéculations.

Mais l'on peut néanmoins mettre l'accent sur quelques-unes des mutations profondes qui influenceront vraisemblablement le développement psychologique de la société de la Troisième Vague. Et cela nous conduit, sinon à formuler des conclusions, du moins à nous poser des questions passionnantes. Ces transformations ont, en effet, une action déterminante sur l'éducation des enfants, sur l'instruction, sur l'adolescence, sur le travail et même sur la manière dont se crée l'image de notre moi. Et il est impossible de changer tout cela sans changer aussi de façon radicale la dimension sociale de l'avenir tout entière.

GRANDIR AUTREMENT

En premier lieu, il y a de fortes chances pour que l'enfant de demain grandisse dans une société beaucoup moins centrée sur l'enfance que la société actuelle.

Le vieillissement de la population, phénomène commun à tous les pays de haute technologie, implique une société davantage attachée aux besoins des gens âgés et, *ipso facto,* moins axée sur la jeunesse. De plus, à mesure que les femmes sont plus présentes dans l'économie d'échange, la maternité, cet exutoire traditionnel de l'énergie féminine, se dévalorise.

Sous l'ère de la Seconde Vague, d'innombrables parents vivaient leurs rêves à travers leurs enfants — souvent parce qu'ils pouvaient raisonnablement escompter que ceux-ci se réaliseraient mieux qu'eux, socialement aussi bien qu'économiquement. Cet espoir d'ascension les incitait à investir une fantastique quantité d'énergie psychique sur leur progéniture. Aujourd'hui, c'est une terrible déception pour beaucoup de parents appartenant à la classe moyenne de voir, dans un monde devenu beaucoup plus difficile, leurs enfants non pas gravir mais descendre les barreaux de l'échelle socio-économique. Leur espoir de se réaliser par personnes interposées s'effiloche.

Pour toutes ces raisons, il est probable que le nouveau-né de demain verra le jour dans une société que les besoins, les exigences, le développement psychologique et les satisfactions immédiates de l'enfant n'obséderont plus — et n'intéresseront peut-être même pas tellement. Si tel est le cas, les Dr Spock de l'avenir seront partisans d'un cadre plus structuré et plus contraignant pour l'enfant. Les parents seront moins permissifs.

On peut aussi présumer que l'adolescence ne sera pas une étape de l'existence aussi longue et douloureuse que c'est aujourd'hui le cas pour tant de jeunes gens. Des multitudes de gosses grandissent actuellement dans des foyers uniparentaux, la mère (ou le père) célibataire qui travaille est broyée par une économie insensée, et ils sont moins gâtés, on leur consacre moins de temps que ce n'était le cas pour la génération des enfants-fleurs des années 60.

Plus tard, les enfants grandiront au sein de familles qui travailleront à domicile ou dans une maison électronique. Il est vraisemblable que, de même que beaucoup de familles de la Seconde Vague avaient pour pôle papa-maman, de même les enfants élevés dans la maison électronique de demain participeront directement aux tâches familiales et assumeront plus tôt davantage de responsabilités.

Cela annonce une enfance et une adolescence plus courtes mais plus productrices et plus responsables. En outre, les enfants qui travailleront avec les adultes seront moins vulnérables à la pression de leurs pairs. Peut-être seront-ils les grands réalisateurs de demain.

Pendant la période de transition où sévira encore la pénurie de l'emploi, les syndicats Seconde Vague feront sans aucun doute des pieds et des mains pour exclure les jeunes du marché du travail — du travail extérieur, s'entend. Faisant front commun avec les enseignants (syndiqués ou pas), ils se battront pour une scolarité obligatoire ou quasiment obligatoire plus longue. S'ils obtiennent gain de cause, des millions de jeunes continueront d'être condamnés au purgatoire d'une adolescence qui n'en finit pas. Aussi verrons-nous peut-être se constituer une opposition entre les jeunes qui mûriront rapidement parce qu'ils auront très tôt des responsabilités professionnelles dans le cadre de la maison électronique et ceux dont la maturation se fera plus lentement, à l'extérieur de ce cadre.

Mais l'on doit s'attendre que l'éducation se transforme elle aussi à plus long terme. L'apprentissage se fera davantage hors de l'école. Malgré les pressions syndicales, la scolarité obligatoire finira par être abrégée. A la rigide ségrégation par l'âge se substituera la cohabitation des jeunes et de leurs aînés. Il y aura plus d'imbrication entre l'éducation et la vie professionnelle, et l'éducation s'étendra sur une plus grande partie de la vie. Enfin, il est probable que l'on commencera à travailler (à produire pour le marché ou à prosumer à usage interne) plus tôt.

Pour tous ces motifs, il se peut fort bien que la civilisation de la Troisième Vague confère à la jeunesse un profil caractérologique très différent — les jeunes seront alors moins vulnérables aux pressions de leur classe d'âge, moins orientés vers la consommation et moins tentés par l'hédonisme.

LE NOUVEAU TRAVAILLEUR

Quand l'adolescent, garçon ou fille, entre dans le monde du travail, il est soumis à des forces qui influent sur sa personnalité, entérinent tel ou tel de ses traits de caractère, en sanctionnent ou en pénalisent d'autres.

Tout au long de la Seconde Vague, le travail, à l'usine ou au bureau, n'a cessé de devenir plus répétitif, plus spécialisé, plus assujetti à la pendule, et les patrons recherchaient une main-d'œuvre docile, ponctuelle et ne renâclant pas à l'ouvrage, fût-il routinier et fastidieux. L'école développait, et l'entreprise encourageait, la mentalité idoine.

Mais la Troisième Vague qui donne l'assaut à la société rend, au contraire, le travail moins monotone. Il est moins parcellisé et chacun voit sa part de responsabilité s'élargir au lieu de s'amenuiser. Les horaires mobiles et la prise en compte des rythmes individuels se substituent à la synchronisation générale des comportements qui était autrefois une nécessité. Les tâches changent plus fréquemment, tout comme changent à une allure vertigineuse les affectations, les produits et les réorganisations.

Aussi, les employeurs de la Troisième Vague ont-ils un besoin croissant de gens prêts à assumer des responsabilités, capables de comprendre comment leur travail s'engrènent au travail des autres, capables de se charger de besognes toujours plus importantes, de s'adapter rapidement à des situations fluctuantes et de s'entendre avec ceux qui les entourent.

Dans les entreprises de la Seconde Vague, l'inertie bureaucratique était souvent payante. Celles de la Troisième Vague exigeront des gens moins préprogrammés et plus expéditifs : la différence entre les interprètes classiques qui jouent chaque note en fonction d'un motif préétabli, prédéterminé, et les jazzmen qui, après avoir décidé d'un thème, improvisent, chacun enchaînant intuitivement sur l'autre et chaque intervention déterminant la suivante, pour reprendre l'image de Donald Conover, directeur général du département éducation de la Western Electric.

Ce sont des gens complexes, individualistes, fiers de leur originalité. Ils représentent la main-d'œuvre démassifiée nécessaire à l'industrie de la Troisième Vague.

Selon le chercheur Daniel Yankelovich, 56 % des travailleurs américains seulement — principalement les plus âgés — sont encore motivés par les stimulants traditionnels. Leur bonheur, ce sont des garde-fous bien rigides et des tâches bien délimitées. Il ne leur viendrait pas à l'idée de chercher une « raison d'être » dans leur travail.

En revanche, 17 % de la masse des salariés incarnent déjà les valeurs nouvelles qu'engendre la Troisième Vague. Rassemblant une large proportion de jeunes cadres moyens, ils aspirent, affirme Yankelovich, « à de plus larges responsabilités et à un travail plus intéressant, un engagement digne de leurs talents et de leur savoir-faire ». Outre une récompense d'ordre financier, ils cherchent une raison d'être.

Pour recruter ce personnel, les employeurs commencent d'ores et déjà à s'orienter vers des rémunérations individualisées. Voilà qui nous aide à comprendre pourquoi quelques sociétés avancées (comme T.R.W., Inc., une entreprise à haute technologie de Cleveland) proposent à leurs employés non pas un ensemble d'avantages extra-salariaux fixés à l'avance mais un « panier garni » : congés à la carte, soins médicaux, caisse de retraite et assurances. Chacun choisit ce qui lui convient en fonction de ses aspirations particulières. « Une unique catégorie de stimulants ne suffit pas pour motiver la totalité du personnel », dit Yankelovich. Et il ajoute que, dans le cocktail des rémunérations, l'argent n'a plus le pouvoir motivateur qui était autrefois le sien.

Nul ne prétend que ces travailleurs ne veulent pas être rétribués en espèces sonnantes et trébuchantes. Bien sûr que non ! Mais à partir d'un certain niveau de revenus, la palette des désirs s'enrichit. Une augmentation de salaire n'a plus la même influence sur le comportement des gens. Quand la Bank of America de San Francisco proposa au vice-président adjoint Richard Easley — c'était une promotion — la direction d'une succursale distante seulement d'une trentaine de kilomètres, ce dernier refusa la carotte qui lui était tendue : il n'avait aucune envie de faire l'aller et retour tous les jours. Il y a dix ans, quand j'évoquais dans *Le Choc du Futur* le stress de la mobilité, on estimait à 10 % seulement la proportion des travailleurs refusant de suivre une entreprise qui se déplaçait. D'après la Merrill Lynch Relocation Management, Inc., le chiffre des réfractaires oscille maintenant entre le tiers et la moitié, alors même que les avantages financiers attachés à la mobilité sont souvent plus intéressants. « Au lieu de se mettre au garde-à-vous devant la compagnie et de plier bagages direction Tombouctou, on attache plus d'importance à la famille et à son style de vie », observait un vice-président de la Celanese Corporation. A l'instar de la corporation de Troisième Vague qui doit faire entrer en ligne de compte d'autres objectifs que le strict profit, l'employé a, lui aussi, des « points d'ancrage multiples ».

Les modèles d'autorité les plus profondément enracinés sont également en train de se modifier. Dans les entreprises de la Seconde Vague, on avait un seul et unique patron. Quand un conflit éclatait au sein du personnel, c'était lui qui arbitrait. Il en va tout autrement dans les nouvelles organisations matricielles. Les travailleurs ont plus d'un patron à la fois. Des personnes ayant des qualifications et des rangs hiérarchiques différents se constituent en groupes « ad-hocratiques » provisoires. « Les différends... se règlent sans qu'un patron commun soit présent pour rendre son arbitrage..., disent Davis et Lawrence, auteurs d'une étude fondamentale sur ce sujet. On part du principe que, dans une matrice, le conflit peut être sain... on attache du prix aux divergences et les gens expriment leur point de vue, même en sachant que d'autres peuvent ne pas être d'accord. »

Ce système pénalise les travailleurs qui obéissent aveuglément et récompense ceux qui ont leur franc-parler — dans certaines limites. Les industries de Seconde Vague considèrent que les gens qui cherchent à comprendre, qui mettent l'autorité en question, qui entendent être leurs propres maîtres ou qui exigent d'être socialement responsables de leur travail sont des trublions ; mais les industries de la Troisième Vague ne peuvent pas tourner sans eux.

Nous voyons donc, d'une façon générale, se manifester une modification subtile mais profonde de la personnalité encouragée par le système économique, transformation qui ne peut pas ne pas influer sur la sensibilité sociale naissante.

L'ÉTHIQUE PROSUMÉRISTE

Ce ne sont pas seulement la façon d'élever les enfants, l'éducation et le travail qui influenceront le développement de la personnalité dans la civilisation de la Troisième Vague. D'autres forces, plus fondamentales encore, pèseront sur la mentalité de demain. Car l'économie ne se réduit pas simplement à l'emploi ou au travail rétribué.

J'ai indiqué plus haut que l'on pouvait considérer que l'économie comprend deux secteurs, l'un qui est le lieu où nous produisons des biens destinés à l'échange, l'autre celui où nous produisons pour notre propre usage. Le premier est le marché, ou secteur de la production, le second est le secteur de la prosommation. Et l'un et l'autre ont des répercussions psychologiques sur nous car ils ont chacun leur propre éthique, leur propre système de valeurs et leur propre définition du succès.

L'expansion galopante de l'économie de marché — aussi bien capitaliste que socialiste — sous la Seconde Vague a privilégié une éthique de l'acquisition. Elle a promu une définition étroitement économique de la réussite personnelle.

Cependant, la montée de la Troisième Vague, nous l'avons vu, s'accompagne d'un accroissement phénoménal de l'auto-assistance et du *do-it-yourself,* autrement dit de la prosommation. Cette production d'usage, loin d'être un simple passe-temps, revêtira vraisemblablement dans l'avenir une importance économique grandissante, et plus nous y consacrerons de temps et d'énergie, plus elle interviendra dans le façonnage de l'existence et le modelage du caractère social.

Au lieu de cataloguer les gens en fonction de ce qu'ils possèdent, ainsi que le veut l'éthique marchande, l'éthique prosumériste valorise ce qu'ils font. Avoir beaucoup d'argent est encore un facteur de prestige. Mais d'autres éléments entrent aussi en ligne, notamment l'indépendance, l'aptitude à s'adapter et à survivre dans des conditions difficiles et la capacité de faire quelque chose de ses propres mains, qu'il s'agisse d'installer une clôture, de préparer un grand dîner, de confectionner ses vêtements ou de restaurer une commode ancienne.

De plus, contrairement à l'éthique « productionniste » marchande qui glorifie l'unilatéralité, l'éthique prosumériste, elle, exige la diversité. L'universalité est « dans le vent ». A mesure que la Troisième Vague répartit de manière mieux équilibrée les parts dévolues à la production d'échange et à la production d'usage dans l'économie, l'exigence d'un mode vie « équilibré » se fait de plus en plus véhémente.

Le passage de l'activité productrice à l'activité prosumériste fait aussi pressentir l'instauration d'un nouvel équilibre de vie. Un nombre grandissant de travailleurs engagés dans le processus de la production d'échange passent leur temps à manipuler des abstractions — des mots, des chiffres, des modèles — et sont en contact avec des gens qu'ils connaissent à peine — ou pas du tout.

Pour beaucoup, ce travail intellectuel peut être passionnant et gratifiant mais il s'accompagne souvent d'un sentiment d'aliénation — on est en quelque sorte coupé du concret (ce que l'on voit, ce que l'on entend, ce que l'on touche) et des émotions de la vie de tous les jours. En vérité, une grande part du prestige qui s'attache aujourd'hui aux métiers artisanaux, au jardinage, à l'accoutrement rural ou ouvrier, le « chic prolo », si l'on veut, peut être une manière de contre-balancer la marée montante de l'abstraction qui submerge le secteur de la production.

La prosommation, à l'inverse, est de façon générale plus branchée sur la réalité concrète et immédiate, elle est en prise directe sur les choses et les êtres. Les gens qui, en nombre grandissant, partagent leur temps entre un emploi salarié et la prosommation sont en mesure d'allier l'abstrait et le concret, de goûter les joies complémentaires du travail cérébral et du travail manuel. L'éthique prosumériste rend sa respectabilité au second, regardé avec dédain depuis trois siècles, et ce rééquilibrage est, lui aussi, de nature à peser sur la configuration des mentalités individuelles.

De même avons-nous vu que, conjointement à l'essor de l'industrialisme, l'extension du travail usinier hautement interdépendant favorisait l'objectivation de l'homme, alors que les tâches à faible niveau d'interdépendance auxquelles était astreinte la femme l'enfermaient dans la subjectivité. Maintenant que les femmes sont de plus en plus nombreuses à assumer des fonctions de production dans le secteur marchand, elles tendent, elles aussi, à s'objectiviser de plus en plus. On les incite à « penser comme les hommes ». Et, réciproquement, comme il y a davantage d'hommes qui restent au foyer et se chargent de plus en plus des besognes ménagères, l' « objectivité » leur est moins nécessaire — ils sont « subjectivisés ».

Quand, demain, une fraction croissante de la population de la Troisième Vague travaillera en partie pour de grandes sociétés, ou de grands organismes interdépendants, et en partie dans de petites unités prosuméristes autonomes, individuelles ou familiales, il est fort possible que s'instaure un nouvel équilibre entre l'objectivité et la subjectivité chez les deux sexes.

Au lieu d'encourager une attitude « masculine » et une attitude « féminine », aussi mal équilibrées l'une que l'autre, le système accordera peut-être un traitement de faveur aux gens capables de voir sainement le monde sous cette double perspective. Ce seront des subjectivistes objectifs — et *vice versa*.

Bref, le poids relatif de plus en plus important de la prosommation dans l'économie globale déterminera un nouveau et impétueux courant de changement au plan psychologique. L'influence combinée des transformations fondamentales affectant la production et la prosommation, s'ajoutant à ces autres profonds changements qui touchent l'art d'élever les enfants et l'éducation, annonce une refonte de la sensibilité sociale au moins aussi spectaculaire que le bouleversement qu'a opéré la Seconde Vague il y a trois cents ans. Une nouvelle mentalité sociale est en train de naître sous nos yeux.

En fait, même si l'avenir devait démentir toutes ces extrapolations, même si toutes les tendances que nous commençons à discerner devaient s'inverser, il nous resterait encore une dernière raison, et gigantesque, de nous attendre à une explosion de la psychosphère. Une raison qui tient en deux mots : la « révolution de la communication ».

LE MOI CONFIGURATIF

S'il est complexe, le lien entre les communications et la caractérologie est infrangible. On ne saurait transformer tous nos moyens de communication en espérant demeurer nous-mêmes inchangés. La révolution des media ne va pas sans une révolution de la psyché.

Les ressortissants de la Seconde Vague baignaient dans une mer d'imagerie produite en série. Un nombre relativement réduit de produits centralisés, quotidiens, magazines, programmes de radio et de télévision, films, propageaient ce que les détracteurs du système appelaient une « conscience monolithique ». Les individus étaient constamment incités à se comparer à un échantillonnage somme toute limité de modèles et à confronter leur mode de vie à une poignée de styles prioritaires. En conséquence, l'éventail des attitudes personnelles socialement sanctionnées était relativement étroit.

Les media démassifiés nous offrent aujourd'hui une étourdissante variété de modèles et de styles de vie de référence. En outre, les nouveaux media ne nous apportent pas des étalons sortis tout armés de la cuisse de Jupiter mais des fragments, des parcelles d'une imagerie émiettée. Pas question de faire un choix parmi une collection d'identités cohérentes : nous sommes tenus de fabriquer de pièces et de morceaux un « moi » configuratif, modulaire. C'est beaucoup plus difficile, et cela explique pourquoi des multitudes de gens sont désespérément à la recherche de leur identité.

Dans ce combat, nous acquérons une conscience exacerbée de notre individualité — des traits qui font de chacun de nous un être unique. L'image que nous avons de nous-même change. Nous exigeons d'être considéré et traité en tant qu'individu — et cela précisément au moment où le nouveau système de production requiert davantage de travailleurs individualisés.

Outre qu'ils nous aident à cristalliser ce qu'il y a en nous de purement personnel, les nouveaux moyens de communication de la Troisième Vague font de nous les producteurs — ou, plutôt, les prosommateurs — de notre auto-imagerie.

Le poète et critique social allemand Hans Magnus Enzensberger faisait observer que, dans les media d'hier, la « distinction technique entre récepteurs et transmetteurs reflète la division du travail entre producteurs et consommateurs ». Cela veut dire que, pendant toute l'ère de la Seconde Vague, les professionnels de la communication fabriquaient des messages *pour* le public. Celui-ci était dans l'incapacité de répondre directement aux promoteurs des messages ou d'agir sur eux.

Alors que, au contraire, et c'est là leur aspect le plus révolutionnaire, beaucoup des nouveaux moyens de communication sont interactifs — ils permettent aussi bien à l'usager de fabriquer ou d'émettre des images que d'absorber simplement celles qui lui sont envoyées de l'extérieur. Télévision par câble à double sens, vidéocassettes, copieuses et magnétophones bon marché — toutes ces innovations mettent les moyens de communication à la disposition de l'individu.

On peut, en anticipant, imaginer qu'un jour viendra où la télévision banale sera elle-même interactive. Alors, au lieu de nous contenter d'assister passivement à la prestation d'un Archie Bunker ou d'une Mary Tyler Moore du futur, nous aurons la possibilité de leur parler et d'infléchir leur jeu. Dès à présent, il est techniquement possible aux abonnés du système Qube qui regardent une dramatique de téléphoner au réalisateur pour lui demander d'accélérer ou de ralentir l'action, voire de substituer un dénouement à l'autre.

La révolution de la communication nous donne une image plus complexe de notre moi. Elle nous différencie davantage. Elle hâte le processus d' « essayage » de différentes images potentielles du moi et, en fait, nous fait endosser plus vite ces habits successifs. Elle nous permet de transmettre électroniquement notre image à l'extérieur. Et personne ne sait au juste quelles conséquences ce phénomène aura sur notre personnalité. Aucune civilisation antérieure ne disposait d'outils aussi puissants. Nous sommes de plus en plus détenteurs de la technologie de la conscience.

Le monde dans lequel nous entrons à grands pas est si éloigné de notre expérience passée que, dans le domaine de la psychologie, il faut le reconnaître, toutes les spéculations sont hasardeuses. Toutefois, une chose est parfaitement claire : de puissantes forces convergent pour modifier le paysage social — privilégiant certains traits, en supprimant d'autres et, ce faisant, nous transformant tous autant que nous sommes.

En nous détournant de la civilisation de la Seconde Vague, nous ne passons pas seulement d'un système énergétique à un autre, d'une base technologique à la suivante. Nous bouleversons aussi notre espace intérieur. Compte tenu de ce fait, il serait absurde de projeter le passé dans l'avenir — de définir le peuple de la Troisième Vague en termes de Seconde Vague.

Même si nos hypothèses ne sont que partiellement fondées, la vie des gens aura plus d'éclat demain qu'aujourd'hui. Beaucoup auront sans doute une enfance plus courte, ils assumeront des responsabilités plus tôt, ils seront plus adaptables et auront une originalité plus affirmée. Sans doute aussi seront-ils plus enclins que leurs parents à contester l'autorité. Ils voudront gagner de l'argent et travailleront pour en avoir mais, sauf dans une conjoncture d'extrême pénurie, ils refuseront de travailler uniquement pour cela.

Par-dessus tout, ils aspireront vraisemblablement à avoir un équilibre de vie — équilibre entre le travail et les loisirs, la production et la prosommation, le travail cérébral et le travail manuel, l'abstrait et le concret, l'objectivité et la subjectivité. Enfin, ils se percevront et se projetteront en termes infiniment plus complexes que leurs prédécesseurs.

A mesure que mûrira la civilisation de la Troisième Vague, nous créerons, non point un homme ou une femme utopique dominant de toute sa stature les hommes et les femmes d'autrefois, non point une race surhumaine de Goethe et d'Aristote (ou de Gengis Khan et d'Hitler) mais, simplement et fièrement, espérons-le, une race — et une civilisation — méritant d'être qualifiée d'humaine.

Cependant, un tel aboutissement, le passage en douceur à une civilisation qui se respecte, n'est possible qu'à condition de se plier à un impératif catégorique : l'indispensable transformation politique. Et c'est à cette perspective — à la fois terrifiante et exaltante — que nous consacrerons les dernières pages de ce livre. A la personnalité du futur doit correspondre une politique du futur.

Chapitre 27.
Le mausolée politique

Il n'est pas possible d'être simultanément secoué par une révolution énergétique, une révolution technologique, une révolution familiale, une révolution sexuelle, et une révolution dans les communications à l'échelle de la planète, sans avoir aussi à affronter — tôt ou tard — une révolution politique potentiellement explosive.

Tous les partis politiques du monde industriel, nos Congrès, nos Parlements et nos Soviets suprêmes, nos Présidents et nos premiers ministres, nos prétoires et nos organes régulateurs, sans compter les strates accumulées des bureaucraties gouvernementales — bref, tous les instruments destinés à prendre et à faire appliquer les décisions collectives —, sont dépassés et sur le point d'être transformés. Une civilisation de Troisième Vague ne peut pas fonctionner avec une structure politique de Seconde Vague.

Les révolutionnaires qui ont été les accoucheurs de l'âge industriel ne pouvaient pas gouverner avec les vestiges de l'appareil féodal. Nous sommes aujourd'hui dans la même situation : une fois encore, nous nous trouvons devant la nécessité d'inventer de nouveaux outils politiques.

Tel est le message politique de la Troisième Vague.

LE TROU NOIR

Même si l'on n'a pas encore conscience de sa gravité, nous sommes à l'heure présente témoins d'une crise profonde, non pas

de tel ou tel gouvernement particulier, mais de la démocratie elle-
même et sous toutes ses formes. Partout, dans tous les pays, la
technologie politique de la Seconde Vague bégaie, grince et dérape
dangereusement.

Aux États-Unis, en ce qui concerne les questions cruciales, de vie
et de mort qui se posent à la société, la paralysie est presque totale
au niveau de la décision. Six ans après l'embargo décrété par
l'OPEP et malgré le coup massif qu'il a porté à l'économie du pays,
malgré la menace qu'il fait planer sur l'indépendance et même sur
la sécurité stratégique de la nation, malgré des débats fleuves au
Congrès, malgré des réorganisations à répétition de la bureaucratie, malgré les appels enflammés du Président, l'appareil politique
tourne à vide et se révèle incapable de mettre sur pied quelque
chose qui ressemblerait si peu que ce soit à une politique de
l'énergie.

Et si le vide ne prévalait que dans ce domaine ! Les États-Unis
n'ont pas davantage de politique urbaine, de politique de l'environnement, de politique de la famille, de politique technologique
intelligentes et intelligibles. Ils n'ont même pas, si l'on prête
l'oreille aux critiques de l'étranger, de politique extérieure percep-
tible. D'ailleurs, même si ces politiques existaient, la machine
politique américaine serait incapable de les intégrer et de choisir les
priorités. Ce vide traduit un effondrement si catastrophique du
pouvoir de décision que, dans un discours comme on n'en avait
encore jamais entendu, le président Carter s'est senti dans l'obligation de condamner la « paralysie… la stagnation… et la dérive » de
son propre gouvernement.

Mais cette liquéfaction des organes de décision n'est le monopole
ni d'un parti ni d'un Président. Elle ne fait qu'empirer depuis les
années 60 et elle est le reflet de problèmes structuraux sous-jacents
qu'aucun président, républicain ou démocrate, ne peut surmonter
dans le cadre du système actuellement en vigueur. Ces problèmes
de nature politique ont des effets déstabilisateurs sur des institutions sociales majeures telles que la famille, l'école et la corporation.

Des dizaines et des dizaines de lois ayant une incidence directe
sur la vie familiale, s'annulant et se contredisant mutuellement,
aggravent la crise de la famille. Une avalanche de crédits à la
construction a inondé le système éducatif au moment même où l'on
entrait à l'ère des classes creuses, d'où une scandaleuse débauche

de nouvelles écoles inutiles, suivie de coupes claires dans le financement d'opérations d'une urgente nécessité. Quant aux sociétés, elles sont condamnées à se mouvoir dans un environnement politique si insaisissable qu'elles ignorent absolument aujourd'hui ce que les pouvoirs publics attendront d'elles demain.

Le Congrès décrète que General Motors et les autres firmes automobiles devront équiper toutes les voitures neuves de filtres à catalyse afin de préserver la pureté de l'environnement. Et après que General Motors eut dépensé 300 millions de dollars pour fabriquer ces filtres et signé un contrat de dix ans portant sur une valeur de 500 millions de dollars pour s'assurer l'approvisionnement en métaux rares nécessaires à leur fabrication, le gouvernement américain annonce que les voitures ainsi équipées émettent trente-cinq fois plus d'acide sulfurique que les autres !

En même temps, une machine juridique en folie débite un fatras de réglementations toujours plus impénétrables — 45 000 pages de textes touffus en un an. 27 agences gouvernementales veillent à l'observation de quelque 5 600 règlements fédéraux concernant la seule production sidérurgique. (Des milliers d'autres, régissant l'extraction, la commercialisation et le transport de l'acier, sont également en vigueur.) Un laboratoire pharmaceutique de pointe, la société Eli Lilly, passe plus de temps à remplir des formulaires officiels qu'à faire de la recherche sur les maladies cardiovasculaires et le cancer. Un seul rapport adressé par la compagnie pétrolière Exxon à l'Agence fédérale de l'énergie comporte 445 000 pages — l'équivalent d'un millier de volumes !

Cette complexité mandarinale écrase l'économie sous son poids tandis que les initiatives désordonnées, foucades et valses-hésitations des centres de décision accentuent encore l'anarchie. Les zigzags erratiques d'un système politique qui pilote à vue complique énormément la lutte que mènent les institutions sociales de base pour survivre.

Cela dit, cette débâcle de la décision n'est pas un phénomène spécifiquement américain. Les mêmes symptômes sont apparents en France, en Allemagne, au Japon et en Grande-Bretagne — sans parler de l'Italie —, tout comme dans les pays industriels du bloc socialiste. C'est un premier ministre nippon qui déclare : « On parle de plus en plus d'une crise mondiale de la démocratie. On met en doute sa capacité à résoudre ses problèmes, sa viabilité même...

Au Japon aussi, la démocratie parlementaire est mise à l'épreuve. »

Dans tous ces pays, l'appareil de décision est de plus en plus grippé, surchargé, surmené. Alimenté en données fantaisistes, il est aux prises avec des périls inconnus. Et l'on en arrive à cette situation : les architectes de la politique, incapables de prendre des décisions de première urgence (ou alors ils les prennent à tort et à travers), se lancent frénétiquement à la poursuite d'une poussière de décisions mineures, et souvent futiles.

Même quand des décisions importantes sont arrêtées, il est généralement trop tard et elles atteignent rarement l'objectif en vue duquel elles ont été élaborées. « Nous avons résolu tous les problèmes législatifs, dit un parlementaire anglais aux abois. Nous avons adopté sept lois anti-inflation. Nous avons éliminé des injustices d'innombrables fois. Nous avons résolu le problème écologique. Chaque problème a été à mille reprises réglé par la législation. Mais les problèmes demeurent. La législation ne fonctionne pas. »

C'est l'appréciation que portait sous une autre forme un commentateur de la télévision américaine en cherchant une analogie dans le passé : « J'ai actuellement l'impression que la nation est une diligence dont les chevaux s'emballent et quand on tire sur les rênes, elles ne répondent pas. »

C'est la raison pour laquelle tant de gens — y compris dans les hautes sphères — sont frappés d'un tel sentiment d'impuissance. Un éminent sénateur américain m'avouait en privé son désarroi. Il avait l'impression de ne rien pouvoir faire d'utile. La ruine de sa vie de famille, le rythme frénétique de son existence, des heures de travail interminables, des parcours forcenés, des conférences qui n'en finissent pas, une tension perpétuelle... « A quoi bon ? » soupirait-il. Un député anglais, posant la même question désenchantée, ajoutait : « La Chambre des communes est une pièce de musée — une relique ! » Une haute personnalité de la Maison-Blanche me confiait que le Président lui-même, censé être l'homme le plus puissant du monde, se sentait désarmé. Il « a l'impression de hurler dans le téléphone — et il n'y a personne en ligne ».

Cette incapacité croissante à prendre des décisions adéquates au moment opportun transforme les rapports de pouvoir fondamentaux au sein de sa société. Dans des conditions normales, non révolutionnaires, les élites de n'importe quelle société se servent du système politique pour consolider leur suprématie et servir leurs fins. Le pouvoir se définit comme l'aptitude à faire en sorte que certains événements se produisent — et d'autres pas. Mais cela présuppose que l'on est en mesure de les prévoir et de les contrôler — que les chevaux s'arrêteront quand on tirera sur les rênes.

Or, les élites d'aujourd'hui ne peuvent même pas prévoir les conséquences de leurs propres actions. Le système politique qui est leur courroie de transmission est si vétuste et si grinçant, il est à tel point dépassé par les événements que même quand les élites le « contrôlent » étroitement à leur avantage, le retour de flammes est souvent à craindre.

Ce qui ne veut pas dire, je m'empresse de l'ajouter, que le pouvoir qui échappe aux élites est restitué au reste de la société. Le pouvoir n'est pas transféré ; il est de plus en plus éparpillé, à telle enseigne que personne ne sait d'une heure à l'autre qui est responsable de quoi, qui détient l'autorité réelle (par opposition à l'autorité nominale), et combien de temps cette autorité se maintiendra. Dans cette fermentation semi-anarchique, l'amertume et le désabusement de l'homme de la rue qui doute non seulement de ses « représentants » mais — et c'est plus grave — de la possibilité même d'être si peu que ce soit représenté, grandissent.

Le résultat est que le « rituel de sécurisation » de la Seconde Vague, le vote, commence à s'éroder. D'une année sur l'autre, en Amérique, la participation électorale décline. Lors des présidentielles de 1976, 46 % des électeurs ne se sont pas dérangés, ce qui veut dire qu'un Président a été élu par approximativement le quart du corps électoral — en réalité, par le huitième seulement de la population totale. Plus récemment, un sondage effectué par Patrick Caddel a révélé qu'à peine 12 % des électeurs estimaient encore que les élections avaient de l'importance.

Les partis politiques perdent pareillement leur puissance d'attraction. Au cours de la période 1960-1972, aux États-Unis, le nombre des « indépendants », c'est-à-dire des citoyens non affiliés à un parti, a augmenté de 400 % ; en 1972, pour la première fois depuis plus d'un siècle, il égalait celui des adhérents de l'un des deux grands partis.

Des tendances analogues se manifestent aussi ailleurs. En Angleterre, le Parti travailliste, qui était aux affaires en 1979, s'est à tel point atrophié qu'il peut s'estimer heureux, dans un pays de 56 millions d'habitants, de revendiquer 100 000 membres actifs. Au Japon, *Yomiuri Shimbun* écrit que « les électeurs n'ont guère confiance dans leur gouvernement. Ils se sentent coupés de leurs leaders ». Une vague de désenchantement politique balaie le Danemark. Comme on lui en demandait la raison, un ingénieur danois, exprimant une opinion partagée par nombre de ses compatriotes, répondit : « Les hommes politiques semblent incapables de stopper la tendance. »

Parlant de la dernière décennie, le dissident russe Victor Nekipelov observe que, en Union soviétique, ce furent « dix années de chaos grandissant, de militarisation, de désordre économique catastrophique, d'augmentation du coût de la vie, de pénurie de denrées alimentaires de base, d'accroissement de la criminalité et de l'alcoolisme, de corruption et d'exactions, mais, surtout (qu'elles ont vu) le prestige de la direction actuelle a dégringolé en flèche ».

En Nouvelle-Zélande, le vide politique incita un protestataire à se présenter aux élections après avoir changé son nom en celui de Mickey Mouse. Il eut tellement d'adeptes — des gens qui choisissaient de s'appeler, par exemple, Alice au Pays des Merveilles — que le Parlement vota précipitamment une loi frappant d'inéligibilité toute personne ayant officiellement changé de patronyme au cours des six mois précédant une élection.

Ce n'est pas seulement de la colère que les citoyens éprouvent à présent à l'endroit des leaders politiques et des officiels, mais du dégoût et du mépris. Ils ont conscience que le système politique qui, dans une société ébranlée par le changement, désemparée, devrait servir de gouvernail ou de stabilisateur, est lui-même brisé, qu'il s'affole et échappe à tout contrôle.

Aussi, quand un groupe de chercheurs se rendit récemment à Washington pour déterminer « qui était à la barre », il repartit avec une réponse aussi simple que brutale. Leur rapport, publié par le American Enterprise Institute a été ainsi résumé par le Pr Anthony King de l'université d'Essex, en Grande-Bretagne : « La réponse dans toute sa brièveté devrait être : " Personne. Personne n'est responsable ici. " »

Ce n'est pas seulement aux États-Unis mais dans de nombreux pays de la Seconde Vague assaillis par la Troisième Vague de changement que l'on constate un vide politique croissant — un « trou noir » dans la société.

DES ARMÉES PRIVÉES

Il suffit de jeter un coup d'œil rétrospectif sur le milieu des années 70 pour se rendre compte des dangers inhérents à cette démission du pouvoir. A cette date, alors que les approvisionnements en énergie et en matières premières se raréfiaient du fait de l'embargo de l'OPEP, que l'inflation et le chômage prenaient le mors aux dents, que le dollar était en chute libre, que l'Afrique, l'Asie et l'Amérique du Sud commençaient à réclamer une nouvelle donne économique, des symptômes pathologiques apparaissaient dans les pays de la Seconde Vague les uns après les autres.

En Grande-Bretagne, cette terre d'asile de la tolérance et du civisme, des généraux en retraite se mettaient à recruter des armées privées pour faire régner l'ordre, et un mouvement fasciste renaissant de ses cendres, le Front national, présentait des candidats dans quelque 90 circonscriptions. Il s'en fallut de peu que les fascistes et l'extrême gauche ne s'affrontent en une bataille rangée dans les rues de Londres. En Italie, c'était l'escalade du terrorisme des fascistes de gauche, les Brigades rouges, avec leurs mutilations, enlèvements et assassinats. En Pologne, l'augmentation des prix alimentaires décidée par le gouvernement de Varsovie pour rattraper l'inflation amena le pays au bord de la révolte. En Allemagne de l'Ouest, tourmentée par les assassinats terroristes, un *establishment* vacillant adopta fébrilement une série de lois de type maccarthiste pour écraser la contestation.

Il est vrai que ces syndromes d'instabilité politique reculèrent à la fin des années 70 quand les économies des pays industriels se rétablirent partiellement (et temporairement). En Angleterre, les armées privées ne sont jamais intervenues. Après le meurtre d'Aldo Moro, on eut l'impression que les Brigades rouges lâchaient un moment du lest pour prendre leur second souffle. Un nouveau régime s'installa sans coup férir au Japon. Le gouvernement polonais conclut une trêve fragile avec les opposants. Aux États-Unis, Jimmy Carter, qui avait accédé à la Maison-Blanche en faisant campagne « contre le système » (et qui, une fois élu, l'entérina), réussissait à s'accrocher à la force du poignet en dépit d'une baisse de popularité catastrophique.

Cependant, ces clignotants doivent nous faire réfléchir, et une question se pose : les systèmes politiques en vigueur dans les pays industriels pourront-ils survivre à la prochaine vague de crises ? Celles des années 1980 et 1990 ont en effet toutes les chances d'être plus sévères, plus destructrices et plus dangereuses que les dernières en date. Peu nombreux sont les observateurs bien informés qui croient que le pire est derrière nous et les scénarios cataclysmiques foisonnent.

Scénarios pessimistes pour les années 80/90

Si la fermeture des oléoducs iraniens pendant quelques semaines a suffi pour désorganiser les livraisons et pour que l'on se batte devant les pompes à essence aux États-Unis, que se passera-t-il, et pas seulement aux U.S.A., quand les actuels dirigeants d'Arabie saoudite seront déposés ? Peut-on raisonnablement penser que cette petite clique de familles régnantes qui contrôle 25 % des réserves pétrolières mondiales pourra indéfiniment s'accrocher au pouvoir alors que la guerre fait rage entre le Yémen du Nord et le Yémen du Sud, leurs voisins, et que l'afflux des pétrodollars, des immigrants et des Palestiniens extrémistes déstabilisent leur propre pays ? Jusqu'à quel point, à Washington, à Londres, à Paris, à Moscou, Tokyo ou Tel-Aviv, les responsables politiques traumatisés (et traumatisés aussi par le choc du futur) sauront-ils réagir avec sang-froid à un coup d'État, à une insurrection religieuse ou à un soulèvement révolutionnaire éclatant à Ryad — pour ne pas parler d'un éventuel sabotage des champs de pétrole de Ghawar et d'Abqaiq ?

Comment ces mêmes responsables de la Seconde Vague surmenés, les nerfs à fleur de peau — ceux de l'Est comme ceux de l'Ouest — réagiraient-ils si, comme le prédit le Cheikh Yamani, des hommes-grenouilles coulaient un navire dans le détroit d'Ormuz ou y mouillaient des mines, bloquant ainsi la moitié du ravitaillement en brut dont dépend la survie du monde ? Il n'est guère rassurant de constater, si l'on regarde une carte, que l'Iran, qui est à peine capable de maintenir l'ordre et la paix civile à l'intérieur de ses frontières, commande l'une des rives de cette artère d'une importance stratégique vitale, mince comme un fil.

Que se passera-t-il, autre scénario-catastrophe, quand le Mexique commencera à exploiter pour de bon ses propres gisements de pétrole et se verra brusquement submergé sous un flot de pétropesos ? L'oligarchie en place aura-t-elle la volonté — et, ce qui est encore plus problématique, le savoir-faire technologique — de faire bénéficier de la majeure partie de cette manne une paysannerie sous-alimentée et maintenue depuis si longtemps dans la misère ? Et pourra-t-elle opérer cette redistribution de la richesse assez vite pour empêcher la guérilla latente de prendre les proportions d'une guerre civile qui se déchaînerait aux portes des États-Unis. Et si guerre civile il y avait, quelle serait la réaction de Washington ? De l'énorme population *chicano*[1] des ghettos de la Californie du Sud et du Texas ? Peut-on, compte tenu de l'actuel désarroi du Congrès et de la Maison-Blanche, espérer que, confrontées à des crises d'une pareille ampleur, les autorités prendraient ne serait-ce que des décisions semi-intelligentes ?

Sur un autre plan, des gouvernements déjà incapables de maîtriser les forces macro-économiques pourront-ils faire face à des fluctuations encore plus vertigineuses du système monétaire international, ou à son écroulement définitif ? Alors que l'on parvient à peine à contrôler les monnaies, que la bulle des eurodevises continue de se dilater sans entraves, que le crédit au niveau du consommateur, des entreprises et du gouvernement, poursuit son escalade, qui pourrait envisager un retour à la stabilité économique dans les prochaines années ? Qu'il y ait seulement une flambée brutale de l'inflation et du chômage, un effondrement du crédit ou quelque autre catastrophe économique, et nous verrons peut-être les armées privées entrer en action.

Enfin, qu'adviendrait-il si certaines des innombrables et florissantes sectes qui pullulent actuellement se découvraient une vocation politique et s'organisaient en conséquence ? Alors que les grandes religions établies éclatent sous les pressions démassifiantes de la Troisième Vague, il n'est pas exclu que surgissent des armées de prêtres ne devant leur ordination qu'à eux-mêmes, de ministres du culte, de prédicateurs et de magisters entraînant parfois derrière eux, peut-être, des partisans politisés et disciplinés, voire constitués en milices paramilitaires.

Il n'est pas difficile d'imaginer aux États-Unis un nouveau parti groupé derrière Billy Graham (ou un de ses pareils) défendant un programme rudimentaire sous la bannière de « l'ordre et la loi », ou du « non au porno ». Ou une Anita Bryant encore inconnue exigeant que les homosexuels ou les « pro-homos » soient jetés en

---

1. Nom donné aux Mexicains immigrés (plus ou moins clandestinement) aux États-Unis. (*N.d.T.*)

prison. Ces quelques exemples ne sont qu'un bien pâle aperçu des excès politico-religieux dont même les sociétés les plus laïcisées sont potentiellement porteuses et dont nous serons peut-être témoins un jour. On peut envisager toute sorte de mouvements politico-religieux dirigés par des ayatollahs nommés Smith, Schultz ou Santini.

Je ne dis pas que ces scénarios verront forcément le jour. Il se peut qu'ils se révèlent tous chimériques. Mais si tel est le cas, soyons assurés que des crises dramatiques, plus dangereuses encore que celles que nous venons de connaître, ne manqueront pas d'éclater. Et il faut bien nous rendre à l'évidence : les actuels spécimens de dirigeants de Seconde Vague ne sont pas préparés à les affronter. Leur incurie confine même au grotesque.

En fait, parce que les structures politiques de la Seconde Vague sont encore plus dégradées aujourd'hui que dans les années 70, les gouvernements seront fatalement moins compétents, moins inventifs et moins clairvoyants qu'ils ne l'étaient durant la dernière décennie lorsqu'il faudra répondre au défi des crises des années 1980 et 1990.

Et c'est la raison pour laquelle il est impératif de réexaminer de fond en comble l'une de nos illusions politiques les plus profondément enracinées et les plus dangereuses.

LE COMPLEXE DU MESSIE

Le complexe du Messie est l'illusion que nous pouvons être sauvés rien qu'en changeant l'homme (ou la femme) qui tient la barre.

Devant le spectacle des politiciens de la Seconde Vague qui chancellent et gesticulent comme des hommes ivres, cueillis à froid par les problèmes que fait naître la surrection de la Troisième Vague, des quantités de gens, aiguillonnés par la presse, ont trouvé une manière simple et immédiatement intelligible d'expliquer tous nos maux : la défaillance des dirigeants. Ah ! Si seulement un Messie apparaissait à l'horizon politique pour remettre les choses en place !

Les gens les mieux intentionnés, qui voient s'écrouler leur univers familier, leur environnement devenir de plus en plus imprévisible, et dont la soif d'ordre, de structure et de prévision grandit, rêvent, eux aussi, aujourd'hui, d'un chef dominateur et macho. Ainsi entendons-nous « un cri formidable, s'élevant comme le hurlement d'innombrables chiens aboyant aux étoiles, demander que quelqu'un ou quelque chose prenne le commandement », comme disait Ortega y Gasset en 1930 quand Hitler montait à l'assaut du pouvoir.

Aux États-Unis, on condamne violemment le « manque de leadership » du Président. En Grande-Bretagne, Margaret Thatcher est élue parce qu'elle donne, au moins, l'illusion d'être « la Dame de Fer ». Même dans les pays industriels du bloc communiste, dont on ne saurait reprocher à la direction d'être entachée de timidité, les pressions pour qu'elle s'exerce avec plus de force encore s'intensifient. En U.R.S.S. paraît un roman qui fait tout crûment l'apologie de l'aptitude qu'avait Staline à tirer les « conclusions politiques nécessaires ». On considère que la publication de *La Victoire* d'Alexandre Chakovsky s'inscrit dans une campagne de « restalinisation ». De petites effigies de Staline fleurissent sur les pare-brise, dans les foyers, dans les hôtels et dans les kiosques. Pour Victor Nekipelov, auteur de *L'Institut des fous* : « Staline sur les pare-brise aujourd'hui, c'est une poussée de la base... une protestation, si paradoxale qu'elle soit, contre la désintégration et l'absence de leadership actuelles. »

A l'orée d'une décennie périlleuse, les voix qui, aujourd'hui, réclament un pouvoir fort retentissent au moment même où réapparaissent des forces ténébreuses. Le *New York Times* rapporte qu'en France, « après plus de trente ans d'hibernation, des groupes d'extrême droite, petits mais influents, cherchent à nouveau à se placer sur le devant de la scène intellectuelle en développant des théories sur la race, la biologie et l'élitisme politique qu'avait discrédités la défaite du fascisme ».

Ces groupes, violemment anti-américains, ont trouvé pour bonimenter sur la suprématie raciale des Aryens une tribune dans *Le Figaro Magazine.* Ils soutiennent que les races naissent inégales et que la politique sociale se doit d'entériner leur inégalité. Ils truffent leurs arguments de références à E. O. Wilson et à Arthur Jensen pour donner un vernis pseudo-scientifique à leurs préventions agressivement antidémocratiques.

Il y a quelque temps, au Japon, nous nous sommes trouvés pris, ma femme et moi, dans un embouteillage monstre et nous avons vu défiler à une allure de limace pendant trois quarts d'heure une kyrielle de camions remplis de gros bras en uniforme, casqués, qui, brandissant le poing vers le ciel, scandaient des slogans protestant contre je ne sais quelle orientation adoptée par le gouvernement. Nos amis japonais nous expliquèrent que ces proto-S.A. sont liées à une sorte de mafia, les gangs *yakusa,* et financées par des personnalités politiques influentes qui rêvent d'un retour à l'autoritarisme d'avant-guerre.

Tous ces groupes ont leurs pendants « gauchistes », sous forme de bandes de terroristes qui n'ont que la « démocratie socialiste » à la bouche mais sont prêts à imposer leur propre totalitarisme à la société, kalachnikovs et plastic à l'appui.

Aux États-Unis, entre autres symptômes inquiétants, nous assistons à la renaissance du racisme le plus cynique. Depuis 1978, le Ku Klux Klan fait un retour en force : des croix ont flambé à Atlanta ; des hommes armés ont investi l'hôtel de ville de Decatur, dans l'Alabama ; on a tiré sur des églises noires et sur une synagogue à Jackson, Mississippi ; et l'on note une recrudescence d'activité du K.K.K. dans vingt et un États, de la Californie au Connecticut. En Caroline du Nord, des hommes du Klan, qui sont aussi des nazis avérés, ont tué cinq militants de gauche anti-Klan.

Bref, l'appel à un « pouvoir fort » coïncide avec un regain d'activité des partisans d'un autoritarisme musclé qui espèrent tirer parti de la délitation du gouvernement représentatif. La mèche et l'étincelle se rapprochent dangereusement l'une de l'autre.

Cette nostalgie du pouvoir fort que nous voyons se développer repose sur trois idées fausses, dont la première est le mythe de l'efficacité de l'autoritarisme. Peu de croyances sont aussi répandues que l'opinion selon laquelle les dictateurs font, à tout le moins, « arriver les trains à l'heure ». Tant d'institutions vont à vau-l'eau aujourd'hui, et tout est à ce point imprévisible que des foules de gens renonceraient de grand cœur à une part de liberté (celle des autres, de préférence) pour que leurs trains économiques, sociaux et politiques arrivent à l'heure.

Or, un leadership fort — et même le totalitarisme — n'a pas grand-chose à voir avec l'efficacité. Il n'existe guère d'indications permettant de penser que l'Union soviétique soit dirigée efficacement bien que le pouvoir soit assurément plus « fort » et plus autoritariste dans ce pays qu'aux États-Unis, en France ou en Suède. Abstraction faite de l'armée, de la police secrète et de quelques autres institutions essentielles à la perpétuation du régime, l'U.R.S.S. est de l'avis général — et de l'aveu de la presse soviétique — un bateau qui fait eau. C'est une société handicapée par le gaspillage, l'irresponsabilité, l'inertie et la corruption — autrement dit par l' « inefficacité totalitaire ».

Même l'Allemagne nazie, qui fit preuve d'une si prodigieuse efficacité quand il s'est agi d'éliminer les Polonais, les Russes, les Juifs et autres « non-Aryens », brillait par son manque d'efficacité pour le reste. Raymond Fletcher, membre du Parlement britannique, qui fut élevé en Allemagne et est resté un observateur attentif de la société allemande, nous rappelle une vérité oubliée :

« On voit dans l'Allemagne nazie un modèle d'efficacité. En fait, la Grande-Bretagne était mieux organisée pour la guerre que les Allemands. Les nazis continuèrent de fabriquer des tanks et des transports de troupes blindés dans la Ruhr alors qu'il n'y avait plus depuis longtemps de wagons pour en prendre livraison. Ils utilisaient très mal leurs savants. Sur 16 000 inventions d'intérêt militaire faites pendant la guerre, il n'y en eut qu'un nombre infime qui passèrent au stade de la production en raison de l'inefficacité régnante.

« Les services de renseignement nazis finirent par s'espionner les uns les autres tandis que le Renseignement britannique faisait un travail admirable. Alors que les civils anglais fabriquaient des grilles de fer et des casseroles afin de contribuer à l'effort de guerre, les Allemands continuaient de produire des objets de luxe. Les Anglais mobilisèrent tôt les femmes, pas les Allemands. Hitler en personne était un parangon d'indécision. Le IIIᵉ Reich, modèle d'efficacité militaire ou industrielle, est une légende grotesque. »

Il faut plus qu'un pouvoir fort, nous allons le voir, pour faire arriver les trains à l'heure.

Le deuxième et fatal sophisme auxquels sacrifient les thuriféraires du pouvoir fort est le postulat implicite qu'un type de leadership qui a eu des résultats positifs autrefois est de nature à bien fonctionner aujourd'hui et demain. Quand on pense à la question du commandement, ce sont des figures du passé qui viennent à l'esprit — Roosevelt, Churchill, de Gaulle. Or, des civilisations différentes exigent des qualités extrêmement différentes des hommes au pouvoir. Ce qui pour l'une est force peut, pour l'autre, être absurdité et faiblesse désastreuse.

Pendant la Première Vague, dans le cadre d'une civilisation à assise rurale, la source de l'autorité résidait dans la naissance et non dans l'action accomplie. Le monarque n'avait besoin que d'un nombre limité de talents : savoir mener ses troupes à la bataille, avoir l'astuce nécessaire pour jouer ses barons les uns contre les autres et l'habileté de conclure un mariage avantageux. La culture et la pensée abstraite ne faisaient pas partie des qualifications d'emploi requises. En outre, le chef était libre d'exercer largement son autorité personnelle selon son bon plaisir et de la façon la plus capricieuse, la plus excentrique même, sans être entravé ni par une Constitution, ni par une Assemblée, ni par l'opinion publique. Il n'avait besoin d'autre approbation, le cas échéant, que de celle d'une petite coterie de nobles, de gentilshommes et de dignitaires ecclésiastiques. Le chef capable d'obtenir ces soutiens était un homme « fort ».

Le dirigeant de la Seconde Vague, en revanche, détenait un pouvoir impersonnel et toujours plus abstrait. Il avait considérablement plus de décisions à prendre dans les domaines les plus variés, de la manipulation des media à la conduite de la macro-économie. Et ses décisions devaient, pour être exécutées, passer par une chaîne d'organisations et de bureaux dont il connaissait et orchestrait les complexes rapports réciproques. Il fallait qu'il soit instruit et apte au raisonnement abstrait. Au lieu d'une poignée de vassaux, c'était un écheveau enchevêtré d'élites et de sous-élites qu'il devait manipuler. Enfin, son autorité, même s'agissant d'un dictateur totalitaire, était limitée, au moins théoriquement, par la Constitution, la jurisprudence, les nécessités politiques partisanes et la puissance d'une opinion de masse.

Compte tenu de ces disparités, le plus « fort » des dirigeants de la Première Vague transplanté dans un cadre politique de Seconde Vague aurait paru encore plus faible, plus désorienté, plus irrésolu et plus impuissant que le leader de Seconde Vague réputé « faible ».

De même aujourd'hui, alors que nous entrons à bride abattue dans une nouvelle étape de la civilisation, Roosevelt, Churchill, de Gaulle, Adenauer (sans oublier Staline), les hommes « forts » des sociétés industrielles, seraient aussi peu à leur place et aussi inaptes qu'un Louis II de Bavière, le roi fou, parachuté à la Maison-Blanche. Se mettre en quête de dirigeants au ton tranchant, au menton volontaire et agressivement imbus de leurs opinions — des Kennedy, des Connally ou des Reagan, des Chirac ou des

Thatcher —, c'est ruminer de vieilles nostalgies, c'est partir à la recherche d'une image du père ou de la mère en se fondant sur des principes obsolètes. En effet, la « faiblesse » imputée aux leaders d'aujourd'hui n'est pas tant le reflet de leur équation personnelle qu'une conséquence de l'effritement des institutions dont dépend leur pouvoir.

En fait, cette apparente « faiblesse » est directement fonction de l'accroissement de leur « pouvoir ». A mesure que la société se transforme sous l'influence de la Troisième Vague et accède à un niveau très supérieur de diversité et de complexité, les dirigeants doivent s'en remettre à des intermédiaires toujours plus nombreux pour prendre les décisions et les faire appliquer. Plus il a d'instruments à sa disposition — chasseurs supersoniques, engins nucléaires, ordinateurs, moyens de télécommunication —, plus le chef a les mains liées.

C'est là une inéluctable fatalité qui ne fait que traduire la complexité grandissante de la base sur laquelle est nécessairement assis le pouvoir aujourd'hui. Et voilà pourquoi le Président des États-Unis qui a à portée de main le bouton nucléaire lui permettant de réduire la planète en cendres se sent aussi impuissant que s'il n'y avait « personne à l'autre bout du fil ». La puissance et l'impuissance sont le recto et le verso de la même « puce ».

C'est pour cette raison que la Troisième Vague naissante réclame un leadership d'un type entièrement nouveau. Les caractéristiques indispensables à ses dirigeants ne sont pas encore parfaitement définies. Il est bien possible qu'il s'avère que la force du leader de demain tiendra, non à son césarisme mais à son aptitude à écouter les autres ; non à sa poigne, à son côté bulldozer mais à son imagination ; non à sa mégalomanie mais au fait qu'il reconnaîtra que, dans ce monde nouveau, le leadership a ses limites.

Il y a de fortes chances pour que les leaders de demain soient confrontés à une société beaucoup plus décentralisée et participatrice — plus variée, même, que celle d'aujourd'hui. Ils ne seront jamais plus l'alfa et l'oméga pour leurs peuples. En vérité, il est improbable qu'un individu puisse désormais réunir en sa seule personne toutes les qualités exigées d'un chef. Le leadership sera très vraisemblablement plus temporaire, plus collégial et moins consensuel.

Jill Tweedie a senti cette évolution. « Il est facile, écrivait-elle avec perspicacité dans le *Guardian,* de critiquer... Carter. Il est possible qu'il ait été (qu'il soit ?) faible et hésitant... Mais il est tout aussi possible... que le grand péché de Jimmy Carter soit de s'incliner devant le fait que, à mesure que la planète se rétrécit, les problèmes... (deviennent) si globaux, si fondamentaux et si interdépendants qu'ils ne peuvent plus être résolus comme autrefois à l'initiative d'un seul homme ou d'un seul gouvernement. » Bref, conclut-elle, nous nous dirigeons péniblement vers un autre type de leader, non point parce que quelqu'un a décidé que c'était ce qu'il fallait, mais parce que la nature même des problèmes qui se pose à nous rend cette démarche nécessaire. L'homme fort d'hier sera peut-être demain un poids mouche de 45 kilos.

Qu'il en aille ou non ainsi, la thèse du Messie politique, indispensable et suprême sauveur qui nous garderait du désastre, comporte une dernière faiblesse, encore plus accablante. Elle présuppose, en effet, que le nœud du problème est une question de personnalité. Eh bien, pas du tout ! Même si nous avions à la barre des saints, des génies et des héros, nous n'en demeurerions pas moins confrontés à la crise terminale du gouvernement représentatif qui n'est rien d'autre que la technologie politique de l'ère de la Seconde Vague.

TOUT EST DANS TOUT

S'il s'agissait simplement de choisir le « meilleur », on pourrait résoudre le problème du leadership dans le cadre du système tel qu'il existe. Mais les choses sont loin d'être aussi simples. En fait, les leaders — même les « meilleurs » — sont pieds et poings liés parce que les institutions qui leur sont imposées ont fait leur temps.

En premier lieu, nos structures politiques et de gouvernement ont été conçues à une époque où l'État-nation avait encore les coudées franches. Les gouvernements pouvaient prendre des décisions de manière plus ou moins indépendante. Nous avons vu que ce n'est plus possible aujourd'hui, même si nous persistons à cultiver le mythe de la souveraineté nationale. L'inflation est devenue si contagieuse, nonobstant les frontières, que M. Brejnev lui-même, ou son successeur, est, et sera, dans l'incapacité d'établir un cordon sanitaire pour empêcher l'invasion de l'épidémie. Bien qu'ils soient en partie coupés de l'économie mondiale et soumis à un rigoureux contrôle intérieur, les pays industriels du bloc socialiste dépendent de l'extérieur pour le pétrole, les produits alimentaires, la technologie, le crédit et autres biens et services indispensables. En 1979, l'U.R.S.S. s'est vue contrainte de décréter une hausse des prix sur de nombreux objets de consommation. En Tchécoslovaquie, le tarif des produits pétroliers a doublé, et la Hongrie a matraqué l'usager en augmentant de 51 % ceux de l'électricité. Une décision prise dans un pays pose des problèmes à son voisin ou l'oblige à réagir.

La France a construit à La Hague une usine de retraitement des déchets nucléaires (plus proche de Londres que le réacteur anglais de Windscale) sur un site où, s'il y avait des fuites, les vents dominants entraîneraient les poussières et les gaz radio-actifs vers la Grande-Bretagne. Une marée noire dans le golfe du Mexique met en péril la côte du Texas, distante de 800 kilomètres. Et si l'Arabie saoudite ou la Libye augmente ou réduit sa production de pétrole, cela a des répercussions immédiates ou à long terme sur l'écologie de nombreuses nations.

Les leaders nationaux ont beau faire des effets de manches ou agiter leur sabre, dans ce contexte étroitement interréactionnel, leur efficacité est réduite à la portion congrue. Leurs décisions ont des conséquences coûteuses, indésirables et souvent dangereuses au plan planétaire ou au plan local. L'échelle même du gouvernement et la distribution de l'autorité en matière de prise de décisions sont terriblement mal adaptées au monde contemporain.

Et pourtant, ce n'est pas la seule raison de la désuétude des structures politiques existantes.

LE PROBLÈME DU MAILLAGE

Nos institutions politiques sont également le reflet d'un système de pensée périmé. Tous les gouvernements sont constitués de ministères ou de départements ayant chacun leur domaine réservé — les finances, les affaires étrangères, la défense, l'agriculture, le commerce, les postes ou les transports. Le Congrès des États-Unis et les autres Assemblées législatives créent des commissions qui sont également spécialisées dans ces différents domaines. Mais il est un problème qu'aucun gouvernement de Seconde Vague, même le plus centralisé et le plus autoritaire, n'est capable de résoudre, c'est celui du « maillage » : comment intégrer toutes ces unités de travail pour qu'elles soient en mesure d'élaborer des programmes systématiques globaux au lieu de produire tout un fatras de décisions contradictoires qui se neutralisent les unes les autres.

S'il est une leçon à tirer des événements des dernières décennies, c'est que toutes les questions, sociales et politiques, sont inextricablement imbriquées — que l'énergie, par exemple, affecte l'économie qui, à son tour, affecte la santé, laquelle affecte l'enseignement, le travail, la vie familiale et mille autres choses encore. Vouloir sérier les problèmes et les traiter isolément en les détachant les uns des autres — pratique qui est dans le droit fil de la mentalité industrialiste — ne peut aboutir qu'à la confusion et au désastre. Or, l'organigramme gouvernemental traduit fidèlement cette approche Seconde Vague du réel.

Cette structure anachronique conduit à d'interminables conflits de juridiction, à des transferts de charges (chaque bureau s'efforçant de régler ses propres problèmes aux dépens des autres) et à des retombées secondaires négatives. Et c'est pourquoi chaque fois qu'un gouvernement s'efforce de résoudre un problème, cela provoque l'éruption d'autres problèmes, souvent plus graves que le premier.

Classiquement, pour surmonter l'obstacle du « maillage », les gouvernements accentuent encore la centralisation en désignant un « tsar » pour couper court aux lenteurs administratives. Le cacique tranche sans se préoccuper le moins du monde des conséquences néfastes — où il multiplie lui-même à tel point les goulets administratifs qu'il est bientôt renvoyé à ses chères études. C'est que la centralisation du pouvoir est une recette qui n'a plus cours.

Il en est une autre quand on est aux abois : créer d'innombrables comités interministériels pour coordonner et peaufiner la décision. Le malheur est que l'on dispose ainsi de nouvelles chicanes et de nouveaux filtres qui ne font qu'augmenter la complexité de labyrinthe bureaucratique. Les gouvernements et les structures politiques actuelles sont périmés parce qu'ils voient le monde avec les lunettes de la Seconde Vague.

Ce qui a pour effet de rendre un autre problème encore plus aigu.

L'ACCÉLÉRATION DE LA DÉCISION

Les gouvernements et les institutions parlementaires de la Seconde Vague étaient conçus pour prendre des décisions mûrement et longuement réfléchies — et quoi de plus normal dans un monde où il fallait une semaine pour qu'un message expédié de Boston ou de New York parvienne à Philadelphie ? Aujourd'hui, quand un ayatollah prend des otages à Téhéran ou éternue à Qom, les autorités de Washington, de Moscou, de Paris ou de Londres doivent réagir et prendre des décisions dans les minutes qui suivent. La vitesse vertigineuse du changement prend les gouvernements et les politiciens de court, ce qui contribue à accroître leur sentiment d'impuissance et leur confusion, ce que ne manque pas de souligner la presse. « Il y a encore trois mois, lit-on dans *Advertising Age*, la Maison-Blanche conseillait aux consommateurs d'y réfléchir à deux fois avant de dépenser leurs dollars. Maintenant, le gouvernement les invite à cor et à cri à lâcher les cordons de la bourse. » Les experts pétroliers avaient prévu la flambée des prix du brut, note la revue allemande de politique étrangère *Aussenpolitik,* mais « pas la rapidité de cette évolution ». La récession de 1974-1975 a stupéfié les responsables américains « par sa vitesse et sa brutalité », observe de son côté *Fortune.*

Le changement social s'accélère, lui aussi, et cela déroute encore un peu plus les décideurs. « Tant que la migration de l'industrie et de la population était graduelle... elle contribuait à l'unification de la nation, écrit *Business Week* à propos des États-Unis. Mais au cours des cinq dernières années, l'amplification de ce processus a dépassé les limites en deçà desquelles les institutions politiques existantes étaient capables de l'éponger. »

La carrière des professionnels de la politique a pris le galop, et ils en sont souvent les premiers surpris. En 1970, Margaret Thatcher prophétisait qu'elle ne verrait jamais de son vivant une femme occuper un poste ministériel important dans le Cabinet britannique ; en 1979, elle était Premier ministre.

Aux États-Unis, en l'espace de quelques mois, *Jimmy Who ?*[1] s'installe à la Maison-Blanche. Mieux encore : alors qu'un nouveau Président ne prend ses fonctions qu'au mois de janvier qui suit l'élection[2], Carter devint immédiatement Président *de facto.* Ce fut lui, et non Gerald Ford, le Président sortant, et avant même que le dépouillement ne fût terminé ou presque, que l'on assaillit de

---

1. Jimmy Qui ? Sobriquet facétieux que l'on donna quelque temps à ce parfait inconnu qui annonçait d'emblée : « Je m'appelle Jimmy Carter et je suis candidat à la Présidence des États-Unis. » (*N.d.T.*)

2. Qui a lieu en novembre. (*N.d.T.*)

questions sur le Proche-Orient, la crise de l'énergie, et j'en passe. En un clin d'œil Ford était passé sous la table car, en politique, le temps est désormais trop contracté, l'histoire se meut trop vite pour qu'il soit encore possible de respecter les délais traditionnels.

La « lune de miel » avec la presse dont bénéficiait jadis le nouveau Président fut pareillement abrégée dans le cas de Carter. Avant même son installation, il fut attaqué à boulets rouges à propos de la composition de son cabinet et se vit contraint de revenir sur la nomination du directeur de la C.I.A. Plus tard, alors qu'il n'en était pas encore à la moitié de son mandat, le fin observateur politique qu'est Richard Reeves lui prédisait déjà une carrière brève parce que « l'instantanéité des communications a tellement télescopé le temps qu'une Présidence de quatre ans produit aujourd'hui plus d'événements, de difficultés et d'informations que n'en produisait autrefois une présidence de huit ans ».

Cette frénésie qui s'est emparée de la vie politique, reflet de l'accélération générale du changement, aggrave le déclin des appareils gouvernementaux. Pour exprimer les choses simplement, les dirigeants actuels, obligés de travailler dans le cadre d'institutions de Seconde Vague conçues pour une société au rythme plus lent, sont dans l'incapacité de mettre sur pied des décisions intelligentes aussi rapidement que l'exigent les événements. Ou elles arrivent trop tard, ou c'est l'indécision qui prévaut.

C'est ainsi que le Pr Robert Skidelsky de la School for Advanced International Studies, de l'université Johns Hopkins, observe : « La politique fiscale est pratiquement devenue inapplicable parce qu'il faut trop longtemps au Congrès pour adopter les mesures appropriées, même quand il existe une majorité. » Et il écrivait cela en 1974, bien avant que le défi énergétique fût entré dans sa sixième interminable année en Amérique.

L'accélération du changement a provoqué la surchauffe de la capacité de décision de nos institutions et frappé de caducité nos structures politiques actuelles, abstraction faite de toute idéologie partisane comme du problème du commandement. Ces institutions ne sont pas seulement inadéquates au plan de leur échelle et de leur architecture : elles le sont aussi en terme de vitesse de réaction.

Et ce n'est pas encore tout.

LA DÉCOMPOSITION DU CONSENSUS

La Seconde Vague a engendré une société de masse. La Troisième, elle, nous démassifie, elle fait accéder le système social tout entier à un stade très supérieur de diversité et de complexité. Ce processus révolutionnaire, qui présente beaucoup d'analogie avec la différenciation biologique au niveau de l'évolution, contribue à expliquer l'un des grands phénomènes politiques de notre temps : la décomposition du consensus.

D'un bout à l'autre du monde industrialisé, les hommes politiques déplorent la disparition du « dessein national », l'absence du cher et vieil « esprit de Dunkerque », l'érosion de l' « unité nationale » et la subite et déconcertante prolifération de dynamiques groupes dissidents. A Washington, le maître mot à la mode est le *single issue group*, expression qui désigne les organisations politiques surgissant par milliers, généralement polarisées sur un seul et unique problème considéré comme brûlant : l'avortement, la réglementation de la vente des armes à feu, les droits des homosexuels, le *busing*[1], l'énergie nucléaire, etc. Ces centres d'intérêt sont si divers, aussi bien sur le plan national qu'au niveau local, que les politiciens et les hauts fonctionnaires sont dépassés.

Les propriétaires de caravanes s'organisent pour obtenir la modification des plans d'aménagement et d'urbanisation. Les fermiers partent en guerre contre l'implantation de lignes à haute tension. Les retraités se mobilisent contre les taxes scolaires. Les féministes, les *chicanos*, les *strip miners*[2] et les *anti-strip miners* se regroupent comme se regroupent les parents célibataires et les antipornos. Un magazine du Midwest fait même état de la création d'une association de « nazis homosexuels » — ce qui doit, sans aucun doute, embarrasser aussi bien les nazis hétérosexuels que le mouvement de libération des homosexuels.

De leur côté, les organisations nationales de masse ont du mal à garder leur cohésion. « Les sections locales ne suivent plus la hiérarchie nationale », dit un participant à une conférence d'asso-

---

1. Système de transport scolaire visant à imposer la mixité raciale dans les écoles pour supprimer la ségrégation. (*N.d.T.*)
2. *Strip mine* : mine à ciel ouvert.

ciations de volontaires. Un expert des questions sociales rapporte qu'au lieu de se ranger sous la bannière de l'A.F.L.-C.I.O. pour mener une action politique unifiée, les syndicats affiliés ont de plus en plus tendance à lancer leurs propres campagnes sur leurs propres objectifs.

L'électorat américain n'est pas seulement divisé en deux grandes familles politiques, les républicains et les démocrates, les groupes dissidents eux-mêmes sont de plus en plus éphémères. Ils surgissent, meurent et se relaient sur un rythme accéléré, formant un flux de fermentation malaisé à analyser. « Au Canada, déclare une personnalité proche du gouvernement, on estime à présent que la durée de vie des nouvelles organisations volontaires sera de six à huit mois. Il y a davantage de groupes et ils sont plus éphémères. »

L'accélération et la diversité créent ainsi, en se combinant, un corps politique d'un type totalement inédit.

Ces tendances signent également l'arrêt de mort des notions de coalition, d'alliance et de front commun. Sous la Seconde Vague, un leader pouvait rassembler une demi-douzaine de grands blocs derrière lui, comme le fit Roosevelt en 1932, et escompter que cette coalition demeurerait soudée de nombreuses années. Aujourd'hui, il est nécessaire de réunir des centaines, sinon des milliers de minuscules groupes d'intérêt à l'existence fugace, et cette coalition elle-même sera éphémère. Elle durera le temps d'élire un Président pour se dissoudre le lendemain de l'élection, le laissant sans troupes pour soutenir son action.

La démassification de la vie politique, reflétant tous les courants profonds dont nous avons parlé et qui affectent la technologie, la production, les communications et la culture, paralyse encore un peu plus la capacité de prendre des décisions cruciales. Habitués à jouer avec un électorat composé d'un nombre réduit de blocs connus et bien délimités, les responsables se trouvent soudain en posture d'assiégés. De toute part, ils sont assaillis par d'innombrables clientèles nouvelles aux contours fluides qui exigent simultanément que l'on prête attention à des besoins réels mais limités et peu connus.

Chaque courrier, chaque messager apporte un déluge de revendications très spécialisées aux élus et aux fonctionnaires. Elles s'infiltrent par la moindre fissure et cette masse d'exigences est si formidable qu'elle ne laisse pas le temps de délibérer. De plus, parce que la société change à une cadence accélérée et qu'ajourner une décision peut être pire que de ne pas en prendre, tout le monde réclame une réponse sans délai. En conséquence, le Congrès est à tel point surchargé que, selon les propres termes d'un représentant démocrate de Californie, N.Y. Mineta, « les types se rencontrent en coup de vent. Ça ne permet pas une réflexion cohérente ».

La situation varie selon les pays mais ce qui ne varie pas, c'est le défi révolutionnaire lancé par la Troisième Vague aux institutions fatiguées de la Seconde — trop lentes pour soutenir le rythme du changement, et trop indifférenciées pour faire face aux niveaux élevés de diversité sociale et politique d'aujourd'hui. Conçues en fonction d'une société beaucoup plus lente et beaucoup plus simple, nos institutions s'embourbent et tournent à vide. Et ce n'est pas en se contentant de remanier les règles que l'on pourra espérer redresser la situation, car ce qui est en question n'est rien d'autre que le postulat le plus fondamental de la théorie politique de la Seconde Vague : le concept de représentation.

Ainsi, la montée de la diversité aboutit à ceci que, bien que nos systèmes politiques soient fondés sur la notion de règle majoritaire, il peut se révéler impossible de constituer une majorité, même sur des problèmes cruciaux mettant en jeu notre survie. Et cette décomposition du consensus a pour conséquence que de plus en plus de gouvernements sont des gouvernements de *minorités* ayant pour assise des coalitions flottantes et précaires.

Cette absence de majorité rend grotesque le discours démocratique traditionnel. Elle nous contraint à nous demander si, eu égard à ces deux forces convergentes, l'accélération du changement et la diversité, une circonscription électorale peut même être « représentée ». Dans la société industrielle de masse, où les gens et leurs besoins étaient uniformes et élémentaires, le consensus était un objectif accessible. Mais dans une société démassifiée, ce n'est pas seulement le dessein national qui fait défaut, c'est aussi le dessein local, régional et même municipal. La diversité des circonscriptions, aussi bien en France ou au Japon qu'en Suède, est si grande que leur « représentant » ne peut légitimement prétendre incarner un consensus. Il ne saurait être le porte-parole de l'intérêt général pour la bonne raison qu'il n'existe plus d'intérêt général. Que devient alors, dans ces conditions, le principe même de « démocratie représentative » ?

Poser la question n'est aucunement attaquer la démocratie (nous verrons bientôt comment la Troisième Vague ouvre la voie à une démocratie plus riche et plus large) ; mais cela met en évidence un fait auquel on ne peut échapper : ce ne sont pas seulement les institutions de la Seconde Vague mais les prédicats mêmes sur lesquels elles se fondaient qui sont obsolètes.

Construite sur une trop vaste échelle, incapable de faire convenablement front aux problèmes transnationaux, incapable de traiter les problèmes interréactionnels, incapable de suivre le rythme de l'accélération, incapable de s'adapter à une diversité de niveau élevé, la technologie politique périmée de l'âge industriel est en train de s'effondrer sous nos yeux.

L'IMPLOSION DE LA DÉCISION

Trop de décisions à prendre, trop vite, sur trop de problèmes déconcertants — c'est cela et non le « manque de leadership » qui explique la grossière inadaptation des décisions politiques et gouvernementales. L'implosion de la décision fait chanceler nos institutions.

Du fait de la vétusté de notre technologie politique, notre capacité de prendre des décisions efficaces se détériore rapidement. « Quand toutes les décisions devaient être arrêtées à la Maison-Blanche, écrivait William Shawcross dans un article de *Harper's* évoquant la politique cambodgienne de Nixon-Kissinger, le temps manquait pour examiner chacune d'elles de manière approfondie. » La Maison-Blanche est effectivement à tel point submergée par les décisions à prendre — sur tous les sujets, depuis la pollution atmosphérique, les coûts hospitaliers et l'énergie nucléaire jusqu'à l'interdiction des jouets dangereux (!) — qu'un conseiller de la présidence me confiait un jour : « Nous souffrons tous ici du choc du futur ! »

Les bureaux d'exécution ne sont guère mieux lotis. Tous les départements ploient sous un fardeau toujours plus pesant. Chacun est obligé de veiller à l'application de réglementations innombrables et de prendre tous les jours une multitude de décisions dans la fièvre.

Ainsi, aux États-Unis, le National Endowment for the Arts, la Fondation nationale pour les arts, a constaté à la suite d'une récente enquête que son conseil consacrait exactement quatre minutes et demie à examiner chaque dossier de demande de bourse. Le rapport concluait : « Le nombre des candidatures... a largement dépassé la possibilité du N.E.A. de prendre des décisions de qualité. »

Il existe peu de bonnes études sur cet embouteillage de la décision. L'une des meilleures est l'analyse de Trevor Armbrister sur l'incident du *Pueblo* en 1968. Le *Pueblo* était un navire espion américain que les Nord-Coréens avaient capturé, d'où une crise dangereuse entre les deux pays. Selon Armbrister, l'officier du Pentagone qui avait évalué les risques de la mission du *Pueblo* et donné le feu vert n'avait eu que quelques heures pour faire l' « évaluation de risques » des soixante-seize missions militaires différentes envisagées. Par la suite, il refusa d'indiquer combien de temps il avait effectivement passé à étudier l'opération *Pueblo*.

Mais un officier de la Defense Intelligence Agency, cité par Armbrister, donna cette explication révélatrice : « La chose s'est probablement passée de la manière suivante... il a trouvé un matin à neuf heures le dossier sur son bureau avec ordre de le rendre à midi. C'est un volume aussi épais qu'un catalogue de Sears-Roebuck [1]. Il lui aurait été matériellement impossible d'étudier chaque mission en détail. » Néanmoins, à cause du peu de temps dont disposait l'officier, le risque de la mission du *Pueblo* fut classé « minimal ». Si les propos de cet officiel sont exacts, chacune des missions examinées ce matin-là pour évaluation de risques le fut en moins de deux minutes et demie. Il n'est pas surprenant que les choses marchent de travers.

Par exemple, le Pentagone a perdu la trace d'une somme de 30 milliards de dollars correspondant à des commandes d'armement passées par des pays étrangers et personne ne sait s'il s'agit d'une colossale erreur de comptabilité, si l'on a oublié de présenter la facture aux acheteurs ou si ces fonds ont été utilisés pour quelque chose d'entièrement différent. Cette monumentale bévue est « potentiellement un danger aussi mortel qu'un canon détaché roulant dans tous les sens sur un pont », dit un administrateur financier du ministère de la Défense, qui avoue : « Ce qui est grave, c'est que nous ne savons pas vraiment quelle est l'ampleur exacte (du trou). Il faudra probablement cinq ans pour que nous puissions débrouiller tout ça. »

---

1. Le plus grand magasin de vente par correspondance aux États-Unis. Son catalogue, qui comprend des milliers de pages, est une véritable institution. (*N.d.T.*)

Les vieux centres de décision reflètent de plus en plus le désarroi général. Un conseiller de Carter, Stuart Eizenstat, parle de « la fragmentation de la société en groupes d'intérêts » et de la « fragmentation (correspondante) de l'autorité législative en sous-groupes ». Devant cette situation sans précédent, un Président ne peut plus imposer aisément sa volonté au Congrès.

La tradition voulait qu'un Président en fonction s'entende avec une demi-douzaine de vieux présidents de commission influents, capables de lui faire obtenir les votes nécessaires au soutien de son programme législatif. Mais, aujourd'hui, les présidents de commission ne peuvent pas plus disposer des votes des jeunes parlementaires que l'A.F.L.-C.I.O. de ceux de ses adhérents ou l'Église romaine de ceux des catholiques. Les vieux chevaux de retour et les Présidents aux abois le déplorent peut-être mais les gens — y compris les élus — pensent davantage par eux-mêmes et sont plus rétifs. Tout cela, néanmoins, ne permet pas au Congrès sous sa forme actuelle de porter une attention prolongée aux problèmes ni de réagir promptement aux besoins de la nation.

Un rapport du comité de prospective du Congrès, parlant de « rythme frénétique », résume en termes vifs la situation : « Une complexité croissante et des crises (qui se succèdent) à la vitesse de la lumière, comme en témoignent les votes qui ont eu lieu en une seule semaine sur la réglementation des carburants, la Rhodésie, le canal de Panama, un nouveau ministère de l'Éducation, les bons de ravitaillement pour les économiquement faibles, l'autorisation de l'AMTRAK [1], l'élimination des déchets solides et la protection des espèces menacées, font de ce centre de débats attentif et réfléchi qu'était autrefois le Congrès... la risée de la nation. »

Les mécanismes politiques varient, évidemment, d'un pays industriel à l'autre, mais des forces identiques sont partout à l'œuvre. « Les États-Unis ne sont pas le seul pays où paraissent régner la confusion et la stagnation, écrit *U.S. News & World Report*. Regardons l'Union soviétique... Pas de réponse aux propositions américaines de contrôle des armes nucléaires. Retard prolongé dans les négociations de traités commerciaux avec les nations socialistes comme avec les nations capitalistes. Réception confuse du Président français Giscard d'Estaing en visite officielle.

1. Controverse sur le vote des crédits à affecter à un projet ferroviaire de ce nom. (*N.d.T.*)

Indécision sur la politique au Proche-Orient. Attitude contradictoire à l'égard des communistes de l'Europe de l'Ouest à qui il est demandé tantôt de s'opposer à leurs gouvernements respectifs, tantôt de coopérer avec eux... Même dans un système de parti unique, il est presque impossible d'élaborer des orientations déterminées — ou de réagir rapidement à des problèmes complexes. »

Un membre du Parlement britannique nous dit que le gouvernement central est « outrancièrement surchargé », et Sir Richard Marsh, ancien ministre, actuellement président de la British Newspaper Publishers Association, le syndicat patronal de la presse, déclare que « la structure du Parlement est restée relativement inchangée depuis deux cent cinquante ans et n'est pas adaptée aux prises de décisions de type *managerial* nécessaires aujourd'hui... C'est (un appareil) totalement inefficace, et le Cabinet ne vaut guère mieux ».

Et qu'en est-il de la Suède avec son gouvernement de coalition chancelant à peine capable de régler la question nucléaire qui déchire le pays depuis près de dix ans ? Qu'en est-il de l'Italie, avec son terrorisme et ses crises à répétition, où il a été impossible de former un gouvernement pendant six mois ?

Un système politique ne doit pas seulement être capable de prendre et d'appliquer des décisions. Il doit aussi être capable d'intégrer des politiques disparates, il doit être capable de prendre ses décisions avec la rapidité qui s'impose, et il doit refléter la diversité de la société et y répondre. S'il échoue sur l'un quelconque de ces points, il va au-devant du désastre. Le problème n'est plus de savoir s'il faut une orientation de « gauche » ou une orientation de « droite », si le leadership doit être « fort » ou « faible ». L'appareil de décision lui-même est devenu une menace.

Ce qui est véritablement stupéfiant, c'est que les gouvernements continuent de fonctionner. Aucun P.-D.G. n'aurait l'idée d'essayer de diriger une importante société avec des principes d'organisation rédigés au XVIIIe siècle à la plume d'oie par un de ces ancêtres dont la seule expérience en matière de gestion se réduisait à l'exploitation de sa ferme. Aucun commandant de bord sensé n'essaierait de piloter un jet supersonique avec les vieux instruments de navigation et de contrôle dont disposaient Blériot ou Lindbergh. C'est pourtant à peu près ce que nous tentons de faire dans le domaine politique.

L'atrophie qui gagne rapidement les systèmes politiques de la Seconde Vague dans un monde hérissé d'engins de destruction nucléaires, en équilibre délicat au-dessus de l'abîme de la catastrophe économique ou écologique, fait peser une menace extrêmement grave sur la société tout entière — sur les marginaux aussi bien que sur les intégrés, sur les pauvres aussi bien que sur les riches, et également sur les pays non industrialisés de la planète. En effet, le danger immédiat qui nous concerne tous réside moins dans l'usage calculé du pouvoir par ceux qui le détiennent que dans les effets imprévus des décisions sécrétées par des appareils politico-bureaucratiques si périlleusement anachroniques que leurs meilleures intentions risquent d'avoir des conséquences fatales.

Nos systèmes politiques « contemporains », comme on dit, sont imités de modèles inventés avant l'ère manufacturière — avant l'apparition des conserves alimentaires, de l'industrie du froid, du gaz de ville et de la photographie, avant l'introduction du four Bessemer, de la machine à écrire et du téléphone, avant qu'Orville et Wilbur Wright aient pris l'air, avant que l'automobile et l'avion aient réduit les distances, avant que l'alchimie de la radio et de la télévision ait commencé à métamorphoser les esprits, avant Auschwitz et la mort industrielle, avant les gaz agissant sur le système nerveux et les missiles nucléaires, avant les ordinateurs et les télécopieurs, avant la pilule contraceptive, le transistor et le laser. Ils ont été agencés dans un univers intellectuel presque impossible à concevoir — l'univers d'avant Marx, d'avant Darwin, d'avant Freud et d'avant Einstein.

Et c'est là le problème politique majeur auquel nous sommes confrontés : la sénilité de nos institutions politiques et gouvernementales de base.

A mesure que nous serons ballottés de crise en crise, des Hitler et des Staline au petit pied sortiront des décombres pour proclamer que l'heure a sonné de régler nos problèmes en jetant aux orties non seulement les épaves de nos institutions périmées mais, aussi, nos libertés. En entrant dans l'ère de la Troisième Vague, ceux d'entre nous qui veulent accroître la liberté de l'homme ne pourront pas le faire en se bornant à défendre les institutions existantes. Nous devrons en inventer de nouvelles comme, voilà deux cents ans, l'ont fait les Pères fondateurs en Amérique.

Chapitre 28. 〜〜〜
La démocratie du XXIᵉ siècle

Aux Pères fondateurs.

Vous êtes les révolutionnaires morts. Vous êtes les hommes et les femmes, les fermiers, les marchands, les artisans, les avocats, les imprimeurs, les pamphlétaires, les commerçants et les soldats qui, ensemble, avez fondé une nation sur les lointains rivages d'Amérique. Vous comptez dans vos rangs les cinquante-cinq qui, en cet été caniculaire de 1787, se réunirent à Philadelphie pour rédiger ce document extraordinaire, la Constitution des États-Unis. Vous êtes les inventeurs d'un avenir qui est devenu mon présent.

Ce texte, et la Déclaration des droits qui vint le compléter en 1791, est, à l'évidence, l'une des cimes de l'histoire humaine. Je ne suis pas le seul, loin de là, à être continuellement obligé de me demander comment, plongés dans le tourbillon d'une violente agitation sociale et économique, soumis à des pressions urgentes, il vous fut possible de discerner avec tant de clairvoyance le futur qui pointait. Attentifs à la rumeur lointaine de demain, vous avez pressenti qu'une civilisation était en train de mourir et qu'une nouvelle était en train de naître.

J'en conclus que vous y avez été contraints — que, redoutant que ne s'effondrât un gouvernement frappé d'impuissance, paralysé par des principes inadéquats et des structures dépassées, vous avez été entraînés, portés par la vague de fond des événements.

Il n'est pas fréquent qu'une œuvre aussi grandiose soit réalisée par des hommes de tempéraments aussi différents — brillants, antagonistes, égotistes —, des hommes passionnément attachés à des intérêts régionaux et économiques divergents, et pourtant bouleversés et scandalisés par la terrible « inefficacité » du gouvernement existant au point de se rassembler pour proposer un régime radicalement nouveau reposant sur des principes étonnants.

Aujourd'hui encore, ces principes m'émeuvent comme ils ont ému des millions d'êtres sur cette terre. Il m'est difficile, je l'avoue, de lire certains passages de Jefferson ou de Payne, par exemple, sans que leur beauté et leur signification profonde ne me conduisent au bord des larmes.

Je veux vous remercier, vous, les révolutionnaires morts, d'avoir fait en sorte qu'il m'ait été donné, à moi, de vivre un demi-siècle en tant que citoyen américain sous un gouvernement des lois et non des hommes. Vous remercier, en particulier, pour cette précieuse Déclaration des droits grâce à laquelle il m'est possible de penser, d'exprimer des opinions impopulaires, si insensées ou erronées qu'elles soient parfois — et, en vérité, d'écrire ce qui suit sans craindre la censure.

Car ce que je vais dire maintenant ne risque que trop d'être mal compris de mes contemporains. Certains considéreront sans doute que ce sont des propos séditieux. Il s'agit pourtant d'une vérité amère que, je crois, vous n'auriez pas eu de peine à saisir. En effet, le système de gouvernement que vous avez forgé, y compris les principes mêmes sur lesquels vous l'avez fondé, est de plus en plus désuet, et, partant, sans pour autant le vouloir, il est de plus en plus oppressif et menace de plus en plus notre bonheur. Il doit être transformé de fond en comble, il nous faut inventer un nouveau mode de gouvernement — une démocratie pour le xxiᵉ siècle.

Vous saviez mieux que nous le savons aujourd'hui qu'aucun gouvernement, aucun système politique, aucune Constitution, aucune charte, aucun État n'est éternel, pas plus que les décisions du passé n'obèrent à jamais le futur. Et qu'un type de gouvernement conçu pour une civilisation donnée n'est adapté à la civilisation qui lui succédera.

Aussi auriez-vous compris pourquoi il est nécessaire de reconsidérer et de modifier la Constitution même des États-Unis — non pour faire des coupes claires dans le budget fédéral ou pour donner corps à tel ou tel principe limité mais pour élargir le champ de la Déclaration des droits compte tenu des menaces autrefois inconcevables qui pèsent sur la liberté et pour créer de toutes pièces une autre structure de gouvernement capable de prendre les décisions intelligentes et démocratiques indispensables si nous voulons survivre dans un monde nouveau.

Je n'apporte pas le modèle de la Constitution à venir. Je me méfie de ceux qui croient déjà connaître les réponses alors que l'on en est encore à tenter de formuler les questions. Mais le moment est venu d'imaginer des choix entièrement nouveaux, de discuter, de débattre et d'inventer de A à Z l'architecture de la démocratie de demain.

Non dans un climat hargneux ou dogmatique, non par foucade, mais sur les bases de la consultation la plus large et de la participation pacifique du public — car nous avons besoin de nous rassembler pour recréer l'Amérique.

Vous auriez compris cet impératif de l'heure. Car n'était-ce pas un homme de votre temps — Jefferson — qui déclarait après mûre réflexion : « Certains regardent les constitutions avec une sainte révérence et les considèrent comme une arche d'alliance, trop sacrée pour que l'on y porte la main. Ils attribuent aux hommes de l'âge précédent une sagesse plus qu'humaine et postulent que leur œuvre ne saurait être amendée... Je ne suis certes pas partisan d'apporter aux lois et aux constitutions des modifications fréquentes et n'ayant pas fait leurs preuves... Mais je sais aussi que les lois et les constitutions doivent marcher la main dans la main avec le progrès de l'intelligence humaine... A mesure que sont faites de nouvelles découvertes et dévoilées des vérités nouvelles, que les mœurs et les opinions fluctuent au gré des circonstances changeantes, les institutions doivent progresser, elles aussi, et épouser leur temps. »

C'est pour cette sagesse, surtout, que je remercie M. Jefferson qui a contribué à créer un système qui a si bien et si longtemps servi, et doit maintenant, à son tour, mourir pour être remplacé par autre chose.

ALVIN TOFFLER
Washington, Connecticut

Il y a certainement dans beaucoup de pays d'autres gens qui, si l'occasion s'en présentait, exprimeraient des sentiments analogues à ceux que contient cette lettre imaginaire. Car la désuétude de nombreux gouvernements contemporains n'est pas un secret que je serais le seul à avoir découvert. Et ce n'est pas, non plus, un mal exclusivement américain.

On ne peut sortir de là : l'édification d'une civilisation nouvelle sur les décombres de l'ancienne implique la mise en place de structures politiques neuves mieux appropriées dans de nombreux pays en même temps. C'est là un projet laborieux mais nécessaire dont l'ampleur nous étourdit et qui, sans nul doute, sera de longue haleine.

Selon toute vraisemblance, il faudra mener une longue bataille pour réviser complètement ou envoyer au rebut le Congrès des États-Unis, les comités centraux et les bureaux politiques des États industriels communistes, la Chambre des Communes et la Chambre des Lords, l'Assemblée nationale française, le Bundestag, la Diète japonaise, les ministères hypertrophiés et les administrations solidement retranchées de bien des nations, les Constitutions et les machines juridiques — une grande partie, en somme, de l'appareil lourd et de moins en moins maniable des systèmes de gouvernement prétendument représentatifs.

Et ce combat politique ne s'arrêtera pas aux frontières des nations. Au cours des mois, des décennies à venir, la « machine à fabriquer les lois universelles » dans sa totalité — des Nations Unies, à un bout, à l'assemblée régionale ou au conseil municipal, à l'autre — aura à faire face à une offensive grandissante et, en fin de compte, irrésistible visant à en imposer la refonte.

Toutes ces structures devront être fondamentalement modifiées, non pas parce qu'elles sont mauvaises par essence, ni même parce qu'elles sont sous le contrôle de telle ou telle classe, de tel ou tel groupe, mais parce qu'elles sont de moins en moins opérationnelles — qu'elles ne sont plus adaptées aux besoins d'un monde radicalement transformé.

Cette œuvre mobilisera des millions et des millions de gens. Si cette tâche de restauration se heurte à une résistance farouche, il pourra fort bien s'ensuivre des effusions de sang. Aussi, le caractère violent ou pacifique du processus sera-t-il déterminé par une multitude de facteurs — la souplesse ou l'intransigeance des élites en place, l'incidence de l'effondrement économique sur le rythme du changement, l'éventualité de menaces extérieures ou d'interventions militaires. Il est clair que les risques sont grands. Néanmoins, les risques du maintien du *statu quo* le sont encore davantage. Donc, plus vite nous nous mettrons à l'ouvrage, moins il y aura de dommages.

Pour construire des systèmes de gouvernement rénovés et viables — et mener à bien ce qui sera peut-être la tâche politique la plus importante de notre génération —, il nous sera nécessaire de jeter par-dessus bord les stéréotypes accumulés de la Seconde Vague et de repenser la vie en fonction de trois principes clés.

Qui apparaîtront peut-être comme les trois pierres angulaires des gouvernements de Troisième Vague de demain.

LE POUVOIR DES MINORITÉS

Le premier principe — un principe hérétique — du gouvernement de la Troisième Vague est celui du pouvoir des minorités. Il professe que la règle majoritaire, base fondamentale de la légitimité sous l'ère de la Seconde Vague, est de plus en plus vétuste. Ce ne sont pas les majorités qui comptent mais bien les minorités, et les systèmes politiques doivent traduire cette réalité.

Ce fut encore Jefferson qui, exprimant le credo de la génération révolutionnaire, affirmait que les gouvernements devaient se « plier totalement aux décisions de la majorité ». Les États-Unis et l'Europe, encore à l'aube de l'ère de la Seconde Vague, entamaient tout juste, alors, la longue marche qui devait les transformer en sociétés industrielles de masse. Le concept de règle majoritaire convenait parfaitement aux besoins de telles sociétés.

Mais nous avons vu qu'aujourd'hui nous sortons de l'âge industriel et que la société se démassifie rapidement. Dans ces conditions, il est de plus en plus difficile — quand ce n'est pas impossible — de rassembler une majorité, ou même une coalition gouvernementale. C'est pourquoi l'Italie et les Pays-Bas sont restés respectivement six mois et cinq mois sans gouvernement. Aux États-Unis, déclare le politologue Walter Dean Burnham du Massachusetts Institute of Technologie : « Je ne vois aujourd'hui de base pour une vraie majorité sur aucune question. »

Parce que leur légitimité dépendait de la majorité, les élites de la Seconde Vague affirmaient invariablement qu'elles parlaient au nom de celle-ci. Le gouvernement des États-Unis était un gouvernement « du peuple, par le peuple et pour le peuple ». Le Parti communiste d'Union soviétique était le porte-parole de la « classe

ouvrière ». M. Nixon prétendait incarner la « majorité silencieuse ». Et aujourd'hui, aux États-Unis, les intellectuels néoconservateurs s'attaquent aux revendications des minorités qui ont pris
depuis peu la parole — comme les Noirs, les féministes ou les
chicanos — et se targuent d'être les champions des intérêts de
l'immense et unanime majorité modérée et centriste.

Retranchés dans le bastion des grandes universités du Nord-Est
ou dans les laboratoires à idées de Washington, mettant rarement
les pieds dans les petites villes de province comme Marietta, Ohio,
ou Salina, Kansas, les universitaires néoconservateurs regardent
apparemment la *Middle America*, l'Amérique moyenne, comme un
vaste magma peu ragoûtant et uniforme d'anti-intellectuels en bleu
de chauffe et de petits-bourgeois de banlieue, tous plus ou moins
ignares.

Or, ces groupes sont beaucoup moins uniformes, beaucoup
moins monochromes que ne le croient de loin les intellectuels et les
politiciens. Le consensus est aussi difficile à trouver dans l'Amérique moyenne qu'ailleurs — dans le meilleur des cas, il est vacillant,
fugace et réduit à un nombre très limité de questions. On est en
droit de se demander si les néoconservateurs ne camouflent pas
leur hostilité envers les minorités sous le voile d'une majorité plus
mythique que réelle.

C'est d'ailleurs exactement la même chose à l'autre extrémité de
l'éventail politique. Dans de nombreux pays d'Europe de l'Ouest,
les partis socialistes et communistes affirment parler au nom des
« masses laborieuses ». Pourtant, plus nous nous éloignons de la
société industrielle de masse, plus les dogmes marxistes deviennent
insoutenables, car les notions de masse et de classe perdent
beaucoup de leur signification avec l'émergence de la civilisation de
la Troisième Vague.

Au lieu d'une société fortement stratifiée où quelques grands
blocs s'allient pour former une majorité, nous avons affaire à une
société composite où des milliers de minorités, dont beaucoup sont
éphémères, virevoltent et tourbillonnent pour créer des agence-
ments temporaires, et dont la conjonction atteint rarement la barre
des 51 % sur les grands problèmes. Ainsi, l'irruption de la
civilisation de la Troisième Vague affaiblit-elle la légitimité même
de bien des gouvernements.

Elle remet aussi en cause nos axiomes traditionnels touchant la
relation « règle majoritaire-justice sociale ». Dans ce domaine

comme dans tant d'autres, nous assistons à une ahurissante volte-face de l'histoire. Tout au long de l'ère de la civilisation de la Seconde Vague, le combat pour le triomphe de la règle majoritaire était humaniste et libérateur. Et il en va ainsi dans les pays encore en cours d'industrialisation comme l'Afrique du Sud. Dans les sociétés de la Seconde Vague, la règle majoritaire était, pour les pauvres, presque toujours synonyme de conquête. Car les pauvres étaient la majorité.

Mais aujourd'hui, dans les pays secoués par la Troisième Vague, c'est fréquemment le contraire qui est vrai. Les gens réellement pauvres n'ont plus forcément le nombre pour eux. Dans pas mal de nations, ils sont — comme tout le monde — devenus une minorité. Et, sauf holocauste économique, ils resteront une minorité.

Donc, non seulement la règle majoritaire a cessé d'être un critère de légitimité adéquat, mais elle n'est plus, en outre, fatalement humanisante ou démocratique dans les sociétés en marche vers la civilisation de la Troisième Vague.

Les idéologues de la Seconde Vague ont l'habitude de se lamenter sur l'écroulement de la société de masse. Au lieu de considérer la riche diversité qui s'ensuit comme le terreau du progrès humain, ils la condamnent, l'accusant d'être une « fragmentation », une « balkanisation », et la rendent responsable de l' « égoïsme » des minorités.

Cette explication vulgaire prend l'effet pour la cause. La pugnacité grandissante des minorités n'est pas due, en effet, à une soudaine poussée d'égoïsme. Elle est le reflet, entre autres choses, des impératifs inhérents à un nouveau système de production dont l'existence même requiert une société beaucoup plus variée, plus colorée, plus ouverte et plus disparate que toutes celles que l'on a connues par le passé.

Les conséquences de ce fait sont formidables. Cela signifie, par exemple, que, lorsqu'ils s'efforcent d'écraser cette hétérogénéité nouvelle ou d'étouffer le pluralisme politique qui va de pair avec elle, les Russes « bloquent les moyens de production » (pour employer leur terminologie) — ils freinent la transformation économique et technologique de la société. Et les pays non communistes sont confrontés au même choix : ou mener un vain combat d'arrière-garde pour sauvegarder les institutions politiques de la Seconde Vague en faisant barrage à la montée de la diversité ;

ou lui accorder droit de cité et modifier les institutions en conséquence.

La première stratégie ne peut être appliquée qu'en ayant recours à des méthodes totalitaires et elle aboutit nécessairement à la stagnation économique et culturelle. La seconde débouche sur l'évolution sociale et sur une démocratie du XXIᵉ siècle reposant sur les minorités.

Pour reconstruire la démocratie en termes de Troisième Vague, il nous faut tordre le cou au dogme redoutable mais erroné selon lequel une diversité croissante aggrave automatiquement les conflits dans la société. En fait, la proposition inverse est tout aussi crédible. Le conflit n'est pas seulement nécessaire à la société : il est, aussi, souhaitable dans certaines limites. Si cent personnes qui n'ont plus rien à perdre veulent toutes s'approprier le même objet, elles en viendront aux mains. En revanche, si chacune a un objectif différent, il sera beaucoup plus fructueux pour elles de négocier, de coopérer et de créer des rapports de symbiose. Sous réserve d'aménagements sociaux adéquats, la diversité peut être garante d'une civilisation paisible et stable.

C'est l'absence d'institutions politiques appropriées qui, aujourd'hui, exacerbe inutilement les différends entre les minorités jusqu'au seuil de la violence. C'est elle qui est responsable de leur intransigeance. C'est elle qui fait que les majorités sont de plus en plus introuvables.

Ce n'est pas en attisant les oppositions ou en taxant les minorités d'égoïsme (comme si les élites et les experts à leur service ne poursuivaient pas pareillement des intérêts personnels !) que l'on réglera ces problèmes. La solution réside dans la mise en place de nouveaux dispositifs créatifs et dynamiques, prenant la diversité en compte et la légitimant, d'institutions nouvelles aptes à réagir aux desiderata changeants de minorités fluctuantes qui ne cessent de se multiplier.

L'entrée en scène d'une civilisation démassifiée fait remonter à la surface des questions dérangeantes, des questions de fond touchant à l'avenir de la règle majoritaire, et qui mettent en cause tout le système mécaniste du suffrage populaire comme moyen d'exprimer ses préférences. Peut-être les historiens de demain verront-ils dans le vote et la recherche d'une majorité un cérémonial archaïque élaboré par des primitifs en mal de communication. Cependant, dans le monde dangereux qui est aujourd'hui le nôtre, on ne peut se permettre de déléguer le pouvoir absolu à personne, on ne peut même renoncer à la modeste influence qu'exerce le peuple dans les systèmes où règne la règle majoritaire, on ne peut laisser des minorités groupusculaires prendre des décisions de grande envergure qui tyranniseraient d'autres minorités.

C'est la raison pour laquelle il nous faut réviser de fond en comble les méthodes rudimentaires de type Seconde Vague auxquelles nous faisons appel dans notre quête de majorités insaisissables. Nous avons besoin d'approches nouvelles adaptées à une démocratie des minorités, de techniques visant à révéler les différences au lieu de les écraser sous le poids de majorités de commande ou de majorités postiches reposant sur la limitation des droits électoraux, la falsification des problèmes litigieux ou le truquage des urnes. Ce qu'il nous faut, en bref, c'est une modernisation du système dans son intégralité afin de renforcer le rôle des différentes minorités tout en leur donnant la possibilité de constituer des majorités.

Toutefois, cela nécessitera la transformation radicale de beaucoup de nos structures politiques, à commencer par le symbole même de la démocratie : l'urne.

Le vote destiné à déterminer la volonté populaire était un important instrument de feedback pour les élites dirigeantes des sociétés de la Seconde Vague. Si, pour telle ou telle raison, la situation devenait intolérable pour la majorité et si 51 % des électeurs manifestaient leur mécontentement, les élites pouvaient, à tout le moins, changer de partis, modifier les orientations ou prendre quelques autres mesures.

Cependant, même dans le cadre de la société massifiée d'hier, la barre des 51 % était un critère grossier, purement quantitatif. Voter pour déterminer une majorité est une chose : mettre en évidence l'opinion des gens au plan qualitatif en est une autre. Cette procédure nous indique combien de personnes souhaitent à tel moment que X soit au pouvoir, mais pas avec quelle intensité elles le désirent. Et, surtout, elle ne nous dit pas ce que ses partisans accepteraient de sacrifier en échange d'X. Or, c'est là une information d'une importance capitale dans une société faite d'une multitude de minorités.

Par ailleurs, ladite procédure ne nous indique pas davantage quand une minorité se sent à ce point menacée, ou attache une importance à ce point cruciale à une question donnée, que son point de vue devrait peser d'un poids particulier.

Dans une société de masse, ces faiblesses notoires de la règle majoritaire étaient tolérées, ne fût-ce que parce que la plupart des minorités n'avaient pas la puissance stratégique nécessaire pour faire capoter le système. Or, dans la société finement maillée d'aujourd'hui, où tout le monde appartient peu ou prou à un groupe minoritaire, ce n'est plus vrai.

Les vieux systèmes de feedback de l'ère industrielle sont beaucoup trop frustes pour la société démassifiée de la Troisième Vague. Aussi nous faut-il utiliser le suffrage universel et les sondages d'opinion de façon entièrement nouvelle.

Au lieu de quémander des votes binaires — oui ou non —, il conviendra de définir d'éventuels « trocs » en posant des questions de ce genre : « Si je renonce à mon point de vue sur l'avortement, abandonnerez-vous le vôtre sur le budget de la défense ou l'énergie nucléaire ? » ou « Si j'accepte une petite augmentation de mes impôts l'année prochaine pour financer votre projet, que me proposerez-vous en échange ? »

Dans le monde où nous nous engouffrons, riche en technologies de la communication, il existe bien des moyens d'exprimer de telles positions sans qu'il soit nécessaire aux gens de pénétrer dans un isoloir. Et il en existe aussi, comme nous allons bientôt le voir, de les intégrer au processus de décision politique.

Peut-être désirera-t-on aussi réviser notre législation électorale pour en éliminer les options antiminoritaires. Pour cela non plus, les moyens ne manquent pas. Une méthode tout à fait conventionnelle consisterait à adopter une variante du blocage des mandats sur un seul nom, système utilisé par beaucoup de sociétés commerciales pour protéger les droits des actionnaires minoritaires. De cette manière, les électeurs n'exprimeraient pas seulement leurs préférences mais aussi leurs priorités.

Il est à peu près certain que nous devrons mettre au rancart l'architecture périmée des partis, érigée pour un monde fondé sur des mouvements et un marché de masse à évolution lente, et inventer des partis temporaires, modulaires, accordés aux configurations évolutives des minorités. Les partis de demain seront des partis intermittents.

Peut-être nous faudra-t-il nommer des « diplomates » ou des « ambassadeurs » faisant office de médiateurs, non pas entre les pays, mais entre les minorités à l'intérieur d'un même pays. Peut-être nous faudra-t-il créer des institutions quasi politiques pour aider les minorités — professionnelles, ethniques, sexuelles, régionales, récréatives ou religieuses — à contracter ou à rompre des alliances plus rapidement et plus facilement.

On peut, par exemple, imaginer des espaces de confrontation où diverses minorités se rencontreraient par roulement ou, pourquoi pas ? par tirage au sort, afin de s'entretenir de leurs problèmes particuliers, de négocier des accords et de régler leurs différends. Si des médecins, des motards, des pupitreurs-programmeurs, des adventistes du Septième Jour et des « panthères grises » se réunissaient en présence de médiateurs maïeutiques expérimentés sachant clarifier les problèmes, déterminer les priorités et désamorcer les conflits, qui leur prêteraient leur concours, peut-être des alliances étonnantes et constructives verraient-elles le jour.

Il serait alors, à tout le moins, possible de formuler les désaccords et de rechercher des bases de marchandage politiques. Cela n'éliminerait pas les situations conflictuelles — et il ne le faut pas —, mais un pareil dispositif serait susceptible de faire passer le débat sociopolitique à un niveau plus intelligent et potentiellement plus positif, surtout si les participants ont en commun la poursuite d'un objectif à longue échéance.

La complexité même des problèmes qui se posent à nous aujourd'hui apporte par la force des choses une large gamme de bases de négociation. Seulement, la structure de notre système politique nous empêche d'en tirer profit. Des possibilités d'alliances et de tractations qui existent en puissance ne sont pas perçues, d'où une inutile aggravation de la tension entre les groupes et, parallèlement, une surcharge supplémentaire qui pèse sur les institutions politiques.

Enfin, le besoin se fera peut-être sentir de laisser les minorités gérer davantage leurs propres affaires, et de les encourager à définir des buts à long terme. On pourrait, pour ne citer que cet exemple, aider la population d'un quartier donné, d'une sous-culture déterminée, ou d'un groupe ethnique, à constituer ses propres tribunaux d'enfants sous le contrôle des pouvoirs publics plutôt que de s'en remettre à l'État. Voilà qui créerait un sens de la communauté et de l'identité, et contribuerait au maintien de l'ordre, tout en soulageant des organismes gouvernementaux surchargés d'une tâche nullement indispensable.

Mais il s'avérera peut-être nécessaire d'aller encore plus loin et de ne pas se contenter de ce genre de mesures de type réformiste. Pour renforcer la représentation des minorités dans le cadre d'un système politique conçu pour une société démassifiée, il n'est pas exclu que l'on en revienne pour élire au moins un certain nombre de nos mandataires à la plus vieille des méthodes : le tirage au sort. D'aucuns ont proposé très sérieusement que les membres des Assemblées de demain soient désignés comme le sont les membres d'un jury.

Théodore Becker, professeur de droit et de sciences politiques à l'université d'Hawaii, pose la question : « Pourquoi des décisions aussi graves que celles qui ont trait à la vie ou à la mort (d'un homme) peuvent-elles être prises par des citoyens en tant que... jurés alors que d'autres, comme l'importance des crédits à allouer aux crèches et à la défense, sont réservées à leurs " représentants " ? »

Accusant l'organisation politique actuelle du pays de flouer systématiquement les minorités, Becker, qui fait autorité en matière de droit constitutionnel, nous rappelle que les gens de couleur qui représentent quelque 20 % de la population des États-Unis ne disposaient (en 1976) que de 4 % des sièges à la Chambre des Représentants et seulement de 1 % au Sénat. Les femmes, qui constituaient plus de 50 % de la population, détenaient 4 sièges à la Chambre des Représentants et pas un seul au Sénat. Les pauvres, les jeunes, les gens intelligents mais ignorants sont pareillement désavantagés. Et pas seulement aux États-Unis. Les femmes n'occupent que 7 % des sièges au Bundestag, et il en va de même dans bien d'autres pays. Des distorsions aussi flagrantes ne peuvent que rendre le système aveugle et sourd aux besoins des groupes sous-représentés.

Que suggère Becker ? Que « 50 à 60 % des membres du Congrès américain soient choisis au hasard... comme les recrues que l'on enrôle quand on le juge nécessaire ». Au premier abord, pareille proposition fait sursauter mais elle nous force à nous poser sérieusement la question : des représentants du peuple tirés au sort s'en sortiraient-ils (ou pourraient-ils s'en sortir) plus mal que ceux que nous désignons par les méthodes actuellement en vigueur ?

Si nous lâchons un instant la bride à notre imagination, nous pouvons trouver nombre de choix aussi étonnants. En vérité, nous possédons dorénavant les techniques requises pour choisir des échantillons représentatifs collant bien davantage à la réalité que ne l'ont jamais fait le système de désignation des jurés ou celui de la conscription avec leurs exemptions et récusations préférentielles. Il sera possible de constituer demain des Parlements encore plus novateurs et cela, si paradoxal qu'il puisse paraître, au prix d'un moindre bouleversement des traditions.

Il n'est nul besoin de tirer à la courte paille et d'expédier littéralement les M. Tout-le-Monde ainsi sélectionnés à Washington, à Londres, à Bonn, à Paris ou à Moscou. On pourrait conserver les représentants élus mais en ne leur accordant que 50 % des voix lors des débats, le reliquat étant attribué à un échantillon de citoyens choisis au hasard.

Grâce à l'ordinateur, aux moyens de communication sophistiqués et aux techniques de sondage, il est désormais facile non seulement de sélectionner un échantillonnage représentatif mais aussi de le renouveler au jour le jour et de lui fournir les informations de dernière minute sur les questions d'actualité. Au moment de légiférer, le contingent de représentants normalement élu se réunirait comme de coutume au Capitole ou à Westminster, au Bundeshaus ou à la Diète pour délibérer et discuter, amender ou élaborer un texte. Mais à l'heure de la décision, les voix des représentants ne compteraient que pour moitié, le complément étant fourni par les personnes de l'échantillonnage — qui, au lieu d'être rassemblées dans la capitale, seraient géographiquement dispersées et voteraient chez elles ou à leur bureau grâce aux moyens télématiques.

Un tel système, outre qu'il serait plus représentatif qu'aucun gouvernement « représentatif » ne l'a jamais été, porterait un coup fatal aux groupes de pression et lobbies qui hantent les couloirs de la plupart des Assemblées. Ce serait alors des électeurs que les lobbies seraient contraints de faire le siège, et pas seulement d'une poignée d'élus.

Mais allons encore plus loin. On pourrait concevoir que les citoyens d'une circonscription élisent pour les représenter non pas un homme mais un échantillon de population pris au hasard. Ce groupe pourrait faire directement son travail parlementaire comme s'il était une personne physique, les opinions de ses membres, statistiquement comptabilisées, faisant office de votes ; ou bien il pourrait coopter une personne qui le représenterait et à laquelle il confierait un mandat impératif ; ou bien...

Les permutations qu'autorisent les techniques de communication modernes sont illimitées — et fantastiques A partir du moment où l'on reconnaît que les institutions et les constitutions actuelles sont périmées, et où l'on commence à chercher d'autres solutions, toutes sortes d'options politiques inouïes qui n'avaient jamais été possibles auparavant s'offrent soudain à nous. Si l'on veut gérer les sociétés qui entrent dans le xxie siècle, il convient, pour le moins, de tenir compte des technologies et des outils conceptuels légués par le xxe.

Ce ne sont pas ces suggestions en tant que telles qui sont importantes. En s'attelant ensemble au problème, nous pourrions sans doute trouver de bien meilleures idées, d'application plus simple et moins drastique. Non, l'important, c'est la direction générale de la voie que nous choisissons de prendre. Nous pouvons mener un combat perdu d'avance pour extirper ou étouffer les minorités jaillissantes, ou reconstruire nos systèmes politiques afin qu'ils soient en harmonie avec cette nouvelle diversité. Nous pouvons persister à nous servir des outils rudimentaires, ces espèces de matraques, que sont les systèmes politiques de la Seconde Vague, ou en imaginer de nouveaux, intelligents — les outils de la future démocratie des minorités.

Je crois que la pression démassifiante qu'exerce la Troisième Vague sur la vieille société de masse de la Seconde Vague nous dictera notre choix. Car si la politique de la Première Vague était « prémajoritaire » et celle de la Seconde « majoritaire », celle de la Troisième sera selon toute probabilité « minimajoritaire » — ce sera l'alliance de la règle majoritaire et du pouvoir minoritaire.

LA DÉMOCRATIE SEMI-DIRECTE

La seconde pierre sur laquelle sera édifiée l'architecture politique de demain est le principe de la « démocratie semi-directe » : nous nous substituerons à nos représentants.

La décomposition du consensus, nous l'avons vu, sape le concept même de représentation. Quand ses électeurs ne sont pas d'accord entre eux, qui leur mandataire « représente »-t-il réellement ?

D'un autre côté, les législateurs en sont arrivés à faire de plus en plus appel au soutien logistique d'une équipe et à des experts extérieurs. Il est notoire que les députés anglais sont en position de faiblesse face à la bureaucratie de Whitehall, par manque d'une organisation adéquate, ce qui conduit à un transfert de pouvoir du Parlement à des fontionnaires non élus.

Pour tenter de contrebalancer l'influence de la bureaucratie de l'Exécutif, le Congrès des États-Unis a créé sa propre bureaucratie — un bureau du budget, un bureau d'études technologiques, plus quelques autres agences et services satellites indispensables, tant et si bien que, au cours de la dernière décennie, les effectifs du personnel du Congrès sont passés de 10 700 à 18 400 personnes. Mais cela n'a servi à rien d'autre qu'à déplacer le problème qui, d'*extra muros,* est devenu *intra muros.* Les représentants élus cernent de moins en moins les multitudes de mesures sur lesquelles ils doivent prendre position et ils sont obligés de s'en remettre toujours davantage au jugement de tiers. Le représentant ne représente plus rien, pas même lui.

Les Parlements, les Congrès, les Assemblées étaient fondamentalement des lieux où, en théorie, il était possible de concilier des points de vue de minorités rivales. Les « représentants » de celles-ci pouvaient ainsi négocier des compromis. Mais avec les outils politiques vétustes et éculés dont il dispose aujourd'hui, il n'est pas un parlementaire qui soit à même de connaître les revendications de la poussière de groupuscules dont il (ou elle) est officiellement le commettant, et encore moins de leur servir de courtier ou de médiateur. Et plus le Congrès américain, le Bundestag allemand ou le Storting norvégien sont embouteillés, plus la situation empire.

On comprend mieux, alors, l'intransigeance dont font preuve les groupes de pression. Comme les possibilités de marchandages ou de compromis sont limités dans le cadre de l'institution parlementaire, leurs exigences deviennent des ultimatums non négociables. La théorie du gouvernement représentatif comme intercesseur ultime s'écroule, elle aussi.

L'éclatement des structures de négociation, le grippage des centres de décision, la paralysie galopante qui gagne les corps représentatifs auront peut-être pour conséquence, à terme, que beaucoup des décisions prises aujourd'hui par un petit nombre de pseudo-représentants seront progressivement renvoyées au corps électoral lui-même. Si les courtiers que sont nos élus ne peuvent pas traiter à notre place, eh bien, nous traiterons nous-mêmes. Si les lois qu'ils fabriquent sont de plus en plus éloignées de nos besoins ou n'en tiennent pas compte, à nous de faire nos propres lois. Mais, pour cela, il nous faut des institutions et des techniques nouvelles.

Les révolutionnaires de la Seconde Vague qui ont inventé le mécanisme représentatif qui est à la base des institutions actuelles n'ignoraient pas le second terme de l'alternative : la démocratie directe. Il y avait des traces de démocratie directe dans la Constitution de 1793, en France. En Amérique, les Pères fondateurs n'ignoraient rien, eux non plus, du système communal et du consensus organique à petite échelle existant en Nouvelle-Angleterre. Plus tard, en Europe, Marx et ses disciples se référeront fréquemment à la Commune de Paris en quoi ils verront un modèle de participation des citoyens à l'élaboration et à l'application des lois. Mais les faiblesses et les limites de la démocratie directe étaient également notoires — et, à l'époque, ses inconvénients pesaient plus lourd que ses avantages.

« Le *Federalist* soulevait deux objections à cette innovation », selon McCauley, Rood et Johnson, auteurs d'une proposition de plébiscite national aux États-Unis. « Premièrement, la démocratie directe ne permettait ni de contenir ni de retarder les réactions émotionnelles temporaires du public. Et, deuxièmement, les communications de l'époque ne pouvaient pas assurer son fonctionnement. »

Ce sont là des arguments solides. Si, au milieu des années 60, l'éventuel lancement d'une bombe thermonucléaire sur Hanoï avait fait l'objet d'une consultation populaire, comment aurait voté une opinion américaine enflammée et frustrée ? Et comment auraient réagi les Allemands de l'Ouest déchaînés contre la bande Baader-Meinhof à la proposition d'enfermer les « sympathisants » des terroristes dans des camps. Et que se serait-il passé au Canada s'il y avait eu un plébiscite sur le Québec huit jours après l'accession de René Lévesque au pouvoir ? Les représentants élus sont censés être moins émotifs et plus réfléchis que l'opinion publique.

Néanmoins, différents moyens sont susceptibles d'être employés pour surmonter cette hyperémotivité du public — par exemple, imposer un délai de réflexion ou un second vote avant la mise en application de décisions importantes adoptées par référendum ou toute autre forme de démocratie directe.

On pourrait s'inspirer de la solution imaginée par les Suédois dans les années 70 quand les autorités invitèrent la population à participer à la formulation d'une politique nationale de l'énergie. Tenant compte du fait que la plupart des citoyens manquaient de connaissances techniques sérieuses sur les diverses options énergétiques (solaire, nucléaire ou géothermique), le gouvernement institua un stage d'information d'une durée de dix heures, étant entendu que tous les Suédois qui le suivraient, ou qui suivraient des cours analogues, seraient habilités à lui soumettre officiellement leurs recommandations.

Parallèlement, les syndicats, les centres de formation professionnelle pour adultes et tous les partis politiques créèrent leurs propres séminaires sur l'énergie. On prévoyait que 10 000 personnes s'y inscriraient. Or, à la surprise générale, de 70 000 à 80 000 Suédois et Suédoises se lancèrent dans le débat au cours de réunions tant privées que publiques — l'équivalent, à l'échelle de l'Amérique, de 2 millions de citoyens qui réfléchiraient en commun sur un problème d'envergure nationale. Il ne serait pas difficile de recourir à des systèmes similaires pour pallier l' « hyperémotivité » du public dans le cas d'une procédure référendaire pour ne parler que de cet instrument de démocratie directe.

Il est également possible de réfuter la seconde objection. En effet, les limitations propres aux anciens modes de communication ont cessé de faire obstacle à l'extension de la démocratie directe. Les progrès spectaculaires de la technologie des télécommunications ouvrent pour la première fois une extraordinaire panoplie de moyens en matière de participation directe des citoyens à la décision politique.

J'ai eu le plaisir, il y a peu de temps, d'être témoin d'un événement historique constituant une grande première mondiale : une « délibération municipale électronique ». Grâce au système de télévision par câble expérimenté par Qube, les habitants d'une banlieue de Columbus, Ohio, ont pu véritablement prendre part aux travaux de leur commission du Plan. Sans quitter leur living, il leur suffisait d'appuyer sur un bouton pour exprimer instantanément leur opinion sur des questions d'ordre pratique comme l'aménagement urbain, la réglementation immobilière ou un projet de construction d'une autoroute. Non seulement ils avaient la possibilité de voter « oui » ou « non » mais, en outre, ils pouvaient intervenir dans le débat et donner leur point de vue. Et même, toujours à l'aide d'un bouton, ils pouvaient dire au président de séance de passer à un autre point de l'ordre du jour.

Ce n'est là que le premier signe, et le plus rudimentaire, annonçant la démocratie directe de demain. Pour la première fois de l'histoire, un corps électoral informé peut commencer à prendre ses propres décisions grâce à l'ordinateur, au satellite, au téléphone, à la télévision par câble, aux techniques de sondage et autres instruments technologiques avancés.

Mais il ne s'agit pas de choisir entre la démocratie directe *ou* la démocratie indirecte, l'autoreprésentation *ou* la délégation de la représentation. Ce n'est pas ainsi que se pose la question.

Car les deux solutions ont chacune leurs avantages, et il existe des moyens très efficaces, bien que sous-employés, de combiner la participation directe des citoyens et la « représentation » dans un système nouveau de démocratie semi-directe.

Supposons que l'on décide d'organiser un référendum sur un problème controversé comme le nucléaire — ce qui a déjà eu lieu en Californie et en Autriche. Peut-être préférerait-on, au lieu de confier directement aux électeurs le soin de trancher définitivement, laisser un corps représentatif — le Congrès, par exemple — en débattre et prendre la décision finale.

Dans cette hypothèse, si le public se prononçait en faveur du nucléaire, un « crédit de voix » déterminé à l'avance serait attribué aux parlementaires pronucléaires. Ils disposeraient ainsi au Congrès d'un « bonus » de 10 ou 25 % modulé en fonction de l'importance de la majorité de oui exprimés lors du plébiscite. De cette façon, les desiderata des électeurs n'auraient pas automatiquement force de loi mais ils auraient un poids spécifique. C'est là une variante de la proposition de plébiscite national mentionnée ci-dessus.

On peut imaginer beaucoup d'autres dispositions combinant la démocratie directe et la démocratie indirecte. A l'heure actuelle, au Congrès et dans la plupart des autres Parlements ou Assemblées, les élus créent leurs propres commissions et les citoyens n'ont aucun moyen d'obliger les législateurs à en créer une qui étudierait telle ou telle question négligée ou vivement controversée. Mais pourquoi les électeurs n'auraient-ils pas le pouvoir, en usant du droit de pétition, de contraindre une Assemblée à constituer une commission sur un problème que le public, lui — au contraire du législateur —, considère comme important ?

Ce n'est pas parce que je les préconise sans réserve que je mentionne ces suggestions « chimériques », mais seulement pour insister sur une idée d'ordre plus général : il existe des moyens efficaces d'ouvrir et de démocratiser un système qui approche du point de rupture et dans le cadre duquel peu de gens, à supposer même qu'il y en ait, ont le sentiment d'être représentés. Mais il nous faut sortir des ornières intellectuelles d'un passé vieux de trois siècles. Nous ne pouvons plus résoudre les problèmes qui sont les nôtres avec les idéologies, les modèles ou les vestiges des structures léguées par la Seconde Vague.

Il convient de tester de telles propositions aux implications incertaines sur le terrain et à échelle réduite avant d'en élargir le champ d'application. Mais quoi qu'on pense de telle ou telle suggestion, les vieilles objections adressées à la démocratie directe s'affaiblissent, et ce au moment précis où se renforcent celles dont on accable la démocratie représentative. Si dangereuse ou même extravagante que soit la notion de démocratie semi-directe aux yeux de certains, c'est un principe modéré qui peut nous aider à inventer pour demain de nouvelles institutions opérationnelles.

3) LA DIVISION DE LA DÉCISION

Ouvrir davantage le système au pouvoir des minorités et permettre aux citoyens d'intervenir plus directement dans leur propre gouvernement sont deux impératifs aussi nécessaires l'un que l'autre. Mais c'est encore insuffisant. Le troisième principe vital de la politique de demain aura pour objet de faire sauter le verrou de la décision et de la transférer là où il convient. C'est cela, et pas simplement un changement de dirigeants, qui est l'antidote de la paralysie politique. Un remède que j'appelle « la division de la décision ».

Il est des problèmes qui ne peuvent pas se régler au niveau local. Il en est d'autres qui ne peuvent pas se régler au niveau national. Certains exigent une action simultanée à des niveaux différents. En outre, le lieu adapté au règlement d'un problème n'est pas fixe. Il varie avec le temps.

Si l'on veut en finir avec le blocage décisionnel qui est la conséquence de la surcharge des institutions, il importe de fractionner les décisions et de les redistribuer — les répartir plus largement et déterminer le lieu de la prise de décision en fonction de la nature des problèmes.

L'appareil politique actuel est en contradiction formelle avec ce principe. Les problèmes ont changé, pas le pouvoir de décision. C'est ainsi, par exemple, que beaucoup trop de décisions obéissent encore à la loi de la concentration alors que c'est au niveau national que l'architecture institutionnelle est la plus élaborée. En revanche, il n'y a pas assez de décisions prises au niveau transnational, et les structures existant en ce domaine sont radicalement sous-développées. Sans compter que trop peu de décisions sont laissées au niveau subnational — régions, États (aux U.S.A.), provinces et collectivités locales ou groupements sociaux sans implication géographique.

Devant nombre des problèmes qui les assaillent, ainsi que nous l'avons vu plus haut, les gouvernements sont purement et simplement frappés d'impuissance. La tâche est trop vaste pour être maîtrisée. C'est pourquoi il est d'une extrême urgence de faire preuve d'imagination et d'inventer de nouvelles institutions au niveau transnational auxquelles pourra être transférée la capacité de prendre de nombreuses décisions. On ne peut espérer, par exemple, pouvoir faire pièce à une multinationale, rivale de l'État-nation, en tablant sur une législation strictement nationale. Ce qu'il faut, c'est mettre sur pied des dispositifs transnationaux et, si nécessaire, durcir à l'échelle mondiale le code de conduite des consortiums apatrides.

Prenons le problème de la corruption. Les sociétés américaines qui travaillent avec l'étranger sont gravement handicapées du fait que la législation U.S. prohibe la pratique des pots-de-vin, alors que d'autres gouvernements n'hésitent pas à encourager la concussion. Pareillement, les multinationales attachées à une politique de protection de l'environnement seront condamnées à faire face à la concurrence déloyale de celles qui s'en moquent tant qu'il n'y aura pas d'infrastructures transnationales *ad hoc*.

Nous avons besoin de stocks alimentaires transnationaux et d'organismes transnationaux de secours d'urgence aux sinistrés. Nous avons besoin d'agences mondiales chargées de prévoir à temps les mauvaises récoltes, de régulariser les fluctuations de prix des matières premières clés et de contrôler la croissance galopante des ventes d'armes. Nous avons besoin de collectifs et d'associations non gouvernementales pour aborder différents problèmes d'envergure planétaire.

Nous avons besoin d'institutions autrement efficaces pour maîtriser le dérèglement des monnaies. Il nous faudra d'autres instances que le F.M.I., la Banque mondiale, le COMECON, l'OTAN et autres organismes du même genre — à moins de les rénover de fond en comble. Il nous faudra inventer des groupes de travail ayant mission de populariser les avantages et de pallier les retombées néfastes de la technologie. Force nous sera d'accélérer la mise en place d'agences transnationales puissantes qui géreront l'exploitation de l'espace et des océans. Nous aurons l'obligation de restaurer l'Organisation des Nations Unies, sclérosée et enlisée dans la bureaucratie.

Nous sommes sur le plan transnational aussi primitifs et sous-développés que nous l'étions au début de l'ère industrielle sur le plan national, il y a trois cents ans. Si un certain nombre de décisions passent à l'échelon supérieur, transnational, nous serons en mesure d'intervenir avec une plus grande efficacité à ce niveau qui est le terrain d'élection des problèmes les plus explosifs auxquels nous sommes confrontés, et, du même coup, le centre de décision surchargé qu'est l'État-nation se verra allégé d'une part de son fardeau. La division de la décision est essentielle.

Toutefois, nous n'aurons encore accompli que la moitié du chemin. A l'évidence, il est tout aussi nécessaire de faire « descendre » une importante fraction des centres de décision.

Mais, là non plus, le principe du tout ou rien ne joue pas. Il ne s'agit pas d'opposer la décentralisation à la centralisation en termes absolus. La question qui se pose est de recadrer le mécanisme de la décision au sein d'un système devenu à ce point hypercentralisé que les flux d'informations convergents y étouffent les centres de décision.

La décentralisation politique n'est pas une garantie de démocratie. La possibilité de l'émergence de petites tyrannies impitoyables n'est pas exclue. La politique locale est souvent plus corrompue que la politique nationale. Sans compter que ce qui se donne les gants d'être de la décentralisation — la réorganisation du gouvernement Nixon, par exemple — n'est, en réalité, qu'une sorte de pseudo-déconcentration dont les bénéficiaires sont les centralisateurs.

Néanmoins, on peut ergoter autant que l'on voudra, la restauration du bon sens, de l'ordre et de l'efficacité dans la gestion n'est possible — et cela est vrai pour bien des gouvernements — qu'au prix d'une substantielle dévolution du pouvoir central. Il faut impérativement fractionner le fardeau de la décision et en attribuer une large part aux échelons inférieurs.

Non point sous le prétexte que des anarchistes romantiques veulent qu'on en revienne à la « démocratie de village » ou que de gros contribuables mécontents réclament des coupes claires dans les crédits affectés à l'aide sociale (qui profite aux nécessiteux), mais pour une raison bien simple : une structure politique, même équipée d'une batterie d'ordinateur I.B.M. 370, n'est capable d'absorber qu'une somme donnée d'informations — et pas plus —, et ne peut produire qu'une certaine quantité de décisions d'une certaine qualité ; or, du fait de l'implosion de la décision, les gouvernements ont dépassé le point de non-retour.

Autre chose encore : les institutions gouvernementales doivent être en accord avec la structure de l'économie, le système d'information et les autres données de la civilisation du moment. Il est un fait à peine noté par les économistes classiques : une décentralisation fondamentale de la production et de l'activité économique est actuellement en cours. Et il se pourrait bien que l'économie nationale ne soit plus l'étalon de référence.

Comme je l'ai déjà noté, nous assistons à la surrection au sein des économies nationales de très importantes sous-économies régionales de plus en plus fortes. Ces sous-économies divergent de manière croissante les unes par rapport aux autres et leurs problèmes sont extrêmement différents. L'une souffre du chômage et l'autre manque de main-d'œuvre. En Belgique, les Wallons protestent contre l'émigration de l'industrie vers la Flandre. Aux États-Unis, les États des Rocheuses refusent de devenir les « colonies énergétiques » de la côte ouest.

Les orientations économiques uniformes peaufinées à Washington, à Paris ou à Bonn ont des répercussions tout à fait dissemblables sur ces sous-économies. Telle politique économique nationale qui vient en aide à une région ou à une branche industrielle donnée lèse d'autres régions ou d'autres industries. C'est pourquoi il convient de dénationaliser et de décentraliser de vastes pans de la machine à fabriquer la politique économique.

La corporation, en ce qui la concerne, ne s'efforce pas seulement d'opérer une décentralisation interne (témoin tel récent colloque

au cours duquel 280 cadres supérieurs de General Motors ont
discuté deux jours durant des moyens de casser les filières
bureaucratiques et de transférer plus de décisions vers la périphérie), mais également une décentralisation géographique effective.
Business Week fait état d'un « glissement géographique de l'économie des États-Unis, davantage de sociétés construisant des usines
ou implantant des bureaux dans des régions moins pratiques
d'accès ».

Tout cela découle, pour une part, de la gigantesque mutation des
flux d'informations qui irriguent la société. Avec l'affaiblissement
du maillage central intervient, ainsi que nous l'avons observé plus
haut, une décentralisation essentielle de la communication. Nous
assistons à une stupéfiante prolifération de la télévision par câble,
de la vidéocassette, de l'ordinateur et des systèmes de messageries
électroniques privés qui, tous, vont dans le sens de la décentralisation.

Il n'est pas possible qu'une société décentralise l'activité économique, les communications et bien d'autres procédures cruciales,
sans être obligée, tôt ou tard, de décentraliser aussi la décision.

Tout cela exige autre chose qu'un simple lifting des institutions
politiques et implique des batailles acharnées ayant pour enjeu le
contrôle des budgets, des impôts, de la terre, de l'énergie et autres
ressources. La division de la décision ne sera pas facile à arracher
— mais elle est absolument inéluctable dans les pays hypercentra-
lisés.

Jusque-là, nous l'avons considérée comme un moyen de faire
sauter le goulet d'étranglement, de débloquer le système politique
pour qu'il puisse tourner à nouveau. Mais ce n'est encore que la
partie visible de l'iceberg. En effet, une fois mis en application, ce
principe ne se borne pas à alléger le fardeau de la décision que
supportent les gouvernements nationaux. Il transforme fondamentalement la structure même des élites et les oblige à se plier aux
besoins de la civilisation montante.

L'EXPANSION DES ÉLITES

Pour comprendre ce qu'est la démocratie, le concept de « fardeau de la décision » est d'une importance capitale. Une certaine
quantité et une certaine qualité de décisions politiques est indispen-

sable au fonctionnement de toutes les sociétés. En vérité, chacune a sa propre et unique structure de décision. Plus° les décisions indispensables sont nombreuses, variées, fréquentes et complexes, plus lourd est le « fardeau de la décision » politique. Et la manière dont celui-ci est réparti influe de façon radicale sur le niveau de démocratie de la société considérée.

Dans les sociétés pré-industrielles où la division du travail était rudimentaire et le changement lent, la quantité des décisions politiques ou administratives effectivement requises pour faire tourner la machine était minime. Le fardeau de la décision était faible. Une minuscule élite dominante semi-éduquée et non spécialisée était plus ou moins en mesure de la faire tourner sans l'aide des échelons inférieurs, portant à elle seule tout le poids de la décision.

Ce que nous appelons aujourd'hui démocratie n'est apparu qu'à partir du moment où le fardeau de la décision a brusquement pris une telle ampleur que l'ancienne élite s'est trouvée dans l'incapacité de le supporter. L'arrivée de la Seconde Vague entraînant dans son sillage l'extension du marché, une plus grande division du travail et le passage à un niveau supérieur de complexité sociale a provoqué, en son temps, un phénomène d'implosion de la décision du même genre que celui que cause l'irruption de la Troisième Vague aujourd'hui.

Les capacités de décision des anciens groupes dirigeants ont été en conséquence débordées et, pour faire face, il a fallu recruter des élites et des sous-élites nouvelles. Et, à cette fin, imaginer des institutions politiques révolutionnaires et inédites.

La société se développant et devenant encore plus complexe, les « techniciens du pouvoir » furent à leur tour obligés de chercher continuellement un sang nouveau pour les aider à porter le fardeau de la décision qui ne cessait de grossir. C'est ce processus, invisible mais inexorable, qui fit entrer en rangs toujours plus serrés la classe moyenne dans l'arène politique. C'est ce besoin dévorant de prises de décisions qui conduisit à l'élargissement des franchises et ouvrit toujours plus de créneaux que venaient occuper des hommes issus de l'échelon inférieur.

Beaucoup des batailles politiques parmi les plus féroces qui eurent pour champ clos les pays de la Seconde Vague — le combat des Noirs américains pour l'intégration, des trade-unions anglais pour l'égalité de l'enseignement, des femmes pour conquérir leurs droits politiques, la lutte de classes occulte en Pologne et en Union soviétique — avaient pour objet la répartition de ces nouvelles enclaves au sein des structures élitaires.

Cependant, à un moment donné, on atteignait la limite de la capacité d'absorption des élites dirigeantes, et cette limite était essentiellement déterminée par la taille du fardeau de la décision.

Ainsi, en dépit des prétentions « méritocratiques » de la société de la Seconde Vague, des sous-populations entières faisaient l'objet d'une discrimination sous des prétextes racistes, sexistes et autres. Périodiquement, chaque fois que la société passait à un stade de complexité supérieure et que le fardeau de la décision se faisait plus pesant, les groupes exclus, pressentant de nouvelles occasions, revendiquaient l'égalité des droits avec une virulence accrue, les élites entrouvraient un peu plus les portes, et ce que l'on percevait comme un regain de démocratisation pénétrait alors la société.

Même si cette description n'est qu'approximativement exacte, elle démontre que l'ampleur que revêt la démocratie dépend moins de la culture, de l'affrontement des classes cher au discours marxiste, du courage au combat, de la rhétorique et d'une volonté politique, que du poids du fardeau de la décision qui incombe à toutes les sociétés. Quand il est trop lourd, il doit être immanquablement réparti par le truchement d'une participation démocratique élargie. Par conséquent, lorsque le fardeau de la décision que supporte le système social se dilate, la démocratie n'est pas une question de choix : c'est une nécessité de l'évolution. Le système ne peut fonctionner sans elle.

Tout cela nous donne par ailleurs à penser que nous sommes peut-être à la veille d'un nouveau et grand bond en avant de la démocratie. C'est que, en effet, l'implosion même de la décision qui paralyse nos Présidents, nos premiers ministres et nos gouvernements, nous ouvre — pour la première fois depuis la révolution industrielle — la perspective exaltante d'une expansion radicale de la participation politique.

LE SUPER-COMBAT QUI S'ANNONCE

La nécessité de créer de nouvelles institutions politiques rejoint le besoin que nous avons de nouvelles institutions familiales, éducatives et d'affaires. Elle est indissolublement liée à la recherche d'une base énergétique nouvelle, de technologies nouvelles, d'industries nouvelles. Elle reflète le bouleversement qui affecte les communications et cette exigence : la restructuration des rapports que nous entretenons avec le monde non industrialisé. Elle est, en somme, la traduction au niveau politique des transformations accélérées qui interviennent dans ces différentes sphères.

Si l'on ne voit pas ces interconnexions, les nouvelles qui font les manchettes des journaux demeurent inintelligibles. La grande confrontation politique n'est pas, en effet, aujourd'hui, le conflit qui oppose les riches et les pauvres, les groupes ethniques qui tiennent le haut du pavé et ceux qui sont frappés d'exclusive, ni même le capitalisme et le communisme. La bataille décisive est celle qui se livre entre ceux qui essaient de maintenir et de sauvegarder la société industrielle et ceux qui sont déjà prêts à la dépasser. C'est le super-combat pour demain.

Cela ne veut pas dire que les autres conflits traditionnels entre classes, entre races et entre idéologies vont pour autant disparaître. Il est même possible — comme nous l'avons d'ailleurs laissé entendre — qu'ils gagnent en violence, surtout si nous devons subir une dépression économique de grande envergure. Mais ces conflits seront absorbés par le super-combat qui fait rage dans tous les secteurs de l'activité humaine, qu'il s'agisse des arts ou du sexe, du business ou du suffrage universel, et c'est à l'intérieur de ce super-combat qu'ils se manifesteront.

Voilà pourquoi ce sont *deux* guerres qui se développent simultanément autour de nous. En apparence, c'est le heurt classique entre des groupes rivaux de la Seconde Vague qui cherchent les uns et les autres à obtenir un gain immédiat. Mais, à un niveau plus profond, ces mêmes groupes font front commun contre les nouvelles forces politiques de la Troisième Vague.

Cette analyse explique pourquoi les partis politiques, dont les structures sont aussi périmées que l'idéologie, donnent tellement l'impression d'être chacun l'image déformée de l'autre. Les démocrates et les républicains, les tories et les travaillistes, les démocrates-chrétiens et les gaullistes, les libéraux et les socialistes, les communistes et les conservateurs sont tous, malgré leurs différences, des partis de la Seconde Vague. Et ils ont beau manœuvrer les uns et les autres pour parvenir au pouvoir, leur objectif premier est, d'abord et avant tout, la sauvegarde de l'ordre industriel agonisant.

En d'autres termes, l'événement politique majeur de notre temps est l'entrée en lice de deux grandes armées — l'une qui défend la civilisation de la Seconde Vague, l'autre qui s'affirme comme le champion de la Troisième. L'une s'accroche tenacement pour protéger les institutions de base de la société industrielle de masse — la famille nucléaire, un système d'enseignement massiste, la corporation géante, les syndicats de masse, l'État-nation centralisé et un mode de gouvernement pseudo-représentatif. L'autre admet que les problèmes les plus urgents qui se posent aujourd'hui, de l'énergie, de la guerre et de la pauvreté à la dégradation de l'environnement et à la rupture des rapports familiaux, ne peuvent plus se résoudre dans le cadre d'une civilisation de type industriel.

Les frontières entre ces deux camps sont encore confuses et floues. En tant qu'individus, nous avons tous un pied dans chacun. Les litiges semblent obscurs, sans liens entre eux. De plus, ces deux camps sont pareillement constitués de nombreux groupes qui cherchent à satisfaire leurs intérêts étroitement égoïstes sans vision d'ensemble. Par ailleurs, ni l'un ni l'autre ne détient le monopole de la vertu et de la morale. Il y a des gens honnêtes des deux côtés. Cependant, les différends entre ces deux ordres politiques sous-jacents sont énormes.

Les défenseurs de la civilisation de la Seconde Vague combattent de façon bien caractéristique le pouvoir des minorités. Ils se gaussent de la démocratie directe, taxée de « populiste ». Ils font barrage à la décentralisation, au régionalisme et à la diversité. Ils s'opposent à la démassification de l'enseignement. Ils luttent pour conserver un système énergétique rétrograde. Ils déifient la famille nucléaire, tournent en ridicule les craintes écologistes, se font les apôtres du nationalisme traditionnel de l'ère industrielle et résistent à toutes les initiatives propres à promouvoir un ordre économique mondial plus équitable.

Les forces de la Troisième Vague, elles, sont favorables à une démocratie des minorités, elles sont prêtes à expérimenter des formes de démocratie plus directes, elles se prononcent à la fois pour le transnationalisme et pour la dévolution du pouvoir. Elles préconisent le démembrement des bureaucraties atteintes de gigantisme. Elles prônent un système énergétique moins centralisé et renouvelable. Elles veulent officialiser les structures familiales en concurrence avec le modèle nucléaire. Elles se battent pour que l'individualisation ait le pas sur la standardisation dans les écoles. Elles s'intéressent en priorité aux problèmes de l'environnement.

Elles admettent la nécessité de restructurer l'économie mondiale pour lui donner une base plus équilibrée et plus juste.

Par-dessus tout, alors que les sectateurs de la Seconde Vague jouent le jeu politique traditionnel, les adeptes de la Troisième se méfient de tous les candidats et de tous les partis politiques, fussent-ils nouveaux, et ils pressentent que les décisions cruciales dont dépendra notre survivance ne peuvent pas être prises dans le cadre politique actuel.

Le camp de la Seconde Vague compte dans ses rangs une majorité de gens qui sont nominalement des détenteurs de pouvoir au sein de la société — politiciens, hommes d'affaires, chefs syndicalistes, éducateurs, responsables des mass media —, encore que les imperfections de la représentation du monde selon les critères de la Seconde Vague les inquiètent. Numériquement parlant, le camp de la Seconde Vague peut sans aucun doute revendiquer également le soutien irréfléchi des citoyens les plus « ordinaires », même si le pessimisme et le désabusement font rapidement tache d'huile dans leurs rangs.

Il est plus difficile de tracer le portrait-robot des partisans de la Troisième Vague. Certains sont à la tête de grosses sociétés et d'autres sont des consuméristes violemment anticorporation. Certains se préoccupent de la protection de l'environnement alors que d'autres se soucient davantage des rôles sexuels, de la vie familiale ou de l'épanouissement de la personne. Certains sont presque exclusivement obnubilés par le développement de sources d'énergie alternatives et d'autres sont avant tout passionnés par les perspectives de démocratisation qu'ouvre la révolution des communications.

Certains viennent de l'aile « droite » de la Seconde Vague et d'autres de son aile « gauche » — on y trouve des avocats de la libre entreprise et des libertaires, des néosocialistes, des féministes et des militants des droits civiques, d'anciens « enfants-fleurs » et de brillants sujets. Certains sont des vétérans du mouvement pacifiste, d'autres n'ont jamais participé à la moindre marche, à la moindre manifestation. Certains sont animés d'une foi religieuse profonde, d'autres sont des athées irréductibles.

Les érudits se demanderont interminablement si ces groupes apparemment informels constituent une « classe » et, dans l'affirmative, s'il s'agit d'une « nouvelle classe » de privilégiés, travailleurs de l'information, intellectuels et techniciens. Beaucoup des combattants de la Troisième Vague, c'est indéniable, sont issus de la moyenne bourgeoisie et ont fait des études supérieures. Beaucoup, c'est tout aussi indiscutable, sont directement engagés dans la production et la diffusion de l'information ou dans les industries de services, et, en faisant quelque peu violence au mot, on pourrait probablement dire qu'ils forment une « classe ». Mais cela ne ferait qu'obscurcir la question.

Car l'on trouve dans les principaux groupes luttant pour démassifier la société industrielle des minorités ethniques relativement ignorantes dont beaucoup de ressortissants ne correspondent guère à l'image de l'homme à l'attaché-case porteur de savoir.

Comment définir les femmes qui se battent pour sortir du ghetto où la société de la Seconde Vague les avait confinées ? Et, qui plus est, comment étiqueter les foules grandissantes qui rejoignent le mouvement d'auto-assistance ? Et les « psychologiquement opprimés » — ces multitudes d'êtres victimes de l'épidémie de solitude, les familles brisées, les parents célibataires, les minorités sexuelles — que l'on ne peut enfermer dans la notion de classe ? Ces groupes viennent pratiquement de toutes les couches sociales et de toutes les professions. Ils n'en forment pas moins un riche vivier où le mouvement de la Troisième Vague puise sa force.

D'ailleurs, le terme même de *mouvement* est trompeur — en partie parce qu'il sous-entend un haut degré de conscience collective qui n'est pas encore atteint, en partie parce que les hommes et les femmes de la Troisième Vague se méfient, et à bon droit, des mouvements de masse du passé.

Il n'empêche que, qu'ils constituent une classe, un mouvement ou simplement une configuration changeante d'individus ou de groupes éphémères, tous ont un point commun : ils ne nourrissent plus d'illusions sur les vieilles institutions et s'accordent à reconnaître que l'ancien système n'est plus qu'une irréparable ruine.

Ainsi, le super-combat qui oppose les forces de la Seconde Vague à celles de la Troisième opère un clivage en dents de scie au sein des classes et des partis, des tranches d'âge et des groupes ethniques, des préférences sexuelles et des sous-cultures. Il recadre et réaligne notre vie politique. Et ce n'est pas une société harmonieuse, sans classes, sans conflits et sans idéologie qu'il nous promet : ce qu'il annonce, au contraire, dans le proche avenir, c'est une escalade des crises et un violent malaise social. Dans de nombreux pays se livreront d'âpres batailles politiques, pas telle-

De profondes perturbations

ment pour accaparer les vestiges de la société industrielle mais plutôt pour façonner le visage de son héritière, et, en dernier ressort, la contrôler.

Cette exacerbation du super-combat aura une influence décisive sur la politique de demain et sur la forme même de la civilisation nouvelle. Chacun d'èntre nous, consciemment ou à son insu, a un rôle à jouer dans cette grande confrontation. Un rôle qui peut être destructeur ou créateur.

NOTRE DESTIN : CRÉER NOTRE DESTIN

Il est des générations dont la destinée est de créer, d'autres de maintenir une civilisation. Celles qui ont lancé la Seconde Vague de changement historique ont dû, par la force des choses, être des générations créatrices. Les Montesquieu, les Stuart Mill et les Madison ont inventé la plupart des structures politiques qui nous semblent encore aller de soi. A la charnière de deux civilisations, leur rôle était de créer.

A l'heure actuelle, dans tous les domaines de la vie sociale, qu'il s'agisse de la famille, de l'école, de l'entreprise ou de l'Église, de nos systèmes d'énergie et de nos réseaux de communication, nous nous trouvons, nous aussi, devant la nécessité de créer de nouvelles formes adaptées à la Troisième Vague et, dans de nombreux pays, des millions de gens se sont déjà attelés à la tâche. Cependant, nulle part la décrépitude des structures n'est aussi prononcée ni aussi dangereuse que dans notre vie politique. Et nulle part il n'y a moins d'imagination et d'expérimentation, nulle part la répugnance à des changements fondamentaux n'est aussi obstinée.

Même les gens qui font preuve d'un audacieux esprit d'innovation dans leur travail — dans leurs cabinets juridiques ou dans leurs laboratoires, dans leurs cuisines, leurs classes ou leurs entreprises — semblent se pétrifier pour peu qu'on leur laisse entendre que notre Constitution ou nos structures politiques sont vétustes et ont besoin d'être radicalement rajeunies. La perspective d'une transformation politique en profondeur, avec les risques que cela comporte, les effraie tellement que le maintien du *statu quo,* si surréaliste et accablant soit-il, fait figure à leurs yeux de meilleur des mondes possibles.

A l'inverse, il existe dans toutes les sociétés une frange de pseudo-révolutionnaires ancrés dans les dogmes dépassés de la Seconde Vague pour qui aucun des changements que l'on propose n'est assez radical — archéo-marxistes, anarcho-romantiques, fanatiques d'extrême droite, guérilleros en pantoufles et terroristes bon teint rêvant de technocraties totalitaires ou d'utopies médiévales. A l'heure même où nous entrons à grande vitesse dans une nouvelle ère historique, ils fantasment sur des modèles de révolution puisés dans les tracts politiques jaunis d'hier.

Mais, alors que s'intensifie le super-combat, ce n'est pas à la reprise d'un quelconque drame révolutionnaire d'antan que nous allons assister — ni renversement des élites en place déclenché par quelque « parti d'avant-garde » entraînant les masses, ni soulèvement spontané, prétendument cathartique, dont le terrorisme serait le catalyseur. La création de nouvelles structures politiques adaptées à une civilisation de Troisième Vague ne viendra pas en dénouement d'un quelconque « grand soir » en forme d'apothéose mais sera le résultat de mille innovations et de mille collisions intervenant sur de multiples plans en de multiples lieux pendant des décennies.

Ce qui n'exclut pas l'éventualité de la violence sur la route qui nous mène à demain. Le passage de la civilisation de la Première Vague à celle de la Seconde a été une longue et sanglante tragédie, un tissu de guerres, de révoltes, de famines, de migrations forcées, de coups d'État et de calamités. Aujourd'hui, les enjeux sont considérablement plus élevés, le temps plus court, l'accélération plus rapide et les dangers encore plus grands.

Beaucoup de choses dépendent de la plasticité et de l'intelligence des élites, sous-élites et super-élites actuelles. Si elles s'avèrent aussi myopes, aussi dénuées d'imagination et aussi terrifiées que la plupart des groupes dirigeants du passé, elles résisteront à la Troisième Vague, accroissant par là les risques de violence, et hâteront leur propre destruction.

Si, en revanche, elles se laissent porter par la Troisième Vague, si elles reconnaissent la nécessité d'un élargissement de la démocratie, alors elles pourront prendre part à l'édification d'une civilisation nouvelle, tout comme les élites les plus clairvoyantes de la Première Vague, qui, anticipant l'émergence d'une société industrielle à base technologique, avaient participé à son enfantement.

La plupart d'entre nous savons ou devinons combien est périlleux le monde où nous vivons. Nous savons que l'instabilité sociale et les incertitudes politiques peuvent libérer des énergies d'une brutalité inouïe. Nous connaissons le poids des guerres et des cataclysmes économiques, et nous n'avons pas oublié que les nobles intentions et les crises sociales ont bien souvent été les accoucheurs du totalitarisme. Mais presque personne ne semble avoir conscience des différences positives qui distinguent le présent et le passé.

La situation varie d'un pays à l'autre, mais il n'y a encore jamais eu dans l'histoire un aussi grand nombre de gens pouvant se prévaloir d'un niveau d'éducation raisonnable et disposant collectivement d'un savoir d'une telle ampleur. Jamais autant de gens n'ont bénéficié d'une aisance matérielle aussi élevée — peut-être précaire, mais suffisante pour leur permettre de consacrer une part de leur temps et de leur énergie à la réflexion et à l'action civique. Jamais autant de gens n'ont eu la possibilité de communiquer, de voyager et de se frotter autant à d'autres cultures. Et, surtout, jamais autant de gens n'ont eu autant à gagner en veillant à ce que les changements nécessaires, si profonds soient-ils, s'effectuent pacifiquement.

Les élites les plus éclairées ne peuvent pas, à elles seules, bâtir une nouvelle civilisation. Pour cela, il faut les énergies de peuples entiers. Or, ces énergies existent, elles attendent d'être mobilisées. En vérité, si nous fixons explicitement pour objectif à la prochaine génération, particulièrement dans les pays à haute technologie, la création d'institutions et de Constitutions résolument nouvelles, peut-être libérerons-nous alors quelque chose de beaucoup plus puissant encore que l'énergie : l'imagination collective.

Plus tôt nous commencerons à jeter l'ébauche d'institutions politiques nouvelles fondées sur les trois principes énumérés plus haut — pouvoir des minorités, démocratie semi-directe, division de la décision —, plus les chances d'une transition pacifique seront grandes. C'est la volonté de freiner ces changements, et non les changements eux-mêmes, qui accroît les risques. C'est la volonté aveugle de défendre ce qui est périmé qui crée le danger de sanglants affrontements.

En conséquence, pour *éviter* des convulsions violentes, nous devons dès maintenant nous concentrer sur le problème de la désuétude des structures politiques dans le monde. Et ne pas confier l'examen de ce problème aux seuls experts — spécialistes du droit constitutionnel, avocats et politiciens — mais le soumettre au public — aux organisations civiques, aux syndicats, aux Églises, aux collectifs de femmes, aux minorités ethniques et raciales, aux savants, aux ménagères et aux hommes d'affaires.

Il faut, en un premier temps, ouvrir un débat public aussi large que possible sur le thème de la nécessité de promouvoir un nouveau système politique accordé aux besoins de la civilisation de la Troisième Vague. Il faut multiplier les conférences, les émissions de télévision, les tables rondes, les exercices de simulation, les simulacres d'assemblées constitutionnelles pour dégager un ample éventail de propositions de restructuration politique, pour ouvrir les vannes d'un torrent d'idées neuves. Nous devons nous préparer à utiliser à cette fin les outils les plus sophistiqués dont nous disposons, depuis les satellites et les ordinateurs jusqu'au vidéodisque et à la télévision interactive.

Personne ne sait très exactement ni de quoi sera fait l'avenir, ni ce qui conviendra le mieux à une civilisation de Troisième Vague. Pour cette raison, ce n'est pas une seule et massive réorganisation, et pas davantage une unique métamorphose révolutionnaire autoritairement imposée que nous devons envisager, mais plutôt des milliers d'expériences décentralisées permettant de tester de nouveaux modèles d'élaboration de la décision aux niveaux local et régional, précédant des applications aux plans national et transnational.

Mais en même temps, nous devons aussi commencer d'édifier un collège électoral en vue d'une expérimentation analogue sur les institutions nationales et transnationales impliquant leur refonte totale. A l'heure actuelle, la désillusion largement partagée, la colère et l'amertume contre les gouvernements de la Seconde Vague peuvent aussi bien se transformer en fureur frénétique et sectaire à l'appel de démagogues en mal d'autoritarisme que devenir l'aliment d'un processus de reconstruction de la démocratie.

En engageant une vaste campagne pédagogique — un essai de démocratie anticipatrice dans un grand nombre de pays simultanément —, nous pouvons faire obstacle à l'offensive totalitaire. Nous pouvons préparer les masses aux dislocations et aux crises périlleuses qui nous guettent. Et nous pouvons exercer des actions stratégiquement localisées sur les appareils politiques existants afin de hâter les changements qui s'imposent.

Sans cette formidable pression s'exerçant de bas en haut,

n'espérons pas que les actuels dirigeants en titre — Présidents et hommes politiques, sénateurs et membres des comités centraux — se bousculent pour faire le procès d'institutions qui, si caduques soient-elles, sont pour eux sources de prestige et de richesse, sans compter qu'elles leur donnent l'illusion, à défaut de la réalité, du pouvoir. Quelques hommes politiques avisés, quelques personnages exceptionnels prêteront sans tarder la main au combat pour la transformation des institutions politiques, mais la plupart ne bougeront pas avant que les revendications extérieures n'aient acquis une force irrésistible ou que la crise ne soit déjà si mûre et si grosse de violence qu'il n'y aura pas d'autre possibilité.

C'est donc nous qui, en définitive, sommes comptables du changement. Et nous devons commencer par changer nous-mêmes, par apprendre à ne pas fermer prématurément notre esprit à ce qui est nouveau, surprenant et apparemment révolutionnaire. Cela veut dire combattre les étrangleurs d'idées prompts à porter le coup de grâce à toute proposition nouvelle sous prétexte que c'est irréalisable, et monotones défenseurs de ce qui existe déjà, même si c'est absurde, coercitif ou inexploitable — sous prétexte que c'est utilisable. Cela veut dire se battre pour la liberté d'expression — pour le droit des gens à formuler leurs opinions, même si elles sont hérétiques.

Cela veut dire, surtout, engager sans plus attendre ce processus de reconstruction avant que la désintégration des systèmes politiques en vigueur n'ait atteint le seuil fatidique au-delà duquel les forces de la tyrannie se déchaîneront, rendant impossible un passage pacifique à la démocratie du XXIe siècle.

Si nous nous mettons à l'œuvre sans délai, nous pourrons, nous et nos enfants, participer à cette tâche exaltante : la reconstruction, non seulement de nos structures politiques périmées mais de la civilisation même.

Comme la génération des révolutionnaires de jadis, notre destin est de créer notre destin.

Remerciements

Pour écrire *La Troisième Vague,* j'ai puisé à diverses sources. La première et la plus traditionnelle a été la lecture d'ouvrages, de revues, de journaux, de rapports, de documents, de magazines et de monographies publiés dans de nombreux pays. J'ai également eu des entretiens avec des pionniers du changement dans le monde entier. J'ai rencontré ces personnes dans leurs laboratoires, dans leurs bureaux directoriaux, dans leurs classes, dans leurs ateliers, et elles n'ont été avares ni de leur temps ni de leurs idées, qu'il s'agisse d'experts des problèmes familiaux ou de physiciens, de ministres ou de chefs de gouvernement.

Enfin, au cours de mes voyages, j'ai ouvert les yeux et les oreilles. Souvent, une expérience de première main ou le hasard d'une conversation éclaire de manière révélatrice une idée abstraite. Dans la capitale d'un pays d'Amérique latine, un chauffeur de taxi m'en a appris plus long que toutes les statistiques optimistes de son gouvernement : comme je lui demandais pourquoi ses compatriotes ne faisaient rien pour protester contre un taux d'inflation en hausse continuelle, il a simplement imité le tac-a-tac-a-tac d'une mitrailleuse.

Il m'est évidemment impossible de remercier individuellement tous ceux qui m'ont apporté leur concours. Je citerai cependant trois amis, Donald F. Klein, Harold L. Strudler et Robert I. Weingarten qui ont pris la peine de lire intégralement mon manuscrit. Je leur suis reconnaissant des critiques et des conseils avisés qu'ils m'ont prodigués.

En outre, Lea Guyer Gordon et Eleanor Nadler Schwartz, qui comptent indiscutablement parmi les documentalistes les plus qualifiés, ont échenillé le texte afin d'en éliminer les inexactitudes factuelles. Mme Schwartz, allant au-delà de ce qu'exige la conscience professionnelle, a allégé par sa bonne humeur l'ultime et épuisante épreuve de la préparation du manuscrit pour la composition. Il me faut aussi exprimer ma gratitude particulière à Betsy Cenedella, de William Morrow, qui a relu et corrigé sans trêve les épreuves avec une sûreté au-delà de tout éloge. A Karen Toffler, enfin, auteur de l'index dont elle a passé les rubriques à la machine à traitement de textes jusqu'à des heures indues.

Il va sans dire que je suis seul responsable des erreurs qui ont pu se glisser dans ces pages malgré tous nos efforts pour les éviter.

Notes

Les nombres entre parenthèses correspondent au classement de l'ouvrage cité dans la bibliographie.

Chapitre premier

Sur les origines de l'agriculture, voir Cipolla (105). Quant aux différentes expressions utilisées pour décrire la société qui est en train de surgir, voir Brzezinski (200) et Bell (198). Bell a retracé l'origine de l'expression « post-industrielle » jusqu'à l'écrivain anglais Arthur J. Penty qui l'utilisa en 1917. Pour la terminologie marxiste, voir (211). J'ai parlé de la « civilisation hyper-industrialisée » dans (502) et (150).

Niedergang (95) et Cotlow (74), entre autres, ont décrit des tribus dépourvues d'agriculture.

Chapitre 2

Sur le commerce maritime voir (504), p. 3. L'ouvrage pénétrant de Geoffrey Blainey analyse les effets de l'isolement et des grandes distances continentales sur le développement de l'Australie.

Les fabriques grecques sont brièvement citées dans (237), p. 40.

Sur les premiers forages pétroliers voir (155), p. 30.

Les bureaucraties antiques sont décrites dans (17), Vol. I, p. 34.

La machine à vapeur d'Alexandrie est mentionnée dans le chapitre rédigé par Ralph Linton dans (494), p. 35 ; ainsi que dans Lilley (453), pp. 35-36.

Sur la civilisation pré-industrielle, voir (171), p. 15.

Sur l'ère Meiji au Japon (262), p. 307.

On trouvera des estimations de la population chevaline et bovine en Europe (244).

La machine à vapeur de Newcomen est décrite par Lilley (453) p. 94 et Cardwell (433), p. 69.

La citation de Vitruve est tirée de (171), p. 23.

Instruments de précision : Préface et introduction dans (438).

Le rôle des machines-outils est analysé dans (237), p. 41.

On trouvera une pittoresque description des débuts du commerce dans (259), pp. 64-71.

Les étapes de la distribution de masse sont décrites dans (29), p. 85. Sur l'apparition des magasins « A & P », voir pp. 159 et 162.

Sur les foyers de multigénérations originelles, voir (191), Vol. I, p. 64.

On trouvera une description de l'immobilisme de la famille agraire dans (508), p. 196.

La citation d'Andrew Ure est tirée de (266), pp. 359-360.

Sur la scolarité au XIXᵉ siècle aux États-Unis, voir (528), pp. 450-451.

L'allongement de l'année scolaire est tirée de *Historical Statistics of the United States*, p. 207.

Sur la scolarité obligatoire, voir (528), p. 451.

La déclaration des ouvriers est citée dans (492), p. 391.

La citation de Dewing est tirée de (14), p. 15.

Le nombre des sociétés anonymes américaines, avant 1800, est cité dans (101), p. 657.

C'est le président de la Cour Suprême, John Marshall, qui le premier considéra juridiquement la S.A.R.L. comme un « être *immortel* », *procès Darthmouth College versus Woodward*, 4. Wheat. 518, 4L. ed. 629 (1819)

Les corporations socialistes font l'objet d'un article de Léon Smolinski dans *Survey* (Londres), hiver 1974.

Dans les pays socialistes industriels de l'Europe de l'Est, comme en U.R.S.S., la forme la plus répandue de ces sociétés anonymes est « l'entreprise de production » — plus couramment appelée « la corporation socialiste ». Elle a pour caractéristique d'appartenir à l'État et non à des actionnaires privés, et elle est soumise à des contrôles politiques directs dans le cadre de l'économie planifiée. Mais, comme l'entreprise capitaliste, elle a pour principale fonction de concentrer le capital et d'organiser la fabrication en grande série. De plus, comme ses homologues capitalistes, elle façonne l'existence de ses employés ; elle exerce une influence politiqua qui, bien qu'informelle, n'en est pas moins puissante ; elle crée une nouvelle élite de cadres ; elle s'appuie sur des méthodes administratives de type bureaucratique ; elle rationalise la production. Sa position dans l'ordre social n'en était — ou n'en est — pas moins centrale.

L'évolution de l'orchestre est décrite par Sachs (7), p. 389 et par Mueller (6).

L'ouvrage de Zilliacus est consacré à l'histoire de la poste (56) ; voir p. 21.

L'hymne d'Edward Everett est tiré de (385), p. 257.

Cette avalanche de courrier est décrite dans (41), p. 34 ; voir aussi l'UNESCO Statistical Yearbook de 1965, p. 482.

Sur le téléphone et le télégraphe, voir Singer (54), pp. 18-19. Ainsi que Walker (268), p. 261.

Les statistiques sur le téléphone sont tirées de (39), p. 802.

La citation de Servan-Schreiber est tirée de son ouvrage (52) p. 45.

On trouvera un exposé sur le socialisme utopique dans (476), chapitre 8.

Chapitre 3

Le rôle du marché est débattu par Polanyi dans son stimulant ouvrage (115), p. 49.

Le marché de Tlatelolco est décrit, avec pittoresque, dans (246), p. 133.

Les notes du négociant en épices sont extraites de (476), chapitre 8.

Voir l'admirable ouvrage de Braudel (245), Vol. I.

Sur la fusion de la production et de la consommation, voir (265), p. 30.

Le rôle social et politique du consommateur est brillamment analysé dans l'ouvrage injustement oublié d'Horace M. Kallen (61), p. 23.

C'est mon ami Bertrand de Jouvenel qui m'a fait observer que la même personne est écartelée entre deux directions psychologiquement opposées, en tant que producteur et en tant que consommateur.

Cette idée d'une dichotomie entre l'objectif et le subjectif me vint en lisant Zaretsky (196).

Chapitre 4

On peut lire l'histoire de Theodore Vail dans (50). Vail est un personnage impressionnant dont la carrière nous fournit d'abondants renseignements sur les débuts du développement industriel.

L'influence de Frederick Winslow Taylor est exposée par Friedman (79) et Dickson (525). Ainsi que dans la Taylor Collection, Stevens Institute of Technology. L'opinion de Lénine sur le taylorisme est tirée de (79), p. 271.

Les tests d'intelligence standard sont décrits dans (527), pp. 226-227.

Sur la répression des langues des minorités, voir Thomas (290), p. 31. Ainsi que « Challenge to the Nation-State », *Time* (édition européenne), 27 octobre 1975.

Sur le système métrique et le nouveau calendrier établi par la Révolution française, voir Morazé (260) et Klein (449), p. 117.

Sur les monnaies frappées par des particuliers et sur la standardisation de la monnaie, voir (144), pp. 10, 33.

Sur la politique du prix unique, voir (29).

Les Avantages du commerce aux Indes orientales est cité dans (138), Vol. I, p. 330.

Les célèbres remarques d'Adam Smith sur le fabricant d'épingles sont citées dans (149), pp. 3-7.

Smith attribua l'accroissement foudroyant de la productivité au surcroît de dextérité acquis par l'ouvrier spécialisé, au temps gagné à ne plus passer d'une tâche à l'autre; et aux perfectionnements que le travailleur qualifié a pu apporter à ses outils. Mais Smith a clairement distingué l'élément essentiel de la situation : le marché. Sans un marché qui met en relations le producteur et le consommateur, qui aurait besoin ou envie de 48 000 épingles par jour ? Et, poursuit Smith, plus le marché sera étendu, plus la spécialisation se développera. Smith avait raison.

Ces calculs inhumains d'Henry Ford sont tirés de son autobiographie (442), pp. 108-109.

Ce nombre d'activités professionnelles est tiré du *Dictionary of Occupational Titles*, publié par le ministère du Travail das États-Unis, en 1977.

Lénine : voir Christman (474), p. 137.

Sur le rôle de synchronisation des chants de travail, voir (8), p. 18.

La citation de E. P. Thompson est tirée de « Time, Work-Discipline and Industrial Capitalism », *Past and Present* (Londres), n° 38.

Stan Cohen fit cette remarque dans une critique du livre de David J. Rothman *The Discovery of the Asylum*, parue dans *New Society* (Londres), 7 février 1974.

Les chiffres de la production de l'industrie automobile européenne sont tirés de (126), p. 3917.

En ce qui concerne la concentration des industries de l'aluminium, des cigarettes et des aliments pour le breakfast, consulter *Industry Surveys* de 1978 et 1979 de Standard & Poor. Sur la concentration des brasseries, voir « New Survival Plan for Olympia Beer », dans le *New York Times* du 15 mai 1979.

Pour une documentation sur la concentration industrielle en Allemagne, voir (126), p. 3972.

Le processus de la concentration industrielle se reflète dans les mouvements syndicaux. Face à des monopoles et à des trusts de plus en plus puissants, les syndicats, eux aussi, se renforcent. Au début de ce siècle, les Industrial Workers of the World — surnommés les Wobblies — ont exprimé leur tendance à la concentration dans une campagne pour ce qu'ils appelèrent « l'OBU » — One Big Union, Un seul Grand Syndicat.

Sur la concentration telle qu'elle est considérée par les marxistes, voir Léon M. Herman, « The Culte of Bigness in Soviet Economic Planning » (126), p. 4349.

Cet article fait référence au socialiste américain Daniel De Leon qui, à la fin du siècle dernier, soutint que « l'échelle qui a permis à l'humanité de s'élever jusqu'à la civilisation, c'est l'amélioration des méthodes de production, la puissance croissante des instruments de production. Le trust représente le dernier échelon de cette échelle. Les troubles sociaux de notre temps se déchaînent, précisément, contre le trust. La classe capitaliste essaie de s'en réserver l'usage exclusif. La classe moyenne tente de le détruire, faisant ainsi obstacle à la marche de la civilisation. Le prolétariat se proposera donc pour but de le préserver, de l'améliorer et de le rendre accessible à tous ».

L'article de N. Lelyoukhina a été repris dans (126), p. 4362.

Le chant Matsushita est extrait de « The Japonese Dilemna » de Willard Barber, *Survey* (Londres), automne 1972.

Les chiffres des effectifs de l'A.T.T. sont tirés de (39), p. 702.

Les statistiques de la main-d'œuvre française sont tirées de (126), p. 3958.

Sur la concentration soviétique et la « gigantomanie » de Staline, voir (126), pp. 4346-4352.

A l'heure où j'écris ces lignes, les Soviétiques luttent de vitesse pour terminer la construction de la plus grande usine de camions du monde ; ce qui implique la création d'une ville nouvelle de 160 000 habitants et un complexe d'ateliers et de chaînes de montage s'étendant sur plus de cent mètres carrés, presque le double de la superficie de l'île de Manhattan. On trouvera une description de cet ensemble dans le rapport d'Hedrick Smith (484). Smith déclare que les Soviétiques « partagent l'amour des Texans pour le gigantisme, amour qui dépasse autant le goût des Américains pour le grandiose que l'éthique de la croissance économique soviétique a surpassé la foi maintenant vacillante de l'Amérique dans les bienfaits automatiques de la croissance économique ».

En ce qui concerne la course au P.N.B., une pochade amusante propose que les femmes entreprennent d'effectuer, mutuellement et contre rétribution, leur travail ménager. Si chaque Susie Smith payait cent dollars par semaine chaque

Barbara Brown pour s'occuper de ses enfants et tenir son ménage, et si elle recevait la même somme pour effectuer, en retour, les mêmes services, les conséquences sur le P.N.B. seraient proprement stupéfiantes. Si cinquante millions d'épouses américaines s'engageaient dans cette transaction absurde, le P.N.B. augmenterait, brusquement, de 10 %.

La capitalisation des usines américaines en 1850 et les innovations établies dans la gestion des chemins de fer sont tirées de « Innovations in Business Administration » d'Alfred D. Chandler Jr et Stephen Salisbury (454), pp. 130, 138-141.

Sur les arguments pour un gouvernement fort et centralisé, voir (389).

Dans son ouvrage *The Imperial Presidence* (385), Schlesinger déclare : « Il faut souligner que les historiens et les spécialistes des sciences politiques, et, parmi eux, l'auteur de ces lignes, contribuèrent à la création d'une mystique de la présidence. »

Sur la réaction des gouvernements à la contestation politique, voir (482).

La citation de Marx est tirée de Christman (474), p. 359 ; celle de Engels, de la p. 324.

Les origines de la banque centrale, en Grande-Bretagne, en France et en Allemagne sont exposées en détail par Galbraith (127).

La lutte que mena Hamilton pour créer une banque nationale est relatée dans (254), p. 187.

Chapitre 5

Blumenthal est cité par Korda (22), p. 46.

La montée d'une élite d'intégrateurs dans les pays socialistes a fait le sujet de beaucoup d'ouvrages. Sur les idées de Lénine à ce sujet, voir (480), pp. 102-105 ; de Trotski, dans (475), p. 30, et (487) : Djilas fut emprisonné pour avoir écrit « La Nouvelle Classe » ; les reproches que Tito lui-même adressa à la technocratie sont cités par Seymour Martin Lipset et Richard B. Dobson dans « Social Stratification and Sociology in the Soviet Union », *Survey* (Londres), été 1973.

Depuis que James Burnham fit œuvre de pionnier en publiant, en 1941, *The Managerial Revolution* (L'Ère des Organisateurs) (330), toute une littérature a décrit l'accession au pouvoir de cette nouvelle élite d'intégrateurs. Voir *Power without Property* d'Adolf Augustus Berle, Jr. Dans *Le Nouvel État industriel*, John Kenneth Galbraith poussa l'idée plus loin en créant l'expression « technostructure » pour décrire cette nouvelle élite.

Chapitre 6

Sur la synthèse de Newton, voir (433), p. 48.

La citation de La Mettrie est tirée de *L'Homme-Machine* (302).

Sur la théorie de l'économie comme système selon Adam Smith, voir « Operating Rules for Planet Earth » de Sam Love, dans *Environmental Action* du 24 novembre 1973 ; la citation de Smith est tirée de son ouvrage posthume (148), p. 60.

La citation de Madison est tirée de (388).

Pour Jefferson, voir (392), p. 161.

Lord Cromer est cité dans (96), p. 44.

Sur Lénine, voir (480), p. 163. La citation de Trotski est tirée de (486), pp. 5, 14.

La remarque de Bihari est prise dans son ouvrage (347), pp. 102-103.

Pour V. G. Afanasyev, voir (344), pp. 186-187.

Le nombre des fonctionnaires élus est tiré de (334), p. 167.

Chapitre 7

La tentative d'annexion d'Abaco est décrite dans « The Amazing New Country Caper » par Andrew St. George, dans *Esquire* de février 1975.

La citation de Finer est tirée de « The Fetish of Frontiers », dans *New Society* (Londres), 4 septembre 1975.

Sur les conglomérats de petites entités autonomes qu'étaient les empires, voir Braudel (245), Vol. 2, chapitre IV. Ainsi que Bottomore (490).

La boutade de Voltaire est citée par Morazé (260).

Sur les 350 mini-États allemands, voir (285), p. 13.

Les différentes définitions de la nation sont tirées de (277), pp. 19 et 23. Ortega (341), p. 171.

Sur les dates des premières lignes de chemin de fer, voir (55), p. 13.

Morazé (260).

Pour Mazlish, voir (454), p. 29.

Chapitre 8

Sur les denrées alimentaires en provenance des autres continents (119), p. 11.

Les citations de Chamberlain et de Ferry sont tirés de Birnie (100), pp. 242-243.

Sur les derviches et les autres victimes de la mitrailleuse, voir l'excellente monographie de John Ellis (436).

Sur Ricardo et la division du travail (77), Introduction, pp. XII-XIII.

La valeur des échanges mondiaux est tirée de (119), p. 7.

L'histoire de la margarine est retracée par Magnus Pyke dans (461), p. 7.

Sur la réduction en esclavage des Indiens d'Amazonie, voir Cotlow (74), pp. 5-6. Le sujet a été traité plus en détail par Bodard (70).

La citation de Woodruff est tirée de (119), p. 5.

Sur le contrôle politique européen (497), p. 6.

Sur le commerce mondial entre 1913 et 1950 (109), pp. 222-223.

Création du F.M.I. (109), p. 240.

Sur les réserves d'or des États-Unis et les prêts de la Banque mondiale aux pays sous-développés, voir (87), pp. 63, 91.

Sur les idées de Lénine, voir (89) ; ainsi que Cohen (73), pp. 36, 45-47. Les arguments de Lénine et la citation de Senin sont tirés de (146), pp. 22-23.

Les luttes politiques qui secouent la Chine d'aujourd'hui peuvent se ramener à un conflit portant sur la question : faut-il fabriquer ou acheter ? D'un côté, il y a ceux que l'on pourrait appeler, en gros, les « gauchistes », partisans de l'autarcie et du développement interne ; de l'autre, ceux qui sont favorables à un commerce international à grande échelle. La notion d'autarcie attirera d'autant plus l'attention des pays non industrialisés qu'ils en viendront à se rendre mieux compte du coût caché que représente leur entrée dans une économie mondiale intégrée, conçue pour servir les intérêts des nations de la Seconde Vague.

Sur les achats de bauxite de la Guinée par les Soviétiques, voir « Success Breeds

Success », dans *The Economist* du 2 décembre 1978 ; les achats soviétiques en Inde, en Iran et en Afghanistan sont exposés en détail dans « How Russia Cons the Third World », dans *To the Point* (Sandton, Transvaal, Afrique du Sud), du 23 février 1979. Cet hebdomadaire sud-africain, en dépit de son évident parti pris, offre d'importantes informations sur le Tiers Monde, et en particulier sur l'Afrique. Sur l'impérialisme soviétique, voir aussi Edward Crankshaw (80), p. 173.

La citation de Sherman est tirée de (147), pp. 316-317.

Sur le COMECON, voir « COMECON Blues » de Nora Beloff, dans *Foreign Policy*, été 1978.

Chapitre 9

Quant à notre « empire » sur la nature, voir Clarence J. Glacken, « Man Against Nature : An Outmoded Concept », dans (162), pp. 128-129.

Sur Darwin et les premières théories de l'évolution, voir Hyman (306), pp. 26-27, 56. Sur le darwinisme social : pp. 432-433.

Les idées de Leibniz, Turgot, etc., sur le progrès sont examinées par Charles Van Doren dans (184), introduction générale.

La citation de Heilbroner est tirée de (234), p. 33.

Les unités de mesure du temps sont inventoriées dans « Time, Work-Discipline, and Industrial Capitalism », par E. P. Thompson, dans *Past and Present*, n° 38. Voir aussi Cardwell (433), p. 13.

L'adoption du temps du méridien de Greenwich est décrite dans (519), p. 115.

Les notions bouddhistes et hindoues du temps sont exposées dans (509), p. 248.

Sur l'étude du temps cyclique en Orient par Needham, voir (515), p. 47.

La citation de Whitrow est tirée de (520), p. 18.

L'utilisation de l'espace par la civilisation précédant la Première Vague est décrite par Morrill dans (514), pp. 23-24.

Sur l'implantation des maisons paysannes, voir « The Shaping of England's Landscape » de John Patten, dans l'*Observer Magazine* (Londres) du 21 avril 1974.

La citation de Hale est tirée de (252), p. 32.

Les différentes longueurs de la perche sont citées dans (449), pp. 65-66.

En ce qui concerne les récompenses décernées pour l'amélioration de la navigation, voir Coleman (506), pp. 103-104.

Sur le système métrique : (449), pp, 116, 123-125.

Les observations de Clay sont tirées de (505), pp. 46-47.

Les configurations en S sont décrites par John Pattern dans l'*Observer Magazine* cité plus haut.

Sur l'homme comme partie intégrante de la nature, voir Clarence J. Glacken in (162), p. 128.

En ce qui concerne l'atomisme de Démocrite, voir Munitz (310), p. 6 ; Asimov (427), Vol. 3, pp. 3-4.; et Russel (312).

Les vues sur le Mo Ching et l'atomisme indien sont tirées de Needham (455), pp. 154-155.

Sur l'atomisme comme un point de vue minoritaire (312).

Descartes (303).

La citation de Dubos est tirée de (159).

Sur Aristote, voir Russell (312).

Le Yin et le Yang : Needham (456), pp. 273-274.

La citation de Newton est tirée de son ouvrage « Principes mathématiques de la philosophie naturelle », et citée dans (310), p. 205.

Laplace : Gellner (305), p. 207.

La citation de Holbach est tirée de Matson (309), p. 13.

Chapitre 10

Sur la révolution industrielle en France, voir Williams (118) ; Polanyi (115) ; et Lilley (453).

La place tenue par les comptes dans un processus de développement social est étudiée par D. R. Scott (145).

Sur les odeurs de la Première et de la Seconde Vague (420).

En ce qui concerne les anciennes manières, consulter le remarquable ouvrage de Norbert Elias *La Civilisation des mœurs* (250).

Les communautés de la Première Vague sont décrites comme des « cloaques » par Hartwell (107) et Haye (108).

La citation de Vaizey est tirée de « Is this New Technology Irresistible ? » dans le *Times Educational Supplement* (Londres), du 5 janvier 1973.

Le compte rendu de Larner a paru dans *New Society* (Londres), 1er janvier 1976.

L'enquête de l'American Management Association est résumée dans (33), pp. 1-2.

Chapitre 11

En ce qui concerne les niveaux des examens scolaires, voir « Making the Grade : More Schools Demand A Test of Competency for Graduating Pupils », *The Wall Street Journal*, 9 mai 1978.

Sur le nombre de remariages : *Social Indicators 1976,* rapport du ministère du Commerce des États-Unis, p. 58.

En ce qui concerne les adversaires du féminisme, voir « Anti-ERAEvangelist Wins Again », *Time*, 3 juillet 1978.

Sur le conflit entre les homosexuels et Anita Bryant : « How Gay is Gay ? », *Time*, 23 avril 1979.

Chapitre 12

Sur la décision de Rathbone concernant les prix du pétrole, et sur la création de l'OPEP, consulter (168), chapitre 8.

Centrales nucléaires de Seabrook et Grohnde (163).

Les deux tiers des ressources énergétiques de la planète en pétrole et en gaz : renseignement tiré de (160), p. 17.

Sur la diminution des réserves de pétrole, consulter « The Oil Crisis is Real This Time », *Business Week*, 30 juillet 1979.

Sur les installations de gazéification et de liquéfaction du charbon , consulter la remarquable étude critique de Commoner (157), pp. 67-68. Voir aussi « A Desperate Search for Synthetic Fuels », *Business Week,* 30 juillet 1979.

Les subventions gouvernementales au nucléaire sont exposées dans (157), p. 65.

Sur le terrorisme et les autres dangers attachés au plutonium, voir Thomas Cochran, Gus Speth et Arthur Tamplin, « Plutonium : An Invitation to Disaster », dans (166), p. 102 ; voir aussi Commoner (157), p. 96.

La citation de Carr est tirée de (153), p. 7.

Les travaux de la Texas Instrument sur les photopiles sont exposés dans « Energy : Fuels of the Future », *Time*, 11 juin 1979.

Le rôle de Solarex dans « The New Business of Harnessing Sunbeams » d'Edmund Faltermayer, dans *Fortune*, février 1976. Voir aussi les convertisseurs d'énergie dans « A New Promise of Cheap Solar Energy », *Business Week*, 18 juillet 1977.

Sur le programme soviétique d'utilisation de la tropopause (153), p. 123.

Les ressources de la géothermie sont décrites dans « The Coming Energy Transition » de Denis Hayes, dans *The Futurist*, octobre 1977.

Sur l'utilisation de l'énergie des vagues au Japon, consulter « Waking Up to Wave Power », *Time*, 16 octobre 1978.

Sur la tour énergétique de la Southern California Edison : « Energy : Fuels of the Future », *Time*, 11 juin 1979.

Sur les développements des moteurs à hydrogène, voir « Can Hydrogen Solve Our Energy Crisis ? », de Roger Beardwood, dans le *Telegraph Sunday Magazine* (Londres) du 29 juillet 1979.

« Redox » est décrit dans « Washington Report », *Product Engineering*, mai 1979.

En ce qui concerne la superconductivité, voir « Scientists Create a Solid Form of Hydrogen », *The New York Times*, 2 mars 1979.

On trouvera une brève discussion sur les implications des ondes tesla au cours de l'interview d'Alvin Toffler publiée par *Omni*, en novembre 1978.

En ce qui concerne le passage des industries de la Seconde Vague à celles de la Troisième Vague, voir « The Cross of Lorraine », *Forbes*, 16 avril 1979. La nationalisation des industries du charbon et de l'acier, et des chemins de fer, en Grande-Bretagne, est discutée dans « The Grim Failure of Britain's Nationalized Industries » par Robert Ball, dans *Fortune*, décembre 1975. Sur la *Strukturpolitik* voir « How Schmidt Is Using His Economic Leverage », *Business Week*, 24 juillet 1978.

L'insertion sur la Rolls-Royce fut publiée par CW Communications, Newton, Mass, dans *Avertising and Publishing News*, septembre 1979.

On peut se faire une idée de la portée de l'industrie des ordinateurs à usage domestique, au printemps 1979, en consultant *Micro Shopper : The Microcomputer Guide*, publié par MicroAge Wholesale, Tempe, Arizona. Voir aussi « Plugging In Everyman », *Time*, 5 septembre 1977.

L'emploi des fibres optiques dans l'industrie des communications est décrit dans « Lightbeams in Glass — Slow Explosion Under The Communications Industry » par Robin Lanier, dans *Communications Tomorrow*, novembre 1976. L'emploi des fibres optiques dans l'industrie du téléphone et sa comparaison avec celui du cuivre sont tirés d'une interview de Donald K. Conover, directeur général, Corporate Education, Western Electric Co., Hopewell, N. J.

La citation de la revue *Science* est tirée de son numéro du 18 mars 1977.

Sur le projet de navettes spatiales : « The Shuttle Opens the Space Frontier to U. S. Industry », *Business Week*, 22 août 1977.

L'information sur l'urokinase est fournie par les Abbott Laboratories, North Chicago, Ill. La citation de Von Puttkamer est tirée de « The Industrialization of Space », *Futurics*, automne 1977.

L'identification de ces alliages par la T.R.W. est décrite dans « Industry's New Frontier in Space », par Gene Bylinsky, dans *Fortune*, 29 janvier 1979.

En ce qui concerne les études de Brian O'Leary et les conférences de Princeton, consulter G. K. O'Neill, *Newsletter on Space Studies*, 12 juin 1977.

Sur les réserves de protéines des océans, la menace d'extinction qui pèse sur la vie marine, et l'aquiculture, voir : « The Oceans : World Breadbasket or Breakdown ? », de Robert M. Girling, dans *Friends Magazine*, février 1977.

La citation du Dr Raymond est tirée de John P. Craven, « Tropical Oceania : The Newest World », *Problems of Journalism* : comptes rendus de la Convention de 1977 de l'American Society of Newspaper Editors, 1977, p. 364.

Les minerais de la mer : « Oceanic Mineral Resources », de John L. Mero, dans *Futures*, décembre 1968. Voir aussi « The Sea-Bed » de P. N. Ganapati, dans *Seminar* (New Delhi), mai 1971 ; et « The Oceans : Wild West Scramble for Control », *Time*, 29 juillet 1974 ; et « Seabed Mining Consortia Hope to Raise the Political Anchor », *The Financial Times* (Londres), 7 août 1979.

Les médicaments tirés de la mer sont décrits dans une brochure publiée par le Roche Research Institute of Marine Pharmacology, Dee Why, N.S.W., Australie.

Sur la technologie des plates-formes océaniques, voir « Floating Cities », dans *Marine Policy*, juillet 1977.

L'argumentation de D. M. Leipziger est tirée de « Mining the Deep Seabed », *Challenge*, mars-avril 1977.

Sur la génétique : Howard et Rifkin (446) ; ainsi que « Industry Starts To Do Biology With Its Eyes Open », *The Economist* (Londres), 2 décembre 1978.

Les grandes lignes d'une politique nationale de contrôle des manipulations génétiques sont retracées dans *Draft Information Documents on Recombinant D.N.A.*, mai 1978, Scientific and Technical Committee of the North Atlantic Assembly.

Les dires du président de la Cetus sont tirés de (446), p. 190.

Sur la politique officielle soviétique : *Socialism : Theory and Pratice*, un mensuel soviétique offrant un résumé de la presse politique et théorique, janvier 1976.

Le rapport à la National Science Foundation, Lawless (452).

Sur la révolte des Luddites contre les machines, voir (453), p. 111.

On trouvera une description des campagnes antinucléaires dans « Crusading Against the Atom », *Time*, 25 avril 1977, et dans « Nuclear Power : The Crisis in Europe and Japan », *Business Week*, 25 décembre 1978.

Une technologie appropriée est examinée dans (425) ; voir aussi Harper et Boyle (444).

Exemples de ce regain d'intérêt pour les dirigeables : la brochure des Aerospace Developments, Londres ; ainsi que « Lighter-Than-Air Transport : Is the Revival for Real ? » de James Wargo, dans *New Engineer*, décembre 1975.

Chapitre 13

Les chiffres de diffusion de la presse proviennent de l'American Newspaper Publishers Association.

Sur le pourcentage d'Américains qui lisent des journaux, voir les *General Social Surveys* de 1972 et de 1977, publiés par le National Opinion Research Center de l'Université de Chicago.

Sur la diminution de la diffusion des journaux, voir « Newpapers Challenged as Never Before », *Los Angeles Times*, 26 novembre 1976 ; voir aussi « Time Inc. Buys Washington Star ; It Will Pay Allbritton $ 20 Million », *The New York Times*, 4 février 1978. En ce qui concerne les quotidiens britanniques, voir « Newspaper Sales » de Tom Forester, dans *New Society* (Londres), 16 octobre 1975.

Le déclin de la diffusion des magazines de masse est exposé en détail dans *The Gallagher Report*, supplément au numéro du 22 août 1977.

Sur la prolifération des magazines locaux et des revues spécialisées, voir *Folio* (Magazine), décembre 1977.

La citation de Richard Reeves est tirée de « And Now a Word from God... » *Washington Star*, 2 juin 1979.

Les habitudes radio des jeunes sont exposées en détail dans *Radio Fact*, publié par Radio Advertising Bureau, New York.

Autoradios C.B. : « Citizens Band : Fad or Fixture ? » de Leonard M. Cedar dans le *Financial World* du 1er juin 1976. Le nombre des usagers de la Bande des Citoyens en 1977 a pour source Radio Research Center, publié par le Radio Advertising Bureau de New York. Les dénégations des stations quant à une baisse d'écoute due à la « Citizen Band » ont fait l'objet d'un communiqué de presse, daté du 20 juin 1977, du C.B.S. Radio Network. Voir aussi l'enquête de Martsteller dans *Broadcasting*, 15 août 1977.

Le Time : « The Year That Rain Fell Up », dans son numéro du 9 janvier 1978. N.B.C. : « Webs Nailed for 'Stupidity' ; Share Seen Dipping 50 % » de Peter Warner dans *The Hollywood Reporter*, 15 août 1979.

Sur l'expansion de la télévision par câble voir « Cable T.V. : The Lure of Diversity », *Time*, 7 mai 1979 ; voir aussi *Media Decisions*, janvier 1978.

Sur la distribution des programmes par satellites, voir « New Flexibility in Programming Envisioned Resulting from Upsurge in Satellite Distribution », de John P. Taylor, dans *Television Radio Age*, 27 février 1978.

La citation de John O'Connor est tirée de « T.V. on the Eve of Drastic Change », *The New York Times*, 13 novembre 1977.

Chapitre 14

Les grandes lignes des étapes du développement des ordinateurs ont été exposées au cours d'une entrevue avec Harvey Poppel, 27 mars 1978.

Le chiffre des dépenses afférentes au poste D.D.P. est tiré des rapports de l'International Data Corporation, Stamford, Conn. Sur la multiplication des ordinateurs domestiques, consulter « The Electronic Home : Computers Come Home », de Lee Edson, dans *The New York Times Magazine*, 30 septembre 1979.

Sur le prix des ordinateurs domestiques : « TI Gets Set to Move into Home Computers », *Business Week*, 19 mars 1979.

Les renseignements sur « la Source » ont été fournis par la Telecomputing Corporation of America, McLean, Va ; et s'appuient également sur l'entrevue avec Marshall Graham, vice-président, marketing, du 12 octobre 1979.

« Fred the House » a paru dans le *Micro Shopper*, édité par Micro-Age, Tempe, Ariz., printemps 1979.

En ce qui concerne les « Lois de la Robotique », voir le classique d'Isaac Asimov (426).

La technologie de la programmation vocale est exposée dans « Computers Can Talk to You », *The New York Times*, du 12 août 1978. En ce qui concerne les sociétés travaillant sur ce problème, voir *Random-Access Monthly*, mai 1979, une publication du Dean Witter Reynolds, Inc., New York. Pour une prospective sur les ordinateurs qui parlent, voir « Speech Is Another Microelectronics Conquest », *Science*, 16 février 1979.

Les « problèmes entrelacés » sont évoqués dans (462), p. 113.

Chapitre 15

Pour les chiffres concernant le déclin de la production dans les pays à haute technologie, voir les *Yearbook of Labour Statistics* des années 1961, 1965, 1966, 1975, de l'International Labor Organization.

Sur le transfert de la production vers les pays en voie de développement, lire « Vast Global Changes Challenge Private-Sector Vision » de Frank Vogl, dans *Financier*, avril 1978 ; ainsi que John E. Ullman, « Tides and Shallows », dans (12), p. 289.

La production démassifiée est décrite par Jacobs (448), p. 239.

Ainsi que dans « Programmable Automation : The Bright Future of Automation » de Robert H. Anderson, paru dans *Datamation* décembre 1972 ; et A. E. Kobrinsky et N. E. Kobrinsky, « A Story of Production in the Year 2000 », dans Fedchenko (205), p. 64.

Sur le pourcentage des produits volumineux par rapport à tous les produits manufacturés, voir « Computer-controlled Assembly » de James L. Nevins et Daniel E. Whitney, dans *Scientific American*, février 1978.

La production en petites quantités est unique est décrite dans « When Will Czechoslovakia Become an Underdeveloped Country ? » repris du Palach Press, Londres, dans *Critique* (Glasgow), revue d'études soviétiques et de théorie socialiste, hiver 1976-77. Voir aussi « New Programmable Control Aims at Smaller Tasks », *American Machinist*, septembre 1976 ; « The Computer Digs Deeper Into Manufacturing », *Business Week*, 23 février 1976 ; et « In the Amsterdam Plant, The Human Touch » de Ed Grimm, dans *Think*, août 1973.

La production à faible débit en Europe est exposée dans « Inescapable Problems of the Electronic Revolution », *The Financial Times* (Londres) 13 mai 1976 ; et « Aker Outlook », *Northern Offshore* (Oslo), novembre 1976.

La taille des séries commandées aux fabricants par le Pentagone est analysée dans l'ouvrage de Robert H. Anderson et Nake M. Kamrany, *Advanced Computer-Based Manufacturing System for Defense Needs*, publié par l'Information Sciences Institute, de l'université de la Californie du Sud, septembre 1973.

Les méthodes de la production automobile au Japon sont décrites dans la correspondance de Jiro Tokuyama, Nomura Research Institute of Technology & Economics, Tokyo, 14 juin 1974.

Anderson a prononcé cette phrase lors d'une entrevue avec l'auteur.

Sur l'appareil de photo Canon AE-1 voir Report of First Quarter and Stockholders Meeting, Texas Instruments, 1977.

Sur le nombre de transactions informatives et l'augmentation du coût du travail de bureau, voir Randy J. Goldfield, « The Office of Tomorrow *Is* Here Today ! », *Time*, 13 novembre 1978.

Les conséquences qu'aura sur l'emploi l'automation du travail de bureau sont discutées dans « Computer Shock : The Inhuman Office of the Future » de Jon Stewart, dans *Saturday Review*, 23 juin 1979.

Le bureau sans paperasserie de Micronet est décrit dans « Firms Sponsor Paperless Office », *The Office*, juin 1979 ; et dans « Paperless Office Plans Debut », *Information World*, avril 1979.

Les alternatives au système postal actuel sont discutées dans « Another Postal Hike and Then... », *U.S. News & World Reports*, 29 mai 1978.

La croissance du système postal préélectronique a finalement atteint son apogée au début des années 70. L'*U.S. News & World Report* du 29 décembre 1975 remarquait : « Pour la première fois dans l'histoire, le volume de courrier transporté par le service postal a décru au cours de la dernière année fiscale. On s'attend que ce déclin se poursuive et peut-être même s'accélère — environ 830 millions d'objets postaux durant l'année dernière. » Fondées sur l'usage du papier, les Postes, cette institution typique de la Seconde Vague, ont atteint leurs limites.

La Satellite Business Systems est décrite dans un « Rapport Spécial » de William Ginsberg et Robert Golden, rédigé pour Shearson Hayden Stone, New York.

Vincent Giuliano a émis ces remarques au cours d'un entretien avec l'auteur.

Mᵐᵉ Goldfield a parlé des fonctions « paradirectoriales » des secrétaires au cours d'une entrevue avec l'auteur.

L'automation du travail de bureau et cette étude portant sur sept pays sont étudiées dans « The Coming of the Robot Workplace », *The Financial Times* (Londres), 14 juin 1978.

Chapitre 16

Le travail à domicile, dans des sociétés comme United Airlines et MacDonald, est exposé en détail dans « A Way to Improve Office's Efficiency : Just Stay at Home », *The Wall Street Journal*, 14 décembre 1976.

Les remarques d'Harvey Poppel proviennent d'un entretien avec l'auteur et de son pronostic pas encore publié, « The Incredible Information Revolution of 1984 ».

La citation de Latham est tirée de (54), p. 30.

Les modifications du travail de bureau sont exposées dans « The Automated Office » de Hollis Vail, dans *The Futurist*, avril 1978.

On trouvera un compte rendu des résultats de l'enquête de l'ɪ.ꜰ.ꜰ. dans l'ouvrage de Paul Baran, *Potential Market Demand for Two-Way Information*

Services to the Home 1970-1990, publié par le Institute for the Future, Menlo Park, Calif., 1971.

Les programmeurs travaillant à domicile : « Fitting Baby Into the Programme », *The Guardian* (Manchester), 9 septembre 1977.

L'expression « des gens agglomérés autour d'un ordinateur » est tirée de « Communicating May Replace Commuting », *Electronics,* 7 mars 1974.

La citation de Michael Koerner est tirée de (26), Vol. I, p. 240.

Sur le modèle de l'habitat à mi-chemin de l'équipe de Nilles voir *Electronics,* 7 mars 1974, cité plus haut.

L'étude fondamentale sur la substitution des communications aux transports est présentée dans l'ouvrage de Nilles (49).

Chapitre 17

La citation de Carter est tirée de « Right Now », *McCall's,* mai 1977.

Les souhaits du directeur de la statistique chargé des affaires familiales auprès du gouvernement, le Dr Paul Glick de l'U.S. Census Bureau, sont tirés de l'ouvrage du Dr Israel Zwerling, « Is Love Enough to Hold a Family Together ? » *Cincinnati Horizons,* décembre 1977.

Le pourcentage de la population des États-Unis vivant dans une famille nucléaire classique provient de l'U.S. Department of Labor, Bureau of Labor Statistics, Special Labor Force Report 206, « Marital and Family Characteristics of the Labor Force in March 1976 », *Monthly Labor Review,* juin 1977.

Sur les gens qui vivent seuls voir « Today's Family — Something Different », *U.S. New & World Report,* 9 juillet 1979 ; ainsi que « Trend to Living Alone Brings Economic and Social Change », *The New York Times,* 20 mars 1977 : et « The Ways 'Single' Are Changing U.S. », *U.S. News & World Report,* 31 janvier 1977.

Progression des couples non mariés : « Unwed Couples Living Together Increase by 117 % », *The Washington Post,* 28 juin 1979 ; voir aussi « H.U.D. Will Accept Unmarried Couples for Public Housing », *The New York Times,* 29 mai 1977.

Sur les difficultés juridiques auxquelles se heurtent les couples non mariés qui se séparent : « How to Sue Your Live-in Lover », de Sally Abrahms in *New York,* 13 novembre 1978 ; ainsi que « Unmarried Couples : Unique Legal Plight », *Los Angeles Times,* 13 novembre 1977.

Savoir-vivre et « conseiller du couple » : « Living in Sin' Is In Style », *The National Observer,* 30 mai 1977.

La citation de Ramey est tirée de la circulaire de novembre-décembre 1975 de la National Organization for Non-Parents, maintenant rebaptisée National Alliance for Optional Parenthood.

On trouvera des renseignements sur les couples sans enfants dans « In New German Attitude on Family Life, Many Couples Decide to Forgo Children », *The New York Times,* 25 août 1976 ; ainsi que « Marriage and Divorce, Russian Style-'Strange Blend of Marx and Freud' », *U.S. News & World Report,* 30 août 1976.

Sur les enfants dans un foyer uniparental, voir (194), p. 1.

Montrer comment la démographie, la technologie et d'autres forces influencent la famille, ce n'est pas dire que la famille est un élément passif de la société, mais simplement qu'elle réagit aux changements du système ou s'y adapte. Elle est aussi une force active. Mais l'impact des événements extérieurs sur la famille — la guerre, par exemple, ou un changement technologique — est souvent immédiat, tandis que l'impact de la famille sur la société peut se faire sentir à bien plus long terme. La véritable influence de la famille ne se révèle que lorsque les enfants ont grandi et prennent leur place dans la société.

Sur la progression numérique des familles uniparentales en Grande-Bretagne, en Allemagne et en Scandinavie, voir « The Contrasting Fortunes of Europe's One-Parent Families », *To the Point International* (Sandton, Transvaal, Afrique du Sud), 22 août 1976.

La famille « collective » est définie dans (502).

Les remarques de Davidyne Mayleas sont tirées de son article « About Women : The Post-Divorce 'Poly-Family' », *Los Angeles Times*, 7 mai 1978.

On trouvera une étude sur cette riche variété de structures familiales dans « Family Structure and the Mental Health of Children » de Sheppard G. Kellam, Margaret E. Einsminger et R. Jay Turner, *Archives of General Psychiatry* (American Medical Association), septembre 1977.

La citation de Jessie Bernard sur la diversité de la vie familiale est tirée de (187), pp. 302 et 305.

Sur la femme payée pour concevoir par insémination artificielle, voir les articles suivants : « Astonishing Plan Says the Judge », *Evening News* (Londres), 20 juin 1978, et « Woman Hired to Have a Child », *The Guardian* (Manchester), 21 juin 1978.

Sur le droit à la garde de l'enfant par une mère lesbienne : « Judge Grants a Lesbian Custody of 3 Children », *The New York Times*, 3 juin 1978 ; et « Victory for Lesbian in Child Custody Case », *San Francisco Chronicle*, 12 avril 1978.

Sur le procès pour « incompétence parentale », voir « Son Sues Folk for Malpractice », *Chicago Tribune*, 28 avril 1978.

Sur ce nouveau phénomène de l'entreprise, le « company couple », voir « The Corporate Woman : 'Company couples' Flourish », *Business Week*, 2 août 1976.

Chapitre 18

Les remarques de Carter et de Blumenthal sont tirées de « I Don't Trust Any Economists Today », de Juan Cameron dans *Fortune* du 11 septembre 1978.

Sur « l'écu », voir l'article d'André Coussement, « Why the Ecu Still Isn't Quite Real », *Euromoney*, octobre 1979.

Sur les monnaies européennes et sur le réseau bancaire électronique mondial, voir « Stateless Money : A New Force on World Economies », *Business Week* 21 août 1978 ; l'article de John B. Caouette « Time Zones and the Arranging Centre », *Euromoney*, juillet 1978 ; et « Clash over Stateless Cash », *Time*, 5 novembre 1979.

L'auteur a évoqué les eurodollars dans (150).

Le COMECON, centré sur l'Union soviétique, souffre de ses propres conflits intérieurs. Récemment, dans un geste sans précédent, Erich Honecker, le chef de gouvernement communiste de l'Allemagne de l'Est, a violemment accusé le COMECON d'être « partial et myope », avertissant Moscou que « personne n'a le droit d'arrêter la fabrication des produits d'Allemagne de l'Est ». (Cf. *Forbes*,

20 mars 1978.) L'économie de l'U.R.S.S. est elle-même divisée en quatre secteurs distincts et en conflit les uns avec les autres. Un secteur militaire à haute technologie de type Troisième Vague réclamant constamment de plus gros budgets ; un secteur de la Seconde Vague, irrémédiablement rétrograde, qui, handicapé par une mauvaise gestion et de graves pénuries, ne peut satisfaire la demande croissante des consommateurs ; et un secteur agricole encore plus rétrograde et mal planifié, assailli de problèmes insolubles. Tout cela baignant dans un quatrième secteur imprécis — une « économie fantôme », fondée sur les pots-de-vin, le marché noir et la corruption, sans laquelle de nombreuses opérations des autres secteurs gripperaient jusqu'à l'arrêt total.

Dépendant en grande partie des apports de la technologie et du capital de l'économie mondiale (et sujets à ses maladies), les pays industriels socialistes sont aussi entraînés par des forces qu'ils ne peuvent contrôler. La Pologne, par exemple, est perpétuellement déchirée entre les hausses des prix imposées par l'inflation et les protestations des travailleurs en colère. Ayant emprunté 13 milliards de dollars à l'Occident, elle oscille au bord du gouffre de la banqueroute et supplie ses créditeurs de lui accorder des délais de remboursements.

Les autres économies socialistes commencent aussi à démassifier et leurs entreprises de production sont également emportées par l'énorme vague du changement.

Sur la corruption en U.R.S.S. voir Smith (484), p. 86 et suivantes. Sur la dépendance de l'U.R.S.S. aux autres pays pour la technologie et les capitaux, voir « Rollback, Mark II », de Brian Crozier, dans *National Review*, 8 juin 1978. Sur les problèmes de la Pologne, quant aux produits alimentaires et aux travailleurs, voir « Poland : Meat and Potatoes », *Newsweek*, 2 janvier 1978 ; ses difficultées financières sont exposées dans « Poland's Creditors Watch the Ripening Grain » d'Alison Macleod, dans *Euromoney*, juillet 1978.

La citation d'*Euromoney* est tirée de son article, « Time Zones and the Arranging Center », cité plus haut.

Sur le rôle des managers de la trésorerie internationale, voir « Stateless Money : A New Force on World Economies », *Business Week*, 21 août 1978.

Accélération de la commercialisation et de la programmation de télévision : « Editorial Viewpoint », dans *Advertising Age* du 13 octobre 1975.

Les révisions de prix du COMECON sont étudiées dans « L'inflation se généralise », *Le Figaro*, 4 mars 1975.

Dans une étude de l'Institut des affaires économiques, l'économiste britannique Graham Hutton écrit : « A mesure que l'inflation s'accélère, l'endettement à long terme du gouvernement et des entreprises s'abrège par la force des choses... la circulation (monétaire) s'emballe ; les délais, même pour des contrats de trois ans, doivent être reformulés pour s'adapter au taux d'inflation prévu de *l'accélération* ; les négociations salariales deviennent plus fréquentes et (les conventions) plus éphémères. » « Inflation and Legal Institutions », dans (129), p. 120.

Sur les Esquimaux du Canada : « Eskimos Seek Fifth of Canada as Province », *The New York Times*, 28 février 1976.

Les revendications des Indiens sont exposées dans « Settlement of Indian Land Claim in Rhode Island Could Pave Way for Resolving 20 Other Disputes », *The*

Wall Street Journal, 13 septembre 1978; et dans « A Backlash Stalks the Indians », *Business Week,* 11 septembre 1978.

Sur la minorité aïnou au Japon, voir « Ainu's Appeal Printed in Book », *Daily Yomiuri* (Tokyo), 15 novembre 1973. Sur les Coréens : « Rightists Attack Korean Office ; Six Arrested », *Daily Yomiuri* (Tokyo), 4 septembre 1975.

Les citations de David Ewing sont tirées de « The Corporation as Public Enemy n° 1 », *Saturday Review,* 21 janvier 1978.

La citation de John C. Biegler est tirée de « Is Corporate Social Responsability a Dead Issue ? », *Business and Society Review,* printemps 1978.

Jayne Baker Spain : « The Crisis in the American Board : A More Muscular Contributor », enregistrement effectué par l'AMACOM, une division de l'American Management Association, 1978.

Sur l'inculpation de la Olin, voir Olin Shareholder Quarterly and Annual Meeting Report, mai 1978.

Sur la thalidomide, voir « A Scandal Too Long Concealed », *Time,* 7 mai 1979.

La définition d'Henry Ford II est tirée de « Is Corporate Responsability a Dead Issue ? », *Business and Society Review,* printemps 1978.

La politique de la Control Data est exposée dans « The Mounting Backlash Against Corporate Takeovers » de Bob Tamarkin, dans *Forbes,* 7 août 1978 ; et dans le « Mission Statement » de la société, en 1978.

La déclaration d'Allen Neuharth est tirée de « The News Mogul Who Would Be Famous » de David Shaw, dans *Esquire,* septembre 1979.

La citation de Rosemary Bruner est tirée d'un entretien avec l'auteur.

Sur la multiplicité des objectifs de l'entreprise, voir « The New Corporate Environmentalists », *Business Week,* 28 mai 1979 ; ainsi que « M.C.S.I. : The Future of Social Responsability » de George C. Sawyer, dans *Business Tomorrow,* juin 1979.

On trouvera les rapports de l'American Accounting Association dans (16), p. 13.

La suggestion de Juanita Kreps est exposée dans « A Bureaucratie Brainstorm » de Mary Stone, dans *U.S. News & World Report,* 9 janvier 1978.

L'aveu du géant suisse de l'alimentation et le commentaire de Pierre Arnold sont tirés de « When Businessmen Confess Their Social Sins », *Business Week,* 6 novembre 1978.

Sur les rapports sociaux des sociétés européennes, voir « Europe Tries the Corporate Social Report » de Meinolf Dierkes et Rob Coppock, dans *Business and Society Review,* printemps 1978.

Cornelius Brevoord : « Effective Management in the Future » dans (12).

Les remarques de William E. Halal sont tirées de son article « Beyond R.O.I. », *Business Tomorrow,* avril 1979.

Chapitre 19

L'horaire à la carte a fait couler beaucoup d'encre. Parmi les sources utilisées ici, on peut consulter : « Workers Find ' Flextime ' Makes for Flexible Living », *The New York Times,* 15 octobre 1979 ; « Flexible Work Hours a Success, Study Says », *The New York Times,* 9 novembre 1977 ; « The Scheme That's Killing The Rat-Race Blues » de Robert Stuart Nathan, dans *New York,* 18 juillet 1977 ;

« Work When You Want To », *Europa,* avril 1972 ; « Flexing Time » de Geoffrey Sheridan, *New Society* (Londres), novembre 1972 ; et Kanter (529).

Le travail de nuit se généralise : « Le Sommeil du Travailleur de Nuit », *Le Monde* du 14 décembre 1977 ; et Packard (500), chapitre 4.

L'accroissement du nombre de travailleurs à temps partiel est exposé dans « In Permanent Part-Time Work, You Can't Beat the Hours » de Roberta Graham, dans *Nation's Business,* janvier 1979 ; voir aussi « Growing Part-Time Work Force Has Major Impact on Economy », *The New York Times,* 12 avril 1977.

Le spot publicitaire passé à la télévision par la Citibank a été fourni par l'agence de publicité Wells, Rich, Greene, Inc., de New York.

Sur la prédominance du secteur tertiaire, voir (63), p. 3.

Sur les tarifs de « tranches horaires » des services publics voir « Environmentalists Are Split Over Issue of Time-of-Day Pricing of Electricity », *The Wall Street Journal,* 5 octobre 1978.

Le plaidoyer du Connecticut pour l'horaire variable est présenté dans « Your (Flex) Time May Come » de Frank T. Morgan, dans *Personnel Journal,* 20 février 1978.

L'impact du magnétoscope sur l'écoute télévisuelle est analysé dans « Will Betamax Be Busted ? » de Steven Brill, *Esquire* du 20 juin 1978.

Les conférences par ordinateurs interposés sont décrites à partir de l'expérience personnelle de l'auteur ; les chiffres ont été fournis par l'Electronic Information Exchange System, New Jersey Institute of Technology, Newark, N.J. ; et tirés de *Planet News* de décembre 1978, publication de l'Infomedia Corporation, Palo Alto, Calif.

La diversification des salaires et les avantages individuels sont étudiés dans « Companies Offer Benefits Cafeteria-Style », *Business Week,* 13 novembre 1978.

Sur l'orientation de l'art allemand, voir Dieter Honisch, « What Is Admired in Cologne May Not Be Appreciated in Munich », *Art News,* octobre 1978.

Sur la diffusion de masse des livres reliés, se reporter à « Just A Minute Marshall McLuhan » de Cynthia Saltzman, dans *Forbes,* 30 octobre 1978.

Sur la décentralisation à Kiev, voir (478), p. 67.

La défaite des sociaux-démocrates en Suède est analysée dans « Swedish Socialists Lose to Coalition After 44-Year Rule », *The New York Times,* 20 septembre 1976.

La politique des nationalistes écossais est étudiée dans (370), p. 14.

Le programme du Values Party en Nouvelle-Zélande est exposé dans Values Party, *Blueprint for New Zealand,* 1972.

Le phénomène de « pouvoir de quartier » est mis en évidence dans « Cities Big and Small Decentralize in Effort to Relieve Frustrations », *The New York Times,* 29 avril 1979 ; et dans « Neighborhood Planning : Designing for the Future », *Self-Reliance,* publié par l'Institute for Local Self-Reliance, Washington, D.C., novembre 1976.

Sur ROBBED et sur d'autres associations de quartier, voir « Activist Neighborhood Groups Are Becoming a New Political Force », *The New York Times,* 18 juin 1979.

Le sénateur Mark Hatfield (républicain, représentant de l'Oregon) proposa un projet de loi visant à réactiver les gouvernements locaux en permettant aux résidents de consacrer 80 % de leurs impôts fédéraux à un pouvoir local dûment organisé.

La réorganisation de la Esmark est décrite dans « Esmark Spawns A Thousand Profit Centers », *Business Week,* 3 août 1974 ; voir aussi le rapport annuel de la Esmark, 1978.

On trouvera une description de l'ad-hocratie dans l'ouvrage de l'auteur (502) au chapitre 7.

Les organisations matricielles sont décrites dans (13).

L'étonnant foisonnement des banques régionales est exposé en détail dans « The Fancy Dans at the Regional Banks », *Business Week,* 17 avril 1978.

La pratique de la concession est exposée dans « The Right Way to Invest in Franchise Companies » de Linda Snyder dans *Fortune* du 24 avril 1978 ; ainsi que dans *Franchising in the Economy* 1976-78, U.S. Department of Commerce, Industry and Trade Administration. En Hollande : lettre de G. G. Abeln, Secretariat, Nederlandse Franchise Vereniging, Rotterdam, à l'auteur.

L'un des premiers rapports sur la dispersion géographique de la population fut « Cities : More People Moving Out Than In, New Census Confirms », *Community Planning Report,* Washington, D.C., 17 novembre 1975.

La citation de Lester Wunderman est tirée de *The Village Voice,* 14 août 1978.

Les citations d'Anthony J. N. Judge sont tirées de « Networking : The Need for a New Concept », *Transnational Associations* (Bruxelles), nº 172, 1974 ; et de « A Lesson in Organization From Building Design-Transcending Duality Through Tensional Integrity : Part I », *Transnational Associations,* nº 248, 1978.

Chapitre 20

Sur l'auto-assistance médicale, consulter « Doctoring Isn't Just for Doctors » de Robert C. Yeager, dans *Medical World News,* 3 octobre 1977.

Machines à vérifier sa tension : « Medical Robot : A Slot Machine for Blood Pressure », *Time,* 10 octobre 1977.

Sur la hausse des ventes d'instruments médicaux : « The Revolution in Home Health Care » de John J. Fried, dans *Free Enterprise,* août 1978.

Sur les mouvements d'auto-assistance : entretien avec le Dr Alan Gartner, co-directeur du New Human Services Institute. Ainsi que « Bereavement Groups Fill Growing Need », *Los Angeles Times,* 13 novembre 1977 ; et différents numéros du *Self-Help Reporter* publié par le National Self-Help Clearinghouse, New York.

Gartner et Riessman citent plus de 500 000 groupes d'auto-assistance dans (58), p. 6. Ces auteurs ont effectués d'intéressantes recherches sur l'économie de service. Leur livre (59) paru en 1974 est indispensable pour comprendre ce phénomène.

Sur l'apparition de pompes à essence en libre-service, consulter « Save on Gasoline : Pump It Yourself », *Washington Star,* 6 juin 1975. Ainsi que « Now, the No-Service Station », *Time,* 22 août 1977 ; et « Business Around the World », *U.S. News & World Report,* 9 février 1976.

Les clients faisant le travail des caissiers de banque : « Tellers Work 24-Hour Day, and Never Breathe a Word », *The New York Times,* 14 mai 1976.

Sur la tendance des magasins à glisser au libre-service : « Futureshock/Store

Service : The Pressure on Payroll Overload », *Chain Store Age*, septembre 1975. Ainsi que « Marketing Observer », *Business Week*, 9 novembre 1974.

La citation de Caroline Bird est tirée de (489), p. 109.

Les renseignements sur la « Cool-Line » de la Whirpool ont été fournis par Warren Baver, Directeur des relations avec la clientèle à la Whirlpool Corporation, Benton Harbor, Michigan.

Ventes d'outillage électrique : « Tools for the Home : Do-It-Yourself Becomes a National Pastime » de John Ingersoll, dans *Companion*, septembre 1977. Ainsi que « Psychographics : a Market Segmentation Study of the D-I-Y customer », *Hardware Retailing*, octobre 1978.

Les données sur Frost & Sullivan sont tirées de *Study of the Market for Home Improvement and Maintenance Products*, 1976 ; *Home Center & Associated Home Improvement Products Market*, 1978 ; et *The Do-It-Yourself Market in the E.E.C. Countries*, 1978 ; Frost & Sullivan, New York.

U.S. News & World Report : « A Fresh Surge in Do-It-Yourself Boom », numéro du 23 avril 1979.

Les citations du directeur de la Texas Instruments et de Cyril Brown sont tirées de « Top Management Develops Strategy Aimed at Penetrating New Markets », *Electronics*, 25 octobre 1978.

Les propos du Pr Inyong Ham ont été recueillis au cours d'une entrevue avec l'auteur.

La citation de Robert Anderson est tirée d'un entretien avec l'auteur.

L'apparition du prosommateur implique un changement de ce qu'on pourrait appeler « la charge de l'activité de marché » dans la vie quotidienne. Certaines sociétés sont-elles plus que d'autres entraînées dans les activités de marché ? Un des moyens de mesurer cette activité, c'est d'observer comment les gens passent leur temps. Entre 1964 et 1966, les sociologues d'une douzaine de pays étudièrent à quoi les habitants des villes consacraient leur temps. Ces chercheurs de « l'ordonnancement du temps » divisèrent la vie quotidienne en trente-sept types différents d'activité, comprenant aussi bien le travail, les repas et la télévision, que le sommeil ou les visites aux amis.

Sans prétendre être aussi scientifique qu'eux, j'ai réuni ces trente-sept activités en trois catégories principales : les occupations qui me semblent les plus chargées en activités de marché, celles qui ne le sont pas et celles qui se tiennent entre les deux.

Par exemple, le temps que nous passons à exercer un travail rétribué, à faire des achats dans un grand magasin ou à nous déplacer de notre résidence à notre lieu de travail, est nettement plus « chargé en activité de marché » que celui que nous passons à arroser les géraniums qui fleurissent à nos fenêtres, à jouer avec notre chien ou à bavarder avec les voisins.

De même, quelques activités, quoique n'étant nettement pas des activités de marché, sont néanmoins suffisamment « commercialisées » pour entrer dans la catégorie intermédiaire (les voyages organisés, les week-ends de ski, le camping, impliquent l'achat d'équipement, le paiement de nombreux services et tant de transactions économiques qu'ils représentent une forme modifiée d'achat).

A partir de ces catégories sommaires, j'ai revu les études de l'ordonnancement du temps. J'ai rapidement découvert que certaines manières de vivre — et certaines sociétés — sont plus « chargées en activité de marché » que d'autres.

Par exemple, les habitants de quarante-quatre cités américaines passent, en moyenne, seulement 36 pour cent de leur temps de veille à exercer une activité plus ou moins liée au marché. Les 64 pour cent restants sont consacrés à faire la cuisine, la lessive, le jardinage, se brosser les dents, étudier, prier, lire, exercer des activités bénévoles, regarder la télévision, bavarder ou simplement, à ne rien faire.

Il se passe à peu près la même chose en Europe de l'Ouest. Le Français moyen occupe un temps équivalent de sa journée à des activités de marché. Le Belge, un petit peu plus — 38 pour cent. L'Allemand de l'Ouest un petit peu moins — 34 pour cent.

Curieusement, dès que nous nous déplaçons géographiquement vers l'Est et politiquement vers les pays « de gauche », ces chiffres commencent à grimper. En Allemagne de l'Est, le plus développé, au point de vue technologie, des pays communistes, le citoyen moyen passe 39 pour cent de son temps à des activités de marché. En Tchécoslovaquie, le chiffre s'élève à 42 pour cent, en Hongrie à 44 et en Russie soviétique, il atteint 47 pour cent.

Il ressort, sans doute à cause de l'allongement de la journée de travail, mais aussi pour d'autres raisons, que la vie quotidienne du citoyen ordinaire est plus chargée d'activités de marché à Pskov que celle de son homologue américain. En dépit de l'idéologie socialiste, les habitants de ces pays passent la plus grande partie de leur temps à acheter, vendre ou échanger des biens, des services et, bien sûr, leur travail lui-même.

Sur l'année de travail et l'absentéisme en Suède : « Shorter Hours of Work » de Birger Viklund dans *Arbetsmiljö International-78*.

Le « Bradley G.T. kit » est décrit dans une documentation fournie par l'entreprise : Bradley Automotive Division of Thor Corporation, Edina, Minnesota.

La citation de Fuchs provient de « How Does Self-Help Work ? » de Frank Riessman, paru dans *Social Policy*, septembre/octobre 1976.

Sur les stratégies employées par les sociétés de la Seconde Vague pour juguler le chômage, voir (106).

Une remarque sur le troc et la monnaie : l'apparition du prosommateur nous oblige aussi à repenser l'avenir du troc. Il est devenu une activité économique importante. Il ne se limite pas aux petites transactions entre individus, comme l'échange d'un sofa usagé contre la réparation d'une automobile, ou de conseils juridiques contre des soins dentaires. (Un grand nombre de gens ont découvert que le troc leur permettait de payer moins d'impôts.) Le troc tient une place de plus en plus importante dans le monde économique depuis que les pays et les sociétés commerciales — ne sachant à quoi s'en tenir sur les fluctuations des devises fortes par rapport aux devises faibles — troquent du pétrole contre des avions de combat et du charbon pour de l'électricité, le minerai de fer du Brésil contre le pétrole chinois. Ce type de troc est une forme d'échange et relève donc du Secteur B.

Mais le rôle de ces groupes d'auto-assistance peut se définir dans une large mesure comme une espèce d'échange psychique — ou d'échange des conseils et d'une expérience personnelle. Et le rôle traditionnel de la ménagère peut être considéré comme un troc entre les services qu'elle rend et les biens procurés par le travail de son mari. Ses services font-ils partie du Secteur A ou du Secteur B ? Les économistes de la Troisième Vague vont devoir s'occuper de ces questions — car, tant qu'ils ne s'y résoudront pas, il deviendra de plus en plus impossible de comprendre l'économie dans laquelle nous vivons, tant elle diffère de l'économie de la Seconde Vague en train de quitter la scène de l'histoire.

Il est, de même, nécessaire de se poser le problème de l'avenir de la monnaie. Si, dans le passé, celle-ci a supplanté le troc, c'est en partie parce qu'il devenait extrêmement difficile de conserver trace des échanges complexes impliquant de multiples unités de compte.

La monnaie a radicalement simplifié la comptabilité. Cependant, l'accroissement des capacités des ordinateurs rend plus aisé l'enregistrement d'échanges extrêmement complexes, et rend donc moins essentiel l'utilisation de la monnaie en tant que telle. Mais, nous commençons à peine à nous poser ce genre de problèmes. L'apparition du prosommateur, ses relations au troc, et la nouvelle technologie vont, en se combinant, nous obliger à reformuler ces vieilles questions en termes nouveaux.

Chapitre 21

On trouvera un résumé du rapport de l'Urban Land Institute dans « Rural U.S. Growing Faster Than Cities », édition internationale de l'*Herald Tribune*, 4 et 5 août 1979.

Lasers, fusées, etc. : « Contemporary Frontiers in Physics » par Victor F. Weisskopf, dans *Science*, 19 janvier 1979.

La citation de Struve est extraite de : « Negociating with Other Worlds », Michael A. G. Michaud, *The Futurist*, avril 1973.

Sur les signaux en provenance de l'univers : Sullivan (468), p. 204.

La citation de François Jacob est tirée de son article « Darwinism Reconsidered », *Atlas World Press Review*, janvier 1978.

La « dérive génétique » et les commentaires du Dr Motoo Kimura sont tirés de « The Neutral Theory of Molecular Evolution », *Scientific American*, novembre 1979.

Sur *eukaryotes* et *prokaryotes* : « What Came First ? » *The Economist*, 28 juillet 1979.

Les singes du Grant Park Zoo : « Apes Hybrid Produced », *Daily Telegraph* (de Londres), 28 juillet 1979. Ainsi que « Old Evolutionary Doctrines Jolted by a Hybrid Ape », *The New York Times*, 29 juillet 1979.

Au sujet de l'évolution : Warshofsky (470), pp. 122-125. Ainsi que Jantsch et Waddington (180), l'introduction.

La découverte de la structure de l'A.D.N. : Watson (471).

La découverte de Kornberg présentée sous cette forme lapidaire (446), pp. 24-26.

Ce critique anglais est S. Beynon John : « Albert Camus » (5), p. 312.

Rapport du Club de Rome (165), pp. 23-24.

Sur la conception du temps dans la civilisation de la Seconde Vague : Whitrow (520), pp. 100-101 ; et, G. J. Whitrow « Reflections on the History of the Concept of Time », dans (510), pp. 10-11.

Gribbin, de (512), pp. XIII-XIV.

Les trous noirs : « Those Baffling Black Holes », *Time*, 4 septembre 1978 ;

« The Wizard of Space and Time », de Dennis Overbye, dans *Omni*, février 1979. Et Warshofsky (470), pp. 19-20.

Tachyons (304), pp. 265-266.

La citation de Taylor est tirée de son article « Time in Particle Physics », dans (510), p. 53.

Celle de Capra (300), p. 52.

Temps alternatifs et temps plurivoques : John Archibald Wheeler, « Frontiers of Time », conférence donnée à l'École internationale de physique « Enrico Fermi » de Varenne (Italie) pendant l'été 1977.

Diminution de la population des grandes villes : « Rush to Big Cities Slowing Down : Poll », *Daily Yomiuri* (Tokyo), 9 juillet 1973 ; « Exploding Cities », *New Society* (Londres), 5 juillet 1973 ; « Swiss Kaleidoscope », *Swiss Review of World Affairs*, avril 1974.

Le rapport du American Council of Life Insurance : « Changing Residential Patterns and Housing », *T.A.P. Report 14*, automne 1976.

La citation de la revue *Fortune* provient de l'article d'Herbert E. Meyer : « Why Corporations Are on the Move », mai 1976.

Arthur Robinson : « A Revolution in the Art of Mapmaking », *San Francisco Chronicle*, 29 août 1978.

La carte d'Arno Peter est décrite dans « The Peters World Map : Is It an Improvement ? » d'Alexander Dorozynski, publié dans *Canadian Geographic*, août/septembre 1978.

La citation de Simon Ramo est tirée de (311), p. vi.

L'article de Barry Lopez a paru dans le numéro du 31 mars 1973 de *Environmental Action*.

La citation de Frederick S. Perls est tirée de « Gestalt Therapy and Human Potentialities », dans (418), p. 1.

Le mouvement d'hygiène holistique est exposé dans « Holistic Health Concepts Gaining Momentum » par Constance Holden, *Science*, 2 juin 1978.

L'expert de la Banque mondiale est Charles Weiss, Jr., « Mobilizing Technology for Developing Countries », *Science*, 25 mars 1979.

La citation de Laszlo est tirée de (308), p. 161.

Eugene P. Odum : « The Emergence of Ecology as a New Integrative Discipline », *Science*, 25 mars 1977.

Consulter le très célèbre article de Maruyama, « The Second Cybernetics : Deviation-Amplifying Mutual Causal Processes », *American Scientist*, juin 1963, pp. 164-179, 250-256.

Dans « New Movements in Old Traps », publié dans *Futurics*, en automne 1977, pp. 59-62, Maruyama propose une typologie critique des épistémologies en cours à la lumière de variables telles que la causalité, la logique, la perception, la morale et la cosmologie. Il a aussi analysé les implications systémiques de la différenciation dans « Heterogenistics and Morphogenetics », paru dans *Theory and Society*, Vol. 5, nº 1, pp. 75-96, 1978.

L'exposé de la théorie de Prigogine est fondé sur des entretiens et une correspondance avec l'auteur, ainsi que sur (458).

La termitière est décrite par Iliya Prigogine, « Order Through Fluctuation : Self-Organization and Social System », dans (180).

La citation de Prigogine est tirée de son article *From Being to Becoming* publié par le University of Texas Center for Statistical Mechanics and Thermodynamics, Austin, Texas, avril 1978.

Voir aussi : « Time, Structure and Fluctuations », *Science*, 1er septembre 1978. « Order Out of Chaos », d'I. Prigogine, Center for Statistical Mechanics and Thermodynamics, University of Texas à Austin et la Faculté des sciences de l'Université libre de Bruxelles ; et *La Nouvelle Alliance*, Ilya Prigogine et Isabelle Stengers (Paris ; Gallimard, 1979).

Chapitre 22

Sur le séparatisme corse et les autres mouvements séparatistes : « Fissionable Particles of State », *Telegraph Sunday Magazine* (Londres), 11 juin 1978 ; ainsi que « Europe's Passionate Separatists », San Francisco *Sunday Examiner & Chronicle*, 8 octobre 1978.

Sur le projet d'une Assemblée écossaise : « Home-Rule Suffers Setback in British Votes », *The New York Times*, 3 mars 1979.

Sur les revendications de l'autonomisme écossais : « The Devolution Pledges Which Will Not Go Away », *The Guardian* (Manchester), 28 juillet 1979.

Le nationalisme gallois : « Welsh Nationalists, Rebuffed, Fight Fiercely for Their Language », *The New York Times*, 6 novembre 1979.

Les problèmes du régionalisme en Belgique : « Belgium : New Government Rides the Tiger », *To The Point* (Sandton, Transvaal, Afrique du Sud), 27 octobre 1978.

Les Sudètes : « Germany's Palestinians », *Newsweek*, 2 juin 1975.

Les Tyroliens du Sud : « Conflict Within a Community » de Frances Pinter dans *New Society* (Londres), 22 mars 1973.

Slovènes, Basques, Catalans et Croates : « How Unhappy Minorities Upset Europe's Calm », *U.S. News & World Report*, 31 janvier 1977.

La citation de Pierre Trudeau est tirée de « Language Dispute is Termed Threat to Canada's Unity », *The New York Times*, 26 octobre 1976.

Mouvement autonomiste de la province d'Alberta : « Western Canadians Plan Own Party », *The New York Times*, 15 octobre 1974 ; ainsi que « Canada, a Vast, Divided Nation, Gets Ready for a Crucial Election », *The New York Times*, 16 mai 1979.

Mouvement séparatiste de l'Ouest australien : « How the West May Be Lost », *The Bulletin* (Sydney), 26 janvier 1974.

La prophétie d'Amalrick est tirée de (472).

Les nationalistes arméniens : « Armenia : The U.S.S.R.'s Quiet Little Hotbed of Terror », *San Francisco Examiner*, 9 octobre 1978.

Géorgiens et Abkhaziens : « Georgian and Armenian Pride Lead to Conflicts With Moscow », *The New York Times*, 27 juin 1978.

Les revendications de la minorité abkhazienne : « Dispute in Causasus Mirrors Soviet Ethnic Mosaic », *The New York Times*, 25 juin 1978.

Le best-seller underground de Californie (275).

Le rapport préparé pour Kissinger fut rédigé par le Pr Arthur Corwin, directeur de la Cooperative Study for Mexican Migration.

La citation du *Texas Monthly* est tirée d'un article de John Bloom, « Portillo's Revenge », paru dans le numéro d'avril 1979. De nombreux articles ont paru sur le séparatisme de Porto Rico ; voir, par exemple, « F.A.L.N. Organization Asks Independence for Puerto Rico », *The New York Times*, 9 novembre 1975.

Sur le séparatisme en Alaska, voir « Alaska Self-Determination », *Reason*, septembre 1973.

Les Américains de souche, les Indiens, demandent à être reconnus comme nation souveraine : « Black Elk Asks Young Americans : Recognize Indians as Sovereign Nation », *The Colorado Daily* (Boulder), 18 octobre 1974 ; ainsi que « American Indian Council Seeks U.N. Accreditation », *The New York Times*, 26 janvier 1975.

La conclusion de la conférence nationale des législatures d'États est tirée de « America's Regional Economic War », *State Legislatures*, juillet/août 1976.

L'expression « l'équivalent économique d'une guerre civile » est tirée de « Coal and Oil States, Upset by Carter Plan, Prepare for 'Economic War' Over Energy », *The New York Times*, 27 avril 1977.

Jeffrey Knight : « After Setbacks — New Tactics in Environmental Crusade », *U.S. News & World Report*, 9 juin 1975.

« Let the Bastards Freeze in the Dark » : éditorial de Philip H. Abelson dans *Science* du 16 novembre 1973.

Les populations du Midwest invitées à « cesser de faire la chasse aux cheminées d'usine » : « Midwest, U.S. Heartland, Is Found Losing Economic Vitality », *The Cleveland Plain Dealer*, 9 octobre 1975.

Les gouverneurs des États du Nord-Est s'organisent : « Playing Poorer Than Thou : Sunbelt v. Snowbelt in Washington », *Time*, 13 février 1978.

Ce que Pierre Trudeau déclarait en 1967 est tiré de Shaw (287), p. 51.

La citation de Denis de Rougemont est tirée du *Bulletin* de la Swiss Credit Bank, Zurich, mai 1973.

La citation du sénateur McGovern est tirée de son article « The Information Age », *The New York Times*, 9 juin 1977.

Les statistiques sur les multinationales sont tirées du *Supplementary Material on the Issue of Defining Transnational Corporations*, rapport du Secrétariat à la commission sur les Multinationales, U.N. Economic and Social Council (UNESCO), 23 mars 1979.

L'extension extrêmement rapide de ces T.N.C. peut avoir déjà atteint son apogée, d'après les travaux effectués par le Pr Brent Wilson de l'université de Virginie. (Wilson montre que beaucoup de grandes sociétés, des industries à faible technologie comme le cuir, le prêt-à-porter, le textile, le caoutchouc, sont actuellement en train de liquider leurs filiales à l'étranger.) Mais ce n'est pas le cas des industries à très haute technologie. Voir « Why the Multinational Tide is Ebbing », de Stanford Rose, *Fortune*, août 1977.

Sur l'échelle relative des sociétés transnationales et des États-Unis : le témoignage d'Alvin Toffler devant la commission sénatoriale des Affaires étrangères ; voir (294), p. 265, publié sous le titre « The U.S.A., the U.N. and Transnational Networks », dans *International Associations* (Bruxelles), n° 593, 1975.

Le chiffre des ventes annuelles de la General Motors et la citation de Lester Brown (272), pp. 214-216.

La flotte de tankers de la Exxon : voir Wilczynski (397), p. 40.

Les membres du Parti communiste en vacances (297), p. 40.

Multinationales socialistes (297), pp. 134-145.

Sur les T.N.C. ayant leur siège à l'Ouest et sur leurs transactions avec le COMECON (297), p. 57.

Les T.N.C. des pays non industrialisés : « The Rise of Third World Multinationals » de David A. Heenan et Warren J. Keegan, dans *Harvard Business Review*, janvier-février 1979.

Les T.N.C. britanniques en prennent à leur aise avec les embargos décidés par leur pays : « B.P. Confesses It Broke Sanctions and Covered Up », *Sunday Times* (Londres), 27 août 1978 ; ainsi que « Oil Chiefs Bust Sanctions », *The Observer* (Londres), 25 juin 1978 ; et Rhodesia (Oil Sanctions Inquiry), house of commons, *Hansard*, pp. 1184-1186, 15 décembre 1978.

Violation des directives officielles relatives au boycottage arabe : *Boycott Report : Developments and Trends Affecting the Arab Boycott*, publié par le Congrès des Juifs américains, à New York en février 1979.

Les transnationales pétrolières favorisent leurs propres priorités (168).

La citation de Lester Brown est tirée de (272), p. 222.

Sur les agences de renseignements des T.N.C., voir (390).

Hugh Stephenson (289), p. 3.

Le nombre d'organismes à vocation internationale (294), p. 270. Voir aussi (298).

Organisations multinationales et organismes inter-gouvernementaux : entretien de l'auteur avec A. J. N. Judge, Union des Associations internationales, Bruxelles.

Sur le « Monsieur Fisc » du Marché commun : voir « An E.E.C. Flea in Russia's Ear », *The Economist* (Londres), 13 janvier 1979.

Orientations agricoles et industrielles élaborées à Bruxelles : « Farmer Solidarity Increases in Europe », *The New York Times*, 6 octobre 1974.

Sur l'augmentation du budget de la Communauté européenne : « A Wintry Chill in Brussels », *The Economist*, 20 janvier 1979.

La Commission trilatérale : « Oil Supplies 'Could Meet Demand Until Early 1990s' », *Financial Times* (Londres), 15 juin 1978.

Chapitre 23

Les chiffres sur la pauvreté, la sous-médicalisation, la malnutrition et l'analphabétisme sont tirés des déclarations de Robert S. McNamara devant le Conseil des gouverneurs de la Banque mondiale, le 24 septembre 1973 et le 26 septembre 1977.

L'industrialisation en Iran : « Iran's Race for Riches », *Newsweek*, 24 mars 1975.

Sur les taux d'intérêt et les prêts accordés aux projets et aux entreprises iraniens, voir « Iranian Borrowing : The Great Pipeline Loan Will Be Followed by Many More » de Nigel Bance, dans *Euromoney*, juin 1978.

Sur le salaire du directeur allemand : « Iran : A Paradise in a Powder Keg », de Marion Dönhoff, dans *Die Zeit* (Hambourg), 10 octobre 1976.

Pourcentage des biens consommés par le dixième de la population iranienne : « Regime of the Well-Oiled Gun », de Darry D'Monte, dans *Economic & Politi-*

cal Weekly (Inde), 12 janvier 1974, dont des extraits ont paru dans l'*Iran Research* (Londres), janvier 1975.

Revenu des masses rurales en Iran ; introduction à la section spéciale, « Iran : The Lion That Stopped Roaring », *Euromoney*, juin 1978.

Quoiqu'elle eût pris par surprise les technocrates de Washington et les banquiers internationaux, la chute du shah n'étonna pas entièrement ceux qui étaient à l'écoute des informations officieuses en provenance de l'Iran. Dès janvier 1975, c'est-à-dire quatre ans avant l'événement, le bulletin n° 8 de l'*Iran Research*, une publication de gauche qui circulait librement, disait que le mouvement qui s'était donné pour but d'abattre le shah avait atteint « un niveau supérieur de la lutte révolutionnaire ». Ce rapport décrivait en détail les actions armées menées contre le régime, le bombardement de l'Irana Tile Factory, l'assassinat du « propriétaire bien connu des usines Jahan Chit », l'évasion de prisonniers politiques effectuée avec la complicité de leurs gardiens. Il reproduisait le message l'un lieutenant de l'armée de l'air appelant ses « frères les militaires » à « dépouiller cet uniforme de la honte et à prendre les armes de la guérilla ». Et surtout, il chantait les louanges du dernier *Fatva* ou de la proclamation de l'Ayatollah Khomeiny, alors en exil, qui incitait à l'intensification du soulèvement contre le régime. L'article du *New York Times* s'intitulait « Third World Industrializes, Challenging the West... » et parut dans le numéro du 4 février 1979.

Les ouvriers métallurgistes français : « Steel's Convulsive Retreat in Europe » d'Agis Salpukas, dans *The New York International Economic Survey*, 4 février 1979.

« A mi-chemin de la faucille et de la moissonneuse-batteuse » est tiré de « Second Class Capitalism » de Simon Watt dans *Undercurrents* (Reading, Berkshire), octobre-novembre 1976.

Sur l'Intermediate Technology Development Group et les exemples d'innovations techniques appropriées, consulter *Appropriate Technology in the Commonwealth : A Directory of Institutions,* publié par la Food Production and Rural Development Division of the Commonwealth Secretariat, Londres.

Sur le retour du nouveau gouvernement indien aux méthodes de la Première Vague, voir « India Goes Back to Using the Handloom », *Financial Times* (Londres), 20 juin 1978.

La phrase de Suharto est citée par Mohammad Sadli, ministre des Mines d'Indonésie, dans « A case Study in Disillusion : U.S. Aid Effort in India », *The New York Times*, 25 juin 1974.

La citation de Samir Amin est tirée de (66).

La démonstration de batteuses en 1855 (101), pp. 303-304.

Ce que dit Reddy sur l'énergie est tiré de son article *Simple Energy Technologies for Rural Families,* rédigé pour le séminaire que l'UNICEF a consacré à la technologie simple d'une famille rurale, à Nairobi, en juin 1976.

Sur les projets d'utilisation du biogaz, voir « Integrated Microbial Technology for Developing Countries Springboard for Economic Progress » d'Edgar J. Da-Silva, Reuben Olembo et Anton Burgers, dans *Impact*, avril-juin 1978. Ainsi que « Fuels from Biomass : Integration with Food and Materials Systems » d' E. S. Lipinsky, « Solar Energy for Village Development » de Norman I. Brown et James W. Howe, tous deux parus dans *Science*, 10 février 1978.

La technologie en Inde : « India Developing Solar Power for Rural Electricity, *The New York Times*, 11 mai 1979.

La proposition de Haim Aviv est explicitée dans « Envisions Israel-Egypt Joint Food-Fuel Project », New York *Post*, 14 avril 1979.

Le Laboratoire de recherche sur l'environnement de Tucson : « Powdered Martinis and Other Surprises Coming in the Future », *The New York Times*, 10 janvier 1979.

Sur les élevages de poissons-chats du Vermont et le New Alchemy Institute : « Future Farming » d'Alan Anderson, Jr., dans *Omni*, juin 1979.

Les prévisions sur vingt ans concernant les réserves alimentaires mondiales du Center for Futures Research, à l'université de la Californie du Sud sont exposées dans *Neither Feast nor Famine : A Preliminary Report of the Second Twenty Year Forecast* de Selwyn Enzer, Richard Drobnick et Steven Alter.

Les citations de John McHale et Magda Cordell McHale sont tirées de (91), pp. 188-190.

La remarque de M. S. Iyengar est tirée de sa communication *Post-Industrial Society in the Developing Countries,* présentée à la conférence spéciale sur les Recherches du futur à Rome, 1973.

Ward Morehouse, « Microelectronic Chips to Feed the Third World », de Stephanie Yanchinski, dans *New Scientist* (Londres), 9 août 1979.

Roger Melen : *San Francisco Chronicle,* 31 janvier 1979.

La citation de John Magee est tirée de *The New World Information Order,* un rapport présenté par George Kroloff et Scott Cohen devant la commission sénatoriale des Affaires étrangères, novembre 1977.

Le sabre de Suharto : « Asia's Communications Boom : The Promise of Satellite Technology », *Asiaweek* (Hong Kong), 24 novembre 1978.

Les citations de Jagdish Kapur sont tirées de sa conférence, « India — 2000 A.D. : A Framework for Survival », présentée au Centre international de l'Inde, New Delhi, le 17 janvier 1974.

On trouvera l'exposé de Myrdal sur le chômage dans (94), p. 261.

Remarquer la différence qui existe entre ce que j'appelle la « prosommation » et ce que les économistes du développement entendent par « secteur informel ». Un vif débat s'est engagé au sujet de cette économie informelle qui a pris naissance dans de nombreux pays sous-développés où des millions d'êtres humains à bout de ressources tentent de subsister misérablement en devenant : colporteurs, vendeurs à la sauvette, chauffeurs, cireurs de souliers, maçons, charpentiers ou menuisiers d'occasion, et en effectuant toute sorte d'autres tâches. Certains économistes pensent que l'existence de ce secteur est un fait positif, puisqu'il offre une voie par laquelle ces populations pourront passer au stade de l'économie formelle. D'autres affirment avec insistance qu'une économie informelle condamne simplement les gens à la misère permanente.

Quel que soit celui de ces deux points de vue qui se vérifiera, le secteur informel se caractérise comme « une production de menues denrées » et, en tant que tel, s'intègre dans l'économie de marché. C'est pour cela qu'il diffère fondamentalement de ce que j'appelle « le secteur prosumériste », fondé sur une production en vue d'un usage immédiat. Le secteur informel correspond au Secteur B — la production pour l'échange — et non au Secteur A — la production pour la consommation, que j'appelle la prosommation.

La citation de Streeten est tirée de son étude, *Development Ideas in Historical Perspective : The New Interest in Development* (sans date).

Yona Friedman a présenté son exposé *No-Cost Housing* lors d'une conférence de l'UNESCO, du 14 au 18 novembre 1977.

Quelques projets de la Banque mondiale attirent l'attention sur les méthodes d'auto-assistance et du « capital-sueur ». Voir, par exemple, « The Bank and Urban Poverty » d'Edward Jaycox, paru dans *Finance & Development*, septembre 1978.

Jaycox, directeur du département des projets d'urbanisme de la Banque, fait remarquer une autre implication de la méthode du « capital-sueur » : « Puisque les bénéficiaires doivent en assumer le coût (sous forme de travail personnel), il devient donc, non seulement désirable, mais encore essentiel, qu'ils participent aux décisions de planification et de mise en œuvre du projet. » La prosommation exige plus d'autodétermination que la production.

Leach : *Literacy*, A Nevis Institute Working Paper, Edimbourg, 1977.

Marshall McLuhan a exposé ses idées sur la culture orale dans (46).

La citation de Samir Amin est tirée de (66).

Chapitre 24

Pas de notes pour ce chapitre.

Chapitre 25

La commission présidentielle de l'Hygiène mentale et le National Institute of Mental Health sont cités dans (409), p. 6.

« Folie, Génie et Sainteté » : « The Marketplace », PENewsletter, octobre 1974. Huit mille thérapies (404), p. 11.

L'étude critique (404), p. 56.

Le magazine californien : « In Guns We Trust » de Karol Greene et Schuyler Ingle, dans *New West*, 23 avril 1979.

Ce célèbre roman est cité dans (21), p. 377.

Les citations de Norman Macrae sont tirées de son excellent article, « The Coming Entrepreuneurial Revolution », *The Economist*, 25 décembre 1976.

La marieuse : *Jewish Chronicle*, 16 juin 1978.

Chapitre 5 du *Choc du Futur*.

La remarque de Rollo May est tirée de (414), p. 34.

Sur les sectes, voir (404), pp. 12, 16 et 35.

Sur les entreprises possédées par l'Église de l'unification, « Gone Fishing », *Newsweek*, 11 septembre 1978.

Le procès du Centre de la Lumière divine : « Cuckoo Cult », *Time*, 7 mai 1979.

La remarque du responsable de l'Église de l'Unification est tirée de l'article de Berkeley Rice « Honor Thy Father Moon » paru dans *Psychology Today*, janvier 1976.

La citation du Dr Sukhdeo est tirée de l'article de Jon Nordheimer « Jersey Psychiatrists, Studying the Guyana Survivors, Fears Implications for U.S. Society From Other Cults », paru dans *The New York Times* du 1er décembre 1978.

La phrase de Sherwin Harris est tirée de « I Never Once Thought He Was Crazy » de Jon Nordheimer, *The New York Times*, 27 novembre 1978.

Chapitre 26

L'essai de Reszler s'intitule « L'homme nouveau : espérance et histoire », *Cadmos* (Genève), hiver 1978.

Les citations de Fromm sont tirées de (406) et (407).

Conover a employé cette image lors d'un entretien avec l'auteur.

Les avantages extra-salariaux « au choix » sont décrits dans « Companies Offer Benefits Cafeteria-Style », *Business Week* 13 novembre 1978.

Sur la répugnance qu'ont les travailleurs à se déplacer avec leur entreprise : « Mobile Society Puts Down Roots », *Time*, 12 juin 1978.

L'organisation matricielle est décrite dans (13), p. 104.

Pour Enzensberger, voir (42), p. 97.

Chapitre 27

Ces formules du Président Carter sont extraites du discours qu'il consacra aux problèmes de l'énergie, *New York Times*, 16 juillet 1979.

L'expérience malheureuse de la General Motors avec les filtres à catalyse est narrée en détail dans « Why Don't We Recall Congress for Defective Parts ? » de Robert I. Weingarten, *Financial World*, 26 mars 1975.

Quarante-cinq mille pages de nouvelles réglementations en un an : *Regulatory Failure III* (Washington, D.C. : National Association of Manufacturers, avril 1978), p. A-2.

L'industrie sidérurgique : annonce publicitaire de la Bethlehem Steel dans le *Time* du 26 juin 1978.

La société Eli Lilly et les formulaires officiels : « The Day the Paper Stopped » de Robert Bendiner, *The New York Times*, 16 mars 1977.

Le rapport d'Exxon à l'Agence fédérale de l'énergie : Michael C. Jensen et William H. Meckling, *Can the Corporation Survive ?* (Rochester, M. Y. : University of Rochester Graduate School of Management, mai 1976), p. 2.

Sur cette paralysie politique : les électeurs français parlent de politique « gelée » ou de « blocage de la politique ». Un ancien premier ministre, Michel Debré, y voit « une crise du régime ». Voir le compte rendu de Flora Lewis « Life's not Bad, but French Foresee Disaster », *The New York Times*, 17 novembre 1979.

La citation du premier ministre japonais Takeo Miki est tirée de l'article de Richard Halloran « Fragility of Democracy Stirs Japanese Anxiety » paru dans le *New York Times* du 9 novembre 1975.

Les statistiques des élections de 1976 ont été prises dans Elections Research Center, *America Votes 12* (Washington, D. C., Congressional Quarterly, 1977), et du Bureau of the Census, U.S. Department of Commerce.

Les électeurs « indépendants » : : « As the Parties Decline », de Frederick G. Dutton, dans le *New York Times* du 8 mai 1972.

Sur le déclin du Parti travailliste : « How Labor Lost Its Legions », du Dr Stephen Haseler dans le *Daily Mail* (Londres), du 9 août 1979.

La citation de Yomiuri Shimbun est tirée du *Daily Yomiuri* (Tokyo), 28 décembre 1972.

Victor Nekipelov : de « Here a Stalin There a Staline Everywhere a Stalin

Stalin », *The New York Times,* 14 août 1979. Sur la politique de la Nouvelle-Zélande : « NZ Elections Give Rise to a Time Like Alice » de Christopher Beck, *The Asian,* 22 novembre 1972.

Le rapport du American Enterprise Institute est cité par « T.R.B. » dans « Who's in Charge in Washington ? No One's in Charge There », dans l'*Inquirer* de Philadelphie du 3 mars 1979.

Des armées privées en Grande-Bretagne : « Thunder From the Right », *Newsweek,* 26 août 1974 ; ainsi que « Phantom Major Calls up an Anti-Chaos Army » de John Murchie, dans le *Daily Mirror* de Londres, 23 août 1974.

Sur les brigades rouges, voir Curtis Bill Pepper, « The Possessed », *New York Times Magazine,* 18 février 1979.

Lois antiterrorisme en Allemagne de l'Ouest : *Keesing's Contemporary Archives* (Londres : Longman Group, 1979), pp. 29497-8 ; « Scissors in the Head » de David Zane Mairowitz dans *Harper's,* mai 1978 ; « Germany Passes Tough Terrorist Law », *Star* d'Indianapolis, 14 avril 1978 ; « West Germany's Private Watch on Political Morals » de James Fenton, dans *The Guardian* de Manchester, 19 juin 1978.

Aldo Moro : « Roman Outrage », *Time,* 14 mai 1979.

Sur l'instabilité politique en Arabie saoudite : « External Threats to Saudi Stability », *Business Week,* 12 février 1979.

Le sheikh Yamani : « Relax and Enjoy a Drive » de Julian Snyder dans *International Moneyline,* 11 août 1979.

Publication de *La Victoire :* Michael Simmons, « Literary Victory for Stalin in Russia », *The Guardian* (Manchester), 4 août 1979.

Résurgence de l'extrême droite en France : « Rightist Intellectual Groups Rise in France » de Jonathan Randell dans le *New York Times* du 8 juillet 1979 ; et « The New Right Raises Its Voice », *Time,* 6 août 1979. Ainsi que l'éditorial de William Pfaff dans l'*Herald Tribune* international du 3 août 1979.

La recrudescence du Ku Klux Klan : « Violent Klan Group Gaining Members » de Wayne King dans le *New York Times* du 15 mars 1979 ; ainsi que « Vengeance for Raid Seen as Motive for 4 Killings at Anti-Klan March », *The New York Times,* 5 novembre 1979 ; et « Prosecutor in Klan-Protest Killings Terms 12 Suspects Equally Guilty », *The New York Times,* 7 novembre 1979. Inefficacité des régimes totalitaires : « What Does Russia Want ? » de Robin Knight, *U.S. News & World Report,* 16 juillet 1979.

La citation de Fletcher est tirée d'un entretien avec l'auteur.

Jill Tweedie : « Why Jimmy's Power Is Purely Peanuts », *The Guardian* (Manchester), 2 août 1979.

L'augmentation du coût de la vie en Tchécoslovaquie et en Hongrie : « Inflation Exists », *The Economist,* 28 juillet 1979.

L'article paru dans *Advertising Age* est celui de Stanley E. Cohen « President's Economic Switch Puts Emphasis on Spending », 20 janvier 1975.

Sur les experts pétroliers, voir Helmut Bechtaldt, « The Diktat ot the Oil Millions », *Aussenpolitik,* troisième trimestre 1974.

L'accélération de l'évolution économique : *Fortune,* janvier 1975 : « Business Roundup ».

La fausse prophétie de Margaret Thatcher a été notée par John Cunningham dans « Guardian Women », *The Guardian* (Manchester), 31 juillet 1979.

La citation de Richard Reeves est tirée de son article « The Next Coming of Teddy », *Esquire*, 9 mai 1978.

La remarque de Robert Skidelsky est citée dans « Keynes and Unfinished Business », *The New York Times*, 19 décembre 1974.

Les nazis homosexuels : « Out of Focus », éditorial du *Focus/Midwest*, Vol. 10, n° 66.

Les actions politiques des syndicats : A. H. Raskin, « Mr. Labor : 'Ideology is Baloney', critique de la biographie de George Meany rédigée par Joseph C. Goulden, *The New York Times*, 11 septembre 1978.

La déclaration de N.I. Mineta, représentant de la Californie, est citée dans « The Great Congressional Power Grab », *Business Week*, 11 septembre 1978.

L'article paru dans *Harper* sous la signature de William Shawcross est intitulé « Dr. Kissinger Goes to War », mai 1979.

Même la Fondation nationale pour les arts est submergée par les décisions à prendre : « The National Endowments for the Arts Grows Up » de Malcolm N. Carter, dans *Arts News*, septembre 1979.

Sur la prise de décision au Pentagone, voir Armbrister (379), pp. 191-2. C'est Armbrister qui, dans un entretien avec l'auteur, a fait référence au cas de cet officier du Pentagone qui a dû étudier soixante-seize missions en quelques heures.

Une bévue de plusieurs dizaines de milliards de dollars : « The Case of the Misplaced $30 Billion », *Business Week*, 24 juillet 1978.

Stuart Eizenstat est cité dans « The Great Congressional Power Grab », *Business Week*, 11 septembre 1978.

Le rapport du comité de réflexion prospective du Congrès : The Congressional Clearinghouse on the Future et le Congressional Institute for the Future, Washington, D.C., juillet 1979.

La paralysie de la décision en Union soviétique : « Worldgram », *U.S. News & World Report*, 24 novembre 1975.

Le membre du Parlement britannique dont il s'agit ici est Gerald T. Fowler, cité dans « Devolution Will Ease Load at Whitehall, Minister Says », de Trevor Fishlock, dans le *Times* de Londres du 16 janvier 1976.

La citation de Sir Richard Marsh est tirée de son article « Why Westminster Can't Take Business Decisions », *Industrial Management* (Wembley, Middlesex), juillet 1979.

Sur la crise politique en Italie : « Italy Seeks a Government », *Financial Times* de Londres, 3 août 1979 ; ainsi que « Italy's Coalition Gets a Vote of Approval in Parliament » d'Henry Tanner, dans *The New York Times*, 12 août 1979.

Chapitre 28

Sur la Convention constitutionnelle, voir Flexner (387), p. 117.

La citation de Jefferson est tirée de (392), pp. 32, 67.

Burnham : « A Disenchanted Electorate May Stay Home in Droves », *The New York Times*, 1er février 1976.

La majorité silencieuse : (391).

L'Afrique du Sud : voir l'interview de Roelof Frederik « Pik » Botha dans Starcke (378), p. 68.

On dit que l'Afrique du Sud est encore en cours d'industrialisation car, bien qu'elle utilise une technologie de pointe, d'importants secteurs de population sont encore en dehors du système industriel. Comme au Brésil, au Mexique, en Inde, il existe un îlot d'industrialisation avancée au sein d'une masse vivant sous des conditions pré-industrielles.

La citation de Becker a été prise dans (380), pp. 183-185.

L'accroissement de la bureaucratie du Congrès : « Proxmire's Well-Placed Jab » de Marvin Stone, *U.S. News & World Report*, 10 septembre 1979.

Sur les traces de la démocratie directe dans la Constitution de 1793, voir (347), p. 18.

Sur Marx se référant à la Commune, consulter (347), p. 61.

Sur les objections des fédéralistes à la démocratie directe, voir Clark McCauley, Omar Rodd et Tom Johnson, « The Next Democracy », dans le *Bulletin* de la World Future society, novembre-décembre 1977.

L'accession au pouvoir de René Lévesque : « Business Has the Jitters in Quebec » d'Herbert E. Meyer, *Fortune*, octobre 1977.

Le référendum nucléaire en Californie : « Atomic Reaction : Voters in California Weigh Pros and Cons of Nuclear Energy », *Wall Street Journal*, 1er mars 1976.

Les Wallons protestent contre l'émigration de l'industrie en Flandre : « Wallonia », *Financial Times Survey* (Londres), 12 mai 1976.

Sur les États des Rocheuses comme « colonies énergétiques » : « After Setbacks — New Tactics in Environmental Crusade », *U.S. News & World Report*, 9 juin 1975.

Sur la décentralisation géographique : « Corporate Flying : Changing the Way Companies Do Business », *Business Week*, 6 février 1978.

Le concept de « fardeau de la décision » nous amène, hélas, à penser que, toute lutte politique mise à part, ce fardeau devra être assumé par les quelques rares personnes capables d'y faire face — donc, qu'un petit nombre de gens monopoliseront toujours le pouvoir que comporte la prise de décision jusqu'à ce qu'ils soient débordés par une implosion de la décision et ne puissent plus en porter seuls le fardeau.

Bibliographie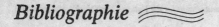

Puisque les articles, parus dans des journaux scientifiques et universitaires, et les rapports spécialisés sont répertoriés dans les Notes, cette liste ne comprend que les ouvrages et un petit nombre de monographies et de comptes rendus. Je les ai groupés sous quelques rubriques.

ARTS

(1) Boucher, François, *Histoire du costume*. (Paris : Flammarion, 1965.)

(2) Harling, Robert, ed. *The Modern Interior*. (New York : St. Martin's Press, 1964.)

(3) Hauser, Arnold. *The Social History of Art* (4 vols), trad. Stanley Godman. (New York : Alfred A. Knopf, Vintage Books, 1951.)

(4) Klingender, Francis D. *Art and the Industrial Revolution*, ed. Arthur Elton. (London : Paladin, 1972.)

(5) Kostelanetz, Richard, ed. *On Contemporary Literature*. (New York : Avon, 1964.)

(6) Mueller, John H. *The American Symphony Orchestra*. (Bloomington : Indiana University Press, 1951.)

(7) Sachs, Curt. *The History of Musical Instruments*. (New York : W. W. Norton, 1940.)

(8) Thomson, George. *Marxism and Poetry*. (New York : International Publishers, 1946.)

BUSINESS/MANAGEMENT/THÉORIE DE L'ORGANISATION

(9) Adams, T. F. M., and N. Kobayashi. *The World of Japanese Business*. (Tokyo : Kodansha International, 1969.)

(10) Anthony, William P. *Participative Management*. (Reading, Mass. : Addison-Wesley, 1978.)

(11) Beer, Stafford. *Brain of the Firm : The Managerial Cybernetics of Organization*. (London : Allen Lane, The Penguin Press, 1972.)

(12) Benton, Lewis, ed. *Management for the Future.* (New York : McGraw-Hill, 1978.)

(13) Davis, Stanley M., and Paul R. Lawrence. *Matrix.* (Reading, Mass. : Addison-Wesley, 1977.)

(14) Dewing, Arthur S. *Financial Policy of Corporations,* Vols I and II, 5th edition. (New York : Ronald Press, 1953.)

(15) Drucker, Peter F. *The Concept of the Corporation.* (New York : New American Library, Mentor, 1964.)

(16) Gambling, Trevor. *Societal Accounting.* (London : George Allen & Unwin, 1974.)

(17) Gross, Bertram, M. *The Managing of Organizations : The Administrative Struggle,* Vols I and II. (New York : Free Press Macmillan, 1964.)

(18) Gvishiani, Djeimer Mikhailovitch. Organisation et gestion. Trad. par Marina Vichnevskaïa et Louis Perroud. (Paris, Éd. du Progrès, 1974.)

(19) Janger, Allen R. *Corporate Organization Structures : Service Companies.* (New York : Conference Board, 1977.)

(20) Kahn, Herman, ed *The Future of the Corporation.* (New York : Mason & Lipscomb, 1974.)

(21) Knebel, Fletcher. *The Bottom Line.* (New York : Pocket Books, 1975.)

(22) Korda, Michael. *Power! How To Get It, How To Use It.* (New York : Ballantine Books, 1975.)

(23) Labor Research Association. *Billionaire Corporations.* (New York : International Publishers, 1954.)

(24) Lawrence, Paul R. et Lorsch, Jay W. *Adapter les structures de l'entreprise : intégration ou différenciation.* Trad. par Jacques Ledru. (Paris, Éd. de l'Organisation, « Sociologie des Organisations », 1973.)

(25) Moore, Wilbert E. *The Conduct of the Corporation.* (New York : Random House, Vintage Books, 1962.)

(26) Newman, Peter C. *The Canadian Establishment,* Vol. I. (Toronto : McClelland and Stewart-Bantam, Seal Books, 1977.)

(27) Pattee, Howard H., ed. *Hierarchy Theory : The Challenge of Complex Systems.* (New York : George Braziller, 1973.)

(28) Roy, Robert H. *The Cultures of Management.* (Baltimore : Johns Hopkins University Press, 1977.)

(29) Scull, Penrose, and Prescott C. Fuller. *From Peddlers to Merchant Princes.* (Chicago : Follett, 1967.)

(30) Sloan, Alfred P., Jr. *My Years With General Motors.* (New York : MacFadden-Bartell, 1965.)

(31) Stein, Barry A. *Size, Efficiency, and Community Enterprise.* (Cambridge, Mass. : Center for Community Economic Development, 1974.)

(32) Tannenbaum, Arnold S., et al. *Hierarchy in Organizations.* (San Francisco : Jossey-Bass Publishers, 1974.)

(33) Tarnowieski, Dale. *The Changing Success Ethic : An AMA Survey Report.* (New York : Amacom, 1973.)

(34) Toffler, Alvin. *Social Dynamics and the Bell System.* Report to the American Telephone & Telegraph Co.

(35) Van der Haas, Hans. *La Mutation de l'Entreprise Européenne,* trans. Pierre Rocheron. (Paris ; Éditions Robert Laffont, L'Usine Nouvelle, 1971.)

(36) Yoshino, M. Y. *Japan's Managerial System : Tradition and Innovation.* (Cambridge, Mass. : M.I.T. Press, 1968.)

COMMUNICATIONS

(37) Aranguren, Jose Luis. *La Communicacion humana.* (Madrid, Ediciones Guadarrama, 1968.)

(38) Baran, Paul. *Potential Market Demand for Two-Way Information Services to the Home, 1970-1990.* (Menlo Park, Cal. : Institute for the Future, 1971.)

(39) *Bell System Statistical Manual 1940-1969.* American Telephone & Telegraph Co., Corporate Results Analysis Division. (New York, 1970.)

(40) Brunner, John. *Sur l'onde de choc.* Trad. par Guy Abadia. (Paris, Laffont, 1977.)

(41) Cherry, Colin. *World Communication : Threat or Promise ?* (London, John Wiley, Wiley-Interscience, 1971.)

(42) Enzensberger, Hans Magnus. *The Consciousness Industry : On Literature, Politics and the Media.* (New York : Seabury Press, Continuum, 1974.)

(43) Innis, Harold A. *The Bias of Communication.* (Toronto : University of Toronto Press, 1951.)

(44) — *Empire and Communications,* rev. Mary Q. Innis. (Toronto : University of Toronto Press, 1972.)

(45) Laborit, Henri. *La Nouvelle grille.* Pour décoder le message humain. (Paris, Laffont, « Libertés 2000 », 1974.)

(46) McLuhan, Marshall. *Pour comprendre les media : les prolongements technologiques de l'homme.* Trad. Jean Pare. (Paris, Hurtebise, « Constances », 1968.)

(47) Martin, James. *The Wired Society.* (Englewood Cliffs, N.J. : Prentice-Hall, 1978.)

(48) Mathison, Stuart L., and Philip M. Walker. *Computers and Telecommunications : Issues in Public Policy.* (Englewood Cliffs, N.J. : Prentice-Hall, 1970.)

(49) Nilles, J. M., et al. *The Telecommunications-Transportation Tradeoff : Options for Tomorrow.* (New York : John Wiley, 1976.)

(50) Paine, Albert Bigelow. *In One Man's Life.* (New York : Harper & Brothers, 1921.)

(51) Pye, Lucian W., ed. *Communications and Political Development.* (Princeton, N.J. : Princeton University Press, 1963.)

(52) Servan-Schreiber, Jean-Louis. *Le Pouvoir d'Informer.* (Paris : Éditions Robert Laffont, 1972.)

(53) Singer, Benjamin D. *Feedback and Society : A Study of the Uses of Mass Channels for Coping.* (Lexington, Mass. : D. C. Heath, Lexington Books, 1973.)

(54) — , ed. *Communications in Canadian Society.* (Toronto : Copp Clark, 1972.)

(55) Soper, Horace N. *The Mails : History, Organization and Methods of Payment.* (London : Keliher, Hudson and Kearns, 1946.)

(56) Zilliacus, Laurin. *From Pillar to Post.* (London : Heinemann, 1956.)

CONSOMMATEUR/AUTO-ASSISTANCE/SERVICES

(57) Friedman, Yona. *Une Utopie Réalisée.* (Paris : Musée d'Art Moderne, 1975.)

(58) Gartner, Alan, and Frank Riessman. *Self-Help in the Human Services.* (San Francisco : Jossey-Bass Publishers, 1977.)

(59) — *The Service Society and the Consumer Vanguard.* (New York : Harper & Row, 1974.)

(60) Halmos, Paul. *The Personal Society.* (London : Constable, 1970.)

(61) Kallen, Horace M. *The Decline and Rise of the Consumer.* (New York : Appleton-Century, 1936.)

(62) Katz, Alfred H., and Eugene I. Bender. *The Strength In Us : Self-Help Groups in the Modern World.* (New York : Franklin Watts, New Viewpoints, 1976.)

(63) Lewis, Russell. *The New Service Society.* (London : Longman, 1973.)

(64) Steidl, Rose E., and Esther Crew Bratton. *Work in the Home.* (New York : John Wiley, 1968.)

(65) Alatas, Syed Hussein. *Modernization and Social Change.* (Sydney, Australia : Angus and Robertson, 1972.)

(66) Amin, Samir. *L'Accumulation à l'échelle mondiale, critique de la théorie du sous-développement.* (Paris, Union Générale d'Éditions, 1976.)

(67) Aron, Raymond. *Trois essais sur l'âge industriel.* (Paris, Plon, 1965.)

(68) Arrighi, Giovanni. *La Geometria dell'imperialismo.* (Milan, Feltrinelli, 1978.)

(69) Bhagwati, Jagdish N., ed. *The New International Economic Order : The North-South Debate.* (Cambridge, Mass. : M.I.T. Press, 1977.)

(70) Bodard, Lucien. *L'Enfer vert. Le massacre des Indiens.* (Paris, Gallimard, 1969.)

(71) Brown, Michael Barratt. *The Economics of Imperialism.* (Harmondsworth, Middlesex : Penguin Books, 1974.)

(72) Brown, Richard D. *Modernization : The Transformation of American Life 1600-1865,* ed. Eric Foner. (New York : Hill and Wang, American Century, 1976.)

(73) Cohen, Benjamin J. *The Question of Imperialism : The Political Economy of Dominance and Dependence.* (London : Macmillan, 1974.)

(74) Cotlow, Lewis. *The Twilight of the Primitive.* (New York : Ballantine Books, 1973.)

(75) Curtin, Philip D., ed. *Imperialism.* (New York : Walker, 1971.)

(76) Deutsch, Karl W., ed. *Ecosocial Systems and Ecopolitics : A Reader on Human and Social Implications of Environmental Management in Developing Countries.* (Paris : U.N.E.S.C.O., 1977.)

(77) Emmanuel, Arghiri. *L'Échange inégal ; essai sur les antagonismes dans les rapports économiques.* (Paris, Maspero, 1978.)

(78) Erb, Guy F., and Valeriana Kallab, eds. *Beyond Dependency : The Developing World Speaks Out.* (Washington, D.C. : Overseas Development Council, 1975.)

(79) Friedmann, Georges. *Machinisme et humanisme. 2. Problèmes humains du machinisme industriel.* (Paris, Gallimard, 1954.)

(80) Goldwin, Robert A., ed. *Readings in Russian Foreign Policy.* (New York : Oxford University Press, 1959.)

(81) Goulet, Denis. *The Cruel Choice : A New Concept in the Theory of Development.* (New York : Atheneum, 1971.)

(82) Harvie, Christopher, Graham Martin, and Aaron Scharf, eds. *Industrialization and Culture 1830-1914.* (London : Macmillan, Open University Press, 1970.)

(83) Hobsbawm, E. J. *Industry and Empire : From 1750 to the Present Day.* (Baltimore : Penguin Books, 1969.)

(84) Hoselitz, Bert F., and Wilbert E. Moore, eds. *Industrialization and Society,* Proceedings of the Chicago Conference on Social Implications of Industrialization and Technical Change, 15-22 September, 1960. (Mouton, France : U.N.E.S.C.O., 1963.)

(85) Howe, Susanne. *Novels of Empire.* (New York : Columbia University Press, 1949.)

(86) Hudson, Michael. *Global Fracture : The New International Economic Order.* (New York : Harper & Row, 1977.)

(87) — *Super Imperialism : The Economic Strategy of American Empire.* (New York : Holt, Rinehart and Winston, 1972.)

(88) Lean, Geoffrey. *Rich World, Poor World.* (London : George Allen & Unwin, 1978.)

(89) Lénine, Vladimir Illitch. *L'Impérialisme, stade suprême du capitalisme.* (Moscou, Éditions Sociales, 1979.)

(90) Lerner, Daniel. *The Passing of Traditional Society : Modernizing the Middle East.* (New York : Free Press, 1958.)

(91) McHale, John, and Magda Cordell McHale. *Basic Human Needs : A Framework for Action.* (New Brunswick, N.J. : Transaction Books, 1977.)

(92) Magdoff, Harry *The Age of Imperialism : The Economics of U.S. Foreign Policy.* (New York : Monthly Review Press, Modern Reader, 1969.)

(93) Mathias, Peter. *The First Industrial Nation : An Economic History of Britain 1700-1914.* (London : Methuen, 1969.)

(94) Myrdal, Gunnar. *An Approach to the Asian Drama : Methodological and Theoretical.* (New York : Vintage Books, 1970.)

(95) Niedergang, Marcel. *Les Vingt Amériques latines.* vol. 1 et 2. (Paris, Éd. du Seuil, 1971.)

(96) Said, Edward W. *Orientalism.* (New York : Pantheon Books, 1978.)

(97) Schumpeter, Joseph. *Impérialisme et classes sociales.* Trad. Suzanne de Segonzac et Pierre Bresson. (Paris, Éd. de Minuit, 1972.)

(98) Toynbee, Arnold. *The Industrial Revolution.* (Boston : Beacon Press, 1956.)

(99) World Bank. *Rural Development,* Sector Policy Paper. (Washington, D.C., 1975.)

HISTOIRE DE L'ÉCONOMIE

(100) Birnie, Arthur. *An Economic History of Europe 1760-1939.* (London : Methuen, University Paperbacks, 1962.)

(101) Bogart, Ernest L., and Donald L. Kemmerer. *Economic History of the American People.* (New York : Longmans, Green, 1942.)

(102) Burton, Theodore E. *Financial Crise and Periods of Industrial and Commercial Depression.* (Wells, Vt. : Fraser, 1966.)

(103) Cipolla, Carlo. *Histoire économique de la population mondiale.* Trad. par Serge Bricianer. (Paris, Gallimard, 1965.)

(104) Clough, Shepard B., Thomas Moodie, and Carol Moodie, eds. *Economic History of Europe : Twentieth Century.* (New York : Harper & Row, 1968.)

(105) Fohlen, Claude. *The Fontana Economic History of Europe,* Vol. VI, Chapter 2, *France 1920-1970,* trans. Roger Greaves. (London : Fontana, 1973.)

(106) Garraty, John A. *Unemployment in History : Economic Thought and Public Policy.* (New York : Harper & Row, 1978.)

(107) Hartwell, R. M., et al. *The Long Debate on Poverty : Eight Essays on Industrialization and " The Condition of England. "* (London : Institute of Economic Affairs, 1973.)

(108) Hayek, Friedrich A., ed. *Capitalism and the Historian.* (Chicago : University of Chicago Press, 1954.)

(109) Kenwood, A. G., and A. L. Lougheed. *The Growth of the International Economy 1820-1960.* (London : George Allen & Unwin, 1971.)

(110) Kindleberger, Charles P. *Manias, Panics and Crashes : A History of Financial Crises.* (New York : Basic Books, 1978.)

(111) — *The World in Depression 1929-1939.* (London : Allen Lane, Penguin Press, 1973.)

(112) Le Clair, Edward E., Jr., and Harold K. Schneider, eds. *Economic Anthropology : Readings in Theory and Analysis.* (New York : Holt, Rinehart and Winston, 1968.)

(113) Maizels, Alfred. *Growth & Trade.* (London : Cambridge University Press, 1970.)

(114) Nove, Alec. *An Economic History of the U.S.S.R.* (Harmondsworth, Middlesex : Penguin Books, 1969.)

(115) Polanyi, Karl. *The Great Transformation.* (Boston : Beacon Press, 1957.)

(116) Ringer, Fritz K., ed. *The German Inflation of 1923.* (New York : Oxford University Press, 1969.)

(117) Sahlins, Marshall. *Age de pierre, âge d'abondance. L'Économie des sociétés primitives.* Trad. par Tina Jolas. (Paris, Gallimard, 1976.)

(118) Williams, Glyndwr. *The Expansion of Europe in the Eighteenth Century : Overseas Rivalry, Discovery and Exploitation.* (New York : Walker, 1967.)

(119) Woodruff, William. *The Fontana Economic History of Europe,* Vol. IV, Chapter 2, *The Emergence of an International Economy 1700-1914.* (London : Fontana, 1971.)

ÉCONOMIE

(120) Alampiev, P., O. Bogomolov, and Y. Shiryaev. *A New Approach to Economic Integration,* trans. Y. Sdobnikov. (Moscow : Progress Publishers, 1974.)

(121) Aliber, Robert Z. *The International Money Game,* 2nd and expanded edition. (New York : Basic Books, 1976.)

(122) Balassa, Bela. *The Theory of Economic Integration.* (London : George Allen & Unwin, 1962.)

(123) Bozyk, Pawel. *Poland as a Trading Partner.* (Warsaw : Interpress Publishers 1972.)

(124) Brittan, Samuel. *Participation Without Politics : An Analysis of the Nature and the Role of Markets.* (London : Institute of Economic Affairs, 1975.)

(125) *Concentration in American Industry.* Report of the Subcommittee on Antitrust and Monopoly to the Committee on the Judiciary, U.S. Senate. (Washington, D.C. : U.S. Government Printing Office, 1957.)

(126) *Economic Concentration.* Hearings before the Subcommittee on Antitrust and Monopoly of the Committee on the Judiciary, U.S. Senate. Parts 7 and 7A. (Washington, D.C. : U.S. Government Printing Office, 1968.)

(127) Galbraith, John Kenneth. *L'Argent.* Trad. par Daniel Blanchard. (Paris, Gallimard, « Idées », 1976.)

(128) Henderson, Hazel. *Creating Alternative Futures : The End of Economics.* (New York : Berkley Windhover, 1978.)

(129) *Inflation : Economy and Society.* (London : Institute for Economic Affairs, 1972.)

(130) Ivens, Michael, ed. *Prophets of Freedom and Enterprise.* (London : Kogan Page for Aims of Industry, 1975.)

(131) Kornai, János, *Anti-Equilibrium : On Economic Systems Theory and the Tasks of Research.* (Amsterdam : North-Holland, 1971.)

(132) Kuznetsov, V. I. *Economic Integration : Two Approaches,* trans. Bean Brian. (Moscow : Progress Publishers, 1976.)

(133) Leiss, William. *The Limits to Satisfaction : On Needs and Commodities.* (London : Marion Boyars, 1978.)

(134) ·Little, Jane Sneddon. *Euro-Dollars : The Money-Market Gypsies.* (New York : Harper & Row, 1975.)

(135) Loebl, Eugen. *Humanomics : How We Can Make the Economy Serve Us-Not Destroy Us.* (New York : Random House, 1976.)

(136) Mandel, Ernest. *Decline of the Dollar : A Marxist View of the Monetary Crisis.* (New York : Monad Press, 1972.)

(137) Marris, Robin. *L'Entreprise capitaliste moderne.* Trad. par Jacques Leu et Dominique S. Delorme. (Paris, Dunod, 1971.)

(138) Marx, Karl. *Le Capital : critique de l'économie politique.* Trad. par Joseph Roy, rév. par l'auteur (Éditions Sociales, 1971.)

(139) Mintz, Morton et Cohen, Jerry : *America Inc.* Trad. par Jacques Parsons. (Paris, Éditions et Publications premières, 1972.)

(140) Pasinetti, Luigi L. *Lezioni di teoria della produzione.* (Bologne, Il Mulino, « Collezione di testi e di studi : Economia », 1975.)

(141) Ritter, Lawrence S., and William L. Silber. *Money,* 2nd edition. (New York : Basic Books, 1973.)

(142) Robertson, James. *Profit or People ? : The New Social Role of Money.* (London : Calder & Boyars, 1974.)

(143) Röpke, Wilhelm. *Die Lehre von der Wirtschaft.* (Erlenbach-Zürich, E. Rentsch, 1965.)

(144) Rothbard, Murray N., and I. W. Sylvester. *What is Money ?* (New York : Arno Press & The New York Times, 1972.)

(145) Scott, D. R. *The Cultural Significance of Accounts.* (Columbia, Mo. : Lucas Brothers Publishers, undated.)

(146) Senin, M. *Socialist Integration.* (Moscow : Progress Publishers, 1973.)

(147) Sherman, Howard. *Radical Political Economy : Capitalism and Socialism from a Marxist-Humanist Perspective.* (New York : Basic Books, 1972.)

(148) Smith, Adam. *Essays on Philosophical Subjects,* with *An Account of the Life and Writings of the Author* by Dugald Stewart. (Dublin : Messrs. Wogan, Byrne, J. Moore, Colbert, Rice, W. Jones, Porter, and Folingsby, 1795.)

(149) Adam. *Recherches sur la nation et les causes de la richesse des nations.* (Paris, Gallimard, « Idées », 1976.)

(150) Toffler, Alvin. *Eco-spasme.* Trad. Solange Metzger. (Paris, Denoël, 1975.)

(151) Ward, Benjamin. *What's Wrong with Economics ?* (London : Macmillan, 1972.)

ÉNERGIE/ÉCOLOGIE

(152) Brown, Lester R. *In the Human Interest : A Strategy to Stabilize World Population.* (New York : W. W. Norton, 1974.)

(153) Carr, Donald E. *Energy & the Earth Machine.* (New York : W. W. Norton, 1976.)

(154) *Choosing Our Environment : Can We Anticipate the Future ?* Hearings before the Panel on Environment Science and Technology of the Subcommittee on Environmental Pollution of the Committee on Public Works, U.S. Senate. Parts 2 and 3. (Washington, D.C. : U.S. Government Printing Office, 1976.)

(155) Clark, Wilson. *Energy for Survival : The Alternative to Extinction.* (Garden City, N.Y. : Doubleday, Anchor Books, 1974.)

(156) Commoner, Barry. *L'Encerclement. Problèmes de survie en milieu terrestre.* Trad. par Guy Durand. (Paris, Éd. du Seuil, « Science Ouverte », 1972.)

(157) — *The Poverty of Power : Energy and the Economic Crisis.* (New York : Bantam Books, 1977.)

(158) Dansereau, Pierre. *Inscape and Landscape.* Massey Lectures, Twelfth Series, Canadian Broadcasting Corporation. (Toronto : C.B.C. Learning Systems, 1973.)

(159) Dubos, Dr René. *L'Homme et l'adaptation au milieu.* Trad. par Laurent Jospin. (Paris, Payot, « Science de l'Homme », 1973.)

(160) *Energy : Global Prospects 1985-2000.* Report of the Workshop on Alternative Energy Strategies, sponsored by M.I.T. (New York : McGraw-Hill, 1977.)

(161) Hayes, Denis. *The Solar Energy Timetable.* (Washington, D.C. : Worldwatch Institute, 1978.)

(162) Helfrich, Harold W., Jr., ed *The Environmental Crisis : Man's Struggle to Live With Himself.* (New Haven : Yale University Press, 1970.)

(163) Jungk, Robert. *L'Etat atomique. Les retombées politiques du développement nucléaire.* Trad. par Frank Straschitz. (Paris, Laffont, 1979.)

(164) Lyons, Barrow. *Tomorrow's Birthright : A Political and Economic Interpretation of Our Natural Resources.* (New York : Funk & Wagnalls, 1955.)

(165) Meadows, Donella H. *Halte à la croissance ?* Enquête sur le Club de Rome par Janine Delaunay, et, *Rapport sur les limites de la croissance* par Meadows, Donella, Meadows, Dennis L., Randers, Jorgens, et Behrens, William W. Trad. par Jacques Delaunay. (Paris, Fayard, 1972.)

(166) Munson, Richard, ed. *Countdown to a Nuclear Moratorium.* (Washington, D.C. : Environmental Action Foundation, 1976.)

(167) Odum, Howard T. *Environment, Power, and Society.* (New York : John Wiley, Wiley-Interscience, 1971.)

(168) Sampson, Anthony. *Les Sept sœurs : les grandes compagnies pétrolières et le monde qu'elles ont créé.* Trad. par Pierre Birman. (Paris, Rombaldi, 1977.)

(169) Schumacher, Ernst Friedrich : *Small is beautiful. Une société à la mesure de l'homme.* Trad. par Danielle et William Day et Marie-Claude Florentin. (Paris, Éd. du Seuil. « Contretemps », 1978.)

(170) *Tokyo Fights Pollution : An Urgent Appeal for Reform.* Liaison and Protocol Section, Bureau of General Affairs, Tokyo Metropolitan Government. (Tokyo, 1971.)

(171) Ubbelohde, A. R. *Man and Energy.* (New York : George Braziller, 1955.)

(172) Université de Montréal/McGill University, Conserver Society Project. *The Selective Conserver Society*, Vol. 1, *The Integrating Report.* (Montreal : G.A.M.M.A., 1976.)

ÉVOLUTION ET PROGRÈS

(173) Bury, J. B. *The Idea of Progress.* (New York : Macmillan, 1932.)

(174) Calder, Nigel. *The Life Game : Evolution and the New Biology.* (New York : Dell, Laurel, 1975.)

(175) Crozier, Michel. *La Société bloquée.* (Paris, Éd. du Seuil, 1971.)

(176) De Closets, François. *En Danger de Progrès.* (Paris : Éditions Denoël, 1970.)

(177) *Evolution and the Fossil Record : Readings from* Scientific American. (San Francisco : W. H. Freeman, 1978.)

(178) James, Bernard. *The Death of Progress.* (New York : Alfred A. Knopf, 1973.)

(179) Jantsch, Erich. *Design for Evolution : Self-Organization and Planning in the Life of Human Systems.* (New York : George Braziller, 1975.)

(180) —, and Conrad H. Waddington, eds. *Evolution and Consciousness : Human Systems in Transition.* (Reading, Mass. : Addison-Wesley, 1976.)

(181) Kuznetsov, B. G. *Philosophy of Optimism*, trans. Ye. D. Khakina and V. L. Sulima. (Moscow : Progress Publishers, 1977.)

(182) Sorel, Georges. *Les Illusions du progrès.* (Paris, Impr. Union typographique, 1947.)

(183) Vacca, Roberto. *Demain le Moyen Age.* Trad. par Louis Mézeray. (Paris, Albin Michel, 1973.)

(184) Van Doren, Charles. *The Idea of Progress.* (New York : Frederick A. Praeger, 1967.)

(185) Williams, George C. *Adaptation and Natural Selection : A Critique of Some Current Evolutionary Thought.* (Princeton, N.J. : Princeton University Press, 1966.)

FAMILLE/VIE SEXUELLE

(186) Beard, Mary R. *Woman as Force in History : A Study in Traditions and Realities*. (New York : Macmillan, 1946.)

(187) Bernard, Jessie. *The Future of Marriage*. (New York : Bantam Books, 1973.)

(188) — *The Future of Motherhood*. (New York : Penguin Books, 1974.)

(189) Francœur, Robert T., and Anna K. Francœur, eds. *The Future of Sexual Relations*. (Englewood Cliffs, N.J. : Prentice-Hall, Spectrum, 1974.)

(190) Friedan, Betty. *La Femme mystifiée*. Trad. par Yvette Roudy, (Paris, Denoël-Gonthier, « Femme », 1975.)

(191) Ginsberg, Eli, ed. *The Nation's Children*. (New York : Columbia University Press, 1960.)

(192) Peck, Ellen, and Judith Senderowitz, eds. *Pronatalism : The Myth of Mom & Apple Pie*. (New York : Thomas Y. Crowell, 1974.)

(193) Rapoport, Rhona et Rapoport, Robert. *Une famille, deux carrières*. Trad. par Claudia Ancelot et Henriette Étienne. (Paris, Gonthier, 1973.)

(194) Ross, Heather L., and Isabel V. Sawhill. *Time of Transition : The Growth of Families Headed by Women*. (Washington, D.C. : Urban Institute, 1975.)

(195) Tripp, Maggie, ed. *Woman in the Year 2000*. (New York : Arbor House, 1974.)

(196) Zaretsky, Eli. *Capitalism, the Family and Personal Life*. (London : Pluto Press, 1976.)

FUTUROLOGIE/PRÉVISIONS

(197) Albrecht, Paul, et al., eds. *Faith, Science and the Future*. Preparatory readings for a world conference. (Geneva : World Council of Churches, 1978.)

(198) Bell, Daniel. *Vers la société post-industrielle*. Trad. par Pierre Andler. (Paris, Laffont, 1976.)

(199) Bonn, Anne-Marie. *La rêverie Terrienne et l'Espace de la Modernité*. (Paris : Librairie Klincksieck, 1976.)

(200) Brzezinski, Zbigniew. *La Révolution technétronique*. Trad. par Jean Viennet. (Paris, Calmann-Lévy, 1971.)

(201) Clarkson, Stephen, ed. *Visions 2020*. (Edmonton, Alberta : M. G. Hurtig, 1970.)

(202) Cornish, Edward, ed. *1999 The World of Tomorrow : Selections from The Futurist*. (Washington, D.C. : World Future Society, 1978.)

(203) Daglish, Robert, ed. *The Scientific and Technological Revolution : Social Effects and Prospects*. (Moscow : Progress Publishers, 1972.)

(204) Economic Commission for Europe. *Overall Economic Perspective for the ECE Region up to 1990*. (New York : United Nations, 1978.)

(205) Fedchenko, V., ed. *Things to Come*. (Moscow : Mir Publishers, 1977.)

(206) Ford, Barbara. *Future Food : Alternate Protein for the Year 2000.* (New York : William Morrow, 1978.)

(207) Gross, Bertram M. *Space-Time and Post-Industrial Society.* Paper presented to 1965 seminars of Comparative Administration Group of the American Society for Public Administration. Syracuse University, 1966.

(208) Harman, Willis W. *An Incomplete Guide to the Future.* (San Francisco : San Francisco Book Company, 1976.)

(209) Laszlo, Ervin, et al. *Goals for Mankind : A Report to the Club of Rome on the New Horizons of Global Community.* (New York : E.P. Dutton, 1977.)

(210) Malita, Mircea. *Chronik für das jahr 2000.* (Bucharest Kriterion, 1973.)

(211) *Man, Science, Technology : A Marxist Analysis of the Scientific Technological Revolution.* (Prague : Academia Prague, 1973.)

(212) Maruyama, Magoroh, and Arthur Harkins, eds. *Cultures Beyond the Earth.* (New York : Random House, Vintage Books, 1975.)

(213) — *Cultures of the Future.* (The Hague : Mouton Publishers, 1978.)

(214) Mesarovic, Mihajlo et Pestel, Edouard. Stratégie pour demain. Deuxième rapport du Club de Rome. (Paris, Ed. du Seuil, 1974.)

(215) *1985 : La France Face au Choc du Futur.* Plan et prospectives, Commissariat Général du Plan. (Paris : Librairie Armand Colin, 1972.)

(216) Royal Ministry for Foreign Affairs in Cooperation with the Secretariat for Future Studies. *To Choose a Future : A Basis for Discussion and Deliberations on Future Studies in Sweden,* trans. Rudy Feichtner. (Stockholm : Swedish Institute, 1974.)

(217) Sorrentino, Joseph N. *The Moral Revolution.* (New York : Manor Books, 1974.)

(218) Spekke, Andrew A., ed. *The Next 25 Years : Crisis & Opportunity.* (Washington, D.C. : World Future Society, 1975.)

(219) Stillman, Edmund, et al. *L'Envol de la France : Portrait de la France dans les années 80.* (Paris : Hachette Littérature, 1973.)

(220) Tanaka, Kakuei. *Le Pari japonais.* Trad. par André Manardo et Jean-Louis Olivier. (Paris, Presses de la Cité, 1974.)

(221) Theobald, Robert. *Habit and Habitat.* (Englewood Cliffs, N.J. : Prentice-Hall, 1972.)

(222) *Thinking Ahead : UNESCO and the Challenges of Today and Tomorrow.* (Paris : UNESCO, 1977.)

FUTUROLOGIE / GÉNÉRALITÉ

(223) Ackoff, Russell L. *Redesigning the Future : A Systems Approach to Societal Problems.* (New York : John Wiley, 1974.)

(224) Arab-Ogly, E. *In the Forecasters' Maze,* trans. Katherine Judelson. (Moscow : Progress Publishers, 1975.)

(225) Bell, Wendell, and James A. Mau, eds. *The Sociology of the Future.* (New York : Russell Sage Foundation, 1971.)

(226) Boucher, Wayne I., ed. *The Study of the Future : An Agenda for Research.* (Washington, D.C. : U.S. Government Printing Office, 1977.)

(227) *Choosing Our Environment : Can We Anticipate the Future ?* See (154).

(228) Cornish, Edward, ed. *Resources Directory for America's Third Century,* Part

1, *An Introduction to the Study of the Future.* (Washington, D.C. : World Future Society, 1977.)

(229) — *Resources Directory for America's Third Century,* Part 2, *Information Sources for the Study of the Future.* (Washington, D.C. : World Future Society, 1977.)

(230) — et al. *The Study of the Future : An Introduction to the Art and Science of Understanding and Shaping Tomorrow's World.* (Washington, D.C. : World Future Society, 1977.)

(231) Dickson, Paul. *The Future File : A Guide for People with One Foot in the 21st Century.* (New York : Rawson Associates, 1977.)

(232) Emery, F. E., and E. L. *Towards a Social Ecology : Contextual Appreciation of the Future in the Present.* (London : Plenum Press, 1973.)

(233) Feinberg, Gerald. *The Prometheus Project : Mankind's Search for Long-Range Goals.* (Garden City, N.Y. : Doubleday, Anchor Books, 1969.)

(234) Heilbroner, Robert L. *The Future as History.* (New York : Grove Press, 1961.)

(235) Jouvenel, Bertrand de. *L'Art de la conjecture.* (Paris, Hachette, « Les Futuribles », 1972.)

(235) Jouvenel, Bertrand de. *The Art of Conjecture,* trans. Nikita Lary. (New York : Basic Books, 1967.)

(236) Jungk, Robert. *The Everyman Project : Resources for a Humane Future.* trans. Gabriele Annan and Renate Esslen. (New York : Liveright, 1977.)

(237) McHale, John. *The Future of the Future.* (New York : George Braziller, 1969.)

(238) — and Magda Cordell McHale. *Futures Studies An International Survey.* (New York : United Nations Institute for Training and Research, 1975.)

(239) Polak, Fred L. *The Image of the Future,* trans. Elise Boulding. (Amsterdam : Elsevier Scientific, 1973.)

(240) —. *Prognostics.* (Amsterdam : Elsevier, 1971.)

(241) Sullivan, John Edward, *Prophets of the West : An Introduction to the Philosophy of History.* (New York : Holt, Rinehart and Winston, 1970.)

HISTOIRE

(242) et (243) Bloch, Marc, *La Société féodale.* (Paris, Albin Michel, « Evolution de l'humanité », 1978.)

(244) Braudel, Fernand. *Civilisation matérielle et capitalisme ; XVᵉ-XVIIIᵉ siècle. 1. La Vie quotidienne. (Paris, Armand Colin, « Destins du Monde », 1967.)*

(245) Braudel, Fernand. *La Méditerranée et le monde méditerranéen à l'époque de Philippe II,* 2 vol. (Paris, Armand Colin, 1976.)

(246) Collis, Maurice. *Cortés and Montezuma.* London : Faber and Faber, 1963.)

(247) Commager, Henry Steele, ed. *Documents of American History,* 3rd edition. (New York : F. S. Crofts, 1943.)

(248) Darlington, C. D. *The Evolution of Man and Society.* (London : George Allen & Unwin, 1969.)

(249) Deane, Phyllis. *The First Industrial Revolution.* (London : Cambridge University Press, 1965.)

(250) Elias, Norbert. *La Civilisation des Mœurs.* Trad. par Pierre Kamnitzer. (Paris, Le Livre de Poche Pluriel, 1977.)

(251) Glass, D. V., and D. E. C. Eversley, eds. *Population in History.* (London : Edward Arnold, 1965.)

(252) Hale, J. R. *Renaissance Europe 1480-1520.* (London : Fontana, 1971.)

(253) Hill, Christopher. *Reformation to Industrial Revolution : 1530-1780.* (Baltimore : Penguin Books, 1969.)

(254) Hofstadter, Richard, William Miller, and Daniel Aaron. *The United States : The History of a Republic,* 2nd edition. (Englewood Cliffs, N.J. : Prentice-Hall, 1967.)

(255) Huggett, Frank E. *The Past, Present and Future of Factory Life and Work : A Documentary Inquiry.* (London : Harrap, 1973.)

(256) Kirchner, Walther. *Western Civilization Since 1500.* (New York : Barnes & Noble, 1969.)

(257) Littlefield, Henry W. *History of Europe 1500-1848,* 5th edition. (New York : Barnes & Noble, 1939.)

(258) Mannix, Daniel P. *Those About to Die.* (New York : Ballantine Books, 1958.)

(259) Matthews, George T., ed. *The Fugger Newsletter.* (New York : Capricorn Books, 1970.)

(260) Morazé, Charles. *Les Bourgeois conquérants.* (Paris, Armand Colin, « Destins du Monde », 1957.)

(261) Plumb, J. H. *The Growth of Political Stability in England 1675-1725.* (Harmondsworth, Middlesex : Penguin Books, 1967.)

(262) Sansom, G. B. *The Western World and Japan : A Study in the Interaction of European and Asiatic Cultures.* (New York : Random House, Vintage Books, 1973.)

(263) Segal, Ronald. *The Struggle Against History.* (New York : Bantam Books, 1973.)

(264) Stewart, Donald H. *The Opposition Press of the Federalist Period.* (Albany : State University of New York Press, 1969.)

(265) Tawney, Richard Henry. *La Religion et l'essor du capitalisme.* Trad. par Odette Merlat. (Paris, Rivière, « Bibliothèque d'histoire, d'économie et de sociologie », 1951.)

(266) Thompson, E. P. *The Making of the English Working Class.* (New York : Vintage Books, 1963.)

(267) Turner, Frederick Jackson. *La Frontière dans l'histoire des Etats-Unis.* Trad. par Annie Rambert. (Paris, P.U.F., 1963.)

(268) Walker, James Blaine. *The Epic of American Industry.* (New York : Harper & Brothers, 1949.)

(269) Weber, Max. *L'Ethique protestante et l'esprit du capitalisme.* Trad. par Jacques Chavy. (Paris, Plon, « Recherches en sciences humaines », 1964.)

NATIONS/SÉPARATISME/INSTITUTIONS MULTINATIONALES

(270) Barnet, Richard J., and Ronald E. Müller, *Global Reach : The Power of the Multinational Corporations.* (New York : Simon and Schuster, 1974.)

(271) Bendix, Reinhard. *Nation-Building and Citizenship : Studies of Our Changing Social Order*. (Garden City, N.Y. : Doubleday, Anchor Books, 1969.)

(272) Brown, Lester R. *World Without Borders*. (New York : Random House, 1972.)

(273) Brown, Seyom. *New Forces in World Politics*. (Washington, D.C. : Brookings Institution, 1974.)

(274) — et al. *Regimes for the Ocean, Outer Space, and Weather*. (Washington, D.C. : Brookings Institution, 1977.)

(275) Callenbach, Ernest. *Ecotopie. Reportage et notes personnelles de William Weston*. Trad. par Christian Thiollier. (Paris, Stock « Stock 2/Etranger », 1978.)

(276) Cobban, Alfred. *The Nation State and National Self-Determination*. (New York : Thomas Y. Crowell, 1969.)

(277) Deutsch, Karl W. *Nationalism and Social Communication : An Inquiry into the Foundations of Nationality*. (Cambridge, Mass. : MIT Press, 1966.)

(278) Falk, Richard A. *A Study of Future Worlds*. (New York : Free Press, 1975.)

(279) Fawcett, J. E. S. *The Law of Nations*. (New York : Basic Books, 1968.)

(280) *Information, Perception and Regional Policy*. Report prepared for National Science Foundation, Research Applications Directorate, RANN. (Washington, D.C. : National Science Foundation, 1975.)

(281) Kaldor, Mary. *The Disintegrating West*. (New York : Hill and Wang, 1978.)

(282) Kohn, Hans. *The Idea of Nationalism : A Study in Its Origins and Background*. (Toronto : Collier, 1944.)

(283) Lénine, Vladimir Illitch. *Du droit des nations à disposer d'elles-mêmes*, (Moscou, Editions du Progrès, « Bibliothèque du socialisme scientifique », 1971.)

(284) Lévesque, René. *Option Québec*, (Paris, Laffont, « Le Monde qui se fait », 1968.)

(285) Minogue, K. R. *Nationalism*. (Baltimore : Penguin Books, 1967.)

(286) Servan-Schreiber, Jean-Jacques. *Le Pouvoir Régional*. (Paris : Éditions Bernard Grasset, 1971.)

(287) Shaw, Brian. *The Gospel According to Saint Pierre*. (Richmond Hill, Ont. : Pocket Books Canada, 1969.)

(288) Smith, Anthony D. *Theories of Nationalism*. (New York : Harper & Row, Harper Torchbooks, 1971.)

(289) Stephenson, Hugh. *The Coming Clash : The Impact of Multinational Corporations on National States*. New York : Saturday Review Press, 1972.)

(290) Thomas, Ned. *The Welsh Extremist*. (Talybont, Cardiganshire : Y Lolfa, 1973.)

(291) Trudeau, Pierre Elliott. *Le Fédéralisme et la société canadienne française*. (Paris, Laffont, 1968.)

(292) Turner, Louis. *Multinational Companies and the Third World*. (New York : Hill and Wang, 1973.)

(293) *The United Nations and the Future*. Proceedings of UNITAR Conference on the Future, Moscow, June 10-14, 1974. (Moscow, UNITAR, 1976.)

(294) *The United States and the United Nations*. Hearings before the Committee on Foreign Relations, U.S. Senate. (Washington, D.C. : U.S. Government Printing Office, 1975.)

(295) Unterman, Lee D., and Christine W. Swent, eds. *The Future of the United States Multinational Corporation.* (Charlottesville : University of Virginia Press, 1975.)

(296) Webb, Keith. *The Growth of Nationalism in Scotland.* (Glasgow : Molendinar Press, 1977.)

(297) Wilczynski, J. *The Multinationals and East-West Relations : Towards Transideological Collaboration.* (London : Macmillan, 1976.)

(298) *Year-Book of World Problems and Human Potential,* compiled by the Secretariats of Union of International Associations. (Brussels, 1976.)

PHILOSOPHIE

(299) Borodulina, T., ed. *K. Marx, F. Engels, V. Lenin : On Historical Materialism.* (Moscow : Progress Publishers, 1974.)

(300) Capra, Fritjof. *Le Tao de la physique.* (Paris, Tchou, 1979.)

(301) DeGreene, Kenyon B., ed. *Systems Psychology.* (New York : McGraw Hill, 1970.)

(302) La Mettrie, Julien Offray de. *L'Homme-Machine.* (Paris, Jean-Jacques Pauvert, « Libertés », 1966.)

(303) Descartes, René. *Le Discours de la Méthode.* (Paris, Le Livre de Poche, 1973:)

(302) De La Mettrie, Julien Offray. *Man a Machine,* annot. Gertrude Carman Bussey. (La Salle, Ill. : Open Court, 1912.)

(303) Descartes, René. *Discourse on Method,* trans. John Veitch. (La Salle, Ill. : Open Court, 1962.)

(304) Feinberg, Gerald. *What is the World Made Of ? : Atoms, Leptons, Quarks, and Other Tantalizing Particles.* (Garden City, N.Y. : Doubleday, Anchor Books, 1978.)

(305) Gellner, Ernest. *Thought and Change.* (Chicago : University of Chicago Press, 1965.)

(306) Hyman, Stanley Edgar. *The Tangled Bank : Darwin, Marx, Frazer and Freud as Imaginative Writers.* (New York : Atheneum, 1974.)

(307) Lewin, Kurt. *Field Theory in Social Science : Selected Theoretical Papers,* ed. Dorwin Cartwright. (New York : Harper & Row, Harper Torchbooks, 1951.)

(308) Lilienfeld, Robert. *The Rise of. Systems Theory : An Ideological Analysis.* (New York : John Wiley, Wiley-Interscience, 1978.)

(309) Matson, Floyd W. *The Broken Image : Man, Science and Society.* (New York : Doubleday, Anchor Books, 1966.)

(310) Munitz, Milton K., ed. *Theories of the Universe : From Babylonian Myth to Modern Science.* (Glencoe, Ill. : Free Press, Falcon's Wing Press, 1957.)

(311) Ramo, Simon. *Cure for Chaos : Fresh Solutions to Social Problems Through the Systems Approach.* (New York : David McKay, 1969.)

(312) Russell, Bertrand. *Histoire de la philosophie occidentale dans ses relations avec les événements politiques et sociaux de l'Antiquité jusqu'à nos jours.* (Paris, Gallimard, « Bibliothèques des idées », 1953.)

(313) — *Human Knowledge : Its Scope and Limits.* (New York : Simon and Schuster, Touchstone, 1948.)

(314) Webb, James. *The Flight from Reason.* (London : Macdonald, 1971.)

(315) Weizenbaum, Joseph. *Computer Power and Human Reason : From Judgment to Calculation.* (San Francisco : W. H. Freeman, 1976.)

THÉORIE POLITIQUE/GÉNÉRALITÉ

(316) Jacker, Corinne. *The Black Flag of Anarchy : Antistatism in the United States.* (New York : Charles Scribner's Sons, 1968.)

(317) Johnson, Chalmers. *Revolutionary Change.* (Boston : Little, Brown, 1966.)

(318) Jouvenel, Bertrand de. *Du Pouvoir. Histoire naturelle de sa croissance.* (Paris, L.G.F., « Pluriel », 1977.)

(319) Krader, Lawrence. *Formation of the State.* (Englewood Cliffs, N.J. : Prentice-Hall, 1968.)

(320) Lénine, Vladimir Illitch. *L'Etat et la Révolution.* (Paris, Gonthier, « Bibliothèque Médiation », 1964.)

(321) Oppenheimer, Franz. *The State,* trans. John Gitterman. (New York : Free Life Editions, 1975.)

(322) Ortega y Gasset, José. *En torno a Galileo.* (Madrid, Espasa Calpe, 1965.)

(323) Rousseau, Jean-Jacques. *Du contrat social.* (Paris, L.G.F. « Pluriel », 1978.)

(324) Silvert, Kalman H. *The Reason for Democracy.* (New York : Viking Press, 1977.)

(325) Swartz, Marc J., Victor W. Turner, and Arthur Tuden, eds. *Political Anthropology.* (Chicago : Aldine-Atherton, 1966.)

THÉORIE POLITIQUE/LES ÉLITES

(326) Barber, Bernard. *Social Stratification : A Comparative Analysis of Structure and Process.* (New York : Harcourt, Brace & World, 1957.)

(327) Benveniste, Guy. *The Politics of Expertise.* (Berkeley, Cal. : Glendessary Press, 1972.)

(328) Bottomore, Thomas Burton. *Elites et société.* Trad. Par Gérard Montford. (Paris, Stock, « Recherches et Connaissances », 1967.)

(329) Brewer, Garry D. *Politicians, Bureaucrats, and the Consultant : A Critique of Urban Problem Solving.* (New York : Basic Books, 1973.)

(330) Burnham, James. *L'Ere des Organisateurs.* Trad. par Hélène Claireau. (Paris, Calmann-Lévy, « Liberté de l'esprit », 1947.)

(331) Dimock, Marshall E. *The Japanese Technocracy : Management and Government in Japan.* (New York : Walker/Weatherhill, 1968.)

(332) Djilas, Milovan. *The New Class : An Analysis of the Communist System.* (New York : Frederick A. Praeger, 1957.)

(333) Djilas, Milovan. *Une société imparfaite, le communisme désintégré.* Trad. par Jean Bloch-Michel. (Paris, Calmann-Lévy, « Liberté de l'esprit », 1969.)

(334) Dye, Thomas R., and L. Harmon Zeigler. *The Irony of Democracy : An Uncommon Introduction to American Politics,* 2nd·edition. (Belmont, Cal. : Duxbury Press, 1972.)

(335) Girvetz, Harry K. *Democracy and Elitism : Two Essays with Selected Readings.* (New York : Charles Scribner's Sons, 1967.)

(336) Gouldner, Alvin W. *The Future of Intellectuals and the Rise of the New Class.* (New York : Seabury Press, Continuum, 1979.)

(337) Gvishiani, D. M., S. R. Mikulinsky, and S. A. Kugel, eds. *The Scientific Intelligentsia in the USSR : Structure and Dynamics of Personnel,* trans. Jane Sayers. (Moscow : Progress Publishers, 1976.)

(338) Keller, Suzanne. *Beyond the Ruling Class : Strategic Elites in Modern Society.* (New York : Random House, 1963.)

(339) Lederer, Emil. *State of the Masses : The Threat of the Classless Society.* (New York : Howard Fertig, 1967.)

(340) Meynaud, Jean. *La Technocratie, mythe ou réalité ?* (Paris, Payot, 1964.)

(341) Ortega y Gasset, José. *La Révolte des masses.* Trad. par Louis Parrot. (Paris, Stock, 1961.)

(342) Phillips, Kevin P. *Mediacracy : American Parties and Politics in the Communications Age.* (Garden City, N.Y. : Doubleday, 1975.)

(343) Young, Michael. *The Rise of the Meritocracy 1870-2033 : An Essay on Education and Equality.* (Harmondsworth, Middlesex : Penguin Books, 1961.)

THÉORIE POLITIQUE/REPRÉSENTATION/PARTICIPATION

(344) Afanasyev, V. G. *The Scientific Management of Society,* trans. L. Ilyitskaya. (Moscow : Progress Publishers, 1971.)

(345) Araneta, Salvador. *The Effective Democracy For All.* (Manila : AIA, Bayanikasan Research Foundation, 1976.)

(346) Bezold, Clement, ed. *Anticipatory Democracy : People in the Politics of the Future.* (New York : Random House, Vintage Books, 1978.)

(347) Bihari, Ottó. *Socialist Representative Institutions,* trans. József Desényi and Imre Móra. (Budapest : Akadémiai Kiadó, 1970.)

(348) Birch, A. H. *Representation.* (London : Macmillan, 1972.)

(349) Crick, Bernard. *The Reform of Parliament.* (London : Weidenfeld and Nicolson, 1970.)

(350) Finletter, Thomas K. *Can Representative Government Do the Job ?* (New York : Reynal & Hitchcock, 1945.)

(351) Haefele, Edwin T. *Representative Government and Environmental Management.* (Baltimore : Johns Hopkins University Press, 1973.)

(352) International Labour Office. *Participation by Employers' and Workers' Organisations in Economic and Social Planning : A General Introduction.* (Geneva : ILO, 1971.)

(353) Ionescu, Ghita, and Ernest Gellner, eds. *Populism : Its Meanings and National Characteristics.* (London : Weindenfeld and Nicolson, 1970.)

(354) Jones, Charles O. *Every Second Year : Congressional Behavior and the Two-Year Term.* (Washington, D.C. : Brookings Institution, 1967.)

(355) Kozak, Jan. *Without a Shot Being Fired : The Role of Parliament and the Unions in a Communist Revolution.* (London : Independent Information Center, 1957.)

(356) Langton, Stuart, ed. *Citizen Participation in America : Essays on the State of the Art.* (Lexington, Mass. : D. C. Heath, Lexington Books, 1978.)

(357) Loewenberg, Gerhard, ed. *Modern Parliaments : Change or Decline?* (Chicago : Aldine-Atherton, 1971.)

(358) Mill, John Stuart. *L'Utilitarisme.* Trad. préf., notes par Georges Tanesse. (Paris, Garnier-Flammarion, 1968.)

(359) Partridge, P. H. *Consent & Consensus.* (New York : Praeger, 1971.)

(360) Pateman, Carole. *Participation and Democratic Theory.* (Cambridge : Cambridge University Press, 1970.)

(361) Pitkin. Hanna Fenichel, ed. *Representation.* (New York : Atherton Press, 1969.)

(362) Schramm, F. K., ed. *The Bundestag : Legislation in the Federal Republic of Germany.* (Bonn : E. Beinhauer, 1973.)

(363) Spufford, Peter. *Origins of the English Parliament.* (New York : Barnes & Noble, 1967.)

POLITIQUE COMPARÉE

(364) Berkowitz, S. D., and Robert K. Logan, eds. *Canada's Third Option.* (Toronto : Macmillan of Canada, 1978.)

(365) Blondel, Jean. *Comparing Political Systems.* (London : Weidenfeld and Nicolson, 1973.)

(366) Cohen, Ronald, and John Middleton, eds. *Comparative Political Systems : Studies in the Politics of Pre-industrial societies.* (Garden City, N.Y. : Natural History Press, 1967.)

(367) Finer, S. E. *Comparative Government.* (Harmondsworth, Middlesex : Penguin Books, 1970.)

(368) Gorden, Morton. *Comparative Political Systems : Managing Conflict.* (New York : Macmillan, 1972.)

(369) Hàmilton, Alastair. *L'Illusion fasciste, les intellectuels et le fascisme, 1919-1945.* Tad. par Magdeleine Paz. (Paris, Gallimard, « La suite des temps », 1973.)

(370) Kennedy, Gavin, ed. *The Radical Approach : Papers on an Independent Scotland.* (Edinburgh : Palingenesis Press, 1976.)

(371) McClelland, J. S., ed. *The French Right : From De Maistre to Maurras,* trans. Frears, Harber, McClelland, and Phillipson. (London : Jonathan Cape, 1970.)

(372) Macridis, Roy C., and Robert E. Ward, eds. *Modern Political Systems : Europe*, 2nd edition. (Englewood Cliffs, N.J. : Prentice-Hall, 1968.)

(373) Mosse, George L. *The Crisis of German Ideology : Intellectual Origins of the Third Reich*. (London : Weidenfeld and Nicolson, 1966.)

(374) Parti Socialiste Unifié. *Contrôler Aujourd'hui pour Décider Demain*, manifeste. (Paris : Tema-Éditions, 1972.)

(375) Russett, Bruce M. *Trends in World Politics*. (New York : Macmillan, 1965.)

(376) Scalapino, Robert A., and Junnosuke Masumi. *Parties and Politics in Contemporary Japan*. (Berkeley : University of California Press, 1962.)

(377) Smith, Gordon. *Politics in Western Europe : A Comparative Analysis*. (London : Heinemann Educational Books, 1972.)

(378) Starcke, Anna. *Survival : Taped Interviews With South Africa's Power Élite*. (Cape Town : Tafelberg, 1978.)

POLITIQUE/ÉTATS-UNIS

(379) Armbrister, Trevor. *A Matter of Accountability : The True Story of the Pueblo Affair*. (New York : Coward-McCann, 1970.)

(380) Becker, Ted, et al. *Un-Vote for a New America : A Guide to Constitutional Revolution*. (Boston : Allyn and Bacon, 1976.)

(381) Becker, Theodore L. *American Government : Past, Present, Future*. (Boston : Allyn and Bacon, 1976.)

(382) Boorstin, Daniel J. *The Decline of Radicalism : Reflections on America Today*. (New York : Random House, 1969.)

(383) Brant, Irving. *The Bill of Rights : Its Origin and Meaning*. (New York : New American Library, Mentor, 1965.)

(384) Cullop, Floyd G. *The Constitution of the United States : An Introduction*. (New York : New American Library, Signet, 1969.)

(385) Everett, Edward. *The Mount Vernon Papers*, No. 27. (New York : D. Appleton, 1860.)

(386) Fisher, Louis. *President and Congress : Power and Policy*. (New York : Free Press, 1972.)

(387) Flexner, James Thomas. *George Washington and the New Nation (1783-1793)*. (Boston : Little, Brown, 1970.)

(388) Gilpin, Henry D., ed. *The Papers of James Madison*, Vol. II. (Washington, D.C. : Langtree & O'Sullivan, 1840.)

(389) Hamilton, Alexandre, Jay, John, et Madison, James. *Le Fédéraliste*. (Paris, Librairie Générale de Droit et de Jurisprudence, 1957.)

(390) Hougan, Jim. *Spooks : The Haunting of America-The Private Use of Secret Agents*. (New York : William Morrow, 1978.)

(391) Nixon, Richard. *Mémoires*. Trad. par Michel Ganstel, Henry Rollet et France-Marie Watkins. (Paris, Hachette, 1978.)

(392) Padover, Saul K., ed. *Thomas Jefferson on Democracy*. (New York : New American Library, Mentor ; Copyright 1939 D. Appleton-Century.)

(393) Paine, Thomas. *Droits de l'homme, en réponse à l'attaque de M. Burke sur la*

Révolution française. Trad. de l'anglais par F. Soulès. (Paris, F. Bruston, 1791.)

(394) Parrington, Vernon Louis. *Main Currents in American Thought : An Interpretation of American Literature from the Beginnings to 1920.* (New York : Harcourt, Brace, 1927.)

(395) Perloff, Harvey S., ed. *The Future of the United States Government : Toward the Year 2000.* (New York : George Braziller, 1971.)

(396) Saloma, John S., III, and Frederick H. Sontag. *Parties : The Real Opportunity for Effective Citizen Politics.* (New York : Alfred A. Knopf, 1972.)

(397) Scammon, Richard M., and Alice V. McGillivray, eds. *America Votes 12 : A Handbook of Contemporary Election Statistics.* (Washington, D.C. : Elections Research Center, Congressional Quarterly, 1977.)

(398) Schlesinger, Arthur. *La Présidence impériale.* Trad. par Leïla Blacque-Belair et Rosette Letellier. (Paris, P.U.F. « XXᵉ siècle », 1976.)

(399) Smith, Edward Conrad, ed. *The Constitution of the United States : With Case Summaries.* (New York : Barnes & Noble, 1972.)

(400) Steinfels. Peter. *The Neoconservatives : The Men Who Are Changing America's Politics.* (New York : Simon and Schuster, 1979.)

(401) Tocqueville, Alexis de. *De la démocratie en Amérique,* 2 vol. (Paris, LITEC, 1951.)

PSYCHOLOGIE

(402) Allport, Gordon W. *Personality : A Psychological Interpretation.* (New York : Henry Holt, 1937.)

(403) Back, Kurt W. *Beyond Words : The Story of Sensitivity Training and the Encounter Movement.* (New York : Russell Sage Foundation, 1972.)

(404) Conway, Flo, and Jim Siegelman. *Snapping : America's Epidemic of Sudden Personality Change.* (Philadelphia : J. B. Lippincott, 1978.)

(405) Freedman, Alfred M., M.D., Harold I. Kaplan, M.D., and Benjamin J. Sadock, M.D. *Modern Synopsis of Comprehensive Textbook of Psychiatry.* (Baltimore : Williams & Wilkins, 1972.)

(406) Fromm, Erich. *La Peur de la liberté.* Trad. par Charles Janssens. (Paris, Buchet-Chastel, 1963.)

(407) Fromm, Erich. *Société aliénée et société saine, du capitalisme au socialisme humaniste, psychanalyse de la société contemporaine.* Trad. par Janine Claude. (Paris, Le Courrier du Livre, 1971.)

(408) Gerth, Hans, and C. Wright Mills. *Character and Social Structure : The Psychology of Social Institutions.* (New York : Harcourt, Brace & World, Harbinger, 1953.)

(409) Gross, Martin L. *The Psychological Society.* (New York : Random House, 1978.)

(410) Gross, Ronald, and Paul Osterman, eds. *Individualism : Man in Modern Society.* (New York : Dell, Laurel, 1971.)

(411) Hall, Calvin S., and Gardner Lindzey. *Theories of Personality,* 3rd edition. (New York : John Wiley, 1978.)

(412) Kardiner, Abram, et al. *The Psychological Frontiers of Society.* (New York : Columbia University Press, 1945.)

(413) Kilpatrick, William, *Identity & Intimacy.* (New York : Delacorte Press, 1975.)

(414) May, Rollo. *Power and Innocence : A Search for the Sources of Violence.* (New York : W. W. Norton, 1972.)

(415) Reich, Wilhelm. *La Psychologie de masse du fascisme.* Trad. par Pierre Karnitzer. (Paris, Payot, 1977.)

(416) Ruitenbeek, Hendrik M., ed. *Varieties of Personality Theory.* (New York : E. P. Dutton, 1964.)

(417) Smirnov, Georgi. *Soviet Man : The Making of a Socialist Type of Personality,* trans. Robert Daglish. (Moscow : Progress Publishers, 1973.)

(418) Stevens, John O., ed. *Gestalt Is-A Collection of Articles About Gestalt Therapy and Living.* (New York : Bantam Books, 1977.)

(419) Sullivan, Harry Stack, M.D. *The Fusion of Psychiatry and Social Science.* (New York : W. W. Norton, 1964.)

420) Winter, Ruth. *Le Livre des odeurs.* Trad. par Marie-France de Palomera. (Paris, Ed. du Seuil, 1978.)

(421) Zurcher, Louis A., Jr. *The Mutable Self : A Self-Concept for Social Change.* (Beverly Hills, Cal. : Sage Publications, 1977.)

SCIENCE/TECHNOLOGIE

(422) Anderson, Robert H., and Nake M. Kamrany. *Advanced Computer-Based Manufacturing Systems for Defense Needs.* (Marina del Rey, Cal. : U.S.C., Information Sciences Institute, 1973.)

(423) *The Application of Computer Technology for Development.* United Nations, Department of Economic and Social Affairs, Second Report of the Secretary-General. (New York, 1973.)

(424) *Appropriate Technology in the Commonwealth, A Directory of Institutions.* Food Production & Rural Development Division, Commonwealth Secretariat. (London, 1977.)

(425) *Appropriate Technology in the United States : An Exploratory Study.* Study conducted by Integrative Design Associates for the National Science Foundation RANN program. (Washington, D.C. : U.S. Government Printing Office, 1977.)

(426) Asimov, Isaac, *Les Robots.* Trad. par Pierre Billon. (Paris, « J'ai Lu », 1978.)

(427) — *Understanding Physics,* Vol. III, *The Electron, Proton, and Neutron.* (New York : New American Library, Signet, 1966.)

(428) Baldwin, J., and Stewart Brand, eds. *Soft-Tech.* New York : Penguin Books, 1978.)

(429) Boorstin. Daniel J. *The Republic of Technology : Reflections on Our Future Community.* (New York : Harper & Row, 1978.)

(430) Brand, Stewart, ed. *Space Colonies.* (New York : Penguin Books, 1977.)

(431) Buchholz, Hans, and Wolfgang Gmelin, ed. *Science and Technology and the Future,* Parts 1 and 2. (Munich : K. G. Saur, 1979.)

(432) Butterfield, Herbert. *The Origins of Modern Science : 1300-1800.* (New York : Free Press, 1957.)

(433) Cardwell, D. S. L. *Turning Points in Western Technology.* (New York : Neale Watson Academic Publications, Science History Publications, 1972.)

(434) Cross, Nigel, David Elliot, and Robin Roy, eds. *Man-Made Futures : Readings in Society, Technology and Design.* (London : Hutchinson, 1974.)

(435) Einstein, Albert. *Comment je vois le monde.* Trad. par Maurice Solovine. (Paris, Flammarion, 1963.)

(436) Ellis, John. *The Social History of the Machine Gun.* New York : Pantheon Books, 1975.)

(437) Etzioni, Amitai. *Genetic Fix.* (New York : Macmillan, 1973.)

(438) Farago, F. T. *Handbook of Dimensional Measurement.* (New York : Industrial Press, 1965.)

(439) Farrington, Benjamin. *Head and Hand in Ancient Greece : Four Studies in the Social Relations of Thought.* (London : Watts, Thinker's Library, 1947.)

(440) Feyerabend, Paul. *Against Method : Outline of an Anarchistic Theory of Knowledge.* (London : N.L.B., Verso, 1975.)

(441) Fidell, Oscar H., ed. *Ideas in Science.* (New York : Washington Square Press, Reader's Enrichment, 1966.)

(442) Ford, Henry. *Ma vie et mon œuvre.* (Paris, Payot, 1925.)

(443) H. B. Maynard and Company. *Production : An International Appraisal of Contemporary Manufacturing Systems and the Changing Role of the Worker,* ed. Rolf Tiefenthal. (London : McGraw-Hill, 1975.)

(444) Harper, Peter, and Godfrey Boyle, eds. *Radical Technology.* New York : Pantheon Books, 1976.)

(445) Heppenheimer, T. A. *Colonies in Space.* Harrisburg, Pa. : Stackpole Books, 1977.)

(446) Howard, Ted, and Jeremy Rifkin. *Who Should Play God ? The Artificial Creation of Life and What It Means for the Future of the Human Race.* New York : Dell, 1977.)

(447) Illich, Ivan. *La Convivialité.* (Paris, Éd. du Seuil, 1973.)

(448) Jacobs, Jane. *The Economy of Cities.* (New York : Random House, 1969.)

(449) Klein, H. Arthur. *The World of Measurements.* (New York : Simon and Schuster, 1974.)

(450) Kranzberg, Melvin, and Carroll W. Pursell, Jr. *Technology in Western Civilization,* Vol. I. (New York : Oxford University Press, 1967.)

(451) Kuhn, Thomas S. *The Structure of Scientific Revolutions.* (Chicago : University of Chicago Press, 1962.)

(452) Lawless, Edward W. *Technology and Social Shock.* (New Brunswick, N.J. : Rutgers University Press, 1977.)

(453) Lilley, Samuel. *Men, Machines and History.* (New York : International Publishers, 1966.)

(454) Mazlish, Bruce, ed. *The Railroad and the Space Program : An Exploration in Historical Analogy.* (Cambridge, Mass. : M.I.T. Press, 1965.)

(455) Needham, Joseph. *Science and Civilization in China,* Vol. I, *Introductory Orientations.* (Cambridge : Cambridge University Press, 1965.)

(456) — *Science and Civilization in China,* Vol. II, *History of Scientific Thought.* (Cambridge : Cambridge University Press, 1969.)

(457) Newman, James R., ed. *What Is Science?* (New York : Washington Square Press, 1961.)

(458) Nicolis, G., and I. Prigogine. *Self-Organization in Nonequilibrium Systems : From Dissipative Structures to Order Through Fluctuations.* (New York : John Wiley, Wiley-Interscience, 1977.)

(459) Nikolaev, L. *Space Chemistry,* trans. Y. Nadler. (Moscow : Mir Publishers, 1976.)

(460) O'Neill, Gerard. *Les Villes de l'espace.* Trad. par Christian Léourier. (Paris, Laffont, « Les Visages de l'Avenir », 1976.)

(461) Pyke, Magnus. *Technological Eating, or Where Does the Fish-Finger Point?* (London : John Murray, 1972.)

(462) Ritner, Peter. *The Society of Space.* (New York : Macmillan, 1961.)

(463) Schey, John A. *Introduction to Manufacturing Processes.* (New York : McGraw-Hill, 1977.)

(464) Schofield, Robert E. *The Lunar Society of Birmingham : A Social History of Provincial Science and Industry in Eighteenth-Century England.* (Oxford : Oxford University Press, 1963.)

(465) Sharlin, Harold I. *The Convergent Century : The Unification of Science in the Nineteenth Century.* (New York : Abelard-Schuman, 1966.)

(466) Sorenson, James R. *Social Science Frontiers,* Vol. 3, *Social Aspects of Applied Human Genetics.* (New York : Russell Sage Foundation, 1971.)

(467) Stine, G. Harry. *The Third Industrial Revolution.* (New York : G. P. Putnam's Sons, 1975.)

(468) Sullivan, Walter. *We Are Not Alone : The Search for Intelligent Life on Other Worlds.* (New York : McGraw-Hill, 1964.)

(469) U.S. Department of Labor. *Technological Change and Manpower Trends in Five Industries : Pulp and Paper/Hydraulic Cement/Steel/Aircraft and Missile/Wholesale Trade.* (Washington, D.C. : U.S. Government Printing Office, 1975.)

(470) Warshofsky, Fred. *Doomsday : The Science of Catastrophe.* (New York : Reader's Digest Press, 1977.)

(471) Watson, James D. *The Double Helix : A Personal Account of the Discovery of the Structure of D.N.A.* (New York : New American Library Signet Books, 1968.)

SOCIALISME/COMMUNISME

(472) Amalrik, Andrei. *Will the Soviet Union Survive until 1984?* (New York : Harper & Row, Perennial Library, 1971.)

(473) Brus, Wlodzimierz. *The Economics and Politics of Socialism : Collected Essays,* trans. Angus Walker (Chapters 3-6). (London : Routledge & Kegan Paul, 1973.)

(474) Christman, Henry M., ed. *Essential Works of Lenin.* (New York : Bantam Books, Matrix, 1966.)

(475) Howe, Irving, ed. *The Basic Writings of Trotsky.* (New York : Random House, Vintage Books, 1965.)

(476) Laidler, Harry W. *History of Socialism.* (New York : Thomas Y. Crowell, 1968.)

(477) Marx, Karl, et Engels, Friedrich. *Le Manifeste du Parti communiste.* (Paris, L.G.F., 1974.)

(478) Nicolaus, Martin. *Restoration of Capitalism in the U.S.S.R.* (Chicago : Liberator Press, 1975.)

(479) Nordhoff, Charles. *The Communistic Societies of the United States.* (New York : Schocken Books, 1965.)

(480) Possony, Stefan T., ed. *The Lenin Reader : The Outstanding Works of V. I. Lenin.* (Chicago : Henry Regnery, Gateway, 1969.)

(481) Revel, Jean-François. *La Tentation totalitaire.* (Paris, Laffont, 1976.)

(482) Revel, Jean-François. *Ni Marx ni Jésus.* (Paris, Laffont, 1970.)

(483) Smelser, Neil J., ed. *Karl Marx on Society and Social Change, with Selections by Friedrich Engels.* (Chicago : University of Chicago Press, 1973.)

(484) Smith, Hedrick. *Les Russes. La vie de tous les jours en Union soviétique.* Trad. par Maud Sissung, France-Marie Watkins et Jeanne-Marie Witta. (Paris, France-Loisirs, 1976.)

(485) *Socialism Theory and Practice,* Soviet Monthly Digest of the Theoretical and Political Press, January 1976. (Moscow : Novosti Press Agency.)

(486) Trotsky, Leon. *Political Profiles,* trans. R. Chappell. (London : New Park Publications, 1972.)

(487) Trotsky, Léon. *La Révolution trahie.* (Paris, Ed. Minuit, 1973.)

(488) Wesson, Robert G. *The Soviet State : An Aging Revolution.* (New York : John Wiley, 1972.)

SOCIOLOGIE/THÉORIE SOCIALE

(489) Bird, Caroline. *The Crowding Syndrome : Learning to Live with Too Much and Too Many.* (New York : David McKay, 1972.)

(490) Bottomore, Thomas Burton. *Introduction à la Sociologie.* Trad. par James G. Clarke. (Paris, Payot, 1974.)

(491) Chapple, Eliot Dismore, and Carleton Stevens Coon. *Principles of Anthropology.* (New York : Henry Holt, 1942.)

(492) Davis, Kingsley, Harry C. Bredemeier, and Marion J. Levy. *Modern American Society.* (New York : Rinehart, 1950.)

(493) Etzioni, Amitai. *The Active Society : A Theory of Societal and Political Processes.* (New York : Free Press, 1968.)

(494) —, and Eva Etzioni, eds. *Social Change : Sources, Patterns, and Consequences.* (New York : Basic Books, 1964.)

(495) Greer, Colin, ed. *Divided Society : The Ethnic Experience in America.* (New York : Basic Books, 1974.)

(496) Harris, Marvin. *The Rise of Anthropological Theory : A History of Theories of Culture.* (New York : Thomas Y. Crowell, 1968.)

(497) Isaacs, Harold R. *Idols of the Tribe.* (New York : Harper & Row, 1975.)

(498) Kardiner, Abram et Preble, Edward. *Introduction à l'ethnologie.* Trad. par Anne Guérin. (Paris, Gallimard, « Idées », 1966.)

(499) Moore, Wilbert E. *The Professions : Roles and Rules.* (New York : Russell Sage Foundation, 1970.)

(500) Packard, Vance. *Une société d'étrangers.* Trad. par Martine Wiznitzer. (Paris, Calmann-Lévy, 1973.)

(501) Raison, Timothy, ed. *The Founding Fathers of Social Science.* (Harmondsworth, Middlesex : Penguin Books, 1969.)

(502) Toffler, Alvin. *Le Choc du futur.* Trad. par Sylvie Laroche et Solange Metzger. (Paris, Denoël, 1971.)

TEMPS/ESPACE

(503) Abler, Ronald, et al. *Human Geography in a Shrinking World.* (Belmont, Cal. : Duxbury Press, 1975.)

(504) Blainey, Geoffrey. *The Tyranny of Distance.* (Melbourne : Sun Books, 1971.)

(505) Clay, Grady. *Close-Up : How to Read the American City.* (New York : Praeger, 1973.)

(506) Coleman, Lesley. *A Book of Time.* (London : Longman, 1971.)

(507) Dean, Robert D., William H. Leahy, and David L. McKee, eds. *Spatial Economic Theory.* (New York : Free Press, 1970.)

(508) de Grazia, Sebastian. *Of Time, Work and Leisure.* (New York : Twentieth Century Fund, 1962.)

(509) Fraser, J. T., ed. *The Voices of Time.* (New York : George Braziller, 1966.)

(510) —, F. C. Haber, and G. H. Müller, eds. *The Study of Time.* (New York : Springer-Verlag, 1972.)

(511) Gould, Peter, and Rodney White. *Mental Maps.* (Baltimore : Penguin Books, 1974.)

(512) Gribbin, John. *Timewarps.* (New York : Delacorte Press/Eleanor Friede, 1979.)

(513) Haggett, Peter, and Richard J. Chorley. *Network Analysis in Geography.* (New York : St. Martin's Press, 1969.)

(514) Morrill, Richard L. *The Spatial Organization of Society.* (Belmont, Cal. : Duxbury Press, 1970.)

(515) Needham, Joseph. *Time and Eastern Man,* the Henry Myers Lecture 1964, Royal Anthropological Institute Occasional Paper N°. 21. (Glasgow : Royal Anthropological Institute of Great Britain & Ireland , 1965.)

(516) Norberg-Schulz, Christian. *Existence, Space & Architecture.* (New York : Praeger, 1971.)

(517) Sandow, Stuart A. *Durations : The Encyclopedia of How Long Things Take.* (New York : Times Books, 1977.)

(518) Tooley, R. V., Charles Brisker, and Gerald Roe Crone. *Landmarks of Mapmaking.* (Amsterdam : Elsevier, 1968.)

(519) Welch, Kenneth F. *Time Measurement : An Introductory History.* (Newton Abbot, Devonshire : David & Charles, 1972.)

(520) Whitrow, G. J. *What is Time ?* (London : Thames and Hudson, 1972.)

TRAVAIL/ÉDUCATION

(521) Anderson, Dennis, and Mark W. Leiserson. *Rural Enterprise and Nonfarm Employment.* (Washington, D.C. : World Bank, 1978.)

(522) Bartlett, Laile E. *New Work/New Life.* (New York : Harpe. & Row, 1976.)

(523) Best, Fred, ed. *The Future of Work.* (Englewood Cliffs, N.J. : Prentice-Hall, 1973.)

(524) Bowman, Jim, et al. *The Far Side of the Future : Social Problems and Educational Reconstruction.* (Washington, D.C. : World Future Society, 1978.)

(525) Dickson, Paul. *The Future of the Workplace : The Coming Revolution in Jobs.* (New York : Weybright and Talley, 1975.)

(526) Evans, Archibald A. *Flexibility in Working Life : Opportunities for Individual Choice.* (Paris : Organisation for Economic Co-operation and Development, 1973.)

(527) Gates, Arthur I., et al. *Educational Psychology,* a revision of *Psychology for Students of Education.* (New York : Macmillan, 1942.)

(528) Good, H. G. *A History of Western Education.* (New York : Macmillan, 1947.)

(529) Kanter, Rosabeth Moss, *Social Science Frontiers,* Vol. 9, *Work and Family in the United States : A Critical Review and Agenda for Research and Policy.* (New York : Russell Sage Foundation, 1977.)

(530) Poor, Riva, ed. *4 Days, 40 Hours : And Other Forms of the Rearranged Workweek.* (New York : New American Library, Mentor, 1973.)

(531) Roberts, Paul Craig. *Alienation and the Soviet Economy : Toward a General Theory of Marxian Alienation, Organization Principles, and the Soviet Economy.* (Albuquerque : University of New Mexico Press, 1971.)

(532) *The Shorter Work Week.* Papers delivered at the Conference on Shorter Hours of Work sponsored by the A.F.L.-C.I.O. (Washington, D.C. : Public Affairs Press, 1957.)

(533) Wells, H. G. *The Work, Wealth and Happiness of Mankind.* (London : William Heinemann, 1932.)

(534) *Work in America.* Report of a special task force to the Secretary of Health, Education, and Welfare, prepared under the auspices of the W. E. Upjohn Institute for Employment Research. (Cambridge, Mass. : M.I.T. Press, 1973.)

index

BIBLIOTHÈQUE MÉDIATIONS

Achevé d'imprimer en octobre 1985
sur les presses de l'Imprimerie Bussière
à Saint-Amand (Cher)

— N° d'édit. 2151. — N° d'imp. 2405. —
Dépôt légal : octobre 1985.

Imprimé en France

$$\frac{15\frac{5}{7}}{\$10\overline{85}}$$